심리평가의

CONTEMPORARY
PSYCHOLOGICAL ASSESSMENT

최신 흐름 2판

학지사

2판 머리말

저자들은 오랫동안 임상 현장과 대학에서 심리평가를 교육하고 지도해 오면서 심리평가를 공부하는 학생 혹은 수련생들이 심리평가의 이론과 실제 그리고 최신 동향을 접할 수 있는 교재의 필요성을 절감하고 2012년에 초판을 출간하였습니다. 그로부터 7여 년의 시간이 흐르면서 심리평가 분야에도 몇 가지 뚜렷한 변화가 있었습니다. 우선 전통적으로 심리평가의 주요 현장이었던 정신건강의학과와 기존 임상 장면을 넘어서서 심리평가의 쓰임이 매우 넓어졌습니다. 학교, 군대, 기업, 법정 등 심리평가를 필요로 하는 장면이 늘어나면서 배터리형 종합심리평가와 같은 전통적인 임상심리평가의 활용도와 적용에도 적잖은 변화가 일어나고 있습니다. 심리평가 분야에서도 근거기반 심리평가(Evidence Based Psychological Assessment: EBPA)에 대한 인식과 필요성이 대두되고 있습니다. 정신건강의학과에 입원하거나 외래로 방문하는 환자들에게 적용하던 전통적인 심리평가를, 일반인들이 주요 대상자인 기업의 인사 선발이나 학교 장면, 법정 장면에 적용하는 것은 한계가 있습니다. 그렇기 때문에 임상심리학계 내에서도 전통적인 종합심리평가가 아닌 그동안 입증이 잘된 심리검사나 평가면담을 중심으로 개인 혹은 평가 장면에 맞게 새로이 구성해야 한다는 인식이 늘어나고 있습니다.

또 다른 변화 중에 하나는 심리평가가 널리 쓰이기 시작하면서 긍정적인 측면도 있지만 오남용되는 부정적인 측면이 있다는 것입니다. 때로는 심리평가가 불필요한 사람에게도 과도하게 사용되고 있다거나 훈련을 제대로 받지 않은 평가자들에 의해 오남용되고 있다는 점이 우려가 됩니다. 이러한 점을 염두에 두고 저자들은 심리평가가 잠정적인 환자, 내담자들에게 올바르게 사용될 수 있고 이 책을 읽은 학부생, 대학원생, 수련생들에게도 실제적이고 구체적인 도움을 줄 수 있을지에 대해 많은 고민을 하였습니다.

이 책의 첫 장에는 초판과 마찬가지로 심리평가의 기본 개념은 물론이고 다양한 심리평가 장면에서 개별적으로 고려해야 할 사항들, 평가 시 윤리적 측면을 강조하였습니다. 전체적인 구성에 있어서는 익히 알려진 기본적인 심리검사는 물론이고 아동 · 청소년을 대상으로 한 심리평가, 뇌와 행동의 관계에 대한 이해를 돕기 위한 신경심리평가 등 최근 그 중요성이 부각되고 있는 심리평가 영역을 포함하였습니다. 현재 지능검사 중 개정 작업이 가장 활발하게 이루어지고 있는 웩슬러 지능검사, WISC-V 최신판을 기초로 실제 사례 등에 초점을 맞춰 새롭게 구성하였습니다. 이 책의 후반부에는 최신 심리평가를 활용하여 다양한 사례를 중심으로 심리평가 보고서 작성에 대해 기술하였습니다. 마지막 장에서는 심리평가 분야의 새로운 흐름이라고 볼 수 있는 근거기반 심리평가(EBPA)에 대한 내용을 새로이 추가하였고, 입양 부모, 성년 후견인 등 법적인 장면에서 활용되고 있는 심리평가 관련 최신 동향을 추가하였습니다.

개정판의 일부 자료 정리에 도움을 주고 독자 입장에서 피드백을 해 준 여선경 선생님에게 고마움을 전합니다. 또한 수십 년간 한결같은 마음으로 심리학 분야에 특별한 관심을 갖고 출판에 애써 주시는 김진환 사장님과 이 책을 세심하게 편집해 준 박지영님을 비롯한 학지사 직원분들께도 감사드립니다.

심리평가는 전문성을 갖춘 평가자와 수검자 간에 일어나는 역동적인 과정입니다. 심리평가의 역동성은 결코 정적인 상태로 그대로 있는 것이 아니라 시간에 따라 변화하고 진화하는 것에 그 묘미가 있습니다. 마찬가지로 심리평가 이론과 실제 역시 정적인 상태에 머물러 있지 않고 변화에 민감하며 계속 진화하고 있습니다. 따라서 저자들은 이처럼 역동적인 심리평가 분야에 대한 남다른 애정과 열정을 바탕으로 앞으로도 세심하게 새로운 동향과 변화를 포착해서 개정판에 담을 예정입니다. 저자들의 오랜 임상 경험과 교육 경험이 녹아 있는 이 개정판이 임상심리학 및 인접 학문 분야의 전문가, 학부생, 대학원생, 수련생 혹은 임상 현장의 모든 심리평가자에게 작은 등불이 되기를 희망합니다.

2019년 8월

저자 일동

1판 머리말

이 책을 집필하는 동안 심리학을 전공하려고 마음먹었던 시절이 떠올랐습니다. 심리학 첫 수업 시간에 교수님께서 심리학이란 무엇인지 물으셨고, 뭐라 대답해야 할지 망설이던 우리는 주위를 두리번거리며 서로 눈치만 살폈습니다. 교수님께서는 답변 대신 당신의 대학생 시절 미팅에 나갔던 일화를 들려주셨습니다. 파트너가 된 한 여학생은 한참 동안을 아무 말 없이 멀뚱멀뚱 쳐다보고만 있더랍니다. 이런저런 얘기를 하며 기다려도 여학생이 전혀 반응을 보이지 않자, 교수님께서는 당신이 마음에 들지 않아서 그런가 보다 생각하고 자리에서 일어나셨답니다. 그때서야 여학생이 한 첫 마디는 "심리학을 공부한다니 제가 무슨 생각을 했나 맞혀 보세요."였다네요. 이 일화를 들려주신 교수님께서는 이렇게 말씀하셨습니다. "심리학은 독심술이 아닙니다. 심리학은 객관적인 경험에 근거한 과학이라는 것을 명심하세요." 마음 아픈 사람들을 공감하고 치료해 주는 훌륭한 심리학자가 되겠다는 원대한 포부 뒤로 다른 사람의 마음을 꿰뚫어 볼 수 있는 테크닉인 심리검사에 대한 호기심이 컸던 그 시절, 저는 교수님의 이 말씀이 무엇을 의미하는지 잘 몰랐습니다. 임상심리 수련 과정을 시작하고 나서도 한동안은 다른 사람의 지능, 성격, 그만의 은밀한 감정과 욕구 등 그 사람의 모든 것을 뚝딱 밝혀 줄 것만 같은 심리평가가 마냥 신기했고, 한편으로는 그런 일을 하고 있는 나 자신에 대해 우쭐한 기분이 들었습니다. 하지만 임상심리전문가가 되어 심리평가 수퍼비전을 하다 보면, 수련생들에게서 일천한 지식과 경험만으로 심리검사를 마술봉인 양 함부로 휘두르고 다른 사람들을 속단했던 철부지 초심자 시절의 내 모습을 발견하게 됩니다. 그럴 때면 어찌나 부끄럽고 후회스러운지……. 심리평가를 배우는 수련생이나 학생들에게 프로크루스테스 같은 임상심리학자가 되지 않도록 주의하라고 시시때때로 당부합니다. 수검자를 한 사람으로 보지 못하고 심리검사 자료에만 몰두하고 검사 점수에 수검자를 끼워 맞추는 평가자의 태도는 침대 길이에 맞춰 사람의 몸을 늘이거나 잘라 냈다는 프로크루스테스만큼이나 위험할 테니까요. 수검자를 온전히 이해하고 도움을 줄 수 있는 도구로서 심리평가를 안전하고 유용하게 사용하려면 충분한 지식과 훈련, 심리평가자의 윤리 의식과 함께 인간을 존중하는 마음을 갖춰야 하며, 이를 위해서는 상당한 준비 과정이 필요합니다.

저자들은 오랫동안 임상 현장과 대학에서 심리평가를 교육하고 지도해 오면서 심리평가를 공부하는 학생 혹은 수련생들이 올바른 지향점을 갖고 이론과 실제를 익힐 수 있는 교재의 필요성을 절감해 왔습니다. 필요가 발명을 낳는다는 말처럼, 좋은 심리평가 교재에 대한 열망이 저자들로 하여금 이 책을 쓰게 하였습니다. 책을 쓰는 동안에도 어떻게 해야 독자들이 심리평가를 제대로 이해하고 올바르게 사용하며 실질적이고 구체적인 도움을 받을 수 있을까 고심하였습니다. 이를 위해 저자들은 심리평가에 대한 윤리적 고려, 최신 흐름, 다양한 실제 사례 등에 초점을 맞춰 이 책을 구성하고자 하였습니다. 이 책의 첫 장에는 심리평가의 기본 개념은 물론이고 다양한 심리평가 장면에서 개별적으로 고려해야 할 사항들, 특히 심리평가와 관련된 윤리적 측면을 강조하여 기술하였습니다. 전체적인 구성에 있어서는 익히 알려져 있는 기본적인 심리검사는 물론이고 아동·청소년 대상의 특화된 심리평가, 성격에 대한 이해의 폭을 넓힐 수 있는 방어기제 평가, 뇌와 행동의 관계에 대한 이해를 돕기 위한 신경심리평가 등 최근 그 중요성이 부각되고 있는 심리평가 영역을 포함하였습니다. 또한 심리평가를 전체적인 틀 안에서 살펴보고자 심리검사에 국한하지 않고 평가 면담과 행동 평가에 대해서도 다루었습니다. 각 심리평가 영역에 대해서는 이론적 배경, 개발 과정, 해당 검사의 실시 조건 및 해석 등을 비교적 상세하게 기술하였습니다. 이 책의 후반부에는 전체적인 심리평가를 어떻게 해석하고 활용해야 하는지의 이해를 돕고자 다양한 예시 및 사례를 중심으로 심리평가 보고서 작성에 대해 기술하였습니다. 마지막 장에서는 하루가 다르게 변화하는 학문적 흐름에 발맞춰 심리평가의 최신 동향을 살펴보았습니다.

저자들이 임상심리학자로 활동하는 동안 안팎으로 든든한 버팀목이 되어 준 우리의 남편들과 집안일을 돌봐 주시는 어머님들, 사랑스러운 아이들, 현지, 태연, 영찬에게도 늘 고마울 따름입니다. 이 책의 자료 정리에 도움을 주고 독자 입장에서 피드백을 해 준 이예진, 박신애, 김신향 선생에게도 고마움을 전합니다. 또한 여러 가지 어려운 여건 속에서도 심리학 분야에 특별한 애정과 관심을 갖고 출판에 애써 주시는 김진환 사장님과 이 책을 꼼꼼하게 살펴봐 주신 편집부 백소현 대리님을 비롯한 학지사 직원분들께도 진심으로 감사드립니다.

저자들의 오랜 임상 경험과 교육 경험이 묻어나 있는 이 책이 임상 및 상담 분야의 전문가를 준비하는 학부생, 대학원생, 수련생 혹은 임상 현장의 초심자분들에게 등대와 같은 교재가 되었으면 합니다.

2012년 2월
저자 일동

차례

제1장

심리평가의 기초

PSYCHOLOGICAL ASSESSMENT

심리평가는 전통적으로 임상심리학의 주요 활동 영역이었다. 미국의 경우 1940년대와 1950년대에는 심리학자와 심리평가자(tester)라는 말이 동일하게 쓰일 정도로 심리검사가 각광을 받는 시대였다. 그 이후 심리검사의 타당도와 신뢰도에 대한 회의적인 시각이 많아졌고, 심리평가 영역이라는 것이 단순히 전통적인 심리검사를 실시하고 해석하는 것을 넘어서서 면담이나 행동 관찰, 신경심리평가, 행동 평가 등으로 확장되었다. 현재 미국에서는 임상심리학자의 역할 가운데 심리검사에 대한 비중이 상대적으로 줄어들었지만 심리평가가 임상심리학자의 주된 활동임은 분명하다.

우리나라에서는 1960년대에 심리검사가 도입된 이래 그동안 많은 발전을 거듭하였다. 최근에 와서는 심리학 인접 분야에서도 심리평가에 대한 수요와 관심이 늘어나고 있고 일반인들 역시 심리평가에 대한 관심이 많아지고 있다. 임상심리학자들의 업무 영역이 점차로 심리치료나 심리학적 자문 등으로 확장되고 있는 추세이기는 하지만 여전히 심리평가는 임상 심리의 꽃이라고 볼 수 있다.

1. 심리평가란 무엇인가

심리평가(psychological assessment)는 한 사람의 심리적 특성을 이해하기 위한 일련의 전문적인 과정이다. 심리평가 과정은 심리검사, 면담, 행동 관찰로 구성되며 정신병리에 대한 전문적인 지식이 요구된다.

처음 심리평가를 접한 초심자들은 심리검사 자체에 지나치게 초점을 두어 수검자를 전체적으로 파악하고 조망하지 못하는 경우가 많다. 심리평가를 오래 하고 있는 임상가들은 심리검사 자료 못지않게 행동 관찰과 면담을 통해 수검자에 대한 많은 정보를 얻을 수 있다고 이해하고 있다. 이러한 정보들은 심리평가 과정이 모두 끝난 후 검사를 해석할 때 통합적으로 활용될 수 있다. 또한 검사 자료와 행동 관찰 및 면담 자료를 통합할 때에는 정신병리학이나 진단에 대한 이해 등 전문 심리학적 지식이 결합되어야

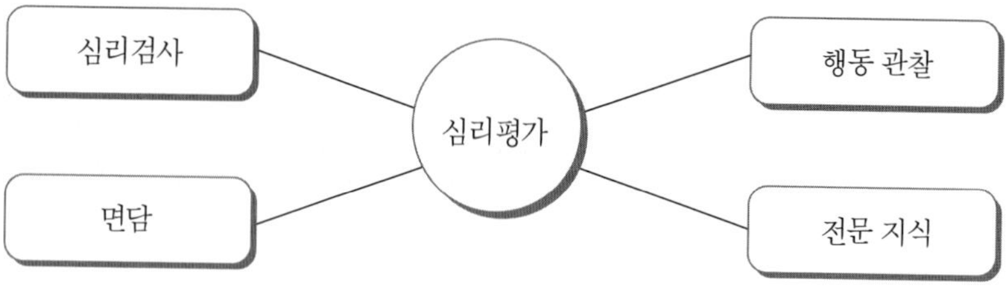

그림 1-1 심리평가의 구성 요소

출처: 박영숙(1998).

한다. 이 중 어느 하나라도 간과하면 검사 자료와 해석이 따로 이루어지게 되고 한 개인에 대한 정확한 평가로 이어지기가 어렵다. 따라서 심리평가를 통해 한 개인을 이해하려는 임상가는 평소 심리검사에 대한 이론과 지식 이외에도 면담 기법을 공부해야 하며, 정신병리학적 지식에 대해서도 전문 지식을 쌓아야 한다.

1) 심리평가의 기본 철학

심리평가는 인간을 다루는 분야이므로 단순히 기술이나 기법만으로는 불충분하며 임상가로서 기본 철학을 가지고 있어야 한다. 심리평가의 기본 철학은 다음과 같다. 첫째, 심리평가는 일종의 임상 실험이라고 할 수 있을 만큼 매우 전문적인 작업이라는 것이다. 요즘 심리학에 대한 관심이 높아지면서 심리검사를 단순히 호기심 차원에서 접하고 이를 실시하려고 하는 경우가 많은데, "선무당이 사람 잡는다."라는 말이 있듯이 전문성을 갖추지 않으면 검사의 오남용 문제가 일어날 수 있다. 둘째, 평가 대상자인 환자 또는 수검자는 검사를 실시하는 평가자와 마찬가지로 존엄한 한 인간임을 항상 자각하고 있어야 한다. 대개 초심자들은 검사에 지나치게 관심을 기울인 나머지 사람보다는 검사 자료에만 몰두하는 경향이 있다. 특히 임상 심리검사의 특성상 문제나 병리 위주의 평가를 하다 보면 특정 점수 혹은 프로파일의 상승에만 집중하게 되고 수검자라는 사람은 눈에 들어오지 않을 수 있다. 셋째, 평가 자료에서 나온 결과는 하나의 가설로 간주하여 마치 과학자가 가설을 검증하듯이 타당화(validation) 작업을 거치는 것이 필요하다. 평가자는 한 검사 자료에서 나온 가설이 다른 검사 자료나 행동 관찰 혹은 면담을 통해 확증되면 사실로 받아들이고, 그렇지 않다면 그 타당성에 의문이 제기될 수 있음을 인정해야 한다.

인간의 심리, 즉 정신 영역이라는 것은 자로 잰 듯이 정확하게 평가하기 어려운 부분이 많다. 심리검사 상황에서는 수검자의 여러 가지 무의식적인 동기, 욕구, 압력, 방어 등이 작용하기 때문에 수검자의 정신적 · 현상학적 세계를 정확히 그려 내는 것이 어려울 수 있다. 따라서 심리평가를 하는 임상가는 선행 연구와 자신의 임상 경험을 토대로 하여 가능한 범위 내에서 가장 전문적인 견해를 제시하려고 끊임없이 노력해야 한다. 심리평가의 타당성은 개인에 대한 적절한 치료 과정, 심층적인 면담, 사례 분석, 임상 연구나 실험 연구를 통하여 밝혀질 수 있다. 그러므로 평가자는 수련 과정과 임상 현장에서 다각적인 훈련과 경험을 쌓으면서 가능한 한 과학적인 접근을 해야 한다.

2) 심리검사의 정의

심리평가의 기본 구성요소인 심리검사는 심리적 문제나 현상의 개인차를 비교하고 수검자의 전체적 · 인격적 · 행동적 · 정서적 측면을 이해하기 위한 심리학적 측정 과정이라고 할 수 있다.

심리검사의 특성은 다음과 같다. 첫째, 심리검사는 개인의 대표적인 행동 양식을 심리학적 평가 방식으로 측정한다. 개인의 모든 행동을 검사하고 평가하는 것은 사실상 불가능하다. 검사 상황에서는 개인을 잘 나타내는 독특한 행동상의 지표나 징후를 평가하는 것이 필요하다. 이러한 행동상의 지표나 징후는 검사 상황을 벗어나서 실제 상황에서도 흔히 나타날 수 있는 것이기도 하다. 둘째, 심리검사는 표준화된 방식을 따르고 있다. 수많은 심리학적 검사가 개발되어 있지만 그 타당도와 신뢰도는 천차만별이다. 따라서 평가자는 많은 검사 중에서 신뢰도와 타당도라는 검증 작업을 거쳐 표준화된 방식에 의해 개발된 검사 도구를 사용하여야 한다. 셋째, 심리검사는 체계적이고 전문적인 과정이다. 전통적으로 임상 심리 영역에서는 심리검사에 대한 교육과 훈련을 학회 차원에서 매우 엄격하게 규정하고 있어 역량 있고 전문적인 임상가를 배출하려고 심혈을 기울이고 있다. 또한 심리검사는 보통 횡단적으로 시행한다. 입원 상황에서는 첫 입원 시에 일회적으로 검사를 실시하는 경우가 많으나, 치료 효과를 보기 위한 연구에서는 치료 전과 후에 걸쳐 시간적인 변화를 살펴보기 위해 종단적으로 검사를 실시하기도 한다.

3) 심리평가의 목적

심리평가의 목적에는 여러 가지가 있다. 심리평가의 목적은 심리평가를 요하는 장면과 세팅에 따라 다양하지만, 여기에서는 주로 병원이나 상담 센터와 같은 임상 및 상담 현장에 초점을 맞추어 기술하고자 한다. 검사 목적은 다음의 몇 가지로 요약할 수 있다.

- 임상적인 진단을 보다 명확하게 하기 위해 진단적 인상을 제시한다.
- 수검자(환자)가 보이는 심리적 증상과 문제의 정도와 심각도를 평가한다.
- 수검자(환자)의 자아 능력, 즉 자아 강도를 평가한다.
- 수검자(환자)의 인지 능력, 즉 주의력, 집중력, 기억력, 관리기능 등을 평가한다.
- 수검자(환자)의 지적 기능 수준을 평가한다.
- 수검자(환자)의 성격 구조와 특성을 평가한다.
- 수검자(환자)에게 적절한 치료 유형과 치료 전략 및 기법을 제시한다.
- 수검자(환자)를 치료적 관계로 유도한다. 수검자 자신이 그의 자아 강도와 문제 영역을 인식하도록 돕는다.
- 치료적 반응을 예상하고 치료 효과를 평가한다.

4) 심리검사 시행 시 고려해야 할 사항

(1) 평가 동맹 형성

심리치료 초기에 치료자와 환자가 라포(rapport), 즉 치료 동맹을 맺는 것이 중요하듯이 심리검사를 실시할 때에도 평가자와 수검자 간에 적절한 관계 형성이 중요하다. 평가 상황에서는 이를 평가 동맹(assessment alliance)이라고 한다. 이러한 평가 동맹이 잘 이루어져야 수검자로부터 최적의 반응과 자료를 얻을 수 있다.

평가 동맹 형성은 평가자의 개입으로 이루어지며, 평가자는 가능한 한 최선을 다해 수검자가 심리검사에 대해 관심과 흥미를 갖고 협조적으로 검사에 임하도록 돕는 것이 필요하다. 특히 지능과 같은 개인의 지적 능력을 평가하는 검사에서는 지적 열등감이 많은 수검자들의 경우 과도하게 불안해할 수 있으므로 수검자가 최대로 집중할 수 있도록 도와주어야 한다. 그리고 반응에 실패할 경우 격려해 주고 잘할 수 있도록 편안한 분위기를 만들어 주어야 한다.

정신과적 평가를 받는 수검자의 경우 자신의 문제에 대한 진지한 통찰 능력이 부족하기 때문에 성격 검사 시 반응을 왜곡하거나 긍정적으로 편향된 반응을 할 수 있다. 그렇기에 평가자는 가급적 수검자가 일상적인 행동을 있는 그대로 솔직하게 응답하도록 격려해 준다. 검사 자극에 반응할 때 수검자 자신의 내적 검열이 비교적 덜한 투사 검사에서도 편집성 성향이 있는 환자들은 모든 카드에서 반응을 하지 않는 등 검사에 대한 저항과 경계 태도를 보일 수 있다. 따라서 평가자는 수검자가 자신의 반응을 검열하거나 삭제하지 않고 연상되는 반응을 그대로 응답하도록 격려해 주어야 한다.

심리치료에서 환자 혹은 수검자의 치료 동기가 중요하듯이, 검사 상황에서는 수검자가 검사 자극에 충분히 반응할 수 있도록 동기를 부여하여야 한다. 아무리 경험이 많고 전문성을 갖춘 노련한 임상가라 할지라도, 수검자가 검사 상황에서 전혀 협조하지 않는다면 심리평가를 통해 얻을 수 있는 정보는 매우 제한적일 수밖에 없다. 따라서 임상가는 나름대로 수검자에게 동기를 부여하고 심리검사 시행에 대한 참여도를 높이는 평가 동맹 기술을 터득해야 할 것이다.

(2) 수검자 변인

심리검사를 통해 수검자에 대한 특성과 정보를 얻는 데에는 수검자가 중요한 변수로 작용한다. 대체로 수검자는 심리검사에 대해 부정적이고 거부적인 정서나 양가적인 감정, 두려움, 긴장, 불안, 저항감 혹은 지나친 기대나 의존감을 가지고 검사 상황에 들어오게 된다. 특히 입원 상황에 있는 환자들은 심리검사 결과가 자신의 퇴원에 부정적인 영향을 미칠 것을 두려워하는데 이에 따라 검사 반응이 제한되고 왜곡될 수 있다. 심지어 입원 상황 내내 검사를 거부하는 사례도 적지 않을 정도로 심리검사를 두려워하고 저항하기도 한다. 따라서 평가자는 수검자가 가지고 있는 일반적인 저항과 두려움을 이해하고, 검사가 어떤 목적으로 실시되고 수검자에게 어떤 이득이 있는가를 설명해 주어야 한다. 만약 평가자의 적절한 개입에도 불구하고 수검자가 지나치게 긴장되어 있거나 저항감을 느끼는 상태에서 심리검사가 진행된다면 수검자에게서 얻을 수 있는 정보의 양은 매우 빈곤할 것이다. 이렇게 되면 행동 표집을 통해 검사 결과를 일상적인 생활로 일반화한다는 심리검사 원칙과 맞지 않고 검사 결과 해석 역시 제한적일 수밖에 없다. 이 경우 수검자 변인에 의한 측정 오류가 해결되지 않은 상태이므로, 결과의 신뢰도가 충분치 않은 상태라는 점을 인식하고 해석 과정에서 이 점을 고려하여야 한다.

평가자가 검사를 격려하고 동기를 부여해도 수검자의 저항이 매우 강한 경우는 무리하게 한 번에 검사를 진행하는 것보다 중단하거나 보류하는 것이 현명하다. 예를 들어, 정신증적 상태에 있거나 감정적으로 강렬한 상태에 있을 경우에는 수검자의 감정 상태와 정신 상태를 고려하여 정서적 안정이 이루어지고 난 다음 심리검사를 시행하는 것이 바람직하다. 수검자에 따라 다르지만, 한 번에 모든 심리검사를 실시하는 것보다 여러 번 나누어 하게 되면 평가자와 수검자 사이에 라포 형성이 촉진되어 한 번에 실시하는 것보다 더 많은 정보를 얻을 수 있다는 장점이 있다.

(3) 평가자 변인

평가자 변인으로는 평가자의 연령, 성, 인종, 직업적 지위, 수련과 경험, 성격 특징, 외모 등이 영향을 미칠 수 있다. 또한 검사 시행 전이나 중간에 보이는 평가자의 행동이 검사 결과에 영향을 미치는 것으로 보고되고 있다. 특히 평가자의 태도, 즉 '부드럽고' '자연스러운' 태도와 '냉정하고' '엄격하고' '딱딱한' 태도는 수검자로부터 검사 정보와 자료를 얻는 데 중요한 차이를 유발한다. 치료 효과 연구에서 치료 동맹이라는 것이 주요한 치료 변수가 될 수 있듯이, 평가 상황에서 맺게 되는 평가 동맹은 평가자의 따뜻하고 공감적인 태도에서 비롯된다. 일례로, 투사 검사에서 신뢰할 만하고 따뜻한 분위기를 이끌어 내며 수검자로부터 더 많은 검사 반응을 끌어내는 평가자가 있는가 하면, 딱딱하고 권위적인 태도로 일관하여 매우 빈약하고 불충분한 자료만을 얻는 평가자도 있다.

불안감과 긴장감을 느끼고 검사 상황에 들어오는 수검자가 많은데, 평가자가 관계 형성보다는 초기부터 지나치게 검사 위주로 진행하다 보면 수검자로부터 반감을 불러일으킬 수 있다. 따라서 심리검사를 할 때에는 심리치료와 마찬가지로 평가자의 자세와 태도가 수검자의 반응에 영향을 미칠 수 있다는 것을 염두에 두고, 임상가로서의 전문성을 배양함은 물론이고 공감 능력과 사람을 존중하는 태도를 평상시에 기를 필요가 있다.

(4) 검사 상황 변인

요즘 들어 심리검사를 하는 상황이 다양해졌다. 정신건강의학과가 있는 병원을 포함하여 사설 연구소, 상담 센터, 군대, 병무청, 법원, 교도소 등 심리평가가 실시되는 검사 상황은 모두 다를 것이다. 우선 심리평가가 시행되는 곳은 지나친 소음과 자극으로부터 보호되어야 하며 적절한 채광과 통풍, 안정된 자리 배치와 공간이 요구된다. 특히 지능검사나 신경심리검사와 같이 정확성이 요구되는 검사의 경우 소음이 없는 조용한 공간이 필요하다.

종합심리검사 배터리를 실시하게 되면 통상 3~4시간 이상 걸릴 수도 있는데, 이 경우 검사 시행 시간과 수검자의 정서적 안정도나 피로감 등을 고려해서 검사를 한 번에

하기보다는 두세 차례로 나누어서 하는 것도 요령이다. 특히 심리검사가 수검자의 지적 능력이나 지각적 예민함 등 인지적·신경심리학적 평가를 위해 시행되는 경우라면 수검자가 피로하지 않고 정서적으로 특별히 불안정하지 않는 시간과 상황에서 검사가 시행되어야 한다.

2. 심리검사의 선택

심리검사를 실시하기 전에 평가자는 사용하고자 하는 심리검사의 이론적 지향, 표준화 과정의 적합성, 신뢰도 및 타당도를 고려해야 한다(Aiken & Groth-Marnat, 2006). 〈표 1-1〉에는 이러한 참조 사항이 정리되어 있다.

표 1-1 심리검사 선택 시 고려할 사항

이론적 지향
• 검사가 측정하려고 하는 이론적 구성 개념을 충분히 이해하고 있는가?
• 검사 항목이 구성 개념의 이론적 기술 내용과 부합하는가?
실제적 고려 사항
• 수검자의 독해력을 요하는 검사라면, 수검자는 검사가 요구하는 독해력 수준을 갖추고 있는가?
• 검사 길이가 적당한가?
표준화
• 검사하려는 집단이 그 검사가 표준화할 때 사용했던 집단과 유사한가?
• 표준화 연구에 사용되었던 표집 수가 적당한가?
• 특별 하위 집단 규준이 있는가?
• 검사 지시가 얼마나 적절하게 표준화된 검사 실시를 따르고 있는가?
신뢰도
• 신뢰도가 충분히 높은가?(임상적 의사 결정 시 .90, 연구 목적에서는 .70)
• 심리적 특성의 상대적 안정성, 신뢰도를 측정하는 방법, 검사 형식은 신뢰도에 어떤 의미를 갖고 있는가?
타당도
• 검사를 타당화하기 위해 사용된 준거와 절차는 무엇인가?
• 검사를 이용하려는 목적과 맥락에 맞게 정확한 측정을 해 주는가?

출처: Groth-Marnat (2009)에서 발췌함

1) 이론적 지향

평가자는 특정 검사가 적합한지 효율적으로 평가하기 전에 이론적 지향을 이해하여야 한다. 평가자는 해당 검사가 측정하려는 구성 개념을 알고 있어야 하며, 그 검사가 이 구성 개념에 얼마나 가까이 다가가고 있는지 검토해야 한다. 대개는 매뉴얼에 이론적 지향에 관한 정보가 나오는데, 충분하지 않다면 관련 서적을 충분히 읽고 숙지하여야 한다. 흔히 매뉴얼에서는 문항 분석을 제시하고 있다. 문항 분석을 살펴보면 측정하고자 하는 구성 개념에 그 검사가 맞는지를 평가할 수 있다.

2) 실제적인 고려 사항

검사가 사용되는 맥락과 방법에 따라 실제적인 사항을 고려할 필요가 있다. 검사마다 독해 수준이 다양할 수 있으므로 해당 심리검사가 수검자의 교육 수준에 맞는지 고려해야 한다. 어떤 검사는 실시하는 데 시간이 너무 많이 걸리므로 수검자에 맞게 단축형을 실시할 수 있다. 예컨대, 수검자가 호소하는 증상이 지능과 그다지 관련이 없다면 전체 지능검사보다는 단축형 지능검사를 사용하는 것이 좋다. 수검자가 신경증적인 증상을 호소하는 경우에는 지능검사가 포함된 전체 배터리를 사용하기보다 특정 증상, 예컨대 우울, 불안 등과 관련된 자기보고 검사가 더 유용할 수 있다. 이때 지능은 단축형을 사용하거나 아예 생략할 수도 있다.

또한 검사 도구를 실시하고 해석하는 데 필요한 훈련의 정도를 평가할 필요가 있다. 예를 들어, 자기보고 검사의 경우는 평가자의 훈련이 그다지 중요하지 않을 수 있다. 하지만 로샤검사나 MMPI 같은 경우는 충분한 임상 경험이 밑바탕이 되어야 한다.

3) 표준화 과정

심리검사를 평가할 때 또 다른 중요한 문제는 규준이 존재하느냐 여부다. 각각의 검사는 표준화된 표집을 대상으로 한 점수 분포를 반영하는 규준을 가지고 있다. 개별적인 검사 점수는 검사받고 있는 개인과 전체 표집 간에 유사성을 비교할 수 있게 해준다. 수검자와 표준화된 집단, 즉 표집 간에 유사성이 있다면 적절한 비교가 가능해진다.

규준의 적합성과 관련하여 중요한 문제로는 첫째, 표준화된 집단이 전체 인구를 대표하느냐 여부다. 간혹 이 대표성에 문제가 있는 경우 규준을 신뢰할 수 없는 경우가 있다. 검사 매뉴얼을 살펴보면 표준화에 사용된 표집의 대표성을 확인할 수 있다. 둘째, 표집 수가 충분히 큰지가 관건이다. 표집 수가 작다면 안정적인 추정치를 얻기 어렵다. 셋째, 좋은 검사는 전체적인, 즉 전국적 수준의 규준뿐만 아니라 특별 하위 규준이 있어야 한다. 하위 집단 규준이 있으면 평가자는 좀 더 유연하고 자신감 있게 검사 결과를 활용할 수 있다. 이 하위 집단에는 인종, 성별, 지리적 위치, 연령, 교육 수준, 사회경제적 수준, 시골 혹은 도시 등과 같은 요소가 있다. 특히 노인 집단을 대상으로 치매 검사를 사용할 경우 학력, 연령 변인이 매우 중요하게 작용하므로, 이러한 하위 집단 규준이 있어야 보다 의미 있고 적절하게 평가할 수 있다.

표준화에는 검사 실시 절차도 중요하다. 표준화된 절차에 맞게 검사를 실시해야 평가자 간 결과를 비교할 수 있고 신뢰성 있는 검사 해석을 할 수 있다. 검사 실시 방법을 달리하면 심리검사 결과가 다양할 수 있다. 표준화된 검사 실시를 위해 검사 지시문뿐만 아니라 적절한 조명, 조용하고 방해 자극이 없는 환경, 좋은 라포 형성 등의 요인도 고려해야 한다.

4) 신뢰도

검사의 신뢰도란 안정성, 일관성, 예측 가능성, 정확성의 정도를 언급하는 말이다. 한 개인이 얻은 점수가 다른 시점에서 같은 검사로 평가했을 때 같은 점수를 받을 수 있다면 신뢰도가 높다고 할 수 있다. 검사의 신뢰도는 그 검사 점수들의 일관성을 의미한다. 개인의 체온을 잴 때 두 번 연달아 측정하면 동일한 결과를 얻을 것이라고 기대할 수 있는 것처럼 심리적 특성들을 반복 측정할 때도 동일한 점수가 얻어질 것이라고 기대할 수 있다. 무게를 재는 저울이 매번 동일한 물건을 올려놓을 때마다 각기 다른 무게가 측정된다면 그것은 신뢰성 있는 저울이 되지 못한다. 검사 도구 역시 인간의 어떤 속성을 측정할 때마다 다른 점수를 얻는다면 신뢰성 없는 측정 도구가 된다. 한 점수와 다른 점수의 차이가 우연 수준이 아닌 실제적인 수준에서 차이가 난다면 신뢰도가 낮다고 볼 수 있다.

검사 오차의 정도와 관련하여 두 가지 주요 문제가 있다. 첫 번째는 인간의 수행상 자연스럽게 차이, 즉 변산성(variability)이 나타날 수 있다. 대개 능력 검사보다는 성격 검사에서 변산성이 더 발생한다. 지능, 적성 등과 같이 능력은 성장과 발달 과정에서 점진적인 변화가 나타날 수 있다. 반면 성격적인 특성은 우울이나 불안과 같은 정서적 요인에 매우 의존한다. 특히 불안과 같은 정서적 요인은 검사 수행에 지대한 영향을 미친다. 따라서 지능검사는 더 높은 신뢰도를 기대할 수 있고, 성격 검사는 지능검사보다는 신뢰도가 더 낮게 나온다.

두 번째 중요한 문제는 심리검사 방법론의 문제다. 자연과학 같은 경우 연구자들은 화학 입자의 농도, 유기체의 중량 같은 것을 직접적으로 측정할 수 있다. 반면 심리학의 많은 구성 개념은 간접적으로 측정할 수밖에 없다. 예컨대, 지능은 직접적으로 평가할 수 없고 지적이라고 정의된 행동을 측정함으로써 추론할 수밖에 없다. 자존감 역시 엄밀히 말해 수량적으로 측정하기 어려운 개념이지만 자존감이라는 구성 개념을 잘 나타내는 문항을 선별해서 수량화한 것이다. 이와 같이 내적인 심리학적 구성 개념을 정의하고 관찰하는 데 있어서 정확성이 부족해서 오차가 생길 수 있다.

측정의 변산성은 한 검사 회기와 다른 검사 회기의 수행에서 변동이 있어서 나타날 수 있다. 이와 같이 자연적인 인간 수행의 변산성과 검사 자체의 부정확성이 측정 오차를 일으킬 수 있어서 검사의 측정 오차는 불가피하지만, 검사를 구성할 때에는 검사 오차를 받아들일 만한 수준으로 줄이는 것이 필요하다. 이상적으로는 신뢰도 계수가 .90이어야 하지만 대체로 .80 이상의 수치도 관행적으로 받아들여지고 있다.

신뢰도의 목적은 오차에 의해 유발되는 검사 변량의 정도를 측정하는 것이다. 다음의 네 가지 신뢰도는 검사 선택과 관련하여 고려할 필요가 있다.

(1) 검사-재검사 신뢰도(test-retest reliability)

같은 심리검사가 두 번씩 시행되며 두 번 시행된 점수들 간의 상관으로 계산된다. 검사-재검사 신뢰도를 구할 때 고려해야 할 요인들을 보면, 우선 검사 실시 간 간격이 신뢰도에 영향을 줄 수 있다. 학령 전 지능검사는 몇 개월 이내에 실시된 점수들 간의 상관이 높을 수 있다. 그러나 아동기나 성인기의 지능은 많은 요인과 생활 변화 등이 있어서 일반적으로 상관이 낮게 나올 수 있다. 검사-재검사 신뢰도에서 가장 중요한 문제는 처음 실시와 나중 실시 사이에 연습 효과(practice effect) 혹은 기억 영향으로 수행이 좋아지는 것이다. 이와 같은 요인은 지능검사에서 바꿔쓰기와 산수와 같은 문제에서 발견될 수 있다. 검사-재검사 신뢰도는 상대적으로 안정적인 변인을 측정할 때 선호되는 방법이다. 불안과 같이 매우 변화무쌍한 변인일 경우 이 신뢰도 방법은 적합하지 않다.

(2) 동형 검사 신뢰도(alternate form reliability)

동형 검사 신뢰도는 검사-재검사 신뢰도의 문제를 피하기 위해 개발되었다. 동형 검사 신뢰도는 특정 검사의 두 가지 유사한 형태 또는 판을 만든 다음 수검자 집단 표본에 실시한 후에 두 검사 점수들 간의 상관을 통해 계산된다. 두 번째 검사 실시가 첫 번째 검사 실시 후에 즉시 이루어지면 신뢰도는 형태들 간의 상관을 반영할 것이다. 동형 검사 신뢰도 방법은 이전 반응을 회상하는 것과 같은 이월(carryover) 효과를 제거할 수 있다는 장점이 있기는 하지만 웩슬러 지능검사의 바꿔쓰기 하위 검사처럼 기억술을 습득할 가능성을 염두에 두어야 한다. 또 한 가지 문제는 한 검사와 다른 검사 사이에 시간 간격이 너무 넓으면 기분, 스트레스 수준, 전날 밤 수면 패턴 등의 단기 변동에 의해 수행이 다르게 나올 수 있다는 것이다. 동형검사 신뢰도는 대체로 치료 효과를 평가하거나 다른 시점에 다른 형태로 실시함으로써 시간에 따른 수검자의 변화를 평가하는 데 유용한 방법이다.

(3) 내적 합치도(internal consistency)

가장 널리 쓰이는 신뢰도 방법이다. 검사의 내적 합치도를 결정하기 위한 한 가지 방법은 한 수검자의 점수를 2개로 분할하고 그 점수들 간의 상관을 보는 것이다(split-half reliability). 보다 정교한 기법들은 Kuder와 Richardson(1937) 및 Cronbach(1970)에 의해 개발되었다. 이 방법들은 이등분할 수 있는 검사의 모든 가능한 분할들의 평균을 계산하는 것이다.

(4) 채점자 간 신뢰도(inter rater reliability)

검사를 채점하는 데 있어서 주관적인 판단이 요구되는 경우, 수검자의 표본에 의해 산출된 동일한 반응들이 둘 또는 그 이상의 채점자에 의해 채점되며 그 점수들 간의 상관이 계산된다.

이상의 네 가지 신뢰도 중에서 특성이나 능력처럼 매우 안정적인 것을 측정한다면 검사-재검사 신뢰도가 가장 선호되며, 변화에 민감한 특성을 검사하는 것이라면 반분 신뢰도가 적당할 수 있다. 그리고 예측을 하는 검사라면 검사-재검사 신뢰도가 선호되고, 내적 일관성과 단일한 측정치의 검사 정확성에 관심이 있다면 반분 신뢰도와 동형 신뢰도가 좋을 수 있다.

어느 정도의 신뢰도가 좋은지 평가할 때 중요한 고려점은 검사의 형태다. 긴 검사는 짧은 검사에 비해 신뢰도가 더 높다. 검사의 형식 역시 신뢰도에 영향을 미치는데, 진위형은 우연으로 답할 확률이 50%이므로 중다 선택형보다 신뢰도가 낮을 수밖에 없다. 반면 중다 선택형의 질문은 다섯 가지 가능한 선택을 할 수 있기 때문에 우연히 맞힐 확률이 20%밖에 되지 않는다. 다양한 하위 검사와 하위척도가 있는 검사는 각 하위척도뿐만 아니라 전체 검사의 신뢰도가 보고되어야 한다. 대체로 전체 검사 점수는 하위 점수보다 높은 신뢰도를 갖는다.

5) 타당도

타당도란 검사 도구를 평가함에 있어 매우 중요한 부분이다. 신뢰도가 검사의 일관성에 관한 것이라면, 타당도는 해당 검사 도구가 측정하고자 하는 특성을 얼마나 충실하게 측정하느냐를 의미한다. 즉, 타당도는 검사 점수가 검사의 사용 목적에 부합하느냐의 문제로, 검사 도구가 평가 목적에 얼마나 적합한지를 보는 것이다. 키를 재기 위해서는 자를 그리고 무게를 달기 위해서는 저울을 사용하는 것이 타당한 측정 도구 사용의 예다. 결혼을 앞두고 있는 미혼 남녀에게 타당한 배우자감은 결혼하는 데에 아무런 법적 문제를 지니고 있지 않은 상대가 될 것이다. 이같이 어떤 목적에 부합하는 것을 타당성이 있다고 말한다. 인간의 잠재적 특성인 흥미, 적성, 지능, 인성 등을 측정하기 위한 검사를 예로 든다면, 흥미를 측정하기 위해서는 흥미 검사가, 적성을 측정하기 위해서는 적성검사가, 인성을 측정하기 위해서는 인성검사가 타당한 검사가 된다.

검사의 타당도는 확립하기가 굉장히 어려운데, 특히 지능, 불안, 성격과 같은 추상적인 개념인 심리학적 변인들을 다룰 때는 더욱 그렇다. 이러한 개념들은 눈에 보이는 실체가 아니라 간접적인 방법을 통해 추론되는 것들이다. 게다가 심리학적 구성 개념에 대한 개념화와 연구들은 시간에 따라 변화하는 것이 많고, 따라서 검사 타당도는 지속적으로 개정될 필요가 있다. 검사를 구성할 때 검사 개발자는 두 가지 필요한 초기 단계를 밟아야 한다. 첫째, 측정하고자 하는 구성 개념을 이론적으로 평가하고 기술하여야 한다. 둘째, 검사에 사용되는 질문이 그 구성 개념을 측정하고 나아가 예측할 수 있도록 개발하여야 한다. 예컨대, IQ 검사는 학업 성취의 주요 예측 변인이기는 하지만 많은 연구자는 IQ 검사가 이론적으로 기술한 대로 지능 개념을 정확하게 측정하고 있는지에 대해 회의적인 시각을 가지고 있다.

타당도의 종류에는 다음의 것들이 있다.

(1) 내용 타당도(content validity)

검사 개발 단계에서 문항 개발자는 우선 내용 타당도에 관심을 가져야 한다. 내용 타당도란 검사 문항들의 내용이 측정하고자 하는 영역의 내용에 관한 적절한 표본인지를 알려 준다. 예를 들어, 우울증을 측정하는 척도의 문항 내용들은 우울 증상들과 관련되는 정도와 이러한 문항들이 우울증 증상들의 모든 범위를 어느 정도 포괄하는지를 나타낸다. 초기 문항 선택 과정에서는 측정하려고 하는 변인과 관련이 있는 선행 이론이나 지식을 감안해서 문항을 산출하고, 그 문항이 특정 영역을 과잉 대표하지 않는지 혹은 과소 대표하지 않는지를 검토해서 문항을 수정하는 작업을 해야 한다. 주로 그 분야의 전문가들이 문항을 결정하고 개발하는 과정에 참여한다. 내용 타당도가 높은 검사가 되려면 측정하고자 하는 내용 영역의 모든 주요 측면과 추가적인 변인들도 다루어야 한다.

내용 타당도와 관련이 있는 개념은 안면 타당도(face validity)다. 과거에는 안면 타당도의 경우 검사 개발자의 주관적 판단에 의존했으나, 최근 들어 준거 및 구성 타당도와 통합하여 엄격한 경험적 접근을 따르고 있다. 내용 타당도가 전문가에 의해 판단이 내려지는 것을 말한다면, 안면 타당도는 검사 이용자, 즉 수검자에 의해 판단이 내려지는 것이다. 안면 타당도란 검사가 측정하려고 계획한 바를 재고 있다고 보이는 정도이며 수검자의 시각을 반영한 것이다. 안면 타당도에서 중요한 문제는 검사 라포다. 안면 타당도가 낮은 검사는 검사를 받는 사람에게 비협조적인 태도를 야기할 수 있다. 안면 타당도는 임상 심리검사에서 매우 유용한 개념이지만 대부분의 검사 매뉴얼에서는 이에 대해 언급하지 않고 있다.

(2) 준거 타당도(criterion validity)

타당도를 결정하는 데 두 번째로 중요한 접근은 준거 관련 타당도다. 준거 관련 타당도는 경험 혹은 예언 타당도(empirical or predictive validity)라고 불린다. 검사 점수들이 주어진 검사 외의 준거, 즉 주어진 검사의 부분이 아닌 준거를 경험적으로 예언해 주는 바는 어느 정도인가 하는 것이다. 예를 들어, 우울증 척도상에 나타난 점수는 그 수검자가 어느 정도로 우울한지 평가하는 임상가의 독립적인 평정과 얼마나 상관이 있는지가 이에 해당된다.

준거 타당도는 두 가지 유형, 즉 공존 타당도(concurrent validity)와 예언 타당도로 구분된다. 공존 타당도는 동시에 실시된다. 예를 들어, 지능검사가 실시되고 동시에 그 집단의 학업 성취 수준이 평가된다. 이때 지능검사 점수와 학업 성취 수준이 얼마나 일치하는가가 공존 타당도를 의미한다.

예언 타당도는 검사가 우선 실시되고 준거는 나중에 측정된다. 어떤 결과를 예측할 때 개인의 분류 및 선택에 주로 사용된다. 예를 들면, 인사 선발 과정이나 군대에서 병사들을 특정 업무 영역으로 배치할 때, 정서 장애가 있을 것으로 예측되는 사람들을 선별하거나 특정 치료 접근에서 효과가 있는 정신장애를 예측할 때 사용된다.

예언 타당도에서 중요한 문제는 그 검사가 측정하고 있는 속성을 얼마나 예측해 주느냐다. 예컨대, 지능검사와 학업 성취 간에는 대략 .50의 상관이 있는 것으로 알려져 있다. 상관 계수를 제곱하면 학업 성취의 대략 25%는 지능으로 설명이 가능하며, 나머지 75%는 동기 수준, 교육의 질, 과거 교육 경험, 정서적 상태 등의 영향을 받는다는 것을 의미한다. 여기서 평가자가 직면하는 문제는 25%의 설명력이 검사의 의도된 목적에 맞는지를 결정하는 것이다.

요약하면, 공존 타당도가 현재 상태, 즉 '수검자 ○○ 씨가 현재 부적응 상태인가'를 나타낸다면, 예언 타당도는 미래 상태, 즉 '수검자 ○○ 씨가 앞으로 부적응 상태가 될 것인가'를 나타낸다.

(3) 구성 타당도(construct validity)

이것은 타당도의 보다 복잡한 형태로, '검사가 측정하려고 하는 심리적 구성 개념을 얼마나 정확하게 측정해 주는가'에 해당된다. 수렴 타당도(convergent validity)는 검사상의 점수들이 그 검사에서 측정되고 있는 것과 이론적으로 관련 있는 구성 개념들을 재는 또 다른 측정 도구들과 경험적으로 상관이 있다고 발견되는 정도를 말한다. 변별 타당도(discriminant validity)는 검사 점수와 이론적으로 관련이 없는 구성 개념들을 재는 측정 도구들상의 점수들과 상관이 없다고 발견되는 정도를 말한다. 구성 타당도는 흔히 요인 분석(factor analysis)으로 검증된다.

변별 및 수렴 타당도와 관련하여 중요한 점은 다른 범주를 확인하는 데 평가 도구가 보여 주는 민감도(sensitivity)와 특이도(specificity)다. 민감도는 도구가 밝혀내는 진긍정(true positive) 비율을 말하며, 특이도는 진부정(true negative) 비율을 말한다. 구조화된 면접은 입원한 조현병 환자의 90%를 정확하게 확인할 수 있다는 점에서 매우 민감한 도구다. 그러나 약 30%의 환자는 부정확하게 정상이거나 다른 진단을 갖는 것으로 분류될 수 있다는 점에서 충분히 특이하지 않다. 민감도와 특이도를 결정하는 데에 있어서 어려움은 정신과적 진단이나 지능, 성격 특성과 같은 범주에 대해 모두 동의할 수 있고, 객관적으로 정확한 외적인 준거를 개발하는 데 있다.

구성 타당도는 측정하려고 하는 특성이나 능력에 대한 이론적 지식, 관련된 다른 변인들에 대한 지식, 가설 검증, 조사하고 있는 다른 변인들의 네트워크와 검사 변인 간의 관계 등에 대해 살펴보는 것이다. 모든 유형의 타당도는 구성 타당도의 하위 유형이라고 볼 수 있다.

(4) 증가 타당도(incremental validity)와 개념 타당도(conceptual validity)

검사 제작 시 높은 수준의 타당도가 요구되지만 임상 실제에서 특별히 중요한 타당도가 있다. 어떤 검사들은 사용된 자료의 수를 늘림으로써 정확성을 증가시키는 측면이 있다. 증가 타당도란 기존의 검사 도구들로 측정된 바 있는 심리 특성을 측정하기 위해 새로 고안된 검사가 기존의 검사들에 비해 심리측정적 성과를 어느 정도 향상시킬 수 있는가를 나타낸다. 예컨대, 임상심리학자들이 복잡한 심리검사에 기초하여 일련의 행동을 예측할 때는 배경 정보에 MMPI-2가 추가되면 타당도가 약간 증가한다. 투사 검사는 검사 배터리에 포함될 때 증가 타당도가 없다고 주장하는 사람들도 있지만 타당도를 증가시킨다는 연구 결과도 있다(Weiner, 1999).

임상 심리검사에서 또 다른 중요한 사항은 평가자가 검사 자료를 토대로 가설을 생성하고 이 가설을 검증한 뒤 가설에서 나온 자료를 일관성 있고 통합된 그림으로 혼합할 수 있는 능력이다. Maloney와 Ward(1976)는 이러한 접근을 개념 타당도라고 하였다. 특정 수검자에 대해 개념적으로 일관성 있는 정보를 제공하고 기술하기 때문에 개념 타당도라는 이름이 붙여졌다. 검사 자체의 이론적 구성 개념을 평가할 때 관여되는 내용 타당도와는 달리, 개념 타당도는 독특한 역사와 행동을 가진 사람들에게 초점을 두고 있다. 이 타당도는 검사 자료를 평가하고 통합하는 수단이 되며 임상가의 결론을 보다 정확한 진술로 만들어 준다. 구성 개념들 간의 특정 가설적 관계를 검증한다는 점에서 구성 타당도와 비슷하지만, 개념 타당도는 검사 자체보다는 개인과 관련된 구성 개념에 더 초점을 둔다.

개념 타당도를 결정할 때, 평가자는 대개 어떤 구성 개념도 세워지지 않은 상태로 시작해서 다음 단계에서는 관찰하고, 자료를 모으고, 많은 가설을 세운다. 이러한 가설들이 검사 자료, 행동 관찰, 개인력, 추가 자료나 정보에서 나타나는 일관성 있는 경향성을 통해 입증되고, 초기 가설들이 그 수검자에 대한 타당한 구성 개념을 세우도록 해 준다. 구성 개념에 대한 내용 타당도는 자료의 논리성과 내적 일관성에 근거한다. 이전에 이미 만들어진 구성 개념으로 시작하는 구성 타당도와는 달리, 개념 타당도는 최종 산물로 구성 개념을 만들어 내는 것을 의미한다. 여기서 개념 타당도의 목표는 검사의 최종 산물로 나타난 구성 개념들이 수검자가 직면하고 있는 독특한 문제를 푸는 데 도움이 되며 타당한 정보원을 제공해 준다는 것이다.

3. 심리평가의 단계

임상 평가 단계를 살펴보면 다음과 같다. 흔히 이러한 단계들은 개념적인 편리성을 위해 따로 설명하고 있기는 하지만, 실제로는 동시에 일어나기도 하고 상호작용하기도 한다.

1) 의뢰된 문제를 평가하기

심리평가의 실제적인 한계 중의 하나는 문제가 명확하지 않은 데서 기인한다. 심리검사의 강점과 한계점을 알고서 의뢰된 문제를 명확히 하는 것이 임상가의 의무이기도 하다. 가장 중요한 요건 중의 하나는 임상가가 자신이 일하고 있는 현장의 어휘, 개념적 모델, 역동, 기대를 잘 알고 있는 것이다.

대개 평가 상황에서는 전반적인 평가보다 특정 문제에 답해야 하는 경우가 많이 일어난다. 이러한 질문을 다루기 위해서 평가 과정의 각 단계에서 의뢰 문제의 원천이 되는 자료 혹은 사람과 접촉하는 것이 도움이 될 수 있다. 예컨대, 군대 부적응의 경우에는 같이 내원한 상사와 이야기를 나누어 볼 수도 있고 과거 학령기의 학적부를 살펴볼 수도 있다. 만약 수검자가 아동, 청소년이라면 교사와 면담을 하거나 학교 기록부를 참고할 수 있다.

2) 문제 내용과 관련된 지식을 획득하기

실제 검사를 하기 전에 평가자는 문제를 주의 깊게 평가하고 사용할 검사가 적합한지, 그 검사가 개인의 독특한 상황에 구체적으로 적용 가능한지 고려해야 한다. 임상가는 불안장애, 정신병, 성격장애, 기질적 뇌 증후군 등과 같은 조작적 정의에 익숙해야 한다. 이를 위해서는 정신과적 진단이나 이상 심리, 즉 정신병리에 대한 지식을 숙지하고 있어야 한다.

또한 측정하려고 하는 검사가 문제가 되는 변인을 잘 측정하는지 숙지하여야 하며,

앞의 〈표 1-1〉에 따라 표준화 정도, 신뢰도, 타당도를 고려하여 선정한다. 수검자의 나이, 성, 인종, 교육적 배경, 검사 동기, 예상되는 저항 수준, 사회적 환경, 대인관계 등도 고려한다. 치료 과정에 도움이 되게끔 검사의 효율성과 효과 등도 평가할 필요가 있다.

3) 자료를 수집하기

의뢰된 문제를 확인하고 검사와 관련된 실제적인 지식을 얻은 다음, 임상가는 실제적 자료를 수집하여야 한다. 이때 다양한 자료 출처, 예컨대 검사 점수, 개인사, 행동 관찰, 면담 자료 등을 고려해야 한다. 때에 따라 학교 생활기록부, 의학적 기록, 경찰 기록, 부모나 교사와의 면담 등도 필요하다. 검사 자료는 자료를 얻을 수 있는 하나의 방편 또는 원천이라고 볼 수 있다. 현재의 문제를 이해하기 위해 과거력을 살펴보면 환자의 문제를 이해할 수 있고, 이러한 이해를 바탕으로 검사 자료는 의미 있게 통합될 수 있다. 많은 경우 환자의 과거사는 검사 점수보다 환자 상태의 심각도를 평가하고 예측하는 데 더 중요한 정보가 될 수 있다. 예를 들어, MMPI-2의 2번 척도에서 상승한 점수가 나왔다 해도 자살을 예측하기는 어렵다. 오히려 과거 자살 시도 횟수, 연령, 성, 과거 자살 시도와 관련된 자세한 정보, 우울했던 기간 등이 자살을 더 잘 예측할 수 있다. 이와 마찬가지로 검사 자료 자체가 의뢰된 문제를 해결하기에 충분하지 않은 경우가 많다. 특정 문제와 그것의 해결을 위해서 임상가는 다양한 자료를 참고하고 종합해서 관찰된 자료가 얼마나 일관성이 있는지 평가해야 한다.

4) 자료를 해석하기

심리평가의 최종 산물은 수검자의 현재 기능 수준, 증상의 원인, 예후, 치료 제안 등과 관련된 고려 사항이다. 병인론적 기술을 할 때는 단순한 공식을 피하고, 대신에 몇 가지 상호작용하는 요인들에 의한 영향에 초점을 맞출 필요가 있다. 특히 주요 원인, 선행 요인, 촉발 요인, 강화 요인 등 모든 것을 고려해야 한다.

추가로 중요한 영역은 치료적 개입이 효과적이 될 수 있도록 검사 자료를 활용하는 것이다. 이때 임상가는 한 사람을 단순하게 진단적인 명칭으로 분류하기보다 그 사람 자체를 보다 깊게 그리고 보다 정확하게 이해하려고 애써야 하며, 수검자의 내적인 경험과 타인과의 관계 모두를 고려해서 그 사람을 생생하게 그려 낼 수 있어야 한다.

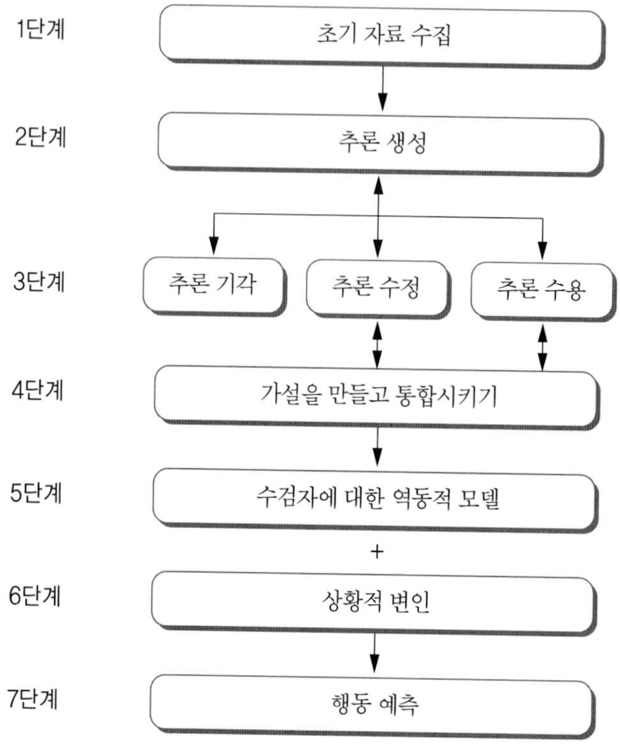

그림 1-2 평가 자료를 해석하기 위한 개념적 모델

출처: Maloney & Ward (1976).

이렇게 하기 위해서 임상가는 검사 자료를 통해 추론해야 한다. 검사 자료는 객관적이면서 실증적인 자료이기는 하지만 가설을 세우는 과정, 이러한 가설을 지지하고 결론을 통합하는 과정은 임상가의 경험과 훈련 배경에 달려 있다. 정신병리, 성격, 진단 등에 대한 어떤 인상을 형성하고, 관련된 사실을 확인하고, 추론을 하고, 이러한 추론을 의미 있고 일관성 있는 사실을 가지고 뒷받침하는 것 등이 이 과정에 포함된다.

Maloney와 Ward(1976)는 평가 단계를 다음의 7단계로 개념화하였다([그림 1-2] 참조).

(1) 1단계

첫 번째 단계는 수검자에 대한 자료를 수집하는 단계다. 이는 주로 의뢰된 문제가 무엇인지와 관련해 수검자의 과거력과 기록을 검토하면서 이루어진다. 이 시점에서 임상가는 시험적으로 가설을 세워 보고, 보다 상세하게 이 부분을 명확하게 하여야 한다. 다음 단계로는 실제적으로 수검자를 만나서 면담을 하고 다양한 심리검사를 실시한다. 임상가는 면담 중에 보이는 수검자의 행동, 실제 자료 내용을 주목하면서 추론을 만들기 시작한다.

(2) 2단계

두 번째 단계는 수검자에 대한 다양한 추론을 하는 단계다. 이러한 추론은 수검자의 문제를 요약해 주거나 설명해 주는 기능을 한다. 예컨대, 평가자는 수검자가 우울하다고 평가한다면 수검자의 수행, 주의 산만, 정서적 위축, 침체된 행동 등을 추론할 수 있다. 평가자는 수검자가 보이는 우울 증상이 성격에 깊게 뿌리박혀 있는 특성인지, 아니면 현재 상황적 어려움에 따른 일시적 반응인지를 살펴보아야 한다. 2단계에서 강조점은 수검자에 대한 가능한 다양한 추론을 만들어서 시험적으로 고려해야 한다는 것이다. 이러한 시험적인 가설이나 추론은 앞으로 어떤 영역에서 추가 정보를 얻어야 할지 알려 주는 역할을 하는데, 추가로 얻어지는 정보에 따라 기존의 가설이나 추론이 수정되기도 하고 확증되기도 하고 기각될 수도 있다.

(3) 3단계

세 번째 단계는 2단계에서 했던 추론을 수용하거나 기각하는 단계다. 이 단계에서는 앞의 단계들과 유기적으로 관련을 맺으면서 활발하게 가설을 검증한다. 추론의 타당성을 검증하는 과정에서 임상가는 이전에 했던 추론의 의미나 강조점을 바꾸고 새로운 것을 만들어 내기도 한다. 앞서 했던 추론을 강화해 주고 지지해 주는 증거가 나타나면 이러한 추론은 지지되고 강화받게 된다. 예를 들어, 수검자가 웩슬러 지능검사의 동작성 검사에서 유난히 불안해하는 경향성을 보였다면 MMPI−2나 행동 관찰 혹은 다른 검사 자료에서 불안 증상이 확증되거나 지지될 수 있다. 추론을 지지할 증거가 많을수록 임상가는 자신의 추론에 확신을 가질 수 있다.

(4) 4단계

이전 3단계에서 만들어진 추론을 정리하면서 임상가는 구체적인 추론에서 수검자에 대한 일반적인 추론으로 옮겨 간다. 이렇게 하는 목적은 각 추론을 정교화하면서 수검자의 경향성과 패턴을 기술하기 위함이다. 수검자가 우울하다는 추론은 과거력에서 수검자가 끊임없이 자신의 행동을 비난하는 것에서 나올 수 있다. 이것은 또한 그 사람이 우울한 상태로 들어가는 빈도와 강도에 대한 정보를 폭넓게 알려 줄 수 있다. 여기서 중요한 점은 수검자와 관련된 진술을 정교화하는 것이다.

(5) 5~7단계

5단계는 성격의 다양한 측면을 보다 정교화하는 단계다. 수검자의 특성을 통합하고 관련성을 살펴보는 것이다. 인지 기능, 정서, 기분, 대인관계 기능 등과 같은 일반 요인들을 기술하고 토의하는 것도 이 단계에 포함된다. 4단계와 5단계가 비슷해 보이지만, 5단계에서는 보다 포괄적이고 통합적인 방식으로 기술하는 것이 특징이다. 6단계에서는 상황적인 맥락을 포괄적으로 기술하고, 7단계에서는 수검자의 행동에 대한 구체적인 예측을 한다. 7단계는 의사 결정에 가장 중요한 요소가 포함되며, 임상가는 개인과 상호적인 변인 간의 관련성을 알고 있어야 한다.

이러한 추론의 타당도를 검증하는 것은 임상가들에게 도전일 수 있다. 심리적인 추론은 물리적으로 문서화하기 어려운 측면이 있다. 임상가는 이러한 추론의 타당성에 대한 피드백을 받지 못하는 경우가 많다. 평가 상황은 치료와 달리 짧게는 1시간, 길게는 3시간 정도로 끝나는 경우가 많아서, 치료를 직접 담당하지 않는 한 추론의 정확성과 타당도에 대해 알기는 어려울 수 있다. 이러한 어려움에도 불구하고 심리평가에서 나온 자료는 신뢰성 있는 정보가 될 수 있도록 충분한 깊이와 넓이로 기술해야 하며, 적절한 예언 타당도를 가지고 있어야 한다. 심리평가 보고서에서 기술된 내용이 얼마나 신뢰성 있는지는 다른 임상가들, 예컨대 정신건강의학과 의사나 여타의 정신건강 전문가들에 의해 반복 검증될 수 있어야 한다. 이 과정에서 진단 간 일치도, 진단 내 일치도가 고려되어야 한다. 기술 타당도(descriptive validity)는 기술되고 분류된 개인의 특성이 외적인 요인과 유사한 정도를 의미한다. 예를 들어, MMPI-2에서 나타난 특성은 가족력이나 인구통계학적 변인, 법적인 문제 혹은 알코올 남용과 같은 다른 관련된 속성과 일치되어야 한다. 예언 타당도는 심리평가에서 이루어진 추론이 미래 결과를 예측하는 능력을 말한다. 즉, 심리평가 결과가 이후의 학업 성취, 작업 수행, 치료 결과를 얼마나 예측할 수 있는지 여부를 말하는 것이다. 정확한 예측을 하는 것이 검사의 중요한 기능이라고 볼 수 있다. 특히 학령기나 청소년기 아동의 학업 적응과 수행을 예측하는 것은 매우 중요하다. 검사 결과를 추론할 때는 임상적 의사 결정을 효과적으로 할 수 있게끔 해야 한다. 그렇지 않으면 심리검사의 효용성은 줄어들 수밖에 없다.

TIP 심리검사의 분류

심리검사는 검사 내용과 구조화 수준에 따라 다음과 같이 분류할 수 있다.

1. 검사 내용에 따른 구분

기준	측정 내용	종류	특징
능력 검사	웩슬러 지능검사(K-WAIS-IV, K-WISC-IV 등)는 지적 능력을 평가함	지능검사	• 정답과 오답이 있고 정답을 많이 할수록 능력이 우수하다고 평가됨 • 대체로 수검자에게 능력을 최대한 발휘하도록 요구함 • 시간 제한이 적용되는 검사도 있음
	주의력, 기억력, 관리기능 등 특정 인지 기능을 평가함	신경심리검사	
	지능보다 광범위한 능력을 측정하며 일반적성검사, 특수 적성검사 등이 있음	적성검사	
성향 검사	성향, 기질 등을 측정함. 주로 자기보고식으로 이루어지고 있음. 성격의 객관적 판단이 어려운 경우, 중요한 타인에 의한 평가도 할 수 있음(예: MMPI-2, TCI, PAI, CBCL, MBTI, MCMI, CPI,[1] 로샤검사, 주제통각검사, HTP, 기업체 360도 평가 등)	성격 검사	• 대부분 정답과 오답이 존재하지 않음 • 수검자가 선호하는 반응을 토대로 성향, 태도, 흥미 등을 측정함 • 대부분 시간 제한이 적용되지 않음
	특정 대상 혹은 특정 분야에 대한 동기와 태도를 평가함(예: 직무만족도 검사, 동기 검사 등)	동기 및 태도 검사	
	특정 대상 혹은 특정 분야에 대한 흥미를 측정함(예: 스트롱 검사, 직업선호도 검사)	흥미 검사	

1) MMPI-2(Minnesota Multiphasic Personality Inventory-2nd edition), TCI(Temperament Character Inventory), PAI(Personality Assessment Inventory), CBCL(Child Behavior Checklist), MBTI(Myers-Briggs Type Indicator), MCMI(Millon Clinical Multiaxial Invenotry), CPI(California Personality Inventory)

2. 구조화 수준에 따른 구분

기준	내용 및 종류	특징
객관적 검사	• 검사 과제, 실시 지침 및 채점 과정이 구조화되어 있음 • 주로 표준화된 점수를 사용하고 이에 따라 해석 규준이 제시됨 • 예: 웩슬러 지능검사나 신경심리검사와 같은 대부분의 능력 검사, MMPI-2나 MBTI와 같은 대부분의 질문지형 검사 혹은 자기보고형 성향 검사 등	• 실시와 해석의 편리함 • 표준화, 신뢰도, 타당도 확보가 용이하여 객관적 연구 자료가 많음 • 개인 간 비교 제시가 가능함 • 수검자 반응의 질적 독특성을 평가하기 어려움 • 수검자의 언어이해력, 자기 표현 능력에 제한을 많이 받음 • 수검자가 의도적으로 반응을 왜곡하거나 증상 은폐 혹은 과장이 가능함
투사 검사	• 상대적으로 비구조화된 검사 • 모호한 검사 자극을 제시한 후 수검자가 자유롭게 표현하는 내용을 통해 자극을 인지하고 해석하여 반응하는 과정을 평가함 • 수검자 스스로 인식하지 못 하는 내적 사고과정 및 사고 내용, 정서, 동기, 욕구, 내적 갈등, 성격 등을 측정하고자 함 • 예: 로샤검사, 주제통각검사(TAT), 집-나무-사람 검사(HTP), 문장완성검사(SCT) 등	• 수검자에게 풍부하고 독특한 반응을 이끌어낼 수 있음 • 수검자의 의도에 따른 방어가 어려워 무의식적 내용을 평가하기 용이함 • 언어이해력에 제한이 있는 대상에게도 실시 가능 • 평가자의 태도가 결과에 영향 미칠 수 있음 • 실시, 채점, 해석 절차가 복잡하거나 표준화되어 있지 않음 • 객관적 검사에 비해 타당도, 신뢰도가 충분히 입증되지 않음

4. 심리평가와 관련된 윤리적 문제

심리검사 윤리는 그 어느 때보다 필요하다. 여기에는 수검자의 안전성, 비밀 보장, 고통의 감소, 솔직함 등이 포함된다. 검사 윤리는 더 많은 갈등과 비판을 극복하기 위해 점점 정교화되어 가고 있다. 심리검사와 관련된 비판으로는 심리검사를 부적합한 맥락에서 사용하고 있다는 점, 비밀 보장과 관련된 것, 문화적 편견, 사생활의 침범, 검사 자료의 방출, 타당도가 부족한 검사의 오남용 등이 있다. 이러한 비판 때문에 특정 검사의 제한적 사용과 윤리적 기준에 대해 전문적인 직업군 내에서도 분명하게 안내하고 지도할 것이 요구되고 있고, 일반 대중도 일부 심리검사에 대해 회의적인 시각을 갖고 있는 경우도 있다. 유용하고 정확한 평가를 확보하기 위해서는 검사 도구의 윤리적 사용을 인식할 필요가 있다.

윤리적 문제와 관련된 중요한 초점 중의 하나는 심리평가는 철저하게 전문적인 과정이라는 것이다. 심리평가란 분명하게 정의된 전문적 관계 맥락에서 발생하여야 한다. 이것은 수검자-임상가 관계의 성질, 목적, 조건이 합의되어 있다는 것을 의미한다. 대개 임상가는 관련된 정보를 제공하고, 수검자는 동의한다는 의미로 사인을 하게 되어 있다. 수검자에게 정보를 제공할 때는 검사 유형, 즉 어떤 검사를 사용할 것인지, 어느 정도의 시간이 걸릴 것인지, 비밀 보장의 성질 및 비용 등을 제공해 주어야 한다.

전문적 관계의 성질은 평가 결과와 전반적인 검사 과정 모두에 영향을 미친다. 평가자는 자신이 수검자에게 미칠 수 있는 가능한 영향력을 인식할 책임이 있다. 상호작용 없이 중립적인 조건에서 실시한 검사에 비해 언어적 강화를 해 주고 친근하게 대화를 유도하게 되면 평균 IQ가 13점 정도 높게 나온다는 연구 결과도 있다(Feldman & Sullivan, 1971).

심리학자는 평가 절차에 대한 동의서를 받게 되어 있다. 실제 병원과 같은 임상 장면에서는 정신건강의학과 의사의 의뢰에 따라 검사가 실시되는 경우가 많아서 심리검사를 할 경우 별도로 동의서를 받지 않는 경우가 허다하다. 그러나 원칙적으로는 이러한 절차를 무시해서는 안 되며, 특히 심리학자들만 고용되어 있는 센터나 상담실 등에서는 동의서를 받는 것이 좋다. 이때 검사를 해야 하는 목적이 무엇이며 검사 결과가 어떻게 활용될 것인지를 분명하게 알려 주고, 심리평가에서 얻어진 정보는 비밀 보장이 된다는 것을 알려 주는 것이 중요하다. 그러나 비밀 보장의 예외적인 조항으로는 아동 학대, 자·타해 위험, 법적인 소환에 관련된 정보 등이 있다. 정보를 제공할 때에는 수검자의 학력이나 연령을 고려하여 수검자가 알아듣기 쉬운 용어로 설명해 주어야 한다.

심리평가 동의서는 검사의 합리적 근거를 설명해 주기도 하고 앞으로 어떻게 활용될지 의사소통하는 과정을 포함한다. 이때 특정 검사 소검사를 보여 줄 필요는 없고, 검사의 성질이나 의도를 일반적인 방식으로 설명해 주는 것이 좋다. 만약 특정 검사가 '적응 능력'을 측정하는 것이라고 하면 수검자는 사회적 바람직성에 의해 반응을 왜곡할 수도 있다. 수검자가 사생활 침범으로 지각하지 않도록 검사 자극과 의도를 가급적 단순하고 명료하게 설명해 주는 것이 필요하다.

미국 심리학회(American Psychological Association: APA)에서는 2002년 심리학자들이 수검자에게서 얻은 자료는 어떤 것이든지 수검자의 허락에 의해서만 방출될 수 있다고 공표하였다. 소수자 보호나 혹은 수검자가 자·타해 위험에 빠질 경우를 제외하고는

표 1-2 심리평가 동의서

○○ 심리 상담 센터

심리평가 동의서

본 심리평가는 표준화된 심리검사 도구를 사용하여 수검자의 인지적인 기능, 학업적 능력, 사회적 능력, 정서적 기능 및 현재 기능 수준을 평가할 목적을 가지고 있습니다. 심리평가는 심리검사, 면담, 관련 자료 검토, 보호자 면담 등으로 이루어져 있습니다. 심리평가 결과는 피드백 회기에 수검자와 보호자에게 설명해 드릴 것입니다.

본 심리평가 결과에 대해서는 비밀 보장을 약속합니다. 하지만 다음과 같은 경우에는 비밀 보장의 예외가 적용됩니다.

1) 아동/지적장애자/노인 수검자가 학대를 받고 있다고 판단되는 경우
2) 수검자에게 심각한 자·타해 위험이 있을 경우
3) 수검자가 법적인 문제에 연루되어 법원의 명령에 따라 검사 자료를 공개할 의무와 책임이 있다고 판단되는 경우

위의 사항을 숙지하였으며 심리평가에 동의합니다.

수검자 성명 ________ (인)

일자 년 월 일

검사 자료를 통제할 수 있는 권한은 평가자가 아닌 수검자에게 있다는 의미다.

5. 평가자의 자격

요즘 들어 임상 심리 영역 이외에 상담 장면, 기업체, 학교, 복지 기관 등 심리검사를 시행하는 곳이 매우 늘어나고 있다. 심리평가에 대한 관심이 높아진 것은 임상심리학자로서 기분 좋은 일이긴 하지만, 우려가 되는 것은 검사에 대한 자격과 훈련을 충분히 받지 않은 사람들이 심리평가 현장에 많이 유입되고 있다는 것이다.

심리평가를 정확하게 실시하고 제대로 해석하려면 적당한 훈련을 받아야 한다. 이에는 대학원 과정, 수퍼비전을 받는 수련 경험 등이 적어도 1~3년 정도 포함되어야 한다. 개인 지능검사와 다양한 성격 검사를 실시하기 위해서는 상당히 집중적인 훈련을 받아야 한다. 평가자는 검사 도구의 강점, 제한점, 적당한 검사 도구의 선택, 검사 신뢰

도 및 타당도와 관련된 지식, 다양한 인구 집단을 대상으로 한 검사 해석 등에 정통해야 한다. 아무리 타당도가 높은 검사라도 그 검사가 의도하지 않은 용도나 목적으로 사용된다면 바람직하지 않으며 검사 자료에 기초한 쓸모없는 추론이나 타당하지 않은 결론을 유발할 수 있다. 평가자는 또한 검사 수행에 영향을 미치는 요인, 즉 평가자 쪽에서의 기대, 표준적인 검사 절차에서 벗어나는 검사 수행, 라포 정도, 수검자의 기분, 수검자의 생활 변화와 관련된 검사 실시 타이밍 등을 고려해야 한다. 정확한 결론을 내리기 위해서 평가자는 다양한 인간 행동에 대해 전반적으로 알고 있어야 한다. 만약 훈련 중인 수련생이 심리평가를 실시했다면 임상심리전문가가 그 내용을 수퍼비전 하여야 한다.

가장 중요한 것은 평가 목적에 맞게 검사를 적절히 활용하는 능력을 가지는 것이다. 예컨대, 지능을 측정하기 위해 지능검사가 아닌 TAT나 로샤검사를 가지고 측정해서는 안 되며, MMPI−2는 정신병리의 정도를 평가하기 위해 고안된 것이므로 정상인의 심리적 기능을 평가하기 위해 사용되는 것은 부적절하다.

현재 심리평가를 실시할 수 있는 전문가 그룹은 대학이나 대학원에서 임상심리학을 전공하고 충분한 수련을 받은 사람들이다. 정신건강임상심리사2급의 경우는 학부 졸업 후 정신보건 전문 요원 수련 기관에서 1년, 정신건강임상심리사1급의 경우는 대학원 졸업 후 3년의 수련을 거치도록 하고 있다. 임상심리 전문가의 경우 대학원 과정과 병원, 공인된 수련 기관을 포함해서 모두 3년간 수련을 받게 되어 있다. 임상심리학 전공자가 아닌데다 수련을 제대로 받지 않은 상태에서 심리평가를 실시하고 해석하는 문제가 특히 우리나라에서는 비일비재한 것으로 알려져 있다. 잠정적으로 수검자가 입을 피해를 생각한다면 전문가적인 양심과 책임감을 가지고 충분한 교육과 훈련을 마친 후에 심리평가를 실시하는 것이 바람직하다.

표 1-3 심리평가자의 자격

임상심리 전문가	정신건강임상심리사1급
• 임상심리학회 자격증 • 대학원 과정에서 1년을 포함해서 모두 3년 동안 임상심리학회에서 인증한 수련 기관에서 수련을 받고 난 뒤 자격 시험을 치르게 되어 있음	• 보건복지부 자격증 • 대학원에서 심리학을 전공하고 보건복지부가 인정하는 병원과 사회복귀 시설에서 3년간 수련 후 자격 시험을 거쳐 취득 가능함(정신건강임상심리사2급은 학부 졸업 후 1년간 수련을 받게 되어 있음)

부록

한국임상심리학회 윤리규정 중 심리평가 관련 조항(www.kcp.or.kr)

제5장 심리평가 관련 윤리 규정

제47조 평가의 기초

1. 법정 증언을 포함한 추천서, 보고서, 진단서, 평가서에 의견을 기술할 때, 심리학자는 자신의 의견을 입증할 만한 객관적 정보 또는 기법에 근거하여야 한다.
2. 개인의 심리 특성에 대한 의견을 진술할 때, 심리학자는 자신의 진술을 지지하기 위한 면밀한 검사과정을 거쳐야 한다. 그러한 노력에도 불구하고 검사가 실제적이지 못할 경우, 심리학자는 자신이 기울인 노력의 과정과 결과를 문서화하고, 불충분한 정보가 자신의 견해의 신뢰도와 타당도에 영향을 미칠 수 있음을 밝히고, 결론이나 권고 사항의 본질과 범위를 제한한다.
3. 개인에 대한 개별 검사가 보장되지 않는 상황에서 자료를 검토, 자문, 지도감독해야 할 경우에, 심리학자는 자신의 견해가 개별 검사에 기초하지 않았다는 사실을 밝히고 자신의 견해를 뒷받침하는 근거 정보를 제시한다.

제48조 평가의 사용

1. 심리학자는 검사 도구, 면접, 평가기법을 목적에 맞게 실시하고, 번안하고, 채점하고, 해석하고, 사용하여야 한다.
2. 심리학자는 타당도와 신뢰도가 검증된 평가도구를 사용하여야 한다. 그렇지 못한 경우에는 검사결과 및 해석의 장점과 제한점을 기술한다.
3. 심리학자는 평가서 작성 및 이용에 있어서, 객관적이고 학문적으로 근거가 있어야 하고 세심하고 양심적이어야 한다.

제49조 검사 및 평가기법 개발

검사 및 기타 평가기법을 개발하는 심리학자는 표준화, 타당화, 편파의 축소와 제거를 위해 적합한 심리측정 절차와 전문적 지식을 사용해야 한다.

제50조 검사의 보안 유지

1. 심리검사의 대중적 노출이 검사의 타당도를 손상시킬 가능성을 고려하여 검사의 보안을 위해 노력하여야 한다.
2. 능력 검사(지능검사, 신경심리검사, 적성검사 등)와 투사적 검사의 요강, 도구, 자극 또는 문항이 대중매체, 인터넷 등을 통해 대중적으로 노출되지 않도록 해야 한다. 또한 이러한 검사에서의 특정한 반응에 대한 구체적인 해석이 대중적으로 노출되지 않도록 해야 한다.

3. 검사의 보안을 위한 노력의 의무는 심리검사에 관한 내용이 포함되는 서적에도 적용된다. 단, 심리학 전공자들이 심리검사를 연구하고 사용하는데 도움을 주기 위해 제작되는 검사 요강, 핸드북, 해설서, 사례집, 워크북 등의 서적에 대해서는 특별한 제한을 두지 않는다.
4. 심리검사를 제작하여 판매하려는 심리학자는 그 검사의 특징을 감안하여 검사 구입자의 자격 범위를 규정하고, 그러한 자격을 갖추지 못한 사람에게 판매되지 않도록 해야 한다.

제51조 평가에 대한 동의

1. 평가 및 진단을 하기 위해서는 내담자로부터 평가 동의를 받아야 한다. 평가 동의를 구할 때에는 평가의 본질과 목적, 비용, 비밀유지의 한계에 대해 알려야 한다. 그러나 다음의 경우는 평가 동의를 받지 않아도 된다.
   (1) 법률에 의해 검사가 위임된 경우
   (2) 검사가 일상적인 교육적 · 제도적 활동 또는 기관의 활동(예: 취업 시 검사)으로 실시되는 경우
2. 동의할 능력이 없는 개인과, 법률에 의해 검사가 위임된 사람에게도 평가의 본질과 목적에 대해 알려 주어야 한다.
3. 검사결과를 해석해 주는 자동화된 해석 서비스를 사용하는 심리학자는 이에 대해 내담자/환자로부터 동의를 얻어야 하며, 검사결과의 기밀성과 검사 안정성이 유지되도록 해야 하며, 법정 증언을 포함하여, 추천서, 보고서, 진단적 · 평가적 진술서에서 수집된 자료의 제한성에 대해 기술해야 한다.

제52조 평가 결과의 해석

1. 평가 결과를 해석할 때, 심리학자는 해석의 정확성을 감소시킬 수 있는 다양한 검사 요인, 예를 들어 수검자의 검사받는 능력과 검사에 영향을 미칠 수 있는 상황이나 개인적 · 언어적 · 문화적 차이 등을 고려해야 한다.
2. 평가 결과의 해석은 내담자/환자에게 내용적으로 이해 가능해야 한다.

제53조 무자격자에 의한 평가

심리학자는 무자격자가 심리평가 기법을 사용하도록 허용해서는 안 된다. 단, 적절한 감독하에 수련 목적으로 사용하는 경우는 예외로 하며 다음과 같은 사항에 주의한다. 수련생의 교육, 수련 및 경험에 비추어 수행할 수 있는 평가 기법들에 한정해 주어야 하며 수련생이 그 일을 유능하게 수행할 수 있는지 지속적으로 감독해야 한다.

제54조 사용되지 않는 검사와 오래된 검사결과

1. 심리학자는 실시한 지 시간이 많이 경과된 검사결과에 기초하여 평가, 중재 결정, 중재 권고를 하지 않아야 한다.

2. 심리학자는 현재 사용되고 있지 않거나 현재의 목적에 유용하지 않은, 제작된 지 오래된 검사나 척도에 기초하여 평가, 중재 결정, 중재 권고를 하지 않아야 한다.

제55조 검사채점 및 해석 서비스

1. 다른 심리학자에게 검사 또는 채점 서비스를 제공하는 심리학자는 절차의 목적, 규준, 타당도, 신뢰도 및 절차의 적용 그리고 사용할 수 있는 자격에 대해 정확하게 기술해야 한다.
2. 심리학자는 프로그램과 절차의 타당도에 대한 증거에 기초하여 채점 및 해석 서비스를 선택해야 한다.
3. 심리학자가 직접 검사를 실시, 채점, 해석하거나, 자동화된 서비스 또는 기타 서비스를 사용하더라도, 평가도구의 적절한 적용, 해석 및 사용에 대해 책임을 져야 한다.

제56조 평가 결과 설명

검사의 채점 및 해석과 관련하여, 심리학자는 검사를 받은 개인이나 검사집단의 대표자에게 결과를 설명해 주어야 한다. 그러나 관계의 특성에 따라서는 결과를 설명해 주지 않아도 되는 경우도 있다(예: 조직에 대한 자문, 사전고용, 보안심사, 법정에서의 평가 등). 이러한 사실은 평가받을 개인에게 사전에 분명하게 알려 주어야 한다.

제57조 평가서, 검사보고서 열람

1. 평가서의 의뢰인과 수검자가 동일하지 않을 경우에, 평가서와 검사보고서는 의뢰인이 동의할 때 수검자에게 열람될 수 있다.
2. 건강에 피해를 줄 수 있다고 판단되지 않는 한, 수검자가 원할 때는 평가서와 검사보고서를 볼 수 있도록 도와야 한다.
3. 평가서를 보여 주어서 안 되는 경우, 사전에 수검자에게 이 사실을 인지시켜 주어야 한다.

제58조 검사 자료 양도

내담자/환자를 다른 서비스 기관으로 의뢰할 경우, 심리학자는 내담자/환자 또는 의뢰기관에 명시된 다른 전문가에게 검사 자료를 제공할 수 있다. 그러나 검사 자료가 오용되거나 잘못 이해되는 것으로부터 내담자/환자를 보호하기 위해 검사 자료를 양도하지 않을 수도 있다. 여기에서 검사 자료란 원점수와 환산점수, 검사 질문이나 자극에 대한 내담자/환자의 반응 그리고 검사하는 동안의 내담자/환자의 진술과 행동을 지칭한다.

참고문헌

박영숙(1998). 심리평가의 실제. 서울: 하나의학사.

Aiken, L. R., & Groth-Marnat, G. (2006). *Psychological Testing and Assessment* (12th ed.). Boston, MA: Pearson Education.

Cronbach, L. J. (1970). *Essentials of Psychological Testing* (3rd ed.). London: Harper and Row.

Feldman, S. E., & Sullivan, D. S. (1971). Factors mediating the efforts of enhanced rapport on children's performance. *Journal of Consulting and Clinical Psychology, 36,* 302.

Groth-Marnat, G. (2009). *Handbook of Psychological Assessment* (5th ed.). Hoboken, NJ: John Wiley & Sons, Inc.

Groth-Marnat, G. (2016). *Handbook of Psychological Assessment* (6th ed.). Hoboken, NJ: John Wiley & Sons, Inc.

Kuder, G. F., & Richardson, M. W. (1937). The theory of the estimation of test reliability. *Psychometrilca, 2,* 151-160.

Maloney, M. P., & Ward, M. P. (1976). *Psychological Assessment: A Conceptual Approach.* New York: Oxford University Press.

Weiner, I. B. (1999). Incremental validity of the Rorschach. *Assessment, 6,* 327-338.

제2장

평가 면담과 행동 평가

심리평가 과정에서 면담은 검사 자료를 통합할 때 매우 유용한 정보원이 된다. 검사를 처음 실시하는 초심자의 경우 검사 자체에 많은 에너지를 쏟으면서도 정작 면담에는 소홀한 측면이 있다. 심리평가를 하면서 수검자에 대한 자료를 모을 수 있는 또 다른 중요한 수단이 평가 면담이며, 대부분의 심리검사 결과는 면담 자료가 없이는 그 의미를 알기 어렵다. 평가 면담은 수검자에 대해 잠정적으로 중요한 정보를 제공해 주는데, 예컨대 검사 동안 이루어지는 행동 관찰이나 수검자의 독특한 특징, 현재 생활 상황에 대한 반응 등은 검사 자체에서는 얻을 수 없는 중요한 단서가 될 수 있다. 그리고 면담은 라포를 형성할 수 있는 일차적인 수단이 된다.

평가 면담을 단순히 대화로 잘못 생각하는 경우가 많다. 그러나 면담과 대화는 분명한 차이점이 있다. 면담은 분명한 순서가 있고, 어떤 목표를 이루기 위해 특정한 연관 있는 주제를 중심으로 조직화된다. 일상적으로 일어나는 대화와 달리, 평가 면담에서는 면담자와 피면담자가 불쾌한 사실과 감정을 나누게 된다. 면담의 목표는 면담자와 피면담자가 관계를 형성하여 다른 수단을 통해서는 쉽게 얻기 어려운 정보를 모으고, 문제행동에 대한 이해를 돕고, 피면담자에게 문제행동을 해결할 수 있는 방향성과 지지를 제공해 주는 것이다.

면담의 기본 차원은 구조화의 정도다. 구조화된 면담은 비구조화된 면담에 비해 심리측정적으로 훨씬 양호하다. 어떤 면담은 한 주제에서 다른 주제로 자유롭게 이동한다. 반면 다른 면담은 평정표나 체크리스트를 가지고 매우 지시적으로 그리고 목표 지향적으로 평가할 수 있다. 비구조화된 면담은 융통성이 있고, 라포 형성을 도와주고, 임상가가 수검자의 반응을 조직화하고 수검자의 개인력에 대해 독특한 세부 사항을 평가하게 해 준다. 그러나 비구조화된 면담은 신뢰도와 타당도가 떨어진다는 단점이 있다.

면담자가 피면담자와 면담하는 것은 두 사람이 하나의 퍼즐을 맞추는 것에 비유될 수 있다. 즉, 피면담자는 조각을 가지고 있고 면담자는 완성된 도안의 이미지를 가지고 있는 것과 같다.

구조화의 수준이나 정도와 상관없이 평가 면담은 대개 특정한 목표, 즉 수검자의 강점, 적응 수준, 문제의 성질과 배경, 진단, 관련된 개인사와 가족사에 대한 정보를 얻는 것을 말한다. 이러한 목표를 얻기 위한 기법은 면담자마다 다양하다. 대부분의 임상가는 배경 자료와 기초 개인력을 알 수 있는 접수 면담 형식과 같은 적어도 몇 가지 구조화된 양식을 가지고 면담에 임하는 경우가 많다.

1. 평가 면담의 역사 및 발달 과정

수검자로부터 정보를 얻기 위한 면담은 처음에는 묻고 답하기 식의 의학적 형태로 만들어졌고, 나중에는 정신분석 이론의 영향으로 자유로운 개방형의 포맷으로 변화되었다. 정신분석 지향을 가진 면담 방식의 출현과 발맞추어 보다 구조화되고 목표 지향적인 정신 상태 검사가 Adolf Meyer(1902)에 의해 만들어졌다. 이 검사는 수검자의 현재 기능, 일반적인 모습, 행동, 사고 과정, 사고 내용, 기억, 주의력, 언어, 통찰, 판단력을 묻게 되어 있다. 1940~1950년대에 들어와서 면담의 중요한 차원은 다음과 같이 개념화되었다.

- 내용 대 과정
- 목표 지향(문제해결) 대 표현적인 요소
- 지시의 정도
- 구조화의 수준
- 참여자가 표현하는 활동의 양

이러한 다섯 가지 면담 차원은 많은 연구를 불러일으켰다. 그 결과로 비지시적인 접근이 수검자로부터 훨씬 더 좋은 변화와 탐색을 촉진하는 반면 설득이나 해석, 면담자의 판단을 이용한 지시적인 접근은 수검자의 방어와 저항을 불러일으킨다고 알려져 있다.

1960년대에 들어와서 Carl Rogers(1961)의 영향으로 면담에 대한 많은 연구가 이루어졌으며, Rogers의 이론에 따라 따뜻함, 긍정적인 존중, 솔직함을 면담의 기본으로 생각하는 분위기가 형성되었다. Rogers 이론을 바탕으로 Carkhuff(1969)는 5점 척도의 면담지를 만들었는데, 이는 면담, 치료자 훈련, 수검자 중심의 이론적 지향을 지지하는 척도로 평가되었다.

이후 많은 학파가 나왔는데, 특히 행동주의 면담은 행동의 선행 요인과 결과를 중시하였고 가족 치료는 상호 집단 과정을 강조하였다. 이 시기에 들어와서 아동·청소년 면담 형태가 개발되었다.

1970년대에 들어와서는 정신과적 진단의 낮은 신뢰도를 보강하기 위해 구조화된 면담이 개발되었다. 이에는 현재 상태 검사(Present State Examination), 레너드 진단 면담(Renard Diagnostic Interview), Lazarus의 BASIC-ID 모델에 따른 행동(Behavior), 정동(Affect), 감각(Sensation), 심상(Imagery), 인지(Cognition), 대인관계(Interpersonal relation) 약물(Drug)과 관련된 평가가 들어 있다. 개인력을 통합하여 자살, 약물 사용, 위험 행동과 같은 미래 행동을 예측하기 위한 추가적인 노력이 이루어졌다. 1970년대의 면담은 대부분 포괄적인 구조화된 접근이었고, 가족 치료자들은 가족 역동, 즉 집단 과정을 볼 수 있는 면담 형태에 관심을 기울였다.

1980년대에 들어와서 DSM-III(1980), DSM-III-R(1987)이 개발되면서 이에 근거한 면담법이 개발되었다. 이에 따라 면담이 점점 구조화되면서 척도와 특정 진단 전략이 면담지에 포함되었다. 검사와 면담의 구분이 점점 없어지게 되고 진단을 돕기 위한 컴퓨터 프로그램 DIANO-III(Spitzer, Endicott, & Cohen, 1974), CATEGO(Wing, Cooper, & Sartorius, 1974) 등이 개발되었다. 1990년대 중반과 후반 들어 대부분의 임상가는 구조화된 면담과 개방형의 비구조화된 면담을 종합해서 사용하게 되었다. 임상적 의사 결정과 이후의 치료 예후를 위해 초기 면담의 중요성이 강조되었고, 평가 과정에서 문화와 성의 영향과 의미가 강조되었다. 또 다른 변화로는 서로 다른 학파, 이론 간의 통합이 일어났다.

1990년대의 두드러진 특징으로는 관리 의료 체계와 억압된 기억의 타당도에 대한 논쟁이 일어나면서 면담에 중요한 변화가 일어났다. 관리 의료 체계에 따라 비용 효과성과 맞춤식 환자 치료가 성행하면서 짧은 면담 기법이 각광받게 되었다. 억압된 기억과 관련된 문제로는 환자로부터 얻은 정보가 틀림없는 사실인지의 정도를 명확하게 평가해야 했는데, 특히 아동 성폭력을 평가할 때 이것이 중요한 이슈가 되었다.

이 밖에 소수 집단에 대한 면담의 정확성, 새로운 면담 기술 개발 등이 중요한 문제가 되었다. 면담과 관련하여 새로운 기술로는 컴퓨터화된 면담(Garb, 2007), 전자 일지(Piasecki, Hufford, Solhan, & Trull, 2007), 보행 감지기(Haynes & Yoshioka, 2007) 등이 있다. 비용 효과성, 환자-치료 맞춤, 과거 기억의 문제, 새로운 면담 장비와 전략 등은 앞으로도 주요한 주제가 될 것이다.

2. 평가 면담과 사례 조사

1) 일반적인 고려 사항

면담 기술은 면담자가 가지고 있는 이론적 지향과 실제적인 문제에 영향을 많이 받는다. 내담자 중심 이론에 깊이 영향받고 있는 면담자는 구조화된 면담을 피하고 비지시적인 면담을 선호할 것이다. 내담자 중심 면담의 목표는 사람마다 가지고 있는 변화에 대한 욕구를 자극하고 자기 변화를 향상시키는 것이다. 반면 행동주의 면담은 변화란 특정한 외부 상황이나 결과에 의해 발생한다는 가정에 기초하고 있다. 따라서 외적인 조건을 변화시키는 것에 기초해서 전략을 세우고 구체적인 정보를 얻기 위한 구조화된 면담을 선호한다. 여기서 중요한 점은 특정 면담 양식과 전략은 어떤 사람에게는 잘 맞지만 또 다른 사람에게는 잘 맞지 않는다는 것이다.

많은 임상가는 진단적 면담을 위해 DSM 진단 체계에 따라 면담을 진행하며 정신건강의학과 병력 등 정보에 기초해서 체계화된 면담을 선호한다. 반면에 형식적 진단 체계에 가치를 두지 않는 임상가들은 수검자의 대처 양식, 사회적 지지, 역동, 장애의 특징 등과 같은 영역에 관심을 가지고 면담에서 이 부분을 집중적으로 탐색한다. 따라서 이들의 면담은 덜 지시적이고 보다 유연하다. 어떤 면담 양식도 맞고 틀린 답은 없다. 하지만 면담자의 이론적 지향, 수검자의 특성에 따라 유연하게 활용하는 것이 중요하다. 검사 상황에서 많은 평가자는 질문 문항 순서와 양식이 들어 있는 반구조화된 면담을 선호한다. 〈표 2-1〉에는 반구조화된 면담 방법이 예시되어 있다.

좋은 면담이 어떤 것인지 정의 내리기는 어려운데, 임상가나 이론가마다 다른 접근법을 선호하기 때문이다. 임상가들에 따르면 성공적인 면담은 임상가가 수검자에게 말하고 표현하는 태도에 달려 있다. 지시의 정도, 얻을 수 있는 정보의 양 등이 면담 방법마다 차이가 있겠지만, 많은 임상가는 면담자와 수검자의 관계 형성이 매우 중요하다는 것에 동의하고 있다. 이러한 태도에는 면담자가 수검자에게 표현하는 진실성, 수용, 이해하고 있다는 느낌, 솔직한 관심, 따뜻함, 긍정적인 태도 등이 포함된다. 좋은 이론과 방법으로 무장하고 있다고 하더라도 임상가가 이러한 태도와 특성을 소유하고 있지 않다면 면담에서 목표로 하는 것을 결코 얻지 못할 것이다.

면담 동안에 임상가가 기록하는 것은 수검자로 하여금 불안감과 경계심을 유발할 수 있다. 그러나 기록하지 않고 나중에 면담이 끝난 뒤에 적고자 한다면 면담자의 기억 왜

표 2-1 초기 면담 기록지(Initial Interview Recording Sheet)

성　명:	연령/성별:	평가일:
등록번호:	의뢰 의사:	평가자:

Part I. 주요 호소와 증상

1. 주 호소
2. 현재 병력
   - 스트레스 요인
   - 증상
   - 이전 삽화(치료/입원 여부/결과 등)
   - 병의 진행 과정
3. 기분 및 정도(유형/안정성/적절성)
4. 사고 내용
   - 자살 사고
   - 망상
   - 강박 사고
   - 환각(환청/환시/환후/환미/환촉)

Part II. 개인 및 사회적 영역

1. 아동 및 청소년기
   - 성장과정(고향/학령기 전/초등/중등/고등/청소년기 때의 문제 등)
   - 성격
   - 건강 상태 및 신체 질병
   - 교우 관계
   - 교육(최종 학력/학업 성취 및 학업 문제)
   - 학대(신체적/성적)
2. 가족력
   - 가족 환경
   - 부모(연령/직업/성격/환자와의 관계)
   - 형제자매(연령/직업/성격/환자와의 관계)
   - 가족력(가족 및 친척들의 정신건강의학과적 장애 유무)
3. 성인기
   - 결혼(결혼 연령/횟수/자녀 수, 연령, 성별/부부 문제 등)
   - 배우자(연령/직업/성격/환자와의 관계)
   - 현재 생활 환경(동거인/주거 지역/지지망/경제력 등)
   - 직업력(현재 직업/과거 직업력)
   - 대인관계(친구/소속 단체 및 모임)
   - 군대
   - 법적인 문제

4. 과거 의학력
   - 주요 병력(정신건강의학과 이외의 의학적 치료: 수술, 약물 치료, 기타 병원 치료 등)
5. 물질 남용
   - 종류/사용 기간/양/빈도
   - 사용 상황/이유(이점)
   - 결과(의학적, 직업적, 법적, 재정적)
6. 성격 특성
   - 성격(일생의 행동 양식)
   - 성격의 장점/단점
7. 자살 및 자해 시도
   - 상황/방법/횟수
   - 결과

Part III. 정신 상태 검사

1. 외양(신장, 체격 및 기타 신체 특징/외양에서 추정되는 연령/옷차림/자세/영양 및 위생 상태 등)
2. 행동(활동 수준/눈 맞춤/말투)
3. 사고의 흐름(논리성/적절성/연상 등)
4. 언어(이해/표현의 유창함/단어 사용/말의 속도와 리듬 등)
5. 통찰(병식)과 판단

곡이 일어날 수 있다. 지나치게 경계적이고 과민한 편집증 환자는 면담자의 기록을 의식하면서 대화를 나누는 것을 꺼릴 수 있다. 그러므로 이 경우에는 면담이 끝난 즉시 기록할 필요가 있고, 수검자가 동의를 한다면 면담 중에 즉시 기록하는 것이 좋다. 마찬가지로 면담 과정을 비디오나 오디오로 녹화할 때에는 반드시 비밀 보장의 전제하에 수검자에게 설명해 주고 동의를 구해야 한다.

2) 면담 전략

지금까지 많은 유형의 면담 전략과 기법이 개발되었다. 이는 진술한 말을 명료화시키기, 탐색하기, 직면하기, 이해하기, 적극적 경청, 반영하기, 피드백하기, 요약진술, 무작위 탐구, 자기노출, 지각 탐색, 구체적 예시, 치료적 이중 구속 등 헤아릴 수 없이 많다.

여기서는 일반적인 면담 전략을 제공하고자 한다.

(1) 예비 단계

면담 예비 단계에서는 다음의 문제를 적절하게 다루어야 한다.

- 면담 환경의 물리적 특징, 면담실이 어수선하지 않은지, 조명이 적당한지, 의자 배치가 잘되어 있는지, 예컨대 면담자와 피면담자 간 거리가 너무 가깝거나 멀지 않은지, 눈높이 수준이 같은지 등을 고려한다.
- 면담자 자신을 소개한다.
- 면담의 목적을 설명하고, 면담에 대한 수검자의 이해를 체크하고 불일치가 있는지 체크한다.
- 면담에서 얻은 정보를 어떻게 사용할지 설명한다.
- 비밀 보장이 됨을 설명하고, 말하고 싶지 않은 부분은 말하지 않아도 된다고 설명한다.
- 평가에 사용될 도구, 전체 시간 등을 설명하면서 환자/수검자가 할 역할이나 활동을 설명한다.
- 비용에 대한 이야기를 해 준다.

(2) 지시적 면담 대 비지시적 면담

임상가가 구조화되고 직접적인 면담을 할지 여부는 이론적인 것과 실제적인 것을 고려해서 결정을 한다. 시간이 제한되어 있다면 구체적이고 직접적인 면담을 하는 것이 좋다. 모호하고 비구조화된 면담은 극단적으로 불안한 사람을 더 불안하게 할 수 있으므로 이 경우 직접적인 면담이 더 효율적이다. 수동적이고 철수되어 있는 수검자는 직접적으로 묻고 답하기 방식이 더 유익할 수 있다. 구조화가 덜된 면담은 수검자의 자기 탐색을 촉진시켜 임상가가 수검자의 전반적인 능력을 관찰하기가 쉬워지고, 라포 형성에도 도움이 되며, 수검자의 독특성에 더 예민하게 반응할 수 있다는 장점이 있다.

행동 면담은 실제 행동, 관련된 인지, 태도 및 신념을 포괄적으로 담고 있는 구조화된 면담이 특징적이다. 이러한 행동 면담은 수검자가 보통 자각할 수 없는 정보를 평가하고 숨어 있는 동기와 역동을 탐색하는 비구조화된 정신역동적 접근과 대조된다. 행동 면담과 정신분석적 면담은 서로 다른 정보를 제공해 주지만 보완해서 사용할 수 있다.

(3) 면담 기법의 순서

면담을 연구하는 대부분의 연구자는 개방형으로 시작해서 환자의 반응을 관찰한 뒤

보다 직접적인 면담으로 들어갈 것을 권고하고 있다. 개방형 질문의 장점은 수검자가 외부 구조 없이 자신을 이해하고 조직화하고 표현할 수 있게 해 준다는 것이다. 대부분의 평가 도구는 구조화되어 있는데, 면담 시 이러한 개방형 질문에 따른 수검자의 반응을 통해 언어적 유창성, 자기주장성 수준, 목소리 톤, 에너지 수준, 머뭇거림, 불안 영역 등이 드러날 수 있다. 이러한 관찰을 통해 가설이 세워지고, 이후에 보다 직접적인 질문을 통해 가설을 검증할 수 있다.

면담 방향을 매개하는 면담자의 반응에는 촉진, 명료화, 공감, 직면이 있다.

- 촉진: 대화의 흐름을 촉진시키는 것으로, "더 말씀해 보세요." "계속해 보세요." 등이 있다.
- 명료화: 수검자가 미묘한 단서를 제시하면서도 말하려는 주제에 관해 뭔가 충분히 표현하지 않을 때 명확하게 해 달라고 요청하는 경우로, 구체적인 예(어떤 특정한 날)를 제공해 달라고 말하는 경우다.
- 공감: 공감하는 말("힘드셨겠군요.")은 수검자의 자기노출을 도와준다. 수검자가 하는 말에 불일치가 생기는 경우는 대개 수검자가 자신의 현재 모습과 되고자 하는 모습 사이의 불일치, 말하고 있는 것과 행동하는 것의 불일치, 수검자의 자기지각과 면담자가 지각하는 것의 차이 등에 따른 것이다.
- 직면: 수검자가 보고하고 있는 내용이 관련 정보나 맥락에 맞지 않을 경우 면담자는 그것에 도전할 수 있다. 평가 상황에서 직면의 목적은 수검자에 대한 깊이 있는 정보를 얻기 위한 것이다. 치료적 직면은 수검자의 자기탐색을 도와서 행동 변화를 유도하기 위해 사용될 수 있다. 치료 상황에서는 적절한 직면이 도움이 될 수 있지만 이 경우에도 충분히 라포가 형성된 후에야 효과적일 수 있다. 치료 상황보다 상대적으로 짧은 시간 동안에 일어나는 평가 면담에서 지나친 직면은 라포 형성에 도움이 되지 않을 수 있으며, 환자의 방어와 평가에 대한 저항을 불러일으킬 수 있다. 직면을 시킬 경우 개방형으로 시작해서 보다 구조화된 방식으로 접근하는 것이 좋고, 너무 엄격하게 직접적인 질문을 해서는 안 되며, 사례별로 유연하게 접근하는 것이 필요하다.

(4) 포괄성

평가 면담의 기초는 문제행동(문제의 특성, 심각도, 관련된 정서 영역)과 원인을 파악하는 것이다. 경우에 따라서는 체크리스트가 도움이 될 수 있다. 체크리스트를 가지고 처음에 "여기에 어떻게 오셨죠? 심리적으로 힘드신 것이 있으신가요?"라는 말을 하면서 수검자가 반응을 조직화하는 과정을 관찰하고 기록한다. 어떤 영역과 측면이 드러나지 않는다고 해서 "왜요?"와 같은 직접적인 질문을 하게 되면 수검자의 방어를 유도할 수 있으므로 삼가도록 한다. '왜'라는 질문은 비난조로 들릴 수 있고 수검자로 하여금 자신의 행동에 대해 책임을 지도록 강요할 수 있기 때문이다. 대안적인 접근은 "그에 대해서는 어떻게 생각하세요?" 혹은 "어떻게 해서 그런 일이 생긴 것일까요?" 등이다. '왜'라는 질문이 자신을 정당화하는 반응을 유발한다면, 위와 같은 질문을 할 때 수검자는 자신의 감정에 더 집중하면서 생각과 감정을 더 편하게 말하게 된다.

3. 정신 상태 검사

원래 정신 상태 검사는 신체 상태를 검사하기 위한 의학적 모델에서 출발하였다. 신체의학 검사가 주요 신체 기관 체계를 점검하기 위해 고안되었듯이, 정신 상태 검사 역시 정신과적 주요 체계인 용모, 인지 기능, 통찰력 등을 측정하기 위해 개발되었다. 정신 상태 검사는 1902년 Adolf Meyer가 미국 정신의학계에 도입한 이래 대부분의 정신건강의학과 장면에서 환자 평가의 주류를 이루어 왔다. 신체 검사가 일반 의학에서 중요하듯이, 많은 정신건강의학과 의사는 정신 상태 평가를 필수적인 것으로 간주하고 있다.

심리검사 장면에서는 정식으로 심리검사를 시작하기 전에 일반적인 심리검사 수행이 가능한 상태인지 그 적합성을 결정하기 위해 간단하게 정신 상태 검사를 실시할 수 있다. 예를 들어, 환자가 심하게 정신증적 혼돈 상태에 있거나 기억 손상이 심하다면 대부분의 검사 도구를 실시하는 것이 어렵고 환자에게 불필요한 고통만 가중시킬 수 있다. 정신 상태 검사는 환자를 입원시켜야 할지, 아니면 면밀한 관찰 상태에 놓아야 할지를 결정할 때 기본적인 사례 관리 형태를 평가하기 위해 사용될 수 있다.

정신 상태 검사는 종합심리평가의 일부로도 활용될 수 있다. 정신 상태 검사에서 나온 '가공되지 않은' 자료는 선별적으로 전반적인 배경 정보와 통합해서 그 사람에 대해 그럴듯한 그림을 제시하고 진단을 도와줄 수 있다.

정신건강의학과 의사들 사이에서는 정신 상태 검사가 기초 면담 자료로 인기가 높지만 심리학자들에 의해서는 잘 사용되지 않고 있는데, 그 이유는 정신 상태 검사가 평가 면담이나 검사 해석 과정에 포함되기 때문이다. 많은 심리검사는 보다 정확하고, 심층적으로 그리고 객관적이고 타당한 방식으로 규준 점수와 비교해서 정신 상태 평가 영역을 제시한다. 수검자의 용모, 정서, 기분은 행동 관찰에서 나타날 수 있다. 개인력과 문제 성질을 검토해 보면 망상, 오해석, 지각 장애(환청)와 같은 영역을 잘 파악할 수 있다. 면담 자료와 심리검사 결과는 전형적으로 환자의 지식 체계, 주의력, 통찰, 기억, 추상적 사고력, 사회적 판단 수준을 평가하고 있다. 그러나 정신 상태 검사는 비교적 짧고 체계적인 방식으로 이러한 영역을 검토하고 있다. 더구나 급성 의학적 상태에 있거나 정신건강 병원에 입원한 상황에서 심리검사로 수검자를 일일이 평가할 충분한 시간이 없을 때 매우 유용하게 사용될 수 있다.

정신 상태 평가에는 여러 가지 형식이 있으며 주요 영역은 다음과 같다.

1) 전반적인 용모, 행동

이 영역에는 주로 행동 관찰을 통해 얻은 정보를 기술하게 되어 있다. 환자가 입고 있는 옷, 자세, 제스처, 말투, 개인적 위생 상태, 특이한 신체적 특징(예: 신체적 핸디캡이나 틱, 얼굴을 찡그리는 것, 턱을 괴는 행동) 등이 포함된다. 환자가 하고 있는 행동이 사회적 기대에 맞는지 주목할 필요가 있으며 그가 처한 사회적 · 문화적 맥락을 고려할 필요가 있다. 추가적으로 중요한 영역은 얼굴 표정, 눈 맞춤, 활동 수준, 협조 정도, 신체적 매력도, 주의력 등이다. 환자가 친절한지, 적대적인지, 유혹적인 태도를 취하는지, 무관심한 표정인지 등이 관찰 대상이다. 특이하거나 기이한 행동은 없는지, 면담 동안 중요한 사건은 없는지, 예컨대 갑자기 방을 나간다거나, 담배를 피우겠다고 하는 등의 특이 행동은 없는지 관찰한다. 특히 말이 빠른지, 느린지, 큰 목소리인지, 부드러운 목소리인지, 특징적인 양상이 있는지 등도 관찰할 필요가 있다.

2) 감정과 정서, 기분

수검자의 기분(mood)은 면담 동안 표현되는 주요 정서를 말하며, 정동(affect)은 수검자의 정서의 범위를 언급하는 말이다. 정동 상태와 기분에 대한 정보는 수검자의 언어 내용, 얼굴 표정, 신체 움직임에서 유추될 수 있다. 정서 유형은 깊이, 강도, 지속 기간, 적절성 등과 같은 변인에 따라 판단할 수 있다. 수검자는 냉담하거나 따뜻하거나 거리를 두는 유형이거나 친밀한 혹은 불안정한 유형일 수 있다. 조현병 환자라면 정동은 둔마되어 있거나 별다른 변화가 나타나지 않을 수 있다. 수검자의 기분은 다행감에 넘치거나 혹은 적대적이거나 불안하거나 우울할 수 있다.

3) 지각

자신과 세상을 지각하는 방식은 사람들마다 다르다. 지각 영역에는 수검자 혹은 환자가 세상과 자신을 지각하는 방식을 기술한다. 환청 혹은 착각이 있는지 여부를 평가하는 것이 특히 중요하다. 환청이 있다는 것은 조현병과 같은 사고 장애의 지표가 될 수 있고, 생생한 환시를 보고하는 것은 뇌 기질성 증후군과 같은 특징을 설명할 수 있다.

4) 사고

(1) 지적 기능

상위의 지적 기능은 수검자의 교육 수준, 사회경제적 수준, 친숙성 그리고 특정 문화에 맞게 평가하여야 한다. 지적 기능이 낮고 학업 수행과 직업 성취가 저조하다면 지적 기능의 장애를 진단적으로 고려할 필요가 있다. 그러나 지능검사의 수행은 떨어지지만 과거 성취 경험이 있다면 현재 정신증적 상태나 정신건강의학과적 문제 혹은 뇌의 이상에 의해 그러한 결과가 나타났을 가능성이 있다.

지적 기능은 읽기, 쓰기, 이해력, 전반적인 지식 수준, 산수 능력, 속담의 의미를 파악하는 능력 등으로 알 수 있다. 평가를 통해 임상가는 수검자의 생각과 표현이 조리가 있는지 혹은 논리적으로 맞지 않는지 정도를 평가한다. 지적 기능은 웩슬러 지능검사 일부나 실어증 선별검사 등을 활용한다.

(2) 지남력

지남력은 자신이 누구인지, 어디에 있는지, 과거와 현재 사건이 일어난 시간이 언제인지 인지할 수 있는 능력을 일컫는다. 임상 관찰 결과에서 지남력의 장애는 주로 시간에 대한 것이 많으며, 장소와 사람에 대한 지남력 상실은 덜 빈번하게 나타난다. 따라서 장소나 사람에 대한 지남력이 상실된 경우는 상태가 심각하다고 볼 수 있다. 지남력 상실은 뇌 기질 상태와 일치하기도 한다.

지남력과 관련 있는 것은 감각(sensorium) 능력이다. 여기서 감각 능력이란 정보를 수용하고 통합하는 데 필요한 생리적 과정이 손상되어 있는지 여부를 나타낸다. 감각 능력은 듣기, 보기, 만지기 등과 같은 것을 의미하는데, 이는 혼탁한 것에서 매우 분명한 정도에 이르는 범위에 속한다. 수검자가 외부 세계를 주목하고 주의를 집중할 수 있는지, 이러한 과정에 방해를 받고 있는지 등이 질문에 포함된다. 수검자에게 특이한 냄새를 맡고 있는지, 소리를 듣고 있는지, 피부가 욱신거리는지 등 특정 감각을 갖고 있는지 질문할 수 있다. 감각은 의식의 수준을 언급할 수 있다. 의식 수준은 매우 각성된 상태에서 흥분한 상태, 졸리는 상태, 혼란스러운 상태 등 다양하다. 감각의 장애는 뇌기질적 상태를 반영하며 정신증적 상태를 나타낼 수도 있다.

(3) 기억, 주의력 및 집중력

기억 인출 혹은 획득 능력은 주의력 및 집중력을 요하는 과정이며 이 세 기능은 흔히 함께 고려해야 한다. 장기기억은 수검자의 전반적인 정보 능력(중요한 날짜, 주요 도시 등)에 대한 기억을 물어봄으로써 평가할 수 있다. 지능검사에서는 상식 소검사가 이러한 속성을 측정한다. 수검자의 장기기억은 주요 생활 사건을 회상하게 하거나 그 회상의 정확성을 객관적인 정보와 비교하면서 평가할 수 있다. 이때 발달력과 관련된 주요 생활 사건을 질문하여 수검자가 먼 과거에 대해 기억을 할 수 있는지, 또한 최근의 일화(먹은 음식, 만난 사람)를 회상하게 하여 최신 기억을 평가할 수 있다. 선택적인 회상, 의미 있는 왜곡, 기억에 대한 수검자의 태도 등을 기록하는 것도 유용하다.

단기기억 혹은 즉각기억은 수 초 이내의 기억을 일컫는다. 이를 평가하기 위해 지능검사의 숫자 따라 외우기 검사 등이 사용된다. 문장, 단락 등을 회상하는 과제는 언어적으로 의미 있고 보다 긴 정보를 단기기억 수준에서 부호화·저장하는 능력을 평가할 수 있다. 100−7을 말하게 하기, 거꾸로 따라 외우기 등도 주의집중력, 작업기억력을 평가하는 데 사용된다.

(4) 통찰력과 판단력

수검자들은 자신의 행동의 의미와 영향력을 해석하는 능력이 저마다 다르다. 적당한 통찰과 판단은 자신과 타인의 행동에 대한 가설을 검증할 수 있다. "병원에 왜 입원하게 되었나요?" "평가를 받게 된 이유는 무엇인가요?" 등을 통해 자신의 문제에 대한 통찰 능력을 평가할 수 있다. 자신이 가지고 있는 정서적 고통에 대해 어떻게 이해하고 있는지, 어떤 태도를 보이고 있는지 등도 통찰력을 측정하는 좋은 방법이다. 과거의 사건과 현재의 어려움을 어떻게 연결시키고 있는지, 지금 겪고 있는 어려움을 어떻게 설명하고 있는지, 자신의 고통 때문에 타인을 비난하고 있는지 등을 통해 통찰력을 측정할 수 있다. 이러한 통찰력에 근거하여 얼마나 효율적으로 문제를 해결하고 결정을 내릴 수 있는지 등 판단력을 살펴볼 수 있다.

(5) 사고 내용

흔히 언어 능력은 사고를 반영한다. 환자가 표현하는 언어는 환자의 사고 내용을 반영한다고 볼 수 있다. 환자의 언어는 일관성이 있고, 자발성이 있고, 이해할 만하고 혹은 특이한 특징을 보일 수 있다. 느리게 말하거나, 빠르게 말하거나, 갑자기 침묵하거나, 큰 소리로 말하거나, 너무 부드럽게 말하거나 등 모든 것이 사고를 반영한다. 또한 수검자가 솔직한지, 회피적인지, 개방적인지, 방어적인지, 주장적인지 혹은 수동적인지, 초조해하고 있는지, 신랄한 어조로 말하고 있는지 등을 평가해야 한다.

사고는 흔히 사고 내용과 사고 과정으로 구분된다. 사고 내용은 현실에서 벗어난 망상을 의미한다. 이는 정신증적 상태를 반영하는 것이지만, 어떤 망상은 치매나 만성 약물 남용과 같은 기질성 장애에서 나타나기도 한다. 강박적 행동 혹은 강박적 사고가 있는지, 과잉 몰두하거나 집착하고 있는 사고가 있는지 등도 사고와 행동의 적합성을 평가할 때 드러날 수 있다. 사고 과정은 사고의 전개 방식 혹은 연상의 흐름을 통해 파악할 수 있다. 예를 들어, 조울증 환자들에서 흔히 보는 것처럼 갑자기 주제가 빠르게 옮겨 가는 것, 즉 사고 비약이 이에 해당한다. 수검자가 많은 양의 사고를 생산하는 데 어려움이 있는지, 부적절한 연상을 보이는지, 목표 없이 이 생각 저 생각으로 옮겨 다니고 있는지 등을 파악한다.

TIP 정신장애별 필수 증상에 대한 질문의 예

■ 조현병(schizophrenia)
- 환각 및 망상
  예: 누군가 해를 끼치는 사람이 있는가? 누군가 몰래 조종하는 것 같은가? 이상하고 기이하다고 생각되는 경험을 했는가? 등
- 술이나 약물의 영향 배제

■ 주요우울장애(major depressive disorder)
- 평상시와 다르게 우울하고 공허하고 슬픈 기분이 느껴진 날이 있는가?
- 특별한 이유 없이 과민하고 짜증스러우며 지치는 기분이 드는가?
- 상기의 기분이 있었다면 지속 기간은?(2주 이상?) 가장 오래 지속된 적은 언제인가? 그 기간 동안 계속 그러했는가?

■ 양극성장애(bipolar disorder)

- 기분이 매우 좋고 의기양양했던 경험, 흥분되고 안절부절못했던 경험은?
- 다른 사람들이 당신에 대해 기분이 너무 흥분되고 말이 많아졌다는 이야기를 한 적이 있는가?
- 15세 이후에 증상이 나타났는가?
- 기분 변화가 얼마나 오래갔는가?(1주 이상, 하루에도 몇 번씩?)
- 그 기간 내에 기분 변화가 유지되었는가? 등

■ 공황 증상(panic symptom)

- 급작스럽고 뜻밖에 닥친 이유 없이 강한 두려움이 느껴지고 신경이 예민해지고 견디기 힘든 때가 있었는가?
- 40세 이전에 생겼는가? 심장에 문제는 없었나?

■ 강박장애(obsessive-compulsive disorder)

- 떨쳐 버리려고 해도 원치 않는 생각(오염, 실수, 성적인 생각 등)이 자꾸 머릿속에 떠올라 괴로운 적이 있는가?
- 강박 사고를 없애기 위해 혹은 보상하기 위해 강박 행동을 보였는가?

■ 범불안장애(general anxiety disorder)

- 별 이유 없이 매우 신경질적이 되고 불안하고 긴장이 된 적이 있는가?
- 6개월 이상 지속되었는가?

■ 신체증상장애(somatic symptom disorder)

- 많은 신체 증상 때문에 여러 의사를 찾아다닌 적이 있는가? 실제로 신체적 문제가 발견되었는가?
- 30세 이전에 시작되었는가?

■ 적응장애(adjustment disorder)

- 지난 3개월 내에 일어난 일 때문에 걱정이 되고 마음이 안정되지 못한 적이 있는가?
- 이런 상황을 다루는 데에 다른 사람보다 더 힘이 드는가?

■ 지적장애(mental retardation)

- 영유아기 언어발달, 운동발달, 행동발달 등에 지연이 있었는가?
- 학교 생활 시 학업 성적? 특수 교육 혹은 도우미반에 편성된 적이 있는가?

  cf) 어린 아동일수록 지적장애 외에도 의사소통장애(communication disorder), 주의력결핍 과잉행동장애(attention-deficit & hyperactivity disorder), 학습장애(learning disorder), 발달장애(developmental disorder)의 가능성을 함께 고려한 면담 필요

■ 신경성 식욕부진증(anorexia nervosa)

- 다른 사람들이 건강을 심각하게 걱정할 정도로 다이어트를 하여 의도적으로 많은 체

중 감량을 해 본 적이 있는가?

- 다른 사람들이 충분히 날씬하다고 하는데도 살이 찔까 봐 걱정해 본 적이 있는가?

■ 신경성 폭식증(bulimia nervosa)

- 한 번에 너무 많은 양의 음식을 빨리 먹어서 아프다고 느낀 적이 있는가?
- 폭식이 정도를 넘어섰다고 생각해 본 적이 있는가?
- 폭식 충동이 너무 강해 원하는데도 멈추지 못한 적이 있는가?
- 폭식 후 우울감, 수치심으로 스스로를 혐오스럽다고 느낀 적이 있는가?

4. 구조화/반구조화 진단 면담

1970년대 이후 정신건강의학 분야에서는 진단의 신뢰도를 높일 수 있는 새로운 진단 체계 개발에 대한 관심이 급증하였으며, 정신병리의 기전, 약물 및 심리치료 기법 개발, 치료 효과 평가 등 연구 영역에서도 신뢰성 있고 정확한 진단 체계에 기초한 방법론, 특히 평정자 간 일치도를 높일 수 있는 진단 평가 방법이 강조되었다. 이러한 흐름은 DSM 체계를 보다 정교한 형태로 발전시켰으며 구조화 혹은 반구조화 형식의 진단 면담 도구의 개발로 이어졌다.

TIP 구조화/반구조화 진단 면담 도구의 예

1. 축I의 정신장애
   - DSM-IV 제1축 장애의 구조화된 임상적 면담(SCID-I: The Structured Clinical Interview for DSM-IV Axis I Disorders)
   - 진단 면담 스케줄(DIS: The Diagnostic Interview Schedule)
   - 아동용 진단 면담 스케줄(DISC: The Diagnostic Interview Schedule for Children)
   - 정동장애와 조현병에 대한 스케줄(SADS: Schedule for Affective Disorders and Schizophrenia)
   - 아동용 정동장애와 조현병에 대한 스케줄(K-SADS-PL: Kiddie-Schedule for Affective Disorders and Schizophrenia-Present and Lifetime version)
   - MINI 국제 신경정신의학 면담(M.I.N.I.: MINI International Neuropsychiatric Interview)

2. 성격장애
   - DSM-III-R 제2축 장애의 구조화된 임상적 면담(SCID-II: The Structured Clinical Interview for DSM-IIII-R Axis II Disorders)
   - DSM-IV 성격장애에 대한 구조화된 면담(SIDP: Structured Interview for DSM-IV Personality Disorders)
   - 성격장애 검진(PDE: Personality Disorder Examination)
3. 특정 정신장애에 초점을 맞춘 구조화된 진단 면담 도구
   - 불안장애 면담 스케줄(ADIS: Anxiety Disorders Interview Schedule)
   - 경계선 성격장애에 대한 진단 면담(DIB: Diagnostic Interivew for Borderlines)
   - 사이코패스 체크리스트(PCL: Psychopathy Checklist)
4. 증상 심각도를 평가하기 위한 (반)구조화된 임상 면담 평정 도구
   - 양성 및 음성 증상 척도(PANSS: Positive and Negative Symptom Scale)
   - 해밀턴 우울 평정 척도(HRS-D: Hamilton Rating Scale for Depression)
   - 해밀턴 불안 평정 척도(HRS-A: Hamilton Rating Scale for Anxiety)

이 중 SCID(한오수, 홍진표, 2000; First et al., 1996)는 DSM-IV의 주요 정신장애를 진단 내리기 위한 반구조화된 면담 도구로 축I 장애에 대한 SCID-I과 축II 장애에 대한 SCID-II가 개발되어 있으며, SCID-I의 경우 연구용(SCID-RV)과 임상용(SCID-CV)이 별도로 개발되어 있다. SCID-RV는 정신건강의학과 환자로 확인된 대상을 위해 고안된 환자용판(SCID-I/P: Patient edition), 지역사회 조사, 가족 연구, 일차 진료 장면의 연구 등 수검자가 정신건강의학과 환자인지 아닌지 모르는 상태에서 진행되는 비환자용판(SCID-I/NP: Non-patient edition)이 있으며, 정신과적 증상, 삽화 질환 등 총 10개 모듈로 범주화하여 평가한다. SCID-CV는 SCID-RV에 있는 아형과 세부 진단 등은 제외하고 실제 임상 장면에서 흔히 나타나는 정신장애에 대해 전체 진단적 평가를 하도록 보다 간편하게 구성되어 있다. 또한 SCID-CV는 정신 상태 검사나 일반적인 면담 등을 통해 임상가가 내린 진단적 인상을 확인하기 위해 이와 관련된 일부 모듈만을 사용할 수도 있다.

최근에는 DSM-5를 바탕으로 SCID-5-CV가 출시되었다. SCID-5는 DSM-5 진단 분류와 진단 기준에 익숙한 임상가나 훈련받은 정신건강 전문가가 시행할 수 있다. 주요 면담 대상은 정신건강의학과 환자 혹은 일반적인 의학적 문제를 가진 환자들이다. 18세 이상의 성인에게 사용할 수 있고 질문 용어를 바꿔서 청소년에게도 사용할 수 있다.

그림 2-1 SCID-5

출처: 오미영, 박용천, 오상우(2017).

SCID-5-PD(DSM-5 성격장애에 대한 구조화된 임상 면담)는 3개 군집, 10개 DSM-5 성격장애 진단을 위해 구성된 구조화된 면담 질문지다. SCID-5-PD는 범주적 혹은 차원적으로 성격장애를 진단할 수 있도록 구성되어 있다.

표 2-2 SCID-5-CV DSM-5 장애에 대한 구조화된 임상적 면담의 구성

모듈	평정 내용
모듈 A 기분 삽화와 지속성 우울장애에 대한 평가	• 현재 주요 우울 삽화에 대한 평정 • 과거 주요 우울 삽화에 대한 평정 • 현재 조증 삽화에 대한 평정 • 현재 경조증 삽화에 대한 평정 • 과거 조증 및 경조증 삽화에 대한 평정 • 현재 지속성 및 우울장애에 대한 평정
모듈 B 정신병과 관련된 증상	• 망상에 대한 평정 • 환각에 대한 평정 • 와해된 언어와 행동, 긴장증에 대한 평정 • 음성 증상에 대한 평정

모듈 C 정신병적 장애의 감별진단	• 정신병적 기분장애를 배제 • 조현병에 대한 평정 • 조현양상장애에 대한 평정 • 조현정동장애에 대한 평정 • 망상장애에 대한 평정 • 단기 정신병적 장애에 대한 평정 • 달리 명시된 정신병적 장애에 대한 평정 • 정신병적 장애의 연대기에 대한 평정
모듈 D 기분장애의 감별진단	• 제I형 양극성장애에 대한 평정 • 제II형 양극성장애에 대한 평정 • 달리 명시된 양극성장애에 대한 평정 • 주요우울장애에 대한 평정 • 달리 명시된 우울장애에 대한 평정 • 제I형/제II형 양극성장애의 연대기에 대한 평정
모듈 E 물질사용장애	• 지난 12개월 동안 알코올사용장애에 대한 평정 • 지난 12개월 동안 비알코올사용장애에 대한 평정
모듈 F 불안장애	• 공황장애에 대한 평정 • 광장공포증에 대한 평정 • 사회불안장애에 대한 평정 • 현재 범불안장애에 대한 평정
모듈 G 강박장애 및 외상후 스트레스장애	• 강박장애에 대한 평정 • 외상후 스트레스장애에 대한 평정
모듈 H 주의력결핍 과잉행동장애	• 현재 성인 주의력결핍 과잉행동장애에 대한 평정
모듈 I 기타 현재 진단되는 장애들에 대한 선별	
모듈 J 적응장애	• 적응장애에 대한 평정

출처: 오미영 외 공저(2017).

SADS(Endicott & Spitzer, 1978) 역시 임상 연구 장면에서 정신장애 진단에 보편적으로 사용되는 반구조화된 면담 평가 도구로, 성인용(SADS)과 아동용(K-SADS-PL)이 별도로 개발되어 있다. SADS는 본래 정동장애와 조현병을 감별 진단할 목적에서 고안되었지만, 이후 광범위한 정신장애 범주로 확장시켰다. SADS는 수검자의 현재 질병에만 초점을 둔 SADS 정규 버전(regular version)과 생애 전반을 포함시켜 평가하는 SADS 평생 버전(SADS-L: Lifetime version)이 있다. SADS는 최근 일주일을 기준으로 한 증상 경험에 초점을 맞추고 있어 현재 어떠한 정신건강의학과적 증상을 보이는 환자들을 대상으로 할 때 유용한 반면, SADS-L은 현재 정신건강의학과적 삽화 혹은 증상이 없을 때 사용하는 것이 적절하다. 두 가지 버전 모두 임상가의 최종 평정을 위해서는 수검자에 대한 면담 정보 이외에 가족 면담, 의료 기록 등 광범위한 자료를 사용할 수 있다. SADS에는 총 200개의 질문이 포함되어 있고, 〈표 2-3〉과 같이 8개의 요약 척도가 도출된다. 일반적으로는 1시간 30분~2시간 정도가 소요된다. SADS는 임상가의 최종 판단이 요구되므로 충분한 훈련을 거친 정신건강의학과 의사, 심리학자, 정신보건 사회사업가만이 실시할 수 있다.

표 2-3 SADS 요약 척도

• 기분과 사고	• 불안
• 내인성 양상	• 조증 증후군
• 우울 관련 양상	• 망상 및 환각
• 자살 사고 및 자살 행동	• 사고 형식의 장애

DIS(Robins, Helzer, Croughan, & Ratcliff, 1981)는 NIMH에서 유병률 연구에 사용하기 위해 개발한 진단 면담 도구로, DSM-IV에 해당하는 DIS-IV(Robins, Cottler, Bucholz, & Compton, 1996)까지 출시되었다. 반구조화된 형식으로 고도의 훈련된 전문가가 시행하도록 되어 있는 SADS와는 달리, DIS는 매우 구조화되어 있어 일정한 훈련을 받은 초보 전문가 혹은 정신 보건 인접 분야 종사자들도 사용할 수 있다. 평정자 간 일치도가 확인되었기는 하지만, 면담가가 비전문가인 경우 정신건강의학과 의사가 면담할 때와 비교해 주요 우울증을 과대 진단하는 경향이 보고되고 있다. 따라서 연구 장면에서는 참여하는 면담가들에 대해 충분한 훈련과 평정자 간 일치도의 확인이 필요하다.

M.I.N.I.(Sheehan et al., 1998)는 DSM-IV와 ICD-10에 포함되는 광범위한 정신장애를 진단할 목적에서 개발된 구조화된 임상 면담 도구로, 15~30분 이내의 짧은 시간에 손쉽게 시행할 수 있어 다기관 임상 연구나 유병률 연구에서 많이 사용된다.

5. 행동 평가

행동 평가란 고전적 및 조작적 조건형성 연구에서 출발하였다. 조건형성은 행동과 정서 반응이 조건화될 수 있고 효과적으로 학습될 수 있다는 것을 전제로 한다. 행동주의 원칙에 입각한 치료법들은 문제행동을 좋게 하는 데 사용되었다. 1950년대 후반에 들어와서 행동 치료의 사용이 증가하였고, 1960년대에 들어오면서 행동 평가 측정치들이 임상에서 사용되기 시작하였다. 초기 행동 평가는 행동 패턴의 관찰에 초점을 두었다. 특히 행동 평가란 빈도, 비율, 행동의 지속 시간을 수량화하는 것에 초점을 두었다. 1970년대에 들어오면서 행동 평가는 적용 범위와 초점이 확장되었다. 상황적 변인이 행동에 영향을 미친다는 개념에 따라 연구자들은 가족, 사회, 기업 등과 같은 사회적 맥락 안에서 인간의 행동을 연구하게 되었다. 이에 더하여 감정, 감각, 내적 이미지, 인지, 대인관계, 정신 생리적 기능에까지 평가가 확대되었다. 이러한 내용 영역을 측정하기 위해서 자기보고와 의미 있는 타인의 평정치까지 행동 평가에 포함되었다.

행동 평가의 다양성은 1980년대와 1990년대까지 지속되었다. 최근 들어 전통적인 형태의 평가를 흡수하면서 행동 평가가 확대되고 있다. 행동 평가와 전통적인 평가 사이에는 중첩되는 부분도 있지만 몇 가지 차이점이 있다. 전통적인 평가는 정신 역동이나 성격 접근이 주류인데, 이러한 접근에서는 행동이 안정적이고 내적이며 심리적인 과정의 결과, 즉 지속적인 성격 특성의 표현이라고 여긴다. 전통적인 평가에서 강조하는 것은 내적 경험과 그 기저의 특성을 평가하는 것이다. 이러한 특성은 안정적인 속성을 지니고 있어서 치료를 통해서도 잘 바뀌지 않는다. 전통적인 평가는 추상적인 구성개념을 받아들이고 경험적인 탐구를 통해서도 수정할 수 없는 기저의 특성을 개념화하고 있다. 이러한 한계점 때문에 행동 평가 전략이 개발되었다.

행동 평가의 가장 뚜렷한 특성은 행동의 상황적인 결정 인자를 강조하고 있다는 점이다. 행동 평가에서는 환경적 기여도의 중요성을 강조하며 행동이 상황 특정적이라고 보고 있다. 행동주의 전통에서 나온 평가는 환경적 요인, 상황 특정적 행동을 측정한 다음 인지 과정을 검토하는 것을 통합하고 있다. 행동은 역동적 과정을 통해 시작되고 유지된다. 역동적 과정은 선행 사건과 행동의 결과를 조사하여 평가한다. 이 변인들은 선행하거나 병행해서 일어나는 자극이며, 이후 후속 행동이 행동 평가의 관심사가 된다.

행동 평가는 상황적 결정 인자를 강조하다 보니 개인차를 중요하게 여긴다. 행동 평가는 개인이 과거 경험에서 모두 다르다는 입장을 지니고 있고 환경적 변인을 강조하다 보니 평가 전략의 개별화된 적용을 강조하고 있다. 개별화된 적용이란 행동을 시작하고 유지하는 요인을 이해해서 유사한 행동이라도 개인들마다 다른 맥락 변인을 고려하는 것이다.

행동 평가는 또한 경험적 평가 과정을 강조한다는 점에서 전통적인 평가와는 다를 수 있다. 행동 평가는 특정한 행동과 맥락 변인에 초점을 두기 때문에 전통적 평가에 비해 경험적 검증에 더 적합하다. 경험적 평가를 적용하는 것은 행동에 대한 구체적인 정의, 맥락 변인을 모니터하기, 체계적 관찰과 타당화된 도구를 사용하는 것을 용이하게 한다.

행동 평가는 치료를 시작하기 전에 치료 목표를 정하기 위해 실시할 수 있다. 그리고 치료가 시작되면 치료적 향상을 측정하고, 선택된 치료 방법이 적합한지, 치료의 마지막 결과가 어떤지를 평가할 때 사용된다.

행동 평가 시 첫 번째 단계는 현재 문제에 기여하는 전반적인 행동(예: 비순응, 불면증)을 확인하는 것에 초점을 두는 것이다. 이러한 행동은 특히 고통을 주고, 일상 기능에 파괴적이며, 사회적으로 바람직하지 못하고 위험하며, 건강이나 안녕감에 해가 되는 것들이다. 이후 평가의 초점은 문제행동의 시작에 영향을 준 증후군 혹은 증상군을 결정하는 쪽으로 옮겨 간다. 행동 평가는 체계의 평가로 결론을 맺는다. 개인은 체계에 속하기 때문에 한 가지 증상이 다른 영역의 기능에 영향을 준다는 것은 이러한 체계 개념을 이해하면 쉽게 알 수 있다.

행동 평가는 DSM 진단 체계와 부합하지는 않더라도 도움을 줄 수 있다. DSM 체계는 이론에 바탕을 두지 않고 있고 증상군이나 증후군을 기술하고 있다. 일반적으로 DSM이 규준적(nomothetic) 접근을 따른다면, 행동 평가는 개인 특이적(idiographic) 접근을 따른다. 행동 평가와 DSM을 종합하면 개인의 특정 문제에 가장 적합한 치료 전략을 세우는 데 도움을 얻을 수 있다.

행동 평가는 많은 다양한 도구와 평가 전략을 사용한다. 여기에는 자기보고, 자기 모니터하기, 기록하기, 조사하기, 직접적 행동 기록, 생리적 측정 등이 포함된다. 대개 행동 평가는 가장 관심이 되고 있는 문제가 무엇인지 확인하는 것이 우선 과제다. 즉, 어떤 행동이 지나친지(예: 하루 종일 우는 것) 혹은 모자라는지(예: 사회적 상황에서 말을 하지 않는 것) 등을 평가한다. 때로는 직접적 관찰이 필수적인데, 이 방법은 특정 행동, 특히 동기 부족 평가에 타당하다. 그러나 직접 관찰은 비용이 많이 들기 때문에 자기보고식 측정치로 대체될 수 있다. 직접 관찰에 비해 자기보고식 검사는 사용하기가 훨씬 수

월하다. 자연 환경에서 직접 관찰하는 것이 어렵기 때문에 실험실 상황에서 측정할 수도 있다. 생리적 반응은 직접적으로 측정하며 관련된 장비에 대한 숙달이 필요하다.

다음은 대표적인 행동 평가 전략들이다.

1) 행동 면담

행동 면담은 선행 사건과 행동 그리고 결과 간의 관련성을 기술하거나 설명한다. 이에 더하여 행동의 기저선 혹은 치료 전 측정은 관련 행동의 반복과 강도, 지속성의 체계적인 고려를 통해 이루어지고, 특정 행동이 과도하거나 부족한 것에 대해 기술하기도 한다. 어떤 목표라도 측정이 가능하며 객관적이고 신뢰성 있는 방식으로 평가가 가능하다. 단순히 목표 행동을 기술하는 것이 아니라 그 외 많은 맥락을 고려해서 살펴봐야 한다.

행동 면담의 일반적 목표는 관련 있는 목표 행동을 확인하고 추가적인 행동 평가 절차를 선택하는 것이다. 이 과정에서 문제의 과거력을 얻고, 원인이 되는 요인을 파악하고, 문제행동의 기능 분석을 하고, 수검자의 동기를 증진시키고, 개입 프로그램을 고안하고, 이전에 시도되었던 개입의 효과성을 평가한다.

면담 단계에서 초기 단계는 전통적 면담과 관련된 요소를 많이 포함하고 있다. 우선 평가자와 수검자 간에 충분한 정도의 라포를 형성하고, 구체적인 목표를 설정한 뒤, 수검자의 개인력을 검토한다. 최근에 와서는 과거 탐색의 중요성이 점점 사라지고 있다. 그 이유는 행동이 역사적이기보다 상황적이라는 입장 때문이다. 흔히 사용되는 접근은 반영적 검토, 탐색하기, 이해, 공감 표현하기 등이다. 또한 개방형 질문으로 보다 직접적인 질문을 할 수 있다. 어떤 수검자는 자신의 문제를 매우 잘 표현하고, 관련된 선행사건과 결과를 구체적으로 표현하기도 한다. 반면 어떤 수검자는 치료를 받게 된 결정 이면에 있는 사건을 제대로 표현하는 것을 어려워하고, 감정을 정교하게 인식하지 못하고, 누가 문제를 의뢰했는지, 다른 사람들이 그들의 문제를 어떻게 지각하고 있는지 등 정보를 명확하게 표현하는 것을 힘들어한다. 행동 관찰을 통해 문제행동을 면밀하게 관찰하고 정확하게 기술해야 하기 때문에, 수검자와 임상가는 문제나 고통의 정도를 정해서 문제가 어디에서 발생하는지, 언제 일어나는지, 관계에 어떤 영향을 미치는지를 함께 탐색해야 한다.

어떤 수검자들은 자신이 겪고 있는 문제를 일반적인 성격 특성으로 표현하고 행동적인 묘사를 하지 않으려고 한다. 예컨대, 수검자가 자신을 '우울한 유형의 사람'으로 묘사한다면 구체적인 행동 언어로 바꾸어 움직임이 느린지, 침대에 누워 있는 시간이 많은지, 사람들을 피하는지, 자신의 주장을 전혀 하지 못하는지 등의 행동 언어로 재진술하는 것이 필요하다. 이와 같이 문제를 재구조화하는 것은 수검자에게 매우 유익한데, 그 이유는 수검자가 느끼는 방식을 바꿀 수 있는 시각을 제공해 주기 때문이다.

넓은 범위의 행동 평가는 구체적인 문제를 제시하는 것뿐만 아니라 그 문제를 다른 영역으로 일반화할 수 있는지를 기술해야 한다. 특히 이러한 평가는 보다 큰 사회적 체계에 대한 정보를 준다. 수검자의 행동이 학교, 일터, 가족들과의 관계에 어떤 영향을 미치는지의 평가 영역을 이들 체계로 확장해야 하며, 치료 프로그램 역시 단기 및 장기 성공을 확신해 줄 수 있는 것으로 설정하는 것이 좋다.

면담 끝에 가서 수검자에게 지금까지 나온 자료를 요약해 주고 가능한 치료에 대해서도 설명해 준다. 정보가 더 필요하다면 임상가와 수검자는 어떤 정보가 더 필요한지, 어디서 그것을 얻을 수 있는지에 대해 협의해야 한다. 추가 정보원에는 다른 사람들로부터 관찰한 것, 특히 아동이라면 부모나 교사로부터 자료를 얻는 것이 필요하다.

대부분의 면담은 다소 비형식적으로 일어나는 경우가 있어서 신뢰도와 타당도가 낮을 수 있다. 면담은 다음 네 단계의 문제해결 단계로 구성될 수 있다. 첫 번째 단계는 문제 확인 단계로, 문제가 구체화되고 탐색되며 현재 수행을 측정하고 바람직한 목표 행동을 위한 절차가 마련된다. 두 번째 단계는 문제 분석 단계로, 수검자의 자원을 평가하고 관련된 환경, 행동에 영향을 미치는 환경과 조건, 행동이 표현되고 결함이 나타나는 맥락을 분석한다. 세 번째 단계는 계획 실행 단계로, 치료의 전개와 관련된 자료를 지속적으로 모은다. 마지막 단계는 치료 평가 단계로, 치료적 개입이 효과적인지 아닌지 사전-사후 측정을 한다.

2) 행동 관찰

대개는 행동 면담만으로 충분한 평가 정보를 얻을 수 있다. 그러나 어떤 행동의 관찰 형태는 치료 전, 치료 동안 그리고 치료 후에 요구된다. 행동을 관찰하는 특정 방법은 초기 면담 동안 결정된다. 면담이 수검자로부터 언어적 정보를 직접적으로 얻는다면, 행동 관찰은 면담 동안 나오는 행동의 특정 영역을 측정하는 구체적인 전략과 기법을 말한다. 발달장애 아동, 저항하는 수검자, 나이가 아주 어린 아동의 경우 행동 평가가 가장 중요한 평가 방법 중 하나다. 치료자가 직접 하기도 하고, 교사나 부모, 배우자가 하기도 하고, 수검자가 자기관찰 보고를 하기도 한다. 가장 흔한 방법은 이야기식 기록

(narrative recording), 시간 간격별 기록(interval recording), 사건 기록(event recording), 평정 기록(ratings recording)이다. 행동 관찰의 첫 번째 과제는 목표 행동(target behavior)의 설정이다. 목표 행동은 그 자체가 문제행동이거나 의미 있는 방식으로 문제행동과 관계되어야 한다. 그리고 수검자의 어려움을 언어로 서술했을 때 가장 잘 설명되는 것이어야 하며, 문제행동에 관계된 선행 사건과 결과를 더 잘 설명해 줄 수 있는 것이어야 한다.

측정되는 모든 행동은 추론적 용어에서 구체적 행동으로 좀 더 객관적인 평가와 측정이 가능하게끔 하고 그 행동의 강도와 지속 정도를 측정할 수 있어야 한다. 행동 관찰은 다양한 장면에서 일어나는데, 수검자의 생활과 직접 관련 있는 자연스러운 세팅에서 일어나는 고빈도 행동이나 좀 더 광범위한 행동의 관찰일 수도 있고 빈번하지 않은 관찰일 수도 있다. 자연스러운 세팅은 집, 교실, 직장, 놀이터일 수 있다.

다음은 행동 관찰 시 사용되는 코딩 방법들이다.

- 이야기식 기록: 관찰자가 관심 있는 행동을 선정해서 추론하는 것이다. 장점은 향후 더 구체적인 영역에서 양적 방법으로 측정할 수 있게 하고 장비가 필요 없고 수많은 가설을 세울 수 있다는 것이다. 반면 단점으로는 관찰을 수량화하기 어렵고 타당도가 낮다는 문제가 있다.
- 시간 간격별 기록: 정해진 시간 간격 내에 행동이 일어나는지 기록하는 것이다. 적당한 빈도로 나타나는 눈에 보이는 행동 측정, 시작과 끝이 명확하지 않은 행동 측정(걷기, 듣기 등)에 좋다. 장점은 시간 효율적이고 특정 행동에 초점을 둘 수 있고 모든 행동 측정이 가능하다는 것이다. 단점으로는 목표 행동의 질적 측정이 안 되고 인위적이며 다른 주요 행동을 간과할 가능성이 있다.
- 사건 기록: 일어나는 행동 자체를 기록하고 행동에 대한 적절한 세부 사항을 기록하는 것이다. 낮은 빈도의 행동, 시간에 따라 바뀌는 행동을 측정한다는 장점이 있으나, 시작과 끝이 불분명한 행동이나 오랜 시간 지속되는 행동은 측정하기 어렵고 행동이 어떻게, 왜 일어나는가를 추측하기 어렵다는 단점이 있다.
- 평정 기록: 특정한 행동 특징에 대해 1~5점 혹은 1~7점 척도상으로 측정하는 것이다. 다양한 행동에 적용하고 통계 분석에 이용 가능하며 비용 효과적이라는 장점이 있는 반면, 평정자 간 일치도가 낮고 부정확한 측정 가능성이 있다는 단점이 있다.

3) 인지행동 평가

인지 과정을 측정하고자 하는 기술들이 발전하면서 내부적 관점(인지에 초점을 맞추는 관점)은 초기 행동 평가에서 강조하던 것과 많이 다르다. 한계점은 '모든 자료는 수검자가 자기보고를 한 내용에서 나온 것이므로 왜곡의 가능성이 있다.' '수검자 스스로 이런 결론에 이르게 된 것을 설명하는 데 어려움이 있다.' '성공적으로 회상했다고 하더라도 개인의 필요와 편견 및 기대에 따라 바뀐 것일 수 있다.'는 것이다.

4) 자기보고 질문지

자기보고 질문지는 가장 널리 이용되는 평가 방법으로, 안면 타당도가 높고 사용하기가 쉽고 시간 및 비용 소모도 적다. 문항에 대해 응답자가 직접 자신의 상태를 리커트 척도에서 선택하도록 되어 있다.

5) 인지 기록지

자기보고 질문지 외에 인지를 기록할 수 있는 많은 방법이 있다.

- 생각을 중얼거리며 말하기(think aloud): 5~10분 동안 떠오르는 지속적인 생각을 말로 표현하게 하는 것으로 자유연상과 비슷하다. 기록된 생각이 전체 사고나 인지를 충분히 표현하지 못할 수 있다. 대부분 경쟁적인 많은 생각을 언어적으로 표현하는 것이 어렵기 때문이다. 언어적으로 보고한 생각은 실제 생각 과정과 다를 수 있는데, 사람들은 내적 대화를 5~6초마다 바꾸지만 이러한 내적 대화를 언어적으로 보고하게 되면 주제가 30초마다 바뀐다고 한다. 실제 일어나는 생각보다 더 적게 보고하는 것이다.
- 사적인 언어(private speech): 아동의 경우 관찰자가 가까이서 놀이 활동을 지켜보면서 아동들이 하는 말을 주목하면 인지 상태를 평가할 수 있다. 이러한 사적인 언어는 내적 사고와 밀접하게 부착되어 있다.
- 명확한 사고(articulated thoughts): 임상가는 수검자가 보고하는 문제와 유사한 구조화된 상황이나 가상 상황을 만들어 낸다. 가상 상황에서 수검자가 자기 표현을 하게 한 다음 비난과 공포적인 자극에 노출시킨다. 이어서 수검자에게 질문을 하

고 이러한 상황에서 머릿속에 드는 생각을 명확하게 표현하게 한다.

- 산출법(production methods): 실제 상황(비난, 공포 자극 상황 등)에서 전형적으로 나타나는 생각을 기록하게 한다. 실제 자기보고(in vivo self-report)라고 부르기도 한다.
- 생각 목록(thought listing): 지속적인 생각을 계속해서 기술하기보다는 관련 생각을 요약하게 한다. 특정 자극, 문제 영역에 의해 유발된 생각과 자극을 예상하고 나오는 생각이 이에 해당된다.
- 생각 표집법(thought sampling): 생각 샘플을 모으게 한 다음, 알람 기능을 통해 수검자가 그때 일어났던 생각을 기록한다.
- 사건 기록(event recording): 관련된 사건이 일어날 때까지 기다렸다가 사건과 관련된 생각이 들기 시작할 때 관련 상황을 기록한다.

6) 정신 생리 평가

인지, 행동, 정서뿐 아니라 이들이 상호작용하는 것과 생리적 기능에 의존하는 방식도 알아야 한다. 심박수, 혈압, 체온, 근육 긴장, 혈관 확장, 전기 피부 반응, EEG 등이 이에 해당된다.

참고문헌

오미영, 박용천, 오상우(2017). SCID-5-시리즈 DSM-5장애에 대한 구조화된 임상적 면담. 서울: 인싸이트.

한오수, 홍진표(2000). SCID-1 [연구용판]. DSM-IV의 제1축 장애의 구조화된 임상적 면담. 서울: 하나의학사.

Carkhuff, R. R. (1969). *Helping and Human Relations*. New York: Holt, Rinehart and Winston.

Endicott, J., & Spitzer, R. L. (1978). A Diagnostic Interview: The schedule for affective disorders and schizophrenia. *Archives of General Psychiatry, 35*, 837-844.

First, M. B., Spitzer, R. L. Gibbon, M., & Williams, J. B. (1996). *Structured Clinical Interview for Axis I DSM-IV: Disorders Research version-Patient edition(SCID-I/P, version 2.0)*. New York: New York State Psychiatric Institute, Biometrics Research Department.

Garb, H. N. (2007). Computer administered interviews and rating scales. *Psychological*

Assessment, 19, 4-13.

Groth-Marnat, G. (2009). *Handbook of Psychological Assessment* (5th ed.). Hoboken, NJ: John Wiley & Sons, Inc.

Haynes, S. N., & Yoshioka, D. T. (2007). Clinical assessment applications of ambulatory sensors. *Psychological Assessment, 19,* 44-57.

Hersen, M. (Ed.). (2006). *Clinician's Handbook of Adult Behavioral Assessment.* New York: Elsevier.

Hersen, M., & Bellack, A. S. (Eds.). (2002). *Dictionary of Behavioral Assessment techniques* (2nd ed.). New York: Pergamon Press.

Piasecki, T. M., Hufford, M. R., Solhan, M., & Trull, T. J. (2007). Assessing clients in their natural environments with electronic diaries: Rationale, benefits, limitations, and barriers. *Psychological Assessment, 19,* 25-43.

Robins, L. N., Cottler, L. B., Bucholz, K. K., & Compton, W. (1996). *The Diagnostic Interview Schedule (Version IV).* St Louis, MO: Washington University School of Medical.

Robins, L. N., Helzer, J. E., Croughan, J. L., & Ratcliff, J. S. (1981). National institute of mental health diagnostic interview schedule. *Archives of General Psychiatry, 38,* 381-389.

Rogers, C. R. (1961). *On Becoming a Person.* Boston, MA: Houghton Mifflin.

Sheehan, D. V., Lecrubier, Y., Sheehan, K. H., Amorim, P., Janavs, J., Weiller, E., …… Dunbar, G. C. (1998). The Mini-International Neuropsychiatric Interview(M.I.N.I): The development and validation of a structured diagnostic psychiatric interview for DSM-IV and ICD-10. *The Journal of Clinical Psychiatry, 59*(Suppl 20), 22-33.

Spitzer, R. L., Endicott, J., & Cohen, J. (1974). Constraints on the validity of computer diagnosis. *Archives of Gneral Psychiatry, 31,* 197-203.

Wing, J. K., Cooper, J. E., & Sartorius, N. (1974). *Description and Classification of Psychiatric Symptoms.* Cambridge, England: Cambridge University Press.

제3장

지능검사: 웩슬러 지능검사

PSYCHOLOGICAL ASSESSMENT

일상생활에서 개인의 능력과 성취도를 나타내는 의미로 지능 혹은 IQ라는 용어는 매우 흔하게 사용되고 있다. 또한 지능을 평가할 목적으로 여러 종류의 지능검사가 개발되어 있다. 지능검사는 지적장애의 진단 목적이나 학습 및 진로 지도의 목적 이외에도 임상 및 상담 장면에서 다양한 목적으로 활발하게 사용된다. 그중 웩슬러 지능검사가 대표적이다. 미국 내 심리학자들을 대상으로 심리검사의 사용 빈도에 대한 조사 결과, 1965년 이래로 현재까지 웩슬러 지능검사 체계가 모든 심리검사 중 가장 많이 사용되는 것으로 조사되었다(Camara, Nathan, & Puente, 2000). 국내에서는 이렇게 구체적인 통계조사가 이루어지지는 않았지만 건강보험심사평가원의 의료통계 정보(http://hira.or.kr/main.do)에 따르면, 의료기관에서 시행한 개인용 지능검사는 2018년 기준 67,876건에 해당한다. 이는 정신건강의학과 장면에서 주로 시행하는 대면 심리검사 중 가장 높은 비율이다.

그럼에도 불구하고 우리가 지능이라는 구성 개념을 정확히 정의 내리고 그에 맞게 합리적인 방식으로 지능을 측정해 왔는지, 지능검사의 점수를 올바르게 하고 해석하고 적용해 왔는지에 대해서는 많은 우려와 논란이 있다. 이 장에서는 지능을 어떻게 정의 내리고 분류해 왔는지와 지능검사 개발 과정을 역사적 관점에서 조망하고, 전 세계적으로 가장 많이 사용되고 있는 웩슬러 지능검사에 대해 자세히 살펴볼 것이다. 또한 지능검사를 사용할 때의 유의할 점에 대해서도 다루고자 한다.

1. 지능이란

지능(intelligence)은 라틴어 'intellegentĭa'에서 유래되었다. 'intellegentĭa'는 '내부에서'를 뜻하는 'inter'와 '수집하다, 분별하다, 선택하다'를 뜻하는 동사 'lĕgĕre'가 합쳐진 명사로 고대 로마의 철학자 Cicero가 처음 사용한 이래 '지식' '관념' '개념' '이해력' '인식 능력' '지혜' 등의 의미로 사용되었다고 한다. 이러한 고대 철학자들에서부터 현대 여러 이론가에 이르기까지 '지능'이 무엇인지를 규명하고 정의 내리고자 하는 다양한 시도가 있어 왔다. 그들 중 Dearborn과 같이 지능에 대해 '경험을 통해 학습 · 계발되는 능력'으로 보는 입장이 있는가 하면, Pinter, Burt, Stern과 같이 '새로운 상황이나 문제에 적응하는 능력'의 관점에서 지능을 설명하는 입장이 있다. 또한 Thurstone, Terman과 같이 '추상적 사고력을 바탕으로 하되, 이를 실제 사실과 연관시킬 수 있는 능력'을 지능으로 보는 입장도 있다.

지능에 대한 또 다른 접근 방법으로는 임상적 입장과 이론적 입장이 있다. 임상적 입장(Binet & Simon, 1905; Wechsler, 1939)의 연구자들은 이론적 배경이나 경험적 증거가 충분하지 않더라도 지능이라는 구성 개념, 즉 이론적 가정에 기초해 개인의 전체적인 능력을 측정할 목적으로 지능검사 제작에 주력하였다. 이와는 달리 이론적 입장(Cattell, 1963; Guilford, 1967; Spearman, 1927; Thurstone & Thurstone, 1941)의 연구자들은 여러 집단을 대상으로 실시된 지능검사 결과와 성별, 연령, 학력 변인 등 간의 상관 분석이라든지 지능검사의 소검사에 대한 요인 분석 등을 통해 지능의 구성 개념을 과학적으로 검증, 규명하는 데에 주력하였다. 이러한 이론가들이 제안한 지능의 구조를 다음 글상자에 요약해 놓았다.

TIP 지능의 구조

1. Spearman(1927)의 2요인설
   - 일반 요인(*g* 요인): 모든 개인이 공통적으로 갖고 있는 보편적인 능력
   - 특수 요인(*s* 요인): 특정 분야에 대한 능력(예: 언어능력, 수리능력, 공간능력, 기계적 능력 등)
2. Thurstone과 Thurstone(1941)의 다요인설
   - Spearman의 일반 요인에는 보다 다양한 지적 요소가 포함된다고 보고, 이에 대해 일곱 가지 요인의 기본적인 정신 능력(Primary Mental Ability: PMA)을 제안
   - PMA: '언어' '단어 유창성' '수 능력' '기억력' '공간 능력' '지각 속도' '추론 능력'
3. Guilford(1967)의 지능 구조 입체 모형설(Structure of Intellect Model: SI Model)
   - 상이한 종류의 정보를 다양한 방법으로 처리하는 능력들의 총체로 지능을 설명
   - 지능은 정보의 내용(4요소), 조작(5요소) 및 결과(6요소)의 3개 차원으로 나뉘며, 각 차원의 세부 요소 조합에 의해 120개의 구조로 구성

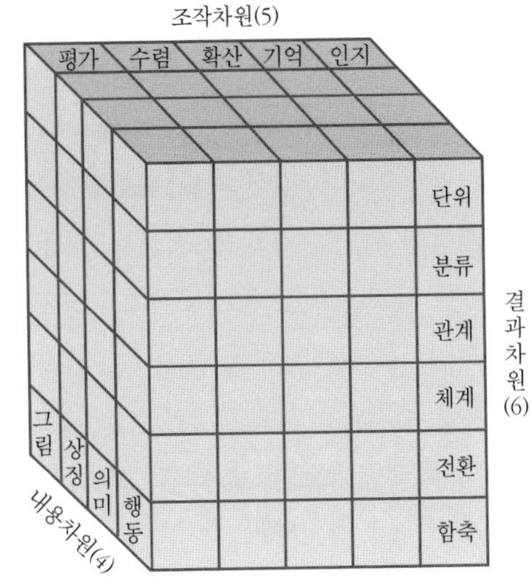

4. Cattell(1963)의 유동 지능과 결정화 지능

- 유동 지능(fulid intelligence): 유전적, 선천적으로 타고난 능력으로 뇌와 중추 신경계의 성숙에 비례해서 발달하고 쇠퇴하는 특성. 속도, 기계적 암기, 지각 능력, 일반 추론 능력 등
- 결정화 지능(crystallized intelligence): 유동 지능을 바탕으로 환경, 경험, 문화적 영향을 받아 후천적으로 계발되는 지적 능력. 상식, 언어이해력, 문제해결 능력, 논리적 추론 능력 등

2. 지능검사의 역사와 발달 과정

19세기 이전의 철학자나 과학자들은 지적 활동이 감각과 지각, 정신 및 의식의 일부라고 여겼지만, 과학적이고 객관적인 방법에 기초해 지능을 체계적으로 수량화해 측정하지는 못하였다. 지능을 최초로 수량화해 측정하고자 시도한 사람은 Darwin의 사촌이자 영국의 수학자인 Galton(1822~1911)이다. 그는 영국 귀족 가문을 관찰한 내용에 기초해 지능은 유전적 소인이 있다고 보았으며, 머리의 크기와 같은 인체 측정학적 방법과 악력, 호흡량, 반응 시간과 같은 감각-운동적 특질을 측정해 지능을 수량화하고자 하였다. 그러나 그가 제안한 측정치 중 어느 것도 지능의 개념과 유의한 상관이 발견되지는 않았다.

현대적인 개념의 지능검사는 Binet와 Simon(1905)이 개발한 비네-시몽 검사(Binet-Simon Test)를 효시로 볼 수 있다. 20세기 초 프랑스 정부는 의무 교육을 개시하면서 초등학교 정규 교육 프로그램을 수학할 능력이 없는 지적장애 아동들을 판별할 수 있는 평가 도구가 필요하다고 판단하여 지능검사 개발 프로젝트를 기획하였다. Binet는 프랑스 정부로부터 이 프로젝트를 위탁받은 총괄 책임자로 Simon과 함께 비네-시몽 검사를 개발하여 출시하였는데, 이것은 비장애 아동들과 지적장애 아동들을 감별할 목적에서 개발된 최초의 실용적인 지능검사다. 공동 연구자인 Simon은 지능을 여러 인지 영역에서 관찰되는 기본적인 능력이라고 보고, 지능검사는 이러한 복합적인 정신 능력을 측정할 수 있어야 한다고 제안하였다. Binet(1911) 역시 지능을 "판단하고 이해하며 추리하는 일반적인 능력"이라고 정의하고, 그 구성 요소로 '판단력' '이해력' '논리력' '추론 능력' '기억력' 등을 제안하였다. 그리고 이러한 능력을 측정할 목적에서 '기억력' '어휘력' '산수' 등의 소검사로 구성된 지능검사를 최초로 제작했다. 비네-시몽 검사는 1908년과 1911년에 두 차례의 표준화를 거쳤다. Binet는 연령 증가에 비례해 지능도 발달한다는 전제하에 정신 연령(mental age)의 개념을 도입하였다.

미국 스탠퍼드 대학교의 Terman(1916)은 비네-시몽 검사의 소검사를 확장하고 미국 문화에 맞게 문항을 수정하여 스탠퍼드-비네 검사(Stanford-Binet Test: SB)로 출시하였으며, 현재까지 다섯 차례의 재표준화 및 개정이 이루어졌다([그림 3-1] 참조). 국내에서도 SB3을 표준화한 고대-비네 검사(전용신, 1970)가 개발되어 사용된 적이 있으나([그림 3-2] 참조), 이후 개정판은 국내에서 출시되지 않았다.

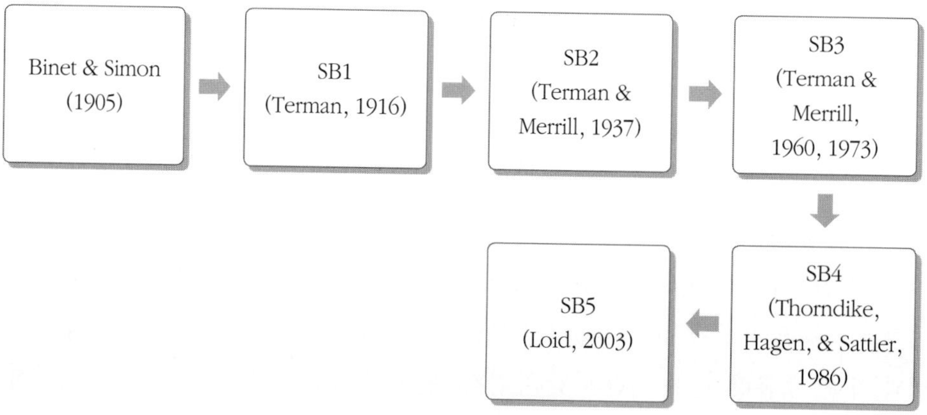

그림 3-1 스탠퍼드-비네 검사의 개발

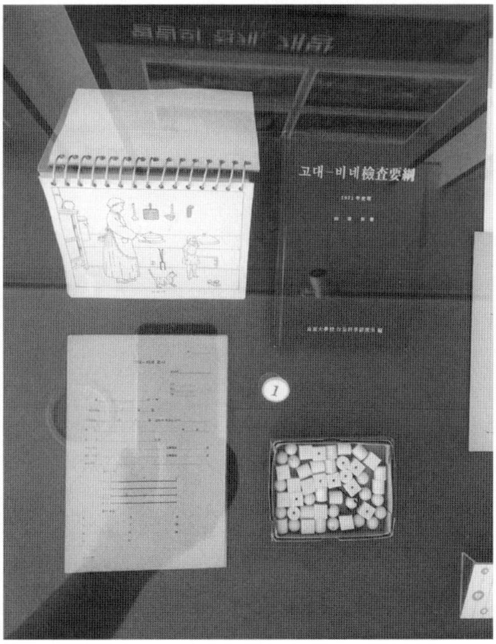

그림 3-2 고대 비네 검사

출처: 국립정신건강센터 박물관.

초창기 개발된 SB1에서 지능지수(intelligence quotient: IQ)의 개념을 최초로 사용하였는데, Terman의 IQ 산출 방식은 Binet의 '정신 연령' 개념을 발전시킨 비율 IQ 개념에 근거하며 그 공식은 다음과 같다.

$$\text{지능지수(IQ)} = \frac{\text{정신 연령(MA)}}{\text{신체 연령(CA)}} \times 100$$

※ IQ=intelligence quotient, MA=mental age, CA=chronological age

예를 들어, 10세 아동이 12세 아동의 대다수가 완성하는 과제를 수행했을 경우, IQ는 120[MA(=12세)/CA(=10세) × 100]으로 산출된다. 그러나 실제로 성인기 이후 연령이 증가하더라도 인지 기능은 정체되거나 오히려 하강하는 영역도 있기 때문에, 이와 같은 비율 지능지수의 개념은 성인들의 지능지수를 산출해 내기에 적합하지 않다. 예를 들어, 14세 이하의 아동을 대상으로 제작된 SB1에서 모든 문항을 정확히 수행할 경우 최대로 측정되는 정신 연령은 20세인데, 30세인 사람이 이 검사에서 만점을 받는다면 IQ 66이라는 터무니없는 결과가 산출된다. 또한 비네-시몽 검사는 물론이고 초창기 SB

검사는 대부분 언어 능력을 평가하는 소검사로 구성되어 있어 지능의 비언어적 요소를 간과했다는 비판을 받았다. SB4부터는 이러한 여러 가지 문제점을 개선하고자 SB3까지 채택해 왔던 난이도 순서의 문항 배열 방식을 폐기하였고, 웩슬러 지능검사 체계를 비롯한 다른 지능검사와 마찬가지로 최근 지능의 요인 이론에 기초해 소검사를 재구성하였다. 또한 SB4부터는 편차 지능지수의 개념을 도입해 평균 100, 표준편차 15의 IQ를 산출하였다.

제1차 세계대전 무렵, 미국에서는 군 입대에 적합한 대상자 선정과 신병들에 대한 부대 배치의 효율성을 높이고자 쉽고 신속하게 사용할 수 있는 집단용 지능검사가 개발되었는데, 지필형 검사인 아미 알파(Army Alpha)와 비언어성 검사인 아미 베타(Army Beta)가 그것이다. 이 검사들은 현재 사용되고 있지 않다.

Wechsler(1939)는 비네 검사, 아미 알파와 아미 베타 및 당시 개발되어 있던 여러 가지 표준화된 검사에 기초해 11개의 소척도로 구성된 웩슬러-벨뷰 지능검사 I형(Wechsler-Bellevue Intelligence Scale Form I: WB-I)과 WB-II(1946)를 개발하였다. 그러나 WB 검사는 하위 검사들의 신뢰도, 표집 크기, 규준 집단의 대표성 등에 문제가 있었다. 이후 WB-I의 문제점을 보완해 웩슬러 성인 지능검사(Wechsler Adult Intelligence Scale: WAIS; Wechsler, 1955)로 개정되었고, 수차례의 재개정 작업을 거쳐 WAIS-IV(Wechsler, 2008a)까지 출시되었다. WAIS-III 이후 고령화 사회에 발맞춰 규준 연령의 범위가 확대되는 추세이며, 신경심리학적 기능을 보다 잘 반영하는 소검사를 추가로 포함시키고 요인 분석 결과 등을 반영한 지표점수(index score)를 도입한 것이 특징이다.

WB-II는 웩슬러 아동 지능검사(Wechsler Intelligence Scale for Children: WISC; Wechsler, 1949)로 개정되어 현재는 WISC-V(Wechsler, 2014)가 사용되고 있다. 또한 영유아를 대상으로 한 웩슬러 유아 지능검사(Wechsler Preschool and Primary Scale of Intelligence: WPPSI; Wechsler, 1967)가 개발되어 현재는 WPPSI-IV(2012)가 사용되고 있다.

국내에서는 이진숙과 고순덕(1953)이 WB-II를 번안하여 사용한 이래로 WAIS 체계가 한국판 웩슬러 지능검사(Korean Wechsler Intelligence Scale: KWIS; 전용신, 서봉연, 이창우, 1963) 및 한국판 웩슬러 성인용 지능검사(Korean Wechsler Adult Intelligence Scale: K-WAIS; 한국임상심리학회, 1992)로 개정되었으며, 현재는 K-WAIS-IV(황순택, 김지혜, 박광배, 최진영, 홍상황, 2012a, 2012b)가 사용되고 있다. WISC 체계는 K-WISC(이창우, 서봉연, 1974), KEDI-WISC(한국교육개발원, 1987), K-WISC-III(곽금주, 박혜원, 김청택, 2001) 및 K-WISC-IV(곽금주, 오상우, 김청택, 2011)로 개정되었으며, 현재는 K-WISC-V(곽금주, 장승민, 2019)가 사용되고 있다. 또한 WPPSI-R(Wechsler, 1989)이

K-WPPSI(박혜원, 곽금주, 박광배, 1996)로 표준화되었으며, 현재 K-WPPSI-IV(박혜원, 이경옥, 안동현, 2016)가 사용되고 있다. [그림 3-3]에는 미국과 국내의 웩슬러 지능검사의 개정 과정을, [그림 3-4]에 한국판 웩슬러 지능검사 도구 및 검사지의 변천사를 제시해 놓았다.

미국판			한국판		
성인용	아동용	영유아용	성인용	아동용	영유아용
WB-I (1939) 7~69세	WB-II (1946) 10~79세		WB-II (1954) 17~54세		
WAIS (1955) 16~64세	WISC (1949) 5~15:11세	WPPSI (1967) 4~6:6세	KWIS (1963) 12~64세	K-WISC (1974) 5~16:11세	
WAIS-R (1981) 16~74세	WISC-R (1974) 6~16:11세	WPPSI-R (1989) 3~7:3세	K-WAIS-R (1992) 16~64세	KEDI-WISC (1987) 5~15:11세	K-WPPSI (1996) 3~7:3세
WAIS-III (1997) 16~89세	WISC-III (1991) 6~16:11세	WPPSI-III (2002) 2:6~7:3세		K-WISC-III (2001) 6~16:11세	
WAIS-IV (2008) 16~90세	WISC-IV (2003) 6~16:11세	WPPSI-IV (2012) 2:6~7:7세	K-WAIS-IV (2012) 16~69세	K-WISC-IV (2011) 6~16:11세	K-WPPSI-IV (2016) 2:6~7:7세
	WISC-V (2014) 6~16:11세			K-WISC-V (2019) 6~16:11세	

그림 3-3 웩슬러 지능검사 체계의 발달

* 아동용과 영유아용의 대상 연령은 개월 수까지 표기함. 예를 들어, 2:6은 2세 6개월을 의미함

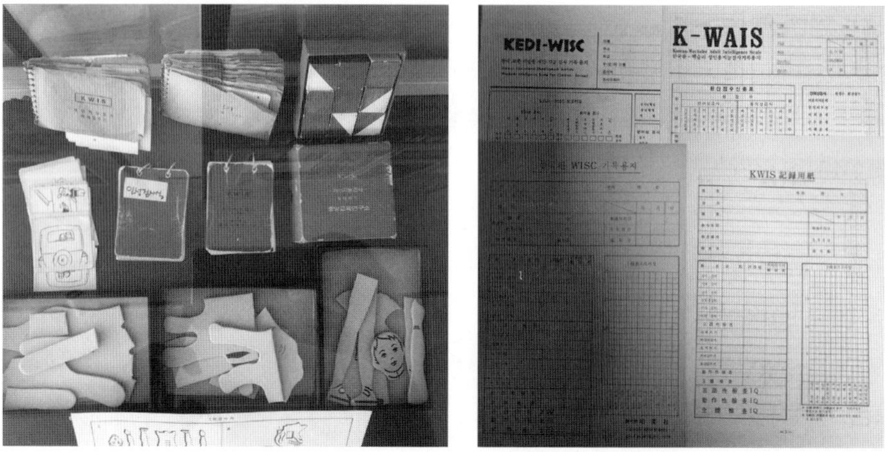

그림 3-4 한국판 웩슬러 지능검사 도구 및 검사지

* (좌) KWIS 검사 도구(1963); (우) KWIS(1963), K-WISC(1974), KEDI-WISC(1987) 및 K-WAIS(1992) 기록 용지(우측 하단부터 시계 방향)

출처: 국립정신건강센터 박물관.

3. 웩슬러 지능검사의 일반적인 특징

Wechsler(1939)는 지능에 대해 "개인이 목표를 달성하기 위해 실행할 수 있고, 합리적으로 사고할 수 있으며, 환경에 효과적으로 대처할 수 있는 '전반적(global)'이고 '총체적(aggregate)'인 능력"이라고 정의하였다. 이때 '전반적'이라 함은 지능이 개인의 행동을 전체로 특징지을 수 있다는 것을 의미하고, '총체적'이라 함은 지능이 질적으로 차별화되는 여러 요소(능력)로 구성되어 있다는 것을 의미한다. 또한 그는 지능이 전체 성격의 일부 요소로서 인지적 요인뿐만 아니라 불안, 지구력, 목표 자각, 기타 정서적 특성 등 비인지적 요인의 영향을 받는다고 보았다.

Wechsler는 이러한 가정하에 개인의 지적 잠재력을 평가할 목적의 생태학적 타당도가 높은 표준화된 지능검사를 개발하고자 하였다. 이를 위해 우선 여러 이론가에 의해 제안된 지능의 다양한 정의를 종합적으로 받아들이고 이러한 요소들을 평가할 수 있도록 소검사를 구성하였다. 웩슬러 지능검사의 초기 체계에서는 Spearman이 제안했던 보편적인 능력, 즉 *g* 요인의 개념을 반영하여 모든 소검사의 수행을 토대로 전체 지능지수(Full Scale IQ)가 산출되도록 하였을 뿐만 아니라 동시에 Thorndike와 Thurstone이 제안했던 중다 요인의 개념을 반영하여 언어성 지능지수(Verbal IQ) 및 동작성 지능지수(Performance IQ)도 산출되도록 하였다.

한편 WAIS-III 및 WISC-III부터는 전체 지능지수, 언어성 지능지수 및 동작성 지능지수 외에도 탐색적 요인 분석 결과를 통해 언어이해력, 지각적조직화 능력, 작업기억력, 정신처리속도의 네 가지 요인을 도출해 냈으며, 이에 기초하여 추가적으로 4개의 지표점수(index score) 체계를 도입하였다. 또한 WISC-IV와 WAIS-IV에서는 전반적인 지적 능력을 반영하는 전체 지능지수는 유지하였으나 기존에 사용해 왔던 언어성 지능지수(VIQ)와 동작성 지능지수(PIQ) 체계를 폐기하였는데, 그 대신 구조가 좀 더 명확하면서도 독립적인 인지 영역을 반영하는 4개의 지표점수(언어이해지표, 지각추론지표, 작업기억지표 및 처리속도지표) 체계를 채택하였다. 나아가 웩슬러 지능검사의 가장 최신 버전에 해당하는 WPPSI-IV 및 WISC-V에서는 지각추론지표를 시공간지표와 유동추론지표로 분리하여 5개의 기본지표가 산출된다.

Wechsler는 IQ 산출에 있어 Binet의 비율 IQ의 문제점을 해결하고자 개인이 속한 해당 연령 집단 내에서 상대적인 위치를 IQ로 환산하는 편차 IQ 개념을 도입하였다. 웩슬러 지능검사에서는 IQ가 정규 분포를 보인다고 가정하고, 해당 연령 규준에 대해 평균 100, 표준편차 15인 표준점수로 전환하여 IQ를 산출한다. 이러한 편차 IQ는 규준 집단 내에서 수검자 지능의 상대적 위치에 대한 정보를 제공해 주기 때문에 개인 간 비교가 용이하다는 장점이 있다. 이에 대해서는 [그림 3-5]을 살펴보면 좀 더 이해하기 쉬울 것이다. 예를 들어, 어떤 사람의 IQ가 85라는 것은 규준 집단의 평균 IQ 100으로부

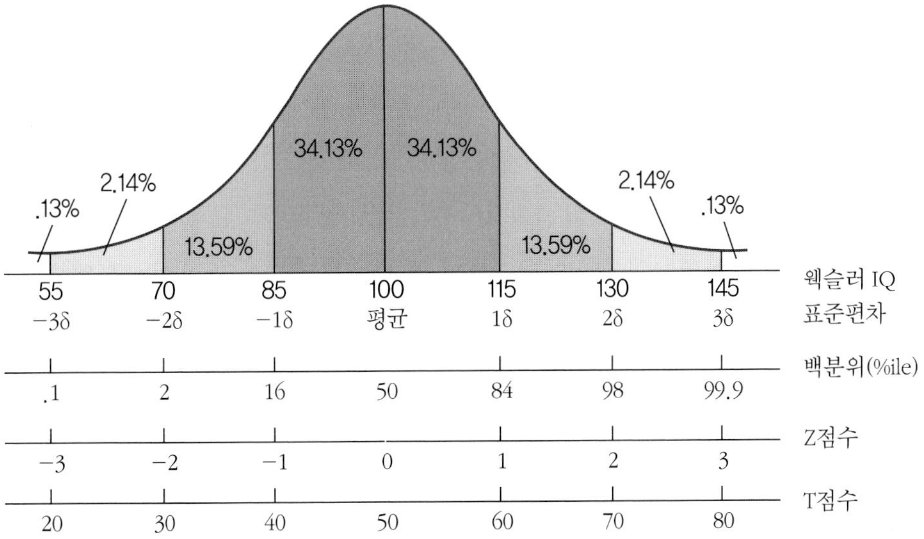

그림 3-5 웩슬러 지능검사의 IQ 곡선 및 다른 표준점수와의 관계

터 1표준편차(15점)만큼 낮은 것이며, 해당 연령 집단의 백분위로 나타냈을 때 100명 중 하위 16번째에 해당하는 유의하게 낮은 수준으로 볼 수 있다. 반면 어떤 사람의 IQ가 145라는 것은 규준 집단의 평균 IQ 100으로부터 3표준편차(45점)만큼 높은 것이며, 해당 연령 집단의 백분위 점수 99.9(%ile), 즉 대략 상위 .1%ile에 해당하는 매우 우수한 지적 능력임을 나타낸다. [그림 3-5]를 살펴보면, 전체 인구의 약 68%는 IQ 85~115범위에 속하며 약 95%는 IQ 70~130범위에 속함을 알 수 있다.

웩슬러 지능검사는 임상, 상담 및 교육 장면 등 매우 다양한 장면에서 사용되는데, 개인의 인지적, 신경심리학적 기능뿐만 아니라 검사 수행과 관련된 개인의 독특하고 대표적인 행동을 직접 관찰함으로써 수검자의 성격 특성과 적응/부적응행동 양상을 이해하는 데에도 유용하다. 웩슬러 지능검사를 실시하는 목적을 좀 더 구체적으로 살펴보면 다음과 같다.

- 개인의 전반적인 지적 능력을 평가하고자 한다.
- 지능검사의 소검사 프로파일을 통해 개인의 인지적 특성, 인지적 강점 및 약점을 파악하고자 한다.
- 지능검사의 결과에 기초해 임상적 진단을 명료화하고자 한다.
- 지능검사의 결과에 기초해 두뇌손상 여부 및 두뇌손상으로 인한 인지적 손상을 평가하고자 한다.
- 지능검사의 결과에 기초해 치료 계획 및 합리적인 치료 목표를 수립하고자 한다.

체질량지수(BMI), 혈압, 혈당과 같은 신체측정은 수집된 측정값에 대해 누구에게나 동일한 기준을 적용하여 해석하는 것이 가능하겠지만, 지능검사와 같은 심리측정에서는 그러한 단순한 해석은 불가능하다. 지능검사에서 산출된 점수를 해석하는 평가자는 인지 기능에 대한 이론 및 연구 관련 지식, 임상 경험과 기술을 충분히 갖추고 있어야 한다. 이를 위해서는 지능검사가 어떠한 철학적 기반에서 개발 및 사용되어 왔는지를 숙지하고 있는 것이 무엇보다 중요하다. Lichtenberger와 Kaufman(2009, 2013)은 지능검사의 기본 철학을 아래와 같이 제시하였다. 이들의 견해는 웩슬러 지능검사뿐만 아니라 다른 지능검사나 신경심리검사의 원리를 이해하고 해석할 때에도 유념해야 할 것이다.

- 지능검사의 소검사는 개인이 학습해 온 것을 측정한다.

지능검사의 소검사 유형에 따라 언어적 혹은 비언어적 요소가 관여하는 정도가 다르기는 하지만, 기본적으로 모든 과제는 문화적 · 교육적 경험, 일상생활에서의 경험 등을 통한 학습을 반영한다. 지능검사가 성취도 검사의 일종으로 분류되는 것도 이와 같은 이유에서다. 이론적으로는 지능에 대한 유전과 환경의 상호작용을 고려하는 것이 중요하겠지만, 지능검사의 결과를 해석함에 있어서는 이러한 고려가 실용적이지 못하다. 또한 현재 지능검사의 결과는 개인의 선천적인 요인을 반영하기보다, 향후 학업을 비롯해 다른 여러 가지 방식의 교육을 통해 지적 능력이 향상될 여지가 있다는 긍정적 제언을 해 줄 수 있다는 점에서도 유용하다.

- 지능검사의 소검사는 행동의 표집일 뿐 총체는 아니다.

지능검사는 1~2시간 정도 통제된 환경하에서 해당 과제를 수행하는 동안 수집된 특정 행동 표집에 근거한 평가이므로 지능의 본질적인 구성 요소나 실생활에서의 성취를 총망라해서 반영할 수는 없다. 예를 들어, 숫자 과제에서의 우수한 수행이 실생활에서도 전화번호와 같은 숫자를 잘 외우는 것과 직결되는 것은 아니며, FSIQ 점수가 높다고 해서 학업 장면에서의 성취가 반드시 우수한 것은 아니다. 다만 지능검사에서 어떠한 과제를 성공했는지 여부, 그 과제에서 반응하는 방식을 통해 무엇을 추론할 수 있는가가 더 중요하다. 이때 각 검사는 지능의 특수한 측면에 국한해 측정하고자 한다는 점을 유념해야 한다. 이를 보완하고자 여러 소검사를 조합한 지표점수나 요인 구조로 결과를 분석하며, 지능검사를 통해 도출된 가정과 이를 지지할 수 있는 다른 여러 가지 행동 표집 자료를 통합해 해석하는 것이 유용하다.

- 개인 대상의 표준화된 검사는 특정한 실험적 환경하에서의 정신 기능을 평가한다.

개인의 지능 수준을 규준 집단과 비교해서 해석하기 위해서는 표준화된 절차를 엄격하게 준수해야 한다. 그렇지 않을 경우 검사 점수가 타당하지 않아 아무런 의미가 없기 때문이다. 하지만 일상생활에서는 표준화된 절차나 통제된 환경하에서 행동하는 것이 아니며, 이러한 차이를 인지하고 있어야만 개인의 IQ를 최대 능력이라고 과잉 해석하는 우를 범하지 않을 수가 있다. 평가자와 수검자 간의 자연스럽고 긍정적인 상호작용 맥락에서 표준화된 절차를 적용할 필요가 있으며, 이를 유연하게 다룰 수 있는 것이 임상가의 능력이다. 또한 검사 상황에서 수검자가 보인 무수히 많은 행동을 면밀히 관찰하고 이를 검사 결과와 어떻게 통합해 해석할 것인지, 이 외에도 수집된 많은 자료를 검사 점수 해석에 어떻게 활용할 것인지는 임상가의 능력에 달려 있다. 한계 검증도 표준화된 절차의 제한점을 보완할 수 있는 유용한 방법이다.

- **지능검사와 같은 종합검사는 이론적 모형에 근거하여 해석을 해야 유용하다.**
  여러 소검사가 포함되어 있는 종합검사는 이론적 모형에 근거해 검사 자료를 조직화해야 개인의 인지 기능의 장단점을 명확히 파악하고 실용적이고 의미 있는 해석을 할 수 있다. 예를 들어, 기존의 웩슬러 지능검사는 입력–통합–저장–출력의 4단계 정보처리 모형에 근거해 각 소검사들을 개념화하고 해석하는 것이 일반적이었다. WAIS–III 체계부터는 인지신경과학 이론과 관련 연구에 기초한 4개의 지표점수, CHC 모형(Cattell-Horn-Caroll model) 등을 적용해 해석하고 있다. 이렇듯 결과는 각 검사 고유의 이론적 모델에 근거해 해석하되, 그에 대한 설명과 제언은 실용적이어야 한다.
- **검사 프로파일을 통해 도출된 가설은 다양한 출처의 자료를 통해 지지되어야 한다.**
  검사 결과에 기초한 가설을 수립한 다음에는 수검자에 대한 배경 정보, 사회적 맥락, 행동 관찰, 평소의 문제해결 방식 등의 다양한 자료와 맥락을 통해 가설의 타당성을 검토해야만 한다. 이러한 과정을 거쳐야 지능검사 결과를 오용하지 않고 최적의 해석을 할 수 있다. 예를 들어, 일반적으로 언어이해지표의 소검사는 결정화 지능의 유용한 측정치로 알려져 있지만, 문화적 배경이 다른 장면에서 성장한 개인이나 외국인, 청각 장애인 등에 대해서는 그렇지 못할 수가 있다. 마찬가지로 수검자가 관절염 환자, 시각 장애인인 경우, 처리속도지표를 정신처리속도의 측정치로 해석하는 것은 적절치 않다. 따라서 다양한 자료를 통해 가설이 지지되어야만 수검자의 능력에 대해 확신을 갖고 해석할 수가 있다.

4. WAIS–IV

1) WAIS–IV의 특징

WAIS–IV(Wechsler, 2008a)는 WAIS의 최신 개정판으로, 최신 지능 이론에 기초하면서도 임상적 유용성을 향상시키고 심리측정적 요소를 개선할 목적에서 개정되었다. 우선 WAIS–IV에서는 심리측정 도구로서 유용성을 높이기 위해 다음과 같은 점을 개선 · 보완하였다.

- 시범 문항과 예시 문항을 추가하고 지시문의 난이도를 낮춤
- 핵심검사만 실시할 경우 검사 시간 단축
- 운동 기능, 청력, 시간 가산점 등 가외 변인의 영향이 덜 반영되도록 함
- 경도 인지장애, 경계선 지능 등 특수 집단에 대한 연구 보완
- 최신 지능 이론을 반영하여 개정
  - 전체 지능지수와 요인 분석에 근거한 4개의 지표점수 체계 적용
  - 언어이해지표와 지각추론지표의 조합으로 산출되는 일반능력지표 및 작업기억지표와 처리속도지표의 조합으로 산출되는 인지효능지표 개발
  - 유동추론 및 처리속도 측정 강화(예: 퍼즐, 무게비교, 지우기 등 추가)
  - 요인 구조가 명확하지 않은 소검사 제외(예: 모양맞추기, 차례맞추기 폐기)
  - 신뢰도와 타당도를 폭넓게 검증
- 검사 규준 개정
  - FSIQ 범위가 확대(40~150)되면서 측정 범위가 넓어짐
  - 이로 인해 천장 효과(ceiling effect)와 바닥 효과(floor effect)가 개선됨
- 발달적 적합성 강화
  - 연령 범위 확장(WAIS-IV는 16~90세, K-WAIS-IV는 16~69세)
- 사용자 편이성 개선
  - 시범 문항과 예시 문항을 추가하고 지시문의 난이도를 낮춤
  - 핵심검사만 실시할 경우 검사 시간 단축
- 임상적 활용성 보강
  - 운동 기능, 청력, 시간 가산점 등 가외 변인의 영향이 줄어듦
  - 일부 소검사에 대해서는 질적 분석이 가능하도록 과정점수 추가
  - 신경인지 기능, 성취도 등 다른 측정치와 통계적 연계가 가능하도록 함(예: WAIS-IV와 WMS-IV 공통 규준 적용)
  - 경도 인지장애, 경계선 지능 등 특수 집단에 대한 연구 보완

WAIS-IV는 최신 지능 이론 및 신경심리학적 지식을 반영해 IQ 산출 방식, 각 인지지표의 구성 및 소검사 구성 등이 대폭 개정되었으며, 이전의 WAIS 개정판들과 비교해 가장 많은 변화가 있음을 알 수 있다. WAIS-IV의 구조 및 소검사 구성을 이전 버전과 비교해 [그림 3-6]에 제시해 놓았다.

• WAIS(KWIS) 및 WAIS-R(K-WAIS)

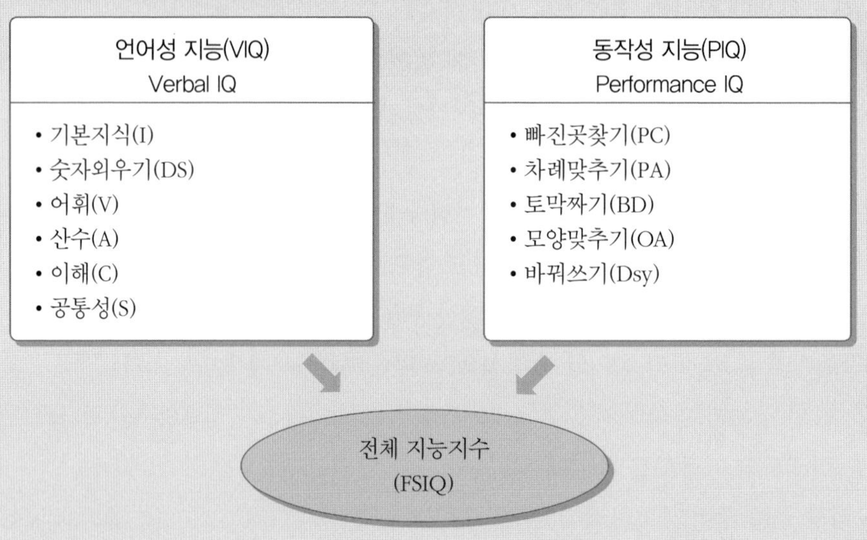

• WAIS-III

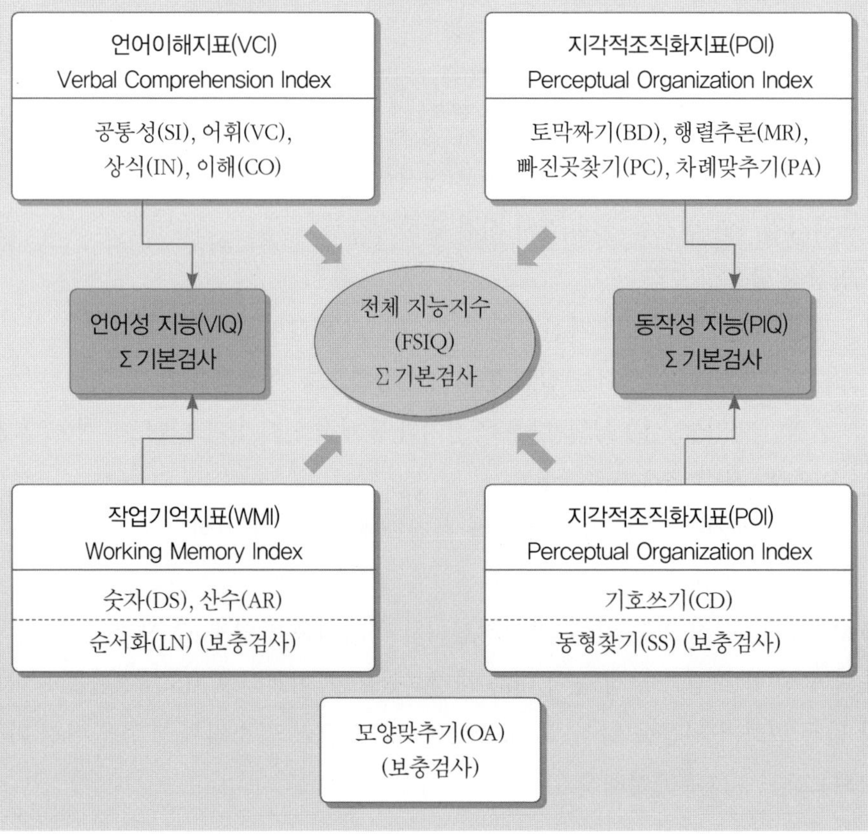

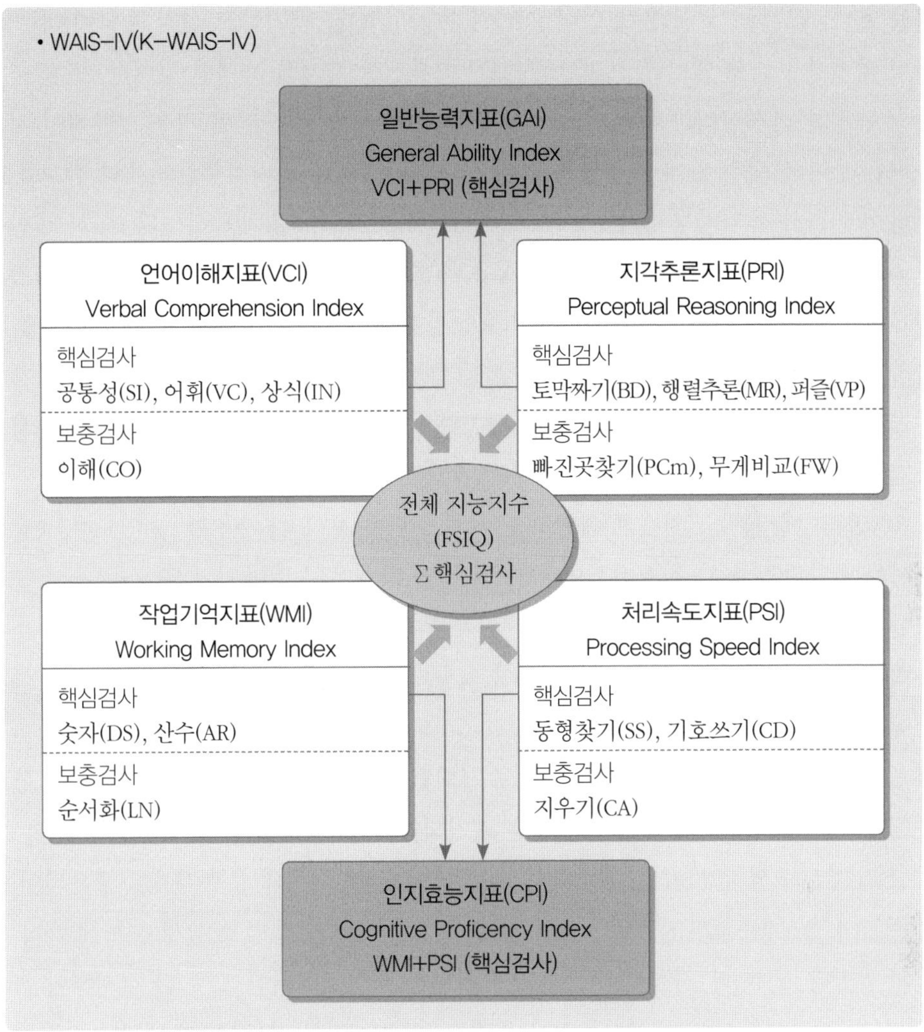

그림 3-6 웩슬러 지능검사 구조 및 소검사 구성의 변화

WAIS-IV의 가장 큰 변화는 전통적으로 사용되어 왔던 IQ 산출 방식 중 FSIQ는 계속 사용하되 언어성 IQ와 동작성 IQ를 폐기하였다는 점이다. 그간 많은 신경심리학자가 여러 가지 상이한 인지 능력이 복합되어 있음에도 불구하고 WAIS 체계에서는 언어성 과제와 동작성 과제의 두 가지 기준으로 인지 기능을 분류함으로써 해당 인지 능력을 온전하게 측정하지 못한다고 비판해 왔다. 예를 들어, 언어성 소검사에는 언어 능력 측정치뿐만 아니라 작업기억 측정치가 포함되어 있기 때문에 언어성 IQ를 순수하게 언어 능력으로만 해석하는 데에는 문제가 초래될 수 있다. WAIS-III부터는 이러한 문제점을 보완하고자 네 가지 지표점수를 도입하였다. 그리고 WAIS-IV에서는 이러한 비

판을 보다 적극적으로 수용해 언어성 IQ와 동작성 IQ를 폐기하고 인지 능력에 대한 해석적 의미가 보다 분명하게 드러날 수 있는 지표점수 체계를 채택한 것이다. 또한 수검자의 특정한 신경심리학적 상태로 인해 FSIQ 산출에 영향을 받을 경우 전반적인 지적 능력을 보다 신뢰성 있게 측정할 목적에서 언어이해지표와 지각추론지표의 점수를 합산하여 산출하는 일반능력지표(General Ability Index: GAI)를 개발하였다. 또한 개인이 특정 유형의 정보를 처리할 때의 효능성을 측정할 목적에서 작업기억지표와 처리속도지표의 점수를 합산하여 산출하는 인지효능지표(Cognitive Proficiency Index: CPI)를 개발하였다. 이 외 수행 패턴 및 오류 양상 등 수행의 질적인 양상을 분석하여 수검자의 인지 능력에 대해 보다 자세한 정보를 제공하기 위해 토막짜기, 숫자따라하기, 순서화 소검사 등에 대해서는 과정점수 체계를 추가적으로 도입하였다.

WAIS-IV에서는 각 지표에 해당하는 인지 능력을 보다 잘 측정할 수 있도록 새로운 검사를 추가하거나 기존 소검사의 실시 및 채점 방식을 수정하였고, 요인 구조가 불분명한 검사는 폐기하였다. 예를 들어, 지각추론지표의 측정을 강화하기 위해 유동추론 능력을 반영하는 퍼즐, 무게비교 등의 소검사가 추가되었고, 처리속도 측정을 강화하기 위해 지우기 소검사가 추가되었다. 그리고 작업기억력의 측정을 강화하기 위해 산수와 숫자 소검사의 실시 및 채점 방식이 수정되었다. 반면 WAIS-III까지 사용되어 왔던 차례맞추기, 모양맞추기 등의 소검사는 폐기되었다. 이렇게 하여 WAIS-IV는 총 15개의 소검사로 구성되었는데, 이는 다시 10개 핵심소검사와 5개 보충검사로 구분되어 있다. 〈표 3-1〉에는 WAIS-IV의 각 소검사에 대한 간략한 설명을 실시 순서에 따라 제시해 놓았다. FSIQ와 지표점수 산출을 위해서는 핵심소검사를 모두 다 실시해야 하지만, 실시 과정에서의 오류, 해당 검사에 최근 노출된 경우, 신체적 제한이나 감각적인 결함, 수검 태도 등의 문제로 인해 어느 핵심소검사의 점수가 타당하게 측정되지 못할 경우 지표점수 산출을 위해 해당 영역의 보충소검사 점수로 대체할 수 있다. 또한 보충소검사는 각 지표에 해당하는 인지 능력에 대해 추가적인 정보를 제공함으로써 수검자의 인지적 특성을 보다 풍부하게 해석할 수 있고 임상적 의사 결정을 내리는 데에도 도움이 된다.

표 3-1 WAIS-IV의 소검사 구성과 실시 순서

실시 순서	소검사	약어	설명	핵심/보충검사
1	토막짜기 (Block Design)	BD	빨간색과 흰색으로 이루어진 토막을 사용해서 제한 시간 내에 제시된 자극과 똑같은 형태를 만드는 과제	핵심검사 (지각추론지표)
2	공통성 (Similarity)	SI	제시된 두 단어에 대해 유사점을 설명하는 과제	핵심검사 (언어이해지표)
3	숫자 (Digit Span)	DS	평가자가 읽어 준 일련의 숫자를 동일한 순서로 따라 하는 과제(바로 따라하기), 역순으로 따라하는 과제(거꾸로 따라하기) 및 제시된 숫자를 작은 숫자부터 순서대로 따라하는 과제(순서대로 따라하기)	핵심검사 (작업기억지표)
4	행렬추론 (Matrix Reasoning)	MR	수검자는 가로 배열 혹은 2×2 배열의 행렬 매트릭스 위에서 빈칸을 완성하기 위해 반응기록지에 제시된 보기 중 하나를 선택하는 과제	핵심검사 (지각추론지표)
5	어휘 (Vocabulary)	VC	그림 문항에서는 시각적으로 제시된 사물의 이름을 말하고, 언어 문항에서는 인쇄된 글자와 동시에 구두로 제시된 단어의 뜻을 설명하는 과제	핵심검사 (언어이해지표)
6	산수 (Arithmetic)	AR	제한 시간 내에 일련의 산수 문제를 암산으로 푸는 과제	핵심검사 (작업기억지표)
7	동형찾기 (Symbol Search)	SS	수검자는 제한 시간 내에 표적 기호와 동일한 기호를 보기에서 찾아내는 과제	핵심검사 (처리속도지표)
8	퍼즐 (Visual Puzzles)	VP	수검자는 제한 시간 내에 제시된 목표 자극과 동일한 형태를 재구성할 수 있도록 보기의 퍼즐 조각들 중 3개를 선택하는 과제	핵심검사 (지각추론지표)
9	상식 (Information)	IN	수검자는 다양한 분야의 일반 지식에 관한 질문에 응답하는 과제	핵심검사 (언어이해지표)
10	기호쓰기 (Coding)	CD	수검자에게 1에서 9까지의 숫자와 각 숫자마다 기호가 짝지어 제시되며, 제한 시간 동안 보기와 동일하게 숫자 밑의 빈칸에 대응되는 기호를 모사하는 과제	핵심검사 (처리속도지표)
11	순서화 (Letter-Number Sequencing)	LN	평가자가 숫자와 글자가 섞여 있는 일련의 항목을 들려주면, 수검자는 숫자는 오름차순으로, 글자는 어순대로 회상하는 과제	보충검사 (작업기억지표)
12	무게비교 (Figure Weight)	FW	수검자는 제한 시간 내에 균형이 맞지 않는 양팔 저울 그림을 보고, 보기 중 균형을 맞출 수 있는 추를 찾아내는 과제	보충검사 (지각추론지표)
13	이해 (Comprehension)	CO	수검자는 일반적인 원칙과 사회적 상황에 대해 자신이 이해하고 있는 바에 기초해 질문에 답하는 과제	보충검사 (언어이해지표)

14	지우기 (Cancellation)	CA	수검자는 제한 시간 내에 구조화시켜 놓은 여러 가지 모양과 형태 배열에서 표적 자극과 동일한 모양들을 찾아 표시하는 과제	보충검사 (처리속도지표)
15	빠진곳찾기 (Picture Completion)	PCm	수검자는 제한 시간 내에 중요한 부분이 빠져 있는 그림을 보고 그 빠진 부분을 찾아내는 과제	보충검사 (지각추론지표)

2) WAIS-IV의 실시 및 채점

표준화된 지능검사를 정확히 실시하고 채점하기 위해서는 검사 요강에 제시된 지침을 정확히 숙지하고 준수해야 한다. 또한 이를 위해 체계적이고 철저한 훈련 및 지도감독이 필수적임을 명심해야 한다.

(1) 검사 환경

검사실은 실내 온도, 조명, 통풍 등이 적절하고 쾌적해야 하며 수검자가 방해를 받지 않도록 방음이 잘되어 있는 조용한 곳이어야 한다. 또한 검사실 실내도 수검자의 주의를 분산시키는 자극이 없도록 정돈되어 있어야 한다. 기호쓰기 검사를 고려해 가능한 한 표면이 매끈한 탁자가 적절하며, 그렇지 못하다면 기록 용지 밑에 평평한 받침 등을 사용해 수행에 지장이 없도록 한다. 만약 검사실의 환경으로 인해 수검자의 수행에 어떠한 지장이 초래되었다고 판단되면, 이를 기록해 두고 결과 해석에 참고해야 한다.

(2) 검사 도구 준비 및 관리

지능검사를 실시하기에 앞서 WAIS-IV 세트는 물론이고 검사를 실시할 때 필요한 도구들을 정확하고 충분히 구비해 두어야 한다. 초시계나 연필 등 소소하게 여겨지지만 꼭 필요한 검사 도구를 준비해 두지 않아 지능검사를 실시하는 동안 당황하고 허둥거리는 평가자의 모습을 상상해 본다면, 평가자가 검사 도구 준비에서부터 주의를 기울이는 것이 얼마나 중요한 일인지 알 수 있을 것이다.

책상 위에는 해당 소검사를 실시할 때 필요한 도구들만 올려놓아야 한다. 불필요한 검사 도구들이 책상 위에 놓여 있을 경우 수검자의 주의가 분산되거나 수검자에게 불안을 야기할 수 있다. 또한 지능검사를 개시할 때 기록 용지를 가릴 수 있는 위치에 검사 요강을 펼쳐서 세워 두어야 하며, 이는 평가자가 지시 사항과 채점 기준을 쉽게 확인할 수 있게 해 주는 동시에 수검자에게 점수 기록이 노출되지 않도록 해 준다. 다만 평

TIP 지능검사를 실시할 때 필요한 도구

- K-WAIS-IV 세트
  - 실시 및 채점 요강
  - 검사 기록 용지 및 부가 기록 용지(기호쓰기, 동형찾기 및 순서화 기록 용지)
  - 자극 책자
  - 토막
- 평가자용 펜
- 지우개가 달려 있지 않고 끝이 약간 뭉뚝한 연필(두 자루 이상)
- 초시계
- 클립보드
- 여분의 종이(메모용)

가자가 반응 기록이나 점수 기록을 노출하지 않으려고 지나치게 의식적으로 행동할 경우 오히려 수검자에게 의심이나 경계심을 유발하고 라포를 방해할 수 있으므로 유의해야 한다.

(3) 검사 실시와 라포 형성 및 유지

지능검사는 수검자가 검사에 대해 흥미를 갖고 침착하고 차분하게 수행하여 자신의 능력을 최대한 발휘할 수 있는 분위기에서 시행되어야 한다. 이를 위해서는 수검자와의 라포 형성이 매우 중요하다. 따라서 지능검사를 실시할 때에는 다음과 같은 사항들을 숙지해야 한다.

- 사전 설명 없이 곧바로 검사를 시작해서는 안 되며 검사의 목적, 방법 및 일반적인 사항에 대해 설명해 주어야 한다. Rapaport, Gill과 Schafer(1968)는 시행할 검사가 지능검사임을 미리 알려 줄 필요는 있지만, 검사의 목적이 단순히 지능지수를 알기 위한 것이 아니라 다양한 문제해결에 도움이 될 수 있는 방법을 찾는 데에 있다는 점을 강조하라고 권고하였다. 수행 방법 등에 대해서도 일반적으로 다음과 같이 설명한다.

"지금부터 여러 개의 서로 다른 검사를 받게 될 것입니다. 어떤 검사는 제가 질문을 하면 말로 답하는 형식입니다. 또 다른 검사는 도구를 사용해 직접 동작으로 풀어야 하는 경우도 있습니다.

대부분의 검사는 쉬운 과제부터 시작해서 차츰 어려워집니다. 모든 사람이 제시되는 모든 문제를 풀 수 있는 것은 아니며, 어떤 과제는 풀 수 없는 경우도 있을 것입니다."

- 새로운 소검사를 시작하기 전에 이를 자연스럽게 알릴 수 있도록 "이번에는 다른 종류의 검사를 해 보겠습니다."와 같은 언급이 필요하다.
- 수검자의 반응이 모호하거나 분명치 않다면 "어떤 의미인지 좀 더 자세하게 말씀해 주십시오."와 같은 중립적인 질문을 통해 탐색해야 한다. 이때 평가자는 채점 원칙을 미리 숙지하고 있어야 적절한 질문을 할 수 있을 것이다. 또한 추가 질문이 유도 질문이 되지 않도록 유의해야 한다.
- 평가자는 수검자의 다양한 반응에 민첩하고 적절히 대처해야 한다. 수검자가 수행을 마친 후 자신의 수행 수준이나 정답을 확인하기 위한 질문을 할 수도 있다. 이때 평가자는 수검자를 안심시키고 격려해 줄 수는 있지만, 정답 여부를 직접 알려 주는 것은 적절하지 않다. 또한 수검자가 자신의 수행이 실패했음을 분명하게 인지하고 좋지 않게 느낀다면, 평가자는 "이번 과제는 좀 어려웠습니다. 다음번에는 좀 더 쉽게 할 수 있을 것입니다."와 같은 언급을 해 주는 것이 좋다.
- 연령이 많거나 교육 수준이 낮은 경우 혹은 기본적인 지적 능력이 제한적이어서 표준적인 검사 지시를 정확히 알아듣지 못하는 경우, 수검자가 이해할 수 있는 언어로 쉽게 설명해 줄 수는 있다. 그러나 그 역시 정답을 유도하거나 득점에 영향을 미쳐서는 안 된다.
- 시간 제한이 있는 검사의 경우 이를 채점에 정확히 적용해야 한다. 그러나 수행 속도가 느린 우울증 환자나 노인 수검자들의 경우에는 과제를 성공적으로 해결할 수 있는지를 확인하고 사기 진작을 위해 제한 시간이 지나더라도 일정 시간을 주고 결과를 관찰하도록 한다. 시간 제한이 없는 검사에서는 수검자에게 충분한 시간 여유를 주어야 하며 수검자가 반응을 독촉받는 느낌을 갖지 않도록 한다.
- 지능검사는 수검자의 수행 동기, 협조 정도, 피로감, 정서 상태, 주의집중력 수준 등에 따라 수행 시간에 개인차가 있기는 하지만 일반적으로 60~90분 정도의 시간이 소요된다. 가급적 제시된 순서에 맞게 한 번에 실시하는 것이 원칙이다. 만약 수검자의 상태로 인해 한 번에 실시하는 것이 불가능하다면 두 번이나 그 이상으로 나누어 실시할 수도 있다. 하지만 수검자의 상태 변화로 인해 검사 결과가 달라질 수 있으므로 시간 간격이 너무 길어서는 안 된다.
- 수검자가 사용한 언어 반응 그대로(verbatim)를 기록해야 한다. 특히 '어휘' '이해'

및 '공통성' 소검사 등에서는 채점을 점검하기 위해 언어 반응을 정확히 기록하는 것이 매우 중요하다. 다만 기록의 편리를 위해 일반적으로 많이 사용되는 언어에 대해서는 다음과 같은 축약어를 사용할 수 있다.

–F(Fail): 실패. 수검자가 부정확하게 반응했을 때
–P(Pass): 정답. 수검자가 정확히 반응했을 때
–Q(Question): 평가자가 추가 질문을 한 경우
–Prmt(Prompt): 평가자가 수검자의 반응을 촉구한 경우
–DK(Don't Know): 수검자가 "모른다."라고 대답한 경우
–NR(No Response): 수검자가 아무런 말이나 행동을 보이지 않았을 때
–INC(incomplete): 제한 시간 내에 완성하지 못했을 때
–OT(Over Time): 제한 시간을 경과해 완성했을 때

- 수행 동안 수검자가 보인 특이한 행동 반응이나 언어 사용 등을 면밀히 관찰하고 기록해 두어 결과 해석에 활용한다.

TIP 지능검사를 실시할 때 주의할 점

1. 검사를 시작할 때, 각 소검사는 쉬운 질문으로 시작해서 점점 난이도가 높아지며, 모든 수검자가 제시된 모든 문제를 풀 수 있는 것은 아니라는 점을 미리 언급한다.
2. 수검자가 검사 상황을 어떻게 지각하고 있는지 확인하고, 오해하는 부분이 있다면 교정해 주어야 한다.
3. 수검자가 편안한 상태에서 검사에 임하는지 확인한다.
4. 평가자는 각 소검사에 해당하는 시작 문항, 중지 및 통과 기준, 시범 시행 혹은 연습 시행 여부, 재시도 규칙 등을 숙지하고 정확히 적용해야 한다.
5. 시간 제한/시간 가산점이 있는 검사에서는 시간을 정확히 측정하여 기록한다.
   - K–WAIS–IV: 토막짜기, 산수, 동형찾기, 퍼즐, 기호쓰기, 무게비교, 지우기, 빠진곳찾기
   - 특히 토막짜기의 경우 시간 가산점이 적용되므로 반응 시간을 정확히 측정하고 기록해야 한다.
6. 검사 도구는 실시하기 편하도록 정리해 두고 지침에 맞게 순서대로 제시한다.
   - 토막짜기: 수검자의 정중앙에 토막을 놓는다.
   - 기호쓰기, 동형찾기, 순서화: 지우개가 달리지 않고 심이 뭉뚝한 연필 두 자루를 준비해 둔다.

7. 숫자/순서화
   - 1초에 숫자(글자)를 하나씩 불러 준다.
   - 마지막 숫자(글자)는 음조를 약간 낮춰서 불러 준다.
   - 수검자 반응에 대해 정(pass)/오(fail)만 기록하지 말고, 반응 내용을 그대로 기록한다.
     - 수검자의 오류가 제시된 자극(숫자/요일)을 정확히 기억하지 못하는 것인지, 아니면 제시된 자극은 모두 기억하고 있으나 순서를 뒤섞어서 반응하는 것인지 구체적인 오류 양상을 확인하는 것이 해석 단계에서 중요하기 때문이다.
8. 어휘/이해/공통성
   - 수검자의 반응을 놓치지 말고 그대로 기록한다.
   - 수검자가 지나치게 상세하게 많은 언급을 해서 모두 기록하기 어렵더라도 수검자의 반응 중 필수적인 내용은 그대로 적어야만 한다.
   - 채점을 정확하기 위해 필요할 경우 중립적인 태도로 추가 질문을 한다.
9. 기호쓰기
   - 수검자 태도를 면밀히 관찰해야 한다. 특히 수검자가 제시된 문항 순서대로 기록하지 않고 동일한 숫자가 적힌 문항끼리 분류하여 기록하지 않도록 유의해야 한다.
10. 빠진곳찾기
    - 수검자가 정답 이외의 핵심적이지 않은 부분을 빠진 곳으로 지적하거나 그림의 이상한 점 혹은 잘못된 점을 언급할 경우, 처음 그러한 반응을 보였을 때 평가자는 "네, 그렇지만 가장 중요한 부분이 빠져 있는데 그것이 무엇입니까?"라고 말한다.

(4) 채점

각 소검사의 채점은 실시 요강에 제시된 채점 지침을 따른다. '어휘' '이해' 및 '공통성' 소검사는 채점자의 주관적인 평가와 판단이 관여할 수밖에 없기 때문에 채점 오류를 범하기 쉽다. 이러한 오류를 줄이기 위해서는 실시 지침에 제시된 구체적인 채점 기준과 응답 예를 면밀히 참고해야 한다. 하지만 수검자들이 보일 수 있는 모든 가능한 반응이 지침서에 제시되어 있지는 않기 때문에 채점자의 숙련도와 주의가 요구된다.

채점자는 원점수의 채점뿐만 아니라 원점수를 환산점수로 전환하고 연령 규준에 맞는 지능을 산출하는 단계에서도 오류가 발생하지 않도록 주의를 기울여야 하며, 자신의 채점이 정확한지 점검하는 습관을 들이도록 한다.

TIP 지능검사에서 흔히 하는 실수

1. 지침서를 잘못 읽거나 충분히 이해하지 못해 수검자에게 부적절하게 질문하는 경우
2. 수검자의 언어 반응에 대해 필요한 추가 질문을 하지 않는 경우
   - 검사 실시 지침에서 요구하는 반응에 대해 추가 질문을 하지 않는 경우
   - 채점에 필요한 추가 질문을 하지 않는 경우
3. 지나치게 격려하거나 정답을 유도하는 질문을 하는 경우
4. 검사 자극을 능숙하게 다루지 못하는 경우 혹은 잘못 다루는 경우
5. 반응 시간을 측정하지 않거나 부정확하게 측정하는 경우
   - 동형찾기, 기호쓰기: 초시계에 기록된 1분 20초(즉, 80초)를 120초로 잘못 읽고 검사를 조기 중지시키는 경우
     예: 01:20.00
6. 지침서에 제시되어 있음에도 점수를 너무 높게 혹은 너무 낮게 채점하는 경우
7. 기록지에 기재 사항을 누락하고 기록하지 않는 경우
   - 수검자의 반응 내용을 누락하는 경우
   - 해당 점수에 표기하는 것을 누락하는 경우
   - 반응 시간을 측정은 하였으나, 기록을 누락하는 경우
8. 비언어성 검사에서 점수를 잘못 표기하는 경우
9. 원점수를 표준점수로 변환할 때 잘못 변환하는 경우
10. 하위 검사들의 총합을 표준점수가 아닌 원점수로 잘못 합산하는 경우
11. 실제 연령을 만 연령으로 계산할 때 잘못 계산하는 경우

3) WAIS-IV의 지표 및 소검사 해석

여기에서는 Lichtenberger와 Kaufman(2009, 2013) 및 Groth-Marnat과 Wright(2016) 등이 제시한 WAIS-IV의 각 지표점수와 15개 소검사의 특징 및 임상적 해석을 구체적으로 살펴보고자 한다.

(1) 언어이해지표(Verbal Comprehension Index: VCI)

언어이해지표는 수검자의 언어 능력을 반영하는 것으로, 단어의 의미를 이해하고 언어적 정보를 개념화할 수 있는 능력, 사용되는 언어적 자료와 관련된 지식의 정도, 언어적 표현력 및 유창성 등이 포함된다. 한편 언어이해지표를 구성하는 소검사 중 '공통

성' 및 '어휘' 소검사가 언어 능력의 본질적인 속성을 반영하는 반면, '상식' 및 '이해' 소검사는 언어적-청각적 정보처리를 매개로 하나 사실적 지식 혹은 사회적 지식의 습득 정도를 측정한다는 점에서 전자와 차이가 있다. WISC-V에서는 이러한 점을 반영하여 언어이해지표의 기본 소검사에 '공통성' 및 '어휘' 소검사만 포함시켰으며, '상식' 및 '이해' 소검사는 보충소검사에 포함시켰다. 일반적으로 이 지표에서 높은 점수를 획득한 사람들은 언어표현이 유창하고 언어이해력도 뛰어나 언어적 의사소통을 잘하며, 지적이고 교육적인 활동에 흥미가 높을 것으로 시사된다. 이 지표에 포함되는 소검사들은 다른 소검사들보다 교육적, 문화적 요인이 더 많이 관여하므로 이러한 점을 고려해 해석한다. 일반적으로 교육 수준이 높고 전문 직종에 종사하는 사람들의 경우 언어이해지표의 점수가 매우 높다. 언어이해지표의 점수가 지각추론지표의 점수보다 유의하게 높다면(VCI-PRI가 WAIS-IV의 경우 9점 이상, K-WAIS-IV의 경우 11점 이상), 교육 수준이 높을 가능성, 지적인 활동에 대해 폭넓은 흥미를 보이거나 지적 성취 동기가 높을 가능성이 있다. 또한 유동 지능에 비해 과잉 학습이 이루어졌을 가능성, 우울증에 수반하여 정신-운동 속도가 저하되었을 가능성, 실용적인 과제를 해결하는 능력이나 시각-운동 통합 능력이 취약할 가능성 등을 고려해 볼 수 있다. 그리고 이러한 경우 지각추론 소검사를 수행하는 동안 성급하고 충동적인 방식으로 과제를 해결하여 오류가 증가했을 가능성에 대해서도 살펴보아야 한다.

① 공통성(Similarities: 핵심소검사)

- 논리적이고 추상적인 추론 능력
- 언어적인 개념 형성 능력 혹은 개념적 수준에서 사고하는 능력
- 핵심적이고 본질적인 속성과 부차적이고 중요하지 않은 속성을 구별하는 능력
- 인지적 융통성 및 이와 결합된 연상 능력
- 지나치게 구체적이고(concrete) 경직된 방식으로 사고하는 경향
- 적정 수준에서 일반화하는 능력
- 은유나 상징적인 의미를 파악하는 능력

공통성 소검사는 두 단어의 공통점을 설명하는 과제로 수검자의 언어 능력에 기초하지만, 언어적 개념 형성 능력과 추상적 추론 능력 측정에 보다 초점이 맞춰져 있다. 이에 여타의 언어이해지표 소검사에 비해 유동 지능을 상대적으로 잘 반영하는 것으

로 알려져 있다. 공통성 소검사에서는 제시된 두 단어의 핵심적이고 본질적인 공통 속성을 추론하고 개념적 수준에서 범주화시켜 응답을 할 때 높은 점수를 획득할 수 있다. 공통성 소검사에서 높은 점수를 획득한 경우 언어적 추론 능력, 범주화나 개념 형성 능력, 추상적 사고력이 양호한 것으로 시사된다. 반대로 이 소검사의 수행이 저조한 경우 추상적 사고력이 저조할 가능성을 고려해야 한다. 이를 정확히 판단하기 위해서는 수검자의 반응 내용을 면밀히 살펴보아야 한다. 예를 들어, 매우 사소하고 단편적인 유사점 혹은 개인적인 견해를 유사점으로 언급하는 경우(예: 개와 사자-털이 있다, 사람을 문다), 공통점이 아닌 두 대상의 관계를 언급하는 경우(예: 개와 사자-사자는 개를 잡아먹는다), 나아가 차이점만 나열하는 경우(예: 개와 사자-개는 집에서 키우고 사자는 동물원에 있다, 나는 개를 좋아하지만 사자는 무서워서 싫다, 둘 간에는 공통점이 없다 등) 지나치게 구체적 수준에서(concrete) 경직된 방식으로 사고하고 있음을 반영한다. 추상적 사고력이 약화된 조현병 환자나 신경인지장애 환자들이 주로 이러한 반응을 보인다. 반대로 핵심적이고 중요한 공통 속성을 벗어나 지나치게 포괄적인 내용의 유사점을 언급하거나 부적절하게 연상을 확장시키는 경우(예: 개와 사자-우주에 존재하는 생명체들이므로 모두 경이롭고 소중하며 인류가 지켜 내야 할 대상이다)에는 연상의 이완과 같은 사고 형식의 장애를 고려해야 한다. 한편 이 소검사에서는 원점수를 획득한 패턴을 살펴보는 것도 중요하다. 예를 들어, 수검자들 간에 환산점수가 동일하더라도 대부분의 반응이 1점으로 채점된 수검자보다는 0점과 2점으로 채점된 반응이 주를 이룬 수검자의 지적 능력이 우수할 가능성이 높다. 또한 난이도가 낮은 항목에서 주로 2점을 획득하고 난이도가 높은 항목에서는 점수 획득에 실패했다면, 추상적 사고력보다는 과잉 학습의 영향 혹은 일상생활에서의 경험을 통해 터득한 연상 능력이 더 많이 반영되었을 가능성이 있다. 공통성 소검사는 대뇌의 좌반구 병변, 특히 좌측의 측두엽 및 전두엽 병변에 민감하다고 알려져 있다(Dobbins & Rusell, 1990).

② 어휘(Vocabulary: 핵심소검사)

- 언어발달의 정도
- 일반적인 언어 지능
- 단어에 대한 지식
- 수검자의 교육적 · 문화적 배경 및 초기 환경, 독서 경험, 지적인 흥미와 호기심 등
- 언어적 유창성

- 추상적 사고력, 언어적 개념화 능력
- 일반적으로 수검자의 지적 능력을 가장 잘 반영하는 소검사

어휘 소검사는 제시된 단어의 의미를 설명하는 과제로 어휘력을 포함해 축적된 언어 학습 능력을 주로 측정한다. 어휘 소검사는 단어의 의미를 개념적 수준에서 적절히 정의 내릴 수 있는가에 따라 배점이 달라지므로 언어 사용 능력뿐만 아니라 추상적 사고력, 개념화 능력도 반영된다. 어휘 소검사는 상식 소검사와 함께 FSIQ와의 상관이 상대적으로 높고 신경학적 손상이나 정신의학적 증상의 영향도 상대적으로 적게 받기 때문에 지적 잠재력이나 병 전 지능을 추정할 때 주로 사용된다(Lezak et al., 2012). 다만 상식 소검사와 마찬가지로 어휘 소검사 역시 성장과정 동안의 교육적 혹은 문화적 환경을 포함해 삶의 경험의 영향을 많이 받는다. 따라서 학습장애나 주의력결핍 과잉행동장애와 같이 학업 수행에 지장을 초래할 수 있는 요인이 확인된 경우 혹은 국외에서 성장하고 교육받은 경우에는 어휘 소검사에 기초하여 지적 잠재력이나 병 전 지능을 추정하는 것이 적절치 않을 것이다. 또한 어휘 소검사에서 수검자의 반응 내용은 개인의 독특한 사고방식이나 흥미, 특정 주제에 몰두되어 있는 사고, 기괴한 사고 내용이나 사고 과정의 문제 등을 반영하므로 질적인 분석도 중요하다. 예를 들어, 수검자가 단어의 중요하고 핵심적인 의미를 설명하지 못하고 그 단어가 사용되는 용례를 언급하는 경우(예: 다투다–두 사람이 사이가 나빠서 말로 다투다) 추상적 사고력이나 개념화 능력이 저조하며 구체적 수준에서 사고함을 시사한다. 한편 수검자가 단어의 사전적 정의를 외우듯이 그대로 언급하는 경우가 빈번히 관찰된다면(예: 단풍–가을이 되면 기온의 변화로 엽록소가 변질되어 녹색이던 것이 붉은색 혹은 누런색으로 변한 나뭇잎. 단풍과의 활엽수를 일컫기도 함), 과잉 학습의 영향을 고려해 보아야 한다. 백과사전식의 지식에 흥미가 지나치게 몰두되어 방대한 지식을 기계적으로 암기한 일부 자폐스펙트럼장애 환자들 중에도 이러한 반응을 보이는 경우가 있다.

③ 상식(Information: 핵심소검사)

- 일반적이고 사실적이며 전반적인 지식의 범위
- 학교 교육 및 장기간의 학습을 통해 축적된 지식
- 교육적 · 문화적 배경, 독서 경험
- 지적인 호기심, 지식을 추구하고자 하는 욕구, 지적 성취에 대한 동기

• 주변 환경에 대한 기민함

상식 소검사는 개인이 보유하고 있는 지식의 정도를 측정하며, 성장과정 동안 교육적 혹은 문화적 경험 등 환경의 영향을 많이 받는다. 그러나 상식 소검사에서는 특정 분야의 전문 지식이 아니라 평균적인 교육 기회를 가진 사람들이 습득할 수 있는 다양한 분야의 기본적이고 보편적인 지식을 측정한다. 그렇기 때문에 상식 소검사는 일반 지능이나 병 전 지능의 추정에 유용한 측정치로 많이 사용된다. 상식 소검사에서 높은 점수를 획득한 경우 학업 수행이나 성취에 대한 동기가 높을 가능성, 지적인 활동에 대한 흥미나 호기심이 강할 가능성, 성장과정 동안 교육적 · 문화적 경험을 풍부하게 제공받았을 가능성 등을 고려해 볼 수 있다. 반면 이 소검사의 수행이 저조할 경우 성장과정 동안 교육적 · 문화적 경험을 충분히 제공받지 못하였을 가능성 혹은 학업에 대한 성취 동기가 저조할 가능성, 지적인 흥미가 피상적이고 협소할 가능성 등을 고려해 볼 수 있다. 임상 장면에서는 수검자의 정신의학적 상태를 고려해서 해석해야 한다. 일례로 기억력 저하를 보이는 신경인지장애 환자임에도 상식 소검사에서 일정 수준의 수행을 유지한다면, 과거에 장기기억으로 습득해 놓은 정보에 대해서는 망각하지 않고 인출할 수 있다는 것을 의미한다. 자폐스펙트럼장애 환자 중에는 공통성, 이해 소검사와 같이 언어적 추론 능력이나 추상적 사고력을 반영하는 소검사의 수행은 저조하나 상식 소검사의 수행은 월등히 높은 경우가 있다. 이러한 수검자라면 백과사전식의 지식 습득에 지나치게 몰두되어 있고 단순 암기 위주의 방대한 정보를 습득하였으나, 일반화나 응용력이 저조하여 보유하고 있는 지식을 실제 문제해결에 적절하고 유연하게 활용하는 데에는 어려움을 보일 수 있다. 한편 엉뚱하고 기괴한 반응 내용(예: 파우스트는 누가 썼습니까?-그런 불온한 책을 쓴 사람은 나쁜 사람임에 틀림이 없겠군요) 역시 수검사의 정신 상태를 반영하므로, 이와 관련해 다른 검사에서 시사되는 징후들을 면밀히 살펴보아야 한다. 난이도와 무관한 응답 패턴을 보일 경우 꾀병, 낮은 수행 동기, 기억 인출의 어려움 등을 고려해 볼 수 있다. 특히 지나치게 쉬운 문항에서 정답에 근사한 오류를 보이는 경우(예: 어린이 날-5월 4일)에는 꾀병 가능성이 증가한다.

교육 수준이 낮은 수검자들은 상식 소검사 수행 시 자신감이 저하되거나 위축될 수 있으므로 평가자가 수검자를 지지하고 격려할 필요가 있다. 어떤 수검자들은 정답을 반응하지 못할 때 합리화하거나 변명하는 듯한(예: "살면서 그런 것은 별로 중요할 것 같지 않군요." "우리가 학교에 다닐 때에는 그런 것을 배우지 않았습니다.") 태도를 취한다. 따라서 다른 언어이해지표 소검사들과 마찬가지로 상식 소검사에서도 수검자의 반응 내용, 반응의 질, 수검 태도 등을 면밀히 살펴보아야 한다.

④ 이해(Comprehension: WAIS-IV 보충소검사/WISC-IV 핵심소검사)

- 관습적인 행동 기준, 도덕, 사회 규칙 등에 대한 지식 및 이해력
- 실생활의 경험에 바탕을 둔 실용적인 지식
- 자신의 과거 경험을 적절히 선택하고 조직화하여 평가하는 능력
- 양심과 도덕의 발달 정도 등 사회성숙도
- 사회 관습이나 기준을 강하게 고수하는 경향 혹은 경시하는 경향
- 추상적 사고력(후반부 문항)
- 은유 및 상징에 대한 이해력
- 일반화 능력 vs 지나치게 구체적으로 사고하는 경향

이해 소검사는 사회의 보편적인 현상이나 원리 및 사회적 행동에 대한 지식, 도덕 및 윤리적 판단 능력, 사회의 보편적인 가치나 관습을 대하는 태도 등을 반영한다. 또한 이해 소검사에는 속담 문제와 같이 실생활에서 관용적으로 사용되는 상징적, 비유적 표현에 대한 이해력과 추상적 사고력을 측정하는 문항도 포함되어 있다. 이해 소검사에서 높은 점수를 획득하기 위해서는 관련된 지식을 보유하고 있어야 할 뿐만 아니라 문제해결과 의사 결정에 이러한 지식을 적절히 활용할 수 있어야 한다. 이해 소검사에서 높은 점수를 획득한 경우, 사회적 상황에 대한 이해력과 판단력이 양호할 가능성, 문제 상황에서 보유한 지식을 활용하는 능력이 양호할 가능성, 사회의 가치와 규범을 중요하게 여기고 이를 준수하려는 태도가 강할 가능성 등을 고려해 볼 수 있다.

반면 이해 소검사의 수행이 저조한 경우, 일반적으로 사회적 이해력과 판단력이 저조할 가능성, 나아가 지각 및 현실 판단력의 손상 가능성, 사회의 관습과 규범을 경시하는 반사회적 태도 등을 고려해 볼 수 있다. 그러나 이해 소검사에서의 높은 점수와 실생활에서의 사회적 능력 간의 관계가 충분히 입증되지 않았다는 비판도 있다(Beebe, Pfiffner, & Mcburnett, 2000). 따라서 이해 소검사 점수에 근거해 실생활의 복잡한 기제를 과잉일반화하지 않도록 주의해야 하며 다른 검사에서 시사되는 징후, 수검자의 일상생활에서의 행동 패턴 등과 통합적으로 해석하는 것이 중요하다. 특히 임상 정보를 간과한 채 이해 소검사에서 높은 점수를 획득했다는 것만으로 수검자의 사회적 능력이

양호하다고 단정해서는 안 된다. 예를 들어, 개인력이나 진료 기록 등을 통해 반사회적 성향이나 심각한 품행문제가 명백히 확인되었음에도 혹은 망상과 같이 명백한 사고 장애를 보임에도 이해 소검사에서 높은 점수를 획득했다는 것만으로 사회적 이해력이나 판단력, 적응 능력이 양호하다고 해석하는 것은 부적절하다. 오히려 이러한 경우에는 일반적인 사회 현상이나 도덕 규범, 행동 규칙 등의 사회적 지식을 일정 수준 습득하였으나, 자신이 보유하고 있는 사회적 지식을 실생활에서 의사 결정이나 판단에 반영하지 못(안)하고 있음을 기술해 주어야 한다.

한편, 상식 소검사의 수행은 저조하지만 이해 소검사의 수행이 상대적으로 양호한 수검자의 경우 교육 수준을 살펴볼 필요가 있다. 교육 수준이 낮아 성장과정 동안 일반지식을 습득할 수 있는 기회가 제한적이었으나, 사회적 지식은 충분히 습득하고 이를 실생활의 의사 결정이나 행동에 적절히 적용할 수 있는 사람들이 이에 해당한다. 이해 소검사 역시 수검자가 보인 반응 내용에 대한 질적인 분석이 중요하다. 수검자가 질문받은 사회 현상에 대해 적절히 설명한 후에 "하지만 그렇게 할 필요는 없어요." "나라면 그렇게 하지 않을 거예요."와 같은 반응을 덧붙인다면 반항적, 거부적인 태도를 고려해야 한다. 어떤 수검자의 경우 "예전에 내가 그런 일을 해 본 적이 있는데……"라든지 "그와 관련해 국내 법 조항을 살펴보면……"과 같이 자신의 개인적인 경험이나 연관된 지식을 구체적인 근거로 제시하는 경우가 있는데, 이러한 수검자에 대해서는 합리화나 주지화 등의 방어적 태도를 고려해 볼 수 있다.

(2) 지각추론지표(Perceptual Reasoning Index: PRI)

지각추론지표는 일차적으로 '비언어적인 시각 자극에 대한 추론 능력'을 측정할 목적에서 개발되었다. 언어이해지표가 결정화 지능(crystallized intelligence)의 요소를 많이 포함하고 있어 교육이나 문화적 경험의 영향을 많이 받는 것에 비해 지각추론지표는 환경의 영향을 상대적으로 적게 받는 순수한 시지각 및 유동추론 능력을 측정한다.

이 지표는 시공간 정보를 분석하고 평가하는 능력, 시공간 자극에 정확히 반응하는 능력, 자료들을 조직화하고 통합할 수 있는 능력, 개인이 속한 환경에 비언어적인 방식으로 접촉하는 정도와 특질도 반영한다. 또한 일차적인 평가 목적으로 고려된 것은 아니지만, 지각추론지표에 포함되는 하위 소검사들을 성공적으로 수행하기 위해서는 시지각 및 표상화 능력, 시지각적 변별 능력, 심상화 능력(visualization), 운동 관련 재능(dexterity), 시각, 운동 및 시각-운동 처리속도, 비언적 시각 정보에 대한 작업기억력,

비언어적 시각 정보를 정신적으로 처리하는 과정에서 단서를 제공하고 지시 및 감독하는 다중 관리기능(multiple executive function)이 부차적으로 관여한다(Lichtenber & Kaufman, 2013). 지각추론지표에서 핵심 요소인 유동추론 능력이나 상술한 부차적 기능들이 신경심리학의 주요 측정 영역인 관리기능(executive)과 전적으로 일치하는 것은 아니지만, 이론적 구성 개념 측면에서 중첩되는 부분이 있다(Weiss et al., 2010).

지각추론지표에서 높은 점수를 얻은 사람들 중에는 일상생활에서도 방향 감각이 좋아 길 찾기나 지도를 보고 목적지를 찾아가는 일에 능숙하며, 거리나 부피 가늠을 잘하고, 설계나 조립 혹은 물건 수리 등과 같이 비언어적인 재료들을 다루는 작업 기술이 양호할 가능성이 높다. 반대로 이 지표의 점수가 낮은 사람들은 이러한 활동에 서툴거나 어려움을 겪을 수 있다. 이 지표의 점수가 언어이해지표의 점수보다 유의하게 높다면(WAIS-IV의 경우 9점 이상; K-WAIS-IV의 경우 11점 이상), 지각적조직화 능력이 양호할 가능성 혹은 언어 능력이 저조할 가능성, 축적해 놓은 지식 체계에 근거하여 문제를 해결하기보다는 직관적인 추론에 근거하여 즉각적인 문제해결을 선호할 가능성, 충분히 생각하여 의사 결정을 내리기보다는 즉각적인 행동을 우선할 가능성, 학업 성취가 저조하거나 사회경제적 지위가 낮을 가능성 등을 고려해 볼 수 있다(Groth-Marnat & Wright, 2016).

① 토막짜기(Block Design: 핵심소검사)

- 시지각 및 시공간 구성 능력
- 전체를 개별 구성 요소들로 분석하는 능력
- 시지각적 조직화 및 통합 능력
- 비언어적 개념 형성 능력, 추상적 사고 능력, 인지적 유연성
- 시각-운동 협응 능력, 손을 사용한 운동 및 지각 속도
- 시간 압력하에 작업하는 능력
- 지속적인 주의집중력

토막짜기 소검사를 수행하는 데에는 그림 형태로 제시된 샘플 자극의 개별 구성 요소들을 내적 사고 활동을 통해 분석한 다음, 정육면체 블록들을 사용해 다시 전체 형태로 재구성하는 과정이 포함된다. 따라서 이러한 활동에는 일차적으로 시지각 능력, 시공간 구성 능력, 시지각적 조직화 및 통합 능력이 관여하며, 부가적으로 공간적 관계

에 대한 추론 능력, 추상적 사고력 등도 관여한다.[1] 토막짜기 소검사는 언어 능력이나 교육 혹은 문화의 영향을 상대적으로 적게 받으며, 신경학적 손상을 제외하고는 정신의학적 상태에 의한 영향도 적게 받아 병 전 지능의 추정에 많이 사용된다. 하지만 토막짜기 소검사는 시간 제한이 적용될 뿐만 아니라 수행 시간에 따른 보너스 점수도 적용되므로 우울장애와 같이 정신-운동 속도가 저하된 상태에서는 수행이 저조할 수 있다. 또한 토막짜기 소검사는 우반구, 특히 우측 두정엽 손상에 민감하며, 알츠하이머병에 의한 신경인지장애의 경우 초기 단계에서도 민감하다고 알려져 있다(Lezak et al., 2012). 따라서 이러한 임상 집단에 대해서는 병 전 지능을 추정하는 데에 토막짜기 소검사를 사용하는 것이 적절치 않다.

수검자의 과제 수행 태도 역시 결과에 영향을 미치므로 토막짜기 소검사를 시행하는 동안에는 평가자가 이를 주의 깊게 관찰하는 것이 중요하다. 시력이 매우 저하되어 있거나 시지각 능력에 문제가 있는 경우, 제시된 시각 자극들을 정확히 입력할 수 없어 과제 수행에 지장이 초래될 수 있으므로 시력이나 시지각적 문제가 없는지 사전에 확인해야 한다. 강박적인 사람들의 경우 세부 요소에 지나치게 신경을 쓰고 심사숙고하느라 빠른 시간 내에 완성하지 못해 보너스 점수 획득에 실패하고, 이로 인해 전체 시행 점수가 저조할 수 있다. 따라서 수행 속도가 수행에 영향을 미쳤는지를 확인하기 위해서는 전체 시행 점수와 시간 가산점을 고려하지 않은 과정점수를 비교해 보도록 한다. 반대로 어떤 수검자들은 체계적이고 계획적으로 과제에 접근하기보다는 마구잡이식의 시행착오를 거치면서 과제를 수행하는데, 이는 문제해결 능력이 저조함을 나타낸다. 수검자가 자신의 수행에 오류가 있음을 인지하면서도 동일한 방식의 오류를 반복한다면, 인지적 경직성이나 보속증(perseveration) 가능성을 고려해 볼 수 있다. 쉽게 포기하며 낙담하는 수검자에 대해서는 자신감이나 동기 저하의 가능성을 고려해 볼 수 있겠지만, 잠시 시도하다가 과민한 감정 반응을 보이며 쉽게 포기하는 수검자에 대해서는 주의지속의 어려움, 충동적 성향 등을 고려해 볼 수 있다.

② 행렬추론(Matrix Reasoning: 핵심소검사)

- 시공간 추론 및 추상적 사고력

1) WISC-V에서는 지각추론지표를 시공간지표와 유동추론지표로 재분류한 5요인 이론을 채택하였으며, 토막짜기 및 퍼즐 소검사를 시공간지표의 핵심소검사에 포함시켰다. 즉, 이 두 소검사 점수는 일차적으로 시지각 및 시공간 처리 능력을 반영하며, 지각추론의 속성은 부차적인 것으로 간주하였다.

- 시공간 정보에 대한 동시적 처리 능력
- 전체를 세부 구성 요소들로 분석하는 능력
- 시지각 능력 및 시지각적 조직화 능력

행렬추론 소검사는 WAIS-IV나 WISC-IV 체계는 물론이고 최신 지능 이론이 반영된 WISC-V 체계에서도 유동추론지표의 핵심소검사에 포함된다. 이 과제 역시 다른 지각추론 소검사들과 마찬가지로 언어 능력이나 문화의 영향을 상대적으로 적게 받는다. 또한 제시된 시각 자극을 보고 정답을 선택하는 과제로 도구를 조작하는 과정이 포함되지 않으며 시간 제한도 적용되지 않으므로 수검자의 운동 능력, 운동 속도나 정신 처리속도 등이 크게 영향을 미치지 않는다. 이 과제는 전체적 처리(holistic processing)를 통한 접근이 일반적이기는 하나, 순서에 대한 규칙을 추론하기 위해 빈칸에 각각의 보기를 대응해 선택 가능성을 평가하는 순차적(sequential)이고 계획적인 접근 방식을 사용할 수도 있다. 이 과제에서는 형태, 색상, 크기 등의 기준을 적용해 정답을 추론해야 하므로 시력이나 기본적인 시지각 능력, 특히 색맹 여부 등을 사전에 확인하는 것이 중요하다.

행렬추론 소검사에서 수검자의 반응 양식 역시 중요한 임상적 정보를 제공한다. 대조할 수 있는 샘플이 분명하게 제시되는 토막짜기와 달리 행렬추론 소검사는 제시된 보기에 대한 정답 가능성을 수검자가 능동적으로 추론해 나가야 한다. 즉, 행렬추론 소검사에서는 수검자가 불확실한 상황을 얼마나 견뎌 내고 어떻게 대처하는지가 반영된다. 지나치게 빠르게 반응하며, 특히 이 과정에서 오답을 한다든가 오답 직후 반응을 즉각 정정하는 수검자에 대해서는 불확실한 상황을 잘 견디지 못하거나 충동적인 성향을 고려해 볼 수 있다. 제한 시간이 적용되지는 않지만, 45초 정도를 적정 수행 시간으로 보는데(Lictenberger & Kaufam, 2013), 이보다 반응 시간이 오래 걸리는 경우 지나치게 심사숙고하는 경향, 강박적 성향 등을 고려해 볼 수 있다. 수검자가 모든 문항에 동일한 번호로 반응하는 경우 보속증(perseveration)의 가능성을 고려해야 하며, "정답이 없네요." "정답이 있기는 한가요?"와 같은 반응을 자주 하는 수검자에 대해서는 저조한 수행 동기 혹은 반항적, 거부적, 비협조적 수검 태도를 고려해야 한다. 수검자가 이 과제를 지나치게 어려워한다면, 추상적 사고력이 취약하고 지나치게 구체적 수준에서 사고(concrete thinking)하거나 인지적 유연성이 저하되었을 가능성도 고려해야 한다.

③ 퍼즐(Visual Puzzles: WAIS-IV 핵심소검사)

- 시각적 재인 및 식별 능력
- 전체를 개별 구성 요소로 분석하는 능력
- 시공간 구성 능력
- 시지각적 조직화 및 통합 능력
- 유동추론 능력
- 심상화(visualiztion) 능력
- 심상화를 포함한 정신적 노력을 유지할 수 있는 주의지속 능력, 주의집중력
- 인지적 유연성

퍼즐 소검사는 상단에 제시된 전체 형태를 먼저 검토하고 이와 동일한 형태를 만들어 낼 수 있는 퍼즐 조각들을 하단에 제시된 보기들 중 선택하는 과제다. 이를 위해서는 원래 제시된 자극의 형태들의 세부 요소들을 분석한 후 보기들을 조합하여 이를 재구성해야 한다는 점에서 토막짜기 소검사와 유사하며 일차적으로는 시공간 구성 능력, 시지각적 조직화 및 통합 능력이 관여한다. 그러나 토막짜기 소검사와는 달리 퍼즐 소검사는 도구를 직접 조작하는 것이 아니라 정신적 활동만으로 정답을 찾아내야 한다는 점에서 행렬추론 소검사나 무게비교 소검사와 유사하며, 시지각적 추론 능력도 필요하다. 또한 원래 자극에 보기의 자극들을 대입하기 위해서는 심상화를 거쳐야 하며 보기의 자극들을 회전시키는 정신적 조작도 필요하기 때문에 시각적 작업기억력과 주의집중력, 인지적 유연성 등도 관여한다. 따라서 이 과제에서 높은 점수 혹은 낮은 점수에 어떠한 인지 기능이 관여하는지 살펴보기 위해서는 수검자의 수검 태도를 주의 깊게 관찰해야 함은 물론이고 지능검사의 다른 소검사 점수들을 함께 검토하여 해석하는 것이 유용하다.

④ 무게비교(Figure Weights: WAIS-IV 보충소검사)

- 비언어적 시각 정보에 대한 수학적 추론 능력
- 수량에 대한 추론 능력
- 유동추론 능력
- 시각적 주의집중력 및 작업기억력

• 주의전환 능력 및 인지적 유연성

무게비교 소검사는 지각추론지표 소검사 중 보충소검사로 분류되었으나, WISC-V에서는 행렬추리 소검사와 함께 유동추론지표를 구성하는 핵심소검사에 포함된다. 무게비교 소검사에서는 저울 양쪽의 무게가 균형을 이룬 그림이 먼저 제시되는데, 수검자가 이 그림 양쪽 추의 형태, 크기, 색깔 등에 근거해 다른 저울도 양쪽의 무게가 균형을 이루도록 보기에서 정답을 선택해야 하는 과제다. 산수 소검사가 언어적으로 제시된 정보에 대한 수학적 추론 능력이 관여한다면, 무게비교 소검사는 비언어적 · 시각적으로 제시된 정보에 대한 수학적 추론 능력, 특히 수량에 대한 유추적 추론 능력이 관여한다. 이 과제 역시 자극들을 직접적으로 조작하는 과정은 포함되지 않으며, 심상을 지속적으로 유지하며 자극들을 비교해야 하므로 시각적 작업기억력, 주의집중력, 주의전환 능력 등이 많이 요구된다. 또한 불확실한 상황을 견디며 반응하는 능력이 부족하거나 충동적인 사람들의 경우 무게비교 소검사의 수행을 힘들어할 수 있다.

⑤ 빠진곳찾기(Picture Completion: 보충소검사)

• 시각적 기민함 및 주의집중력: 외부 환경에 대한 경계, 각성 능력
• 시각적 재인 및 식별 능력
• 시각적 장기기억력
• 현실 접촉 능력, 환경의 세부 요소를 인식하는 능력
• 전체와 세부 요소 간의 관계를 지각하는 능력
• 자극의 불필요한 요소와 핵심적이고 중요한 요소를 구별하는 능력
• 시각적 주의집중력

빠진곳찾기 소검사는 원판 웩슬러 지능검사부터 WAIS-IV까지 유지되는 소검사이며, WAIS-IV에서는 지각추론지표의 보충소검사에 해당한다. 빠진곳찾기 소검사에서는 실생활에서 접할 수 있는 장면이 그림으로 제시되며, 수검자는 이 그림에서 빠진 부분을 찾아내야 한다. 따라서 빠진곳찾기 소검사를 수행하기 위해서는 시각적 재인 및 식별 능력, 시각적 기민함이 필요하다. 또한 이 과제를 수행하는 데에는 장기기억으로 습득해 놓은 일상적 환경에 대한 정보 및 이를 인출하는 능력, 일반적인 생활환경에 대한 관심, 생활환경에서 중요하고 핵심적인 단서들을 민첩하게 파악하는 능력 등도 관

여한다. 대부분의 지각추론 소검사와는 달리 빠진곳찾기에서는 수검자가 언어적인 반응을 보이는 경우가 흔한데, 이때 손으로 정답을 가리키는 것과 같이 비언어적 반응이 정확함에도 언어적으로는 부정확한 반응을 보인다면 이름대기에서와 같이 단어 인출의 문제를 고려해 볼 수 있다. 대부분의 지각추론 소검사가 우반구 손상에 민감하나, 빠진곳찾기 소검사는 뇌손상의 영향을 비교적 적게 받는다.

(3) 작업기억지표(Working Memory Index: WMI)

작업기억지표는 다른 지표들에 비해 구성 개념이나 측정된 구조가 좀 더 복잡하며 논쟁의 여지가 있다. 이는 신경심리학에서 '작업기억력(working memory)'이라는 용어가 모호하고 복잡하면서도 다양한 구성 개념을 포함하고 있다는 문제에서 비롯된다. 기억 등록 기제에 대한 인지심리학 이론이 발전하면서 기억 등록 과정을 설명하던 단기기억력 대신 작업기억력 개념이 제안되었다. 이론적으로는 주의력(attention)과 기억 등록 과정을 의미하는 작업기억력이 구분되지만, 구체적인 현상으로 이를 구분하여 측정하기란 쉽지 않다(Lezak et al., 2012). 또한 작업기억력은 단순히 기억 등록 과정에서 순간적으로 활성화되는 기억 기능만을 의미하는 것이 아니라, "정보를 정신적 표상에 유지하며 이에 대해 조작을 가할 수 있고 외부 단서 없이도 그 정보를 활성화하여 사용할 수 있는 능력"(Baddeley, 2003) 등 매우 포괄적인 의미로 사용되고 있다. 작업기억지표의 소검사들(예: 숫자 거꾸로 따라하기와 순서대로 따라하기, 순서화, 산수 등)을 수행할 때 짧은 시간 동안 정보를 유지함과 동시에 정신적 조작을 해 나가는 능력이 관여한다는 점에서 인지심리학에서 사용되는 '작업기억력'의 다양한 구성 개념을 반영한다고 볼 수 있다. 이에 더해 작업기억지표의 소검사들을 수행하기 위해서는 주의력, 집중력, 주의지속 능력, 주의 자원을 배분, 통제 및 조절하는 능력 등 주의력의 여러 요소도 관여한다. 또한 이 소검사들은 시각적 요소보다는 언어적 · 청각적 요소를 더 많이 포함하고 있으므로 연속적 처리 능력도 필요하다. 그럼에도 불구하고 지표 명칭에 '기억'이라는 단어가 사용되다 보니, 이 지표점수를 단순히 '기억력이 좋다' 혹은 '기억력이 나쁘다'의 의미로 이해하는 문제가 발생한다.

일반적으로 작업기억지표의 점수가 낮은 경우, 주의집중력이나 주의지속 능력, 필요한 정보들을 정신적 표상으로 유지하는 작업기억력, 연속적 처리 능력 등이 저조함을 시사한다. 작업기억지표 소검사에는 숫자로 구성된 정보처리나 암산 과제가 포함되므로 수리적 감각이나 계산 능력이 부족한 경우에도 수행이 저조할 수 있다. 그 외에 불안, 우울, 조증이나 경조증 등과 같은 정서 상태도 작업기억지표 관련 수행을 저조하게 만들 수 있다.

작업기억지표의 점수와 주의력결핍 과잉행동장애(ADHD) 간의 연관성을 밝히는 연구들이 있지만, 그 결과가 상이하다. 개념적으로는 ADHD인 경우 작업기억지표의 점수가 가장 저조할 것으로 예상되지만(Mays & Calhoun, 2007), 항상 이러한 결과가 나타나는 것은 아니다(Reinecke et al., 1999; Wechsler, 2008a). 검사 상황에서는 주의를 산만하게 하는 환경적 요인들이 많이 제거되기 때문일 수 있다. 하지만 실생활에서는 ADHD 아동들의 주의를 산만하게 하는 여러 요소가 통제되지 않은 상태로 존재한다. 따라서 임상가들은 작업기억지표를 해석할 때 단순히 이 수치에 한정하지 말고 임상면담 및 행동 관찰, 증상 평정 척도 등 ADHD를 확증할 수 있는 여러 가지 통합된 자료를 함께 검토해야 한다.

① 숫자(Digit Span: 핵심소검사)

- 자극을 수동적으로 수용하는 능력
- 주의 폭 및 단기기억의 범위
- 즉각 회상 및 기계적 학습
- 청각적 연속 처리 능력
- 가역적 사고 능력(거꾸로 따라하기, 순서대로 따라하기)
- 인지적 유연성, 사고 패턴을 전환하는 능력

숫자 소검사는 웩슬러 지능검사의 초기 버전부터 주의력을 측정할 목적에서 사용되어 왔다. WAIS-III까지 숫자 소검사는 '바로 따라하기'와 '거꾸로 따라하기'의 두 가지 하위 과제로 구성되었다면, WAIS-IV에서는 '순서대로 따라하기'가 추가되었다. 숫자 소검사는 언어적으로 제시된 정보에 주의를 기울이고 부호화하는 과정이 포함되며 주로 청각적 처리가 이루어지므로 사전에 수검자에게 청력 손상이나 청각적 지각 능력을 확인해야 한다. 검사 환경에서 수검자의 주의를 산만하게 하는 요소가 없는지 살피고 제거하는 것도 중요하다. 이 세 가지 과제 모두 한 문항에 두 번의 시행이 포함되는데, 각 시행은 제시되는 숫자가 달라지기는 하나 동일한 개수의 숫자 정보를 처리해야 한다. 숫자 과제의 속성상 수검자의 순간적인 정신 상태 변화가 수행에 민감하게 영향을 미치므로 안정적인 측정을 위해 동일한 문항에 두 번의 시행을 포함한 것이며 이는 시행 점수에 반영된다. 또한 과제를 수행하는 동안 처리해야 할 숫자의 개수가 한 자리씩 점차 증가하는데, 이는 과정점수(최장 숫자 바로 따라하기, 최장 숫자 거꾸로 따라하기 및 최장 숫자 순서대로 따라하기 등)에 반영되며 주의력이나 작업기억력의 본질적인 요소들을 측정한다. 따라서 숫자 소검사에서는 시행 점수와 과정점수를 동시에 고려해 해석에 반영해야 한다.

또한 세 가지 하위 과제가 측정하는 인지 기능에는 조금씩 차이가 있다. 바로 따라하기 과제는 일차적으로 단순한 청각 자극을 처리할 때의 주의 폭, 즉각적이고 기계적으로 정보를 회상하는 능력을 반영한다. 그러나 거꾸로 따라하기와 순서대로 따라하기는 제시된 숫자 정보를 정신적 표상으로 유지한 상태에서 이 정보들을 가역적으로 조작하거나(거꾸로 따라하기) 혹은 재배열하는(순서대로 따라하기) 정신활동을 수행해야 한다. 따라서 거꾸로 따라하기와 순서대로 따라하기는 바로 따라하기보다 작업기억력, 주의집중력 요인이 더 많이 관여하며 뇌손상의 영향도 더 많이 받는다. 수를 다루는 능력도 이와 같은 정신적 조작을 해 나가는 데에 영향을 많이 미치며, 청각적 처리뿐만 아니라 심상화 능력도 요구된다. 바로 따라하기에서의 저조한 수행이 좌반구 병변과 상관이 높지만, 거꾸로 따라하기에서의 저조한 수행은 미만성(diffused) 손상이나 우측 전두엽 병변과 상관이 높다는 점도 이러한 정보처리 양식의 차이를 시사한다(Lezak et al., 2012).

그럼에도 불구하고 숫자 소검사의 최종 점수는 이 세 과제의 점수를 합산하여 산출되므로 바로 따라하기, 거꾸로 따라하기 및 순서대로 따라하기에 대한 과정점수를 상세히 분석하여 해석에 반영하는 것이 중요하다. 대부분의 성인 및 청소년은 최장 숫자 바로 따라하기 점수(이하 LDSF)가 최장 숫자 거꾸로 따라하기 점수(이하 LDSB)보다 1~2점 정도 높고(즉, 숫자 폭이 1~2자리 정도 더 길고), 그 반대의 경우는 상대적으로 드물다(4% 미만; Wechsler, 2008a). 그렇다 하더라도 LDSF가 LDSB보다 3점 이상 높다면(즉, 숫자 폭이 3자리 이상 더 길다면), 기본적인 주의 폭 혹은 단기기억의 범위에 비해 주의집중력이나 작업기억력이 저조함을 시사한다(Hodges, 2018). 또한 일반적으로 성인 및 청소년은 LDSF가 최장 숫자 순서대로 따라하기 점수(이하 LDSS)보다 1점 더 길며, LDSS가 LDSF보다 2자리 이상 긴 경우는 매우 드물다(5% 미만; Wechsler, 2008a). 어떤 수검자가 LDSB나 LDSS가 LDSF보다 유의하게 높은 비전형적인 결과를 보인다면, 좀 더 도전적이고 인지적인 노력이 많이 요구되는 활동을 선호하거나, 숙달된 자동적 처리 과제보다는 난이도가 높은 표상화 과제에 대한 기술이 더 양호한 사람일 수 있다. 한편 대부분의 성인의 경우 LDSS가 LDSB보다 길며, LDSB가 LDSS보다 2자리 이상 긴 경우는 매우 드물다(5% 미만; Wechsler, 2008a). 두 과제 모두 작업기억력을 요하지만,

일반적으로 숫자를 순서대로 배열하는 과정이 거꾸로 따라하는 과정보다 더 숙달되어 있기 때문이다. 수검자의 오류 양상을 살펴보는 것도 중요한데, 제시된 숫자를 정확히 외우지만 순서를 잘 못 반응한다면 연속적 처리 능력의 문제를 반영하는 것이며, 숫자를 부분적으로 잊어버리지만 기억하는 범위 내에서는 순서를 정확히 따라한다면 기계적 기억력의 문제를 반영한다고 볼 수 있다. WISC-V에서는 이러한 오류 양상을 쉽게 확인할 수 있도록 과정점수를 추가하였다.

수검자의 정서 상태나 성격 특성도 숫자 소검사의 수행에 영향을 많이 미친다. 불안과 같은 정서 상태는 숫자 소검사의 수행에 부정적 영향을 미치는데, 만성적인 특성 불안보다는 시험 불안이나 수행 불안과 같은 상태 불안이 더 큰 영향을 미친다. 평가자가 숫자를 다 제시하기도 전에 수검자가 미리 따라하거나 지나치게 빠르게 따라한다면 충동성이 높을 가능성을 고려해야 한다. 동일한 문항에 대해 첫 시행에서는 오류를 보이지만 두 번째 시행에서는 정확히 반응한다면, 반복 연습을 통한 학습 능력을 갖추고 있음을 시사한다.

② **산수**(Arithmetic: WAIS-IV **핵심소검사**)

- 청각적 주의집중력 및 주의지속 능력
- 청각적 작업기억력
- 연속적 처리 능력
- 수리적 분석력 및 추론 능력
- 계산 능력
- 학교 교육을 통한 학습 정도, 습득된 지식

산수 소검사는 제한된 시간 내에 암산으로 수행하는 과제로 웩슬러 지능검사 초기부터 주의력을 측정할 목적에서 사용되어 왔으며 작업기억력도 관여한다. 그러나 산수 소검사는 평가자가 서술형으로 불러 주는 문제를 듣고 적합한 수식을 세워서 정답을 도출해 내야 한다는 점에서 일정 수준의 계산 기술을 갖추고 있어야 하며, 교육을 통해 습득한 수리적 지식의 정도가 수행에 영향을 미친다. 상식과 산수 소검사를 합산하였을 때 학업 성취도와 높은 상관을 보인다는 보고도 있다(Groth-Marnat & Wright, 2016). 또한 후반부 문항을 수행하기 위해서는 수리적으로 문제를 분석하는 능력, 수리적인 추론 능력, 논리적인 사고력과 같은 유동추론 능력도 많이 관여한다. 최근 개정된

WISC-V에서는 여러 요인 분석 연구 결과와 최신 지능 이론을 바탕으로 산수 소검사를 작업기억지표에서 유동추론지표의 보충소검사로 재분류하였다.

산수 소검사의 점수가 높은 경우에는 주의집중력이나 주의지속 능력, 청각적 작업기억력이 양호할 가능성을 고려해 볼 수 있다. 그러나 수리 및 계산 능력이 양호한 수검자라면 산수 과제에서 인지적 부하가 높지 않아 주의집중력이나 작업기억력이 적게 관여할 수도 있다. 산수 소검사의 수행이 저조한 경우, 주의집중력과 작업기억력이 저조할 가능성을 고려할 수 있다. 다만 과제 수행에 영향을 미칠 수 있는 그 외 오류의 원인, 즉 계산상의 오류, 잘못된 추론, 주의지속의 어려움, 질문을 정확히 이해하였는지 등을 면밀히 탐색하여 해석에 반영해야 한다. 이를 위해서는 오답 문항에 대해서는 시간 제한을 적용하지 않고 다시 계산해 보도록 하거나, 종이와 연필을 사용해 수식을 직접 기록하고 계산해 보도록 한다든지, 수식을 추론하지 못할 경우에는 수식을 제시해 주고 계산만 해 보도록 하는 다양한 방식의 한계 검증을 시도하는 것이 도움이 된다. 지적장애 등 발달적 문제를 보이는 수검자라면 돈 계산, 수 세기와 같은 문항들을 통해 실생활에서의 적응 능력을 평가할 수 있다. 청각적 주의집중력과 작업기억력이 저조한 수검자들 중에는 이러한 문제를 보완하기 위해 손가락을 사용해 책상에 기록하는 행동, 연필과 종이 혹은 계산기를 요구하는 행동을 보이기도 한다.

③ 순서화(Letter-Number Sequencing: WAIS-IV 보충소검사)

- 청각적 주의집중력 및 주의통제력
- 청각적 작업기억력
- 연속적 처리 능력
- 인지적 유연성(사고 패턴을 전환하는 능력)

순서화 과제에서는 평가자가 숫자와 철자를 혼용하여 제시하면, 수검자는 숫자 세트들과 철자 세트들로 재분류하고 각각을 순서대로 재배열하여 반응해야 한다. 순서화 소검사는 제시된 자극을 시각화하여 정신적 표상으로 유지한 상태에서 정신적 조작을 가해야 한다는 점에서 청각적 주의집중력과 작업기억 요소를 측정한다고 볼 수 있다. 이러한 점에서 숫자 바로 따라하기보다는 숫자 거꾸로 따라하기나 숫자 순서대로 따라하기와 개념적으로 더 유사하다. 뿐만 아니라 청소년과 성인의 경우 숫자 순서는 어느 정도 숙달되어 자동적 처리가 가능하지만, 철자 순서는 숫자만큼 숙달하지 못해 자동적 처리가 어려운 경우가 흔하므로 순서화 소검사는 숫자 거꾸로 따라하기나 순서대로 따라하기보다 더 복잡한 정신적 조작이 요구된다. 또한 철자가 자극으로 사용되므로 문맹이나 읽기장애와 같은 학습장애 동반 여부 혹은 수검자가 해당 철자 읽기에 얼마나 숙달되었는가를 사전에 확인할 필요가 있다. 불안 수준이 높거나 우울한 상태에서 동기나 자신감이 저하된 수검자의 경우 제시되는 청각 자극의 양과 복잡성에 압도당해 쉽게 포기하는 행동을 보이기도 한다. 순서화 소검사는 실생활에서 별로 접해 본 적이 없는 과제이기 때문에 유동추론 능력이나 인지적 유연성이 부족한 경우 수행이 저조할 수 있다.

(4) 처리속도지표(Processing Speed Index: PSI)

처리속도지표는 일차적으로 비언어적 · 시각적 자극을 다룰 때의 정신처리속도를 측정할 목적에서 개발되었다. 그러나 처리속도지표에 포함된 소검사들을 수행하기 위해서는 시지각적 변별 능력, 운동 속도, 정신-운동 협응 능력, 필기 기술 등이 부차적으로 관여한다. 또한 동일한 반응을 일정 시간 동안 빠른 속도로 반복해야 하므로 주의 지속 능력도 수행에 영향을 미친다. 또한 주의집중력이나 작업기억력과 마찬가지로 동기 수준 역시 처리속도에 영향을 미치며, 강박적인 사람들도 정확하고 신중하게 반응하느라 과제 수행에 시간이 오래 소요될 수 있다. 따라서 처리속도지표의 점수를 신뢰성 있게 해석하기 위해서는 수검자의 행동을 면밀히 관찰하는 것이 중요하다.

이 지표에서 높은 점수를 보이는 사람들은 일반적으로 빠른 속도로 반응하고 일을 처리하며 문제를 해결해 나간다. 처리속도지표의 소검사들은 단순한 시각 자극들을 빠른 속도로 처리하는 것이 관건이므로 수검자가 체감하는 난이도가 높지 않을 수 있다. 전반적인 인지 기능이 상대적으로 저조하더라도 성취나 인정 욕구가 강한 사람들 중에는 긍정적 피드백을 기대하며 적극적으로 수행하여 상대적으로 양호한 결과를 보일 수 있다. 반대로 이 지표의 점수가 낮은 사람들은 동작이 느리거나 일을 처리하는 데에 시간이 오래 걸린다. 처리속도지표는 ADHD, 학습장애, 외상성 뇌손상이나 신경학적 질환에 의한 신경인지장애 등에서 나타나는 인지 결함에 민감한 지표로 알려져 있다(Wechsler, 2008a). 충동적인 사람들의 경우 단조롭게 반복되는 처리속도 소검사에 쉽게 싫증을 느끼거나 지루해하고 동기가 저하되어 수행이 저조할 수 있다. 또한 처리속도는 여타 인지 기능 중 연령의 영향을 가장 많이 받는 것으로 알려져 있는데(Kaufman & Lichtenberger, 2006), 일반적으로 20대 초반부터 처리속도가 저하되기 시작하며 30대 중반이 되면 가파르게 저하된다.

① 기호쓰기(Coding: 핵심소검사)

- 정신 운동 속도
- 주의지속 능력
- 연속적 처리 능력
- 시각–운동 협응 능력
- 필기 기술
- 시간 압력하에 작업하는 능력

기호쓰기 소검사에서는 보기의 숫자–기호 자극 쌍을 참조하여 숫자에 대응되는 기호를 빠른 속도로 기입해야 하므로, 정신처리속도와 운동 속도가 많이 관여한다. 대부분의 사람은 몇 차례의 반복 시행을 통해 숫자–기호 쌍을 일부 암기하게 되어 보기를 참고하지 않아도 오류 없이 반응해 나간다. 그러나 시각적 연합 학습 능력이 저조한 수검자의 경우 빈칸에 기호를 기입하기 전에 매번 제시된 보기의 숫자와 기호를 참고해야 하므로 시간이 오래 걸린다. 또한 보기 열에 제시된 숫자를 순차적으로 검색하며 대응되는 기호를 찾으면 소요 시간을 줄일 수 있지만, 이를 인식하지 못한 채 보기의 열에서 무작위로 숫자를 검색하면 불필요하게 시간을 소모할 수 있다. 즉, 계획적이고 전략적인 문제해결 능력 혹은 충동성 등도 기호쓰기 소검사의 수행에 영향을 미친다. 쓰기의 속도나 정확성과 같은 필기 기술, 필기 활동에 대한 친숙성, 문자나 상징체계에 대한 지식 및 이해도 역시 기호쓰기 소검사의 수행에 영향을 미치는 요인이므로, 문맹 여부, 읽기 및 쓰기의 습득 정도, 특히 읽기장애와 같은 학습장애의 동반 여부, 교육 수준 등을 사전에 확인할 필요가 있다. 그 외에 시력 혹은 시지각적 문제, 운동 능력의 손상 여부도 사전에 확인해야 한다. 이 소검사를 수행하는 동안 반응 속도나 수행 양상에 변화가 있다면 동기 저하, 피로감, 지루함이나 싫증, 주의지속의 어려움 등과 연관될 수 있다.

이러한 수행 패턴의 변화를 살펴보기 위해서는 120초의 제한 시간에 대해 30초 간격으로 네 가지 구획(30초×4=120초)으로 구분하여 각각의 반응 수를 검토하는 것도 좋은 방법이다. 수검자가 제시된 숫자와 무관하게 동일한 기호를 반복해서 기입할 경우 보속증, 인지적 유연성의 저하 등을 고려해야 한다. 강박적 성향 혹은 완벽주의 성향의 수검자들은 연합 학습이 충분히 이루어졌음에도 정확하게 반응하기 위해 보기의 숫자와 기호를 일일이 대조해 가며 신중하게 수행하느라 수행 속도가 지나치게 느릴 수 있다. 반대로 충동적인 수검자는 빠른 속도로 수행하였으나 오류가 많아 점수 획득에 실패하기도 한다. 따라서 이 소검사의 저조한 혹은 양호한 수행에 영향을 미치는 요인들을 명확히 확인하기 위해서는 수검 태도를 면밀히 관찰하는 것이 중요하다.

② 동형찾기(Symbol Search: 핵심소검사)

- 시각적 탐지 속도 및 정보처리속도
- 향후의 정보처리를 준비하기 위한 정보 부호화
- 시각적 경계(vigilance) 및 주의집중력
- 주의지속 능력
- 시지각 능력
- 시각적 작업기억력
- 시각-운동 협응 능력

동형찾기 소검사는 기호쓰기 소검사와 마찬가지로 시각 정보에 대한 정신처리속도를 측정할 목적에서 개발되었다. 두 검사 모두 손을 사용하는 운동 기능이 필요하지만, 동형찾기 소검사는 기호쓰기 소검사에 비해 정교한 필기 기술이 필요하지 않아 정보처리속도를 좀 더 순수하게 측정할 수 있다. 이처럼 시각 자극에 대한 정신처리속도가 동형찾기 소검사의 일차적인 측정 목적에 해당하나, 그 외 여러 요인이 부차적으로 이 과제 수행에 영향을 미친다. 기호쓰기 소검사에는 숫자-기호 쌍 간의 연합 학습 능력이 관여하지만, 동형찾기 소검사에서는 표적 자극과 보기의 자극들이 문항마다 다르게 구성되며 보기 자극들 중 표적 자극과 동일한 자극이 존재하는지 여부를 검색해야 하므로 연합 학습 능력보다는 시각적 작업기억력이 더 많이 관여한다. 예를 들어, 어떤 수검자는 표적 자극을 한 번만 보고 나서 보기 중 해당하는 기호를 바로 찾아내어 표기하지만, 다른 수검자는 표적 자극과 보기의 기호들을 번갈아 가며 여러 번 검토한 후 반응을 표시한다. 이러한 경우 전자에 비해 후자의 시각적 작업기억력이 더 취약함을 추정할 수 있다. 또한 이와 같은 반복 확인 행동에 대해서는 불안 및 완벽주의적 성향이 영향을 미쳤을 가능성도 고려해야 한다. 한편 문항마다 자극들이 다르게 구성되기는 하나, 과제를 수행하는 동안 제시 자극의 패턴이나 수행 방식에 대해 어느 정도 학습이 이루어지고 수검자는 다음 문항을 수행하기 위한 계획 및 전략을 세우게 되므로 후반부로 갈수록 수행이 향상되는 것이 일반적이다. 반면에 ADHD와 같이 주의지속 능력이 저조하거나 충동적인 수검자들은 기호쓰기 소검사와 마찬가지로 동형찾기 소검사에서도 후반부로 갈수록 수행이 저하될 수 있다. 정신-운동 속도가 느려진 우울장애 환자들은 동형찾기 소검사가 진행되는 동안 일관되게 수행이 저조할 수 있다. 따라서 과제를 수행하는 동안 수행 속도의 변화를 확인하기 위해서는 동형찾기 소검사에서도 30초 단위로 구획을 나누어 수행 패턴을 분석하는 것이 유용하다. 처리속도지표에 포함되는 다른 소검사들과 마찬가지로 동형찾기 역시 수검자의 시력 및 시지각 능력 이상 여부를 사전에 확인할 필요가 있다. 또한 읽기장애와 같은 학습장애가 동반된 경우라면 동형찾기에 제시되는 기호 형태의 시각 자극들을 부호화하는 단계에서부터 정보처리에 어려움을 보여 수행이 저조할 수 있다.

③ 지우기(Cancellation: 보충소검사)

- 시지각적 재인 및 변별 능력
- 지각적 주사(scanning) 능력
- 시각적 경계(vigilance), 주의집중력, 지속적 주의력 및 선택적 주의력

지우기 소검사는 시각적 경계(vigilance) 및 집중력, 무시(neglect) 증후군 등을 평가할 목적에서 널리 사용되는 신경심리검사의 일종으로 다양한 유형의 지우기 검사(예: 글자 지우기, 종 지우기, 별 지우기 등)가 개발되어 있다. 웩슬러 지능검사에서는 성인용(WAIS-IV)과 아동용(WISC-IV 및 WISC-V) 모두 4판 개정판부터 처리속도지표의 보충소검사로 지우기 소검사를 도입하였는데, 성인용과 아동용은 제시된 자극의 형태가 상이한 것은 물론이고 수행 방식에도 차이가 있다. WAIS-IV의 지우기 소검사는 두 세트로 구성되어 있는데, 모두 일렬로 배열된 보기의 도형 자극들 중 목표 자극과 동일한 색상 및 형태의 자극들을 모두 찾아내어 표기해야 하는 과제다. WISC-IV 및 WISC-V의 지우기 소검사 역시 두 세트로 구성되어 있는데, 아동용에서는 친숙한 일상생활 자극들이 보기로 제시되며 이 중 동물 범주에 해당하는 목표 자극들을 모두 찾아내어 표기해야 한다. 또한 첫 번째 세트에서는 무선배열, 두 번째 세트에서는 일렬배열로 보기 자극들이 제시된다. 신경심리검사에서 사용되는 지우기 검사는 대부분 자극의 속성이 단순하고 보기 자극의 양이 많지 않으며 시간 제한이 적용되지 않아 표적 자극을 정확히 변별하는 데 필요한 각성 및 주의집중력에 초점을 맞춰 평가가 이루어진다. 그러나 웩슬러 지능검사에서는 표적 자극의 속성이 상대적으로 복잡하고(색상과 형태, 동물 범

주 등) 제한된 시간 내에 가능한 한 많은 양의 자극을 정확히 표기해야 높은 점수를 획득할 수 있으므로, 다양한 주의력 요인 외에 정신처리속도, 운동 속도 등도 많이 관여한다. 지우기 소검사 역시 다른 처리속도지표의 소검사처럼 ADHD, 불안, 우울, 동기 수준, 시지각 능력 등 수행에 영향을 미치는 요인들을 충분히 고려해야 한다. 지우기 소검사는 WAIS-IV에서 가장 마지막에 실시하므로, 지능검사를 수행하는 동안 피로감이나 지루함, 주의지속의 어려움 등을 자주 호소한 수검자라면 지우기 소검사의 수행이 특히 저조할 수 있다.

4) WAIS-IV의 해석

WAIS-IV의 해석 역시 웩슬러 지능검사 체계의 기본 철학을 전제로 하며, 대체로 기존 검사 체계의 해석 단계를 따른다. 다만 WAIS-IV의 해석 단계에는 새로운 지표점수 체계는 물론이고 지능의 요인 구조에 대한 최신 이론이 반영되어 있다. 또한 새롭게 개발된 소검사 구성 및 특성에 맞게 소검사 간 그리고 소검사 내 변산을 분석하고, 질적 분석 역시 과정점수와 같이 체계화된 지표를 포함하여 구체적으로 살펴볼 수 있다. 이와 관련해 K-WAIS-IV의 기술 및 해석 요강(황순택 외, 2012b)에서는 프로파일의 기본적인 분석 방법을 10단계로 제시하였으며, Groth-Marnat과 Wright(2016)는 해석의 다섯 가지 수준을 제시하였다. 이 두 가지 해석 절차에 대해서 〈표 3-2〉에 정리해 놓았으며 이를 중심으로 WAIS-IV의 해석 방법을 살펴보고자 한다. WAIS-IV의 요인 구조

표 3-2 WAIS-IV의 해석 절차

K-WAIS-IV 프로파일 기본적 분석 (황순택 외, 2012b)	WAIS-IV의 해석 수준 (Groth-Marnat & Wright, 2016)
단계 1. FSIQ의 보고 및 기술 단계 2. VCI의 보고 및 기술 단계 3. PRI의 보고 및 기술 단계 4. WMI의 보고 및 기술 단계 5. PSI의 보고 및 기술 단계 6. 지수 수준에서의 차이값 비교의 평가	수준 1. FSIQ/GAI의 해석 수준 2. 지수 점수와 부가적 군집 해석
단계 7. 강점과 약점의 평가 단계 8. 소검사 수준에서의 차이값 비교의 평가 단계 9. (선택적) 소검사 내의 점수 패턴 평가 단계 10. (선택적) 과정 분석의 수행	수준 3. 소검사 간 변산성에 대한 분석 및 해석 수준 4. 과정점수를 포함한 질적 분석 및 해석 수준 5. 소검사 내 변산성에 대한 분석 및 해석

연구를 바탕으로 새롭게 제안된 여러 이론적 모델을 적용하고자 한다면, Lichtenberger와 Kaufman(2009, 2013)의 10단계 해석 절차를 살펴보기를 권한다.

(1) FSIQ와 GAI의 해석

이전 웩슬러 지능검사 체계와 마찬가지로, WAIS-IV 역시 수검자의 인지 능력을 여러 관점에서 조망하기에 앞서 이에 대한 해석의 기준을 삼을 수 있도록 FSIQ를 우선적으로 고려해야 한다. FSIQ에 대해서는 지능의 범위를 분류하고 백분위를 기술할 뿐만 아니라 표준 오차를 반영한 신뢰구간에 대해서도 기술해 주는 것이 일반적이다. 〈표 3-3〉에는 WAIS-IV에서 일반적으로 사용하는 지수 점수 범위의 기술적 분류와 함께 Lichtengerger와 Kaufman(2009, 2013)이 제안한 대안적인 기술적 분류에 대해 제시해 놓았다.

WAIS-IV에서는 FSIQ가 일반 지능에 대한 안정적인 측정치며 이에 대해서는 타당화가 잘되어 있다. 다만 학습장애, ADHD, 기억장애와 같이 수검자의 신경심리학적 상태 혹은 불안, 완벽주의적 성향, 수행 동기 및 수검 태도 등이 특정 소검사 수행에 영향을 미칠 수 있다. 특히 작업기억지표나 처리속도지표는 수검자의 상태나 수검 태도에 매우 민감하며, 이는 궁극적으로 FSIQ 산출에도 영향을 미칠 수 있다. WAIS-IV에서는 이와 같은 경우를 대비해 FSIQ에 대한 대안적 측정치로서 일반능력지표(GAI)를 개발하였다. GAI는 언어이해지표와 지각추론지표의 점수를 합산하여 산출되는 부가지표로, 보다 안정적인 요인들로 구성되어 있다. 즉, FSIQ와 GAI의 차이를 살펴봄으로써 대뇌의 상태라든가 연령에 민감한 검사들로 인해 개인의 전반적인 지능이 낮게 평가되었는지를 확인할 수 있다. 일례로, 상기한 신경심리학적 상태 혹은 정서적 상태 등으로 인지적 문제를 보이는 수검자들 중 65%가 FSIQ보다 GAI 점수가 유의하게 높았다는 보고가 있다(Wechsler, 2008a). 한편 수검자의 상태나 수검 태도에 민감한 작업기억지표와 처리속도지표를 합산하여 인지효능지표(Cognitive Proficiency Index: CPI)가 산출된다.

Lichtenberger와 Kaufman(2009, 2013)은 가장 높은 지표점수와 가장 낮은 지표점수 간의 차이에 기초해 일반 지능의 추정치로 FSIQ를 해석할 것인지 또는 GAI를 해석할 것인지 결정하도록 다음과 같이 제안하였다. 우선 이 두 지표점수 간의 차이가 1.5표준편차(SD) 미만(즉, 23점 미만)이라면, FSIQ가 개인의 전반적인 지적 능력을 신뢰성 있고 타당하게 추정한다고 간주할 수 있으므로 이에 대한 해석을 한 후 다음의 해석 단계를 진행한다. 그러나 최고 지표점수와 최저 지표점수 간의 차이가 1.5SD 이상(즉, 23점 이

표 3-3 지표점수 범위의 기술적 분류 및 대안적인 기술적 분류

지표점수 범위	기술적 분류	백분위(%ile)		대안적인 기술적 분류
		이론적 정규분포	실제 표본	
130 이상	최우수 (Very Superior)	2.5	2.3	최상/규준적 강점 (Upper Extreme/ Normative Strength) 131 이상
120~129	우수 (Superior)	7.2	6.8	평균 상/규준적 강점 (Upper Extreme/ Normative Strength) 116~130
110~119	평균 상 (High Average)	16.6	17.1	
90~109	평균 (Average)	49.5	50.2	평균 범위/정상 범위 (Average Range/ Normal Limit) 85~115
80~89	평균 하 (Low Average)	15.6	15.0	평균 하/규준적 약점 (Below Average/ Normative Weakness) 70~84
70~79	경계선 (Borderline)	6.5	6.1	
69 이하	매우 낮은 (Extremely Low)	2.1	2.5	최하/규준적 약점 (Lower Exterme/ Normative Weakness) 69 이하

출처: 황순택 외(2012b); Lichtenberger & Kaufman (2009, 2013).

상)이라면, 지표점수 간 변산이 너무 커서 FSIQ로 전반적인 지적 능력을 설명하기가 어려우므로 GAI를 대안적인 일반 지능의 추정치로 해석할 수 있는지를 결정해야 한다. 이 경우 GAI를 구성하는 두 가지 지표점수인 언어이해지표와 지각추론지표 간의 점수 차이가 1.5SD 미만(즉, 23점 미만)이라면, GAI를 신뢰성 있고 타당한 일반 지능의 추정치로 간주할 수 있으므로 GAI의 신뢰구간에 근거해 해석한 후 다음의 해석 단계를 진행한다. 만약 두 지표점수 간의 차이가 1.5SD 이상(즉, 23점 이상)이라면, 이 경우 역시 지표점수 간 변산이 너무 커서 FSIQ든 GAI 점수든 어떤 단일 지표로는 전반적인 지적 능력을 의미 있게 설명하기가 적합하지 않다고 보고 다음의 해석 단계를 진행한다. CPI 역시 작업기억지표와 처리속도지표 간의 점수 차이가 1.5 SD 미만(즉, 23점 미만)일

TIP FSIQ와 GAI의 해석 절차

A. 4개 지표(VCI, PRI, WMI, PSI) 중 가장 높은 지표점수와 가장 낮은 지표점수의 차이가 표준점수 단위로 1.5SD보다 작은가?(즉, 23점 미만인가?)

예 ▼	아니요 ▼
FSIQ를 개인의 총체적인 지적 능력에 대해 신뢰할 수 있고 타당한 추정치로 해석 가능	개인의 총체적인 지적 능력에 대해 신뢰할 수 있고 타당한 추정치로 GAI 채택 가능성 검토(B로 가시오)

B. VCI와 PRI의 차이가 표준점수 단위로 1.5SD보다 작은가?(즉, 23점 미만인가?)

예 ▼	아니요 ▼
GAI를 개인의 총체적인 지적 능력에 대해 신뢰할 수 있고 타당한 추정치로 해석 가능	FSIQ와 GAI 모두 단일 지표로서 총체적인 지적 능력을 의미 있게 설명하지 못하므로 개별 지표점수 및 군집 분석 등을 검토

경우 의미 있는 지표로 해석할 수 있다. 이들은 GAI와 CPI가 신뢰성 있고 타당한 추정치라면 이 두 지표 간에 유의미하게 큰 차이가 있는지를 살펴보고 해석에 반영하도록 권고하였다.

(2) 지표점수 및 군집 분석

FSIQ는 지나치게 일반적이어서 수검자의 인지 기능의 강점과 약점에 대해 구체적인 정보를 제공하지 못하는 반면, 개별 소검사들은 측정하고자 하는 바가 매우 제한적이다. 따라서 개인의 인지 기능을 개념적으로 좀 더 구체적이고 자세하게 이해하고 이러한 인지적 특성이 일상생활에서의 기능과 어떻게 관련 있는지를 경험적으로 설명하기 위한 최적의 방법은 네 가지 지표점수를 해석하는 것이 유용하다.

지표점수에 대한 해석은 해당 지표점수 내의 소검사 수행이 개념적으로 단일한 인지 능력을 반영하는 경우에만 의미가 있다. 일반적으로 동일한 지표에 속하는 소검사들 중 최고 점수와 최저 점수의 차이가 1.5SD 미만(환산점수 5점 미만)인 경우에는 해당 지표점수가 단일한 인지 능력을 반영한다고 간주할 수 있다. 그러나 동일한 지표 내의 소검사들 중 최고 점수와 최저 점수의 차이가 1.5SD 이상(환산점수 5점 이상)인 경우는 해당 지표점수에 대해 단일 인지 기능으로 가정하여 해석할 수 없다. 이 경우에는 다른 요인 구조에 기초한 군집 분석이 의미 있는지를 검토한다.

지표점수에 대한 해석은 수검자의 인지 기능의 강점과 약점을 설명할 때에 유용하다. 이때 각 지표점수 간의 비교를 통해 개인 내적인 인지적 강점과 약점을 고려할 뿐만 아니라 규준 집단과의 비교를 통해 일반적인 적응상의 인지적 강점과 약점을 동시에 고려해야 한다. 예를 들어, A라는 사람의 언어이해지표의 점수는 120, 작업기억지표의 점수는 95이고, B라는 사람의 언어이해지표의 점수는 100, 작업기억지표의 점수는 75라고 하자. 두 사람의 언어이해지표와 작업기억지표 간의 점수 차이가 동일하게 25점이지만, 이에 대한 해석적 의미는 상당히 다르다. A의 경우 자신이 보유한 언어적 처리 능력과 비교해 작업기억력이 상대적인 약점으로 간주될 수 있기는 하지만, 규준 집단과 비교해서는 작업기억력 역시 평균 범위에 해당하므로 일상생활 적응에는 큰 문제가 없을 것으로 여겨진다. 하지만 B의 경우는 언어적 처리 능력에 비해 작업기억력이 상대적인 약점일 뿐만 아니라 규준 집단과 비교해서도 작업기억력이 경계선 수준이므로 일상생활의 적응에 상당한 어려움을 겪을 수 있음이 시사된다.

표 3-4 WAIS-IV의 군집 분석 방법

모형	요인
확인적 요인 분석에 기초한 Keith의 5요인 모형	결정화 지능 요인(Crystallized Intelligence: Gc): 어휘, 상식
	이 요인은 수용성 언어 능력과 표현성 언어 능력을 요하는 복합적 언어 능력을 나타낸다. WAIS-IV에서는 언어적 자극을 처리하는 능력뿐만 아니라 언어적-개념적 지식 및 사실적 지식의 저장 정도를 확인할 수 있다.
	단기기억 요인(Short-Term Memory: Gsm): 숫자, 순서화
	이 요인에는 개념화 능력, 범주화 능력 및 연상 능력 등이 복합적으로 관여한다. WAIS-IV에서는 문제를 해결하기 위해 입력된 정보를 유형별로 순서화하여 배열하는 능력이 요구된다.
	유동추론 요인(Fluid Reasoning: Gf): 행렬추론, 무게비교
	이 요인은 융통성 있는 전략과 계획 수립, 행동의 모니터링, 충동 통제능력 등 고차원적인 의사결정 및 실행 과정을 반영하며, 효과적인 문제해결에 특히 중요한 기능이다.
	시각 처리 요인(Visual Processing: Gv): 토막짜기, 퍼즐
	이 요인은 시공간적 처리와 운동 기술을 통합하는 능력 및 운동 요소의 관여가 적은 시공간 처리 능력을 반영하며, 이를 위해서는 전체적 관점에서 통합하고 종합화하는 능력이 필요하다.
	처리속도 요인(Processing Speed: Gs): 동형찾기, 기호쓰기
	이 요인은 시지각 능력과 시각-운동 협응 능력이 통합된 복합적인 지각-운동 기능을 반영하며, 이를 위해서는 감각 운동 기능, 특히 필기-운동(graphomotor)의 정확성 및 속도가 중요하다.

WAIS-IV의 이론적 모델에 기초한 임상적 군집 분석	시각-운동 속도 군집: 토막짜기, 기호쓰기, 동형찾기
	이 요인에 포함되는 소검사는 모두 빠른 시각-운동 속도와 정보처리속도를 요한다. 처리속도는 성인기 노화와 관련이 있으며, 정신적 능력 및 다른 유동추론 과제와도 관련성이 있다.
	시각-운동 속도가 배제된 문제해결 군집: 행렬추론, 퍼즐, 빠진곳찾기, 무게비교
	이 요인은 운동 속도나 운동 협응의 영향을 줄이고 유동추론 능력과 시각적 문제해결 능력에 국한된 이론적 구성 개념을 강조하고 있다.
	정신적 조작 군집: 순서화, 숫자
	이 요인은 의식적인 각성 내에 적극적으로 정보를 유지함과 동시에 그에 대해 어떠한 정신적 조작을 가하는 능력을 측정하고자 한다. WAIS-IV의 지표점수에서는 이를 작업기억지표에 포함시키고 있으나, 순서화, 숫자 거꾸로 따라하기, 숫자 순서대로 따라하기 등은 한시적으로 저장된 정보에 인지적 조작을 가하는 주의 배분 능력이 필요하다. 숫자 바로 따라하기의 경우 정신적 조작을 요하지는 않지만, 단 한 번 제시된 정보를 기억하여 즉각 회상하는 능력이 필요하다. 이러한 점에서 정신적 조작 군집은 CHC 이론의 단기기억 군집과 유사하다.
CHC 모형에 기초한 임상적 군집 분석	유동추론(Fulid Reasoning: Gf): 행렬추론, 무게비교
	이 요인은 새로운 과제에 직면해 자동적 처리가 불가능한 상황에서 가용할 수 있는 정신적 조작 능력을 일컫는다. 이는 개념 형성 및 재조직화, 여러 패턴 간 관계를 지각하는 능력, 추론 능력, 문제해결 능력 등을 반영한다.
	시각 처리 군집(Visual Processing: Gv): 토막짜기, 퍼즐
	이 요인은 시각적 패턴과 자극을 생성, 지각, 분석, 종합화, 저장, 회상, 조작 및 변형하는 능력 등 광범위한 시각적 처리 능력을 반영한다.
	언어적 유동추론 군집(Verbal Fluid Reasoning: Gf-Verbal): 공통성, 이해
	이 요인은 문화적 경험을 통해 축적된 지식의 범위와 깊이, 이를 효과적으로 사용하는 능력과 같은 광범위한 결정화 지능뿐만 아니라 언어 자극에 특화된 유동추론 능력도 반영한다.
	어휘 지식 군집(Lexical Knowledge: Gc-VL): 어휘, 공통성
	이 요인은 문화적 경험을 통해 축적된 지식의 범위와 깊이 및 이러한 지식을 효과적으로 사용하는 능력 등 광범위한 결정화 지능을 반영한다.
	일반 지식 군집(General Information: Gc-K0): 이해, 상식
	이 요인은 개인이 습득한 일반적인 지식과 같이 광범위한 결정화 지능을 반영한다.
	장기기억 군집(Long-Term Memory: Gc-LTM): 어휘, 상식
	이 요인은 광범위한 결정화 지능의 하위 요인으로 개인이 습득하여 장기기억으로 저장한 지식을 반영한다.
	단기기억 군집(Short-Term Memory: Gsm-MW): 순서화, 숫자
	이 요인은 광범위한 단기기억의 하위 요인으로 정보를 수 초 간 즉각적인 각성 상태로 유지하고 사용하는 능력을 반영한다. 즉, 정보를 단기기억 수준에서 일시적으로 저장하고 주의 배분 등과 같은 정신적 조작을 가하는 능력이 필요하다.

지표점수를 통해 인지적 강점과 약점을 의미 있게 해석하기 어려운 경우에는 다양한 방법의 군집 분석을 적용해 해석할 수 있다. 이에 대해 Lichtenberger와 Kaufman(2009)은 다음과 같은 몇 가지 방법을 제안하였다(〈표 3-4〉 참조).

Keith의 5요인 모델은 WAIS-IV에 대한 확인적 요인 분석 결과를 토대로 도출되었다. 예를 들어, WAIS-IV의 지각추론지표 중 핵심소검사와 보충소검사 간 수행 편차가 큰 경우에는 이 모델의 유동추론 요인과 시각적 처리 요인에 대한 군집 분석이 도움이 될 수 있다.

Lichtenberger와 Kaufman(2009)은 그동안의 지능 이론과 임상적 경험에 근거해 제안된 WAIS-III(Kaufman & Lichtenberger, 2006)와 WISC-IV(Flanagan & Kaufman, 2009)의 군집 분석 방법을 WAIS-IV의 이론적 가정에 적용한 임상적 군집 분석 방법과 캐텔-혼-캐롤(Cattell-Horn-Carroll: CHC) 모델에 근거한 임상적 군집 분석 방법도 제안하였다. 이러한 군집 분석은 '무게비교' '이해' '순서화' 및 '빠진곳찾기' 등의 보충소검사를 추가적으로 시행해야 해석이 가능하다. 또한 이러한 군집 분석에서도 지표점수 해석과 마찬가지로 해당 군집 내 소검사 간의 환산점수 차이가 5점 이상이라면, 이 군집은 단일한 요인을 설명하지 않으므로 군집에 근거한 의미 있는 해석이 어렵다. 이 경우 수검자의 수행 패턴을 설명할 수 있는 다른 소검사 조합이 있는지 검토해야 한다.

(3) 소검사 간 변산성에 대한 분석 및 해석

이 단계에서는 소검사가 FSIQ나 지표점수로부터 이탈된 정도를 고려해 개인의 상대적인 인지적 강점과 약점을 설명한다. 이러한 해석은 소검사 간 변산성이 충분한 정도일 때에만 가능하며, 모든 하위 검사에서 균등한 수행을 보였다면 소검사 프로파일에 근거한 해석은 필요하지 않다. 인지적 강점과 약점의 근거가 될 만한 높은/낮은 점수를 찾아내기 위해서는 통계적 분석을 따라야 하지만, 가설을 발전시킬 때는 지나치게 고지식하고 기계적인 태도를 삼가야 한다. 이를 위해 다음과 같은 해석 지침을 권한다.

- 소검사 간 변산이 유의한지를 결정한다(기록지에서 '강점과 약점 결정하기' 섹션 참조).
- 소검사 중 상대적으로 높은/낮은 점수가 어떤 의미가 있는지에 대한 해석적 가설을 세운다.
- 임상가는 단순히 높은/낮은 점수를 목록화한 후 기계적으로 해석하지 말고, 이와 관련된 수검자의 배경 정보를 추가해 가설과 통합해야 한다.

(4) 과정점수를 포함한 질적 분석 및 해석

소검사 간 변산에 관한 잠정적인 설명을 위해 그러한 점수가 도출된 과정에 대해 질적인 접근을 한다. 상식, 어휘, 이해, 공통성 소검사 등에서 수검자가 사용하는 독특한 표현이나 특이한 반응 양식을 살펴보는 것이 이에 해당한다. 이보다 좀 더 공식적인 절차로는 과정점수에 대한 분석이 있다. WAIS-IV에서는 토막짜기, 숫자, 순서화 소검사에 대해 〈표 3-5〉와 같은 과정점수가 개발되어 있다.

표 3-5 WAIS-IV의 과정점수

과정점수(process score)	약어
보너스 점수가 없는 토막짜기(Block Design No Time Bonus)	BDN
숫자 바로 따라하기(Digit Span Forward)	DSF
숫자 거꾸로 따라하기(Digit Span Backward)	DSB
숫자 순서대로 따라하기(Digit Span Sequencing)	DSS
최장 숫자 바로 따라하기(Longest Digit Span Forward)	LDSF
최장 숫자 거꾸로 따라하기(Longest Digit Span Backward)	LDSB
최장 숫자 순서대로 따라하기(Longest Digit Span Sequence)	LDSS
최장 순서화(Longest Letter-Number Sequence)	LLNS

출처: 황순택 외(2012a).

① 토막짜기 과정점수(BDN)

토막짜기 소검사는 기본적으로 시공간 구성 능력을 측정하지만 속도 요인도 관여한다. BDN에서는 제한 시간 내에 수행한다는 전제하에 채점이 되므로 속도 요인을 완전히 제거할 수는 없을지라도 시간 보너스 점수의 영향력을 일정 수준 통제할 수가 있다. 토막짜기 점수가 낮지만 BDN 점수가 양호한 수검자라면, 시공간 구성 능력은 갖추고 있지만 어떠한 이유로 인해 빠르게 수행하지 못했을 가능성이 있다. 이에 대해 인지적 처리속도 저하, 신중한 문제해결 방식, 신체적 문제 등을 고려해 볼 수 있다.

② 숫자 과정점수

숫자 바로 따라하기(DSF)는 간단한 과제로 인지 기능의 감퇴나 두뇌 외상 등의 영향을 상대적으로 덜 받으며 비교적 안정적이다. 이와 대조적으로 숫자 거꾸로 따라하기(DSB)나 숫자 순서대로 따라하기(DSS)는 DSF에 비해 더 많은 주의집중과 숫자를 사용하는 정신적 조작이 필요하다. 따라서 DSF와 비교해 DSB 혹은 DSS의 점수가 유의하게 낮은 것은 주의집중력, 연속적 처리 능력, 청킹, 숫자의 시각적 심상화 등의 능력이 저하되어 있음을 반영한다.

숫자 소검사는 일시적인 주의 분산이나 산만함으로 인해 오류를 보일 가능성을 통제하고 안정적인 측정을 위해 다른 숫자가 사용되기는 하지만 숫자 길이를 동일하게 하여 두 번씩 시행하도록 한다. 최장 숫자 바로 따라하기(LDSF), 최장 숫자 거꾸로 따라하기(LDSB) 및 최장 숫자 순서대로 따라하기(LDSS)는 가장 길게 기억한 숫자열의 원점수, 즉 주의의 폭을 나타낸다. LDSF, LDSB 및 LDSS의 비교 역시 DSF, DSB 및 DSS의 비교에 대한 해석과 본질적으로 동일하다.

③ 순서화 과정점수

숫자 소검사와 마찬가지로 순서화 소검사 역시 해당 인지 기능을 안정적으로 측정하기 위해 동일한 길이에 대해 두 번씩 시행하며, 순서화 과제에 대한 주의의 폭을 평가하기 위해 최장 순서화(LLNS)에 대한 과정점수를 산출한다. LDSB와 LLNS를 비교함으로써 주의력의 세부적인 특징을 살펴볼 수 있다.

(5) 소검사 내 변산성에 대한 분석 및 해석

해석의 마지막 단계는 소검사 내의 변산성을 분석하는 것이다. WAIS-IV의 소검사 문항은 쉬운 문항에서 시작해 점차 난이도가 높아지도록 배열되어 있다. 쉬운 문항에서 실패하고 어려운 문항에서 성공하거나 난이도와 무관하게 고르지 않은 수행 패턴을 보이는 수검자에 대해서는 그 이유를 탐색해 볼 필요가 있다. 이러한 비전형적인 수행 패턴에는 주의력의 문제, 기억 인출 효율성의 저하, 피질(cortical) 혹은 피질하(subcortical) 영역의 미만성(diffused) 손상 등이 영향을 미칠 수 있다. 극히 쉬운 문항에서도 실패하는 수검자에 대해서는 의도적으로 속일 가능성(faking)도 고려해 볼 수 있다.

생각해 봅시다 당신은 지능검사 사용에 대해 찬성론자인가 혹은 반대론자인가?

여타 심리검사에 비해 지능검사가 독보적으로 많이 사용되고 있음에도 불구하고 지능검사에 대해 오해하거나 잘못 사용되는 경우도 많으며 지능검사 사용에 대한 찬반 의견 역시 논란거리다.

많은 연구를 통해 지능검사가 학업 성취, 직업 수행과 같은 다양한 미래 행동을 어느 정도 성공적으로 예측할 수 있으며(Kaufman & Lichtenberger, 2006), 신경심리학적 손상에도 매우 민감한 것으로 확인되었다(Lezak et al., 2012). 그러나 지능검사의 이러한 성공적 예측력으로 인해 지능에 근거해 개인의 능력이나 가치를 판단하거나 특정 인종, 문화 집단 및 사회 계층에 대해 편견과 차별을 조장한다는 우려를 표하는 이들도 있다. 특히 IQ로 학업을 예측함에 있어서는 한계가 있음에도 불구하고 지능검사가 측정할 수 없는 영역까지 확대 적용하는 우를 범하기도 한다. 예를 들어, 개인의 학업 수행에 영향을 미치는 다양한 변인이 존재함에도 불구하고 지능검사 결과에만 기초해 학급을 배치하는 것은 실패 가능성이 높다. 따라서 지능검사는 측정하고자 하는 바에 국한해 사용하고, 다양한 정보원을 통합해 활용할 것이 권장된다.

지능검사의 장점은 수검자의 인지적 강점과 약점에 대해 매우 중요한 정보를 제공해 준다는 점이다. 대부분의 지능검사는 표준화된 검사이므로 다양한 인지 영역에 대해 개인의 수행과 비슷한 연령대의 다른 사람들의 수행을 비교할 수가 있다. 또한 지능검사를 통해 개인의 지적 능력에 대한 기저선 정보를 제공받고, 이후 일정 시간 간격을 두고 개인의 인지 기능에 어떠한 변화가 있었는지, 이러한 변화가 동 연령대의 다른 사람들과 어떠한 차이가 있는지를 확인하고 향후의 변화 추세를 예측할 수가 있다. 예를 들어, 지능검사의 정보는 교육이나 학교 장면이라면 특정 학생이 어느 정도의 교육적 성취를 이룰지, 신경외과 수술을 받은 뇌손상 환자가 회복되는 과정에서 어떠한 인지적 변화가 나타나고 그것이 적응에 어떠한 영향을 미치는지 등을 평가하고 예측하는 데에 유용하게 사용될 수 있다. 나아가 수검자가 인지적 과제에 접근하는 독특하고 개인적인 방식이 무엇인지를 관찰함으로써 개인의 지적 능력의 특징은 물론이고 실생활에서의 문제해결에 대한 접근 방식, 수검자의 독특한 행동 특성, 불안 수준, 동기 수준, 대인관계 기술, 자존감 등에 대한 인상을 얻을 수 있다.

하지만 지능검사에서는 대부분 수렴적, 분석적, 과학적 사고 경향성을 측정하기 때문에 확산적인 사고방식, 상상력, 예술적 소양이 강한 사람들에게는 불리하게 적용된다는 이유에서 지능검사의 사용을 반대하는 사람들도 있다. 이들은 지능검사가 현 체제에서 요구하는 가치를 잘 받아들인 사람들에게 교육적 이익을 주려는 사회 메커니즘을 지지하는 근거로 이용된다고 비판한다. 사람들에게는 대인관계에 대한 통찰력, 사람을 잘 다루는 능력, 일상생활에서 벌어지는 일들을 구체적으로 처리하는 능력, 사회적 유능성 등 지능검사로 측정될 수는 없지만 생활에 유용한 수많은 능력이 존재하기 때문이다.

지능검사의 점수가 선천적인 능력을 반영한다고 여기는 것 또한 지능검사에 대한 오해와 오용을 불러일으킨다. 지능검사의 점수가 특정한 시간과 상황에서 도출된 구체적이고 한정된 정보임에도 불구하고, 사람들은 이러한 점수가 선천적이고 불변하는 영구적인 능력이라고 여기며 이를 위해 인지 능력을 수량화하여 평가하기를 원한다. 나아가 이는 또다시 지능검사의 오용을 부추긴다. 하지만 상황에 따라 개인의 능력은 변하기 마련이다. 또한 지능검사의 점수는 문제해결 과정에 대한 정보보다는 최종 결과물에 초점이 맞춰져 있다. 즉, '어떻게'보다는 '무엇을'에 비중을 많이 둔다. 예를 들어, 어떤 사람이 산수 소검사의 점수가 매우 낮았다고 하자. 이러한 저조한 수행에 대해 주의집중력의 부족, 검사 지시에 대한 언어적 이해력 문제, 계산 능력 혹은 교육적 능력의 부족 등의 여러 가지 원인을 고려해 볼 수 있겠지만, 사람들은 산수 소검사의 낮은 점수에만 주목할 때가 많다. 전체 지능지수에 대해 이렇게 접근하는 것은 보다 심각한 문제를 초래하는데, 전체 지능지수를 개인 지적 능력의 총합으로 간주하는 데에 그칠 뿐 여러 인지 영역에 대해 구체적인 강점과 약점을 파악하는 것을 간과하기 때문이다. 또한 지능검사의 문항은 해당 사회 중상류층의 교육적, 문화적 가치에 중점을 두고 있다. 따라서 그로부터 벗어나는 소수 집단의 지적 능력을 평가하는 데에는 유용성이 낮을 수밖에 없다.

5. 웩슬러 지능검사의 활용

1) 단축형 지능검사

WAIS 체계가 갖고 있는 다양한 장점에도 불구하고, 많은 임상가와 연구자는 1시간 30분가량 소요되는 긴 검사 시간의 문제점을 지적하며 이에 대한 대안으로 단축형 지능검사를 사용할 것을 제안하였고, WAIS 초기 버전부터 다양한 목적에서 여러 종류의 단축형 지능검사가 개발되었다(Doppelt, 1956; Silverstein, 1990; Ward, Sleby, & Clark, 1987). 단축형 지능검사의 사용을 옹호하는 연구자들은 소검사 간의 중복 요소를 제거하고 단축형으로 사용하더라도 전체 IQ를 신뢰성 있게 예측할 수 있고 하위 인지 기능의 특성도 충분히 잘 반영할 수 있으며 검사에 소요되는 시간과 투입되는 노력을 줄일 수 있어 유용하다고 주장한다. 또한 많은 연구자와 임상가들은 단축형 지능검사를 개발할 때에는 다음과 사항들을 충분히 고려할 것을 제안하였다. 첫째, 단축형 지능검사로 추정된 IQ와 전체 검사를 실시해서 산출된 IQ 간의 상관이 유의하게 높아야 한다. 이에 대해 Groth-Marnat과 Wright(2016)는 둘 간의 상관이 최소 .90 이상으로 높아야 한다고 주장하였다. 둘째, 단축형으로 추정된 IQ 평균과 전체 IQ 평균 간에 유의한 차이가 없어야 한다. 셋째, 단축형으로 추정된 IQ와 전체 IQ를 사용해서 지능의 범위를 분류했을 때 유의한 차이가 없어야 한다. 넷째, 웩슬러 지능검사가 제공하는 세부 인지적 특성이 반영될 수 있는 소검사로 단축형을 구성해야 한다.

Doppelt(1956)는 일찍이 WAIS에 대해 '언어이해력(어휘)' 요인, '지각적조직화(차례맞추기, 토막짜기)' 요인, '주의력(산수)' 요인을 포괄하는 4개 소검사를 사용한 단축형 지능검사를 개발하였으며 이 방식은 WAIS-R에 대해서도 널리 적용되었다. 이후 Ward 등(1987)은 지능검사를 구성하는 요인들이 고르게 반영될 수 있도록 WAIS-R에 대해 '공통성' '상식' '산수' '숫자' '토막짜기' '빠진곳찾기' 및 '바꿔쓰기' 등 7개 소검사를 중심으로 WARD7 단축형 지능검사를 개발하였다. 이후 WAIS-III에 대해서도 WARD7 단축형이 적용되었다. 한편 연구 장면에서는 '어휘'와 '토막짜기' 2개 소검사를 사용한 단축형 지능검사가 선호되어 왔다. 한편 Satz와 Mogel(1962)은 다양한 소검사를 조합하는 형태가 아닌 모든 소검사를 실시하되 문항 수를 줄이는 방식의 단축형 지능검사를 제안하였다. 이 접근법에서는 모든 소검사에 대해 홀수 문항만 실시한 경우라면 각 총점을 2배한 값으로 환산점수를 산출하고, 마찬가지로 1/3로 문항 수를 줄인 경우에는 총점에 3배를 한 값으로 환산점수를 산출한다. Satz-Mogel 접근법에 대해서는 WAIS는 물론이고 WISC의 다양한 버전에 대해 신뢰도와 타당도 연구가 이루어졌는데, 이 접근법이 FSIQ는 신뢰할 수 있고 타당하게 추정하지만 개별 소검사의 신뢰도가 안정적이지 않으므로 프로파일 분석에 사용하는 것은 적합하지 않다고 보았다(Ryan et al., 1999).

TIP 관찰된 행동의 신뢰도와 타당도 고려하기

검사 상황에서 관찰된 행동의 신뢰도 및 타당도와 관련해 다음의 사항을 고려하는 것이 해석에 유용하다.

- 수검자의 이러한 행동 방식이 검사 상황에서 매번 나타나는가?
- 수검자의 이러한 행동 방식이 표준화된 형태의 검사에서만 나타나는가? 아니면 다른 형태의 검사에서도 나타나는가?
- 수검자의 이러한 행동방식이 다른 구조화된 상황에서도 나타나는가?
- 수검자가 이번 검사 상황에서 보인 행동이 다른 평가자 혹은 다른 권위적 대상에 대해서도 나타나는가?
- 수검자가 이번 검사 상황에서 보인 행동이 특정 문항 혹은 특정 소검사의 수행에 도움이 되었는가? 아니면 방해가 되었는가?
- 수검자가 이번 검사 상황에서 보인 행동이 검사 수행에 어느 정도 영향을 미쳤는가?(경미한 수준, 중간 수준, 심한 수준 등)

국내에서는 주로 소검사 조합을 사용한 단축형에 대해 신뢰도 및 타당도 연구가 진행되었다. 구체적으로 살펴보면, KWIS에 대해 '어휘' 및 '토막'의 2개 소검사를 사용한 단축형(이용승, 김중술, 1995), 도펠트(Doppelt)식 단축형(김중술, 이용승, 이민식, 1993) 및 WARD7 단축형(임영란, 이우경, 이원혜, 박종원, 2000)과 K-WAIS에 대해 WARD7 단축형(김경의, 김교헌, 오상우, 2005)의 신뢰도 및 타당도가 확인되었다.

『K-WAIS-IV의 실시 및 채점 요강』에도 2개 소검사 환산점수의 합으로 VCI 및 PRI를 산출할 수 있는 비례점수(부록 표 A.8)와 8개 혹은 9개의 소검사 환산점수의 합으로 FSIQ를 산출할 수 있는 비례점수(부록 표 A.9)가 제시되어 있다. 하지만 연구 장면에서는 FSIQ를 산출하기 위해 8개 혹은 9개의 소검사를 실시하는 것 역시 상당한 시간이 소요되므로 더 짧고 간단하면서도 신뢰도와 타당도가 확보된 단축형 지능검사를 필요로 하고 있다. 최아영 등(2014)은 K-WAIS-IV의 4개 소검사(상식, 행렬추론, 산수, 기호쓰기) 및 2개 소검사(산수, 상식)에 대해 회귀 공식을 적용한 단축형을 제안하였다(〈표 3-6〉 참조). 이 연구에서 4개 단축형은 FSIQ와의 상관이 .93($p<.01$), 분류 일치율이 68.9%로 확인되었으며, 2개 단축형은 FSIQ와의 상관이 .84($p<.01$), 분류 일치율은 56.9%로 확인되었다.

그러나 일부 연구자는 단축형 지능검사를 사용할 경우 전체 검사로 실시했을 때보다 오차 범위가 넓어 지능 분류가 부정확하고 수검자의 인지적 특성에 대해 제공할 수 있는 정보가 제한적이라는 이유를 들어 단축형 지능검사 사용에 우려를 표하고 있다. 특히 장애 판정과 같이 지능의 범위를 정확하게 분류할 목적이나 인지 기능 간 편차가 크게 나타날 가능성이 있는 임상집단, 다른 인종 및 다른 문화권의 수검자들에게는 가능한 한 단축형 지능검사를 실시하지 않을 것을 권고하고 있다.

표 3-6 K-WAIS-IV 단축형 FSIQ 산출을 위한 회귀 공식

소검사 구성	회귀 공식
상식-행렬추론-산수-기호쓰기 (IN-MR-AR-CD)	39.021+1.569(IN)+1.477(MR)+1.536(AR)+1.495(CD)
상식-산수 (IN-AR)	54.762+2.330(AR)+2.151(IN)

출처: 최아영 외(2014).

2) 병 전 지능의 추정

단축형 지능검사는 짧은 시간 내에 간편한 방식으로 수검자의 현재 지능을 안정적으로 추정하는 것이 목적이다. 하지만 의뢰 사유에 따라서는 수검자의 병 전 기능 수준의 추정이 필요한 경우도 종종 발생한다. 예를 들어, 교통사고를 당한 외상성 뇌손상 환자에 대해 보상 문제로 병 전 기능 수준과 비교해 현재 유의한 인지 기능 저하가 초래되었는지 확인할 목적에서 심리평가가 의뢰되기도 하며, 만성 조현병 환자에 대해 병 전과 비교해 현재 신경인지 기능 저하가 어느 정도 나타나고 있는지 확인할 목적에서 심리평가가 의뢰될 수도 있다. 이러한 경우 병 전에 실시한 지능검사 자료가 있다면 이를 바탕으로 병 전 지능과 현재의 지능 수준에 대해 직접 비교가 가능하겠지만, 이러한 경우는 흔치 않으며 병 전 지능을 현재 지능검사를 통해 추정해야 하는 경우가 대부분이다.

병 전 지능을 추정하기 위해 다양한 방법이 제안되어 왔다. 인지적 손상 가능성이 높은 수검자들에 대해서는 '유지되는 기능'에 초점을 맞춰 최상의 수행을 보인 소검사 점수에 근거해 병 전 지능을 추정할 수 있으나, 이는 병 전 지능을 과대 추정할 가능성도 높다는 단점을 갖고 있다. 이에 대한 대안으로 신경학적 손상이나 정신의학적 상태의 영향을 상대적으로 적게 받는 소검사들을 중심으로 병 전 지능을 추정하는 것이 제안되고 있다. 하지만 신경학적 손상의 유형에 따라 민감하게 영향을 받는 소검사에 차이가 있어 이 방법 역시 병 전 지능을 신뢰성 있게 추정하는 데에 제한이 있다(Lezak et al., 2012). 일례로 상식이나 어휘 소검사는 일반적으로 신경학적 손상이나 정신의학적 상태의 영향을 적게 받는다고 알려져 있지만, 장기기억으로 저장된 정보에 대해서도 망각이 일어난 심한 수준의 알츠하이머형 치매 환자라든지 실어증 환자 혹은 교육 수준이 지나치게 낮은 수검자에 대해서는 이 소검사들에 근거해 병 전 지능을 추정하는 것은 타당한 방법이 될 수 없다. 서구에서는 전국 성인 읽기검사(National Adult Reading Test: NART)와 같은 읽기 검사도 '유지되는 인지 기능'을 측정한다는 점에서 널리 이용되고 있으나, 이 역시 읽기 능력이 손상되었거나 병 전에도 읽기 능력이 취약했던 집단의 병 전 지능 추정에는 적합한 방법으로 보기 어렵다.

Baronas 등(1984)은 연령, 교육 수준, 직업력과 같은 인구통계학적 변인을 사용한 회귀 공식을 통해 병 전 지능을 추정할 것을 제안하였는데, 이 Baronas Index를 사용한 병 전 지능 추정 방법에 대해서는 이견이 분분하다. Perez 등(1996)은 이 공식이 병 전 능력 추정에는 유용하지만 지능과의 상관은 낮다고 보고하였으며, Helmes(2000)가 진행한 대규모 연구에서는 정확도가 높게 보고되었다. Crawford 등(2001)은 직업이 병 전 지능을 가장 잘 예측해 주는 변인이라고 보고하였고, 이 공식과 읽기 능력을 결합하여 추정하였을 때 예측력이 높게 나타나는 것으로 보고되었다. 그러나 국가 간에도 차이가 있었으며, 대부분의 연구에서 '연령'이 미치는 영향은 미미한 것으로 보고되었다(Lezak et al., 2012).

최근 들어서는 신경학적 손상이나 정신의학적 상태의 영향을 상대적으로 적게 받는 웩슬러 소검사의 수행 수준, 과거력상 성취에 관한 객관적인 정보(예: 학교 성적, 대학 수학능력 평가 점수 등), 인구통계학적 정보 등을 종합적으로 고려하는 것이 유용하다는 데 의견이 모아지고 있다. Krull 등(1995)은 WAIS-R의 '어휘'와 '빠진곳찾기' 소검사에 대해 연령, 교육 수준, 직업, 인종을 반영한 회귀 공식(Oklaboma Premorbid Intelligence Estimation: OPIE)을 사용하여 병 전 지능을 추정하였으며, WAIS-IV에 대해서도 '어휘'와 '행렬추론' 소검사를 사용한 이 알고리즘이 유용한 것으로 확인되었다(Holdnack et al., 2013). K-WAIS-IV에 대해서도 OPIE-4 공식을 응용한 KPIE-4를 사용해 병 전 지능을 추정한 연구가 진행되었다(Kim et al., 2015). 그 결과, '어휘' '상식' '행렬추론' 및 '퍼즐'의 4개 소검사와 연령 및 교육 수준을 토대로 회귀 공식을 적용한 KPIE-4(4ST)에서 전체 대상자 중 89.1%가 추정된 병 전 지능과 FSIQ의 차이가 10점 이내였으며, 추정된 병 전 지능과 FSIQ의 상관은 .872, 분류 일치율은 59.6%에 해당하였다. 또한 '상식'과 '행렬추론'의 2개 소검사와 연령을 토대로 회귀 공식을 적용한 KPIE-4(2ST)에서는 전체 대상자 중 73.21%가 추정된 병 전 지능과 FSIQ의 차이가 10점 이내였으며, 추정된 병 전 지능과 FSIQ의 상관은 .794, 분류 일치율은 51.4%에 해당하였다. KPIE-4(4ST) 및 KPIE-4(2ST)에 대한 회귀 공식은 〈표 3-7〉에 제시되어 있다.

표 3-7 KPIE-4 산출을 위한 회귀 공식

소검사 구성	회기 공식
KPIE-4(4ST)	26.86+.498(VC)+.93(IN)+.929(MR)+.986(VP)+.555(Age)-.9(Edu)
KPIE-4(2ST)	42.488+1.398(MR)+1.394(IN)+.421(Age)

* Age: 만 연령

** Edu: 교육연한, 1=8년 이하, 2=9~11년, 3=12년, 4=13~15년, 5=16년 이상

출처: Kim et al. (2015).

3) 임상적 활용

미국판 WAIS-IV의 기술 및 해석 요강(Wechsler, 2008b)에는 영재, 주요우울장애, 자폐스펙트럼장애 및 아스퍼거장애, ADHD, 경도 신경인지장애, 읽기장애 및 산수장애, 외상성 뇌손상, 잠정적인 알츠하이머형 치매 집단, 경계선 지능, 경증 및 중증 지적장애 집단 등 여러 임상집단에 대한 WAIS-IV의 지표점수 및 소검사 점수에 대한 평균 및 표준편차 등 주요 정보를 제시하였다. 그러나 대부분의 임상 집단의 표본 크기가 작아 해당 임상집단 전체를 대표할 수 없고, 임상집단들 간의 차이를 반영하지는 못하고 있다. 또한 거듭 강조하지만, 발달력과 병력을 포함한 개인력, 가족력, 행동 관찰, 면담을 통해 수집된 정보, 의뢰 사유 등을 고려하지 않은 채 개인의 지능검사 결과만으로 임상집단의 자료를 적용해 해석하는 것은 신중하게 접근할 필요가 있다.

최근에는 임상집단별 WAIS-IV 프로파일의 특성을 확인하는 정도에 그치지 않고, 생태학적 타당도를 구체적으로 확인하는 연구들이 진행되고 있다. Ko 등(2017)은 만성 조현병 환자들을 대상으로 K-WAIS-IV를 통해 측정된 인지 기능과 심리-사회적 기능을 측정하는 다양한 변인 간의 관련성을 살펴보았다. 그 결과, 인구통계학적 특성, 정신병리 증상의 심각도 등을 통제한 후에도 토막짜기 소검사는 독립생활 기술 중 집안 정리 영역과 유의한 상관을 보였고, 산수 및 이해 소검사는 교통 활용 영역과 유의한 상관을 보였다. 또한 공통성, 이해, 순서화 소검사 및 처리속도지표는 사회적 행동 중 언어 영역과 유의한 상관을 보였고, 어휘, 산수 및 순서화 소검사는 대화 내용 영역과 유의한 상관을 보였으며, 동형찾기 소검사는 삶의 질 중 신체 영역과 유의한 상관을 보였다.

김보람 등(2019)은 K-WAIS-IV를 사용해 물질 중독으로 분류되는 알코올사용장애 집단과 행위 중독으로 분류되는 도박장애 집단 간 인지 기능의 차이 및 인지 기능과 증상 심각도 간의 관련성 등을 살펴보았다. 그 결과, 유병 기간의 영향을 통제한 후에도 알코올사용장애 집단은 도박장애 집단보다 작업기억지표 및 이에 포함되는 숫자 및 산수 소검사 점수가 유의하게 낮았으며, 특히 숫자 소검사의 과정점수 중에는 최장 숫자 거꾸로 따라하기 점수(LDSB)가 유의하게 저조하였다. 도박중독 집단은 알코올사용장애 집단보다 공통성 소검사 점수가 유의하게 낮았다. 또한 알코올사용장애 집단의 경우 음주문제의 심각도는 숫자 소검사와 유의한 부적 상관을 보였으며, 도박장애 집단의 경우에는 전반적인 증상 심각도(Clinical Global Impression Scale: CGI)와 처리속도지표 및 동형찾기 소검사 점수가 유의한 부적 상관을 보였다. 임재은 등(2018)은 I형 양극성 장애 중 가장 최근 혹은 현재 조증 삽화를 보이는 임상집단과 건강한 통제군 간의

K-WAIS-IV 프로파일을 비교한 연구를 진행했다. 그 결과, I형 양극성 장애 집단은 건강한 통제군보다 FSIQ가 유의하게 낮았으며, 이러한 차이는 작업기억지표 및 처리속도지표와 같은 인지효능지표가 유의하게 저조한 것에서 기인하는 것으로 확인되었다. 또한 숫자, 산수, 동형찾기, 기호쓰기 등 관련 소검사 모두에서 I형 양극성 장애 집단은 건강한 통제군보다 수행이 유의하게 저조하였다. I형 양극성 장애 집단의 경우 조증 삽화에서의 증상 심각도(CGI-mania)가 FSIQ는 물론이고 VCI를 제외한 모든 지표점수와 유의한 상관을 보였다. 이러한 연구들은 작은 표집의 임상 집단을 대상으로 하고 있어서 일반화 가능성에 제한이 따르기는 하나, K-WAIS-IV의 임상적 유용성에 초점을 맞춘 연구들이 진행되고 있다는 점에서 의미가 있다.

4) 지능검사의 장점과 제한점을 이해하고 사용하기

지능검사는 여러 심리검사 중 독보적으로 많이 사용되고 있으며 개인의 정신건강이나 심리-사회적 적응 측면에서 유용한 정보를 제공해 준다. 그러나 지능검사의 제한점을 간과한 채 장점만을 강조할 경우 오용될 우려가 있으므로, 임상가나 연구자는 물론이고 심리학을 공부하는 학생들은 균형 잡힌 시각으로 지능검사를 이해하고 사용하는 것이 매우 중요하다.

지능검사는 개인의 전반적인 지적 능력의 수준뿐만 아니라 인지적 강점과 약점에 대해 구체적인 정보를 제공해 준다는 점에서 가치가 있다. 또한 지능검사를 통해 측정된 인지 기능은 학업 장면이나 직업 장면에서의 성취도 혹은 인지적·행동적 기술이 주가 되는 일상적 활동 수행 능력 등과 상관이 높아 수검자의 적응력이나 심리-사회적 기능을 예측하는 데에도 유용하다. 이는 단지 그 사람의 어떤 인지 기능이 양호하고 어떤 인지 기능은 취약하다는 정보 제공에 그치는 것이 아니라, 실생활에서 어떤 방식으로 문제를 해결해 나가는지와 수검자의 독특한 행동 특성, 정서 상태, 동기, 자존감 등이 실생활에서 인지 기능을 발휘하는 데 어떠한 영향을 미치고 있는지에 대해 의미 있는 정보를 제공해 준다.

그러나 지능검사에서 산출된 지능지수(IQ)는 그 적용 범위가 제한적임에도 한 개인의 전반적인 능력이나 가치를 규정짓는 꼬리표가 되어 편견과 차별을 조장한다는 비판이 제기되고 있다. 일례로, 지능검사를 통해 측정된 인지 기능이 학교 장면에서 지식 습득 측면에서 성취도를 예측해 줄 수는 있겠으나, 개인의 학업 수행에 영향을 미치는 다양한 변수를 배제한 채 지능검사 결과에 기초해 학급을 배치하거나 상급 학교 진학 여부를 결정하면 실패 가능성이 높을 것이다. 또한 지능검사에서 인지 기능을 측정하는 방식이나 내용은 기존의 지식 체계 및 이에 근거한 문제해결 방식 혹은 수렴적, 분석적, 지적인 사고 경향성을 측정하므로, 이러한 능력은 상대적으로 덜 발달하였으나 상상력, 창의력, 예술적 소양, 스포츠에 대한 자질 등을 갖춘 사람들에게는 지능검사 결과가 불리하게 작용할 수 있다. 또한 사회생활을 영위하기 위해서는 지능검사에 포함되지 않는 다양한 능력이 필요함에도 지능검사 점수만으로 개인의 심리-사회적 기능 전반, 나아가 성공 가능성을 예측하는 것은 문제가 있다는 것이다. 예를 들어, 지능검사를 통해 측정된 지능이 우수하다고 해서 정서 인식 및 표현 능력, 타인에 대한 공감능력, 사회적 의사소통 능력, 대인관계 기술, 도덕성, 공동체 의식 등도 반드시 우수한 것은 아니다. 또한 현재 산출된 인지 기능을 한 개인의 불변하는 타고난 능력으로 여기기 쉬운데, 이는 삶의 다양한 경험을 통한 성장의 기회를 차단한다는 비판이 있다.

나아가 어떠한 과정을 거쳐 그러한 지능지수가 산출되었는가를 살펴보는 것이 중요함에도 최종 산물인 '무엇을, 얼마나 잘 했는가(지능지수)'에만 초점을 맞춰 개인의 능력을 단정 짓는다는 것이다. 예를 들어, 어떤 아동이 유동추론 능력은 우수하나 불우한 환경에서 성장하여 교육적·문화적 경험을 안정적으로 제공받지 못하여 결정화 지능이 충분히 계발되지 못한 상태에서 전반적인 지적 능력이 '평균 하' 수준으로 산출되었으며 현재 학업 성적도 저조하다고 하자. 교사나 보호자는 지능검사 결과에서 인지 영역 간 구체적인 강점과 약점보다는 '평균 하' 수준의 전체 지능지수에만 주목하고 이를 학업 성적과 연관 짓기 쉽다. 반면 이 아동에게 교육적·문화적 자극을 충분히 제공하는 환경을 조성할 경우, 지적 능력이나 학업 성적이 향상될 가능성이 있음에도 이는 간과되기 쉽다.

지능검사 사용에 대한 또 다른 비판은 지능검사의 문항이 해당 사회 중산층의 교육적·문화적 가치에 중점을 둔 내용으로 구성되어 있다 보니 이를 벗어난 소수 집단의 지적 능력을 평가할 때에는 유용성이 낮을 수밖에 없다는 점이다. 그럼에도 불구하고 주객이 전도되어 지능검사 결과로 특정 소수 집단의 지적 능력이 낮다고 단정하는 우를 범할 수가 있다. 과거 서구 사회에서는 지능검사 결과가 특정 인종이나 이민자 등 소수 집단의 지적 능력이 낮다고 단정하는 차별의 근거로 오용되었던 적이 있다. 최근 우리 사회에서도 북한 이탈 주민, 해외 이주 가정 혹은 다문화 가정 등 인구 구성에 급격한 변화가 나타나고 있다. 따라서 다른 문화권의 사람들에게 한국판 지능검사를 적용했을 때의 한계점을 인식하고 신중하게 해석해야 할 것이며, 지능검사 결과를 이들에 대한 편견이나 차별의 근거로 오용해서는 안 될 것이다.

참고문헌

곽금주, 박혜원, 김청택(2001). K-WISC-III 지침서. 서울: 도서출판 특수교육.

곽금주, 오상우, 김청택(2011). K-WISC-IV(한국 웩슬러 아동 지능검사) 전문가 지침서. 서울: 인싸이트.

곽금주, 장승민(2019). K-WISC-V(한국 웩슬러 아동 지능검사-5판) 실시와 채점 지침서. 서울: 인싸이트.

김경의, 김교헌, 오상우(2005). K-WAIS 단축형(WARD7형)의 타당도 연구. 한국심리학회지: 임상, 24(2), 379-396.

김보람, 한주현, 김은진, 김승철, 이태경, 이원혜(2019). 알코올사용장애 환자와 도박장애 환자의 신경인지기능 특성 비교. 중독정신의학, 17(1), 17-24.

김중술, 이용승, 이민식(1993). K-WAIS 단축형에 관한 연구. 신경정신의학, 19, 121-126.

김홍근(2001). 병전 지능 추정의 허와 실. 한국심리학회지: 임상, 20(1), 125-154.

박영숙(1994). 심리평가의 실제. 서울: 하나의학사.

박혜원, 곽금주, 박광배(1996). 한국 웩슬러 유아지능검사(K-WPPSI) 지침서. 서울: 도서출판 특수교육.

박혜원, 이경옥, 안동현(2016). 한국 웩슬러 유아지능검사-4판(K-WPPSI-IV) 실시지침서. 서울: 인싸이트.

이용승, 김중술(1995). K-WAIS 단축형의 타당도 연구. 한국심리학회지: 임상, 14(1), 111-116.

이진숙, 고순덕(1953). 웩슬러-벨뷰 지능검사의 개정판. 서울: 중앙교육연구소.

이창우, 서봉연(1974). K-WISC 실시요강: 한국판 Wechsler 아동용 개인 지능검사. 서울: 배영사.

임영란, 이우경, 이원혜, 박종원(2000). 한국 웩슬러 지능검사(KWIS) 단축형의 정확성 및 타당도에 관한 연구. 한국심리학회지: 임상, 19(3), 563-571.

임재은, 박동연, 유빈, 유리나, 이원혜(2018). I형 양극성 장애 환자들의 인지적 특성. 2018 한국임상심리학회 봄 학술대회 포스터 발표.

전용신(1970). 고대-비네 검사. 고려대학교 행동과학연구소. 서울: 고려대학교 출판부.

전용신, 서봉연, 이창우(1963). KWIS 실시 요강. 서울: 중앙교육연구소.

최아영, 황순택, 김지혜, 박광배, 최진영, 홍상황(2014). K-WAIS-IV 단축형의 타당도. 한국 심리학회지: 임상, 33(2), 413-428.

최정윤(2002). 심리검사의 이해. 서울: 시그마프레스.

한국교육개발원(1987). KEDI-WISC 검사요강. 서울: 도서출판 특수교육.

한국임상심리학회(1992). K-WAIS 실시요강. 서울: 한국가이던스.

황순택, 김지혜, 박광배, 최진영, 홍상황(2012a). 한국판 웩슬러 성인용 지능검사 4판(K-WAIS -4). 실시 및 채점 요강. 대구: 한국심리주식회사.

황순택, 김지혜, 박광배, 최진영, 홍상황(2012b). 한국판 웩슬러 성인용 지능검사 4판(K-WAIS -4). 기술 및 해석 요강. 대구: 한국심리주식회사.

Baddeley, A. D. (2003). Working memory: Looking back and looking forward. *Nature Reviews Neuroscience, 4,* 829-839.

Barnoas, A., Reynolds, C., & Chastain, R. (1984). A demographically based index of premorbid intelligence for the WAIS-R. *Journal of Consulting and Clinical Psychology,* 26, 74-74.

Beebe, D. W., Pfiffner, L. J., & McBurnett, K. (2000). Evaluation of the validity of the Wechsler Intelligence Scale for Children (3rd ed.) comprehension and picture arrangement subtests as measures of social intelligence. *Psychological Assessment, 12*(1), 97-101.

Binet, A. (1911). Noubelle recherches sur la mesure du niveau intéllectual chez les enfants d'école. *L'Année Psycholique, 17,* 145-210.

Binet, A., & Simon, T. (1905). Méthodes nouvelles pour le diagnostic du niveau intéllectuel des anormaux. *L'Année Psycholique, 11,* 191-244.

Camara, W. J., Nathan, J. S., & Puente, A. E. (2000). Psychological test usage: Implications in professional psychology. *Professional Psychology: Research and Practice, 31,* 141-154.

Carroll, J. B. (1993). *Human Cognitive Abilities: A Survey of Factor-analytic Studies.* Cambridge: Cambridge University Press.

Cattell, R. B. (1963). Theory of fluid and crystallized intelligence: A critical experiment. *Journal of Educational Psychology, 54,* 1-22.

Crawford, J. R., Millar, J., & Milne, A. B. (2001). Estimating premorbid IQ from demographic variables: A comparision of a regression equation vs clinical judgement. *British Journal of Clinical Psychology, 40,* 97-105.

Dobbins, C., & Russell, E. W. (1990). Left temporal lobe brain damage pattern on the Wechsler Adult Intelligence Scale. *Journal of Clinical Psychology, 46*(6), 863-868.

Doppelt, J. E. (1956). Estimating the full scale score on the Wechsler Adult Intelligence Scale from scores on four subtests. *Journal of Consulting Psychology, 20,* 63-66.

Flanagan, D. P., & Kaufman, A. S. (2009). *Essentials of WISC-IV assessment* (2nd ed.). Hoboken, NJ: John Wiley & Sons, Inc.

Flangan, D. P., McGrew, K. S., & Ortiz, S. O. (2000). *The Wechsler Intelligence Scales and Gf-Gc Theory: A Contemporary Approach to Interpretation.* Boston, MA: Allyn & Bacon.

Groth-Marnat, G., & Wright, A. J. (2016). *Handbook of Psychological Assessment* (6th ed.). Hoboken, NJ: John Wiley & Sons, Inc.

Guilford, J. P. (1967). *The Nature of Human Intelligence.* New York: McGraw-Hill.

Helmes, E. (2000). Learning and memory. In G. Groth-Marnat (Ed.), *Neuropsychological Assessment in Clinical Practice: A Guide to Test Interpretation and Integration* (pp. 293-334). Hoboken, NJ: John Wiley & Sons, Inc.

Hodge, J. R. (2018). *Cognitive Assessment for Clinicians* (3rd ed.). New York: Oxford University Press.

Holdnack, J. A., Schoenberg, M. R., Lange, R. T., & Iverson, G. L. (2013). *WAIS-IV, WMS-IV and ACS: Advanced Clinical Interpretation.* Cambridge, MA: Academic Press.

Kaufman, A. S. (2001). WAIS-III IQs, Horn's theory, and generational changes from young adulthood to old age. *Intelligence, 29,* 131-167.

Kaufman, A. S., & Lichtenberger, E. O. (2006). *Assessing Adolescent and Adult Intelligence* (3rd ed.). Hoboken, NJ: John Wiley & Sons, Inc.

Kim, S. G., Lee, E. H., Hwang, S. T., Park, K., Chey, J., Hong, S. H. , &. Kim, J. H. (2015). Estimation of K-WAIS-IV premorbid intelligence in South Korea: Development of the KPIE-IV. *The Clinical Neuropsychologist, 29*(1), 19-29.

Ko, H. Y. Han, J. H. Kim, E. J., Lim, J. E., Sim, M., Lee, W. H. (2017). The relationship between cognitive function and psychosocial function in chronic schizophrenia patients. *Korean Journal of Clinical Psychology, 36*(1), 10-19.

Krull, K. R., Scott, J. G., & Sherer, M. (1995). Estimation of premorbid intelligence from combined performance and demographic variables. *The Clinical Neuropsychologist, 9,* 83-88.

Lezak, M. D., Howieson, D. B., & Loring, D. W. (2012). *Neuropsychological Assessment* (5th ed.). New York: Oxford University Press.

Lichtenberger, E. O., & Kaufman, A. S. (2009). *Essentials of WAIS-IV Assessment.* Hoboken, NJ: John Wiley & Sons, Inc.

Lichtenberger, E. O., & Kaufman, A. S. (2013). *Essentials of WAIS-IV Assessment* (2nd ed.). Hoboken, NJ: John Wiley & Sons, Inc.

Maddrey, A. M., Cullum, C. M., Weiner, M. F., & Filley, C. M. (1996). Premorbid intelligence estimation and level of dementia in Alzheimer's disease. *Journal of the International Neuropsychological Society, 2,* 551-555.

Mayes, S. D., & Calhoun, S. L. (2007). Wechsler Intelligence Scale for Children-Third and-Fourth Edition predictors of academic achievement in children with attention-deficit/hyperactivity disorder. *School Psychology Quarterly, 22*(2), 234-249.

Nelson, H. E., & O'Connell, A. (1978). Dementia: The estimation of premorbid intelligence levels suing the National Adult Reading Test. *Cortex, 14,* 234-324.

Perez, S. A., & Ozolins, M. S. (1996). Measurement of premorbid intellectual ability following brain injury. *Archives of Clinical Neuropsychology, 11,* 491-501.

Rapaport, D., Gill, M., & Schafer, J. (1968). *Diagnostic Psychological Testing. Introduction: Psychological Tests in Clinical Work.* New York: International University Press, Inc.

Reinecke, A., Beebe, D. W., & Stein, M. A. (1999). The third factor of the WISC-III: It's (probably) not freedom from distractibility. *Journal of the American Academy of Child & Adolescent Psychiatry, 38*(3), 322-328.

Ryan, J. J., Lopez, S., J., & Werth, T. R. (1999). Development and preliminary validation of a Satz-Mogel short form of the WAIS-III in a sample of persons with substance abuse disorders. *International Journal of Neurosciences, 98,* 131-140.

Satz, P., & Mogel, S. (1962). An abbreviation of the WAIS for clinical use. *Journal of Clinical Psychology, 18,* 77-79.

Silverstein, A. B. (1990). Short forms of individual intelligence tests. *Psychological Assesment, 2,* 3-11.

Spearman, C. E. (1927). *The Abilities of Man.* New York: Macmillan.

Terman, L. M. (1916). *The Measurement of Intelligence.* Boston, MA: Houghton-Mifflin.

Thurstone, L. L., & Thurstone, T. G. (1941). Factorial studies of intelligence. *Psychometric Monographs, 2,* 94.

Thurstone, L. L., & Thurstone, T. G. (1949). *Examiner's Manual for the SRA Primary Mental Abilities Test.* Chicago: Science Research Associates.

Ward, L. C., Sleby, B., & Clark, B. L. (1987). Subtest administration times and short forms of the WAIS-R. *Journal of Clinical Psychology, 43,* 276-278.

Wechsler, D. (1939). *Measurement of Adult Intelligence.* Baltimore, MD: Williams & Wilkins.

Wechsler, D. (1946). *The Wechsler-Bellevue Intelligence Scale, Form II.* New York: The Psychological Corporation.

Wechsler, D. (1949). *Manual for the Wechsler Intelligence Scale for Children.* New York: The Psychological Corporation.

Wechsler, D. (1955). *Manual for the Wechsler Adult Intelligence Scale(WAIS).* San Antonio, TX: The Psychological Corporation.

Wechsler, D. (1967). *Manual for the Wechsler Preschool and Primary Scale of Intelligence.* New York: The Psychological Coporation.

Wechsler, D. (1974). *Manual for the Wechsler Intelligence Scale for Children-Revised (WISC-R).* New York: The Psychological Corporation.

Wechsler, D. (1981). *Manual for the Wechsler Adult Intelligence Scale-Revised(WAIS-R).* San

Antonio, TX: The Psychological Corporation.

Wechsler, D. (1989). *Manual for the Wechsler Preschool and Primary Scale of Intelligence-Revised.* New York: The Psychological Coporation.

Wechsler, D. (1991). *Manual for the Wechsler Adult Intelligence Scale-3rd edition(WAIS-III).* San Antonio, TX: The Psychological Corporation.

Wechsler, D. (1991). *Manual for the Wechsler Intelligence Scale for Children-3rd edition (WISC-III).* San Antonio, TX: The Psychological Corporation.

Wechsler, D. (2002). *Manual for the Wechsler Preschool and Primary Scale of Intelligence*(3rd ed.). New York: The Psychological Coporation.

Wechsler, D. (2003). *Manual for the Wechsler Intelligence Scale for Children-4th edition (WISC-IV).* San Antonio, TX: The Psychological Corporation.

Wechsler, D. (2008a). *Wechsler Adult Intelligence Scale: Administration and Scoring Manual* (4th ed.). San Antonio, TX: Psychological Corporation.

Wechsler, D. (2008b). *WAIS-IV Technical and Interpretive Manual.* Bloomington, MN: Pearson.

Wechsler, D. (2012). *Wechsler Preschool and Primary Scale of Intelligence Scale* (4th ed.). Bloomington, MN: Pearson.

Wechsler, D. (2014). *Wechsler Intelligence Scale for Children* (5th ed.). Bloomington, MN: Pearson.

Weiss, L. G., Saklofske, D. H., Coalson, D. L., & Raiford, S. E. (2010). *WAIS-IV Clinical Use and Interpretation. Scientist-Practitioner Perspectives.* San Diego, CA: Academic Press.

제4장

다면적 인성검사(MMPI-2)

미네소타 다면적 인성검사(Minnesota Multiphasic Personality Inventory: MMPI)는 1943년 미네소타 대학의 Starke Hathaway 박사와 Jovian Mckinley 박사에 의해 정신건강의학과와 임상 장면에서 환자들의 정신병리를 보다 신뢰성 있고 효율적으로 진단 · 평가할 목적으로 개발되었다. 오늘날에는 진단 평가 목적뿐만 아니라 개인의 성격 특성, 적응 수준, 검사에 임하는 태도 등 다양한 심리 내적 영역을 양적으로 측정하기 위해 사용되고 있다. 이러한 임상 장면뿐만 아니라 심리 상담, 인사 선발, 법적 자문, 정신건강 관련 선별검사, 연구 등 여러 분야에서 MMPI는 광범위하게 사용되고 있다. 일례로, 미국의 경우 MMPI는 전체 심리검사 중 웩슬러 지능검사 다음으로 많이 사용되며, 일반 성격검사 중에는 가장 많이 사용되는 것으로 보고되었다(Camara, Nathan, & Puente, 2000).

구조화된 자기보고형 검사로서 MMPI가 갖고 있는 여러 가지 장점 때문에, 숙련되지 않은 초보 임상가들은 비구조화된 투사 검사에 비해 MMPI의 사용을 선호한다. 그러나 실제 임상 장면에서 MMPI 결과에 대해 정량화된 공식을 적용한 해석은 매우 위험한데, 이는 요리책의 레시피를 기계적으로 따르는 초보 요리사의 행동과 흡사하다. 수검자의 심리 내적 상태에 대해 풍부하고 올바른 해석적 가설을 수립하고 추론하기 위해서는 심리평가의 전체적인 맥락, 즉 평가 사유, 인구학적 특성(연령, 교육 수준, 사회경제적 지위 등), 개인력, 면담과 행동 관찰, 다른 심리검사 자료 등에 대한 통합적인 고려가 필요하다. 또한 MMPI의 장점 외에도 이론적 배경, 개발 과정, 자기보고형 검사로서 MMPI의 한계를 충분히 숙지하고 당면한 심리평가 장면에서 MMPI가 제공할 수 있는 이점을 최대한 살리는 방향에서 체계적인 해석적 접근을 해 나가는 것이 중요하다. 이를 위해서는 여타 심리검사와 마찬가지로 MMPI 역시 체계적이고 엄격한 지도 감독하의 철저한 임상 수련과 다양한 임상 경험을 필요로 한다.

이 장에서는 MMPI의 올바른 사용을 위해 MMPI의 개발 과정 및 역사, 장점과 한계, 실시 방법, 해석 지침 등에 대해 상세히 살펴보고자 한다.

1. MMPI의 역사

1) 원판 MMPI의 개발

1930년대 후반, 미네소타 대학에 근무하던 Hathaway와 Mckinley 두 박사는 정신건강의학과를 방문하는 성인 환자들을 대상으로 정확한 진단 및 증상의 심각도를 평가할 수 있고 나아가 치료적 변화를 객관적으로 측정할 수 있는 심리검사 도구의 제작을 시도하였다. 당시에는 특정한 이론적 틀과 안면 타당도에 근거해 검사 제작자가 주관적으로 개별 문항 및 채점 방향을 선정하는 논리적 접근(logical keying approach)이 일반적인 검사 제작 방식이었다. 하지만 논리적 접근이 실제 수검자들의 반응과 일치하지 않는다는 문제점이 대두되었다. 그들은 논리적 접근의 한계를 보완하고자 여러 집단의 속성을 잘 변별해 낼 수 있는지를 검증할 수 있는 경험적 접근(empirical keying approach)을 채택하였다. 당시에 이러한 경험적 접근은 매우 혁신적인 심리검사 제작 방식이었다. 다음과 같은 과정을 거쳐 3개의 타당도 척도와 10개의 임상 척도를 포함하는 총 566문항의 원판 MMPI가 탄생하였다(Mckinley & Hathaway, 1944).

- STEP 1 대규모 예비 문항 수집
  다양한 선행 연구 자료 및 기존에 출시되어 있는 검사 척도에 기초해 개인의 성격 유형을 기술하는 1,000여 개의 진술문을 도출. 그중 읽기 쉽고 의미가 분명한 것, 상호 중복되지 않는 내용, 긍정문과 부정문의 비율 등을 고려해 504개의 진술문을 선정
- STEP 2 임상 집단과 정상 집단 선정
  정상 집단은 1930년 인구 센서스에 기초해 미네소타주 인구의 전형적인 인구통계학적 특성을 반영하여 선정. 여기에는 미네소타 대학병원의 방문객과 일반 환자들, 미네소타 대학 입학 설명회에 참석한 고교 졸업생들, 미네소타주 노동진흥청에 등록된 노동자 등이 포함. 임상 집단은 미네소타 대학병원 정신건강의학과 환자들 중 당시 주요 정신장애 범주(건강염려증, 우울증, 히스테리, 반사회성, 편집증, 강박증, 조현병, 경조증)에 속하는 환자들을 선정하여 총 724명으로 구성
- STEP 3 8개의 임상 척도 구성
  504개 진술문 중 정상 집단과 각 임상 집단을 변별해 주는 문항을 확인하여 문항 분석. 새롭게 구성한 정상 집단과 해당 척도로 진단받은 임상 집단 및 척도와 무관

한 진단을 받은 임상 집단 간 점수 차이를 비교하는 교차 타당도 검증을 통해 8개 임상 척도 구성

- **STEP 4** Mf 척도, Si 척도 관련 문항 추가
  동성애 남성과 이성애 남성을 변별할 목적에서 개발된 척도 5(Mf)의 경우 이를 효과적으로 측정할 수 있는 문항이 부족해 적용 범위를 확장하여 문항 추가. 척도 0(Si)은 과외 활동에 활발히 참여하는 여대생들과 그렇지 않은 여대생들의 점수를 비교하는 교차 타당화 연구 후 남성들의 내향적 성향을 반영할 수 있도록 일반화. 이 두 척도는 정신병리적 특성보다는 개인의 라이프 스타일을 반영하는 척도로 간주함
- **STEP 5** 타당도 척도 개발
  자기보고형 검사에서 수검 태도가 결과에 미치는 영향 및 문제점을 인식함. 임상 척도의 결과를 무효화할 가능성을 높이는 수검자들의 의도적인 반응 왜곡 혹은 거짓 반응을 탐지할 목적에서 4개의 타당도 척도[무응답 척도(?), 비전형 척도(F), 거짓말 척도(L) 및 교정 척도(K)] 개발

원판 MMPI가 출판된 이래 MMPI 내용 해석의 전략을 다룬 여러 가지 특수 척도와 보충 척도가 개발되었는데, 각 임상 척도의 하위 내용 척도를 세분화한 Harris-Lingoes의 임상 소척도(Harris & Lingoes, 1955, 1968)가 대표적이다.

2) MMPI-2의 개발

MMPI가 다양한 영역에서 광범위하게 사용되어 왔지만, 원판 MMPI가 최초로 출간된 이래 40년 가까이 별도의 개정 작업이 이루어지지 않다 보니 몇 가지 문제점이 남아 있었다. 이에 1982년 미네소타 주립대학 출판부에서는 재표준화 위원회를 구성하였다. 그들은 그동안 MMPI에 대해 축적된 방대한 연구가 개정 MMPI에도 적용 가능하도록 원판 MMPI와 기본적인 형식을 동일하게 유지하되, 시대적 변화와 흐름에 맞출 수 있도록 다음과 같은 여섯 가지를 개정의 주안점으로 삼았다(Groth-Marnat, 2009).

- 시대에 뒤떨어지거나 이의 제기 소지가 있는 문항 삭제
- 원판 MMPI의 타당도 척도와 임상 척도 유지
- 대표성이 있으면서도 광범위한 표집

- 임상적 문제를 정확하게 반영함과 동시에 단일한 백분위로 분류될 수 있는 규준 개발(동형 T점수)
- 문항과 척도를 평가하는 데 사용할 수 있는 새로운 임상 자료의 수집
- 새로운 척도 개발(타당도 척도, 내용 척도, 보충 척도 등)

재표준화를 위해 AX(Adult Experimental)라 명명한 예비 검사지를 제작하였다. 이는 원판 MMPI 중 16개의 중복 문항을 삭제한 550문항에 기초하되 일부 문항을 수정하여 사용하였다. 그리고 약물 남용, 자살 위험성, 부부 문제, 식사 장애, 치료나 재활에 대한 태도, 직업에 대한 태도 등을 측정하는 문항들을 추가하여 총 704개의 문항으로 구

표 4-1 MMPI와 MMPI-2의 타당도 척도 및 기본 임상 척도

척도명	약어(척도 번호)	문항 수(MMPI)	문항 수(MMPI-2)
타당도 척도			
무응답 척도	?		
비전형 척도	F	64	60
부인 척도	L	15	15
교정 척도	K	30	30
MMPI-2 추가 타당도 척도			
무선반응 비일관성 척도	VRIN	–	98
고정반응 비일관성 척도	TRIN	–	40
비전형-후반부 척도	F_B	–	40
비전형-정신병리 척도	F_P	–	27
증상 타당도	FBS	–	43
과장된 자기제시 척도	S	–	50
기본 임상 척도			
건강염려증 척도	Hs (1)	33	32
우울증 척도	D (2)	60	57
히스테리 척도	Hy (3)	60	60
반사회성 척도	Pd (4)	50	50
남성성-여성성 척도	Mf (5)	60	56
편집증 척도	Pa (6)	40	40
강박증 척도	Pt (7)	48	48
조현병 척도	Sc (8)	78	78
경조증 척도	Ma (9)	46	46
내향성 척도	Si (0)	70	69

성하였다. 그다음에는 7개의 주를 비롯해 인디언 거주지, 군 기지 등 다양한 지역에서 18~90세의 2,600명(남성 1,138명, 여성 1,462명)을 표집하여 재표준화 연구를 진행하였다. 최종적으로 총 567문항으로 구성된 MMPI-2(Butcher et al., 1989)가 출시되었다.

위와 같은 MMPI 재표준화 작업의 목적을 달성한 것 이외에 또 다른 성과는 청소년을 대상으로 하는 독립된 MMPI, 즉 MMPI-A(Butcher et al., 1992)가 개발되었다는 것이다. 원판 MMPI가 청소년들을 대상으로도 사용되면서 별도의 청소년 규준이 개발되기는 하였으나(Archer, 1987; Colligan & Offord, 1989; Marks, Seeman, & Haller, 1974), 검사가 너무 길고 읽기 난이도가 너무 높으며 청소년기의 발달 특성 및 사회적 상황을 반영하는 문항들이 부족하여 청소년들에게 사용하는 것에 대한 문제점이 제기되었기 때문이다. 이에 대해서는 제9장에서 좀 더 상세히 다룰 것이다.

〈표 4-1〉에는 MMPI와 MMPI-2의 타당도 척도 및 기본 임상 척도를 비교하여 제시하였다.

3) 한국판 MMPI의 개발 과정

국내에서는 1960년대 원판 MMPI를 표준화한 최초의 한국판 MMPI '다면적 인성검사(정범모, 이정균, 진위교, 1963)'가 출시되었으며, 진위교와 김형립(1971)은 이를 토대로 단축형인 '간편 MMPI'를 표준화하였다. 1980년대 후반, 한국임상심리학회에서는 시간 경과에 따른 사회적·문화적 변화를 반영하여 한국판 다면적 인성검사의 규준을 재표준화하고 개정판 다면적 인성검사를 출시하였다(김영환 외, 1989).

2001년에는 한국판 MMPI-2 표준화 위원회(김중술, 한경희, 임지영, 민병배, 이정흠 등)가 구성되면서 MMPI-2의 표준화 작업이 본격적으로 진행되었다. 한국판 MMPI-2의 문항은 국내의 다양한 전문가는 물론이고 미네소타 대학 출판사 공인 언어 사무실의 정확성 평가 등을 포함해 수차례의 엄격하고 정밀한 번역과 역번역 및 재수정 작업을 거쳤고, 2004년에야 비로소 미네소타 대학 출판부로부터 최종 번역판에 대한 승인을 받았다.

한국판 MMPI-2의 규준 집단은 2000년 대한민국 인구 및 주택 총조사의 자료에 기초해 19세 이상의 성인을 대상으로 성별, 연령, 교육 수준, 지역, 거주지 등을 단위로 다단 유층추출 방식을 사용하여 표집한 총 1,352명(남성: 651명, 여성: 701명)으로 구성되었다. 한국판 MMPI-2의 표준점수는 미국 MMPI-2의 표준화 방식과 동일하게 동형 T점수를 산출하였다. 다만 국제적 통일성을 유지하고 미국 자료와 백분위 비교가 가능하도록

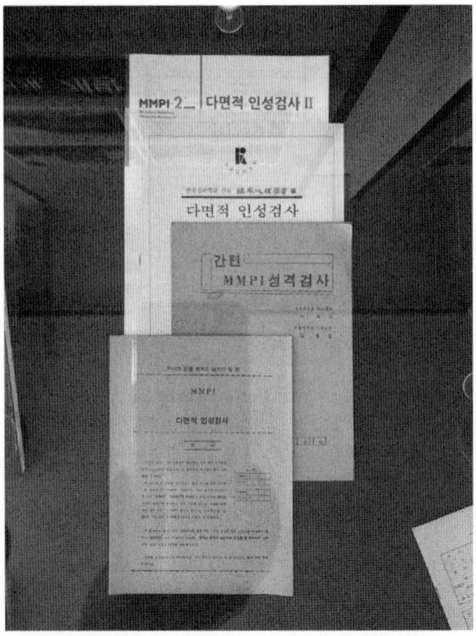

그림 4-1 한국판 MMPI의 변천사

출처: 국립정신건강센터 박물관.

다른 여러 나라와 마찬가지로 미국의 합성 분포를 그대로 사용하여 표준화한 한국판 MMPI-2(김중술 외, 2005)를 출시하였다. 이후 개정판 MMPI-2(한경희 외, 2011)에서는 정신건강의학과 외래 및 입원 환자를 대상으로 한 임상 집단과 대학생 집단을 대상으로 MMPI-2 및 NEO-PI-R을 실시하여 타당화 자료와 증상 타당도 척도(FBS) 등을 보강하였다.

2. MMPI의 장점과 한계

MMPI가 가장 보편적으로 사용되는 자기보고식 심리검사로 독보적인 위치를 차지할 수 있었던 이유는 다음과 같은 장점 때문이다.

- 오랜 역사를 거쳐 매우 대중적이며 익숙한 검사다.
- 검사의 실시와 채점이 용이하다.
- 투입되는 시간과 노력 대비 효용성이 높다.
- 객관적으로 표준화된 규준을 갖추고 있다.

- 코드 유형 등을 사용해 간편하게 해석할 수 있다.
- 다양한 유형의 MMPI가 개발되어 활용 가능도가 높다(예: 단축형 MMPI, MMPI-A, 전산화된 해석 시스템, 특수 척도, 결정적 문항)
- 여러 인종, 문화, 언어를 대상으로 대규모의 규준 및 타당도 연구가 진행되고 사용되고 있어 국가 간, 문화 간, 인구통계학적 변인들을 고려한 비교가 가능해졌다.

이렇듯 방대한 연구를 통해 MMPI는 신뢰도와 타당도가 확인되고 다양한 장면에서 널리 사용되고 있다. 하지만 이러한 MMPI에 대해 몇 가지 문제점이 제기되고 있다. 이를 보완하고 수검자에 대해 풍부하고 타당한 해석을 제공하기 위해서는 다음과 같은 점을 유념해서 MMPI를 사용해야 한다.

비판 1 여러 척도 간의 문항 중복으로 상관 계수가 높고 개별 척도 및 코드 유형에 대한 정보가 진단적 변별에 그리 유용하지 않다. 오히려 상승된 척도 점수에 근거해 정신장애 진단을 잘못 명명(mislabeling)하는 문제가 발생한다.

반론 척도 간 상관이 높은 것은 검사 제작 방법의 문제라기보다는 여러 정신병리가 구성 개념이나 징후의 범주에 있어 공통된 특징을 포함하는 것과 관련이 있다. 예를 들어, 우울장애와 신체증상장애 모두 신체 증상이나 식욕 문제, 불면 등의 증상이 흔하며, 우울장애와 불안장애에서는 과민함, 초조함, 정서적 불안정성 등의 징후가 유사하다.

해결책
- 척도명 대신 가치 중립적인 척도 번호를 사용하라.
- 단순한 의학적 진단 범주에서 명명(labeling)하기보다는 각 척도의 임상적 설명과 용어에 초점을 맞춰 개인의 정서적·행동적·성격적 특성을 포함하는 다양한 서술적 접근을 하라(예: 척도 8이 상승한 경우, '조현병'이라는 용어보다는 무관심, 냉담함, 소외감, 관념적 사고, 특이한 사고 과정, 취약한 가족 관계 등의 속성으로 이해할 것).
- 개별 척도 점수보다는 2코드 혹은 3코드 유형을 중심으로 해석을 하되, 보다 광범위한 증상 패턴을 설명하기 위해서 내용 척도, 보충 척도, 재구성 임상 척도 등을 포함시켜 해석하라.

비판 2 MMPI에서 사용하는 일부 용어(예: 척도 7의 'psychathenia', 척도 1, 2, 3을 통칭하는 'neurotic triad' 등)는 시대에 뒤떨어지고 진부하여 최신 정신장애 진단 체계 및 정신병리 용어에 부합하지 않는다.

해결책
- 각 척도에 함의된 현대적 의미를 인식하고 해석하라.
- 과거의 용어들을 최신 학문적 추세에 맞도록 ICD나 DSM 최신판에서 서술하는 용어로 바꾸어 기술하라.[1)]

3. MMPI-2의 실시

1) MMPI-2 평가자에 대한 고려 사항

최근에는 컴퓨터 방식으로 MMPI-2를 실시하고 채점하는 것이 가능해졌기 때문에 부득이한 경우 일정 수준의 교육과 지도 감독을 받은 기능 직원이나 행정 직원 등도 검사 실시나 채점을 대신 할 수 있다. 그러나 MMPI는 매우 복잡하고 정교한 심리검사이므로 결과에 대한 해석은 심리검사의 제반 이론, 성격의 구조 및 역동, 정신병리학, 심리 진단 등에 대해 체계적인 지식을 갖추고 임상 훈련을 받아 자격을 취득한 전문가만이 가능하다. 일반적으로 MMPI 보급사들은 무자격자의 무분별한 사용을 막고자 MMPI의 구입 및 사용에 엄격한 제한을 둔다.

미국의 경우 MMPI-2 및 MMPI-A에 대한 구입 자격을 가장 높은 수준인 C등급으로 지정해 놓고 있으며(http://psychcorp.pearsonassessments.com/HAIWEB/Cultures/en-us/Productdetail.htm?Pid=MMPI-2&Mode=summary), 국내에서도 이와 유사한 자격 요건을 갖추어야만 MMPI-2의 구입 및 사용이 가능하다(http://www.maumsarang.kr/orders/guide.asp). MMPI-2의 구입 및 사용이 가능한 자격 요건을 〈표 4-2〉에 상세히 제시해 놓았다. 이와 같은 자격 요건을 갖춘 전문가라 하더라도 MMPI-2를 사용하기 위해서는 매뉴얼의 모든 내용 및 여러 MMPI 교재에서 소개하고 있는 해석 절차를 반드시 숙지하고 있어야 한다.

1) DSM-5가 출시되었으며 ICD-11도 출시 예정이므로, MMPI에 사용하는 해석적 용어들도 이에 맞게 바꾸어 사용해야 할 것이다.

표 4-2 MMPI-2의 구입 및 사용이 가능한 자격 요건

미국	한국
• 독립적인 심리학적 서비스를 실시할 수 있는 자격증 • 심리학 또는 인접 학문 분야의 학위 및 대학원에서 심리검사와 심리측정 과목을 이수했음을 증빙할 수 있는 서류 • 검사 보급사가 인정하는 워크숍이나 강좌를 이수했음을 증빙할 수 있는 서류	• 임상심리전문가(한국심리학회 공인 민간자격증), 정신건강임상심리사 1급과 2급(보건복지부), 정신건강의학과 전문의 • 심리학 관련 학과 석사학위 소지자 중 심리평가(심리검사)와 정신병리학(이상심리학)을 이수한 자 • 해당 과목을 이수하지 않은 자는 임상심리전문가가 실시하는 MMPI 교육(15시간 이상)과 정신병리학 교육(20시간 이상)을 이수했음을 증빙할 수 있는 서류
• 이런 수준의 심리검사를 실시할 수 있는 자격을 획득했음을 증빙하는 법적인 서류	• 이런 수준의 심리검사를 실시할 수 있는 자격을 획득했음을 증빙하는 법적인 서류

2) MMPI-2 수검자에 대한 고려 사항

MMPI-2는 만 18세 이상의 성인들을 위해 개발된 검사다. 만 13~18세의 청소년들에게는 MMPI-A를 실시하여야 한다. 만 18세의 경우는 두 검사 모두 실시가 가능한 연령으로, 수검자 개인의 특성을 고려해 선택, 적용해야 한다. 일반적으로 만 18세의 고등학생이라면 MMPI-A를 실시하는 것이 바람직하겠고, 같은 만 18세라 하더라도 대학생이나 직장인 성인에 해당하는 독립적으로 생활하는 사람이라면 MMPI-2를 실시하는 것이 바람직하다.[2] 한국판 MMPI-2에서는 이러한 혼동을 피하고자 만 19세 이상의 성인에게는 MMPI-2를, 만 13~18세 청소년들에게는 MMPI-A를 실시하도록 되어 있다.

MMPI-2가 자기보고형 질문지임을 고려할 때, 모든 문항을 정확히 읽고 충분히 이해하여 답할 수 있을 정도의 독해력을 갖춘 사람에게 실시해야 한다. 이에 대해 MMPI-2 매뉴얼에서는 표준화 연구 결과에 근거해 초등학교 6학년 수준의 독해력을 갖춘 사람에게 실시해야 함을 명시해 놓았다. 한국판 MMPI-2 역시 초등학교 6학년

2) 미국판의 경우 만 18세의 수검자가 MMPI-2와 MMPI-A의 동일한 문항에 동일하게 응답한 경우, MMPI-A의 규준을 적용할 때보다 MMPI-2의 규준을 적용할 때 임상 척도 점수가 더 높게 산출된다는 보고가 있다(Shaevel & Archer, 1996). 또한 만 18세의 학생에게 MMPI-2의 규준을 적용하면 MMPI-A보다 정신병리가 과대 평가될 수 있는 것으로 보고되었다(Osberg & Paland, 2002). 따라서 만 18세의 수검자에게 어떤 검사를 사용해야 할지 판단하기 어려울 경우에는 두 가지 규준을 모두 적용해서 점수를 산출한 뒤 발달상의 요인들을 고려해 해석할 것을 권고하였다(Shaevel & Archer, 1996).

수준의 독해력에 맞추어 번역되었으나, 문항 이해에 요구되는 독해력 수준과 관련된 경험적 연구 결과는 아직 보고된 바 없다. 초등학교 6학년 이상의 독해력을 갖춘 것으로 판명되었더라도 수검자의 임상 상태가 적절한 검사 수행을 방해할 수 있으므로 이에 대한 고려가 필요하다. 예를 들어, 검사지를 읽기 어려운 수준의 시력 저하, 기타 신체적 문제, 실어증, 섬망을 비롯한 의식 장애, 치매나 뇌손상 등으로 인한 인지장애, 알코올을 비롯한 물질 중독 상태 혹은 그로 인한 금단 상태, 극심한 환각이나 심리적으로 혼란한 상태, 주요우울장애에서 보이는 심한 정신 운동 지체, 조증 삽화 혹은 정신증적 상태에서 보이는 극단적인 산만함, 현실 검증력 손상 등은 MMPI를 읽고 답하는 비교적 단순한 과제 수행도 어렵게 한다.

3) 검사 실시 및 채점 과정

MMPI-2는 개인 혹은 집단을 대상으로 실시할 수 있는데, 수검자들이 답안을 완성하는 데에는 일반적으로 1시간~1시간 30분 정도의 시간이 소요된다. 하지만 지능이 낮거나 신체적 혹은 정서적 문제를 겪는 사람들의 경우 2시간을 초과할 수도 있다. 검사를 실시하기 전, 평가자는 수검자와 라포를 형성하여 최대한의 협조를 끌어내는 것이 중요하다. 이를 위해 검사를 실시하는 이유, 검사 결과에 대한 통보 및 해석 절차, 수검자의 태도가 결과에 미치는 영향 등을 충분히 설명해야 한다. 또한 수검자가 외부 환경이나 타인의 간섭을 받지 않도록 밝고 조용하고 독립된 공간이 확보된 편안한 장소에서 검사를 실시해야 한다. 혹시 모를 수검자의 질문에 대해 평가자가 적절히 응답할 수 있어야 하고, 검사 결과에 영향을 미칠 수 있는 수검자의 태도를 확인해야 하며, 수검자를 위한 격려도 필요하므로 평가자가 동석한 상태에서 검사를 실시해야 한다.

대규모 집단으로 검사가 실시되는 상황에서는 수검자 20~25명당 1명의 보조 평가자를 두는 것이 바람직하다. 검사 도중 수검자가 특정 문항의 내용이나 의미를 질문할 수도 있는데, 이 경우 평가자는 단어의 간단한 정의라든지 문항의 내용을 다른 말로 바꾸어 설명해 줄 수 있지만 길게 대화하는 것은 피하도록 한다. MMPI-2는 한 번에 실시하는 것이 원칙이지만, 수검자의 신체 상태, 피로도 등으로 인해 한 번에 실시하는 것이 어렵다면 수회에 나누어서 응답하는 것이 허용된다. 단, 이 경우 역시 너무 긴 시간 간격을 두어서는 안 된다.

채점하기 전, 평가자는 수검자의 답안지를 전체적으로 검토하여 적절하게 응답되지 않은 경우에는 재응답을 권유해야 한다. MMPI-2는 표준적인 타당도 척도와 임상 척도뿐만 아니라 수많은 보충 척도를 포함하고 채점 방식이 복잡해 수동 채점판을 사용하는 경우 실수가 발생할 가능성이 높으므로 컴퓨터를 이용한 채점 프로그램 사용이 일반적이다. 한국판 MMPI-2는 해당 출판사에서 제공하는 자동 채점 프로그램을 다운로드하여 사용하도록 되어 있으며, 구매 부수에 따라 채점 횟수는 제한된다(http://maumsarang.kr/).

TIP MMPI-2 실시 단계에서의 대처 요령과 점검 사항

1. 수검자들이 자주 하는 질문에 대한 대처 요령
   - 요즘 상태에 대해 답해야 하나요, 아니면 과거 일도 생각해서 답해야 하나요?
     ⇨ 현재 상태를 기준으로 답하십시오.
   - 이런 일은 해 본 적이 없어서 답하기가 힘들어요.
     ⇨ 이에 대해 ○○ 씨가 어떻게 생각하고 느끼는가가 더 중요할 수 있습니다.
   - 그럴 때도 있고 아닐 때도 있어서 '예' '아니요' 어느 하나로 답하기 힘들어요.
     ⇨ 가장 비슷하다고 느껴지는 방향으로 응답하세요.
   - 기타
     -검사지 앞에 적혀 있는 지시문을 다시 한 번 주의 깊게 읽어 보세요.
     -본인이 이해하시는 대로 답하시면 됩니다.
2. 수검자의 답안지 점검 사항
   - 답안지를 끝까지 완성하였는가?
   - 평가자가 응답 내용을 알아볼 수 있도록 표기하였는가?
   - 응답하지 않은 반응은 얼마나 되는가?
   - 답안지를 반복적으로 지우거나 수정하였는가?

4. MMPI-2의 해석 절차

MMPI-2 결과는 수검자의 심리 상태에 대해 하나의 가설을 제공하는 것이지 확실하고 완전한 진단 정보 혹은 행동 및 성격 특성을 예언하는 것이 아님을 명심해야 한다. 따라서 다른 모든 검사와 마찬가지로 면담이나 다른 정보 수집 없이 MMPI-2 결과 하나에만 기초해 '무정보 해석(blind interpretation)'을 하지 않도록 유의해야 한다. 일반적으로 임상가들은 다음과 같은 절차를 거쳐 MMPI-2를 확인한다.

- 수검 태도 및 검사 결과의 타당성을 확인한다.
- 척도별 점수를 확인한다.
- 프로파일의 코드 유형 및 척도 간 연관성을 확인한다.
- 내용 척도, 내용 소척도, 보충 척도 점수 및 결정적 문항들을 검토한다.
- 결과 해석을 기술한다.

1) 수검 태도 및 검사 결과의 타당성 확인

검사 결과의 타당성 및 해석에 영향을 미칠 수 있는 수검 태도는 양적 · 질적인 두 가지 측면에서 평가하게 된다. 검사 완료에 소요된 시간, 검사 수행 시 관찰된 구체적인 행동 등이 질적 측면에서 고려된다면, MMPI 결과에 산출되는 여러 가지 타당도 척도 점수는 양적 지표에 해당된다.

수검 시간을 확인하면 수검자의 수검 태도, 성향이 검사 결과에 미칠 영향에 대해 많은 정보를 얻을 수 있다. 지나치게 빠른 시간 안에 MMPI를 작성했다면, 수검자의 부주의함, 충동성 혹은 무성의한 응답으로 검사 결과가 타당하지 않을 가능성을 보다 주의깊게 살펴보아야 한다. 수검자가 MMPI를 작성하는 데 2시간 이상의 지나치게 긴 시간이 소요되었다면, 극심한 우울증이나 정신증적 상태에서 보이는 심리적 혼란감, 강박적인 사람들이 보이는 우유부단함, 낮은 지능 혹은 읽기 능력의 취약성, 신경심리학적 손상 등의 가능성을 고려해 볼 수 있다. 외현적으로 관찰되는 다양한 행동 특성에 대해서도 정확히 기록하고 검토하여 해석의 보조 자료로 삼아야 한다. 채점을 위해 답안지를 검토하는 과정 역시 수검자의 심리적 특성을 밝히는 데 유용한 단서가 되는데, 누락문항, 표기 방식, 수정한 흔적 등이 그 단서가 된다. 때로는 답안지 이외의 질문지에 별도의 기록을 남기는 수검자도 있으므로 이에 대한 검토도 필요하다.

MMPI-2에는 수검 태도 및 검사 결과의 타당성을 확인하기 위해 다양한 타당도 척도가 제시된다. ?, L, F, K와 같은 기존의 4개 타당도 척도와 함께 VRIN, TRIN, F_B, F_P, FBS, S의 새로운 6개 타당도 척도가 추가되었다.

2) 척도별 점수 확인

일반적으로 척도 점수에 대한 해석에는 원점수가 아닌 T점수가 사용된다. 우선 각 임상 척도의 상승 정도를 파악하고 그것이 수검자의 현재 감정 상태, 성격 등에 대해 어떤 해석적 의미를 갖는지 가설을 수립한다. 이때 척도 점수가 정상 범위에 속하는지 여부뿐만 아니라 성별, 연령, 교육 수준, 수검자의 증상이나 상황, 의뢰 사유 등에 비추어 가장 가능성 있는 해석은 무엇인지 고려해야 한다. 또한 상승된 임상 척도의 소척도 중 어떤 요인이 모척도의 상승에 영향을 미쳤는지, 재구성 임상 척도는 어떠한지를 함께 확인함으로써 수검자에게 중요한 문제가 무엇인지에 대한 가설을 정교화할 수 있다.

3) 프로파일의 코드 유형 및 척도 간 연관성 확인

코드 유형이란 가장 높이 상승되어 있는 2개 혹은 3개의 임상 척도군을 일컫는다. 이러한 코드 유형에 기초한 해석이 MMPI의 가장 보편적인 해석 방법이다. 척도 간 분산이 클 때, 코드 유형이 나타내는 특징은 보다 뚜렷해진다. 코드 유형뿐만 아니라 척도 간 연관성에 대한 검토도 전체 프로파일 해석의 밑그림을 그려 나가는 데 중요하다. 예를 들어, 척도 2(우울 척도)가 상승한 경우 척도 9(경조증 척도)의 점수가 낮은 것이라고 예측하는 것이 일반적이다. 그러므로 이러한 예측에 맞는 프로파일이라면 임상가는 자신의 가설에 확신을 가질 수 있지만, 이와 불일치하는 결과에 대해서는 의문을 갖고 새로운 가설을 세우게 된다.

4) 내용 척도, 내용 소척도, 보충 척도 점수 및 결정적 문항 검토

MMPI−2에는 임상 척도의 하위 소척도뿐만 아니라 전체 문항 군집을 바탕으로 한 15개의 내용 척도가 개발되어 있으며, 이 중 12개 내용 척도에 대해서는 소척도가 세분화되어 있다. 또한 MMPI−2의 문항을 다양하게 재조합한 여러 가지 보충 척도가 개발되어 있다. 이러한 내용 척도 및 내용 소척도, 보충 척도를 추가적으로 검토해 수검자의 증상 및 문제, 성격 특성에 대해 일관성 있고 통합된 해석적 가설을 다듬어 나간다. 이 외에 결정적 문항을 검토하여 특정한 문제들에 응답을 많이 했는지, 간과된 증상이나 문제가 있는지도 확인한다.

5) 결과 해석의 기술

앞에 검토된 사항을 바탕으로 임상가의 해석을 기술한다. MMPI−2의 결과 해석은 다른 심리검사의 결과 해석과 마찬가지로 다음과 같은 내용을 포함하고 있어야 한다.

- 수검자의 수검 태도가 결과 해석에 미치는 영향
- 수검자의 전반적인 적응 수준
- 수검자의 현재 증상, 정서 및 행동
- 수검자의 행동 및 성격 특성: 주요 욕구, 환경 및 대인 지각, 자기개념, 감정 조절, 대처 전략 및 방어기제, 대인관계, 심리적 강점과 약점 등
- 진단적 시사점과 치료적 함의

6) 자동 해석 프로그램의 사용

MMPI-2에 대한 자동 해석 프로그램은 방대한 양의 데이터를 축적하고 통합하여 해석 결과를 도출한다는 것이 가장 큰 장점이며, 쉽고 편리하게 해석 결과를 얻을 수 있어 선호된다. 하지만 자동화된 해석 프로그램은 수검자의 배경 정보, 상황적 맥락, 기타 개인적 변인을 충분히 고려한 해석이 불가능하다. 또한 초심자나 훈련받지 않은 평가자들이 자동 해석 프로그램에 전적으로 의지해 잘못된 심리학적 서비스를 제공하는 등 오용에 관한 문제가 증가하고 있다. 자동 해석 프로그램의 개발 방식에 따라 접근 방식, 산출되는 해석 결과, 적용도가 다르다는 점에도 유의해야 한다. 따라서 자동 해석 프로그램은 그 지침을 따라 신중히 사용해야 하고, 그 결과에 대해서는 심리학자 자신이 책임을 져야 한다.

5. 개별 척도에 대한 해석

1) 타당도 척도

앞서 언급했듯이, MMPI는 전체 결과를 무효화할 수 있는 수검자의 응답 방식을 탐지할 수 있는 척도, 즉 타당도 척도를 개발한 최초의 검사이며, 다양한 형태의 타당도 척도가 지속적으로 개발 중에 있다. 이러한 타당도 척도를 통해 다음과 같은 수검 태도를 탐지해 낼 수 있다.

표 4-3 MMPI-2의 타당도 척도

문항 내용과 무관한 응답 평가	무응답(?) 점수, VRIN, TRIN
문항 내용과 관련된 왜곡된 응답 평가	과장된 왜곡 보고 탐지
	F, F_B, F_P, FBS
	축소된 왜곡 보고 탐지
	L, K, S

(1) 무응답(?) 점수

무응답(?) 점수는 표준화된 점수로 환산되는 척도 점수가 아니라 수검자가 응답하지 않고 생략한 문항의 개수를 나타낸다. 반응을 누락한 경우, '그렇다'와 '아니다' 모두에 응답한 경우, 중간 지점에 표기한 경우 등이 모두 무응답으로 처리된다.

수검자가 응답하지 않는 데에는 몇 가지 이유가 있다. 첫째, 수검자가 부주의하거나 혼란스러워 의도와 무관하게 반응을 누락하는 경우다. 둘째, 자신의 바람직하지 않은 특성에 대해 고의로 거짓 응답을 하기보다는 회피하려는 경우다. 셋째, '예'와 '아니요'의 양자택일 상황에서 어느 하나를 택하지 못하는 우유부단한 수검자들이 답안지를 빈칸으로 남겨 두곤 한다. 이 외에 의미 있는 결과를 도출하는 데 필요한 정보나 경험이 부족해 일부 문항에 대해 응답하지 않는 경우도 있다.

어떠한 이유에서든 무응답 문항이 많아지면 임상 척도의 점수가 낮아질 가능성이 높아지고, 결과의 타당성을 의심해야 한다. 따라서 평가자는 사전에 수검자에게 모든 문항에 응답하라고 격려해 주고 답안지를 검토해 무응답 문항에 답해 줄 것을 요청하는 것이 좋다.

무응답 문항이 10개 이상인 자료는 매우 조심스럽게 해석해야 하며, 무응답 문항이 30개 이상인 경우 타당하지 않는 자료로 간주해 더 이상 해석하지 않는다. 이러한 경우로는 읽기에 어려움을 겪는 경우, 극심한 정신 운동 지체, 지나치게 우유부단한 경우, 극도의 방어적 태도, 검사 상황에 과도하게 조심스럽거나 편집증적인 상태 등의 가능성을 고려해 볼 수 있다. 무응답 문항이 10개 미만인 경우라도 그 문항들이 모두 어느 한 척도에 속한다면 해당 척도 점수 산출에 심각한 영향을 미친다. 다만 해당 척도 이외의 다른 척도에 대한 해석은 가능할 것이다. 혹은 특정 주제(예: 종교적 내용, 성적인 내용 등)에 대해 일관되게 응답하지 않았다면, 이는 수검자의 심리적 문제나 역동에 대한 해석적 정보를 제공할 것이다. 따라서 수검자가 무응답한 문항이 무엇인지 그 내용을 검토하는 것이 필요하다. 370번 문항 이후에 발생한 무응답 점수는 기존의 타당도 척도와 임상 척도의 점수에는 영향을 미치지는 않지만 내용 척도 및 보충 척도 등의 점수에는 영향을 미치므로 해석에 주의가 필요하다.

(2) 무선반응 비일관성 척도(Variable Response Inconsistency: VRIN)

VRIN 척도는 내용 면에서 비슷하거나 혹은 상반되는 문항들로 짝지어진 67개의 문항 반응 쌍으로 이루어져 있다. VRIN 척도는 이들 문항 쌍에서 수검자가 일관되지 않은 방식으로 응답할 때마다 원점수가 1점씩 채점된다.[3)]

VRIN 척도의 T점수가 80 이상이면, 수검자가 문항 내용과 상관없이 임의로 반응하여 타당하지 않은 자료를 산출한 것으로 간주하여 그 결과를 해석하지 않는다. 이러한 임의적인 무선 반응은 수검자의 독해 능력 부족, 극도의 혼란감, 의도적인 무선 반응, 반응 표기상의 실수 등에 기인할 수 있다. VRIN 척도의 T점수가 65≤T≤79인 경우에는 프로파일에 대한 해석은 가능하지만, 부주의나 일시적인 집중력 저하 등으로 인해 비일관적인 반응 경향이 나타나고 있으므로 프로파일 해석에 주의가 필요하다. 특히 VRIN 척도의 T점수가 79점에 가까울수록 보다 신중히 해석해야 한다. VRIN 척도의 T점수가 64점 이하라면 타당한 자료로 간주한다.

(3) 고정반응 비일관성 척도(True Response Inconsistency: TRIN)

TRIN 척도는 내용 면에서 정반대임에도 문항 내용과 무관하게 '그렇다-그렇다' 혹은 '아니다-아니다'와 같이 어느 한 방향으로 응답했을 때 채점된다. TRIN 척도는 20개의 문항 쌍으로 구성되어 있기는 하지만, 어떤 문항 쌍은 '그렇다-그렇다'와 '아니다-아니다' 모두 채점되기 때문에 총 23개의 반응 쌍이 나올 수 있다. TRIN 척도 역시 문항 내용과 상관없이 임의로 반응하였을 때 채점된다는 점에서 VRIN 척도와 유사하지만, TRIN 척도의 경우에는 수검자가 무분별하게 '그렇다(모두 긍정)' 혹은 '아니다(모두 부정)' 중 어느 방향으로 응답했는지에 대한 정보도 제공해 준다.[4)]

3) 유사한 문항 쌍('그렇다-아니다' 혹은 '아니다-그렇다')과 상반된 문항 쌍('그렇다-그렇다' 혹은 '아니다-아니다')으로 구성되어 있다.

4) MMPI-2 프로파일에서 TRIN 척도의 T점수에는 숫자와 함께 '그렇다(true)/아니다(false)'의 응답 방향을 나타내는 T 혹은 F의 알파벳이 표기되어 있다. 예를 들어, TRIN 척도의 T점수가 '80T'로 표시되어 있다면 수검자가 무분별하게 '그렇다'로 반응한 경향성이 높음을 나타내며, '80F'로 표시되어 있다면 수검자가 무분별하게 '아니다'로 반응한 경향성이 높음을 나타낸다.

VRIN 척도와 마찬가지로 TRIN 척도 역시 T점수가 80 이상이면 검사 자료의 타당성이 의심되므로 해석하지 않도록 권고하고 있으며, 수검자의 응답 방향을 고려해 다음과 같이 해석한다(한경희 외, 2011; Butcher et al., 2001).

TRIN 척도의 T점수가 80T 이상이라면 '그렇다' 방향으로 반응한 경향성이 높아 타당하지 않은 프로파일로 간주하고 해석하지 않는다. TRIN 척도의 T점수가 65~79T 범위인 경우에는 타당한 프로파일로 간주하기는 하지만, 부분적인 '그렇다' 반응 경향으로 인해 L, K, S척도의 점수가 낮아질 수 있으므로 이들 척도의 해석에 있어 주의를 요한다. 반면 T점수가 80F 이상이라면 '아니다' 반응 경향성이 높아 타당하지 않은 프로파일로 간주하고 해석하지 않는다. TRIN 척도의 T점수가 65~79F 범위인 경우에는 타당한 프로파일로 간주하기는 하지만, 부분적인 '아니다' 반응 경향으로 인해 L, K, S척도의 점수가 높아질 수 있으므로 이들 척도의 해석에 있어 주의를 요한다. TRIN 척도의 T점수가 64T 이하이거나 64F 이하인 경우는 타당한 프로파일로 간주한다.

(4) 비전형 척도(Infrequence: F척도)

① F척도

F척도는 규준 집단 중 10% 이내의 사람들만 동일하게 응답한 문항으로 구성되어 있다. 이는 통계적으로 이탈된 이상 반응 경향 혹은 관습적인 태도에서 벗어난 비전형적인 반응 경향을 탐지하기 위해 개발되었다.

F척도가 상승하는 경우는 다음과 같은 몇 가지 가능성을 고려해 볼 수 있다. 즉, 문항 내용과 상관없이 반응하였을 가능성, 일반적인 사람들이 좀처럼 경험하지 않는 심각한 심리적 문제를 겪고 있을 가능성, 심각한 문제를 겪고 있지는 않지만 의도적으로 부적응을 부각시키고 심리적 문제를 가장했을 부정 왜곡의 가능성 등이 해당된다. 무선 반응의 가능성을 평가하는 VRIN 척도, 무분별하게 어느 한 반응으로 응답했는지에 대한 정보를 제공해 주는 TRIN 척도 그리고 꾀병을 위장했을 가능성을 직접적으로 평가하는 F_P척도 등 다른 타당도 척도의 점수를 고려해 위의 여러 가지 가능성 중 F척도의 상승이 의미하는 바가 무엇인지 추론할 수 있다.

F척도는 정신병리와 관련이 있으므로 임상 장면 혹은 비임상 장면 여부에 따라 해석적 의미가 달라진다. 따라서 입원 환자, 외래 환자 및 비임상 집단에 대해 각기 다른 분할점을 적용해 다음과 같이 해석할 것을 권고하고 있다.

- 무효화 가능성이 시사되는 프로파일: 입원 환자(T≥100), 외래 환자(T≥90), 비임상 장면(T≥80)

  이러한 F척도 점수는 타당하지 않은 프로파일일 가능성이 매우 높으며, 이와 관련해 채점 과정에서의 오류, 무선 반응, 고의적인 증상 왜곡, 가장(faking bad)할 가능성을 우선적으로 고려해 보아야 한다. 이 경우 VRIN이나 TRIN 척도의 T점수가 80점 이상이라면, 무효 프로파일로서 해석이 불가능하다. VRIN과 TRIN이 정상 범위에 속하더라도 F_p척도의 T점수가 100 이상이라면 수검자가 실제보다 정신병리를 의도적으로 과장해서 보고할 가능성이 매우 높다. VRIN, TRIN 및 F척도가 모두 정상 범위라면 환각, 망상, 판단력 손상, 극단적인 철수 등 매우 혼란스러운 상태의 심각한 정신병리를 반영한다. 이는 입원 환자 집단에서 드물게 발견되지만, 외래 환자나 비임상 집단에서는 거의 나타나지 않는다.

- 과장되지만 유효할 가능성의 프로파일: 입원 환자(T=80~99), 외래 환자(T=70~89), 비임상 장면(T=65~79)

  TRIN 척도의 T점수가 '그렇다' 방향으로 80 이상(TRIN≥80T)일 경우, 이러한 F척도 점수를 보일 것으로 예상된다. 만약 TRIN 척도 점수가 정상 범위에 속하며 이러한 F척도 점수를 얻었다면, 도움을 청할 의도에서 자신의 증상을 과장하여 표현했을 수 있으나 유효한 프로파일로 간주한다. 혹은 수검자가 관습에서 벗어난 독특한 사고방식, 적대적이고 반사회적인 태도, 정체감 혼란, 정서적 불안정성 등 실제로 심각한 심리적 문제를 지니고 있음을 시사하기도 한다.

- 타당할 가능성의 프로파일: 입원 환자(T=55~79), 외래 환자(T=55~69), 비임상 장면(T=40~64)

  이 범위의 F척도 점수를 얻은 사람들이라면 타당한 방식으로 검사에 임하였을 가능성이 높다. 이 범위 상단에 속하는 사람들의 경우 자신의 심리적 문제를 정확하게 보고했을 것으로 여겨진다.

- 방어적일 가능성의 프로파일: 입원 환자(T≤54), 외래 환자(T≤54), 비임상 장면(T≤39)

  F척도의 T점수가 평균 범위보다 낮은 경우라면, 일반적인 사람들과 같은 방식으로 세상을 지각하고 있음을 표현하고자 하는 수검 태도를 반영한다. 정신병리를 보일 가능성이 있는 수검자들이 이렇듯 낮은 F척도 점수를 보인다면 자신의 심리적 문제를 부인하거나 축소하여 보고했을 가능성이 있다. 긍정 왜곡(faking good)의 가능성을 고려해 다른 방어 척도를 검토할 필요가 있다.

② F_B척도(Back Infrequency)

F척도는 MMPI의 전반부 370문항에 배치되어 있으므로 검사 후반부의 수검 태도 변화 및 타당도를 확인할 수가 없다. F_B척도는 371번 이후에 배치되어 있어 검사 후반부의 부정 왜곡 경향을 탐지해 내고 보충 척도 및 내용 척도의 타당성에 대한 근거를 제공한다.

F_B척도의 T점수가 F척도의 T점수보다 최소 30점 이상 더 높다면 검사 후반부에 수검자 태도에 유의한 변화가 있었음을 의미한다. 그러므로 검사 후반부에 배치되는 보충 척도, 내용 척도 및 기타 척도들을 해석하지 말아야 한다. 단, F척도의 점수가 타당한 수준이라면 전반부에 배치된 임상 척도에 대한 해석은 가능하다.

③ F_P척도(Infrequency Psychopathology)

F_P척도(Arbis & Ben-Porath, 1995)는 정신건강의학과 환자들조차 매우 낮은 빈도로 반응하는 문항으로 구성되어 있어, 이 척도의 점수가 지나치게 상승한 경우라면 실제 정신병리를 반영할 가능성이 낮아진다. F_P척도는 다음의 지침에 따라 해석한다.

- T점수≥100: VRIN 혹은 TRIN 척도의 T점수가 80 이상이면 무선 반응 가능성이 높아 프로파일 해석이 불가능하다. 이 두 척도의 T점수가 정상 범위에 속한다면, 수검자는 정신병리를 의도적으로 과장하여 표현하고 있을 부정 왜곡 가능성이 높다.
- T=70~99: 주위의 관심과 도움을 구할 의도에서 증상을 과장할 가능성이 높다.
- T점수≤69: 유효한 프로파일로 간주하여 다른 타당도 척도 점수를 고려해 해석한다.

TIP 부정 왜곡/꾀병 판별 단계

STEP 1 무응답 문항(?) 개수를 확인하라

- 무응답 문항 원점수가 30개 이상 ▶ 무효 프로파일. 해석 중단
- 무응답 문항 원점수가 30개 미만 ▶ STEP 2 진행

STEP 2 VRIN 척도와 TRIN 척도 점수를 확인하라

- VRIN 또는 TRIN 척도 중 어느 하나라도 T점수가 80 이상 ▶ 무효 프로파일. 해석 중단
- VRIN과 TRIN 척도 모두 T점수가 80 미만 ▶ STEP 3 진행

STEP 3 F척도 및 F_B척도 점수를 확인하라

- F척도와 F_B척도 모두 T점수가 80 미만 ▶ 타당한 프로파일로 간주하고 해석 진행
- F척도나 F_B척도 중 어느 하나라도 T점수가 80 이상 ▶ 증상 과장 가능성. STEP 4 진행

STEP 4 F_P척도 점수를 확인하라

- F_P척도의 T ≥100 ▶ 꾀병 가능성 높으므로 프로파일 해석을 하지 말 것
- F_P척도의 T=80~99 ▶ 꾀병 가능성 의심. 신중한 해석을 요하므로 부가 정보를 수집할 것
- F_P척도의 T=70~79 ▶ 타당성 여부 불명확함. 신중한 해석을 요하므로 부가 정보를 수집할 것
- F_P척도의 T≤69 ▶ 타당한 프로파일로 간주하고 해석 진행

출처: Bagby (1995).

④ 증상 타당도(Symptom Validity: FBS)

F척도를 비롯한 F_B척도 및 F_P척도 등은 심각한 정신의학적 증상을 과장되게 왜곡해서 보고하는지 여부를 탐지하는 데에는 효과적이지만, 신체장애 신청이나 상해 관련 소송 장면에서 개인적 이득을 위해 보이는 다양한 방식의 증상 가장을 탐지하는 데에는 제한이 있다. 그리하여 이를 보완할 목적에서 FBS 척도(Lees-Haley, English, & Glenn, 1991)가 개발되었다. FBS 척도는 상해 소송에서 꾀병으로 판정받은 사람과 꾀병이 아닌 것으로 판정받은 사람들 간의 반응을 비교하여 문항을 구성하였다. 개발 당시에는 부정 가장 척도(Faking Bad Scale: FBS)로 명명하였으나 그 효과에 대해 이견이 분분했으며, MMPI-2에서는 약어는 그대로 유지하되 척도 명칭을 증상 타당도 척도(Symptom Validity Scale: FBS)로 수정하였다.

FBS 척도가 상승했더라도 VRIN, TRIN 척도의 T점수가 80 이상이라면 무선 반응의 가능성을 우선적으로 고려하여 FBS 척도를 해석하지 않는다. 무선 반응 가능성이 배제된다면 FBS 척도는 다음의 몇 가지 지침에 따라 해석한다.

- T점수≥100: 객관적으로 심각한 의학적 문제가 명백한 사람들에게서도 흔하게 나타나지 않는 높은 점수로, 신체적/인지적 증상의 심각도를 과장되게 보고했을 가능성이 높아지고 프로파일의 타당성이 의심된다.
- T=80~99: 심각한 의학적 문제를 갖고 있는 사람들에게서 나타날 수 있지만, 주요 프로파일의 상승이 신체적/인지적 증상의 과대 보고를 반영할 가능성이 있다.
- T점수≤79: 과대 보고의 증거가 없으므로 프로파일 해석이 가능하다.

(5) 부인 척도(Lie: L척도)

L척도는 자신을 지나치게 긍정적으로 표현하려는 수검자의 방어적 태도를 탐지할 목적에서 개발된 척도다. L척도에서 높은 점수는 대부분의 사람이 별 망설임 없이 기꺼이 인정할 수 있는 사소한 결점이나 부정적 감정과 욕구조차 단순한 방식으로 부인하며 자신을 필요 이상으로 완벽하고 이상화된 방식으로 좋게 보이려는 태도를 반영한다. 예를 들면, 그들은 자신이 절대로 화를 내지 않는다거나 항상 진실만을 말한다고 응답할 수 있다. 사회적으로 바람직하다고 여겨지는 덕목이나 태도를 중요시하는 수검자들 혹은 인사 선발, 자녀 양육권 평가, 보호 관찰 평가와 같이 긍정적 평가를 받아야 할 동기가 높아지는 상황 등에서도 L척도가 경미하게 상승할 수 있다. 이는 흔한 일이므로 프로파일 전체의 타당성을 의심할 필요는 없으며, 일상생활에서 거짓말을 많이 하거나 기만적인 태도를 보인다고 해석해서는 곤란하다. 일반적으로 지적 능력이나 교육 수준이 높고 심리적으로 세련된 사람들의 경우 L척도 점수가 낮다고 보고된다(Graham, 2006). 문항 내용과 상관없이 '아니다' 방향으로 응답하는 경우 L척도가 상승하게 되므로 TRIN 척도의 점수와 방향을 고려해 L척도를 해석해야 한다.

- 무효 프로파일: 임상 장면, 비임상 장면(T≥80)
  TRIN 척도의 T점수가 80F 이상이라면 '아니다'라고 무선 반응을 보인 경향이 강하여 무효 프로파일로 간주된다. TRIN 척도가 정상 범위에 속한다면 자신을 의도적으로 좋게 보이려는 긍정 왜곡의 방어적 경향이 심함을 반영하는 무효 프로파일로 간주된다. 이 두 경우 모두 검사 자료를 해석하지 말아야 한다.
- 무효 가능성이 높은 프로파일: 임상 장면(T=65~79), 비임상 장면(T=70~79)
  TRIN의 T점수가 65F≤T≤79F 범위라면 '아니다'라는 무선 반응 경향으로 인해 L척도 점수가 상승했을 가능성이 높아 무효할 수 있다. 만약 TRIN의 T점수가 정상 범위라면, L척도의 상승은 단순하고 순진하게 긍정적으로 보이고자 정직하게 응답하지 않을 가능성이 있다. 이러한 방어적 태도로 인해 수검자의 평소 심리 상태가 정확하게 반영되지 않을 수 있으므로 검사 자료를 해석하지 않거나 매우 신중하게 해석해야 한다.
- 타당도가 의심스러운 프로파일: 비임상 장면(T=65~69)
  수검자가 자신의 바람직하고 긍정적인 특성을 부각시키고자 심리적 혹은 행동적 문제를 축소해서 보고하였을 가능성이 높다. 해석을 무효화할 수준은 아니지만, 이러한 방어적 경향을 충분히 고려해 전체 검사 자료를 해석해야 한다.

- 세련되지 못한 방어적 경향: 임상 장면, 비임상 장면(T=60~64)

  대부분의 사람이 쉽게 인정하는 사소한 실수, 결점을 단순하게 부인하며 자신의 긍정적 특성을 강조하는 세련되지 못한 방어적 태도를 반영한다. 평가라는 상황적 요인을 감안한다면 타당한 프로파일로 검사 자료를 해석할 수 있다. 비임상 장면에서는 수검자의 성장 배경, 가치관 등이 영향을 미쳤을 수 있다.
- 유효 프로파일: 임상 장면(T≤64), 비임상 장면(T≤54)

  유효 프로파일로 간주하여 검사 자료를 해석한다.

(6) 교정 척도(Correction: K척도)

K척도 역시 수검자의 방어적 태도를 탐지하기 위해 개발된 척도라는 점에서 L척도와 유사하다. 그러나 질문이 의도하는 바가 명백히 드러나는 L척도와는 달리, K척도의 문항들은 좀 더 미묘한 내용들로 구성되어 있다. 따라서 순진하고 단순하게 자신의 심리적 문제를 부인하려는 수검자들의 경우 L척도가 상승하는 것에 반해, 좀 더 지적이며 심리적으로 세련되고 교묘한 태도로 자신을 방어하려는 수검자들의 경우 K척도가 상승하지만 L척도가 유의하게 상승하지는 않는다. K척도가 매우 높게 상승한다면 전형적으로 방어적 수검 태도를 시사하지만, 경미하게 상승한 경우에는 자아 강도가 강하고 심리적 자원이 풍부하며 현실 대처 능력을 갖추고 있음을 반영하기도 한다.

K척도는 방어적 수검 태도와 관련해 검사 자료의 타당성을 평가할 목적 이외에 이러한 방어적 태도가 임상 척도 점수에 미치는 영향을 교정하기 위해 개발되었다. MMPI-2의 척도 1, 척도 4, 척도 7, 척도 8, 척도 9 등은 K 교정이 적용되는 임상 척도다.

- 높은 K척도 점수(T≥65)

  TRIN 척도의 T점수가 80F 이상이라면 질문 내용과 상관없이 '아니다'로 반응했을 가능성이 높아 프로파일 해석이 무의미하다. TRIN 척도의 T점수가 정상 범위에 속하더라도 임상 집단에서 K척도의 T점수가 65점 이상이거나 비임상 집단에서 K척도의 T점수가 75점 이상이라면 지나치게 방어적인 수검 태도로 인해 무효화 가능성이 높아진다.

  만약 프로파일이 타당한 것으로 간주된다면, 수검자는 스스로를 잘 통제하고 있으며 적응적으로 지내고 있음을 드러내고자 하는 방어적 태도를 시사한다. 심리적 어려움이나 행동 문제가 명백히 실재하는 수검자라면 자신의 문제에 대한 통찰이 부족할 수 있다.

인사 선발, 자녀 양육권 평가, 보호 감찰 평가 등의 목적에서 MMPI-2가 실시된 비임상 집단의 경우 K척도의 T점수가 65~74범위에 속하는 경우가 매우 흔하다. 이는 상황적 요인에 의해 경미하게 방어적 태도로 검사에 임했음을 반영하는 것일 수 있다. 그렇기에 이러한 수검 태도를 충분히 감안해서 다른 척도들을 해석해야 한다.

- 중간 수준의 K척도 점수(T=40~64)

  수검자가 자신의 긍정적 특성뿐만 아니라 단점이나 부정적 측면도 자연스럽게 인정하며 균형 잡힌 태도로 검사에 임하고 있음을 시사한다. 이러한 수검자들은 적절한 수준에서 개방적 태도를 취하고 스스로를 방어할 수 있으며 충분한 자아 강도를 갖추고 있을 가능성이 높다.

- 낮은 K척도 점수(T<40)

  만약 TRIN 척도의 T점수가 80T 이상이라면 문항 내용과 상관없이 모두 '그렇다' 방향으로 응답하여 K척도 점수가 낮아졌을 가능성이 있다. 이 경우 무효 프로파일로 간주하여 해석하지 않는다.

  그러나 TRIN 척도의 T점수가 정상 범위라면 F척도 점수에 따라 K척도 점수의 해석이 달라질 수 있다. F척도의 상승 정도에 따라 수검자가 의도적으로 자신의 결점을 극대화하고 증상을 가장했을 가능성, 도움을 청할 목적에서 당면한 심리적 어려움을 과장하여 표현했을 가능성 등을 고려해 볼 수 있다. 또는 극심한 심리적 혼란감으로 인해 적절한 자기방어가 어려운 상태임을 반영할 수도 있다.

(7) 과장된 자기제시 척도(Superlative Self-Presentation: S척도)

L척도나 K척도가 임상 집단을 대상으로 긍정 왜곡 가능성을 탐지할 목적에서 개발되었다면, S척도는 비임상 집단을 대상으로 자신에게 도덕적 결점이 전혀 없음을 강조하여 드러내고자 하는 방어적 수검 태도를 탐지할 목적에서 개발되었다(Butcher & Han, 1995). 이러한 수검 태도는 인사 선발, 보호 감찰 평가, 자녀 양육권 평가와 같은 비임상 장면에서 흔히 관찰된다.

S척도의 T점수가 70점 이상일 때 높은 점수로 간주한다. S척도 역시 TRIN 척도 점수에 대한 고려가 우선적으로 필요한데, 만약 TRIN 척도의 T점수가 80F라면 질문 내용과 상관없이 '아니다' 방향의 응답 패턴으로 인해 S척도 점수가 상승했을 가능성이 매우 높다. TRIN 척도의 T점수가 65F~79F 범위인 경우에도 S척도의 상승이 좋게 보이려는 방어적 태도보다는 '아니다' 응답 패턴에 기인할 가능성이 높으므로 해석에 신중을 기

해야 한다.

만약 TRIN 척도가 정상 범위라면 S척도에서의 높은 T점수는 수검자의 방어적 태도를 반영하는 것이다. 특히 S척도의 T점수가 75점 이상일 때에는 타당하지 않은 프로파일로 간주하여 검사 자료를 해석하지 않도록 한다. 그러나 S척도의 T점수가 70~74범위에 속하면 과장되게 자신을 긍정적으로 제시하려는 수검 태도를 반영한다. 이로 인해 임상 척도 점수가 다소 과소 추정되었을 가능성이 있음을 감안하여 해석한다.

S척도가 타당한 범위 내에서 T점수 65점 이상으로 유의하게 상승한 경우에는 인간의 선함에 대한 강한 믿음(S1), 평정심(S2), 삶에 대한 만족감(S3)을 강조하여 드러내고자 하는 수검 태도, 흥분 혹은 분노 감정을 부인하고 인내심 있는 사람으로 비춰지고자 하는 수검 태도(S4), 도덕적 결점을 부인하려는 수검 태도(S5) 등을 고려해 볼 수 있다.

2) 임상 척도

임상 척도 점수가 어느 정도로 상승했을 때 유의하다고 해석하는가에 대한 기준은 MMPI나 MMPI-2의 문헌에 따라 다르다. 일반적으로 원판 MMPI에서는 평균으로부터 2표준편차 이상의 이탈을 유의한 차이로 보아 T점수가 70점 이상일 때 높은 점수로 간주하였다. MMPI-2의 매뉴얼에서는 임상 척도 및 소척도의 T점수가 65점 이상일 때 의미 있는 상승으로 해석할 것을 권고하였다(김중술 외, 2005).

TIP MMPI 2판의 T점수 65점 기준

보통 정규 분포에서 평균(MMPI의 경우 50점)으로부터 1표준편차(SD) 떨어지게 되면 유의한 차이로 보고, 2표준편차(SD)가 떨어지는 경우 심한 이탈 혹은 이상의 기준으로 본다. 1SD 정도의 차이는 일반 집단에서도 나타날 수 있기 때문에 임상 집단을 구분할 때는 그보다 엄격한 기준인 2SD를 적용하고 있다. 원판 MMPI에서는 이러한 기준을 적용하여 T점수 70점을 절단점으로 했다. 그러나 MMPI가 선별검사 목적으로 많이 사용되다 보니 지나치게 엄격한 기준을 적용하게 되면 실제로는 정신병리가 있는데 없는 것으로 분류되는 거짓 음성(false negative) 문제가 발생한다. 또한 1SD를 적용하면, 정상 범위에서 다소 비전형적인 특성을 보이는 사람들도 임상군으로 분류될 수 있는 거짓 양성(false positive) 문제가 발생할 수 있다. 이러한 문제를 해결하기 위해 MMPI 2판에서는 평균(50)+1.5SD를 적용해서 T점수 65점을 절단점으로 제시하고 있다.

MMPI에서 낮은 척도 점수를 어떻게 해석할 것인가에 대해서는 연구자들마다 의견 차이가 큰데, 일반적으로 낮은 점수에서 얻을 수 있는 정보가 높은 점수에서 얻을 수 있는 정보만큼 중요하지는 않다고 본다. 나아가 Graham(2006)은 여러 연구 결과 및 임상 경험을 토대로 MMPI-2 임상 척도의 낮은 점수에 대해서는 보수적으로 해석할 것을 권고하였다. 인사 선발 등과 관련해서 낮은 점수가 높은 점수보다 적응에 긍정적일 수 있다고 해석할 수도 있지만, 타당도 척도에서 방어적 성향이 시사된 경우에는 이러한 방식으로 해석하지 말 것을 제안하였다. 또한 임상 장면에서는 라이프 스타일이 반영되는 척도 5와 0을 제외하고는 낮은 점수에 근거한 해석을 삼가도록 권하였는데, 이에 대한 연구가 충분하지 않기 때문이다.

여기에서는 MMPI의 10개 임상 척도와 Harris-Lingoes의 임상 소척도를 중심으로 개별 임상 척도에 대한 해석 지침을 제시한다.

(1) 척도 1: 건강염려증(Hypochondriasis: Hs)

척도 1은 원래 건강염려증 환자들을 다른 다양한 정신장애 환자와 구분할 목적에서 개발되었다. 건강염려증이란 명백한 의학적 원인이 발견되지 않았거나 미미한데도 모호하고 다양한 신체적 증상을 호소하면서 질병에 대한 공포를 느끼는가 하면, 자신의 건강 상태에 과도하게 집착하고 걱정하는 임상적 상태를 일컫는다. 척도 1은 건강염려증을 진단하고자 하는 목적 외에도 이와 유사하지만 명백한 정신장애로 진단 내릴 수 없는 다양한 성격 특성을 파악하는 데에도 유용하다. Harris와 Lingoes는 척도 1의 문항들이 매우 동질적이라고 여겨 이에 대한 임상 소척도를 개발하지 않았다.

① 척도 1에서 높은 점수

- 질병과 통증에 대해 과도하게 염려하며 근심·걱정한다.
- 모호하고 전반적인 신체적 불편감을 호소한다.
- 만성 통증, 두통, 소화기 증상과 같은 신체 증상에 대한 호소가 많으며, 하나의 신체 증상이 다른 신체 증상으로 옮겨 가기도 한다.
- 만성적인 쇠약감, 피로감, 활력 저하, 불면을 호소한다.
- 신체적 질병이 실재할 수도 있으나 의학적 상태에 비해 호소하는 정도가 심하다.
- 다양한 분야의 의학적 치료를 찾고 의료 서비스나 약물을 오남용한다.
- 신체 증상은 상황적 스트레스에 대한 반응이기보다는 장기간 지속되어 온 경우가 흔하다.

- 신체증상장애, 우울장애, 불안장애 범주의 진단을 받는 경우가 흔하다.
- 신체적 불편감을 이유로 책임을 회피하려 들거나 지나친 관심과 도움을 요청한다.
- 스스로 불행하다고 느끼며 삶에 대해 비관적 · 자기패배적 태도를 보인다.
- 모호한 불안감, 초조감, 불쾌감을 경험한다.
- 주위 사람들에게 소소한 요구나 불평불만이 많고, 타인을 우회적으로 비난하거나 냉소적인 태도를 취한다.
- 직접적인 행동화나 반사회적 행동은 드물지만, 타인에 대한 적대감과 분노감을 간접적으로 표현하는 등 수동-공격적 태도가 지배적이다.
- 완고하고 자기중심적이며 미성숙하다.
- 직업적 · 사회적 기능에 있어 효율성이 저하되기는 하지만 유의한 기능 상실의 징후를 보이는 경우는 드물다.
- 전환 장애의 가능성이 있다(척도 1이 T>80이고, 척도 3이 유의하게 상승한 경우 혹은 전환 V 프로파일인 경우).
- 신체 망상의 가능성이 있다(척도 1이 T>80이고, 척도 8이 유의하게 상승한 경우).

② 치료적 시사점

- 자신의 심리 상태에 대한 통찰이 부족하다.
- 심리적 원인에 대한 직면, 해석에 거부적 · 저항적 태도를 취한다.
- 전통적인 심리치료나 통찰 지향적인 상담에 적합하지 않다.
- 치료자와 논쟁을 많이 하며 치료자를 비난하곤 한다.
- 치료자로부터 충분히 이해받고 자신의 신체 증상이 무시되지 않는지를 반복적으로 확인한다.
- 치료자가 전문적인 의학 용어를 사용할 때 치료에 수용적인 태도를 취한다. 예를 들어, 치료자는 바이오피드백 절차를 '신경학적 재훈련'이라고 설명해 줄 수 있다.
- 치료자가 자신에게 충분한 지지와 관심을 보여 주지 않는다고 지각하면 치료를 조기에 중단한다.

(2) 척도 2: 우울증(Depression: D)

척도 2는 다양한 형태의 우울 징후를 보이는 정신건강의학과 환자들을 대상으로 개발되었는데, 대부분은 반응성 우울증 혹은 양극성 장애의 우울 삽화 중인 환자들이었다. 척도 2는 슬프고 우울한 기분, 불행감, 사기 저하, 비관적 태도, 절망감, 의욕 감퇴,

표 4-4 Harris-Lingoes의 임상 소척도(척도 2)

D_1 주관적 우울감	불행감, 우울감, 흥미 저하, 자신감 상실, 열등감, 사회적 상황에 대한 불편감, 대처 능력 약화
D_2 정신 운동 지체	심신 에너지 소진, 대인관계 회피, 적대감이나 충동성 부인
D_3 신체적 기능 장애	신체 기능에 몰두, 쇠약감, 다양한 신체 증상 경험
D_4 둔감성	긴장감, 주의집중의 어려움, 무쾌감, 삶의 가치를 못 느낌
D_5 깊은 근심	깊은 근심과 염려, 비관적이며 자기비판적인 사고, 부정적 생각을 반추, 쉽게 마음이 상함, 사고 과정에 대한 통제 불능감

사고 과정 통제의 어려움뿐만 아니라 신체적 불편감, 걱정이나 긴장, 적대적 충동 부인 등의 광범위한 우울 증상을 포함하고 있다.

① 척도 2에서 높은 점수

- 우울 징후가 시사된다(특히 척도 2가 T>70으로 단독 상승한 경우).
- 슬픈 기분, 우울감, 불행감, 불만족감, 불쾌감을 경험한다.
- 무망감과 절망감이 심하며 미래에 대해 비관적이다.
- 자신감이 저하되고 열등감과 무능감을 경험하며 쉽게 포기한다.
- 의기소침하고 사기가 저하되어 있으며 자기비하, 죄책감, 자기패배적 사고를 보인다.
- 무쾌감, 무감동, 정서적 마비를 보이기도 한다.
- 흥미와 관심의 범위가 협소해지고 동기나 의욕 수준이 낮다.
- 주의집중의 어려움, 의사 결정의 곤란으로 인해 업무 처리의 효율성이 저하된다.
- 과민하고 짜증스러운 기분, 초조감, 긴장감을 경험하며 사소한 근심, 걱정이 많고 안절부절못한다.
- 내향적이고 수줍음이 많으며 소심하고 수동적이다.
- 억제되어 있는 듯하지만 비판이나 부정적 피드백에 매우 민감하며 쉽게 상처를 받는다.
- 대인관계에 소극적·회피적 태도를 취하며, 사람들과 심리적 거리를 둔다.
- 죽음 혹은 자살과 관련된 생각에 몰두해 있거나 자살 계획, 자살 시도의 가능성이 있다. 특히 척도 4, 척도 7, 척도 8, 척도 9 등이 매우 높은 수준에서 동반 상승할 경우 자살 시도의 가능성이 더욱 높아지므로 주의가 필요하다.

• 문제해결 상황에서 압박감, 긴장감을 쉽게 경험한다.

② 치료적 시사점

• 우울의 원인이 상황적 스트레스와 같은 외부 요인인지, 심리 내적 혹은 생물학적 원인인지를 확인하라.
• 인지 도식이 우울 증상에 미치는 영향, 사회적 지지 체계, 광범위한 자율신경계 증상이 존재하는지 여부 등을 확인하고, 그에 부합하도록 치료의 초점을 맞춘다.
• 자살 가능성에 대한 확인이 반드시 필요하다. 자살 가능성을 높이는 부가적 요인들에 대한 주의 깊은 평가가 중요하다. 자살 가능성이 높은 경우 안전한 입원 환경에서의 치료가 적합하다.
• 척도 2가 중간 수준 정도 상승한 경우 주관적으로 경험하는 고통감이 심리치료나 상담에 대한 동기를 높일 수 있다. 그러나 척도 2가 극단적으로 상승한 경우는 우울감이 극심해서 치료에 적극적으로 참여할 만한 심신 에너지나 대처 능력도 소진되었을 수 있다.
• 당면한 위기를 넘기면 치료를 조기에 종결하는 경향이 있다.

(3) 척도 3: 히스테리(Hysteria: Hy)

척도 3은 원래 심인성 감각장애나 운동장애를 보이는 히스테리 환자들을 탐지할 목적에서 개발되었다. 척도 3은 수면 문제, 메스꺼움, 구토, 두통, 흉통과 같은 특정 신체 증상, 정서적 문제, 대인관계에서의 불편감이나 불안을 부인하는 경향, 다른 사람들에

표 4-5 Harris-Lingoes의 임상 소척도(척도 3)

Hy_1 사회적 불안 부인	사회적 외향성, 사회적 상호작용을 편하게 느낌. 단, 문항 수가 6개로 적어 65T 이상 얻기 어려우므로 척도 3의 상승을 설명하는 데 유용하지 않음
Hy_2 애정 욕구	애정과 관심을 받고자 하는 욕구가 강함, 타인에 대한 긍정적 · 낙관적 기대, 대인관계에서의 순진함, 관계를 의식해 자신의 감정을 솔직하게 표현하지 못함
Hy_3 권태-무기력	신체적 불편감, 쇠약감, 피로감, 식욕 감퇴, 불면, 주의집중의 어려움
Hy_4 신체 증상 호소	흉통, 심혈관 증상, 현기증, 두통, 메스꺼움, 구토 등 다양한 특정 신체 증상 호소, 타인에 대한 적대감 부인
Hy_5 공격성 억제	적대적이고 공격적인 충동 부인, 다른 사람의 반응에 예민함

대해 순진할 정도의 긍정적 · 낙관적 태도 등을 반영한다. 척도 3은 점수 상승 수준을 고려해 해석한다.

① 척도 3에서 높은 점수

- 강한 압박감을 자주 경험한다.
- 신체적 불편감이나 신체 기능 저하에 대한 호소가 많다.
- 두통, 소화기 증상, 흉통, 쇠약감, 빈맥 등 특정 신체 증상에 대한 호소가 많다.
- 활력 저하, 피로감, 수면 장애, 식욕 저하 등 생장 증상(vegetative symptoms)을 호소한다.
- 스트레스가 증가하면 신체적 문제가 악화되는 경향이 있다(특히 척도 3이 $T>80$인 경우).
- 책임 회피나 관심 획득의 목적으로 신체 증상을 이용한다(특히 척도 3이 $T>80$인 경우).
- 신체 증상을 호소하면서도 이에 대해 무관심하거나 낙천적인 태도를 취하며 부인한다.
- 불안감, 긴장감, 우울감을 경미한 수준에서 보고하기도 하지만, 환각, 망상, 피해사고와 같은 심각한 정신병리는 거의 보고하지 않는다.
- 종종 전환장애, 통증장애, 신체증상장애로 진단 내려진다.
- 모호한 불편감을 호소할 때가 많으며, 그 기원이나 자신의 심리 상태에 대한 통찰이 부족하다.
- 적대감, 분노와 같은 부정적 감정을 잘 표현하지 못하고 부인한다.
- 심리적으로 미성숙하고 유아적이며 자기중심적이다.
- 애정, 인정, 관심, 지지를 받고자 하는 욕구가 강하며, 이러한 욕구를 간접적이고 우회적인 방식으로 드러낸다.
- 극적이고 열정적인 과장된 행동으로 주목을 끌고자 하지만 대인관계가 피상적이다.
- 정보를 구체적으로 처리하기보다는 느낌, 인상에 근거해 전체적으로 처리한다.
- 척도 3의 점수가 높을수록 부인, 과장, 신체화, 미성숙, 피암시성 등의 방어기제를 많이 사용하며 통찰 수준이 낮다.
- 교육 수준이나 사회경제적 지위가 높은 사람 중 척도 3이 경미하게 상승한 경우라면 타인에게 호감을 주며 적응적으로 기능할 수 있다.

② 치료적 시사점

- 치료 초기에는 치료에 대해 강한 열정과 낙관적 태도를 보인다.
- 자신의 문제를 의학적 문제라고 생각하고 종종 의학적 용어를 사용하여 증상을 설명하며, 심리학적 치료보다는 의학적 치료를 받고자 한다.
- 치료자가 증상의 심리적 원인에 초점을 맞출 경우 치료를 조기에 종결할 수 있다.
- 부인, 억제 등의 방어기제로 인해 심적 불편감이나 행동의 근본적인 동기, 원인에 대한 통찰을 얻는 속도가 느리다.
- 심리적 문제, 갈등에 대한 직면이나 해석에 거부적 태도를 취하거나 반발한다.
- 문제에 직면시키지 않고 지지적인 역할을 취하도록 치료자를 조종하려는 경향이 있다.
- 치료자로부터 방어기제에 대해 도전받을 경우, 치료자가 자신에게 잘못된 치료 방법을 적용하고 있다거나 자신을 충분히 이해하지 못한다는 뉘앙스로 교묘하게 공격해 오며 치료자를 조종하려는 경향이 더욱 심해진다.
- 직접적인 조언, 단순한 문제해결책 제시에 반응을 잘하며, 단기적인 목표에 초점을 맞출 경우 효과적일 수 있다.

(4) 척도 4: 반사회성(Psychopathic Deviate: Pd)

척도 4는 정상 범위의 지능을 갖고 있고 문화적 결손이나 심각한 정신증 혹은 신경증적 증상이 없음에도 거짓말, 절도, 성적인 문제, 과도한 음주 문제 등의 반사회적 일탈 행동을 지속적으로 보이는 사람들을 변별할 목적에서 개발되었다. 척도 4의 문항들에는 삶에 대한 불만족, 가정 불화 및 가족 문제, 권위와의 갈등, 사회적/도덕적 규범에 대한 무시 등의 다양한 내용이 포함된다.

소수 인종이나 문화적 배경이 다른 집단에서는 척도 4의 점수가 다소 높을 수 있다. 혹은 주류 문화에 대한 신념과 가치를 무시하는 반문화 집단 역시 척도 4의 점수가 경미하게 상승할 수 있다. 이는 주류 문화에 기반을 둔 법과 규칙들이 자신들에게 불리하게 작용한다는 그들의 감정을 반영한다. 사회과학에 기반을 둔 학문적 배경, 인본주의자의 경우에도 척도 4의 점수가 다소 높다. 이는 오히려 솔직함, 개방적 태도, 사교성, 침착함, 개인주의적 성향, 진보적 성향 등 긍정적 특성을 반영하는 것일 수 있다. 외향적이고 모험적이고 자유로운 라이프 스타일을 추구하는 사람들(예: 연예인, 예술가, 스카이다이버 등) 또한 척도 4의 점수가 다소 상승한다.

표 4-6 Harris-Lingoes의 임상 소척도(척도 4)

Pd_1 가정 불화	원가족 혹은 현재 가족 관계에서 애정, 긍정적 관심, 이해, 지지가 부족했다고 느낌. 가족들이 비판적이며 제재와 간섭을 많이 가했다고 여김
Pd_2 권위 불화	사회적 규범, 관습에 대한 반감, 적대감을 표현. 옳고 그름에 대해 단호한 입장을 취하며 자신의 신념을 옹호함. 과거 학교 생활에서 규칙 위반, 법적인 문제가 있었음을 보고함
Pd_3 사회적 침착성	사회적 상황에서 자신감 있고 편안하게 느낌. 자신의 의견을 강하게 옹호함. 6개의 문항으로 구성되어 있어 65T 이상을 얻을 수 없으므로 척도 4의 상승을 설명하는 데에 유용하지 않음
Pd_4 사회적 소외	대인관계로부터 동떨어진 느낌, 사람들로부터 이해나 공감을 받지 못하고 부당한 대우를 받는다고 여김. 소외감, 고립감을 느낌
Pd_5 내적 소외	불행감, 불쾌감, 불편감을 호소. 일상생활에서 보상, 즐거움을 찾지 못함. 과거 행동에 대한 후회, 죄책감을 표현함

① 척도 4에서 높은 점수

- 사회의 보편적인 가치 기준, 관습, 도덕 규범 등을 받아들이지 못한다.
- 소소한 규칙 위반, 위법 행동을 자주 보인다.
- 거짓말, 사기, 절도, 성적인 일탈 행동, 알코올 및 약물 남용 등 반사회적 행동이나 범법 행위에 연루될 수 있다(특히 척도 4가 $T \geq 75$인 경우).
- 반사회적 성격장애, 수동-공격성 성격장애로 진단 내려지는 경우가 흔하다.
- 부모, 교사 등 권위 있는 대상에게 반항하며 갈등을 빚는다.
- 가족 구성원과의 불화가 흔하다.
- 미성숙하며 유아적 · 이기적 · 자기중심적이다.
- 모험적 · 감각적 · 자극적 활동을 선호한다.
- 단조롭고 지루한 상황을 잘 견디지 못한다.
- 장기적인 계획 수립이나 조망 없이 즉각적인 욕구 충족에 관심의 초점이 맞춰져 있다.
- 결과를 고려하지 않고 섣부르게 결정하고 충동적으로 행동하여 시행착오가 많고 위험이 초래되기도 한다.
- 욕구 지연, 실패, 좌절에 대한 내성, 참을성이 부족하다.
- 다른 사람들의 욕구와 감정에 둔감하며 공감 능력이 부족하다.
- 자신의 욕구를 충족시키고자 허세를 부리며 다른 사람들을 이용한다.

- 첫인상은 매력적이고 호감을 주기도 하지만 대인관계가 피상적이며 안정적이고 신뢰할 만한 관계 형성이 어렵다.
- 화를 잘 내고 적대적 · 공격적 · 반항적이다.
- 문제가 초래되면 일시적으로는 후회하고 반성하는 태도를 취한다.
- 자신의 행동에 무책임하며 자신이 초래한 문제를 가족 구성원이나 사회 탓으로 돌리고 비난한다.
- 반복되는 대인관계 문제, 직업 및 사회적 부적응을 보인다.

② 치료적 시사점

- 치료 초기에는 언변이 유창하고 열정적인 모습에 심리치료에 적합한 내담자처럼 비춰질 수 있다.
- 시행착오나 피드백을 통한 학습, 행동 변화가 느리고 어렵다.
- 자신의 문제행동에 대한 통찰이 부족하고 치료적 변화에 대한 동기가 낮다(특히 척도 2와 척도 7이 낮은 경우).
- 치료 장면에서 지나치게 주지화하며 문제의 원인을 외부 탓으로 돌린다.
- 치료적 관계 형성이 어렵다.
- 처벌을 피할 목적에서 치료 장면을 찾는 경우가 흔하며, 이러한 경우 자신의 목적을 달성하고 나면 치료를 종결하는 경우가 흔하다.
- 심리치료나 상담에 대한 예후가 좋지 않다.
- 명확한 행동 변화를 확인할 수 있는 단기 목표에 초점을 맞추는 것이 효과적일 수 있다.
- 치료에 대한 외적 동기(예: 가석방 상태 유지, 지속적 고용)를 부여하면 치료 지속 가능성이 높아진다.

(5) 척도 5: 남성성-여성성(Masculinity-Femininity: Mf)

척도 5는 동성애적인 느낌 때문에 당황하거나 자신의 성적 정체감에 혼란감을 경험하는 남성들을 탐지해 낼 목적에서 개발되었으며, 후에는 이러한 여성들에게도 적용하고자 시도하였다. 그러나 척도 5의 높은 점수가 사람들의 성적 선호도와 명백한 상관을 보이지 않아 척도를 개발하고자 했던 본래의 목적은 달성되지 못하였다. 대신 척도 5의 문항은 직업 및 여가에 대한 관심, 걱정과 두려움, 과민성, 가족 관계 등 다양한 주제를 포함하고 있으며, 전통적인 남성적 성역할 혹은 여성적 성역할에 대한 흥미를 반영한다. MMPI-2의 56문항 중 52개의 문항이 남성과 여성 모두에서 같은 방향으로 채점되지만, 성적 특성을 명백하게 나타내는 4개의 문항은 남성과 여성이 반대 방향으로 채점된다. 이러한 채점 방식에 의해 원점수가 산출된 후, T점수는 성별에 따라 반대로 전환된다. 즉, 남성의 경우 높은 원점수는 높은 T점수로 변환되지만, 여성의 경우 높은 원점수는 낮은 T점수로 변환된다. 이 척도는 수검자의 성별뿐만 아니라 교육 수준, 사회경제적 지위 등을 고려해 해석해야 한다. 척도 5에 대한 Harris-Lingoes의 임상 소척도는 개발되어 있지 않다.

① 척도 5에서 높은 점수(남성)
- 전통적인 남성적 역할이나 관심사에 대한 흥미가 별로 없다.
- 일반적인 남성들보다 자녀 양육이나 가사일에 더 많이 관여한다.
- 심미안적이며 예술적인 흥미를 지니고 있다.
- 섬세하고 민감하며 감수성이 풍부하다.
- 다른 정신병리가 있을 경우 이를 행동화할 가능성을 낮춰 준다.

② 척도 5에서 낮은 점수(남성)
- 전통적인 남성적 면모를 과시하고자 한다.
- 전통적인 남성적 역할에 부합하는 직업, 취미, 흥미를 갖고 있다.

③ 척도 5에서 높은 점수(여성)
- 전통적인 여성적 성역할에 대해 거부적일 수 있다.
- 사회 통념상 남성적 역할에 부합한다고 알려진 직업, 취미, 활동에 관심이 많다.
- 진취적이고 성취 지향적이며 경쟁적이고 자기주장이 강하다.

④ 척도 5에서 낮은 점수(여성)
- 아내나 어머니와 같은 전통적인 여성적 역할에 만족감을 느낀다.
- 전통적으로 여성적 특성이라고 간주되는 활동에 흥미를 갖는다.
- 교육 수준이 높은 여성의 경우 양성적 라이프 스타일을 반영한다.

(6) 척도 6: 편집증(Paranoia: Pa)

척도 6은 편집증적 상태 혹은 편집증을 보이는 환자들을 탐지할 목적에서 개발되었다. 척도 6의 문항들 중 일부는 관계 사고, 피해망상, 의심, 자기 신념에 대한 과신 등 명백한 정신증적 증상을 반영하지만, 다른 문항들은 민감성, 적대감, 도덕적 미덕에 대한 지나친 강조 등 다양한 주제를 포함하고 있다.

척도 6이 경미하게 상승한 프로파일의 경우, 수검자가 감정적이고 대인관계에 민감한 사람임을 시사한다. 임상 장면이 아닌 비환자 집단에서 척도 6이 경미하게 상승한 경우, 도덕적이고 감성적이며 대인관계에 섬세하고 민감한 긍정적 특성으로 설명되기도 한다. 혹은 자신감이 부족하고 사소한 의심이나 걱정이 많고 예민하기는 하지만 병리적 수준은 아닌 것으로 여겨진다. 그러나 척도 6의 점수가 상승할수록 타인에 대한 의심, 예민함, 적대감 등 부적응적 특성은 점점 극대화되고, 심지어 정신증적 상태를 반영하기도 한다.

표 4-7 Harris-Lingoes의 임상 소척도(척도 6)

Pa_1 피해의식	세상을 위협적이라고 지각. 자신이 오해나 부당한 대우, 불필요한 통제와 간섭을 받는다고 지각함. 타인의 의도를 의심하고 불신함. 자신의 문제를 타인에게 투사하고 비난함. 높은 점수를 보이는 경우 관계 사고나 피해망상을 보일 수 있음
Pa_2 예민성	다른 사람들보다 더 민감하며 과민하고 쉽게 흥분함. 강렬한 감정 경험을 함. 기분 전환을 위해 위험하거나 자극적인 활동을 추구함
Pa_3 순진성	다른 사람들에 대해 비현실적으로 긍정적 · 낙천적 태도를 보임. 일반적으로 사람들이 정직하고 이타적이며 관대하다고 생각함. 사람들을 쉽게 믿음. 도덕적 기준이 높음. 적대감과 부정적 충동을 부인함

① **척도 6에서 중간 정도의 높은 점수**(T=60~70)

- 명백한 정신증적 증상을 보이는 경우는 흔치 않지만 편집증적 경향의 사람들이 많다.
- 타인의 사소한 말이나 행동에 예민하고 과민 반응한다.
- 상대방의 동기, 의도를 의심하고 오해하여 조심스럽고 경계적인 태도를 취한다.
- 세상은 불공평하며 자신에게 불리하게 작용한다고 지각한다.
- 적대감과 분노감을 드러내며 논쟁적이다.
- 도덕성, 정당성, 공평무사함, 합리성을 지나치게 강조하며 집착한다.
- 사고나 태도가 매우 경직되어 있고 융통성이 부족하다.

• 우울감, 위축감, 불안감 등을 토로할 수 있다.
• 주위 사람들에게 정서적으로 불안정하고 변덕스러우며 까다롭게 비춰진다.
• 대인관계에 불화가 많다.
• 투사, 합리화, 주지화 등의 방어기제를 많이 사용한다.

② 척도 6에서 매우 높은 점수(T>70)

• 피해망상, 과대망상, 관계 사고 및 기타 사고 장애 등 명백한 정신증적 증상과 그에 수반한 행동 특성을 보일 가능성이 높다(특히 척도 8이 동반 상승한 경우).
• 자신이 음모에 휘말렸거나 남들로부터 부당한 대우, 모함, 괴롭힘을 당한다고 지각한다.
• 주위 사람들에게 원한을 품고 화를 내며 분개한다.
• 주된 방어기제로 투사를 사용한다.
• 임상 장면에서는 조현병이나 망상 장애 진단을 받는 환자들이 많다.
• 정신건강의학과 환자라면 입원 치료를 받은 과거력을 보고하는 경우가 많다.

③ 치료적 시사점

• 척도 6의 점수는 수검자의 자아 탄력성, 권위적 인물을 대하는 태도 등에 대한 정보를 제공하며, 수검자와 치료자가 어느 정도로 신뢰성 있는 관계를 형성하고 발전시킬 수 있을지에 대한 지표가 된다.
• 높은 점수의 수검자는 치료자와 논쟁을 많이 하며 냉소적 태도, 분노 표출 등으로 신뢰성 있는 관계 형성이 어렵다. 또한 그들의 경직성, 통찰력 부족, 불신하고 경계하는 태도 역시 심리치료를 어렵게 하는 요인이다[내용 척도의 부정적 치료지표(Negative Treatment Indicators: TRT)를 확인할 것].
• 높은 점수의 수검자는 첫 회기 후 치료를 중단하는 경우가 많으며, 치료를 지속하더라도 종결을 암시하는 말로 치료자를 조종하려는 시도를 할 수 있으므로 주의해야 한다.
• 원한이나 분노를 품고 있는 경우 타인을 해칠 가능성에 대해 평가해야 한다.
• 이 척도의 점수가 지나치게 높다면 약물 치료가 필요할 수도 있다. 내용 척도 중 기태적 정신 상태 소척도, 정신적 혼란, 피해 사고와 관련된 결정적 문항 등을 확인해 보도록 한다.

(7) 척도 7: 강박증(Psychasthenia: Pt)

척도 7은 개발 당시 신경쇠약 혹은 강박증으로 통용되던 사람들이 보이는 전반적인 증상 패턴, 즉 강박적 사고 및 충동, 강박 행동, 이치에 맞지 않는 두려움, 지나치게 회의적인 생각 등을 탐지할 목적에서 개발되었다. 이 진단명은 더 이상 사용되지 않으며, 현대의 진단 범주 중에는 강박장애(obsessive-compulsive disorder)와 가장 유사하다. 하지만 강박장애를 가진 사람은 척도 7에서 상대적으로 낮은 점수를 받을 가능성이 있다. 왜냐하면 척도 7의 문항들은 그 사람이 경험하고 있을지 모르는 보다 명백한 두려움과 불안을 주로 반영하지만, 강박장애 환자들은 강박 행동과 강박 사고를 통해 오히려 여타의 불안을 감소시킬 수 있기 때문이다. 따라서 강박장애의 특징에 대해서는 내용 척도 중 강박성 척도(Obsessiveness: OBS)를 통해 확인할 수 있다.

① 척도 7에서 높은 점수

- 불안하며 긴장되어 있고 초조해한다.
- 부정적 상황이 초래될 것을 미리 염려하고 두려워한다.
- 정서적 동요, 혼란감, 불편감을 경험한다.
- 주의집중의 어려움을 호소한다.
- 강박 사고, 강박 행동, 의례적 행동, 반추적 사고를 보인다.
- 광범위하고 다양한 미신적 두려움이 많다.
- 심혈관 증상, 소화기 증상, 생식 및 비뇨기 증상 등 신체적 불편감을 호소한다.
- 피로감, 에너지 소진, 불면 등을 호소한다.
- 임상 장면에서는 주로 불안 관련 장애로 진단받는다.
- 꼼꼼하고 정확하며 완벽주의적이다.
- 체계적 · 분석적이며 주도면밀하다.
- 융통성이 부족하고 경직되어 있으며 지나치게 도덕적 · 양심적이다.
- 완고하며 독창적이지 못하다.
- 상황의 부정적 요소를 과장되게 지각하고 과민하게 반응하며 소소한 근심, 걱정이 많다.
- 우유부단하여 의사 결정을 잘 내리지 못한다.
- 실수나 실패 등 부정적 경험을 반추하고 자기비판, 자기반성을 많이 한다.
- 자신에 대해 회의적이고 의심이 많으며 열등감을 경험한다.
- 자신과 타인의 수행에 대한 기대 수준이 높다.

- 목표를 달성하지 못하면 우울감, 죄책감을 경험한다.
- 사회적 평판, 다른 사람들로부터의 피드백에 민감하며 걱정이 많다.
- 다른 사람들에게 순응적이며 책임감이 강하고 성실한 사람으로 비춰진다.
- 불안을 줄이기 위해 합리화, 주지화 등의 방어기제를 많이 사용하지만 대개는 성공적이지 못하다.
- 스트레스 상황에서 과도한 반응을 보이며 쉽게 불안정해진다. 특히 척도 7의 점수가 극단적으로 높은 경우 과도한 불안으로 인해 자신의 능력을 발휘하지 못하고 일상적 기능이 붕괴될 수 있다.

② 치료적 시사점

- 심리적 불편감이 심해 치료와 변화에 대한 동기가 높을 수 있다.
- 심한 수준의 불안감이 치료 초기에 오히려 방해 요소가 되어 단기 상담이나 심리치료에 대한 반응은 생각보다 좋지 않을 수가 있다.
- 다른 사람들에 비해 치료를 비교적 오래 유지해 나가며, 장기적으로는 더디지만 꾸준히 호전될 수 있다.
- 인지적 재구성, 이완 기법, 체계적 둔감화, 최면 요법 등 불안에 직접적으로 작용할 수 있는 치료적 과제를 적용한다.
- 심한 불안감으로 인해 일상적 활동 수행이나 치료 장면에서의 과제 수행까지 어려워질 경우, 이를 완화시킬 목적에서 일시적인 항불안제 처방을 고려할 수 있다.
- 통찰 지향적인 심리치료는 주의해서 사용해야 하는데, 수검자의 완벽주의적 성향, 경직된 태도, 주지화 및 합리화와 같은 방어기제 등으로 인해 치료적 해석을 거부하거나 문제해결 방법을 융통성 있게 적용하지 못할 수 있기 때문이다.

(8) 척도 8: 조현병(Schizophrenia: Sc)

척도 8은 원래 조현병 환자 혹은 이와 유사한 증상을 가진 사람들을 탐지하기 위해 개발되었다. 척도 8의 T점수가 75 이상 극단으로 상승한 경우 조현병으로 진단 내려질 가능성이 높다는 점에서 척도 개발 당시의 목적에 어느 정도 성공했다고 여겨졌다. 그러나 척도 8의 점수가 상당히 높음에도 조현병 진단 기준을 충족시키지 않는 경우도 있어 완벽한 진단적 예측력을 가진 것은 아니다. 척도 8에서의 높은 점수는 사람들을 불신하고 사회적으로 위축 · 고립되어 지내는 조현성(schizoid) 성격의 생활 방식을 의미할 수도 있으며, 간질, 뇌졸중, 기타 두뇌손상과 같은 의학적 장애에서 나타나는 기

표 4-8 Harris-Lingoes의 임상 소척도(척도 8)

Sc_1 사회적 소외	사람들로부터 사랑과 이해를 받지 못하고 부당한 대우, 학대를 받는다고 느낌. 사람들이 자신을 해치려 한다고 믿기도 함. 외롭고 공허하며 소외감을 경험하지만, 사회적 상황과 대인관계를 가능한 한 회피함
Sc_2 정서적 소외	두려움, 우울감, 절망감 혹은 무감동, 냉담함. 때로는 죽기를 바라는 경우도 있음
Sc_3 자아통합 결여 -인지적	비현실감, 기이한 사고 과정, 주의집중 및 기억의 어려움. 간혹 정신을 잃은 것 같다고 느끼기도 함
Sc_4 자아통합 결여 -동기적	삶의 재미와 보람을 찾지 못하고 인생살이를 힘겹게 느낌. 과도하게 염려하며, 스트레스를 경험하면 공상, 백일몽에 빠져듦. 간혹 죽기를 바라기도 함
Sc_5 자아통합 결여 -억제 부전	감정과 충동 통제력 약화. 안절부절못하고 과잉행동을 보이거나 짜증스럽고 과민한 반응을 보이기도 함. 울음과 웃음을 참지 못하거나 자신의 행동을 기억하지 못하는 경우가 있음
Sc_6 기태적 감각 경험	자신의 신체에 기이하고 특별한 변화가 있다고 느낌. 피부가 민감해지고 음성의 변화, 근경련이나 마비, 균형 감각 상실, 동작이 서툴러진다고 느낌. 환각, 관계 사고 등을 보이기도 함

이한 행동 증상을 반영할 수도 있다. 여러 종류의 약물 남용자들에게서 척도 8의 점수가 다소 상승하는 경우가 있는데, 약물의 직접적인 효과보다는 그들의 정신병리적 특성을 더 많이 반영한다. 정상 범주에 속하는 사람들 중에도 척도 8의 점수가 경미하게 상승하는 경우가 있다. 발달적으로 감각 손상을 보이는 사람들, 자신이 속한 사회 및 문화 체계에 부합하지 않는 정체성을 갖고 전통에 얽매이지 않은 사람들이 이에 해당한다.

이렇듯 다양한 범주의 사람들에게서 척도 8의 점수가 상승하는 이유는 이 척도를 구성하는 문항에 매우 다양하고 이질적인 내용이 포함되어 있기 때문이다. 이에 대해서는 Harris-Lingoes의 임상 소척도에 잘 나타나 있다.

① 척도 8에서 높은 점수

- 조현병을 비롯해 정신증적 장애를 지닐 수 있다(특히 T>75인 경우).
- 사고의 혼란, 와해된 행동, 지남력 상실 등을 보일 수 있다.
- 성적 혹은 종교적 공상에 집착한다든지 기이한 사고나 행동, 환각, 망상 등을 보일 수 있다[내용 척도 중 기태적 정신 상태(Bizarre Mentation: BIZ)가 상승].

- 현실 검증력 등 심각한 수준의 판단력 손상을 보일 수 있다.
- 내적인 생각, 충동, 공격성, 분노, 적대감을 스스로 통제하지 못하고 외현화된 행동으로 표출할 수 있다.
- 장기간의 정신건강의학과 입원 치료나 외래 치료를 받은 과거력이 있다.
- 물질 남용, 간질, 뇌졸중, 두뇌 외상 등 의학적인 문제와 관련해 정신증적 혹은 기이한 증상을 보일 수 있다.
- 정신증적 삽화 직전의 전구 단계, 경계선 성격장애, 심한 부적응을 보이는 청소년들, 꾀병 환자들의 경우에도 척도 8의 점수가 매우 상승할 수 있다.
- 자신이 사회의 일원이 아닌 것처럼 느끼며 주위 사람들과 소원하다.
- 다른 사람들로부터 이해나 수용을 받지 못한다는 느낌, 소외감, 고립감을 경험한다.
- 사회적으로 위축되어 있고 타인과의 접촉을 회피하며 은둔 생활을 한다.
- 조현성 생활 방식을 보인다.
- 주의집중이 어렵고 산만하다.
- 체계적 · 조직화된 사고나 목표 지향적인 사고가 어렵다.
- 예기 불안 및 범불안 혹은 일시적으로 극도의 심리적 혼란감을 경험할 수 있다.
- 무능감, 부적절감, 열등감을 경험하거나 스스로에 대해 회의적이다.
- 자살 사고를 보고할 수 있다.
- 내성적이고 수줍음이 많으며 대인관계 기술이 서툰 사람일 수 있다(경미한 상승).
- 철학적 · 종교적 흥미, 추상적 · 형이상학적 사고방식을 선호하는 사람들 혹은 공상을 즐기는 사람들로 구체적 · 현실적 생활의 문제에 관심이 부족할 수 있다.
- 미성숙하고 충동적이며 무모한 성격 특성을 반영하기도 한다.
- 관습적이지 않은 사고방식, 독특한 취향, 강한 개성을 반영하기도 한다.
- 감성적이고 창의력, 상상력이 풍부한 긍정적인 특성을 반영하기도 한다.

② 치료적 시사점

- 만성적인 정신장애를 보이는 경우가 많아 예후가 좋지 않다.
- 의미 있는 대인관계를 맺는 능력이 부족하다 보니 치료적 관계를 형성하고 발전시키기가 어렵다.
- 다른 환자들보다 치료를 더 오래 받는 경우가 많다.
- 치료를 오래 지속해 나가는 경우, 치료자와 친밀하고 신뢰성 있는 관계를 맺을 수도 있다.

- 심리치료는 수검자의 당면한 구체적인 문제, 실용적인 내용에 초점을 맞춰서 진행한다.
- 정신증적 증상이 있거나 와해된 사고 과정을 보이는 환자라면 약물 치료를 위해 정신건강의학과 전문의에게 의뢰하여 의학적 자문을 구해야 한다.
- 입원 치료와 같이 구조화되고 안정된 환경 제공이 필요한 경우가 있다.

(9) 척도 9: 경조증(Hypomania: Ma)

척도 9는 경조증 증상을 보이는 사람들을 탐지할 목적에서 개발되었다. 이 척도의 문항들은 심신의 에너지 및 활동 수준, 정서적 흥분성, 과민하고 짜증스러운 기분, 과장된 자기지각 등 경조증의 구체적인 증상을 포함하고 있다. 일부 문항은 가족 관계, 도덕적 가치 및 태도, 신체적 염려 등의 내용을 다룬다.

척도 9에 대한 해석 시 경조증 삽화가 순환되는 주기적 특성을 띠고 있음을 유의해야 한다. 예를 들어, 증상이 극심한 삽화에서는 검사 자체를 실시하기 어려울 수 있으며, 우울 삽화의 주기에서는 척도 9의 점수가 일시적으로 낮을 수도 있다. 또한 척도 9는 중간 수준의 조증 상태인 환자들뿐만 아니라 비임상 집단의 특성을 파악하는 데에도 유용하다.

표 4-9 Harris-Lingoes의 임상 소척도(척도 9)

Ma_1 비도덕성	사람들이 이기적, 기회주의적이고 정직하지 못하므로 자신도 이와 같이 행동하는 것이 당연하다고 생각함. 남을 속이고 착취하는 것에서 대리 만족을 느낄 수 있음
Ma_2 심신운동 항진	말, 사고 과정 및 행동량이 증가되어 있음. 정서적 흥분, 긴장, 들뜬 기분을 느낌. 쉽게 지루해하며 이를 달래고자 위험하고 모험적인 일을 찾음
Ma_3 냉정함	사회적 불안을 부인. 타인과의 상호작용을 편하게 느낀다고 보고하지만, 상대의 의견, 가치, 태도에 관심이 부족함
Ma_4 자아 팽창	자신의 능력과 가치에 대해 비현실적으로 긍정적, 과장된 평가를 내림. 다른 사람의 지시나 명령에 분개할 수 있음

① 척도 9에서 높은 점수

- 극도로 높은 점수(T>80)인 경우는 중간 수준 이상의 증상 심각도를 보이는 조증 삽화일 가능성을 고려해 볼 수 있다. 이 경우 과대망상, 혼란스러운 사고, 사고의

비약, 환각, 생산적이지 못한 목표 지향적 행동의 증가, 말의 속도 혹은 말의 양 증가, 고양된 기분, 과장된 자기지각, 정서적 불안정성, 충동 조절의 어려움 등을 보인다.

- 활동량이 지나치게 많다.
- 생각보다 행동이 앞선다.
- 창의적 · 독창적인 아이디어가 많지만 현실에서 달성하기 어렵다.
- 여러 가지 일을 동시다발적으로 벌이지만 목표에 초점이 맞춰져 있지 않으며, 계획을 세우거나 조직화해 처리하지 못해서 마무리가 어렵고 생산성이 낮다.
- 객관적인 현실과는 무관하게 자신감이 넘치며 자신의 능력을 과신한다.
- 지나치게 낙천적 · 긍정적이다.
- 자기중심적이고 충동적이다.
- 자신이 추구하는 바가 지연되거나 행동이 방해받을 때 과민한 반응을 보인다.
- 충동, 감정을 억제하지 못하고 쉽게 표출한다. 간헐적으로 분노, 적대감, 공격성을 격하게 폭발시키는 경우도 있다.
- 기분이 고양되어 있고 자신감에 넘치다가도 금방 초조해지고 동요되며 낙담하는 등 감정 기복을 보인다. 주기적으로 우울 삽화를 보일 수도 있다.
- 넘치는 활력이나 심신 에너지의 항진은 정서적 고통감이나 스트레스 상황으로부터 주의를 분산시키는 역할을 한다.
- 활발하고 침착하며 열정적 · 호의적인 태도가 초기에는 좋은 인상을 주며 관계를 빠르게 발전시킬 수 있다. 그러나 상대방을 조종하고 기만하는 행동들로 인해 신뢰를 잃고 관계가 악화된다.
- 비임상 집단에서 경미하게 상승한 경우에는 진취적 · 열정적 · 목표 지향적 · 독립적 · 낙천적인 성격 특성을 반영한다. 다방면에 흥미를 갖고 있으며 사교적이고 활동적이다. 단, 자기중심적이고 주장이 지나치게 강하며 충동적이고 불안정한 사람들도 있다.

② 치료적 시사점

- 치료적 예후가 좋지 않다.
- 주의집중이 어려우며 산만하고 과도한 행동으로 인해 심리치료가 어렵다.
- 치료자를 의지하고 따르지 않으며, 적대감이나 공격성을 표현하기도 한다.
- 치료적 저항이 심하다. 자신을 되돌아보고 문제를 인식하는 것을 부인하고 회피

하며 해석을 거부하고 지나치게 주지화한다.
- 치료적 변화나 호전에 대해 거창한 계획이나 포부를 밝히지만 행동이 뒤따르지 않는 경우가 많다.
- 같은 문제를 반복한다.
- 치료에 불규칙하게 참석하거나 예고 없이 불참한다.
- 치료를 조기 종결할 가능성이 높다.
- 심리치료 장면에서 부모를 독선적이고 강압적인 대상으로 지각하며 부정적인 감정, 학교나 직장 생활에서의 어려움, 여러 가지 비행 행동 등을 시인하기도 한다.
- 양극성 장애의 가능성을 평가하고, 추적 관찰 및 평가를 한다.
- 양극성 장애일 경우 혹은 행동 문제가 심할 경우 약물 치료를 위해 전문의에게 의뢰해 의학적 자문을 구할 수 있다.
- 알코올/약물 남용 혹은 의존 가능성을 확인해야 한다[보충 척도 중 MacAndrew의 알코올 중독 척도(MacAndrew Alcoholism-Revised: MAC-R), 중독 인정 척도(Addiction Admission: AAS), 중독 가능성 척도(Addiction Potential Scale: APS) 등을 확인할 것].

(10) 척도 0: 내향성(Social Introversion: Si)

척도 0은 Evans와 McConnell(1941)이 개발한 T-S-E(Thinking-Social-Emotional Introversion) 검사의 사회적 내향성 및 외향성 척도에서 극단적인 점수를 받은 대학생들을 대상으로 개발된 것이다. 이를 통해 대인관계나 사회적 활동을 회피하는 경향을 평가하고자 하였다. 척도 0의 문항들은 대인관계 기술의 부족, 사회적 상호작용에 대한 불편감, 사회적 활동에 대한 회피적 태도, 수줍음 등 대인관계 및 사회적 상황에 대한 참여를 반영하는 한편, 자기비하적 태도, 과민함, 두려움, 신경증적 부적응 등의 내용도 포함되어 있다.

척도 0은 척도 5와 마찬가지로 다른 임상 척도와는 강조점이 다른데, 일반적인 임상 척도를 우선적으로 해석한 후 이 두 척도가 의미하는 바를 포함시키므로 코드 유형 해석에 포함되지 않는다. 척도 0에서의 높은 점수 혹은 낮은 점수는 상승한 다른 임상 척도가 병리적으로 발현될지에 영향을 미친다. 척도 0의 상승은 다른 척도들로부터 시사되는 병리적 특성이나 부적응을 증폭시킬 수 있지만, 행동화의 가능성을 낮춰 주는 억제 척도로 작용하기도 한다. 반면 척도 0에서의 낮은 점수는 상승한 다른 척도에서 시사되는 병리적 요소를 완화시킬 수 있으며, 적응상의 어려움을 극복하기 위해 사회적 지지와 수용을 찾게 해 주는 역할을 하기도 한다.

표 4-10 Harris-Lingoes의 임상 소척도(척도 0)

Si_1 수줍음/자의식	높은 점수는 대인관계 상황에 서툴고 수줍음이 많으며 쉽게 당황하는 경향, 낯선 환경에 대한 불편감을 반영함
Si_2 사회적 회피	높은 점수는 집단 활동이나 여러 사람과 어울리는 것, 사교적 활동을 회피하고 싫어하는 경향을 반영함
Si_3 내적/외적 소외	높은 점수는 스스로 자신감이 부족하고 자존감이 낮다고 여기며 자기비판적이고 자기회의적인 태도, 우유부단함, 과민함, 두려움 등을 반영함

① 척도 0에서 높은 점수

- 사회적으로 내향적이고 소극적이며 수줍음이 많다.
- 다른 사람에게 자신이 어떻게 비춰지는지의 주위 평판에 예민하다.
- 혼자 있거나 소수의 친한 사람과 있을 때 편안함을 느낀다.
- 다른 사람들 앞에서 자신의 생각과 감정을 잘 표현하지 않으며 행동을 조심하고 삼간다.
- 많은 사람과 어울려야 하는 상황, 사회적 상황에 불편감, 불안정감을 느낀다. 특히 이성과 같이 있는 상황을 불편해할 수 있다.
- 대인관계 기술이 부족하며 집단 활동이나 사회적 상호작용을 어려워한다.
- 지나치게 억제되어 있다.
- 다른 사람들에게 차갑고 거리감이 느껴지는 사람으로 비춰진다.
- 대인관계에서 수동적이고 순응적이다. 특히 권위적인 대상의 의견을 거역하지 못하고 쉽게 받아들인다.
- 경직되어 있고 융통성이 부족하며 기존의 방식과 태도를 고수해 조심스럽게 접근한다.
- 우유부단하며 결단력이 부족하다.
- 자신감이 부족하며 쉽게 포기한다.
- 걱정이 많고 과민하며 불안해한다.
- 자신의 문제를 극복할 수 있는 사회적 지지 체계를 구축하기가 어렵다.

② 척도 0에서 낮은 점수

- 사교적이고 활달하며 외향적이다.
- 언변이 유창하고 말수가 많으며 자기 표현을 잘한다.

- 다른 사람들과 어울리고자 하는 대인관계 욕구가 강하다.
- 사회적인 인정이나 지위, 권력을 얻고자 하는 욕구가 강하다.
- 폭넓은 대인관계를 맺지만 피상적일 수 있다.
- 매우 낮은 점수: 지나치게 낙천적이고 자기과시적이며 자만심에 빠져 있는 사람일 수 있다. 자기중심적이고 미숙하며 다른 사람들을 이용·조종하려 든다. 지나친 의존 욕구를 적절히 다루지 못하며, 사회적 인정을 받지 못할 것에 불안해하고 타인의 반응에 지나치게 예민하다. 이를 보상하고자 과도하게 사교적 행동을 보이지만, 피상적 관계만 맺다 보니 오히려 친밀감을 경험하지 못한다.

③ 치료적 시사점

- 척도 0의 점수가 높은 수검자
  - 치료 장면에서도 지나치게 수줍음이 많고 불안해하며 위축되어 있어 치료에 참여하기가 어렵다.
  - 치료적 관계를 발전시키기까지 시간이 오래 걸린다.
  - 치료자에 대해 지시적이고 지배적인 사람일 것이라는 예상을 많이 하며, 철수적이고 지시적이지 않은 치료자에 대해서는 불안감을 느껴 치료가 조기 종결될 수 있다.
  - 낮은 동기, 소극적 태도, 높은 긴장감, 과도한 자기통제 등으로 인해 치료적 변화가 어려울 수 있다[내용 척도 중 낮은 자존감(Low Self-Esteem: LSE), 사회적 불편감(Social Discomfort: SOD)을 확인할 것].
  - 사회 기술 훈련이나 집단 치료 등이 유용하다. 지지적이고 수용적인 집단 분위기를 조성하여 내담자가 새로운 행동을 시험할 수 있는 가능성을 증가시켜 주는 것이 중요하다.
- 척도 0의 점수가 낮은 내담자의 경우 치료자와의 관계 역시 피상적이며 쉽게 싫증을 느끼고 자신에 대해 성찰하지 못한다.

6. 코드 유형별 해석

코드 유형(code type)이란 척도 5와 척도 0을 제외한 8개의 임상 척도 중 가장 높이 상승한 척도들 간의 조합을 일컬으며, 일반적으로 2점 코드 유형(two-point code type) 혹은 3점 코드 유형(three-point code type)으로 분류한다. 예를 들어, 27/72 코드 유형이라 함은 척도 2와 척도 7의 점수가 프로파일에서 가장 높음을 의미한다. 이러한 코드 유형을 활용한 해석은 개별 척도를 해석할 때보다 수검자의 행동 및 임상적 특성에 대해 더욱 유용한 정보를 제공한다. 이 절에서는 임상 장면에서 흔히 나타나고 중요한 해석적 의미를 갖는 코드 유형을 중심으로 살펴보고자 한다.

TIP 코드 유형 해석의 기본 지침

TIP 1 유의하게 상승한 임상 척도(MMPI-2의 T≥65)에 대해 코드 유형을 해석한다.

- 척도들 점수가 높을 경우 증상과 성격 특성에 관한 추론을 모두 고려한다.
- 중간 정도 상승한 코드 유형(T점수 60~70)에서는 극단적 해석을 삼가도록 한다.
- 경미하게 상승한 코드 유형에서는 성격 특성에 관한 추론만 하며 증상에 대한 추론은 신중히 한다.

TIP 2 T점수 5점 이상을 유의한 차이로 간주하고, 이를 기준으로 코드 유형을 해석한다.

척도	1	2	3	4	5	6	7	8	9	0
T	57	70	60	56	43	58	68	56	48	50

- 이와 같은 경우 27/72 코드 유형만 해석한다(척도 3은 코드 유형에서 제외)

TIP 3 어느 한 척도가 다른 척도들보다 T점수 10점 이상 높다면 단독 상승(spike)으로 간주한다.

- 단독 상승 형태의 경우 더 높은 비중을 두어 해석한다.

TIP 4 3점 코드 유형에 대해서는 가능한 2개의 조합들에 대한 해석적 설명을 고려한다.

- 예: 2-7-8 코드 유형이라면 27/72, 78/87 및 28/82 코드 유형에 대한 해석적 의미를 함께 살펴본다.

TIP 5 MMPI-A에 대한 코드 유형 연구는 아직 충분하지 않으므로 해석에 신중을 기해야 한다.

1) 12/21

이 코드 유형의 주된 특징은 기질적이거나 기능적인 신체 징후와 불편감을 많이 호소한다는 점이다. 이 유형은 명확한 의학적 원인이 확인되지 않음에도 불구하고 혹은 기질적, 의학적 원인이 있더라도 고통의 정도가 과장된 신체적 불편감을 호소한다. 신체 질병에서부터 국소적 혹은 다양한 신체 징후에 대한 불평, 근심, 걱정이 많으며 불면, 피로감, 신체적 쇠약함 등 막연한 신체적, 생리적 징후에 대해서도 호소한다. 이렇듯 건강과 신체 기능에 대해 과도하게 집착하다 보니 사소한 신체적, 감각적 변화에도 예민하게 반응한다. 이 코드 유형에 대해서는 건강 관련 내용 척도를 확인해 보는 것이 도움이 될 것이다. 이와 더불어 우울감, 불행감, 불쾌감, 흥미 저하, 의욕 감퇴와 같은 우울 징후나 긴장감, 초조감, 과민하고 짜증스러운 감정 반응과 같은 불안 징후가 흔히 나타난다. 이 유형은 불쾌한 감정을 억압하고 신체적 문제에 관심을 돌림으로써 심리적 갈등을 해소하고자 한다. 이러한 유형은 남성이나 노인에게서 더 빈번히 나타난다.

임상 장면에서는 건강염려증 환자, 만성 통증 환자, 최근에 심한 사고를 당한 환자 등에서 이 유형이 많다. 건강염려증 환자들은 신체 질병, 건강에 대한 집착과 걱정 외에도 불쾌감, 우울감, 자기비판적 · 회의적 태도 등이 흔히 관찰된다. 하지만 부정적 감정에 직면하지 못하고 회피적이며, 원인을 신체적 문제에 돌린다. 만성 통증 환자들은 통증과 더불어 살아가는 법을 잘 알고 있다. 이들은 통증에 대한 고통감을 과장되게 호소함으로써 상대방을 이용하고 조종하려 든다. 통증에 대한 자가치유 수단으로 알코올 혹은 약물을 남용하는 경우도 있으므로 이와 관련된 과거력 확인이 필요하다. 최근 심한 사고를 당한 환자들의 경우는 해당 사고와 관련해 일시적으로 나타나는 반응성 우울을 반영한다. 심한 알코올 문제를 보이는 사람들 중 일부도 이러한 코드 유형을 보이기도 하는데, 이 경우에는 척도 3 및 척도 4가 흔히 동반 상승한다. 이들은 다양한 신체적 불편감과 소화기 및 위장 증상을 주로 호소하지만, 이면에는 우울감, 긴장감, 적대감을 경험하며 직업적 부적응이나 대인관계 문제도 흔하다.

이 유형의 사람들은 내성적이고 수줍음이 많으며 자의식이 강하다. 한편으로는 심리적으로 단순하고 미숙하며 자신에 대한 이해와 통찰이 부족하다. 자기확신감이 부족하면서도 타인의 평가에는 예민하다 보니 일상적인 문제해결에도 우유부단하다. 대인관계 역시 양가적인데, 수동-의존적 태도를 취하다가도 기대하는 만큼의 지지와 관심을 얻지 못한다고 여겨지면 상대방에게 분노와 적대감을 느낀다. 하지만 억압과 신체화의 방어기제를 주로 사용하여 자신의 부정적 감정을 의식하지는 못한다. 이들이 호소하는 신체 증상은 부정적 감정을 우회적으로 드러내는 수단이자 상대방으로부터 관심을 획득하거나 자신에게 부가된 책임을 회피하는 조종의 수단이다.

치료적 관계에서는 수동-의존적 태도가 단기적으로는 증상 변화를 일으킬 수 있지만, 통찰이나 책임감이 부족해 장기적인 변화로 이어지기는 어렵다. 더욱이 자신의 증상과 관련해 의학적 설명과 해결책을 구할 뿐, 심리적 가능성에 대한 치료자의 설명을 받아들이지 못한다. 이러한 유형들의 경우 전통적인 통찰 지향적 심리치료는 적합하지 않다.

2) 13/31

12/21 코드 유형과는 달리 13/31 코드 유형은 남성보다는 여성에게서 더 흔하며, 두 코드 유형 모두 젊은이들보다는 노인들에게서 자주 나타난다. 신체증상장애 외에 주요 우울장애, 기분부전장애, 연극성 성격, 수동-공격적 성격 등에서 이러한 코드 유형을 보인다. 입원 환자 중에는 신체 망상을 보이는 환자들도 일부 속한다. 또한 13/31 코드 유형에서는 신체 증상에 대한 이차적인 이득이 분명하게 존재하는 꾀병(malingering) 환자도 흔히 볼 수 있다. 이 유형 중 신체증상장애로 진단받는 환자들의 경우 다양한 신체 부위의 통증이나 메스꺼움, 구토, 거식증 혹은 비만과 같은 섭식 문제, 무기력, 피로감, 현기증, 수면 장애 등의 신체적 불편감을 주로 호소한다. 이들은 전반적으로 효율성이 저하되어 있지만 일정 수준의 기능을 유지해 나가며, 스트레스 정도에 따라 신체 증상의 출현이나 호소 정도가 달라진다. 신체적 망상을 보이는 환자라면 척도 8과 척도 2의 T점수가 동반해서 매우 상승하는 경우가 흔하다. 꾀병 환자의 경우 척도 1과 척도 3의 점수가 높은(특히 T>80) 동시에 F척도는 크게 상승하지 않는데, 이는 자신이 심리적으로는 정상 상태이며 신체적 불편감이 크다는 점만 과장하여 표현하고 있음을 반영한다.

13/31 코드 유형들의 경우 불안감을 신체적 불편감으로 전환시키기 때문에 부정적 감정이 잘 드러나지 않는다. 만약 척도 2와 척도 7이 함께 상승했다면 전환 증상만으로는 심리적 갈등을 효과적으로 억압하고 통제하기 어려울 정도로 당면한 불안감이나 우울감이 심한 상태임을 반영한다. 그 외에 입원 환자들 중 이 코드 유형 일부는 신체 망상을 보일 수도 있다. 13/31 코드 유형 중 척도 2의 T점수가 척도 1과 척도 3의 T점수보다 10점 이상 현저히 낮은 유형을 전환 V형(Conversion V)이라 부른다. 이들은 심인성

발작, 마비, 현기증 같은 극적인 국소 신경학적 증상을 보이면서도 이에 대해 크게 걱정하지 않고 무관심하다. 그렇더라도 신경학적 장애 가능성을 염두하고 면밀한 의학적 검사가 필요하다.

이 유형들은 애정과 관심을 받고자 하는 욕구가 강하며, 사회적인 인정과 수용을 받는 것을 중요하게 여긴다. 이들은 합리적, 논리적이고 책임감이 강하며 결함이 없는 바람직한 사람으로 비춰지고자 사회적 가치와 관습, 도덕 규범에 순응적 태도를 취한다. 이러한 태도는 L, K 척도 등의 동반 상승으로 나타나기도 한다. 이들은 외향적이고 활달하며 사교적인 성향을 과시한다. 그러나 실제로는 자기중심적이며 미숙하고 이기적이다 보니 대인관계가 피상적일 때가 많다. 또한 자신에게 충분한 관심과 정서적 지지를 제공하지 않는다고 여겨지는 상대방에 대해 분노감과 적대감을 느끼지만, 이를 부인, 억압 등의 방어기제를 통해 강하게 통제하다가 수동적, 간접적으로 표현한다. 혹은 극적인 신체 증상을 이용해 다른 사람들을 조종하고 통제하려 든다. 이와 관련해서는 보충 척도 중 억압 척도(Repression: R)를 함께 살펴보는 것이 도움이 된다. 한편 이들은 자신의 문제에 대한 통찰이 부족하며, 문제에 봉착했을 때 합리화하거나 책임을 상황 혹은 상대방의 탓으로 돌리는 투사 방어기제도 사용한다.

척도 3이 척도 1보다 높은 사람들은 다소 낙관적이며 주로 위장 계통이나 호흡기 혹은 심혈관 질환 등 신체 기관에 대한 불편감을 호소한다. 이들은 부인과 억압의 방어기제를 주로 사용하며 사교적이면서도 수동-의존적이다. 이들은 신체적 불편감을 이용해 다른 사람들을 조종하려고 든다. 척도 3이 척도 1보다 낮은 경우 신체 기관보다는 사지에 대한 전환 증상을 호소하는 경향이 있다.

이 유형 역시 통찰이 부족하고 자신의 내적 상태를 살피는 데에 회피적이며 지나치게 정상적으로 비춰지고자 하는 욕구가 크기 때문에 심리치료에 대한 예후가 좋지 못하다. 이들은 자신의 문제에 대해 단순하고 구체적인 답변을 선호할 뿐, 신체 증상의 근본적인 원인에 대한 탐색을 피한다. 병원 장면에서 의학적 치료를 제안하면서 치료적 호전을 직접적으로 언급하거나 위약을 처방할 경우 반응이 좋을 수도 있다. 스트레스 완화를 위해 스트레스 면역 훈련도 도움이 될 것이다. 하지만 치료자가 이들이 사용하는 방어기제에 대해 직면시킬 때 치료가 조기 종결될 수 있다. 자기애성 성격장애, 의존적 성격장애, 반사회성 성격장애, 경계선 성격장애 등 성격장애가 함께 있는 경우에는 심리치료가 더욱 어렵다.

3) 14/41

14/41 코드 유형은 임상 장면에서 흔히 관찰되지는 않으며, 일반적으로 남성이 여성보다는 이러한 코드 유형을 흔히 보인다. 신체 증상에 대한 호소가 많다든지 건강에 대해 매우 심하게 걱정하는 건강염려증 환자들이 이러한 프로파일을 보일 수 있는데, 이 경우 척도 1의 T점수가 척도 4의 T점수보다 일반적으로 높다.

이 유형의 사람들은 자신에게 가해지는 규칙이나 제한에 반감이 심하다. 특히 부모나 가족들을 향한 분노감과 반항심이 심한데, 이를 직접적으로 표현하는 일은 드물다. 이들은 감정이나 충동을 일정 수준 통제할 수는 있으나, 냉소적이고 비관적이며 자기연민에 빠져 있을 때가 많다. 대인관계 측면에서도 외향적으로 비춰지기는 하지만 자기중심적이고 요구와 불평불만을 많이 한다. 이들은 주위 사람들로부터 이기적이고 심술궂다는 말도 많이 들으며, 대인관계 기술이 부족해 친밀한 관계를 유지하기가 힘들다. 이러한 유형들 중 일부는 자기통제력이나 판단력이 약화되고 상기의 성격 특성을 행동으로 표출하는 등 성격장애로 진행되기도 한다. 이러한 성격적 문제를 보이는 사람들의 경우 일반적으로 척도 4의 T점수가 척도 1의 T점수보다 더 높다. 내용 척도 중 냉소적 태도 척도(Cynicism: CYN), 반사회적 특성 척도(Antisocial Practices: ASP), 가정 문제 척도(Family Problems: FAM) 등을 확인해 보는 것도 도움이 된다. 일부는 알코올을 비롯한 물질 사용 문제를 보일 수 있으며 실직, 가정 불화 및 대인관계 문제의 과거력도 많이 보고된다. 이와 관련해서는 보충 척도 중 MacAndrew의 알코올 중독 척도(MAC-R), 중독 인정 척도(Addiction Acknowledge Scale: AAS), 직업적 곤란 척도(Work Interferance: WRK) 등을 함께 살펴보도록 한다.

이 유형은 자신의 심리적 문제를 부인하고 회기에 불참하는 등 심리치료에 저항적이기 때문에 장기간의 치료 유지가 어려울 수 있다. 또한 이들은 내재되어 있는 분노감과 적대감이 심하다 보니 심리치료가 긴장 상태에서 진행될 때가 많고, 때로 이러한 감정은 치료자를 향하기도 한다. 이와 관련해 내용 척도 중 부정적 치료지표(Negative Treatment Indicators: TRT)와 분노 척도(Anger: ANG)를 확인하는 것이 도움이 될 것이다. 다만 이들은 증상에 초점을 맞춘 단기 치료에는 반응을 보이며 만족스러워할 수도 있다.

4) 18/81

18/81 코드 유형은 적대감, 불신, 공격적 감정 혹은 막연한 불편감을 흔히 호소하는

반면, 부정적 감정을 적응적이고 조절된 방식으로 표현할 수 있는 능력이 취약하다. 이 유형은 감정 표현을 과도하게 억제하여 압박감을 느끼거나 부적절한 불쾌감, 공격적인 감정을 충동적으로 표출하여 문제를 초래한다.

정신건강의학과 환자 중 조현병 혹은 조현형 성격장애 환자들이 이러한 코드 유형을 보이기도 한다. 이들은 심리적으로 혼란스럽고 주의집중에 어려움을 보인다. F척도의 점수는 혼란감의 정도를 반영한다. 증상이 심한 경우 신체 망상을 비롯한 편집증적 사고로 이어지기도 하며, 흔히 척도 6이 동반 상승한다. 이들은 신체 증상 혹은 신체 망상에 사고의 초점을 맞춤으로써 와해된 사고나 혼란감을 통제하고자 한다. 건강염려증이나 불안장애 환자들 일부도 이 코드 유형을 보이는데, 이 경우 F척도의 T점수가 상대적으로 낮고 척도 2 혹은 척도 7의 T점수가 상승해 있다. 불안 척도(Anxiety: ANX), 공포 척도(Fears: FRS), 강박성 척도(Obsessiveness: OBS) 등의 내용 척도를 함께 확인하는 것도 도움이 된다.

이 유형들은 오랜 기간 동안 성격적 문제로 인해 적응상의 어려움을 보일 수가 있다. 특히 사회적 부적절감과 소외감이 심하고 사람들에 대한 의심으로 거리를 두고 지낼 때가 많다. 주위 사람들도 이들에 대해 자기중심적이거나 괴짜 같다고 평할 때가 많다. 이들은 한 곳에 정착하지 못하고 떠돌이로 지내거나 방황을 많이 하며 사회적・직업적 부적응도 흔하므로 보충 척도 중 직업적 곤란 척도(WRK)를 확인하는 것이 도움이 된다.

이 유형들은 통찰이 부족하고 혼란감이 심해 심리치료 진행이 어려울 수 있다. 치료 장면에서도 소외감과 부적절감을 경험하며, 치료자에 대한 불신, 적대감, 비판적 태도 등도 심리치료를 방해하는 요인이다. 내용 척도 중 부정적 치료지표(TRT)를 확인하는 것이 도움이 된다.

5) 19/91

19/91 코드 유형은 임상 장면에서는 흔히 관찰되지는 않는다. 하지만 이러한 프로파일을 보인다면 극심한 정서적 고통과 동요를 경험하고 혼란스러운 상태일 가능성이 높다. 이 유형은 위장 장애, 두통, 피로감, 에너지가 소진된 느낌 등 신체적 불편감과 함께 긴장감, 초조감, 불안감, 우울감 등 정서적 어려움을 보이지만 심리적 설명에는 거부적이다. 또한 불편감이나 부적절감을 부인하고 회피하기 위해 외향적이고 수다스러우며 적극적으로 활동하는 등의 방어적 태도를 취한다. 이로 인해 불필요한 심신 에너지를 소비한다.

임상 장면에서 건강염려증과 조증 삽화가 공존하는 환자들 혹은 자기통찰과 대처 능력이 부족한 뇌손상 환자들 중 일부가 19/91 코드 유형을 보인다. 그러나 이 코드 유형은 물론이고 MMPI-2의 다른 어떠한 자료에 대해서도 뇌손상을 진단하는 근거로 사용해서는 안 된다는 점을 명심해야 한다(Graham, 2006).

6) 23/32

23/32 코드 유형은 심신 에너지가 저하되어 있고 활력이 부족하며 슬픈 기분, 불행감, 우울감을 주로 호소한다. 상황적 스트레스로 인해 우울감이 유발되었다가도 적절히 해소되지 못해 오래 지속된다. 이 유형은 불만족스럽고 불편한 감정을 감내하는 과정에서 스스로에 대해 부적절감을 경험한다. 매사에 재미를 못 느끼고 깊게 관여하지 않으며 어떤 일이든 시작하기 힘들어한다. 또한 심하지는 않지만 과민하고 짜증스러운 기분, 초조감, 긴장감, 걱정과 염려 같은 불안 관련 징후라든지 불면, 피로감, 소진감, 쇠약감, 위장 장애나 소화기 계통의 신체적 불편감도 빈번히 호소한다. 이들은 감정과 행동을 지나치게 통제하는데, 이로 인해 심신 에너지를 소진한다.

신체증상장애나 고통감이 만성적으로 지속되는 정서 장애 환자들에게서 이러한 코드 유형이 흔히 나타난다. 척도 4가 동반 상승한 경우 분노감, 적대감, 반감이 내재해 있지만 이를 지나치게 통제해 직접적인 행동으로 표출되지는 않는다. 척도 6이 동반 상승한 경우에는 대인관계에서의 민감성, 불신이 우울 및 신체 증상과 연관될 수 있다. 척도 0이 동반 상승한 경우에는 대인관계로부터 지나치게 위축, 철수되어 지낼 수 있다. 이 외에 F척도 혹은 척도 8이 동반 상승한 경우에는 정신증적 양상의 우울 징후를 보일 수 있다.

이 유형의 사람들은 유순하며 수동적이고 의존적이다. 애정과 관심을 받고자 하는 욕구가 내재되어 있지만, 자신의 단점이 드러나지 않도록 대개는 피상적 관계를 맺는다. 자신의 감정을 잘 표현하지 않아 절제되어 있는 듯이 비춰지지만 억눌린 듯한 느낌을 경험할 때가 많다. 대인관계에 대해 부적절감을 느끼며 회피적 태도를 취하기도 하는데, 특히 이성과의 관계를 불편해한다. 이는 발기 불능, 불감증과 같은 성적 부적응으로 이어지기도 한다.

이 유형은 남성보다 여성에게서 더 흔히 나타나며 성별에 따른 차이도 크다. 이 코드 유형의 남성들은 포부와 야망이 크고 근면하며 경쟁적, 성취 지향적이면서도 미성숙하고 의존적이다. 이들은 더 많은 역할과 책임을 맡기를 원하지만 한편으로는 그것을 두려워한다. 다른 사람들에게 정상적으로 비춰지고 자신의 수행이 인정받기를 원하지만, 무시당한다거나 자신이 직장 생활에 제대로 적응하지 못한다고 느낀다. 대조적으로 이 코드 유형의 여성들은 무심하고 나약하며 우울해 보인다. 이들은 만성적인 불행감과 불만족감을 경험하면서도 이를 체념하고 지낸다. 배우자와의 불화가 심하지만 이혼하는 경우는 드물다.

이 유형은 전통적인 심리치료에 대한 예후가 좋지 않다. 이들은 자신에 대한 통찰이 부족하고, 자발적 치료 동기가 낮으며, 부인과 회피 기제를 계속 사용해 호전이 잘 되지 않는다. 고통감과 불행감을 체념하고 감내하며 살아가는 삶의 태도 역시 치료를 방해하는 요인이다. 이들은 심리적 갈등을 신체화하며, 의학적인 설명이나 진정제, 진통제 같은 약물 치료를 선호한다. 이들에게는 통찰 지향적인 심리치료보다는 지지적인 심리치료가 보다 효과적이다.

7) 24/42

24/42 코드 유형은 자신의 욕구와 충동을 통제하지 못하고 반사회적인 행동으로 표출한 뒤, 그것이 초래한 부정적 결과에 죄책감을 경험하며 불안, 초조해한다. 그러나 이러한 후회와 걱정은 늘 문제행동 이후에 뒤늦게 나타나기 때문에 행동을 효과적으로 통제하지 못하며 변화를 이끌어 내지도 못한다. 장기적인 조망이나 결과를 예측하여 계획적으로 행동하지 못하는 면도 이 유형의 행동 문제를 심화시키는 요인이다. 또한 후회와 죄책감, 우울을 표현한다고 하더라도 대개 외적인 부정적 결과에 대한 일시적 반응일 뿐, 내재화된 도덕 규범에 근거한 양심의 가책을 경험하지는 못한다. 따라서 부정적 상황에 기인한 죄책감이나 걱정이 줄어들면 행동화 경향이 다시 증가한다.

반사회성 성격장애(특히 척도 6이 동반 상승한 경우), 반응성 우울을 보이는 구금된 반사회성 성격장애, 알코올이나 물질 남용/의존 환자 혹은 우울, 불안 등 이미 진단 내려진 다른 장애에 수반해 물질 남용/의존 문제를 보이는 환자들에게서 이 코드 유형이 흔히 나타난다. 이 중 반사회성 성격장애인 사람들은 대인관계가 서툴러 가정 불화나 직장 부적응을 보일 때가 많고 법적인 문제에 연루되기도 한다. 이와 관련해 가정 문제 척도(FAM), 직업적 곤란 척도(WRK), 반사회적 특성 척도(ASP) 등을 확인하는 것이 도움이 된다. 우울장애, 불안장애인 경우 자가치료의 수단으로 알코올이나 물질을 사용하기도 한다. MacAndrew의 알코올 중독 척도(MAC-R), 중독 인정 척도(AAS), 중독 가능성 척도(APS) 등은 알코올 혹은 물질 남용/의존 문제 확인에 도움이 된다.

이 유형에서는 동반 상승한 척도 확인이 중요하다. 척도 6이 동반 상승한 경우, 자신들이 부당한 대우를 받는다고 여기고 외부 환경이나 주위 사람들을 탓하며 직간접적으로 표출하는 분노, 적대감을 정당화한다. 척도 6의 점수가 낮다면 분노와 적대감을 억압하거나 부인할 수 있다. 정신증적 양상 혹은 정신증 전구 단계일 경우, 척도 4의 T점수가 90 이상으로 현저히 높고 F척도와 척도 8이 동반 상승한다. 척도 9가 동반 상승한 경우에는 심신 에너지 수준이 높고 변덕스러워 공격적이고 난폭한 행동화 문제의 가능성과 위험성이 높아진다.

문제 상황에 처해 있는 경우가 아니라면, 24/42 코드 유형은 사교적이고 활력이 넘치며 유능하고 외향적인 사람으로 비춰질 수 있다. 이들은 친절하고 매력적이며 호감이 가는 첫인상을 주기도 하지만, 다른 사람을 이용하고 조종하려는 경향 때문에 장기적인 관계에서는 상대방에게 분노를 유발한다. 또한 유능하고 자신만만해 보이는 겉모습과는 달리 실제로는 내향적이고 자의식이 강하며 수동-의존적이다. 자신에 대해 회의적이고 비판적이며 불만족감, 부적절감을 경험하고 대인관계에도 불편감을 느낀다.

이 유형 중 우울증 진단을 받은 환자들 혹은 알코올이나 약물 치료 프로그램 참가자들은 치료 장면을 자발적으로 찾기도 한다. 이들은 자신의 문제행동에 진심으로 죄책감을 느끼며 변화를 다짐하지만 행동화를 통해 변화에 저항한다. 따라서 이들을 대상으로 효과적인 치료를 하기 위해서는 명확한 한계 설정, 환경 변화, 온화하고 지지적인 환경, 지속적인 치료적 접촉이 필요하다. 그럼에도 불구하고 상황적 스트레스나 당면한 문제가 해결된다든지 치료 동기를 유발했던 외적 요인이 사라지면 치료를 조기에 종결하기 때문에 장기간 치료를 유지해 나가기가 어렵다. 공존하는 성격장애도 치료를 어렵게 하는 요인이다. 이 유형을 위해서는 통제된 환경하에서 진행되는 행동 치료가 비교적 효과적이며, 법원이나 직장 등 외부 기관을 통해 치료를 모니터링하는 것도 필요하다. 이들은 다른 사람들의 영향을 많이 받기 때문에 개인 치료보다는 집단 치료가 보다 효과적일 수 있다.

8) 26/62

26/62 코드 유형은 실생활에서의 비난이나 상상 속의 비난에 매우 민감하다. 상대방의 사소한 지적이나 비판에도 말이나 이면의 의도를 골똘히 생각하고 확대 해석하는 경향이 있다. 심지어 타인의 말이나 행동을 충분한 근거 없이 거절이나 거부, 비난 등의 부정적 뉘앙스로 받아들인다. 피해의식이 강한 이 유형은 외부 환경을 위협적이라

고 지각하다 보니 자신을 보호하고 방어하기 위한 목적에서 공격적이고 논쟁적이며 회피적인 태도를 취한다. 주위 사람들 역시 이들을 분노가 많고 적대적이고 공격적인 사람으로 여기며 이들과의 충돌을 피하기 위해 거리를 두고 지낸다. 하지만 이들은 상대방의 이러한 반응을 자신이 부당하게 거부나 무시를 당하는 증거로 삼고 자신의 분노 표출이나 공격적, 회피적 태도를 정당화하며 상대방을 계속 비난한다. 이와 같이 자기충족적이고 자기영속적인 패턴으로 문제가 악화됨에도 불구하고 자신의 역할을 인식하지 못한다. 가정 문제 척도(FAM), 냉소적 태도 척도(CYN)가 상승할수록 적대감, 과민함으로 인한 대인관계 부적응 가능성이 높아지는데, 이러한 수동-공격적 특성은 장기간 지속되며 좀처럼 변하기 어렵다. 이들은 대인관계 스트레스에 적절히 대처하지 못하면서 우울감, 무망감, 활력 저하, 피로감, 불면 등 우울 징후를 보이거나 일부 자살 시도를 보이기도 한다. 수동-공격적 성격으로 진단 내려진 사람들의 경우는 흔히 척도 4가 동반 상승한다. 정신증적 상태(특히 편집형 조현병)이거나 정신증 전구 단계로 진단 내려진 환자들의 경우 척도 7, 척도 8, 척도 9가 동반 상승한다. 척도 2, 척도 6과 함께 F척도가 중간 정도 상승한 경우라면 적정 수준에서 기능하며 증상을 어느 정도 통제해 나가는 편집증일 수도 있다.

26/62 코드 유형을 대상으로 한 치료의 관건은 라포와 신뢰감을 형성하고 유지하여 끊임없이 유발되는 적대감이나 의심을 완화시키는 데에 있다. 또한 심리평가를 통해 기저의 정신증적 문제가 있는지 여부를 확인하는 것도 중요하다.

9) 27/72

27/72 코드 유형은 정신건강의학과 환자 집단에서 매우 흔한데, 우울감, 초조함, 안절부절못하는 신경질적인 상태를 반영한다. 이 유형은 당면한 사소한 문제에도 과도하게 반응하고 반추하며 불안, 초조해할 뿐만 아니라 가상의 위험에 대해서도 과도하게 걱정하고 예측, 대비하느라 많은 시간을 소비한다.

이 유형에서는 주요우울장애를 비롯한 기분장애, 우울감을 동반한 불안장애(특히 강박장애), 병리적 수준의 공포증 진단이 흔하며, 회피성 성격장애나 수동-공격적 성격장애 진단이 내려지기도 한다. 불안과 관련해서는 내용 척도의 불안 척도(ANX), 공포 척도(FRS), 강박성 척도(OBS) 등을 확인하고, 신체 증상 호소와 관련해서는 건강염려 척도(HEA)를 확인하는 것이 도움이 된다. 척도 4가 동반 상승한 경우, 충동적 판단이나 자기본위적 행동으로 문제가 발생해 우울, 불안을 경험할 수 있다. 알코올 혹은 약물 문제가 관련되기도 하므로 보충 척도 중 MacAndrew의 알코올 중독 척도(MAC-R), 중독 인정 척도(AAS), 중독 가능성 척도(APS) 등을 확인한다.

이 유형은 인정과 성취 욕구가 강하지만 스스로에 대한 기대 수준이 높아 목표 달성이 어렵다. 목표 달성에 실패하거나 일상생활에서의 소소한 실수, 문제 상황에 직면하면 스스로를 탓하고 비난하는 자기처벌적 태도를 보인다. 이때 죄책감과 수치심을 경험하는 한편, 내적으로는 열등감, 부적절감, 불안정감도 경험한다. 이들은 정서적 유대관계를 맺는 능력을 갖고 있기는 하지만, 유순하고 자기주장을 잘 하지 못하며 수동-의존적이다. 이는 이들이 다른 사람들로부터 도움과 보살핌을 끌어내는 방식이기도 하다. 이들의 꼼꼼함, 강한 책임감, 양심적이고 도덕적인 모습 등이 주위 사람들에게 신뢰감을 주지만, 완벽주의적 태도라든지 고지식하고 융통성이 부족한 점은 답답하게 비춰질 수 있다.

두 척도의 점수가 중간 정도 상승한 경우, 불편감을 인식하면서도 변화에 대한 동기가 높고 치료적 관계도 잘 맺기 때문에 예후가 비교적 좋다. 다만 미래에 대해 비관적이거나 자기비판적인 태도를 취할 수 있으므로 치료자의 세심한 배려와 정서적 지지가 필요하다. 또한 완벽주의적이고 융통성이 부족해 새로운 행동을 시도하는 데 일시적으로 어려움을 보일 수도 있지만, 치료를 꾸준히 지속해 나가기 때문에 속도는 느리더라도 호전을 기대할 수 있다. 그러나 이 두 척도 점수가 지나치게 높은 경우 심리적 혼란감이 심하고 대처 능력이 붕괴된 상태임을 시사하며 약물 치료가 우선적으로 필요할 수도 있다. 더욱이 치료 과정 동안에도 자살 사고를 보일 수 있으므로(특히 척도 6과 척도 8이 동반 상승한 경우) 자살 시도의 위험성을 주의 깊게 평가해야 한다. 이 유형 중 척도 4가 동반 상승한 경우, 장기간 지속된 음주 문제나 스트레스 상황에서 간헐적인 행동화 가능성도 있으므로 개인 대상의 통찰 중심 치료보다는 특정 목표에 초점을 맞춘 집단 치료가 권장된다.

10) 28/82

28/82 코드 유형은 흔히 우울감과 함께 불안하고 초초해하며 긴장되어 있고 과민하다. 불면, 피로감, 무기력, 쇠약감 등의 신체 증상을 호소하기도 한다. 주의집중의 어려움이나 기억력 감퇴, 사고의 혼란을 보여 맡은 역할과 업무를 효율적으로 완수하지 못할 수도 있다. 이 유형은 다른 사람들의 비난이나 부정적 태도에 민감하고 의심을 많이 하며 사회적 관계로부터 위축되고 철수되어 지내면서도 한편으로는 부적절감과 소외

감을 경험한다. 이들은 분노감, 혼란감, 자살 사고, 내적 충동 등을 통제할 수 없을까 두려워하며, 자신의 생각이나 감정을 좀처럼 직접 표현하지는 않는다. 이러한 모습이 자신의 문제에 냉담하고 무관심하며 그 심각성을 과소평가하는 것처럼 비춰지기도 한다. 또한 이들은 받아들이기 어려운 충동을 부인하려 시도하는데, 부정적 감정을 표출하고 행동화한 후 이 시기를 기억하지 못하는 인지적 해리 증상을 보일 수도 있다. 이러한 기간이 지난 후에는 우울감과 죄책감에 시달리기도 한다. 척도 8의 T점수가 85보다 높게 상승한 경우 망상이나 환각 등 정신증적 징후를 수반할 수 있다. 이들은 어떤 사람이든 보일 수 있는, 특히 척도 2와 척도 8이 상승한 경우에 일반적으로 보일 수 있는 여러 가지 증상 및 이와 관련된 다양한 원인을 언급한다. 하지만 실제로는 그중 일부분만 해당될 때가 많다. 따라서 척도 8의 점수 외에도 결정적 문항, Harris-Lingoes의 임상 소척도, 내용 척도 중 기태적 정신 상태(BIZ), 공포 척도(FRS), 강박성 척도(OBS), 낮은 자존감 척도(LSE), 사회적 불편감 척도(SOD) 등을 확인할 필요가 있으며 임상 면담, 개인력 등 다양한 자료를 함께 고려해야 한다.

이 유형에서는 여러 가지 진단이 가능하므로 주의를 요하는데, 양극성 장애나 주요 우울장애와 같은 기분장애, 조현병, 조현정동장애 등의 진단뿐만 아니라 다양한 성격장애 가능성도 고려해 볼 수 있다. 또한 경계선 성격장애, 회피성 성격장애, 강박성 성격장애, 조현형 성격장애 등도 고려해 볼 수 있으며, 성격적으로 불안정하거나 행동화 경향이 있고 정신건강의학과 관련 질병에 취약한 소인을 지니고 있다.

이 유형은 분노 표출, 대인관계 부적응, 사회적 위축 등 복합적인 문제를 갖고 심리치료에 의뢰된다. 치료 장면에서도 분노를 조절하지 못하고 표출할 수 있으며, 일반적인 대인관계에서 경험하는 양가감정이 치료 장면에서는 저항의 형태로 나타나기도 한다. 이러한 양가감정은 치료 장면에서 습득한 새로운 전략을 시도해 보는 것을 어렵게 한다. 따라서 일반적으로 치료 기간이 오래 걸리는데, 치료자는 이들의 혼란스럽고 예측하기 어려운 삶에 안정감을 제공해 주어야 한다. 또한 치료 초기 단계뿐만 아니라 치료 전 과정에 걸쳐 자살 가능성을 항상 염두에 두고 주의 깊게 평가해야 한다. 생각과 감정을 통제하기 어려운 위기 단계에서는 약물 치료가 필요할 수도 있다.

11) 29/92

29/92 코드 유형은 우울과 불안감을 보이는 동시에 심신 에너지 수준도 매우 높다. 이 유형의 지나치게 증가된 활동량이나 높은 수준의 활력은 내면의 부적절감, 무가치

감, 우울감, 통제감 상실에 대한 두려움 등을 부인하려는 방어의 일환일 수 있다. 긴장감, 우울감, 불쾌감에서 벗어나기 위해 활동량을 늘리거나 알코올을 사용하는 경우가 흔한데, 과도한 활동 후 그로 인한 에너지 소진 및 우울감이 교차한다.

이 유형은 자아도취적이고 자기중심적이다. 높은 포부 수준과 성취 욕구를 과시하지만 목표나 방향 설정이 부족해 오히려 실패를 자초한다. 젊은층의 경우 정체감 위기나 직업적 혹은 교육적 부적응을 보이기도 한다.

이 유형에서는 혼재성 양극성 장애, 순환성 기분장애 등의 진단이 흔한데, 기분 삽화 양상에 따라 두 척도 점수의 패턴에 차이를 보인다. 뇌손상 환자들 중 일부도 이러한 코드 유형을 보이는데, 왕성한 활동을 통해 통제력 상실을 보상하려는 시도라 여겨진다. 그러나 29/92 코드 유형은 물론이고 MMPI의 다른 어떤 자료만으로 뇌손상을 진단할 수는 없다.

이 유형을 위한 치료 목표는 정서와 행동을 안정시키는 데에 있다. 이들의 경우 우울감이 쉽게 드러나지 않을 수 있지만 배경 정보, 과거력, 병의 경과 등을 주의 깊게 관찰하다 보면 상당 기간 동안 우울한 상태가 지속되었을 수 있으며, 일부는 산발적인 우울 삽화를 보이기도 한다. 치료 과정 동안 자살 가능성에 대한 주의 깊은 관찰도 필요하다. 일부 알코올 혹은 약물 남용 문제가 장기간 지속된 경우라면 치료가 어려울 수 있다.

12) 34/43

34/43 코드 유형의 사람들은 만성적이고 강렬한 분노, 적대적이고 공격적인 충동을 품고 있으면서도 잘 표현하지 못하는 경우가 많다. 이들은 인정, 관심을 받고자 하는 의존 욕구와 독립성에 대한 욕구 사이에서 끊임없이 갈등한다. 애정 욕구를 충족시키기 위해 순응적으로 행동하지만 대부분 피상적이며, 유순한 겉모습과는 달리 상대방으로부터 비난, 거부당하는 것에 민감하며 오랫동안 지속되어 온 분노, 반감, 적대감이 내재해 있다. 이들의 뿌리 깊은 분노와 반감은 가족 관계에서의 소외감, 거부당했다는 생각에서 비롯되는 것 같다.

이 유형에서는 수동-공격적 성격, 연극성 성격, 경계선 성격 등의 성격장애 진단이 흔히 내려진다. 이들은 친밀한 관계를 맺고 유지해 나가는 데에 어려움을 보이며, 행동화로 인한 문제나 부부 불화, 알코올 남용 등의 전력을 보이기도 한다. 이와 관련해 보충 척도 중 결혼생활 부적응 척도(Marital Distress: MDS), MacAndrew의 알코올 중독 척도(MAC-R), 중독 인정 척도(AAS), 중독 가능성 척도(APS) 등을 함께 확인하는 것이 도움이 된다.

이 유형은 자신의 행동 기제에 대한 통찰이 부족하며 미성숙하고 자기중심적이다. 또한 내면의 분노, 반감에 수동-공격적인 방식으로 대처해서 관계의 문제가 초래된다. 이들은 상대방의 감정을 은근히 자극하여 상대방으로 하여금 화를 내게 만든다. 혹은 분노나 적대감을 즉각적이고 직접적으로 빈번히 표현하는 사람과 관계를 맺음으로써 자신의 공격성을 대신 행동화하도록 한다. 이렇듯 자신의 분노와 적대감을 상대방에게 투사하고, 상대방의 분노와 공격성 표출을 근거로 자신이 부당하게 공격이나 비난을 받고 있음을 부각시키며 상대방을 비난한다. 척도 3의 점수가 척도 4의 점수보다 높을수록 수동-공격적 성향이 두드러지며, 척도 6의 점수가 동반 상승한 경우에도 이러한 경향이 심하다. 척도 4의 점수가 척도 3의 점수보다 유의하게 높은 경우에는 대부분 감정을 통제해 나가다가, 역치 수준을 넘어서면 일시적으로 격렬하고 공격적인 감정 표출을 한다. 일부는 공격적 행동화 삽화 직후 해리 증상을 보이기도 한다. 이 코드 유형의 여성들은 남성들에 비해 두통, 일시적인 기억 상실, 상부 위장 계통의 통증을 더 많이 호소하는 반면 심한 분노 표출은 상대적으로 적고, 신체 증상을 호소하는 다른 유형의 사람들에 비해 불안 수준도 낮은 편이다.

이 유형의 평소 대인관계 패턴은 치료자와의 관계에서도 어려움을 초래한다. 이들의 취약한 자기통제력, 문제의 책임을 남에게 전가하는 태도 등이 치료 장면에서 주요 문제로 부각되지만, 자신의 역기능적 대처 방식에 대한 통찰이 부족하며 치료자에게 저항하고 좌절과 분노로 치료를 종결하곤 한다. 이들은 자발적인 치료 동기가 낮고 대부분 배우자나 직장 혹은 법원과 같은 외부 압력에 의해 치료 장면을 찾는다. 따라서 이러한 외적 동기와 외부 대상의 모니터링을 잘 조율해 이들이 치료를 유지해 나가도록 한다. 이들은 권위적 대상에 비해 동료들의 압력에 상대적으로 민감하게 반응하므로 집단 치료가 더 효과적일 수 있다.

13) 36/63

36/63 코드 유형은 다른 사람들의 비난에 지나치게 민감하며 적대감이나 공격적 감정을 느낀다. 이러한 감정은 대개 가족들에 대한 것이지만 직접적으로 표현하지는 않고 억압하며, 오히려 표면적으로는 긴장감, 초조함, 두려움, 불안 등 정서적인 동요나 두통, 위장 장애와 같은 신체적 불편감을 주로 호소한다. 이 유형은 세상이란 수용적이고 긍정적이며 완벽하다고 여기는 등 순진한 태도를 보여 피상적 수준에서는 관계를

쉽게 맺는다. 하지만 타인에 대한 불신, 경쟁심, 분노, 적대감이 내재해 있다. 겉으로는 이러한 내면의 부정적 감정을 인식하지 못하며, 막연히 감지되더라도 강하게 부인하거나 상대방을 탓함으로써 자신의 부정적 감정을 정당화한다. 관계의 깊이나 친밀감이 증가할수록 내재된 적대감, 자기중심적이고 자아도취적이면서도 냉혹한 모습이 드러난다. 척도 3의 T점수가 척도 6의 T점수보다 6점 이상 높은 경우라면 갈등이나 문제를 부인하고 자신과 세상을 이상화하려는 경향이 보다 강하다. 이때 편집증적 사고보다는 신체 증상에 대한 호소를 많이 하며 정신증적 경과를 보일 가능성은 상당히 낮다. 반대로 척도 6의 T점수가 척도 3의 T점수보다 6점 이상 높다면 명성과 권력을 추구함으로써 안전한 삶을 얻고자 노력한다.

이 유형을 위한 핵심적인 치료 목표는 자신의 감정과 행동에 대해 스스로 책임지도록 하는 것이다. 그러나 이들은 심리적으로 단순한 데에다 냉혹하고 방어적이며 비협조적인 태도로 인해 치료가 어렵다. 이들은 치료 과정 동안 좀처럼 통찰을 획득하지 못하며 여전히 자신의 문제를 다른 사람의 탓으로 돌리고 책임을 전가하는 태도를 보인다. 치료자가 적응상의 어려움에 대해 심리적 원인을 제안한다면 이를 받아들이지 못하며 분개하고 저항할 뿐만 아니라 갑작스럽게 치료를 종결하는 경우도 흔하다. 내용척도 중 부정적 치료지표(TRT)를 살펴보는 것이 도움이 될 것이다.

14) 38/83

38/83 코드 유형은 흔치 않다. 이 코드 유형의 사람들은 심리적으로 상당히 불안정하고 동요된 상태로 비춰진다. 긴장감, 초조함, 공포, 근심, 걱정 등 불안감을 주로 보고하며 우울감, 무망감, 의사 결정의 어려움을 호소할 수도 있다. 더불어 위장 장애, 근육통, 흉부나 성기 통증, 두통, 현기증, 불면 등 다루기 어려운 신체 증상도 빈번히 호소한다. 하지만 이 유형은 불편감을 모호하고 광범위하게 표현해 그 의미를 파악하기가 어렵고, 오히려 냉담하고 무관심하며 위축되어 있는 듯이 비춰지기도 한다.

38/83 코드 유형 중 척도 3의 점수가 척도 8의 점수보다 상대적으로 높고, 척도 8과 F척도의 T점수가 70 미만일 때는 신체증상장애 또는 해리성 장애가 진단 내려진다. 척도 8과 F척도 점수가 매우 상승해 있을 때는 정신적인 혼란, 지남력 상실, 기억 장애, 망상적 사고 등을 보일 수 있으며 조현병 진단이 내려지기도 한다. 이와 관련해서는 내용척도 중 기태적 정신 상태(BIZ)를 확인하는 것이 도움이 된다.

이 유형은 애정과 관심에 대한 욕구가 강하며 의존적이고 미숙하다. 문제해결 상황에서 독창적이지 못하고 상투적이고 정형화된 방식으로 대처한다. 특이한 생각이나 감정과 욕구가 내재해 있지만, 다른 사람들이 이러한 자신을 이상하게 여기고 거부적 태도를 취할까 두려워하며 부적절감, 소외감, 불편감을 경험한다. 이들은 자신을 보호하기 위해 일반적인 모습으로 비춰지고자 노력하며 부인 방어기제를 지나치게 사용한다. 이 점이 통찰 획득을 어렵게 한다.

아울러 이들은 무관심하고 일상적 활동에 관여하려 들지 않고 과도한 부인, 통찰 부족 등으로 심리치료가 어렵다. 통찰 지향적인 심리치료보다는 지지적 심리치료가 더 효과적이다.

15) 46/64

46/64 코드 유형의 사람들은 의심이 많고 적대적이며 화를 잘 낸다. 이들은 미성숙하고 자기중심적이다. 주위 사람들에게 인정과 관심을 요구하면서도 상대방의 사소한 요구나 간섭은 잘 견디지 못한다. 상대방이 실제로 가하는 비판뿐만 아니라 상대방이 의도하지 않은 부정적 결과나 자신이 주관적으로 예상하는 상대방으로부터의 부정적 피드백에 매우 민감하며, 이에 대해 부당하고 악의적인 거부나 무시 혹은 비난으로 생각하여 분노한다. 이는 자신에 대해 객관적인 인식이나 통찰을 하지 못하고 상대방의 행동에만 주의의 초점이 맞춰져 있기 때문이다. 이들은 자신의 잘못까지 상대방의 탓으로 돌리며 자신의 분노와 적대감을 정당화한다. 또한 상대방 행동의 숨은 동기를 의심하고 자신이 늘 고통 속에 힘들게 살아간다고 느끼며, 사람들과 깊은 정서적 유대 관계를 맺으려고 하지 않는다. 더불어 따지기 좋아하고 논쟁적이며 냉소적 태도로 비아냥거릴 때가 많다. 특히 권위적 대상을 혐오하여 상대방의 업적이나 명성을 평가 절하하고 손상시키려 한다. 이러한 대인관계 행동 패턴으로 인해 친밀하고 우호적인 관계를 맺기가 어렵고 부적응이 지속된다.

임상 장면에서 이 유형의 환자들은 수동-공격성 성격장애, 편집형 조현병으로 흔히 진단받으며 조현병 전구 단계일 수도 있다. 척도 6의 점수가 척도 4의 점수보다 높을수록, 척도 8이 동반 상승한 경우 등에서 정신증적 장애의 가능성이 높아진다. 척도 2 혹은 척도 3이 동반 상승한 경우 경계선적 상태일 가능성이 높아지는데, 이들은 의존 욕구가 강하지만 이를 완강히 부인하면서 심리적 갈등을 경험하고 분노를 유발한다. 이들은 권위적 대상을 향한 반감이 심하며 상대방을 조종할 목적에서 자살 위협을 가하기도 한다. 46/64 코드 유형 중 알코올 남용이나 의존, 법적인 문제를 보이는 사람들도 종종 있으므로 보충 척도 중 MacAndrew의 알코올 중독 척도(MAC-R), 중독 인정 척도(AAS), 중독 가능성 척도(APS) 등을 확인하는 것이 도움이 된다.

46/64 코드 유형의 경우 자신의 심리적 문제를 부인하는 방어적 경향이 강하기 때문에 자발적으로 치료 장면을 찾지는 않으며, 흔히 다른 사람들에 의해 치료에 의뢰된다. 이들은 치료자에 대해서도 의심이 많고 적대적이기 때문에 치료적 동맹을 맺기가 어려울 뿐만 아니라 일단 치료적 관계를 맺더라도 쉽게 마찰이 생긴다. 치료 목표는 분명하고 구체적이며 현실적이어야 하고, 이들에게 의심이나 적대감을 유발하지 않는 방식으로 설명해야 한다. 치료 장면에서는 분노를 행동화하는 것에 대해 주의 깊은 모니터링이 필요하다.

16) 47/74

47/74 코드 유형의 사람들은 여러 가지 생각에 골몰하며 분노하다가도 죄책감을 느끼는 등 양가감정으로 불안해한다. 이들은 자신의 감정에만 지나치게 염려하고 관심을 가질 뿐 다른 사람들의 기분에는 둔감하며, 사람들이 자신을 거부하고 억압하기 때문에 자신이 둔감해질 수밖에 없다고 정당화한다. 대인관계에서도 주기적으로 양가적인 패턴을 보인다. 향후 결과에 개의치 않고 분노를 표출하거나 충동적인 행동화를 보이는 시기가 있는가 하면, 이러한 행동에 대해 죄책감을 느끼거나 상대방의 반응을 염려하며 위축되어 지내는 시기가 뒤따른다. 이러한 양가적 패턴과 관련해서는 내용 척도 중 반사회적 특성 척도(ASP), 분노 척도(ANG) 및 보충 척도 중 적대감 과잉 통제 척도(Overcontrolled-Hostility: O-H)를 확인하는 것이 도움이 된다. 이 유형은 일시적으로 죄책감과 양심의 가책을 진심으로 느끼고 후회한다 해도 부정적 기분이나 좌절감을 해소하고자 알코올 남용, 난잡한 성적 행동, 심한 공격 행동을 보이는 등 자기통제의 어려움과 행동화 문제가 지속되고 변화에 저항적이다. 이들은 가정이나 직장 생활 적응의 어려움, 법적인 문제를 보이기도 한다.

이 유형은 반사회적 성격장애, 불안장애, 알코올/약물 남용이 흔히 진단되며 충동성과 강박성이 혼재된 다양한 문제를 보이기도 하는데, 신경성 폭식증이 대표적이다.

이 유형의 내담자들은 불안을 감소시킬 목적에서 심리치료를 원하며, 치료 초기에는 후회와 죄책감을 표현하고 변화에 대한 동기를 보이기도 한다. 하지만 죄책감이 줄어들면서 또다시 행동화 문제가 증가한다. 또한 제한이 많이 가해지는 치료 환경도 이들에게 불안과 분노감을 유발한다. 이들은 안심시켜 주고 지지해 주는 치료자의 태도에는 일시적으로 반응을 잘한다. 그러나 장기적 관점에서 이들에게 근본적인 변화를 기대하기는 어렵다.

17) 48/84

48/84 코드 유형의 사람들은 특이하고 기괴하며 엉뚱하고 예측 불가능한 행동을 보여 주어진 환경에 잘 적응하지 못한다. 이들은 애정과 관심에 대한 욕구는 강하지만 불안정감, 부적절감, 불신감의 뿌리가 깊다. 어린 시절부터 심한 가족 갈등을 겪으면서 소외감, 적대감, 거부당한 느낌을 지속적으로 경험해 왔을 가능성이 있다. 이들은 학교 장면에서도 엉뚱하고 특이한 행동으로 또래 친구들과 잘 어울리지 못하며 학업 성취도 낮다. 성인이 된 이후에도 공감 능력의 결여나 대인관계 기술의 부족으로 적응상의 어려움이 지속된다. 또한 위협적이고 거부적으로 지각되는 세상으로부터 자신을 보호하고자 위축 · 철수되어 지내거나, 오히려 분노를 표출하고 선제 공격으로 맞대응한다. 그러나 이는 상대방으로부터의 거부나 대인관계의 실패와 부적응을 자초하고 불안정감, 부정적인 자기개념, 타인에 대한 위협감, 불신감이 공고해진다. 이들은 부적응과 고통의 원인을 다른 사람의 탓으로 돌리며 합리화할 뿐 책임지려 들지 않는다.

이 유형의 비순응적 · 충동적 · 반사회적 행동은 법적 문제로 이어지기도 한다. 특히 이 유형의 남성들은 여성들보다 범죄에 더 많이 연루되는데, 아주 난폭하고 잔인한 범죄 행동을 하거나 계획성 없이 무분별하게 범죄를 저지르는 경우가 흔하다. 또한 매춘, 성적 문란함, 변태적인 성적 일탈, 성추행이나 성폭력 문제를 보이기도 한다. 여성들의 경우 범법 행동보다는 관계의 문제가 더 흔한데, 자신보다 훨씬 열등하고 실패자라 여겨지는 남성들과 정서적 친밀감 없는 성적인 관계를 맺기도 한다. 이 유형 중 일부는 사이비 종교 집단이나 급진적인 정치 조직에 소속되어 있기도 하다. 이 유형 중 F척도가 높고 척도 2가 낮은 경우, 이들의 공격적이고 냉정하며 처벌적인 태도는 상대방에게 죄책감과 불안을 불러일으킨다. 지나치게 열성적인 성직자, 공정한 법 집행 관련 공무원, 엄격한 교사와 같이 이러한 행동이 용인되는 장면에서 일하기도 한다. 이들의 행동은 단호하고 처벌적이며 비판적인 것에서부터 임상적으로 문제가 되는 가학성의 범위까지 다양하다. 냉정하고 처벌적인 행동의 이면에는 소외감, 고독감, 취약성이 존재하며, 이로 인해 불안과 불편감이 증가한다.

임상 장면에서 이 유형의 환자들은 조현형 성격장애, 편집성 성격장애, 정신증적 반응 및 조현병으로 흔히 진단 내려진다. 특히 척도 8이 척도 4보다 훨씬 높을수록 환각,

기괴한 사고, 편집증적인 의심 등 기태적인 정신증적 증상을 보일 가능성이 높다. 또한 48/84 코드 유형의 편집형 조현병의 경우 척도 6이 동반 상승한 경우도 많다.

이 유형의 환자들은 냉담하며 관습에서 벗어나 있기 때문에 치료적 관계를 맺기가 어렵다. 치료 장면에서 해결해야 할 문제가 산적해 있지만 문제의 원인이 무엇이고 어디서부터 시작되었는지 알기가 어렵다. 또한 이들은 연관된 문제에 초점을 맞춰 대화하지 못하고 주제를 벗어나는 경우가 많아 치료 회기가 비생산적이고 혼란스러워질 수 있다. 장기간 지속되어 온 약물이나 알코올 문제로 치료가 어려울 수 있으며, 특히 이들의 행동화 문제는 치료를 더욱 어렵게 하는 요인이다. 치료자에 대한 불신 때문에 치료를 조기에 종결할 수도 있다.

18) 49/94

49/94 코드 유형의 가장 큰 특징은 충동적이고 욕구 중심적인 성향이 매우 강하며 보편적인 사회 가치와 관습, 도덕 규범을 심하게 무시하는 반사회적 행동을 보인다는 점이다. 이 유형은 신체 및 정서적 흥분을 자극받을 수 있는 감각적이고 쾌락적인 대상이나 활동을 선호하며 적극적으로 추구하는 반면 욕구 지연이나 좌절에 대한 내성은 매우 약하다. 자신의 행동이 초래할 결과를 고려해 신중하고 계획적으로 행동하지 못하고 즉각적인 욕구 충족에만 초점을 맞춰 충동적으로 행동한다. 또한 양심이 충분히 발달하지 않았으며 도덕성과 윤리의식이 부족해 제멋대로 행동할 때도 많다. 실패나 좌절 상황을 잘 견디지 못하고 냉소적으로 비아냥거리거나 화를 내며, 때로는 격렬한 감정 폭발을 보이기도 한다. 이들은 자신의 경험과 시행착오를 통해 무엇인가 배우지 못하며 무책임하고 죄책감도 별로 느끼지 못한다. 오히려 자신의 문제행동을 변명하고 합리화하거나 실패의 원인을 다른 사람의 탓으로 돌리며 상대를 비난한다.

이 유형의 사람들은 외향적이고 활력이 넘치며 자신에 차 있어 원하는 바에 적극적이다. 이들은 대범하고 자신감에 차 있으며 모험적인 행동이나 유창한 언변 등으로 인해 첫인상은 매력적이고 호감을 준다. 그러나 이들의 독립적이고 적극적이며 자신감 넘치는 모습은 이면의 불안정하고 의존적이며 미성숙한 측면을 부인하는 방어이기도 하다. 호감 가는 첫인상과는 달리 대부분 피상적인 관계에 그치고, 관계가 지속될수록 신뢰감과 공감 능력의 부족, 이기적이고 자기중심적인 태도, 충동성과 무책임함 등 이들의 성격적인 문제가 드러나 호혜적인 유대 관계를 지속하기가 어렵다.

임상 장면에서 이 유형의 환자들은 반사회적 성격장애로 진단 내려지는 경우가 가장 흔하며 조증 삽화의 양극성 장애인 경우도 있다. 또한 청소년기 비행 행동 전력, 가족 갈등, 이혼, 실직, 법적인 문제 등 광범위한 부적응이 흔히 보고된다. 이와 관련해서는 내용 척도 중 가정 문제 척도(FAM), 반사회적 특성 척도(ASP), 직업적 곤란 척도(WRK) 등을 확인하는 것이 도움이 된다.

이 유형은 동반 상승한 다른 척도에 따라 행동 특성이나 적응상의 차이를 보인다. 척도 3이 동반 상승한 경우 34/43 코드 유형과 비슷한 특성을 보이는데, 행동화 가능성이 상대적으로 줄어들고 분노나 적대감을 우회적이고 수동-공격적인 방식으로 표출한다. 척도 6이 동반 상승한 경우, 판단력이 부족하고 강한 분노 표출이나 빈번한 폭력 행동 혹은 기괴한 행동화 문제 등을 보일 수 있으므로 주의가 필요하다. 이들은 자신의 분노와 적대감을 정당화하고 합리화하려는 시도도 많이 한다. 척도 8이 동반 상승한 경우 조현병 진단이 내려지기도 한다. 척도 0이 낮은 경우는 대인관계 기술이 발달해 있지만 이를 자신의 이득을 위해 상대방을 이용하고 조종하는 데에 주로 사용하며 사기나 위법 행동을 교묘하게 저지르기도 한다.

이 유형을 심리치료하는 경우, 치료자는 무수히 많은 어려움에 직면하며 치료의 진행이 더디고 호전이 없는 경우도 흔하다. 이들은 문제에 초점을 맞춰 집중하지 못하고 주제와는 무관한 이야기를 장황하게 늘어놓는다. 치료 장면에서도 욕구 지연이 어렵고 경험과 시행착오를 통해 배우지 못하며, 다른 사람을 희생시키면서까지 자신의 욕구를 충족시키려 한다. 혹은 자신의 호전성을 감추고 매력적인 면을 과시하며 치료자를 이용하거나 기만하려 든다. 치료자는 이러한 대처 방식에 대해 즉각적으로 직면시킬 필요가 있다. 하지만 이러한 문제행동에 직면시키면 치료자에게 심한 적대감을 표현하고 화를 낸다. 치료 상황을 금방 지루해하고 싫증내거나 행동화 문제를 보여 치료가 조기 종결되는 경우도 많다. 이 유형은 불안 수준이 매우 낮아 변화에 대한 동기가 부족하여 자발적으로 치료 장면을 찾는 경우가 드물며, 법원, 고용주, 배우자 등 주위의 요구, 강권에 의해 치료에 의뢰될 때가 많다. 이러한 주위 사람들의 지속적인 권고와 모니터링이 치료 유지에 도움이 된다. 또한 개인 치료보다는 집단 치료가 효과적이며, 행동 수정은 새로운 대처 방식을 익히게 하는 데에 유용하다.

19) 68/86

68/86 코드 유형은 의심이 많고 상대방을 불신한다. 다른 사람들의 의도를 미심쩍어하고 부정적으로 지각한다. 주위 사람들과 거리를 두고 소원하게 지내며 정서적 유대

관계를 맺지 않기 때문에 친하게 지내는 사람들이 거의 없다. 이 유형은 억제되어 있고 수줍은 듯 보이다가도 갑자기 화를 내거나 불안, 초조해한다. 이들은 상대방의 요구에도 적절히 반응하지 못하는데, 자기만의 공상에 몰두할 뿐 주변 환경에 무관심하고 비협조적이기 때문이다. 또한 자신감이 부족하고 자존감이 낮으며 열등감과 죄책감을 경험한다. 나아가 무망감, 비관적 태도, 자살 사고, 정신적 혼란감을 보이기도 한다. 사고방식이나 행동 양식은 특이하고 기괴하며, 관계 사고, 피해망상, 과대망상을 보이는 경우도 흔하다. 둔마된 정동, 주의집중의 어려움, 현실감과 판단력의 부족도 적응상의 어려움을 초래한다. 척도 8이 극단적으로 상승하지 않은 경우에는 적응적인 직업적 이력을 보이기도 하지만, 스트레스 상황에서는 심리적 퇴행이 일어나며 사회적·직업적 능력의 손상이 가속화된다.

임상 장면에서 이 유형의 환자들은 편집성 성격장애, 조현형 성격장애 진단을 많이 받는다. 또한 조현병 진단을 받기도 하는데, 특히 척도 4가 동반 상승하고 척도 8이 척도 7보다 상당히 높은 경우 그러하다. 편집증적 망상이나 환각과 같은 명백한 정신증적 증상 외에도 단편적이고 자폐적인 사고, 사고 이탈이나 우원증 같은 사고 형식의 장애를 보이기도 한다. 이들의 사고 및 지각은 매우 기태적이며, 현실 검증력이 손상된 상태에서 판단력 결함, 기억 왜곡, 주의집중력 손상을 보일 수 있다.

이 유형에 대한 치료 방법은 정신병리의 수준 및 심각도에 따라 달라지며, 다양한 영역에 대한 평가가 필요하다. 증상이 자신과 타인에게 얼마나 위험한가는 입원 치료 혹은 통원 치료를 결정하는 중요한 평가 기준이 된다. 정신증적 증상을 조절하기 위해 약물 치료가 필요한지, 그것을 얼마나 지속할 것인지에 대해 의학적인 자문도 필요하다. 또한 기본적인 일상생활을 유지해 나갈 수 있는지에 대해서도 평가해야 한다. 이 유형에 대한 심리치료 중 통찰 지향적 치료는 자기성찰을 하는 과정에서 퇴행이 일어나고 증상이 악화될 수 있으므로 금기시된다. 특이하고 기괴한 신념을 보이는 경우에는 인지 치료적인 개입이 어려워질 수 있다. 이들에게는 구체적이고 행동지향적인 개입이 더욱 효과적이며, 사회 기술 훈련, 자기주장 훈련, 취업에 필요한 면접 기술 등이 도움이 된다. 더불어 증상이 악화되었을 때 도움을 받을 수 있는 구체적인 방법에 대해서도 가르칠 필요가 있다. 이들은 불신과 의심, 부족한 사회적 기술이나 사회적 불편감 등으로 치료적 관계를 맺기가 어려우며, 충동성과 심리적 퇴행 역시 치료를 어렵게 한다.

20) 69/96

69/96 코드 유형은 에너지가 넘치고 쉽게 흥분하는 한편 의심이 많고 민감하며 화를 잘 낸다. 이 유형은 애정에 대한 욕구가 강하며 의존적이지만 실제 혹은 가상의 위협에 매우 취약하며, 대부분의 시간 동안 불안하고 초조해하며 긴장되어 있다. 사소한 스트레스에도 과도한 반응을 보이는데, 대개는 공상에 몰두하며 반추적·강박적 사고를 보인다. 때로는 지나치게 흥분해서 눈물, 떨림 등의 반응을 보인다든지 냉담하고 철수적인 태도를 취하기도 한다. 이들은 감정을 적응적으로 조절해서 표현하지 못하는데, 감정을 과도하게 통제하며 어찌할 바를 모르다가도 격렬한 감정 표출이나 폭발적인 행동 문제를 보이곤 한다.

임상 장면에서 이 코드 유형의 환자들은 편집형 조현병 진단을 많이 받으며 양극성 장애 진단을 받기도 한다. 이들은 판단력이 부족하고 망상, 환각, 개연성 없는 연상, 지리멸렬한 사고나 언어 등 명백한 사고 장애 혹은 미세한 사고 장애 징후를 보이는 경우도 흔하다. 특히 두 척도의 점수가 높을수록 사고 장애를 보일 가능성이 높아진다.

이 유형은 입원 환자들에서 흔하며, 와해된 사고나 기분을 조절하기 위한 약물 치료가 효과적이다. 이들은 사고 장애나 심리적 퇴행을 보이므로 통찰 지향적 치료는 효과적이지 않다. 또한 불신과 의심이 많아 치료적 관계를 형성하기가 어려운데, 만약 신뢰할 수 있는 관계가 형성된다면 구체적이고 문제에 초점을 맞춘 치료적 접근이 가장 효과적이다.

21) 78/87

78/87 코드 유형은 일상생활을 유지해 나가기가 어려울 정도로 정서적 동요가 심하고 매우 혼란스럽다. 이 유형은 근심, 걱정을 지속적으로 반추하며 내성을 많이 하는데, 늘 긴장되어 있고 불안해 보이며 자살 사고를 경험하기도 한다. 또한 의사 결정을 잘 내리지 못하고 우유부단하며 때로는 판단력이 저하되어 있다. 이들은 자신에게 심리적 문제가 있음을 쉽게 인정하지만, 만성적인 열등감, 죄책감, 부적절감이 심하고 불안정하다. 대인관계에서도 자신감이 부족하며 자기주장을 잘 하지 못하고 수동-의존적이다. 이들은 가능한 한 철수되어 지냄으로써 대인관계에 대한 불편감을 방어하고자 한다. 특히 이성과의 관계에서 어려움을 보이는데, 성 기능의 장애를 보이거나 비정상적인 성적 공상에 몰두하기도 한다.

이 유형은 평소 일정 수준의 기능을 유지해 왔더라도 위기 상황에 봉착하면 방어기제가 작동하지 못해 취약해진다. 이 유형에서는 정신증 관련 장애가 흔히 진단 내려지지만, 명백한 정신증적 증상이 존재하지 않을 수도 있으므로 해석에 주의가 필요하다. 이를 위해 내용 척도 중 기태적 정신 상태 척도(BIZ)를 살펴보면 도움이 될 것이다. 또한 어떤 진단이 내려지든 자살 사고가 빈번하고, 혼란스러운 상태에서 자살 시도를 보이는 등 자살 위험도가 매우 높으므로 자살과 관련된 결정적 문항 확인이 매우 중요하다. 더불어 사고 과정과 관련된 질문, 자살 시도 과거력에 대해서도 면밀한 탐색이 필요하다.

이 유형의 경우 진단적으로든 예후 측면에서든 두 척도 점수의 상승 정도, 두 척도 간 점수 차이를 살펴보는 것이 중요하다. 척도 7의 T점수가 척도 8의 T점수보다 적어도 5~10점 정도 높다면 기태적 사고나 철수적 행동이 아직 공고화되지는 않은 좀 더 양호한 증상을 시사하며, 정신증적 상태보다는 불안장애일 가능성이 높다. 특히 척도 2가 동반 상승한 경우 기분부전장애나 강박장애로 진단 내려지기도 한다. 이들은 당면한 문제에 능동적으로 대응하고 일정 수준 방어를 하고 있어 호전 가능성도 상대적으로 높다. 반면 척도 8의 T점수가 척도 7의 T점수보다 최소 5~10점 정도 높다면 더욱 공고화된 정신증적 증상을 보일 가능성이 높아지고 치료도 더욱 어렵다. 조현병을 배제할 수 있더라도 심한 조현형 성격장애 등과 같이 변화에 대해 매우 저항적인 병리적 경향을 보일 가능성이 높다. 척도 8의 T점수가 75점 이상일 경우 혹은 과거 신경증적 척도로 불리던 척도 1, 척도 2, 척도 3의 점수가 낮은 경우에 특히 그러하다.

22) 89/98

89/98 코드 유형은 심신 에너지가 넘치고 과잉 활동적이며 주의가 산만하다. 이 유형은 행동이 과장되어 있고 허세를 부리며 말이 많지만, 기저에는 열등감과 부적절감이 내재해 있다. 이들은 다른 사람에 대해 깊이 관여하려 들지 않으며 오히려 철수되어 지낼 때가 많다. 또한 초조하고 긴장되어 있으며 정서적으로 매우 불안정하다. 두려움이 심하고 의심이 많으며 요구가 수용되지 않을 때에는 갑작스럽게 화를 낼 뿐만 아니라 때로는 와해되기도 하므로 주의가 필요하다. 이들은 자신의 능력이나 객관적 여건을 고려하지 않은 비현실적인 목표를 세우고 열망하며 이행하려 든다. 높은 포부 수준이나 성취 욕구와는 달리 실제 수행은 매우 평범하다.

89/98 코드 유형은 심한 정신병리를 보일 가능성이 높은데, 조현병, 조현정동장애,

심각한 성격장애로 진단 내려진다. 특히 F척도의 T점수가 높을수록 정신건강의학과적 증상이 더욱 심하다. 이들은 과대망상을 보이는 경우가 흔한데, 척도 6이 동반 상승한 경우 특히 그러하다. 때로는 종교적 색채를 띠기도 한다. 또한 우원적 사고와 같은 연상의 이완이라든가 신조어, 음운 연상(clang association), 반향어(echolalia) 등과 같은 기이한 언어 사용을 보이기도 한다. 내용 척도 중 기태적 정신 상태(BIZ)를 확인하는 것이 도움이 된다.

이 유형의 내담자들은 주의가 매우 산만하여 한 가지 화제에 집중을 잘 하지 못하기 때문에 심리치료를 유지해 나가기가 어렵다. 뿐만 아니라 통찰이 부족하고 심리적 해석에 저항하며 과대 망상적 사고나 과장된 자기평가 등 부인의 방어기제를 주로 사용하는 점도 심리치료를 어렵게 한다. 치료자가 이러한 방어기제에 직면시키면 짜증이나 분노를 표출하며, 심지어 공격 행동을 보일 수도 있다. 망상과 환각 등 광범위한 정신증적 증상이 있는 경우 항정신병 약물 치료가 필요하고, 기분장애가 두드러진 경우는 기분 안정제 투여가 필요하므로 의학적 자문을 받도록 한다.

7. MMPI-2 내용 척도, 보충 척도 및 기타 척도

1) MMPI-2의 재구성 임상 척도

경험적 방식에 기초해 선정된 MMPI의 임상 척도 문항들은 정신병리 유무를 탐지하는 데 유용하다. 하지만 동일한 척도에서도 내용이 상당히 이질적이며 여러 임상 척도가 상호 독립적이지 않다는 문제가 있어 구체적으로 어떠한 정신장애에 해당하는지를 확인하기는 어렵다. Tellgen 등(2003)은 이러한 한계를 극복하고 각 임상 척도들의 핵심 특징들을 분리시켜 보다 정제된 해석을 하고 진단적 변별성을 증가시킬 목적에서 재구성 임상 척도(Restructured Clinical Scale: RC)를 개발하였다.

우선 다른 모든 임상 척도에 공통적으로 반영되어 있는 일반 요인을 추출해 의기소침(Demoralization: RCd) 척도로 명명하였고, 다른 임상 척도들 중 이 RCd 척도를 제거하여 8개의 씨앗 척도(seed scale)를 구성하였다. 각 씨앗 척도는 해당 임상 척도와는 요인부하가 높지만 RCd 요인과는 요인부하가 낮고, 다른 임상 척도와도 상관이 낮은 문항들로 구성하였다. MMPI-2의 RC 척도는 총 9개로 구성되어 있는데, RCd 요인 외에 척도 5와 척도 0을 제외하고 8개의 임상 척도와 해당 번호에 상응하는 각각의 RC 척도

표 4-11 MMPI-2의 재구성 임상 척도(RC)

척도 번호(약어)	척도 설명
RCd(dem)	의기소침(Demoralization): 전반적인 정서적 불편감, 정서적 동요 정도. 대처 능력의 취약성, 낮은 자존감, 무력감, 비관적이고 염세적인 태도. 신체 증상 호소 빈도도 높음. RC 척도 해석의 출발점. 이 척도의 점수가 상승했다면 임상 척도, 내용 척도 및 다른 RC 척도가 상승했을 가능성이 높아짐
RC1(som)	신체 증상 호소(Somatic Complaints): 신체 건강에 대한 염려와 집착, 만성 통증 및 다양한 신체적 증상 호소, 피로감, 허약함과 같은 모호한 신체적 불편감 호소. 신체 증상과 관련된 심리적 요인 부인. 척도 1 및 내용 척도 중 건강염려 소척도(HEA)와 유사함
RC2(lpe)	낮은 긍정 정서(Low Positive Emotions): 긍정적인 정서 경험의 부족, 불행감, 사기 저하, 심신 에너지 부족, 결단력과 추진력이 약함, 무력감, 절망감, 소극성, 위축감 등. 이 척도 점수의 상승은 우울증 발병 위험성을 높여 줌
RC3(Cyn)	냉소적 태도(Cynicism): 임상 척도 3의 요소 중 상대방에 대한 과도한 믿음, 순진함의 속성을 주로 평가. 단, 임상 척도 3과는 반대 방향으로 채점됨. 즉, RC3의 점수가 높은 사람은 다른 사람들이 불친절하고 자신만을 생각하며 배려가 부족하고 착취적이어서 믿기 어렵다고 여김
RC4(asb)	반사회적 행동(Antisocial Behavior): 분노, 공격성, 논쟁, 비순응성. 거짓말, 사기, 물질 남용, 성적 문제 및 법적 문제 연루 가능성이 높아짐. 타인을 이용·착취하는 행동, 대인관계 갈등이 예상됨
RC6(per)	피해의식(Idea of Persecution): 외부의 압력, 힘에 통제받고 희생당하거나 부당하게 학대당한다는 피해 사고, 불신, 의심이 있음
RC7(dne)	역기능적 부정적 정서(Dysfunctional Negative Emotions): 불안감, 과민함, 짜증스러움, 높은 부정적인 정서 반응성, 거부나 비판에 민감, 실수 및 실패에 대한 집착, 부정적 사고에 몰두하고 반추함
RC8(abx)	기태적 경험(Aberrant Experiences): 자아 기능의 혼란, 감각적, 지각적, 인지적, 행동적 장애. 명백한 환각 및 기태적인 감각적, 지각적 경험 가능성이 높아짐. 현실 검증력이 손상된 망상적 사고 장애. 이 척도의 점수가 높을수록 정신증적 가능성이 높아짐
RC9(hpm)	경조증적 상태(Hypomanic Activation): 심신 에너지 항진, 고양된 기분, 과도한 자신감, 과장된 자기지각이나 과대 사고, 감각적이고 자극 추구적인 행동, 성적 욕구의 증가, 수면 욕구 감소, 과민하고 짜증스러운 감정 표출, 공격성, 충동 통제력 약화 등 경조증적 상태에서 보이는 다양한 정서적, 인지적, 행동적 징후. T>75인 경우 조증 삽화 가능성이 높아지며, T점수 60~70점 정도인 경우 적응적 수준에서의 고양된 상태, 높은 에너지 수준을 반영함

들이 개발되었다.

RC 척도는 기존 임상 척도의 결과를 보다 정제되고 세련되게 해석할 수 있다는 것이 장점이다. 만약 임상 척도는 상승했지만 RC 척도가 상승하지 않은 경우라면, 이는 오히려 전반적인 의기소침(높은 RCd) 때문에 얻어진 결과일 수 있다. 따라서 이러한 경우에는 수검자가 해당 임상 척도의 핵심적인 구성 개념을 반영하는 특성을 지녔다고 결론 내리는 데에 매우 신중해야 한다. 반면에 임상 척도는 상승하지 않았는데 RC 척도만 상승한 경우라면, 상승한 RC 척도의 핵심적인 구성 개념과 연관된 특성을 반영하는 것으로 추론할 수 있다. 이때 임상 척도가 상승하지 않은 것은 의기소침한 성향이 적은 데(낮은 RCd)에 기인할 가능성이 있다.

RC 척도는 MMPI-2의 임상 척도 및 내용 척도와 동일한 동형 T점수가 사용되며, T점수 65점 이상을 유의한 상승으로 본다. 각 RC 척도 점수가 유의하게 상승한 경우에 적용할 수 있는 해석적 가설은 〈표 4-11〉과 같다(Ben-Porath & Tellegen, 2008; Handel & Archer, 2008; Sellborm, Ben-Porath, & Graham, 2006; Tellegen et al., 2003).

2) MMPI-2의 내용 척도

원판 MMPI를 토대로 개발된 내용 소척도의 대안으로, Butcher 등(1990)은 MMPI-2에 대해서도 문항 군집을 바탕으로 한 논리적 접근을 통해 새로운 15개의 내용 척도를 개발하였다. MMPI-2의 내용 척도는 내적 일관성이 높고, 척도 간의 중복 문항을 최소화하여 상대적으로 독립적이며, 해당 내용 차원의 특징을 임상적으로 잘 반영하고 있어 비교적 합리적이고 직관적이면서도 임상 척도의 의미를 쉽고 상세하게 해석할 수 있게 해 준다는 점에서 유용하다(Barthlow, Graham, Ben-Porath, & McNulty, 1999). 예를 들어, 척도 4가 상승한 프로파일에서 가정 문제 척도(FAM)는 유의하게 상승하였지만 반사회적 특성 척도(ASP)가 정상 범위인 경우라면, 척도 4의 상승이 반사회적 행동 특성보다는 가족들과의 갈등, 소원함을 시사한다. 또한 심리치료 프로그램에 참여한 통증 장애 환자의 직업적 곤란 척도(WRK) 점수는 직장 복귀에 대한 그들의 태도와 예후 평가에, 부정적 치료지표 척도(TRT) 점수는 치료에 대한 반응성 예측에 중요한 정보를 제공할 것이다.

〈표 4-12〉에는 MMPI-2의 내용 척도 및 내용 소척도에 대한 설명을 제시해 놓았다.

표 4-12 MMPI-2의 내용 척도 및 내용 소척도

- 불안(Anxiety: ANX): 광범위한 양상의 불안 증상과 이에 수반한 다양한 신체 증상. 단일 요인
- 공포(Fears: FRS): 다양한 유형의 공포증 혹은 두려움, 소심함, 자신감 부족
  ⇨ 일반화된 공포(FRS1), 특정 공포(FRS2)
- 강박성(Obsessiveness: OBS): 강박 사고 혹은 강박 행동. 우유부단함, 의사 결정의 어려움, 완고함, 변화에 대한 저항성, 반추적 사고. 단일 요인
- 우울(Depression: DEP): 우울감, 불행감, 공허감, 무망감, 사기 저하, 의기소침, 자책감, 염세적이고 비관적인 사고, 자살 사고, 흥미와 의욕 저하, 피로감 및 불면
  ⇨ 동기의 결여(DEP1), 기분부전(DEP2), 자기비하(DEP3), 자살 사고(DEP4)
- 건강염려(Health Concerns: HEA): 신체적 쇠약감, 다양한 신체 증상 혹은 피로감 호소, 신체 기능에 몰두함
  ⇨ 소화기 증상(HEA1), 신경학적 증상(HEA2), 일반적인 건강 염려(HEA3)
- 기태적 정신 상태(Bizarre Mentation: BIZ): 정신증적 증상, 둔마된 정동, 동기 결여, 대인관계 철수 및 부적절성
  ⇨ 정신증적 증상(BIZ1), 분열형 성격 특성(BIZ2)
- 분노(Anger: ANG): 분노, 적대감, 짜증, 비판적, 논쟁적, 쉽게 화를 냄. 충동 및 감정 통제 능력의 취약성, 공격적, 폭력적 행동 문제 등
  ⇨ 폭발적 행동(ANG1), 성마름(ANG2)
- 냉소적 태도(Cynicism: CYN): 불신, 의심, 경계적 태도, 편집증적 사고, 적대적 태도
  ⇨ 염세적 신념(CYN1), 대인적 의심(CYN2)
- 반사회적 특성(Antisocial Practices: ASP): 법적 문제, 약물 남용 문제 혹은 학교 관련 문제행동 등 반사회적 행동 특성 혹은 사회 규범을 경시하는 태도, 권위적 대상에 대한 반감. 자기중심적, 충동적, 이기적 특성
  ⇨ 반사회적 태도(ASP1), 반사회적 행동(ASP2)
- A유형의 행동(Type A: TPA): 일 중심적, 성취 지향적 유형. 에너지 수준이 높고 민첩하지만 경쟁적, 조급함, 방해받는 상황에 대한 참을성이 부족하고 쉽게 화를 냄. 비판적, 적대적, 짜증이 많음
  ⇨ 조급함(TPA1), 경쟁 욕구(TPA2)
- 낮은 자존감(Low Self-Esteem: LSE): 부정적 자기개념(부적절감, 매력이 부족하다고 여김), 자신감 부족, 자신에 대한 과소평가. 타인의 비판이나 거절에 민감하며 칭찬받는 상황을 불편해함. 대인관계에 수동적, 소극적임
  ⇨ 자기회의(LSE1), 순종성(LSE2)
- 사회적 불편감(Social Discomfort: SOD): 내향적, 수줍음, 사회적 상황을 불편하게 여겨 철수되어 지냄
  ⇨ 내향성(SOD1), 수줍음(SOD2)
- 가정 문제(Family Problems: FAM): 가족 관계, 부부 관계에 대한 부정적 지각, 불행감, 분노, 적대감, 유아 · 아동기의 신체적 혹은 심리적 학대나 유기 가능성 있음
  ⇨ 가정 불화(FAM1), 가족 내 소외(FAM2)

- **직업적 곤란**(Work Interference: WRK): 불안정감, 주의집중의 어려움, 우유부단함, 성취 동기 결여, 자신감 부족 혹은 동료들에 대해 호의적이지 않은 태도, 가족들의 지지 부족 등으로 인한 직업 적응의 어려움. 단일 요인
- **부정적 치료지표**(Negative Treatment Indicator: TRT): 심리치료나 정신건강 서비스 및 관련 전문가에 대한 부정적인 태도. 자신의 문제를 다른 사람들과 공유하지 못함. 문제에 직면하지 못하고 변화를 불신하며 저항적임

  ⇨ 낮은 동기(TRT1), 낮은 자기개방(TRT2)

내용 척도의 T점수가 65점 이상일 경우 높은 점수로 고려하며, 60~64점 범위인 경우 해당 척도의 일부 특성만 적용될 수 있다(Groth-Marnat, 2009). 내용 소척도는 모척도의 T점수가 60점 이상이면서 동시에 해당 내용 소척도의 T점수가 65점 이상일 경우에만 해석한다(김중술 외, 2005). 내용 척도에는 '명백' 문항이 많이 포함되어 있으므로 수검자의 수검 태도를 고려해 해석해야 한다. 방어적 태도의 수검자라면 점수가 낮아질 수 있고, 문제를 과장하는 수검자라면 점수가 높아질 수 있다.

3) 성격병리 5요인 척도

성격병리 5요인 척도(Personality Psychopathology Five Scale: PSY-5)는 개인의 성격 특성을 평가할 목적에서 개발되었다는 점에서 정신장애 평가 목적에서 개발된 MMPI-2의 다른 척도들과는 차이가 있다. PSY-5 척도는 성격 특성 모델을 따른다는 점에서 성격의 5요인 이론(five factor model)에 기초한 NEO-PI-R(Costa & McCrae, 1992)과 유사하다. 그러나 이러한 기존의 성격 척도들이 주로 정상 범주의 성격 특성에 초점을 두고 있는 반면, PSY-5 척도는 정상적인 성격 기능의 연장선상에서 성격장애를 개념화하고자 하였다. 일반적으로 PSY-5에 포함되는 각 척도는 모두 높은 점수(T>65)에 대해 해석을 하지만, 통제 결여(DISC) 척도와 내향성/낮은 긍정적 정서성(INTR) 척도는 낮은 점수(T≤40)에 대해서도 해석할 것이 권장된다(Graham, 2006).

〈표 4-13〉에는 PSY-5 척도에서의 높은 점수 및 낮은 점수에 대한 설명을 제시해 놓았다.

표 4-13 MMPI-2의 성격병리 5요인 척도(PSY-5)

- 공격성 척도(Aggressiveness: AGGR): 공격성, 지배 욕구, 권력 욕구, 목표 달성 혹은 타인에 대한 지배와 통제를 위해 폭력적, 위협적, 공격적 행동 사용, 학교 장면에서의 행동 문제, 가정 폭력, 체포 및 구금 과거력 등을 시사함
- 정신증 척도(Psychoticism: PSYC): 기태적 감각 및 지각 경험, 현실 검증력 결여, 관계 사고, 비현실적인 두려움, 연상의 이완, 특이한 생각이나 행동, 현실 생활과의 단절과 고립, 대인관계에서의 부적절성 및 소외감
- 통제 결여 척도(Disconstraint: DISC): 높은 점수는 자기통제 능력 결여, 충동성, 모험적이고 감각적, 자극 추구적인 성향 반영. 학교 장면에서의 문제행동, 약물 남용, 체포 및 구속 등의 과거력 등 시사. 낮은 점수는 자기절제 및 통제력, 안전 지향, 규칙과 규범 준수 등을 시사함
- 부정적 정서성/신경증 척도(Negative Emotionality/Neuroticism: NEGE): 불쾌감, 불안, 걱정, 죄책감 등 부정적 정서 경험의 소인 반영. 자기비판적, 죄책감, 우울감, 신체 증상 호소, 대인관계 지지 체계 빈약함
- 내향성/낮은 긍정적 정서성 척도(Introversion/Low Positive Emotionality: INTR): 높은 점수는 내향적, 낮은 성취 욕구와 포부 수준, 추진력 및 에너지 부족, 비관적, 염세적. 정서적 반응성이 낮음. 낮은 점수는 기쁨, 즐거움, 유쾌함 같은 긍정적 정서성 소인을 반영. 사교적, 포부가 크고 심신 에너지 수준 및 정서적 반응성이 높음

4) MMPI-2의 보충 척도

원판 MMPI가 출시된 이래 타당도 및 임상 척도의 해석을 보완할 목적에서 수많은 보충 척도가 개발되어 왔다. MMPI-2에서 사용되는 보충 척도는 567문항에 모두 응답했을 때 채점이 가능하다. 모든 보충 척도에 적용할 수 있는 단일한 절단점 T점수를 결정하는 것은 불가능하지만, 일반적으로 T점수가 65점 이상일 때 높은 점수로 간주한다.

〈표 4-14〉에는 MMPI-2의 보충 척도 및 높은 척도 점수에 대한 설명을 제시해 놓았다.

표 4-14 MMPI-2의 보충 척도

- **불안 척도(Anxiety Scale: A)**: 불안 증상, 확신감 부족, 우유부단함, 관습에 순응적, 적응력이 취약하며 스트레스 상황에서 의사 결정을 힘들어함
- **억압 척도(Repression Scale: R)**: 순종적, 과잉 통제 경향, 관습과 형식을 중요시, 명확한 사고방식 및 상황 선호, 신중하고 조심스러우며 느리게 행동함
- **자아 강도 척도(Ego Strength Scale: Es)**: 자신의 심리적 문제를 인정하고 자발적으로 도움을 찾는 정도. 전반적인 심리적 적응 및 치료적 예후의 지표. 방어적 수검자의 경우 점수가 상승할 수 있으므로 해석에 주의할 것
- **지배성 척도(Dominance Scale: Do)**: 현실적, 업무 중심적 성향. 자신감, 유능감, 책임감, 추진력이 강함. 주도적, 적극적인 대인관계 맺음
- **사회적 책임감 척도(Social Responsibility Scale: Re)**: 정의감, 공정성을 중요시함. 자신에게 높은 기준 적용. 자신감이 강하고 독립적이며 신뢰를 주는 긍정적, 적응적 특성을 반영함
- **대학생활 부적응 척도(College Maladjustment Scale: Mt)**: 근심, 걱정, 긴장감, 압박감, 염세적, 비판적, 불안정, 행동 느리고 효율성 낮음. 현재의 부적응 정도를 반영하나 향후 부적응이나 심리적 문제 예측은 확실치 않음
- **외상후 스트레스장애 척도(Post-Traumatic Stress Disorder Scale: PK)**: 퇴역 군인의 외상후 스트레스 징후를 평가하기 위해 개발. 이 외에 심리적 혼란감, 정서적 고통감, 통제 불능감 등을 반영하므로 해석에 주의 요함
- **결혼생활 부적응 척도(Marital Distress Scale: MDS)**: 결혼 생활의 어려움 반영. 별거, 이혼한 경우에만 적용 가능함
- **적대감 척도(Hostility Scale: Ho)**: 타인에 대한 의심, 불신감, 분노, 적대감, 불친절, 냉소적 태도. 투사 많이 함
- **적대감 과잉통제 척도(Overcontrolled Hostility Scale: O-H)**: 내재된 분노감, 적대감을 부인, 억제. 부정적 정서 자극을 받을 때 과잉 반응 가능성. 향후 폭력 행동에 대한 예측보다는 과거 행동 특성을 이해하는 데에 유용함
- **MacAndrew의 알코올 중독 척도(MacAndrew Alcoholism Scale: MAC-R)[5)]**: 현재 알코올(물질) 사용 관련 문제보다는 향후 이러한 문제로 발전할 잠재적인 위험성을 반영. 알코올 문제와 다른 물질 사용 문제를 구별하기 어려움. 이 외에 외향적, 자기주장적, 자기과시적, 경쟁적, 모험 및 감각 추구적 성향 등을 시사하기도 함

5) MAC-R은 다른 척도들과는 달리 전통적으로 원점수를 기반으로 해석을 하는데, 일반적으로 이 척도에서 원점수가 28점 이상인 경우 물질 남용 문제가 시사되므로 알코올 및 약물 사용에 대해 상세한 정보 수집이 필요하다. 이 척도의 점수가 24~27점인 경우 물질 남용 가능성이 시사되기는 하지만, 오긍정 오류(false positive)가 높음을 고려해 신중히 해석해야 한다. 성별에 따라 원점수에 대한 해석 기준을 다르게 적용할 것이 권고되기도 하는데(Groth-Marnat, 2009), 남성의 경우 26~28점, 여성의 경우는 23~25점을 절단점으로 적용할 수 있다.

- **중독 인정 척도(Addiction Acknowledge Scale: AAS)**: 자신에게 알코올 혹은 약물 관련 문제들이 있음을 자각하고 도움을 구하는 정도. 물질 남용 탐지에 민감하지만, 이를 부인하는 수검자라면 점수 낮을 수 있음
- **중독 가능성 척도(Addiction Potential Scale: APS)**: 현재 물질 남용 문제보다는 물질 남용의 가능성 혹은 취약성 측정. 60T 이상이면 물질 남용 관련 추가 정보 수집. MAC-R, AAS에 비해 물질 남용 가능성 탐지에 효과적이지는 않으므로 이들 두 척도를 우선적으로 해석함
- **남성적 성역할 척도(Masculine Gender Role Scale: GM)/여성적 성역할 척도(Feminine Gender Role Scale: GF)**[6]: 높은 GM 척도 점수는 강한 자신감, 모험성, 도전 정신, 추진력, 두려움이나 걱정을 부인하는 성향 반영. 높은 GF 척도 점수는 전형적인 여성적 흥미와 활동에 대한 선호, 예민함, 순응적 성향을 반영함

5) 결정적 문항

다양한 연구자가 MMPI에 대해 결정적 문항(critical items) 세트를 개발하였는데(Caldwell, 1969; Grayson, 1951; Hoffman, Loper, & Kammeier, 1974), 이는 앞서 언급한 여러 척도 외에도 개별 문항에 대한 의미 문항 군집에 기초한 해석을 제공한다. 그중 Koss-Butcher의 결정적 문항과 Lachar-Wrobel의 결정적 문항이 많이 사용되며, 한국판 MMPI-2에서도 이 두 가지 결정적 문항 세트에 대한 수검자의 응답을 확인할 수 있다(〈표 4-15〉 참조).

결정적 문항을 사용하면 면담 과정에서 어떤 정보를 수집해야 할지를 결정하는 데에 도움이 된다. 그러나 결정적 문항을 척도로 간주해서는 안 되며, 해당 문항 내용과 관련된 특정 영역에 대해 임상가와 직접적으로 소통하고자 하는 바를 반영한다고 보아야 할 것이다. 특히 대부분의 문항에서 '그렇다'로 반응하는 수검자와 부정 왜곡을 보이는 수검자에 대해서는 결정적 문항을 해석할 때 주의를 기울여야 한다.

---

6) 임상 척도의 척도 5(Mf)는 남성성과 여성성을 단일한 연속선상의 대립되는 개념으로 가정하고 동일한 원점수에 대해 남녀 성별에 따라 T점수를 반대 방향으로 전환시켜 산출하였다면, GM 척도와 GF 척도는 최근의 성역할 개념을 반영하여 남성적 요소와 여성적 요소를 독립된 차원으로 구분하여 측정하였다. GM 척도와 GF 척도를 조합해 네 가지 유형(남성성, 여성성, 양성성, 미분화형)의 성역할 특성을 분류하려는 시도가 있었는데(Peterson & Dahlstrom, 1992), 후속 연구(Johnson, Jones, & Brems, 1996)에서는 이 두 척도를 사용한 성역할 분류 방식이 지지되지 않았다. 다만 이 척도의 점수는 성별과 상관없이 개인의 어떠한 심리적 특성과 상관이 있는 것으로 확인되었다. 이 두 척도에 대해서는 아직도 더 많은 경험적 연구가 필요하므로 연구 목적 이외에 이 척도를 관례적으로 해석하는 것은 권장되지 않는다.

표 4-15 한국판 MMPI-2의 결정적 문항

Koss-Butcher의 결정적 문항	• 급성 불안(Acute Anxiety Stage) • 우울 자살 사고(Depressed Suicidal Ideation) • 위협적 폭력(Threatened Assault) • 알코올 중독으로 인한 상황적 스트레스(Situational Stress Due to Alcoholism) • 정신적 혼란(Mental Confusion) • 피해의식(Persecutory Ideas)
Lachar-Wrobel의 결정적 문항	• 반사회적 태도(Antisocial Attitude) • 가족 갈등(Family Conflict) • 신체 증상(Somatic Symptoms) • 성적인 염려 및 성적 이탈(Sexual Concern and Deviation) • 불안 및 긴장(Anxiety and Tension) • 수면 장애(Sleep Disturbance) • 기이한 사고 및 경험(Deviant Thinking and Experience) • 우울 및 걱정(Depression and Worry) • 기이한 믿음(Deviant Beliefs) • 물질 남용(Substance Abuse) • 문제형 분노(Problematic Anger)

6) MMPI-2 재구성판

2000년대 들어오면서 MMPI-2의 중요한 개정 작업이 있었는데, 그중 하나가 MMPI-2 재구성판(MMPI-2-Restructed Form: MMPI-2-RF; Ben-Porath & Tellegen, 2008)이다. MMPI-2-RF는 MMPI-2의 대안적 도구일 뿐만 아니라 독립적인 검사 도구로서의 기능도 갖추고 있다. 또한 MMPI-2-RF는 전체 문항 수가 338개로 단축되어 MMPI-2에 비해 실시 시간이 짧고 실시가 간편하다는 장점이 있다.

MMPI-2-RF는 MMPI-2에 포함되는 하위 세트에 기초하고, MMPI-2의 규준 표집을 사용하였으며, MMPI-2와 거의 동일한 방식으로 타당도 척도가 개발되었다. MMPI-2-RF는 별도의 임상 척도를 포함하고 있지는 않지만, 재구성 임상 척도(RC)와 성격병리 5요인 척도(PSY-5)를 포함하고 있다. 이 두 척도는 MMPI-2-RF의 핵심적인 척도라고 볼 수 있다. RC 척도는 MMPI-2와 동일하게 적용되며, PSY-5 척도는 일부 문항에 차이가 있기는 하지만 이 역시 MMPI-2와 거의 유사한 방식으로 개발되었으므로 여기에서는 별도의 설명을 하지 않겠다. 또한 MMPI-2-RF는 임상가들이 관련

표 4-16 MMPI-2와 MMPI-2-RF

척도 종류	MMPI-2	MMPI-2-RF
타당도 척도	VRIN, TRIN, F, F_P, F_B, FBS, L, K	VRIN-r, TRIN-r, F-r, F_{p-r}, Fs, FBS-r, L-r, K-r
임상 척도	10개 임상 척도	없음
재구성 임상 척도	9개 RC 척도	MMPI-2와 동일
PSY-5 척도	AGGR, PSYC, DISC, NEGE, INTR	AGGR-r, PSYC-r, DISC-r, NEGE-r, INTR-r
결정적 문항/결정적 척도	Koss-Butcher의 결정적 문항(6개 영역) Lachar-Wrobel의 결정적 문항(11개 영역)	결정적 척도(7개 영역)
상위 차원 척도	없음	3개
특정 문제 척도	없음	23개
흥미 척도	없음	2개

된 정보를 수집하는 데에 도움이 될 수 있도록 추가적인 척도를 개발하였는데, 이 척도들은 측정하고자 하는 바를 잘 나타내는 용어로 명명하였다. 〈표 4-16〉에는 MMPI-2와 MMPI-2-RF에 포함되는 척도를 비교하여 제시해 놓았다. 국내에서도 미국과 동일한 방식으로 MMPI-2-RF에 대한 표준화 연구가 진행되었고 매뉴얼(한경희, 문경주, 이주영, 김지혜, 2011)이 출시되었다.

MMPI-2-RF에 포함되는 척도 중 MMPI-2와 동일하거나 유사하게 적용되는 타당도 척도, RC 척도 및 PSY-5 척도를 제외한 추가 특수 척도들은 〈표 4-17〉과 같다.

표 4-17 MMPI-2-RF: 특수 척도

■ 상위 차원 척도(Higher-Order Scale: H-O)

- 정서적/내재화 문제(Emotional/Internalizing Dysfunction: EID), 사고 문제(Thought Dysfunction: THD)
- 행동적/외현화 문제(Behavioral/Externalizing Dysfunction: BXD)

■ 특정 문제 척도(Specific Problems: SP)

- 신체/인지 증상 척도(Somatic/Cognitive Scales): 신체적 불편감(Malaise: MLS), 소화기 증상 호소(Gastrointestinal Complaints: GIC), 두통 호소(Head Pain Complaints: HPC), 신경학적 증상 호소(Neurological Complaints: NUC), 인지적 증상 호소(Cognitive Complaints: COG)
- 내재화 척도(Internalizing Scale): 자살/죽음 사고(Suicidal/Death Ideation: SUI), 무력감/무망감(Helplessness/Hopelessness: HLP), 자기회의(Self-Doubt: SFD), 효능감 결여(Inefficacy: NFC), 스트레스/걱정(Stress/Worry: STW), 불안(Anxiety: AXY), 분노 경향성(Anger Proneness: ANP), 행동 제약 공포(Behavior-Restricting Fears: BRF), 다중 특정 공포(Multiple Specific Fears: MSF)
- 외현화 척도(Externalizing Scales): 청소년기 품행문제(Juvenile Conduct Problems: JCP), 약물 남용(Substance Abuse: SUB), 공격 성향(Aggression: AGG), 흥분 성향(Activation: ACT)
- 대인관계 척도(Interpersonal Scale): 가족 문제(Family Problems: FML), 대인관계 수동성(Interpersonal Passivity: IPP), 사회적 회피(Social Avoidance: SAV), 수줍음(Shyness: SHY), 관계 단절(Disaffiliativeness: DSF)

■ 흥미 척도(Interest Scale)

심미적-문학적 흥미(Aesthetic-Literary Interests: AES), 기계적-물리적 흥미(Mechanical-Physical Interest: MEC)

■ 결정적 척도

자살/죽음 사고(Suicidal/Death Ideation: SUI), 무력감/무망감(Helplessness/Hopelessness: HLP), 불안(Anxiety: AXY), 피해의식(Ideas of Persecution: RC6), 기태적 경험(Aberrant Experiences: RC8), 약물 남용(Substance Abuse: SUB), 공격 성향(Aggression: AGG)

참고문헌

김영환, 김재환, 김중술, 노명래, 신동균, 염태호, 오상우(1989). **다면적 인성검사 실시 요강(개정판)**. 서울: 한국가이던스.

김중술, 임지영, 이정흠, 민병배, 문경주(2005). **다면적 인성검사 II. 매뉴얼**. 서울: (주)마음사랑.

정범모, 이정균, 진위교(1963). **MMPI 다면적 인성검사 검사법 요강**. 서울: 코리안테스팅센터.

진위교, 김형립(1971). **간편 MMPI 성격검사**. 서울: 코리안테스팅센터.

최정윤(2002). 심리검사의 이해. 서울: 시그마프레스.

한경희, 김중술, 임지영, 이정흠, 민병배, 문경주(2011). 다면적 인성검사 II. 매뉴얼(개정판). 서울: 마음사랑.

한경희, 문경주, 이주영, 김지혜(2011). 다면적 인성검사 II 재구성판 매뉴얼. 서울: 마음사랑.

Arbis, P. A., & Ben-Porath, Y. S. (1995). An MMPI-2 infrequent response scale for use with psychopathological populations: The Infrequency Psychopathology Scale, F(p). *Psychological Assessment, 7,* 424-431.

Archer, R. P. (1987). *Using the MMPI with Adolescents.* Hillsdale, NJ: Lawrence Erlbaum.

Archer, R. P. (2006). *Forensic Uses of Clinical Assessment Instrument.* Mahwah, NJ: Lawrence Erlbaum.

Bagby, R. M. (1995). Relative effectiveness of the standard validity scales in detecting fake-bad and fake-good responding: Replication and extension. *Psychological Assessment, 7,* 84-92.

Barthlow, D. L., Graham, J. R., Ben-Porath, Y. S., & McNulty, J. L. (1999). Incremental validity of the MMPI-2 content scales in an outpatient mental health setting. *Psychological Assessment, 11,* 39-47.

Ben-Porath, Y. S., & Tellegen, A. (2008). *Minnesota Multiphasic Personality Inventory-2 Restructured Form Manual.* Minneapolis, MN: University of Minnesota Press.

Ben-Porath, Y. S., & Butcher, J. N. (1989). The comparability of MMPI and MMPI-2 scale and profiles. *Psychological Assessment: A Journal of Consulting and Clinical Psychology, 1,* 345-347.

Butcher, J. N. (2006a). *MMPI-2: A Beginner's Guide* (2nd ed.). Washington, DC: American Psychological Association.

Butcher, J. N. (2006b). *MMPI-2: A Parctitioner's Guide* (2nd ed.). Washington, DC: American Psychological Association.

Butcher, J. N., Dahlstorm, W. G., Graham, J. R., et al. (1989). *Minnesota Multiphasic Personality Inventor-2(MMPI-2): Manual for Adminiatration and Scoring.* Minneapolis, MN: University of Minnesota Press.

Butcher, N. J., Graham, J. R., Ben-Porath, Y. S., Tellegen, A., Dahlstrom, W. G., & Kaemmer, B. (2001). *MMPI-2: Manual for Administration, Scoring, and Interpretation* (Revised ed.). Minneapolis, MN: University of Minnesota Press.

Butcher, J. N., Graham, J. R., Williams, C. L., & Ben-Porath, Y. S. (1990). *Development and Use of the MMPI-2 Content Scales.* Minneapolis, MN: University of Minnesota Press.

Butcher, J. N., & Han, K. (1995). Development of an MMPI-2 scale to assess the presentation of self in a superlative manner: The S scale. In J. N. Butcher & C. D. Spielberger (Eds.), *Advances in Personality Assessment* (Vol. 10, pp. 25-50). Hillsdale, NJ: LEA Press.

Caldwell, A. B. (1969). MMPI critical items, Unpublished manuscript. (Available from Caldwell Report, 1545 Sawtelle Bl., No. 14, Los Angeles, CA 90025).

Camara, W. J., Nathan, J. S., & Puente, A. E. (2000). Psychological test usage: Implications in professional psychology. *Professional Psychology: Research and Practice, 31,* 141-154.

Colligan, R. C., & Offord, K. P. (1989). The aging MMPI: Contemporary norms for contemporary teenagers. *Mayo Clinic Proceedings, 64,* 3-27.

Costa, P. T., & McCrae, R. R. (1992). *NEO PI-R Professional Manual.* Odessa, FL: Psychological Assessment Resources.

Evans, C., & McConnell, T. R. (1941). A new measure of introversion-extroversion. *Journal of Psychology: Interdisciplinary and Applied, 12,* 111-124.

Graham, J. R. (2006). *MMPI-2: Assessing Personality and Psychopathology* (4th ed.). New York: Oxford University Press. 이훈진, 문혜신, 박현진, 유성진, 김지영 공역(2007). MMPI-2: 성격 및 정신병리 평가(제4판). 서울: 시그마프레스.

Grayson, H. M. (1951). *A Psychological Admissions Testing Program and Manual.* Los Angeles, CA: Veterans Administration Center, Neuropsychiatric Hopital.

Groth-Marnat, G. (2009). *Handbook of Psychological Assessment* (5th ed.). Hoboken, NJ: John Wiley & Sons, Inc.

Handel, R. W., & Archer, R. P. (2008). An investigation of the psychometric properties of the MMPI-2 Restructured Clinical(RC) scales with mental health patients. *Journal of Personality Assessment, 90,* 239-249.

Harris, R., & Lingoes, J. (1955). *Subscales for the Minnesota Multiphasic Personality Inventory.* Mimeographed materials, The Langley Porter Clinic.

Harris, R., & Lingoes, J. (1968). *Subscales for the Minnesota Multiphasic Personality Inventory.* Mimeographed materials, The Langley Porter Clinic.

Hoffman, H., Loper, R. G., & Kammeier, M. L. (1974). Identifying future alcoholics with the MMPI alcoholism scales. *Quarterly Journal of Studies on Alcohol, 35,* 490-498.

Johnson, M. E., Jones, G., & Brems, C. (1996). Concurrent validity of the MMPI-2 Feminine Gender Role(GF) and Masculine Gender Role(GM) scales. *Journal of Personality Assessment, 66,* 153-168.

Lees-Haley, P. R., English, L. T., Glenn, W. J. (1991). A Fake Bad Scale on the MMPI-2 for personal injury claimants. *Psychological Reports, 68,* 203-210.

Markes, P. A., Seeman, W., & Haller, D. L. (1974). *The Actuarial Use of the MMPI with*

Adolescents and Adults. Baltimore, MD: Williams & Wilkins.

McKinley, J. C., & Hathaway, S. R. (1944). The MMPI: V. Hysteria, hypomania and psychopathic deviate. *Journal of Applied Psychology, 28,* 153-174.

Osberg, T. M., & Paland, D. L. (2002). Comparative accuracy of the MMPI-2 and MMPI-A in the diagnosis of psychopathology in 18-year-olds. *Psychological Assessment, 14,* 164-169.

Peterson, C. D., & Dahlstrom, W. G. (1992). The Derivation of Gender-Role Scales GM and GF for MMPI-2 and Their Relationship to Scale 5(Mf). *Journal of Personality Assessment, 59*(3), 486-499.

Sellborm, M., Ben-Porath, Y. S., & Graham, J. R. (2006). Correlates of the MMPI-2 Restructured Clinical(RC) scales in a college counseling setting. *Journal of Personality Assessment, 86,* 89-99.

Shaevel, B., & Archer, R. P. (1996). Effects of MMPI-2 and MMPI-A norms on T-score elevations for 18-year-olds. *Journal of Personality Assessment, 67,* 72-78.

Tellgen, A., Ben-Porath, Y. S., McNulty, J. L., Arbisi, P. A., Graham, J. R., & Kaemmer, B. (2003). *The MMPI-2 restructured clinical(RC) scales*. Minneapolis, MN: University of Minnesota Press.

제5장

집-나무-사람 검사(HTP)와 문장완성검사(SCT)

1. 집-나무-사람 검사(HTP)

집-나무-사람 검사(House-Tree-Person Test: HTP)는 쉽고 간편하게 실시할 수 있는 대표적인 투사 검사로 알려져 있다. 이러한 그림 검사의 효시로 볼 수 있는 인물화 검사(Drawing a Person Test: DAP)를 개발한 Goodenough(1926)의 본래 목적은 아동들의 지능을 보다 간편하게 측정하는 것이었다. 또한 DAP를 사용해 나가면서 지능뿐만 아니라 투사적 성격 검사로서의 유용성이 확인되었다(Machover, 1949). 이러한 맥락에서 Buck(1948)은 DAP를 HTP로 확장시켰으며 양적인 채점 체계도 개발하였다(Buck & Hammer, 1969). 그들은 수검자들에게 갑자기 '사람'을 그려 보라고 했을 때 불안감이나 위협감이 유발되는 경우를 종종 발견하였고, 이러한 문제점을 보완하고자 상대적으로 중립적이면서도 사람과 관련이 있고 사람들이 흔히 그리는 주제이며 투사를 잘 유발할 수 있는 자극으로 집(house)과 나무(tree)를 사용하였다.

그림 검사의 기본 가정은 사람들이 그리는 그림에는 내면의 욕구, 감정, 생각, 자신의 환경과 경험이 투사되어 있다는 것이다. 따라서 임상가들은 그림 검사를 정신분석학적 관점에서의 상징, 전이나 대치 등과 연관 지어 해석하는 경향이 지배적이었다. 한편으로는 인본주의적 관점에서의 설명(Burn, 1987)을 강조하기도 한다.

많은 임상가는 다음과 같은 이유에서 그림 검사를 폭넓게 사용하고 있다.

- 짧은 시간 내에 간편하게 실시할 수 있다.
- 언어적 · 문화적 제약이 적다. 즉, 지적 능력이나 언어 능력에 제약이 있는 사람, 문맹자, 다른 문화권의 사람, 수줍음이 많고 위축되어 있는 사람 등 언어표현에 어려움을 겪는 사람들에게도 실시가 가능하다.
- 개인의 의식적인 방어가 덜 관여하며, 수검자가 인식하지 못하는 내면세계까지 반영한다.
- 복잡한 채점 절차를 거치지 않고 그림만으로 직접 해석이 가능하다.

하지만 이러한 그림 검사는 로샤검사나 주제 통각 검사 등 다른 투사 검사에 비해 반응성이 적고, 양손의 운동 기능과 같이 신체적 제약이 있는 사람들에게는 실시가 불가능하며, 비구조화된 검사이다 보니 실시 절차나 임상적 해석에 있어 타당도와 신뢰도의 논란 등 여전히 몇 가지 문제점이 제기되고 있다.

임상 장면에서 이러한 그림 검사를 효과적으로 사용하기 위해서는 이 검사에서 시사되는 한두 가지 징후 혹은 함축적 의미에 초점을 맞춰 지나친 추론이나 해석을 하는 것을 삼가고 다른 심리검사 결과, 수검자의 개인력, 면담, 평가 상황에서 관찰된 행동 등을 종합적으로 고려해야 한다.

2. HTP의 실시 방법

1) 그리기 단계

- 준비물: 16절지(A4) 여러 장(5장 이상), HB 연필, 지우개, 초시계

HTP의 그리기 단계는 다음과 같이 실시한다. 각 그림에 대해서는 그리기 시작할 때부터 그림을 완성할 때까지 시간을 측정하여 기록하며, 사람 그림의 경우 첫 번째 그림과 두 번째 그림을 그리고 각 사람의 성별을 구별할 수 있도록 기록해 둔다(예: 53″, 1st, M; 1′05″, 2nd, F 등). 또한 검사 수행 시 수검자의 말이나 행동 등을 면밀히 관찰하고 기록해 둔다.

- 전체 검사에 대한 지시

  "지금부터 몇 가지 그림을 그려 봅시다. 잘 그리고 못 그리는 것은 상관이 없으니 제가 말하는 그림을 자유롭게 그려 보세요."

- 집

  "(종이를 가로로 제시하며) 여기에 집을 그려 보세요."

- 나무

  "(종이를 세로로 제시하며) 이번에는 나무를 그려 보세요."

- 사람 1

  "(종이를 세로로 제시하며) 여기에 사람을 그려 보세요. …… (완성하면) 이 사람의 성별은 무엇입

니까?(혹은 이 사람은 남자입니까, 여자입니까?)"

• 사람 2

"(종이를 세로로 제시하며) 이번에는 남자/여자(첫 번째 그림과 반대의 성)를 그려 보세요."

TIP 그리기 단계에서 주의할 점

1. 그리기를 거부하거나 어려워하는 수검자

 수검자: 나는 그림을 잘 못 그려요.

 평가자: 이 검사에서는 ○○ 씨의 그림 솜씨가 아니라 ○○ 씨가 그림을 어떻게 그리는지를 보고자 하는 것이니 그냥 편안하게 그려 보세요.

 수검자: 도구(자 등)를 사용해서 그려도 되나요?

 평가자: 그냥 손으로만 그리십시오.

2. 그리는 방법, 그림의 내용 등에 대해 질문하는 수검자

 수검자: 어떤 집(나무, 사람)을 그려야 하나요?

 평가자: 그냥 마음 내키는 대로 그리시면 됩니다.

3. 사람 그림에서 얼굴 혹은 상반신 등 신체 일부만을 그리는 수검자

 "(다른 종이를 주며) 사람의 전신을 그려 주십시오."

4. 사람 그림에서 만화, 캐리커처, 막대형 그림(stick figure) 등으로 그리는 수검자

 "(다른 종이를 주며) 일반적인 사람 그림을 그려 주십시오."

5. 수검자의 행동을 면밀히 관찰하고 기록하라.
   - 그림 그리는 시간이 지나치게 짧게 혹은 오래 걸리는가?
   - 특정 부분을 묘사하는 데에 어려움을 보이는가?
   - 그림 그리는 방식이 충동적인가? 혹은 지나치게 상세하고 꼼꼼하게 그리는가?
   - 그림 그리는 순서가 비전형적인가?(예: 발 → 다리 → 손 → 팔 → 목 → 몸통 → 얼굴)

2) 질문 단계

그리기 단계를 마친 후에는 수검자에게 각각의 그림을 보여 주며 여러 가지 질문을 한다. 정해진 질문의 형식은 없으며 수검자의 특성에 맞게 질문을 하는 것이 좋지만, 일반적으로는 다음과 같은 질문들이 흔히 사용된다.

(1) 집

- 이 집은 어떤 집입니까?/어느 곳에 있습니까?
- 이 집에는 누가[어떤 사람(들)이] 살고 있습니까?
- 이 집에 있는 사람들은 무엇을 하고 있습니까?
- 이 집의 분위기는 어떻습니까?
- 이 집의 상태는 어떻습니까?
- 이 집에 사는 사람들의 소원이 있다면 무엇일까요?
- 이 집은 앞으로 어떻게 될 것 같습니까?

(2) 나무

- 이 나무는 어떤 나무입니까?
- 이 나무는 몇 년 정도 되었습니까?
- 이 나무는 어느 곳에 있습니까?
- 이 나무 주변에는 무엇이 있습니까?
- 이 나무의 (건강) 상태는 어떻습니까?
- 이 나무에게 소원이 있다면 무엇일까요?
- 이 나무는 앞으로 어떻게 될 것 같습니까?

(3) 사람

- 이 사람은 몇 살쯤 되었습니까?
- 이 사람은 누구입니까?(생각하며 그린 사람이 있습니까?)
- 이 사람의 직업은 무엇입니까?
- 이 사람은 지금 무엇을 하고 있는 것 같습니까?
- 이 사람의 기분은 어떤 것 같습니까?
- 이 사람은 지금 무슨 생각을 하고 있는 것 같습니까?
- 이 사람의 성격(장점 혹은 단점)은 어떤 것 같습니까?
- 이 사람의 소원이 있다면 무엇일까요?
- 이 사람은 앞으로 어떻게 될 것 같습니까?

3. HTP의 해석

1) 그림의 구조 및 표현 방식에 대한 해석

HTP는 전체적으로 그림의 구조 및 표현 방식과 관련해 다음과 같은 사항을 고려해 해석적 가설을 세운다.

- 수행 시간 및 수검 태도
- 크기
- 선의 강도/필압
- 세부 묘사
- 대칭
- 투명성(투시)
- 회전
- 순서
- 위치
- 선의 질/방향
- 지우기
- 왜곡
- 움직임

(1) 수행 시간 및 수검 태도

검사를 수행하는 동안 수검자가 보인 행동은 해석적 가설을 세우는 데에 중요한 정보를 제공한다. 예를 들어, 그림의 많은 부분이 생략되고 세부 묘사가 불충분하더라도 수검자가 오랜 시간 고민을 하며 성실히 그렸을 때와 성급하고 빠른 속도로 그렸을 때에는 그에 대한 해석적 의미가 달라질 것이다.

수행 시간이 지나치게 짧은 경우에는 무성의하거나 회피적인 태도라든지 성급하고 충동적인 행동 경향 등을 고려해 볼 수 있다. 반대로 소요 시간이 지나치게 오래 걸렸을 경우에는 몇 가지 이유를 살펴본다. 첫째, 지시를 듣고 그림을 그리기 시작할 때까지 시간이 오래 걸린 경우라면 그 그림이 수검자에게 특별한 의미가 있거나 갈등을 유발하고 있음을 시사한다. 둘째, 수정을 하거나 세부 요소를 자세히 묘사하느라 많은 시간이 소요된 경우라면 불안감이나 초조감, 지나치게 정확성을 기하려는 강박적 태도 등을 고려해 볼 수 있다. 셋째, 전반적으로 그리는 속도 자체가 느린 경우라면 무력감, 낮은 동기 수준, 정신 운동 속도의 저하 가능성을 고려해 보아야 한다.

(2) 순서

수검자가 그림을 그려 나가는 동안에는 순서 및 그리는 양상의 추이를 살펴보아야 한다. 예를 들어, 사람 그림은 일반적으로 머리부터 그리기 시작하는데, 어떤 수검자가 '발 → 다리 → 머리 → 팔 → 이목구비 → 몸통'과 같은 비전형적인 순서로 그렸다면 현실 검증력의 저하나 사고 장애의 가능성을 고려해 볼 수 있다. 자폐 장애를 비롯한 전반적 발달장애에서도 이러한 비전형적인 순서의 그림이 관찰된다.

사람 그림을 그릴 경우에는 성별을 어떤 순서로 그리는가도 중요한데, 대부분의 사람은 자신과 동성의 사람을 먼저 그린다. 어떤 수검자가 이성의 사람을 먼저 그렸다면, 성 정체감이나 성역할에 대한 갈등을 경험하고 있을 가능성 혹은 특정 이성에 대한 심리적 비중이 큰 상태(예: 아버지를 과도하게 이상화하는 소녀)를 고려해 볼 수 있다.

그림을 그리는 동안 수행의 질, 수행 속도, 그림을 묘사하는 정교함의 정도에 변화가 있는지, 그림 종류에 따라 수행의 질이나 수행 방식에 변화가 있는지 등을 살펴볼 필요가 있다. 예를 들어, 처음에는 세부 묘사를 자세하게 하다가 수행해 나가는 동안 생략이 많아지는 수검자라면 집중력 부족이나 쉽게 싫증을 내는 성향을 고려해 볼 수가 있다. 반면에 첫 그림은 단순하게 그렸으나 차츰 자세하고 정교한 그림을 그린다면 초기에 수행 불안을 보이다가 안정감을 찾으면서 연상이 활발해졌을 가능성을 고려해 볼 수가 있다. 또 다른 예로, 어떤 남자 수검자가 크고 위협적인 여성을 먼저 그린 다음 작고 왜소한 남성을 그렸다면, 여성을 공격적이고 위협적으로 지각하는 반면 자신의 남성성에 대해서는 자신감이 부족하고 소극적 · 순종적 태도를 보일 가능성을 고려해 볼 수가 있다.

(3) 크기

그림의 크기는 수검자의 심신 에너지 수준, 충동성, 자신감, 자기상, 자기지각 등에 대한 단서가 된다.

지나치게 큰 그림은 심신 에너지의 항진, 충동성, 행동화 경향, 과도한 자신감, 자아팽창적인 과대 사고 등을 시사한다. 또는 자신에 대한 열등감, 부적절감에 대한 보상, 반동 형성 등 일종의 방어를 반영할 수도 있다. 임상적으로는 조증/경조증 삽화, 반사회적 성격, 뇌손상이나 지적장애 등을 고려해 볼 수 있다.

반대로 지나치게 작은 그림은 위축감, 무력감, 지나친 자기억제, 불안감, 열등감, 부적절감, 자신감 저하 등을 반영한다. 혹은 검사 상황에 대한 회피적 · 방어적 태도일 수도 있다. 흔히 우울한 사람들에게서는 지나치게 작은 그림이 관찰된다.

그림 5-1 지나치게 큰 그림(좌)과 지나치게 작은 그림(우)

(4) 위치

그림을 그리는 위치 역시 수검자의 정서, 욕구 및 성격 등을 이해하는 데에 여러 가지 단서를 제공한다고 보고 있다. 그러나 이에 대한 이론이 명확히 정립되어 있지는 않으며 경험적 연구에 따른 가설적 수준의 해석이 대부분이다(신민섭 외, 2002).

① 용지 중앙에 위치한 그림

그림을 용지의 중앙에 그리는 것은 매우 흔한 것으로, 수검자가 적정 수준의 안정감을 유지하고 있음을 반영한다. 하지만 지나치게 정중앙을 고집하는 그림은 오히려 불안정감이 심한 것을 반영할 수 있으며, 지나친 자기중심성, 완고함, 경직성, 융통성 부족을 나타낼 수도 있다.

② 용지의 우측/좌측에 치우친 그림

용지의 우측 혹은 좌측에 치우친 그림에 대한 이론적 의미는 분명하지 않다. 그러나 몇몇 경험적 연구를 검토해 보았을 때, 용지 우측에 치우친 그림은 욕구 지연 능력을 갖추고 있고 자신을 잘 통제해 나가는 비교적 안정된 성향을 반영한다고 본다(Buck, 1948).

이에 반해 용지 좌측에 치우친 그림은 즉각적인 만족 추구, 행동화 경향, 충동성 등을 반영한다고 본다.

③ 용지 상단/하단에 치우친 그림

용지 상단에 치우친 그림은 일반적으로 정서적 불안정성, 현실과의 괴리 등을 시사한다고 보는데, 이와 관련해 다음과 같은 몇 가지 해석적 가설을 고려해 볼 수가 있다. 우선 이러한 그림은 욕구나 포부 수준이 지나치게 높아 달성하기가 어렵고 이로 인해 갈등이나 스트레스를 경험하고 있음을 반영한다. 혹은 현실 세계보다는 자기만의 공상 세계에서 만족감을 추구하려는 경향을 반영하며, 때로는 객관적 현실을 간과한 지나친 낙관주의, 사회적 상황에 대한 무관심, 회피적 태도를 나타내기도 한다.

반면에 용지 하단에 치우친 그림은 안정감을 강조하고 있음을 시사하는데, 심한 수준의 부적절감, 불안감이 내재되어 있으며 이로 인해 과도한 지지 추구, 의존적 경향 혹은 우울한 상태일 가능성이 있다. 또는 지나치게 구체적이고 현실적인 사고 경향을 반영한다.

④ 용지 귀퉁이에 치우친 그림

용지의 한 귀퉁이(corner)에 치우친 그림은 일반적으로 자신감 저하나 위축감 혹은 두려움 등을 시사한다.

- 좌측 상단: 연령이 어릴수록 이런 위치에 많이 그리며, 연령이 증가함에 따라 이러한 경향이 감소하는 경향이 있다. 임상 장면에서는 정신증적 환자들 중 일부가 이런 위치에 그림을 그리기도 하는데, 이 경우 정신증적 상태에서 보이는 심리적 퇴행이나 공상을 반영한다. 혹은 정신증적 상태는 아니더라도 좌측 상단에 치우친 그림은 심리적인 퇴행이나 미숙함, 철수적 태도, 불안정감 등을 반영한다.
- 우측 상단: 과거의 불쾌한 기억을 억압하고 미래에 대해 지나치게 낙관적인 태도를 취하고 있음을 시사한다.
- 그 밖에 용지의 좌측 하단은 과거의 우울감을 반영하고, 우측 하단은 미래에 대한 무망감을 반영한다는 견해도 있다.

(5) 선의 강도/필압

선의 강도/필압은 수검자의 심신 에너지 수준, 긴장된 정도, 충동성 등에 대한 정보를 제공한다.

지나치게 진하고 강한 선은 강한 자신감에서부터 충동성, 공격성 등 높은 수준의 심신 에너지를 나타낸다. 혹은 극도의 긴장감, 불안감을 반영하기도 하는데, 이러한 유형의 경우 스트레스 상황에서 쉽게 압도당할 가능성이 있다.

지나치게 흐리고 약한 강도의 선은 낮은 에너지 수준, 무력감, 위축감, 부적절감, 불안, 억제된 상태 등을 반영한다. 임상 장면에서는 우울증이나 불안장애와 같은 신경증적 상태뿐만 아니라 음성 증상이 현저한 만성 조현병 환자 혹은 긴장성 조현병 환자 등이 선의 강도가 약한 그림을 그린다.

(6) 선의 질/방향

① 선의 질

한 번에 직선의 긴 획을 많이 사용한 그림은 단호함, 안정감, 야심에 차 있고 높은 포부 수준을 반영하며, 행동을 통제하거나 억제하는 성향을 나타내기도 한다. 이에 비해 획을 짧게 끊어서 그리는 그림은 쉽게 흥분하거나 충동적인 성향과 관련이 있다. 또한 선을 스케치하듯 이어 가는 그림은 정확함이나 신중함을 추구하는 경향, 우유부단함, 소심함, 불안정감 등을 반영한다.

선을 빽빽하게 채워 넣어 마치 면의 형태처럼 보이는 그림은 높은 수준의 긴장감, 공격성을 고려해 볼 수 있다. 선을 사용해 음영 처리를 하는 경우도 있다. 원근감이나 입체감을 나타내는 3차원적 그림은 적응적 측면으로 볼 수 있지만, 그렇지 않다면 불안감, 우울감, 갈등 상태 등을 시사한다.

그림 5-2 음영 처리를 많이 한 그림

② 선의 방향

가로 방향의 수평선을 강조한 그림은 나약함, 두려움, 자기보호적 경향을 나타내는 반면, 세로 방향의 수직선을 강조한 그림은 단호함, 결단력, 주장성 혹은 과잉 활동성을 나타낸다. 획의 방향을 수시로 바꾸어 그린 그림은 정서적으로 동요되어 있고 불안정하며 일관성이 부족함을 시사한다. 나아가 지그재그 방향의 마구잡이식으로 선을 그린 경우는 내재된 적대감을 반영하기도 한다.

(7) 세부 묘사

그림의 세부 묘사와 관련해서는 세부 묘사가 과도한지, 적절한 세부 묘사가 생략되어 있는지, 세부 묘사가 부적절한지 등을 살펴보아야 한다.

그림 전반에 걸쳐 세부 묘사가 과도한 경우에는 지나치게 정확성을 기하고자 하는 강박적 성향, 억제적 경향, 주지화 경향 등을 나타낸다. 간혹 행동화할 것에 대한 두려움을 방어하는 일환으로 세부 묘사를 강조하여 그리는 경우도 있다. 또한 특정 부위에 대해 지나치게 자세하게 세부 묘사를 한 그림의 경우는 그 부분과 직접적 혹은 상징적으로 관련이 있는 내적 갈등을 반영하는 것일 수도 있다.

반면 적절한 세부 묘사를 생략한 그림은 위축감, 공허감, 낮은 에너지 수준 등 우울한 상태를 반영할 수 있다. 또한 그림의 필수 구성 요소에 대한 세부 묘사가 빈번히 생략된 경우에는 현실 검증력이 손상된 정신증적 상태를 고려해 볼 수도 있다.

그림의 세부 묘사가 전체 그림과 조화를 이루지 못하는 부적절한 그림은 내면의 불안감, 위축감, 부적절감을 시사한다.

(8) 지우기

그림을 그리면서 지나치게 수정을 많이 가하는 경우에는 내면의 불확실감, 불안감, 초조감, 심리적 갈등에 따른 우유부단함, 자신에 대한 불만족감 등을 시사한다. 특히 수정을 여러 차례 가했음에도 불구하고 그림의 질이 향상되지 않는다면 이러한 점들을 좀 더 강하게 지지해 주는 징후로 볼 수 있다. 나아가 수정을 가함으로써 오히려 그림의 질이 저하되거나 세부 요소가 생략되는 경우에는 해당 내용과 관련해 강한 정서적 갈등을 경험하고 있음을 시사한다. 하지만 수정을 통해 그림의 질이 향상된다면 이는 적응적인 상태를 나타낸다.

(9) 대칭

집, 나무, 사람 등의 그림은 어느 정도 대칭성을 지니고 있다. 하지만 이러한 대칭성을 지나치게 강조한 그림은 융통성이 부족하고 경직된 성격 특성, 정서의 과도한 억압과 통제, 주지화 경향, 강박적 성향 등을 나타낸다. 반면에 대칭성이 결여된 그림은 정신증적 상태나 뇌손상, 지적장애 등을 시사할 가능성이 높다. 사람 그림에서의 비대칭적인 그림은 신체적 불편감이나 신체화 경향을 보이는 신경증 환자, 통제력 약화를 보이는 부주의 및 과잉 활동 아동 등에서 나타나기도 한다.

(10) 왜곡

대상을 일반적인 형태로 그리지 않는 것을 왜곡된 그림으로 본다. 심하지 않은 수준에서 왜곡된 그림은 이와 연관된 수검자의 불안, 심리적 갈등을 시사한다. 그러나 도저히 이해하기 힘든 수준에서 심하게 왜곡된 그림은 현실 검증력의 장애를 시사한다. 정신증적 상태, 뇌손상, 지적장애 등에서 심하게 왜곡된 그림이 주로 나타난다. 또한 매우 드물기는 하지만 부정적인 자기개념을 시사하기도 한다.

그림 5-3 지나치게 왜곡하여 그린 사람 그림(좌)과 나무 그림(우)

(11) 투명성(투시)

현실적으로는 볼 수 없는 대상의 내부가 투시된 그림은 주로 사람 그림에서 나타난다. 예를 들어, 내장 기관이 드러난 사람 그림, 옷을 입었음에도 유방, 성기, 배꼽 등의 신체 부위가 드러난 그림 등이 있다. 투시 그림은 인지적 미성숙을 반영한다. 6세 미만인 미취학 아동들이 그리는 투시 그림은 정상 범주로 해석되지만, 학령기 아동들의 투시 그림은 지적장애, 뇌손상, 심리적 미숙함을 나타낸다. 또한 청소년 및 성인들의 투시 그림은 정신증적 상태에서 보이는 현실 검증력의 문제나 판단력 저하 혹은 심리적 퇴행 등을 시사한다. 뇌손상 환자들 중에도 투시 그림을 그리는 경우가 있다.

(12) 움직임

동물들이 뛰어 노는 모습이 포함된 집 그림 혹은 나무 그림, 걷거나 뛰는 동작의 사람 등의 그림에서 움직임이 표현되는 경우가 종종 있다. 움직임의 정도가 지나치지 않다면 이는 심리적인 유능함을 반영한다. 지적 능력이 제한적인 사람 혹은 우울한 상태에서는 움직임이 거의 표현되지 않는다. 반면 과잉 활동성을 보이는 ADHD 아동 혹은 조증이나 경조증 상태에서는 움직임이 지나치게 많이 표현되기도 한다.

(13) 회전

앞서 언급했듯이 그림의 주제에 따라 종이를 제시하는 방향이 달라진다. 평가자가 제시한 종이 방향을 회전시켜 그림을 그리는 경우 반항적·부정적 경향성이 시사된다. 종이를 계속해서 같은 방향으로 돌려가며 그리는 기계적 반복 회전은 보속증(perseveration)과 같은 탈억제 운동 반응을 나타내기도 한다.

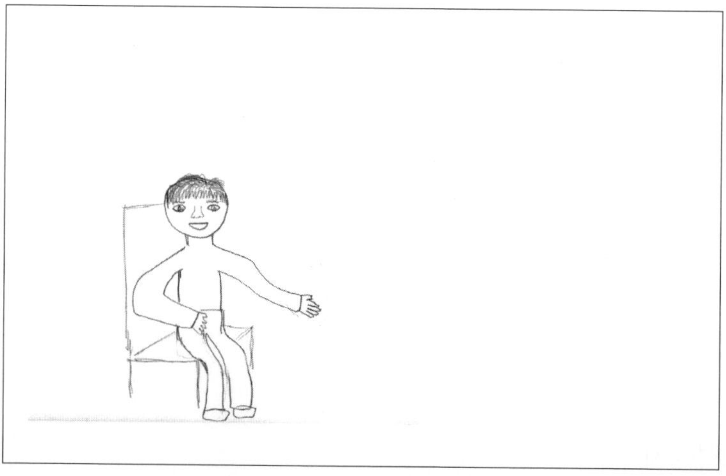

그림 5-4 종이를 회전시킨 사람의 그림

(14) 불필요한 내용 추가

집이나 나무 그림에서 태양, 나무나 꽃, 동물, 배경 등을 부가적으로 그리거나 사람 그림에서 의자, 기둥 같은 다른 사물을 함께 그리는 경우가 있다. 이러한 경우 부가적인 사물들이 나타내는 상징적 의미를 고려해서 해석한다. 관심과 의존에 대한 욕구가 강한 사람들 혹은 인지적으로 산만한 사람들의 경우 부가적인 요소들을 많이 포함시켜 그린다.

그림 5-5 불필요한 요소가 추가된 나무 그림(종이 회전)

2) 그림 내용에 대한 해석

(1) 집

일반적으로 집 그림은 가족 구성원이나 가족 관계 및 가정생활에 대한 표상, 이와 연관된 생각, 감정, 소망이 반영된다. 혹은 가족 내에서의 자기지각이 반영되기도 하며, 상징적 의미의 자기초상이나 내적 공상이 드러나기도 한다. 집 그림을 해석할 때에는 그림의 전체적인 특성과 함께 지붕, 벽, 문, 창 등과 같은 집을 구성하는 필수 요소들이 어떻게 묘사되고 있는지를 살펴보아야 한다.

TIP 집 그림을 구성하는 필수 요소

- 문/창문/벽/지붕
- 6세 이상의 수검자가 필수 요소 중 하나라도 빠트리고 그린다면 인지적 혹은 정서적 문제를 고려해 보라.

출처: Buck (1948).

① 지붕

집 그림에서 지붕은 개인의 정신 생활, 즉 내적인 공상, 생각, 관념 및 기억을 반영한다. 이러한 점에서 지붕은 나무 그림의 수관이나 사람 그림의 머리와 유사한 상징적 의미를 지닌다고 본다.

집 그림에서 지붕을 생략하는 경우는 거의 나타나지 않지만, 이러한 경우라면 내적인 사고 활동이 효과적이지 못한 상태를 나타낸다. 현실 검증력의 손상, 사고 장애를 보이는 정신증적 상태, 지적장애, 심한 수준의 심리적 위축 등을 고려해 볼 수 있다. 지붕을 그리기는 하였으나 지나치게 작게 그렸다면, 이는 내적 사고 활동을 회피하고 억제·억압하는 경향을 반영한다. 반면에 지붕을 지나치게 크게 그린 경우에는 내적 인지 활동을 매우 중요하게 여기거나 그에 몰입하고 있음을 나타낸다. 대인관계에 대해 좌절감을 경험하거나 위축되어 내적 공상에 몰두함으로써 즐거움을 느끼고 욕구를 충족시키는 경우, 나아가 자폐적 공상이 활발한 경우 등이 이에 해당된다.

크기와 무관하게 빗금, 덧칠, 장식 등을 통해 지붕을 지나치게 강조하여 그리는 경우에도 어떠한 종류든 내적 공상과 인지 활동이 활발한 상태임을 반영한다. 이러한 지붕 그림은 조현병 환자들이 보이는 자폐적인 공상이나 우울한 상태에서 공상을 통한 가상적 소망 충족 시도 등을 나타낸다. 때로는 정신증의 전구 단계(prodromal phase) 혹은 초기 정신증 단계의 환자들이 비현실적인 공상이나 내적 사고 활동을 통제하지 못할 것이라는 위협감을 느끼고, 이로부터 자신을 보호하려는 시도로 지붕 선을 진하게 덧칠하여 강조한 그림을 그리기도 한다. 또한 기와 등을 정교하게 그려 넣어 지붕을 강조한 그림의 경우 불안을 유발하는 내적 공상을 통제하고자 하는 강박적 시도일 수 있다.

② 벽

벽은 집의 내부와 외부를 구분해 주는 경계이며 집을 지탱해 주는 역할을 한다는 점에서 수검자의 자아 강도를 나타낸다. 집 그림의 벽은 나무 그림의 기둥이나 사람 그림의 몸통과 유사한 상징으로 해석되기도 한다.

벽이 허술한 그림은 자신을 통제하고 대처하는 데에 필요한 자아 강도가 약함을 반영한다. 나아가 벽의 선이 연결되지 않았거나 벽을 아예 그리지 않은 경우라면 현실 검증력의 손상이나 자아 기능의 붕괴까지도 고려해 볼 수 있는데, 이는 심한 정신증적 상태의 환자들에게서 주로 나타난다. 정신증적 상태는 아니더라도 자아 통제력이 매우 약화된 상태임을 반영한다. 반면 벽의 경계선을 지나치게 강조한 그림은 정신증 전구 단계나 초기 정신증 상태에서 자아의 경계를 유지하고자 의식적인 노력을 기울이는 수검자들에게서 나타난다.

돌이나 벽돌, 나무의 무늬 결 등을 벽에 정교하고 자세하게 그려 놓는 경우도 더러 있는데, 이는 자기통제감을 유지하려는 완벽주의적이고 강박적인 성격 특성을 반영한다.

③ 문

문은 집과 외부 세계를 연결하는 일차적인 통로라는 점에서 수검자 자신과 환경 간의 직접적인 접촉 및 소통 방식에 대한 정보를 제공한다.

문이 생략된 그림은 환경과의 소통이 차단되어 있는 회피적이고 철수적인 태도를 반영한다. 현실 접촉이 곤란한 정신증적 상태, 대인관계에 대한 불안감, 저항감, 고립감, 소외감 혹은 가족 관계에서의 거리감을 경험하는 수검자들에게서 이러한 그림이 나타난다. 문의 크기가 지나치게 작게 그려진 그림은 환경과의 접촉을 꺼리는 경향, 사회적 관계에 대한 접근-회피 갈등, 양가감정, 불안감 등을 반영한다. 반면 문이 지나치게 크게 그려진 그림은 사회적 접촉에 대한 욕구가 매우 강함을 반영한다. 이러한 그림은 애정과 관심에 대한 욕구나 의존 욕구가 강한 사람들에게서 주로 나타난다.

문의 개방성 정도는 외부 환경을 향한 자기노출의 정도나 욕구를 반영한다. 닫혀 있는 문이 일반적이지만, 열려 있는 문의 경우 외부로부터의 정서적 지지를 강하게 소망하고 있음을 나타낸다. 반면 자물쇠 등을 그려 넣어 문의 폐쇄성을 강조한 그림은 외부 환경이나 대인 접촉에 대해 매우 방어적이고 경계적인 태도를 취하고 있음을 반영한다. 이러한 그림은 편집증적 경향이 강한 수검자들에게서 나타난다.

④ 창문

문이 환경과 접촉하는 일차적 수단이라면, 창문은 환경과의 상호작용을 가능하게 하는 이차적 매개체다. 이러한 점에서 창문 역시 문과 마찬가지로 외부 환경과의 상호작용, 대인관계에 대한 수검자의 주관적 경험을 반영한다. 또한 창문은 수검자가 환경과 상호작용할 수 있는 자신의 능력을 주관적으로 어떻게 지각하는지도 나타낸다.

창문이 생략된 그림은 대인관계에 대한 불편감, 위축감을 반영하는 반면, 창문을 지나치게 크게 혹은 많이 그린 그림은 자기개방이나 관계에 대한 욕구가 지나침을 반영한다. 또한 지붕에 문 혹은 창문을 그린 경우라면 공상이나 내적 사고 활동을 통해 세상과 소통하고 있음을 나타낸다.

창문에 덧붙여 그려진 커튼이나 창틀 등은 창문의 개방성 혹은 폐쇄성 정도를 나타내는데, 이는 문의 개방성 정도와 유사하게 해석한다.

⑤ 굴뚝

굴뚝은 집 그림을 구성하는 필수 요소는 아니지만 일반적으로 많이 그려지는 요소 중 하나다. 일반적으로는 가족 관계의 분위기, 가족 교류의 양상 등에 대한 정보를 제공한다. 또한 드물지만 굴뚝은 남성의 성기를 상징한다는 점에서 성적인 욕구나 충동을 반영하기도 한다.

쉽고 빠르게 그린 굴뚝 그림은 가족을 비롯해 친밀한 인간관계에 대한 만족감, 적응적 상태를 반영한다. 그러나 굴뚝을 지나치게 크게 그리거나 혹은 덧칠하여 강조한 그림은 온정적이고 화목한 가정에 대한 소망이나 과도한 염려를 반영한다. 다만 굴뚝에 벽돌 등의 무늬를 그려 넣어 지나치게 자세하게 묘사한 그림은 집 그림과 마찬가지로 강박적인 성향을 반영하며 혹은 가족 간의 친밀한 상호작용에 과도하게 집착하고 있음을 나타내기도 한다.

연기가 나는 굴뚝 그림의 경우는 연기의 양이나 음영 반응 등을 살펴보아야 한다. 적당한 양의 연기는 일반적이지만, 연기를 지나치게 많이 혹은 진하게 그려 강조한 경우 가족 내 정서적 긴장감이나 애정 욕구의 좌절감 혹은 결핍감 등을 반영한다.

⑥ 기타 부수적 사물(accessories)

집 그림에서 배경 혹은 장식으로 흔히 그려지는 사물들이 있는데, 일반적으로는 다음과 같이 해석된다.

- 태양: 강한 애정 욕구, 의존성 혹은 이에 대한 좌절감
- 구름: 만연되어 있는 모호한 불안감
- 나무, 꽃, 잔디: 적당한 정도는 생동감과 에너지를 반영하지만, 지나친 경우는 강한 의존 욕구를 반영

• 울타리/담장: 방어적 · 경계적 태도

⑦ 조망/원근감

정면의 집 그림이 일반적이지만, 특정한 관점에서 집을 조망한 그림 혹은 원근감을 나타낸 그림도 있다. 이는 외부 환경이나 대인관계에 대해 수검자가 어떠한 관점과 태도를 취하고 있는지를 반영한다.

• 위에서 아래로 내려다보는 조망(bird's eye view): 표면적으로 드러나는 우월감과 지배성의 이면에 환경에 대한 불만감과 이로부터 벗어나고자 하는 욕구 혹은 반감 등이 내재해 있음을 나타냄
• 아래에서 위로 올려다보는 조망(worm's eye view): 가족 관계를 비롯한 친밀한 관계에 대해 거절이나 거부당한 느낌 혹은 애정 욕구의 좌절을 경험하고 있음을 반영. 혹은 자신감이 부족하고 열등감, 부적절감, 자기비하적 태도 등을 반영
• 멀리 떨어져 있는 듯이 그린 집: 가정과의 정서적 거리감을 반영하며, 자신이 가족 관계에 적절히 대처할 수 없다는 무력감을 나타냄

(2) 나무

일반적으로 나무 그림에는 자신의 신체상, 자기개념이 심층적 · 무의식적 수준에서 투사되며(Hammer, 1958), 인생, 성장에 대한 상징이자 환경에 대한 적응의 정도가 반영된다. 나무 그림 역시 나무의 전체적인 상태를 파악하고 세부 요소에 대해 체계적인 분석을 한다. 이때 수관(crown)과 잎, 기둥(trunk), 가지(branch), 뿌리(root) 등 나무를 구성하는 각 요소와 나무의 주제, 상태 등에 대해 해석을 한다.

① 수관과 잎

앞서 언급했듯이 나무의 수관은 집 그림의 '지붕'이나 사람 그림의 '머리'와 유사한 상징적 의미를 갖는데, 이들은 모두 내적인 공상과 사고 활동을 주로 반영한다.

수관이 크기가 크고 구름같이 펼쳐져 있을 경우 적극적인 공상 활동을 나타내며, 때로는 현실에 대한 불만족감이나 부정의 일환으로 공상에 지나치게 몰두할 가능성을 시사한다. 아무렇게나 선을 이어 뒤죽박죽이 된 듯한 수관은 정서적 흥분이나 불안정성, 충동성, 혼란스러운 내적 상태를 나타낸다. 수관을 여러 번 덧칠해 음영이 지나치게 드러난 경우에는 불안감, 우울감, 과민함 등 불안정한 정서 상태를 고려해 볼 수 있다.

수관이나 가지에 붙어 있는 나뭇잎 역시 수검자의 정서 상태 혹은 성격에 대한 정보를 제공한다. 잎을 무성하게 그린 경우에는 생산성이나 유능함을 강조하고 있음이 시사된다. 또는 강박적 경향을 나타내기도 하는데, 특히 개개의 잎을 자세하고 정확하게 묘사한 경우라면 더욱 그러하다. 가지나 수관에 비해 잎이 지나치게 큰 경우라면 내면의 부적절감을 과잉 보상하려는 경향을 고려해 볼 수 있다. 끝이 뾰족한 잎은 공격적인 행동화 경향을 나타낸다.

② 기둥

기둥은 나무를 지탱해 주는 역할을 한다는 점에서 집 그림의 '벽'이나 사람 그림의 '몸통'과 유사한 상징으로 해석된다. 즉, 기둥은 수검자 성격 구조의 견고함과 자아 강도 및 기본적인 심적 에너지를 반영한다.

기둥이 두껍고 큰 그림은 심신 에너지 수준이 높고 자아 강도가 강함을 나타낸다. 그러나 기둥을 지나치게 크게 강조한 경우라면 오히려 취약한 성격 구조나 자아 강도를 과잉 보상하려는 시도일 가능성을 고려해 보아야 한다. 때로는 그것이 공격성이나 충동성을 나타내기도 한다. 좁고 가느다란 기둥은 스스로를 나약하다고 지각하거나 심리적 위축감과 무력감을 경험하고 있음을 나타낸다. 나아가 나무의 기둥과 가지가 생략되고 밑동이나 그루터기만 그리는 경우에는 심한 위축감, 유약감, 우울감, 자기손상감을 경험하고 있음을 시사한다.

기둥에 그려진 옹이 구멍은 흔히 성장과정 동안 경험한 심리적 외상을 상징한다. 옹이의 크기는 외상이나 자기손상감의 정도를 반영하며, 옹이가 나무 뿌리 쪽(하단)에 위치할수록 어린 나이에 심리적 외상이 있음을 나타낸다고 본다(최정윤, 2002). 때로는 옹이 구멍 안에 동물, 열매 등의 사물을 그려 넣는 경우가 있는데, 이러한 수검자는 그 사물에 자신을 투사한 것으로서 손상되고 고갈된 자아의 힘을 회복, 보상하고 싶은 욕구를 나타낸다고 본다(신민섭 외, 2002).

③ 가지

가지는 환경 혹은 타인과의 접촉을 통해 성취를 향해 뻗어 나가고 만족을 얻는 심리적 자원과 능력을 반영하며, 무의식적 측면에서는 사람 그림의 '팔'과 유사한 상징적 의미를 지닌다. 즉, 나무는 대인 접촉을 비롯해 현 상황에 대한 대처 능력, 변화와 성취에 대한 소망, 이를 추구하고 노력하는 태도 등을 나타낸다.

원근에 따라 굵고 가늘기가 적절히 조화를 이루는 나뭇가지는 가장 바람직한 형태로, 환경으로부터 만족을 얻고 대처를 잘해 나가고 있음을 반영한다. 또한 크고 굵은 나뭇가지 역시 성취 동기나 포부 수준이 매우 높은 상태임을 나타낸다. 하지만 가지를 지나치게 크게 그리는 경우, 특히 나무 기둥에 비해 가지가 훨씬 큰 구조의 그림은 오히려 환경과의 상호작용이나 문제해결에 대해 자신감이 없으나 이를 과잉 보상하고자 하는 시도로 볼 수 있다. 이러한 경우 자신감이나 유능감을 과도하게 드러내고 과잉 활동적인 만족 추구 행동으로 적응상의 문제가 발생할 수도 있다. 반대로 지나치게 가늘고 빈약한 가지는 성장이나 목표 추구에 대한 두려움, 자신감 부족, 수동적이고 소극적인 태도 등을 나타낸다. 부러지거나 잘린 가지는 옹이와 유사하게 심리적 외상을 반영한다. 나뭇가지를 생략하는 경우는 매우 드물지만, 이는 환경과의 상호작용 상황에서 매우 억제되고 위축되어 있음을 나타낸다. 이러한 그림은 우울감이나 무력감을 경험하는 수검자에게서 나타나기도 한다.

④ 뿌리

뿌리는 땅과 접촉하는 부분으로 나무가 땅에 든든히 기반을 잡고 서 있도록 해 주는 역할을 한다는 점에서 자신에 대한 안정감, 현실 접촉의 정도를 반영한다.

뿌리와 지면(땅)을 동시에 생략한 그림은 불안정감, 부적절감을 나타낸다. 다만 뿌리가 드러나지 않지만 나무 끝이 지면에 닿게 그린 경우라면 자신과 약간의 단절감을 경험하더라도 어느 정도 안정감을 느끼고 있음을 나타낸다. 별도의 지면(땅)을 그리지 않은 채 나무 기둥의 끝이 종이 밑면에 닿게 그린 경우에는 내적인 안정감을 경험하지 못하고 외부의 지지를 통해 안정감을 얻고자 하는 미숙하고 퇴행된 의존 욕구를 반영할 수 있다. 이러한 그림은 자신에 대한 부적절감, 우울감을 나타내기도 한다.

뿌리를 지나치게 강조한 그림은 자신에 대해 불안정감을 느끼고 있으며 이를 과잉 보상하려는 시도로 볼 수 있다. 특히 땅을 움켜쥔 듯한 발톱 모양의 뿌리 그림은 정신증 전구 단계 혹은 초기 정신증적 상태의 환자들이 경험하는 현실 접촉을 상실하거나 자아가 붕괴될지 모른다는 극심한 공포감, 위기 의식을 반영하기도 한다. 나아가 지면(땅) 밑으로 뿌리가 투영된 그림은 현실 검증력의 손상을 나타낼 가능성이 높다. 다만 5세 이하의 어린 아동이나 지적 능력이 제한적인 수검자가 이렇게 그린 것이라면 정상적인 현상일 수 있다.

⑤ 부수적 요소

집 그림과 마찬가지로 나무 그림에서도 열매, 꽃, 새, 동물, 그네 등 부수적 요소를 그려 넣는 경우가 더러 있는데, 이는 성인보다는 아동의 그림에서 일반적으로 더 많이 나타난다. 이러한 부수적 요소는 세상과 상호작용하는 것에 대한 불안을 보상하려는 욕구를 반영하는 것으로 본다. 특히 열매 그림은 Freud의 심리성적 발달 단계의 첫 단계에 해당하는 구강기(oral stage) 수준의 의존 욕구나 애정과 관심에 대한 욕구를 반영한다.

⑥ 내용 및 주제

나무 그림에 표현되는 내용, 주제는 개인의 심리 상태 및 성격 특성을 반영한다.

- 과일 나무: 아동에게서는 흔히 나타나는데 의존 욕구나 애정 욕구를 주로 반영함. 성인의 경우 이러한 욕구와 관련된 심리적 미숙함을 나타냄
- 가지가 축 쳐진 버드나무: 우울감
- 고사(枯死)한 나무: 심한 부적절감, 무가치감, 열등감, 자기손상감, 절망감 등을 나타냄. 나무가 고사한 원인을 질문해야 하는데, 이때 '환경 오염' '기후' '사람들의 방치' 등 외부 원인으로 설명한다면 수검자의 심리적 고통감이 외부 환경 요인이나 상황적 스트레스에 기인할 가능성을 고려하고, '원래부터 약하다' '나무가 오래되어 썩어서' 등 내부 원인으로 반응한다면 수검자의 성격적 취약성 등으로 고통감이 초래되었을 가능성을 고려해 볼 수 있음
- 열매나 나뭇잎이 땅에 떨어진 그림: 대인관계에서의 좌절감과 이로 인한 정서적 고통감 반영
- 나무 대신 꽃, 화초를 그린 경우: 심리적 유약함이나 무력감과 위축감 반영
- 오물이 묻은 나무: 일반적으로 개나 동물들이 나무에 배설하는 그림으로 많이 나타남. 자기가치감과 자아존중감의 결여, 자기비하적 태도, 내재된 공격성 및 냉소적 태도 등을 반영

(3) 사람

사람 그림 역시 심리적 자화상으로 볼 수 있으며, '집'이나 '나무' 그림에 비해 자기개념, 자기 표상, 자신에 대한 태도 등이 더 직접적이고 의식적인 수준에서 반영된다. 사람 그림 검사는 수검자에게 방어를 유발하여 자신의 상태를 왜곡 혹은 변형시켜 표현하게 만들기도 하는데, 현재의 자기지각뿐만 아니라 이상적인 자기상, 나아가 중요한 타인에 대한 표상, 환경에 대한 지각 등이 드러난다. 특히 청소년이나 성인보다는 아동의 그림에서 부모와 같은 중요 타인이 더 많이 표현된다.

사람 그림에서는 그림의 크기, 전반적인 인상, 신체 부위(머리, 얼굴, 팔/다리 및 기타 신체 부위)와 의복 같은 구성 요소, 남성과 여성을 그리는 순서, 그림에 대한 설명 등을 살펴보아야 한다.

① 머리

머리는 지적 능력, 공상 활동, 충동과 정서를 지적으로 통제하는 정도 등에 대한 정보를 제공한다. 이러한 점에서 사람 그림의 머리는 집 그림의 지붕이나 나무 그림의 수관과 유사한 상징적 의미를 지니고 있다.

몸통을 비롯한 다른 신체 부위에 비해 머리를 지나치게 크게 그린 경우 지적인 능력에 대한 관심이나 과시, 지적인 성취 욕구, 지적인 활동을 추구하는 경향 등이 강함을 나타낸다. 하지만 이면에는 오히려 자신의 지적 능력에 대한 불안감과 의구심이 내재해 있으며, 이를 과잉 보상하고자 주지화하고 현학적인 태도를 취할 가능성도 있다. 또한 지나치게 크게 그려진 머리는 소망 충족과 관련된 내적 사고나 공상에 지나치게 몰두하고 있음을 나타내기도 하는데, 때로는 자기팽창적 혹은 과대 사고 경향을 보이기도 한다. 그러나 6세 이하의 어린 아동의 경우 흔히 가분수 형태의 그림을 그리기도 한다.

반면 머리를 지나치게 작게 그린 경우는 지적 능력을 비롯해 자신에 대한 부적절감, 무능감, 열등감, 수동적이고 위축된 태도 등이 시사된다. 드물지만 머리를 아예 그리지 않는 경우도 있는데, 이러한 그림은 정신증 상태에서의 심한 사고 장애나 뇌손상 혹은 신경학적 장애에서 주로 나타난다.

② 얼굴

얼굴은 자신의 감정 상태나 욕구를 표현하는 등 의사 전달의 주요 수단이다. 따라서 얼굴의 방향이라든지 이목구비의 표현 방식을 통해 외부 환경이나 대인관계에 대한 태도 등을 살펴볼 수 있다.

• 얼굴의 방향

정면을 향한 얼굴을 그리는 것이 일반적이다. 측면을 향한 얼굴 그림은 심리적 혹은 외모에 대한 자신감이 부족하며 직접적인 사회적 접촉을 꺼리고 회피하는 태도를 시사한다. 나아가 얼굴이 전혀 드러나지 않게 뒤통수를 그리는 경우라면 세상과 직면하기를 피하는 극도의 회피적인 태도를 나타낸다. 이는 외모에 대해 극심한 수치심, 걱정, 외부 환경에 대해 매우 예민하고 경계적인 태도, 억압된 분노감, 거부적인 태도 등을 반영한다. 드물지만 신체는 정면을 향하고 있는 상태에서 얼굴만 옆모습을 향하도록 그리는 경우도 있다. 이는 판단력 저하 등의 사고 장애나 심리적 퇴행, 지적장애, 뇌손상 및 신경학적 장애에서 주로 나타난다.

• 눈

눈은 외부 세계와 접촉하고 정보를 수집하는 가장 기본적인 감각 기관으로, '세상을 향한 마음의 창'으로 볼 수 있다. 눈의 크기는 사회적 관계에 대한 욕구와 관심, 민감함의 정도를 반영한다. 눈을 매우 크게 그린 경우라면 애정과 관심에 대한 욕구가 강하거나 대인관계에 지나치게 예민함을 나타낸다. 특히 눈동자를 진하게 강조하여 그리는 경우에는 타인에 대한 의심이나 경계적이고 방어적인 태도가 시사되며, 편집증적 경향과 그에 수반한 공격성 등을 고려해 볼 수 있다. 반면에 눈을 너무 작게 그린 경우는 사회적 상호작용에 대한 두려움, 걱정, 위축감을 나타낸다. 또한 머리카락, 모자, 가리개 등으로 한쪽 눈을 가린 그림은 사회적 교류에 대해 접근-회피의 양가감정, 사회적 불안 등을 반영한다. 눈이 생략된 경우는 매우 드물지만, 다른 사람과의 정서적 교류에 극심한 불안감을 경험하며 사회적 관계로부터 회피적인 태도를 취하고 철수되어 있음을 시사하며 사고장애의 가능성도 고려해 볼 수 있다.

• 귀

귀 역시 눈과 마찬가지로 외부 정보를 수용하는 감각 기관이기는 하나 눈에 비해 수동적인 기능을 한다. 비임상 집단에서도 귀를 그리지 않는 경우는 흔히 나타난다. 그러므로 귀에 대한 해석은 생략보다는 귀의 크기라든지 세부 묘사를 지나치게 강조하거나 왜곡하여 그리는 데에 초점을 맞추어야 한다. 귀를 지나치게 크게 그린 경우는 외부 정보를 받아들이는 데에 상당한 노력을 기울이고 있음을 나타내며 사회적 평가에 대한 지나친 민감성, 긴장감, 불신이나 의심을 나타낸다. 때로는 편집증적 경향이나 환청 가능성을 시사하기도 하므로 면담을 할 때 이와 관련된 면밀한 정보 수집이 필요하다. 귀를 그리기는 하였으나 머리카락, 모자, 귀마개 등으로 가리게 그렸다면, 눈과 마찬가지로 사회적 관계에 대한 위축감, 회피적 태도, 양가감정 등을 고려해 볼 수 있다. 더러는 귀걸이와 같은 장신구를 그려 넣기도 하는데, 외모에 관심이 많은 수검자에게서 주로 나타나며 자기과시적 경향을 시사하기도 한다.

• 코

코 역시 수검자가 환경으로부터 정서적 자극을 받아들이고 반응하는 방식을 반영하며, 외모에 대한 관심의 정도나 성적 상징 등을 나타내기도 한다. 코를 지나치게 크게 그렸다면 외모에 대한 지나친 관심, 정서적 자극에 대한 예민함을 주로 나타내며, 때로는 성적 부적절감을 반영하는 것으로 해석하기도 한다. 코를 지나치게 작게 그리거나 생략한 경우에는 대인관계에 대한 두려움, 위축감, 회피적 태도를 나타낸다. 코를 그리면서 콧구멍을 지나치게 강조해서 표현하는 경우가 있는데, 이는 사회적 상호작용과 관련해 미성숙하고 공격적인 태도를 시사한다.

• 입

입은 세상과 의사소통을 하는 표현의 수단인 동시에 음식을 받아들여 생존해 나갈 수 있게 해 주는 기관으로 만족의 원천이다. 이러한 점에서 입은 생존이나 심리적 욕구 충족 등과 관련된 여러 가지 정서적 상태를 나타낸다. 입을 지나치게 크게 혹은 강조하여 그린 경우 애정과 정서적 교류에 대한 불안감을 과도하고 적극적인 태도, 심한 경우에는 요구적이고 공격적인 태도로 보상하고자 하는 시도로 해석된다. 성인의 경우 입을 강조한 그림에 대해 구강기 단계의 미숙한 의존 욕구나 애정 욕구 등 심리적 퇴행을 나타내는 것으로 보기도 한다. 특히 치아가 그려진 경우에는 유아적 구강 공격성을 반영하기도 한다. 반대로 입을 지나치게 작게 그리거나 생략한 경우는 애정 욕구와 관련된 좌절감, 무력감, 위축감, 양가감정을 시사한다. 특히 부모와 같은 친밀한 대상과의 관계에서의 갈등, 결핍감을 시사할 수도 있다.

③ 목

목은 몸과 머리를 연결해 주는 신체 기관으로 충동 및 행동 반응(몸)과 이를 지적으로 통제하고자 하는 욕구(머리)의 관계를 나타낸다.

가늘고 긴 목 그림은 충동 및 행동을 지나치게 통제하고자 하는 욕구, 심리적인 위축이나 억제, 융통성이 부족하고 완고한 성향 등을 반영한다. 하지만 그 이면에는 자기통제력 실패에 대한 두려움, 열등감이나 억제된 욕구 해소를 위해 내적 공상에 몰두할 가능성도 있다. 반대로 짧고 굵은 목 그림은 통제력이 부족하여 충동적인 감정 표출이나 행동화의 가능성이 높음을 나타낸다. 나아가 10대 후반 이후 성인의 인물화에서 목이 생략된 경우라면 충동 및 행동 조절 능력이 매우 약화된 상태 혹은 심리적 미성숙함을 나타내며, 뇌손상, 사고장애, 지적장애 등의 가능성을 고려해 볼 수 있다. 상대적으로 성인에 비해 어린 아동일수록 목을 생략하는 경우가 흔하다.

④ 사지(팔/다리)

• 팔

팔은 외부 환경과 직접적으로 접촉하는 신체 부위로 환경을 통제하는 역할을 한다는 점에서 나무 그림의 가지와 비슷한 상징적 의미를 가지며, 주로 대인관계 능력, 문제해결 능력을 나타낸다. 길고 굵은 팔 그림은 강한 성취 욕구나 스스로 환경을 통제하고자 하는 자율성에 대한 욕구 등을 반영한다. 다만 그 이면에는 오히려 세상과 교류하는 능력에 대한 무능감, 부적절감을 경험하고 있으며, 이를 과잉 보상하기 위해 타인을 지나치게 통제하거나 지배적인 행동을 취할 가능성에 대해서도 고려해 보아야 한다. 짧고 약하게 그린 팔 그림은 자신의 대처 능력, 상호작용 능력에 대해 부적절감이 심하여 억제되어 있고 수동적으로 대처하는 경향을 나타낸다. 팔을 등 뒤로 돌리거나 가려지게 그리거나 옆모습을 그려 한쪽 팔이 보이지 않게 그린 경우가 있다. 이러한 그림은 환경 혹은 타인과 관계를 맺고 싶은 욕구가 내재해 있으면서도 한편으로는 그에 대한 부적절감을 경험하는 접근-회피의 양가감정을 반영한다. 이러한 유형의 사람들은 타인과 상호작용하고 싶어 하면서도 사회적으로 위축되어 있고 수동-회피적 태도를 취하곤 한다. 팔짱을 낀 자세의 그림은 외부 환경 및 대인관계에 대한 의심, 적대감, 공격적이고 방어적인 태도 등을 시사한다. 두 팔이 생략된 경우는 매우 드문데, 이러한 그림은 심한 우울 상태에서 보이는 무력감, 위축감, 철수적 태도 혹은 정신증적 상태에서 보이는 심리적 퇴행, 지각적 왜곡 등을 시사한다.

• 손

손은 팔과 유사한 상징을 지니지만 팔보다도 구체적이고 정교하게 욕구 충족이나 문제해결을 해 나갈 수 있도록 해 주는 신체 부위다. 극단적으로 큰 손이나 여러 번 덧칠하여 강조된 손 그림 등은 공격적 충동 및 부적절감에 대한 과잉 보상을 나타낸다. 반대로 흐릿하고 명확하지 않게 묘사되거나 작게 그린 손 그림은 대인관계 상호작용이나 생산적 활동에 대한 자신감 부족, 정서적 불안정감, 무력감 등을 나타낸다. 주먹 쥔 형태를 강조한 손 그림은 억압된 공격성을 나타내고, 주머니에 넣어 손을 보이지 않게 그린 경우에는 회피적 태도를 나타낸다. 손을 그릴 때 손가락, 손톱, 손마디 등을 지나치게 정교하고 세밀하게 묘사한 그림은 공격성이나 불안을 강박적으로 통제하려는 시도,

주지화 등을 나타낸다. 신체 상태에 강박적으로 집착하는 정신증 초기 단계에서도 이런 그림을 그리기도 한다.

• 다리와 발

다리와 발은 몸통에 연결되고 땅과 직접적으로 접촉을 하며 신체의 균형을 잡고 유지해 주는 기능을 한다는 점에서 목표에 접근하게 해 주는 대처 능력, 현실 상황을 지탱해 나가는 능력을 상징한다. 길게 그린 다리는 자율성과 독립성에 대한 욕구가 강함을 나타내는데, 현실 대처 능력과 관련된 부적절감, 무력감을 과잉 보상하려는 경향을 시사하기도 한다. 특히 다리의 근육을 강조하거나 지나치게 굵게 그린 경우에는 성취 욕구가 지나쳐 과도한 자기주장성, 공격성을 보일 가능성이 있다. 반대로 가늘고 짧은 다리는 일상적 문제해결 및 대처에 대한 부적절감이나 억제 경향성 혹은 수동적 태도를 반영한다. 발을 지나치게 크게 그린 경우는 안정감을 과도하게 추구하고 있음을 나타내고, 발을 매우 작게 그리거나 생략한 경우는 불안정감, 위축감, 무기력감 등을 나타낸다. 손가락에 비해 발가락은 옷, 신발 등으로 가려져 있어 대개 그리지 않는데, 나체가 아님에도 발가락이 드러난 그림은 공격적 성향을 나타낸다.

⑤ 기타 신체 부위

• 몸통

몸통은 개인의 기본적인 추동(drive)과 내적인 힘을 상징한다. 굵고 큰 몸통 그림은 강한 심신 에너지, 요구적 태도, 행동화 경향을 나타낸다. 그 이면에는 욕구와 충동의 결핍감을 과잉 보상하고자 과도한 에너지를 강조할 가능성도 있다. 특히 짧고 굵은 몸통 그림은 충동 통제력의 약화를 나타내기도 한다. 반대로 지나치게 작거나 가느다란 몸통 그림은 심신의 허약함, 부적절감, 수동적이고 억제된 행동을 나타낸다. 미취학 아동을 제외하고는 몸통을 생략하고 그리는 경우는 매우 드물다. 학령기 아동에서부터 성인의 사람 그림에서 몸통이 생략된 채 머리가 사지로 직접 연결되었다면 지적장애, 뇌손상, 치매나 정신증적 상태에서 보이는 심한 수준의 심리적 퇴행을 고려해 볼 수 있다.

• 어깨

어깨는 신체적 힘에 대한 욕구, 책임감을 상징한다. 어깨를 지나치게 크게 그린 경우에는 책임지려는 의지, 지배 욕구, 권위적 태도를 나타낸다. 혹은 자신의 신체적 부적절감을 과잉 보상하고자 신체적 힘을 동경·강조하고 있음을 나타내기도 한다. 좁고 작은 어깨는 책임을 완수해야 하는 것에 대한 두려움, 부적절감, 무력감, 위축감, 수동적 태도를 시사한다. 미취학 아동을 제외하고는 어깨가 생략되는 경우는 거의 없다. 학령기 아동에서부터 성인의 사람 그림에서 어깨가 생략되고 몸과 목, 팔이 바로 연결된 그림이라면 신경학적 장애, 지적장애의 가능성을 의심해야 한다. 혹은 스스로 책임져야 하는 상황에 대해 심한 부담감을 느껴 회피적이고 철수적인 태도를 취하고 있을 가능성을 나타내기도 한다.

• 가슴 및 유방

남자 그림에서 가슴은 능력이나 힘에 대한 주관적 지각을 반영한다. 그러나 이는 수검자의 성별 그리고 그림의 대상이 자기인지 혹은 자기 대상인지에 따라 해석에 차이가 있다. 여자 그림에서 유방은 성적 욕구나 성적 매력의 과시를 나타낸다. 또한 유방은 모유를 공급하는 기관이라는 점에서 의존 욕구 및 애정 욕구를 반영하기도 한다. 그러나 대개 옷을 입은 그림에서는 유방이 직접 드러나지 않으므로 유방이 생략된 그림보다는 드러나는 경우 주로 해석을 한다.

• 허리선

허리는 몸통의 상부와 하부를 구분해 주는 신체 부위다. 남성에게 있어 몸통의 상부는 신체적인 힘을, 몸통의 하부는 성적 기능을 상징한다. 여성에게 있어 몸통의 상부는 양육과 성적 의미를, 몸통의 하부는 성적 혹은 생산적 기능을 상징한다. 벨트 등을 그려 넣어 허리선을 강조한 그림은 자기과시적인 형태이기는 하나 신체와 관련된 충동을 비교적 잘 통제해 나가고 있음을 나타낸다. 하지만 벨트를 지나치게 꽉 조이게 그려 허리선을 강조한 경우라면 성적 충동에 대한 억제와 표출 사이에서 갈등과 불안감을 겪고 있음을 시사한다.

• 기타 신체 기관

신체 기관 중 심장, 폐, 장기 등 내부 기관이 투영된 그림은 정신증적 상태에서 보이는 현실 검증력 손상을 시사한다. 특히 신체 망상을 보이는 환자들이 종종 이러한 형태의 그림을 그린다. 신체 기관 중 성기가 표현된 경우는 매우 드문데, 이러한 그림은 일차적으로 자아 기능이 붕괴된 정신증적 상태를 나타낸다. 나체 그림에서 성기 노출보다는 옷을 입은 상태에서 성기가 비춰 보이게 그린 경우가 현실 검증력 손상, 자기통제력 약화 등을 더 강하게 시사한다. 성기가 노출된 그림 중 이러한 정신증적 가능성이 명백히 배제된 경우라면 성적 능력 혹은 성 정체성에 대한 극심한 부적절감이나 불안감을 반영한다. 수검자가 미술 전공자인 경우에는 누드화 형식의 성기 노출 그림을 그리기도 한다.

⑥ 의상

옷은 자기방어 혹은 자기과시를 나타낸다. 옷을 너무 많이 입히거나 장식을 많이 한 화려한 그림은 관심과 주목을 받고 싶은 욕구, 자기과시적 태도 등을 나타낸다. 하지만 그 이면에는 이러한 욕구가 충족되지 못할 것에 대한 두려움이 내재해 있기도 하다. 또한 옷을 지나치게 자세하고 정교하게 묘사한 그림은 강박적 성향을 나타낸다. 옷을 입히지 않은 그림은 자기방어가 취약하거나 관음증 혹은 노출증과 같은 성적 문제행동을 나타낸다.

TIP HTP 해석 단계에서 주의할 점

1. 단순화된 해석을 피하라!
   - 같은 그림일지라도 개인마다 그러한 공상(fantasy)을 산출해 낸 개인사(history)는 다르다.
   - 같은 역동이라도 다른 상징을 산출할 수 있다.
2. 그림 내용의 일반적인 의미보다 그 수검자가 무엇을 나타내고자 하는지 확인하라!
   - 해석자의 참조 체계, 이론적 견해에 따라 다양한 해석적 의미를 지닐 수 있음을 명심하라.
   - 다른 검사 결과, 행동 관찰, 배경 정보 등 다양한 자료와 통합하여 해석하는 것이 중요하다.

(a) 높은 담장, 문과 창문 등에서 폐쇄성이 강조된 집. 외부 환경 및 대인관계에 대한 경계적, 회피적, 방어적 태도가 시사됨. 지붕의 선, 벽 등의 음영은 내적인 긴장감, 불안감을 반영함. 사후 질문 단계에서 전선에 대한 반응(예: "국가 기관이 전파를 통해 내게 지령을 보내 세뇌시키고 있다.")을 통해 사고 주입 및 조종 망상이 드러남
(조현병)

(b) 문과 창문을 크게 그렸음에도 반쯤 열린 커튼, 집을 막은 울타리를 함께 그림. 대인관계 욕구가 강하면서도 조심스럽고 경계하는 양가적 태도가 시사됨. 집의 부속 사물들(꽃, 나무, 길 등)을 강조한 점도 강한 의존 욕구와 높은 심신 에너지 수준을 반영함
(달리 분류되지 않는 성격장애: 연극성 성격과 경계선 성격이 혼재된 형태)

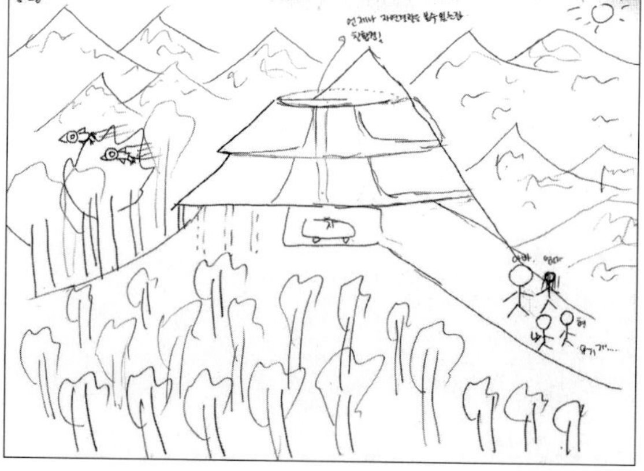

(c) 집의 배경 및 다양한 부속물이 산만하게 배치되어 있을 뿐 집의 기본 구성 요소를 갖추고 있지 않음. 지붕을 크게 강조한 반면 벽이 불분명하게 그려져 있으며, 길은 있지만 문과 창문 등 집으로 들어갈 수 있는 통로가 생략되었음. 현실 세계와의 접촉이 어려운 상태에서 공상적 과대 사고, 인지적 산만함, 충동성 등이 시사됨
(정신증을 동반한 양극성 장애 조증 삽화)

그림 5-6 집 그림의 예

(a) 기둥이 지나치게 굵은 사과나무. 지면에 가는 뿌리가 투영된 그림. 열매, 사람, 음표, 동물, 시냇물 등 부속물이 산만하게 배치됨. 심신 에너지 항진, 충동성, 인지적 산만함과 함께 현실 검증력 저하가 시사됨
(정신증을 동반한 양극성 장애 조증 삽화)

(b) 기둥이 가늘고 옹이가 그려진 버드나무. 약한 필압으로 선을 스케치하듯 그림. 뿌리를 그리지는 않았지만 지면에 기둥이 닿아 있음. 무력감, 우울감, 불안감이 시사되나 현실 검증력은 유지되는 것으로 여겨짐
(주요우울장애)

그림 5-7 나무 그림의 예

(a) 미취학 아동으로 사지와 몸통을 명확히 분화해서 그리지 못함. 진하게 음영 처리된 머리카락은 충동성, 과민함을 나타냄. 문제해결 능력을 반영하는 손, 발 처리가 미흡함. 칼을 그려 넣은 것은 공격성, 적대감을 반영함
(ADHD 및 적대적 반항장애)

(b) 지면을 꽉 채운 매우 큰 그림. 머리와 얼굴을 강조한 반면 몸통, 팔, 다리 등은 그리지 못함. 눈동자, 귀의 묘사 등을 강조함. 심신 에너지의 항진, 과대 사고, 충동성, 과잉 경계적 태도, 편집증 등이 시사됨
(정신증을 동반한 양극성 장애 조증 삽화)

그림 5-8 사람 그림의 예

TIP 운동성 가족화(Kinetic Family Drawing: KFD) 검사

운동성 가족화(KFD) 검사는 아동이 주관적으로 느끼고 있는 가족 구성원에 대한 대상 표상이 시각적으로 표현된다고 볼 수 있다. 운동성 가족화를 통해 가족 구성원 중에서 아동에게 가장 영향력을 미치고 있는 사람이 누구인지 알 수 있는데, 특히 아동에게 부정적인 영향을 주고 있는 대상에 대해 아동이 느끼고 있는 감정이 무엇인지 이해할 수 있다. 주요 양육자와의 관계, 형제자매 관계 등이 나타날 수 있고, 아동이 그림에서 자신의 위치를 어떻게 지각하고 있는지를 분석해 보면 가족 구성원들 간의 관계 구조와 역동성을 알 수 있다. 특히 움직임이 들어가 있는 가족 그림을 통해 가족 구성원들 사이에 작용하는 힘의 균형, 불균형 상태를 추측해 볼 수 있다. 또한 가족 내에서 아동이 느끼고 있는 친밀감, 고립감과 같은 부정적 감정의 근원, 가족의 상황적 역동 등이 잘 드러나기 때문에 임상 및 상담 현장에서 유용하게 쓰이고 있다.

KFD는 HTP 해석과 비슷한 방식으로 이루어지나 특히 다음 사항을 주목할 필요가 있다.

- 그림에 표현된 인물의 활동?
  - 그림에서 가족 모두가 상호작용하고 있는지, 아니면 몇 명만 상호작용하고 있는지 등을 살펴보면 그림을 그린 아동이 가족의 역동을 어떻게 지각하는지 파악할 수 있다.
  - 아버지상, 어머니상, 남성상, 여성상에 대한 가족의 영향을 파악할 수 있다(예: 아버지는 컴퓨터 게임 하는 사람, 엄마는 설거지하는 사람 혹은 엄마는 컴퓨터 하는 사람, 아빠는 빨래 개는 사람 등).
- 일반적인 그림의 형태
  - 가족 구성원이나 사물의 위치를 용지 안에 어떻게 구성하고 있는가를 통해 평상시 가족 구성원 혹은 사물들과 맺고 있는 심리적 유대감의 정도를 알 수 있다.
  - 아동이 가족 안에서 가지고 있는 친밀감, 신뢰감, 주관적으로 느끼는 감정 및 태도가 반영된다.
  - 가족 구성원들 간의 상호작용 측면을 해석할 수 있다.
  - 가족 구성원들 간에 벽이나 어떤 사물로 가로막혀 있는지 살펴봄으로써 가족들 간에 단절감, 고립감 등을 평가할 수 있다.
  - 인물 간의 거리는 아동이 실제 지각하고 있는 친밀성의 정도, 즉 심리적 거리를 반영한다(예: 특정 가족 구성원과 가깝고 어떤 사람은 특히 멀리 떨어져 있는 그림).
  - 특정 인물이 빠졌거나 지운 흔적이 있는 경우에는 그 인물이 갈등적인 대상일 가능성이 높다.
  - 음영이 표시된 인물이 있다면 그 대상에 대한 분노나 적개심이 투영된 것일 수 있다.
- 구획화
  - 직선 혹은 곡선을 사용하여 인물을 의도적으로 분리하여 그릴 수 있다.

–종이를 접어서 구획을 정해서 특정 가족 구성원을 위치시키기도 한다.
–구획화는 특히 가정 내에서 가족들 간에 상호작용이 부족하고 가족 응집력이 떨어지는 상태를 반영한다.
–외롭거나 분노가 억압되어 있는 경우에도 구획화가 나타날 수 있다.

• 포위
–가족 구성원 중 특정 인물을 동그란 선 안에 넣거나 집안의 가전 제품 같은 사물로 에워싼다.
–포위되어 있는 가족 구성원은 아동에게는 위협적인 대상으로 지각되는 인물로 제외시키고 싶은 욕구가 드러난다.
–포위된 대상과의 정서적 단절감을 추측해 볼 수 있다.

4. 문장완성검사(SCT)

문장완성검사(Sentence Completion Test: SCT)는 임상 현장에서 자주 사용되는 투사 검사 중의 하나다. 이 검사는 실시와 해석이 비교적 간단하면서도 수검자에 대한 정보를 풍부하게 제공해 주고 있다. 문장완성검사는 흔히 평가자가 없는 상태에서 수검자가 실시 방법을 읽어 보고 스스로 작성하기 때문에 검사를 실시하는 데 있어서 평가자의 노력과 시간이 가장 덜 드는 검사 중의 하나다. 입원 장면이라면 환자가 미리 병동에서 문장완성검사를 실시한 뒤 임상 심리검사실로 와서 나머지 검사를 실시하는 경우가 많다. 이때 평가자는 문장완성검사에서 수검자가 기술한 반응을 중심으로 면담에 활용할 수 있고, 반응 내용을 통해 어느 정도 환자에 대한 인상을 갖고 면담과 다른 심리검사에 임할 수 있다.

문장완성검사는 투사 검사의 일종이기는 하지만 로샤검사나 주제통각검사(TAT) 같은 다른 투사 검사와 달리 의식적인 수준에서 수검자가 인식하고 자각하고 있는 심리적 특성과 상태가 드러나는 경우가 많다.

문장완성검사는 수검자가 반응 내용을 의식하고 자각할 수 있다는 점 때문에 투사 검사 범주에 넣는 것에 대한 논란이 있어 왔지만, 수검자가 미처 자각하지 못하고 있는 내면의 정신 역동과 성격 특성에 관한 정보를 얻을 수 있다는 점에서 문장완성검사를 투사 검사 범주에 넣어야 한다는 주장도 있다.

임상 경험에 따르면 문장완성검사는 지능, 교육 수준, 문장력 등의 영향을 받는다. 지능이 높고 교육 수준이 높으며 문장력이 좋은 사람들이 더 풍부하게 문장을 완성하는 것은 기본이다. 그러나 지능이 높고 교육 수준이 높아도 구조화된 지능검사와는 달리 구조화가 덜된 문장완성검사에서는 단답식으로 표현하면서 사고가 매우 빈곤하게 드러날 수도 있다.

그렇지만 문장완성검사가 제대로 실시된다면 짧은 시간에 수검자에 대한 많은 정보를 가질 수 있다는 장점이 있기 때문에 가급적 검사를 성실하게 떠오르는 대로 솔직하게 시행하도록 권하는 것이 필요하다.

문장완성검사는 수검자가 문장을 작성해 나가면서 스스로 통찰을 얻을 수도 있고 또 평가자의 입장에서 면담 과정과 치료 과정에서 통찰력을 갖게끔 유도할 수 있는 좋은 도구가 될 수 있다. 예를 들어, 심리치료 과정에서 수검자가 문장완성검사에서 쓴 문장을 중심으로 갈등의 원인을 탐색하여 나감으로써 수검자의 통찰력을 이끌어 낼 수 있다.

TIP 문장완성검사의 강점과 제한점

- 강점
  - 반응의 자유가 있다. 수검자는 "예" "아니요"와 같이 이분법적으로 답을 할 필요가 없고 자신이 원하는 방식으로 답을 할 수 있다.
  - 검사 목적의 일부가 숨겨질 수 있다. 수검자들이 문항을 통해 이 검사의 일반적인 의도를 파악할 수 있기는 하지만 '좋은' '나쁜' 반응이 무엇인지 분명하지 않아서 검사의 목적이 무엇인지 알기 어렵기 때문에 자유롭게 반응을 할 수 있다.
  - 집단으로 실시할 수 있다. 대부분의 문장완성검사는 크고 작은 집단에 한꺼번에 실시할 수 있어 시간 대비 효용성이 높은 검사다.
  - 실시나 해석에 특별한 훈련이 요구되지 않는다. 검사 실시는 특별한 훈련이 필요하지 않아도 해석의 깊이는 평가자의 일반적인 임상 경험에 의존한다.
  - 객관적인 점수 체계가 없어도 문항 반응 내용 분석만으로도 정신병리 선별 목적으로 사용될 수 있다.
  - 다른 투사 검사에 비해 검사 실시와 해석에 걸리는 시간이 짧다. 특히 채점과 해석 과정이 어려운 로샤검사에 비해 실시와 해석에 걸리는 시간이 매우 짧다.

-다른 검사에 비해 매우 유연하게 문장을 구성할 수 있다. 특수 임상 집단이나 적용 집단에 맞게 맞춤식으로 문장 구성이 가능하다. 예를 들어, 예비 입양부모의 양육 적합성 평가를 위해 사용한다면 입양과 관련된 두려움, 기대, 아이 양육과 관련된 내용을 추가할 수 있고, 군복무 부적합 판정을 위한 심리평가를 위해서라면 이와 관련된 문항으로 새로이 구성할 수 있다.

• 단점

-채점 체계를 갖추고 있는 문장완성검사도 있지만 대부분 로샤검사나 MMPI 검사처럼 기계적으로 채점을 하기가 어렵기 때문에 연구 목적으로 활용하기가 쉽지 않다.

-로샤검사나 TAT와 같은 다른 투사 검사에 비해서는 검사 목적을 숨기기가 어렵다. 이 때문에 방어가 심하거나 심리적으로 정교한 수검자는 자신이 드러내고 싶지 않은 것을 숨길 수 있다.

-비협조적이거나 혼란되어 있는 환자의 경우 충분한 정보를 끌어내기 어렵다.

-쓰기와 읽기 능력이 요구되기 때문에 어린 아동들에게는 실시하기가 어려울 수 있다.

출처: 이우경(2018).

1) 문장완성검사의 발달 배경

문장완성검사는 원래 개인의 태도와 성격뿐만 아니라 지능을 측정하는 도구로 발달되었다. Ebbinghaus(1896)는 미완성 문장에 답하게 함으로써 수검자의 정신 능력을 측정하려고 시도했고, 여기서 반응이 복잡할수록 정신 능력이 우수하다고 판단하였다. 초기에 Binet와 Simon의 지능검사에도 문장이 포함되었으나 검사의 표준화와 신뢰도의 문제를 이유로 더 이상 지능을 측정하는 도구로서의 효용 가치는 없어졌다.

문장완성검사는 Jung(1910)의 단어 연상 검사에서도 그 기원을 찾을 수 있다. Jung은 단어 연상 검사를 통해 수검자의 무의식적 태도를 분석하고자 하였다. 그러나 1~2개 단어를 제시하는 것보다 미완성 문장을 제시하는 것이 더 풍부한 반응을 이끌어 낸다는 견해를 중심으로 문장완성검사가 널리 쓰이게 되었다. 특히 제2차 세계대전 동안 병사들에 대한 성격 평가와 배치를 위한 도구로 검사 배터리에 포함되어 사용되었다. 이때 사용된 군대용 문장완성검사는 12가지 성격 차원, 즉 가족, 과거, 목표, 욕구, 내적 상태, 애착, 낙관성, 비관주의, 에너지, 좌절과 실패에 대한 반응, 타인에 대한 반응, 타인들로부터의 반응을 중심으로 구성되었다.

군대에서의 성공적인 적용을 바탕으로 일반인들의 검사 도구로 사용된 것은 Rotter

와 Rafferty(1965)의 미완성 문장 검사(Rotter Incomplete Sentence Blank: RISB)였다. 이후 검사 대상자에 따라 문장 내용이 조금씩 다르게 적용되면서 여러 가지 유형의 문장완성검사가 제작되었다.

2) 문장완성검사의 신뢰도와 타당도

Rotter, Lah와 Rafferty(1992)가 대학생들을 대상으로 문장완성검사의 신뢰도와 타당도를 검증한 결과 평가자 간 채점 일치율은 대략 .91~.96이었고, 타당도 검증에서 적응과 부적응 평가와 검사 점수 간의 상관 분석을 한 결과 .64~.77 정도로 나타났다. 그러나 이후의 연구자들은 다른 투사 검사와 마찬가지로 문장완성검사의 신뢰도와 타당도에 관한 연구 진행은 만족할 만한 수준이 아니라고 보고하고 있다.

3) 문장완성검사의 실시

문장완성검사의 실시는 인쇄된 두 페이지 용지에 나와 있는 지식 내용에 따라 지시를 주는 것 이외에는 다른 지시를 내리지 않는 편이다. 검사 소요 시간은 대략 20분 이내다. 표준 지시 내용은 다음과 같다.

> "다음에 기술된 문장은 뒷부분이 빠져 있습니다. 각 문장을 읽으면서 맨 먼저 떠오르는 생각으로 뒷부분을 이어 문장이 완성되도록 하십시오. 반드시 자기의 솔직한 마음을 그대로 나타내야 하며 빠뜨리지 말고 모두 써 넣으십시오."

이와 같이 표준 절차를 통해 검사를 실시한 다음 전체 문장에 대한 반응을 읽어 내려가면서 빠진 문항이 없는지, 더 추가적으로 질문할 사항이 있는지 살펴보아야 한다. 평가자의 질문은 모호한 문장 내용을 명료하게 해 주기도 하고, 그 이면에 들어 있는 함축적인 의미를 밝혀 줌으로써 수검자 스스로 통찰을 갖도록 할 수도 있다. 특히 문장 내용이 흔치 않은 내용이거나 모호하거나 특별한 의미가 있어 보일 경우, 평가자는 "이 문장이 무엇을 뜻하는지 잘 모르겠습니다. 의미가 어떤 것인지 설명해 주시겠어요?"라고 질문할 수 있다.

특히 진단적으로 의미가 있는 내용일 경우 좀 더 자세히 질문하는 것이 좋다. 예컨대, 어떤 환자가 "나는 하루에도 몇 번씩 기분이 왔다 갔다 한다."라고 적었다면, 기분의 불안정성의 정도를 파악하기 위해 "기분이 몇 번씩 왔다 갔다 한다고 적으셨는데 그것이 어떤 의미인지, 기분이 어떻게 왔다 갔다 한다는 것인지 다시 설명해 주시겠어요?"라고 질문하는 것이 좋다. 물론 이런 질문들은 검사 문항을 모두 마친 다음 하는 것이 좋다. 문장완성검사를 실시하는 도중에 질문을 하면 수검자는 방어적인 태도를 취할 수도 있고 사회적으로 바람직한 모습으로 반응하려고 할 수도 있다.

또한 전혀 반응을 하지 않은 문장이나 간단하게 '예' '아니요'라고 응답했을 경우 그 문장에 대해서도 완성하도록 요청하는 것이 중요하다. 이때 반응을 하지 않은 문장이 어떤 종류의 문장인지를 봐서 중요한 정보가가 있는지 살펴보는 것도 필요하다.

문장완성검사는 표준적인 절차에 따라 채점하지 않는 경우가 많아서 개인의 심리적 문제에 따라 또는 읽기 능력이나 자기 표현 능력 정도에 따라 검사 실시 방법을 변형시키는 것도 필요하다. 만일 환자나 내담자가 문맹이어서 글씨를 쓸 수 없다면 평가자가 문장을 읽어 주고 반응을 들은 뒤 대신 적을 수도 있다. 아예 작성하지 않는 것보다는 정보를 줄 수 있기 때문이다. 그러나 지적장애나 정신증적인 상태가 심하여 입원한 경우 간호사나 보호자가 환자에게 질문을 한 뒤 대필을 하는 경우가 있는데, 이 경우 반응을 듣고 글을 적는 가운데 대필해 주는 사람의 견해나 생각이 들어가 각색되는 경우도 있다. 지적장애인의 경우라도 문장을 작성한 정도를 보면 읽기, 쓰기와 같은 기초 학력이나 사고력을 볼 수 있기 때문에 가능한 한 환자에게 직접 적게 하는 것이 더 중요할 때도 있다.

4) 문장완성검사의 지필 검사지

문장완성검사는 개발자에 따라 40문항, 60문항 등 여러 유형이 있지만 대체로 성인은 50문항, 아동 · 청소년의 경우 30~40문항 정도를 사용하고 있다.

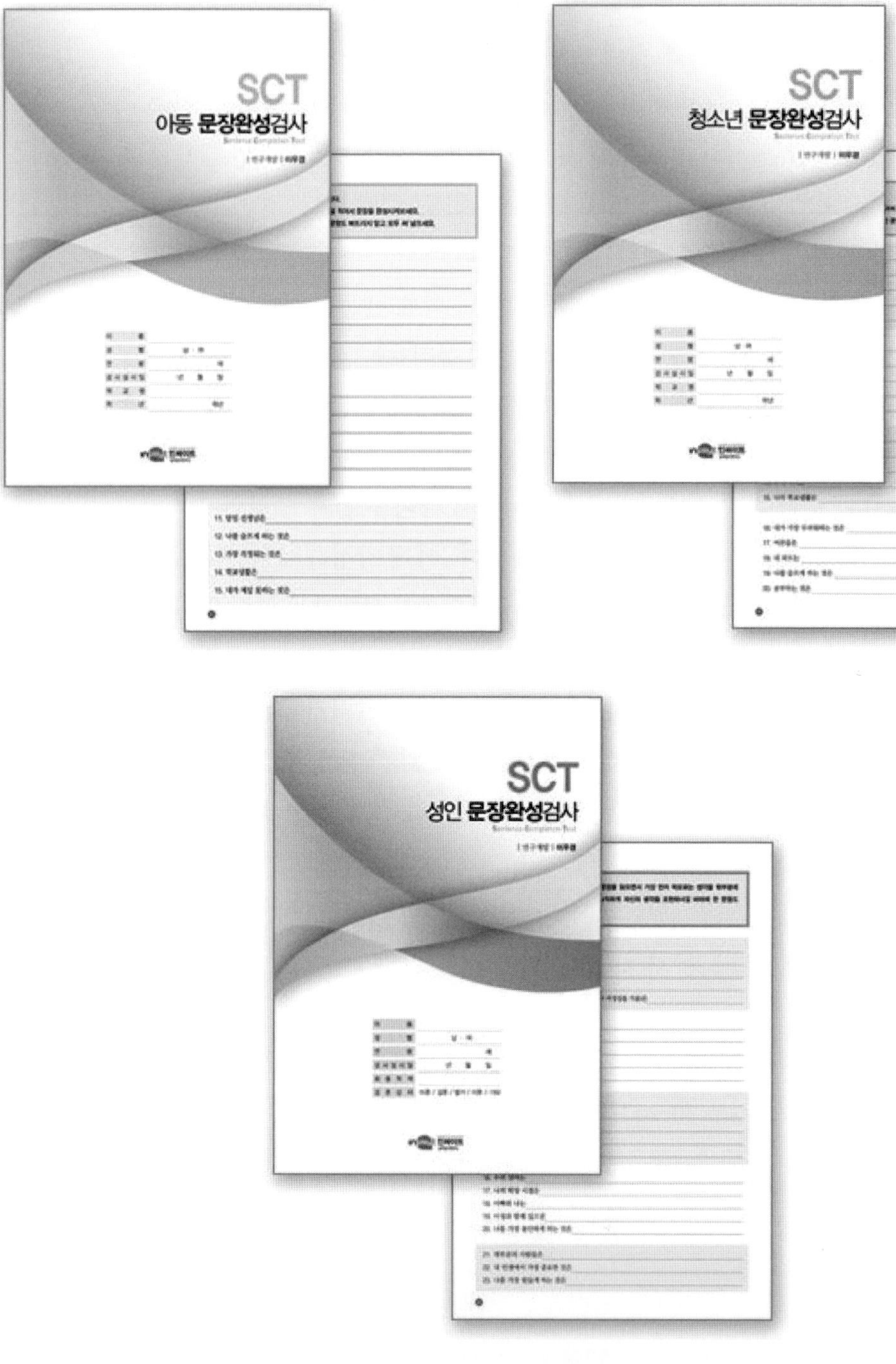

그림 5-9 문장완성검사

출처: 이우경(2017).

5) 문장완성검사의 채점

Rotter가 만든 RISB는 40항목으로 되어 있고 7점 척도의 방식으로 측정하게 되어 있다. 예를 들면, 가장 긍정적인 적응을 나타내는 문장에는 0점을 매기고 가장 갈등적인 적응을 나타내는 문장에는 6점을 매긴다. 이 점수들의 총점을 합하여 전체 적응 점수를 산출한다. 그러나 이런 채점 방식은 실제 임상 장면에서는 별로 활용되지 않고 있다.

Hart(1972)가 만든 H-SCT 채점 방식은 40항목의 아동용 검사로 가족과 사회, 학교, 삶 속에서의 자아에 대한 내용을 담고 있다. 채점 방식은 적응과 관련하여 부정적인지, 중립적인지, 긍정적인지에 따라 점수를 매기는 방식이다. 부정적인 내용에서부터 긍정적인 내용에 이르기까지 자아, 가족, 학교와 관련되는 문항들이 5점 척도로 제시되어 있고 그룹별로 점수가 매겨진다.

우리나라에서 개발된 문장완성검사는 몇 가지 버전이 있다. 대체로 객관적 수치를 제공하는 채점 방식보다는 문항 응답을 질적으로 분석하는 방법을 주로 사용하고 있다. 이우경(2017)의 문장완성검사에서도 양적인 수치보다는 주제 영역별로 분류하여 질적인 분석을 제시하고 있다.

6) 문장완성검사의 해석

문장완성검사의 해석은 연구를 위한 것이 아니라면 성격의 정신 역동을 분석하는 데 초점을 둔다. 우선 개별 문장 분석 방식은 각 반응의 내용들을 하나하나 검토해 보는 것이다. 이 방식은 문장에서 반복되는 내용, 단서, 사고 과정을 찾아내어 개인의 행동에 관한 가설을 세우는 것이다. 두 번째 평정 방식은 Rotter의 채점 체계에서처럼 각 항목에 점수를 매겨 반응을 해석하는 것인데, 임상에서는 잘 사용하지 않는다. 체계적 점수화 방식 역시 각 문장을 준거 문항과 비교하여 점수를 매기게 되어 있는데, 연구 목적이 아니라면 이러한 양적 채점 체계는 잘 사용되지 않는다. 가장 많이 사용되는 방식은 영역별 해석 방식이다. 이 방식은 결정된 영역에 따라 성격, 태도, 행동을 의식적 수준에서 분석할 수 있다.

문장완성검사 해석 시 문항을 군집으로 묶어서 해석하는 방식이 많이 쓰이는데, 여기에는 아버지에 대한 태도, 어머니에 대한 태도, 가족에 대한 태도, 여성에 대한 태도, 남성에 대한 태도, 이성과 결혼 생활에 대한 태도, 대인관계에 관한 지각, 권위적인 인물에 대한 태도, 두려움에 대한 태도, 죄책감에 대한 태도, 자기 능력에 대한 태도, 과거에 대한 지각, 미래에 대한 지각, 목표에 대한 태도 등이 포함되어 있다.

이우경(2017)의 문장완성검사에서는 다음 주제로 범주화된다.

- 자기(강점, 약점, 자기개념)
- 가족(엄마, 아빠, 형제자매, 가족 분위기, 자녀)
- 타인 및 세상(친구, 여성/남성, 타인, 세상, 권위상)
- 꿈/욕구/가치(꿈, 욕구, 가치)
- 시간 조망(과거, 미래)
- 부정적 감정과 스트레스 대처 방식(두려움, 불안, 화, 후회/부러움, 스트레스 반응)
- 사랑, 성, 결혼(사랑, 성/결혼)
- 건강, 죽음, 영성(건강과 죽음, 영성)

이우경의 문장완성검사 분류표에서는 위 주제를 토대로 인지, 정서, 행동, 가족 및 대인관계 영역으로 요약할 수 있다. 인지 영역에는 자기지각, 타인 및 세상에 대한 지각, 미래에 대한 지각이 포함된다. 정서 영역에서는 핵심 정서와 갈등, 정서 강도 등이 기술된다. 행동 영역에서는 좌절과 실패에 대한 반응, 대처 방식 등이 요약된다. 가족 및 대인관계 영역에서는 가족에 대한 태도와 대인지각을 요약한다. 마지막으로 기타 영역에서는 사랑, 성, 결혼, 가치, 목표, 꿈, 욕구, 건강, 종교 등에 대해 기술할 수 있다.

표 5-1 성인용 분류표 예시

영역	주제	번호	제시된 문장	해석
자기 (8)	강점	33	내 자신이 가장 자랑스러운 때는	
	약점	3	남들이 잘 모르는 나의 단점은	
		48	바꾸고 싶은 나쁜 습관은	
	자기 개념	4	나의 외모는	
		10	나는	
		14	주변 사람들은 나에 대해	
		34	가족들은 나에 대해	
		35	내가 만일	

가족 (7)	엄마	16	우리 엄마는	
		36	엄마와 나는	
	아빠	7	우리 아빠는	
		18	아빠와 나는	
	형제자매	40	내 형제자매는	
	가족 분위기	1	어렸을 때 우리 가족은	
	자녀	12	아이를 키운다는 것은	
타인 및 세상 (8)	친구	9	나에게 좋은 친구는	
	여성/남성	2	대부분의 여자들은	
		5	내가 바라는 남성상/여성상은	
		24	대부분의 남자들은	
	타인	15	내가 싫어하는 사람들은	
		21	대부분의 사람은	
	세상	30	세상은	
	권위상	38	대부분의 윗사람들은	
꿈/욕구/가치 (7)	꿈	47	내가 꼭 이루고 싶은 꿈은	
	욕구	43	내가 행복하려면	
		44	지금 나에게 필요한 것은	
		29	직업을 갖는 것은	
		46	돈은	
	가치	6	무엇보다 가치가 있는 일은	
		22	내 인생에서 가장 중요한 것은	
시간 조망 (6)	과거	17	나의 학창시절은	
		31	어렸을 때 나는	
		37	내 삶에서 가장 행복했던 때는	
		39	내 삶에서 가장 슬픈 기억은	
	미래	32	나의 미래는	
		41	나이가 더 들면	

부정적 감정과 스트레스 대처 방식 (7)	두려움	8	내가 두려워하는 것은	
	불안	20	나를 가장 불안하게 하는 것은	
	화	13	나를 가장 화나게 하는 것은	
	후회/부러움	27	살아오면서 가장 후회되는 것은	
		28	내가 가장 부러워하는 것은	
	스트레스 반응	23	나를 가장 힘들게 하는 것은	
		25	원하던 일이 잘 풀리지 않으면	
사랑, 성, 결혼 (4)	사랑	11	내 삶에서 사랑은	
	성/결혼	42	성에 대한 관심	
		19	이성과 함께 있으면	
		26	결혼은	
건강, 죽음, 영성 (3)	건강과 죽음	45	나의 건강은	
		50	죽는다는 것은	
	영성	49	내가 믿는 신은	

요약

- 인지
  - 자기지각: ______
  - 타인 및 세상에 대한 지각: ______
  - 미래에 대한 지각: ______
- 정서
  - 핵심 정서와 갈등, 정서 강도 등: ______
- 행동
  - 좌절과 실패에 대한 반응, 대처 방식 등: ______
- 가족 및 대인관계
  - 가족에 대한 태도: ______
  - 대인지각: ______
- 기타(사랑, 성, 결혼, 가치, 목표, 꿈, 욕구, 건강, 종교 등)

______

참고문헌

신민섭, 김수경, 김용희, 김주현, 김향숙, 김진영, 류명은, 박혜근, 서승연, 이순희, 이혜란, 전선영, 한수정(2002). **그림을 통한 아동의 진단과 이해–HTP와 KFD를 중심으로.** 서울: 학지사.

이우경(2017). **문장완성검사.** 서울: 인싸이트.

이우경(2018). **문장완성검사의 이해와 활용.** 서울: 학지사.

최정윤(2002). **심리검사의 이해.** 서울: 학지사.

Buck, J. N. (1948). The H-T-P techniques. A Quantitative and qualitative scoring manual. *Clinical Psychology, 5,* 1-120.

Buck, J. N., & Hammer, E. F. (1969). *Advances in the House-Tree-Person Technique: Variations and Applications.* Beaverton, OR: Western Psychological Services.

Burn, R. C. (1987). *Kinetic-House-Tree-Person Drawing: An Interpretative Manual.* New York: Brunner/Mazel, Inc.

Ebbinghaus, H. (1896). Ueber eine neue methode zur Pruefung geisige Faehigkeiten und thre Anwendung bei Schulkindern. *Zeitschrift fuer Psychologie und Psychologie der Sinnersorgane, 13,* 401-457.

Goodenough, F. (1926). *Measurement of Intelligence by Drawings.* New York: World Book.

Hammer, E. F. (1958). *The Clinical Application of Projective Drawings.* Springfield, IL: Thomas.

Hart, D. H. (1972). Sentence Completion Test for children. In H. M. Knof (Ed.). *The Assessment of Child and Adolescent Personality.* New York: Guilford Press.

Jung, C. G. (1910). The association method. *American Journal of Psychology, 21,* 219-269.

Machover, K. (1949). *Personality Projection in the Drawing of the Human Figure.* Springfield, IL: Charles C. Thomas.

Pennebaker, J. W., & King, L. A. (1999). Linguistic styles: Language use as an individual difference. *Journal of Personality and Social Psychology, 77,* 1296-1312.

Rotter, J. B., & Rafferty, J. E. (1965). Validation of the Rotter Incomplete Sentence Test. In B. I. Murstein (Ed.), *Handbook of projective technique.* New York: Basic Books.

Rotter, J. B., Lah, M. I., & Rafferty, J. E. (1992). *Manual Rotter Incomplete Sentence Blank* (2nd ed.). Orlando, FL: Psychological Corporation.

제6장

로샤검사

로샤검사는 심리학계 안팎으로 검사의 신뢰도와 타당도가 낮다는 시각도 있지만 임상 현장에서 가장 광범위하게 쓰이고 있고 그동안 연구 결과가 많이 축적되어 온 검사 중의 하나다. 로샤검사는 서로 대칭으로 이루어져 있는 10개의 잉크 반점에 대해 수검자가 반응한 것을 토대로 성격 기능을 평가하는 것으로, 수행에 기초한(performance-based) 검사다. 로샤검사를 하는 목적은 수검자가 자신의 경험을 조직화하는 방식을 평가하고, 그 경험에 부여하는 개인적 의미를 분석하며, 나아가 성격 구조를 평가하기 위한 것이다. 로샤검사 자료를 분석해 보면 수검자의 동기, 반응 경향성, 인지적 조작 능력, 정동, 개인적/대인관계적 지각과 같은 변인들에 대한 주요한 정보를 알 수 있다.

로샤검사는 수검자가 환경 자극을 자신의 특수한 욕구, 동기, 갈등에 따라 구성하며 때로는 어떤 지각적 '세트'에 의해 조직화한다는 가정에 기초한다. 이러한 조직화 활동은 잉크 반점과 같은 모호한 자극 상황에 처하게 되면 더 과장되고 광범위하고 뚜렷해진다. 수검자는 이 과정에서 반응을 산출하기 위해 자신만의 고유한 내적 이미지, 아이디어 등에 의존하게 된다. 로샤와 같은 모호한 검사 상황에서 수검자는 지각을 조직화하고 이러한 지각을 자신의 경험이나 주관적 인상과 연합시키게 된다. 로샤검사와 같이 모호한 자극을 처리하는 과정은 조직화 능력과 판단이 요구되는 다른 애매모호한 상황에서 수검자가 어떻게 반응할지를 유추할 수 있게 해 준다는 점에서 매우 의미가 있다.

채점 체계가 나름대로 체계적으로 발달되어 있기는 하지만 로샤 반응을 채점하고 해석하는 것은 매우 복잡한 과정이다. 정확하고 보편적으로 수용할 만한 채점 체계를 개발하려는 시도는 완전히 성공하지 못했다고 볼 수 있다. 주요 채점 체계가 많은 연구자의 합의하에 공통성을 기반으로 만들어지기는 했지만 서로 이질적이고 복잡한 요소들이 많이 내재되어 있다. 채점 체계를 공부하고 익히는 과정은 심리학을 전공하는 많은 학부생과 대학원생에게 어려운 도전이 되고 있다. 임상가로서 경험적으로 말하자면, 로샤검사를 해석하는 과정은 단순히 검사 반응을 채점하고 요약하는 데에 그치지 않는다. 로샤검사를 통해 수검자에 대한 충분히 의미 있는 자료를 끌어내기 위해서는 정신병리나 성격에 관한 심리학적 이론을 공부해야 할 뿐만 아니라 충분한 임상 수련과 경험이 요구된다.

1. 로샤검사의 역사

로샤검사는 1921년 Herman Rorschach의 유명한 논문「심리 진단(Psychodiagnostik)」에서 최초로 소개되었다. Rorschach는 우연히 잉크 반점에 대한 조현병 환자의 반응이 정상인의 반응과 차이가 있다는 것을 발견하고, 과연 잉크 반점 검사가 조현병의 변별에 유효한지를 검증하였다.

초기 연구에서 Rorschach가 채점하였던 주요 항목은 우선 수검자가 어떤 위치를 보고 반응하였는지, 그다음으로 잉크 반점의 어떤 형태를 보았는지, 마지막으로 어떤 내용에 반응하였는지를 부호화하는 것이었다. 이는 지금 우리가 사용하고 있는 채점 체계의 기초가 되었다.

Rorschach 이후에 그의 체계를 발전시킨 5명의 중요한 인물은 다음과 같다. 우선 Rorschach의 대학 동료였던 Beck은 로샤검사의 표준화 연구에 관심을 갖고 150명의 아동을 대상으로 표준화한 자료를 1929년에 논문으로 발표했다. 1937년에는 첫 번째 책인『로샤 기법에 대한 개론(Introduction to the Rorschach Method)』이 출간되었는데, 이는 후에 Beck의 매뉴얼로 알려졌다. 둘째로, Beck의 친구인 Hertz는 Beck을 통해 로샤검사를 접하게 되었다. 그녀는 Beck과의 경험적인 연구를 통해 Rorschach가 사용하였던 개념적인 틀에 대한 이해의 폭을 넓히는 데 기여하였다. 세 번째로, Klopfer는 아동문제 전문가로 아동의 정서적인 문제에 관심이 있었다. 그는 컬럼비아 대학교에서 로샤 세미나를 개최하면서 미완성 요소가 많은 로샤검사의 미흡한 부분을 개선해야 할 필요성을 느꼈고, 채점 체계를 확장시키고자 노력하였다. 이러한 과정에서 Beck의 매뉴얼을 비판하기에 이르렀고, 둘 간의 분열은 계속되었다. 네 번째로, Piatrowski는 컬럼비아 대학교에서 Klopfer의 세미나에 참석한 것을 계기로 로샤검사에 관심을 갖게 되었다. 그는 특히 신경학적인 문제가 로샤검사와 같은 애매한 자극에 어떻게 반영되는지에 관심을 두었다. 마지막으로, Rapapport는 원래 정신분석학에 관심이 많았던 사람으로 병원에서 근무하는 동안에 로샤검사를 포함한 여러 검사를 사용하여 심리 진단을 하였고 심리검사의 효과에 대해 연구했다. 그리고 심리검사를 통합하여 개인의 심리적 특성에 대한 이해를 하는 데 중요한 자료를 제공하였다.

앞에 언급한 로샤 연구자들 간의 여러 가지 이견과 상호 비판을 분석하고 이를 통합하는 노력을 기울여 온 사람은 Exner였다. Exner(1969)는 다섯 가지 체계를 연구하는 과정에서 로샤 연구 자체가 제대로 이루어지기 어려운 이유는 연구 자료들이 어떤 한 체계에 충실하기보다는 각각 서로 다른 채점 방식과 틀을 가지고 발달시켰기 때문이라고 판단하였다. 채점 체계들 간의 불일치가 가장 높은 것은 음영 반응과 색채 반응에 관련된 것들이다. Exner의 연구(1974)에 따르면, 전체 채점자의 22%는 한 가지 방법으로 채점하는 것을 포기하고 반응 내용의 주관적인 분석에 더 치중한 것으로 나타났다. 채점을 한 사람들 중의 다수인 75%는 다양한 체계에서 나온 것을 토대로 자신만의 통합적인 방식을 고수하였다. 결국 Exner(1974)는 로샤검사를 제대로 연구하고 로샤검사의 분석을 타당성 있고 객관적으로 접근하기 위해서는 모든 체계의 특징을 통합한 하나의 체계를 만드는 작업이 필요하다는 생각에서 로샤 종합 체계를 내놓게 되었다. Exner의 종합 체계는 개정판을 계속 내고 있고(1991, 1993, 2001, 2003), 현재까지 많은 연구를 자극하고 있으며, 대부분의 임상 장면에서는 로샤검사 해석 시 이 체계를 적용하고 있다.

심리평가 역사에서 로샤검사의 심리측정적 특성은 가장 많은 논란을 불러일으켰다. 초기부터 로샤검사에 대해 회의적인 시각을 가지고 보는 임상가들도 있었으나 1940년대와 1950년대에 로샤검사는 두 번째로 가장 많이 쓰이는 검사였고, 로샤는 임상 심리검사와 거의 동의어로 쓰일 정도였다. 초기의 이러한 인기에도 불구하고 로샤검사는 지속적으로 비난을 받아 왔는데, 1954년 Shaffer는 로샤검사가 더 이상 전도유망한 검사는 아니라고 말할 정도였다. Garb(1999)는 채점 체계가 타당하다는 것이 밝혀질 때까지 로샤검사의 사용을 유예해야 한다고 말하기도 했다. 1998년에서 2003년 사이에 주요 심리평가 관련 저널에서는 로샤검사의 상대적인 장점을 논쟁하는 특별 논고가 실리기도 했다. 로샤검사를 둘러싸고 규준, 채점자 간 신뢰도, 시간적 안정성, 로샤검사를 지지해 주는 메타 분석의 정확성, 증가 타당도의 수준 등 전반적인 논쟁이 있어 왔다. 2006년 Exner의 사후에도 채점 체계에 중요한 변화 가능성이 열렸고, 이 논란의 핵심에는 로샤검사의 유용성과 검사로서의 장단점, 신뢰도와 타당도의 문제가 있다.

2. 로샤검사의 신뢰도와 타당도

Exner가 강조하였듯이 로샤검사는 단일한 하나의 체계가 아닌 기본적으로 5개의 주요한 체계로 사용되어 왔다. 따라서 하나의 체계만을 가지고 연구한 신뢰도와 타당도 연구를 다른 체계들에 일반화하기가 어렵다. 로샤 연구는 특히 어려운데, 채점해야 하는 변인이 너무 많고 연구자의 선입견과 타당한 준거의 부족, 부적절한 통계 방식이 연구에 영향을 미치기 때문이다.

Parker(1983)는 이러한 어려움에도 불구하고 Exner가 제시한 자료를 합하여 메타분석을 통해 신뢰도 검증을 하였다. Parker는 1971~1980년에 『성격 평가 저널(Journal of Personality Assessment)』에 발표되었던 530개의 연구 중 각기 다른 통계적 절차를 사용한 39개의 논문을 분석하면서 로샤검사의 신뢰도는 낮은 것에서부터 중간 정도에 이른다고 하였다. Acklin, McDowell, Verschell과 Chan(2000)은 종합 체계에 있는 범주의 거의 반 정도가 .81 이상의 높은 신뢰도를 보이고 1/3 정도는 .61~.80의 신뢰도를 보인다고 하였다. Exner는 채점자 간 신뢰도에 특별한 관심을 기울였는데, 재질(Texture) 반응과 차원(Vista) 반응에서 88~99%의 채점자 간 신뢰도를 발견하였고, 훈련을 받는다면 종합 체계는 우수한 채점자 간 신뢰도를 보인다고 결론 내렸다.

신뢰도 부분에서 추가적으로 중요한 영역은 임상가들이 검사 자료에 기초해서 내린 해석에 대해 다른 임상가들 간의 일치율은 어느 정도냐다. 동일한 수검자의 로샤 자료에 대해 두 임상가 간의 해석에 변산성, 즉 차이가 있다면 임상가들 간에 신뢰도가 낮다는 것을 의미하며, 해석의 어떤 부분은 부정확하다는 의미로 간주될 수 있다. 그러나 Meyer, Mihura와 Smith(2005)는 경험 많은 임상가들 사이의 해석 일치도는 .76~.89에 이른다고 보고하였다.

검사-재검사 신뢰도는 다소 변산성을 보이고 있다. 1년 간격으로 비임상 집단에게 41개 변인을 재검사한 결과, 신뢰도는 .26~.92에 걸쳐 있었다. Exner는 10개의 변인이 .75 이하의 신뢰도를 가지고 있다고 보고하였는데, 이 변인들이 특성보다는 상태를 반영하는 것으로 보았다. 해석에서 가장 중요한 요소는 비율과 퍼센트로, 이 변인들은 모두 높은 신뢰도 범위에 있었다. 이와 대조적으로 정상 성인을 대상으로 보다 짧은 간격인 3주 간격을 두고 검사를 실시한 결과에서는 검사-재검사 신뢰도가 더 높게 나타났다.

타당도 연구는 로샤 변인들이 서로 다른 집단의 특징을 잘 구별해 주는지에 초점을 두고 있다. 즉, 특정한 집단의 로샤 반응에 대한 과거의 자료를 바탕으로 규준을 만들고, 이러한 규준을 바탕으로 개인의 반응을 비교하는 것이다. 예를 들어, 조현병 환자들은 다른 환자 집단보다 형태질이 좋지 못한 반응을 상대적으로 높게 보일 수 있고, 우울증 환자들은 인간 운동 반응을 매우 적게 보일 수 있다.

초기의 타당도 연구는 다양한 채점 체계와 빈약한 방법론 때문에 어려움이 많았고 아동이나 청소년, 70세 이상의 노인 규준을 갖추지 못한 점도 문제였다. 또한 검사 결과가 평가자-수검자가 자리에 앉는 위치, 지시 방법, 라포, 평가자와 수검자의 성, 평가자의 성격 등과 같은 상황적 변인 및 대인관계 변인들의 영향을 받는다는 점도 문제였다.

로샤검사의 타당도를 연구하는 것은 많은 채점 체계와 양적인 공식 때문에 매우 복잡한 과제다. 어떤 변인은 다른 변인보다 타당도가 더 높다. 예컨대, 인간 운동 반응(M)은 창의성과 공상 능력의 지표로 사용된다. Exner(1993)는 M이 백일몽, 수면/꿈 박탈, 꿈 회상과 상관이 높다는 것을 발견하고 공상과 관련성이 높다고 주장하였다. 그러나 M과 창의성의 관계는 약하거나 논쟁적이라고 보고되고 있다. 타당도는 검사가 실시되는 맥락과 연구 표집에 의존한다. 예를 들어, 우울 지표(Depression Index: DEPI)는 7개의 로샤 점수 조합에 기초하고 있는데, 성인들에서 실제 우울증 유무와 관련성이 낮거나 없다고 보고되고 있다(Mihura, 2008). DEPI와 대조적으로, 지각적 사고 지표(Perceptual Thinking Index: PTI)는 사고 장애를 탐지하는 데 성공적이라고 보고되고 있다.

로샤검사의 타당도는 대체로 .40~.50에 걸쳐 있다고 보고되고 있으나(Weiner, 1996), 이보다 낮다고 주장하는 학자들도 있다. 로샤검사의 타당도가 낮은 주요한 요인 중의 하나는 반응 산출과 관련된 의미다. 반응의 극단성과 관련된 많은 해석이 나올 수 있다. 즉, 반응 수가 지나치게 적은 것은 방어, 우울, 꾀병을 상징할 수 있고, 극단적으로 많은 것은 높은 성취 욕구나 강박적 성격을 암시할 수 있다.

반응 산출은 연령, 지적 수준, 언어 능력, 교육 수준과 관련이 있다. 연령에 따른 규준이 나와 있지만(Exner, 1993), 지적 수준, 언어 능력, 교육 수준은 반응 수와 관련된 해석에 혼란을 줄 수 있다. 반응 수가 많은 것은 전통적인 해석인 강박성, 창의성, 충동 통제 능력 등과 같은 성격 특성을 반영할 수도 있지만 단순히 높은 수준의 언어 능력을 반영할 수도 있다. 특히 교육 수준과 언어 능력이 로샤검사 반응 수와 밀접한 관련성이 있다는 것은 경험적으로 밝혀지고 있다.

로샤검사의 타당도를 입증하기 어렵다는 것은 Exner가 자신의 책을 통해서도 많이 언급하고 있다. 종합 체계가 나오게 된 것은 초기의 로샤 체계가 수검자의 반응을 충분히 채점하지 못하고 있다는 인식에서 비롯되었다. 종합 체계가 나온 이후 이 체계를 사용한 연구들이 나오면서 기존의 로샤검사의 신뢰도와 타당도에 관련된 제한점과 문제점이 많이 줄어들었다.

3. 로샤검사의 장점과 단점

앞서 언급하였듯이, 로샤검사는 투사 검사이기 때문에 신뢰도와 타당도가 여느 객관적인 검사에 비해 낮다는 평판이 있었고, 이것이 임상가들과 학구적인 연구자들 양극단에서 논쟁을 불러일으켰다. 이러한 논란은 Exner의 종합 체계가 발달하면서 어느 정도 해소되기는 했다. 하지만 우리나라에서도 이러한 논란은 여전히 남아 있다.

그럼에도 불구하고 로샤검사가 임상가들 사이에서 여전히 인기 있는 이유는 이 검사가 매력적인 특징을 가지고 있다는 점이다. 임상 심리검사로서 매력을 느끼게 하는 일면은 로샤검사가 유발하는 불가사의함 때문일 수 있다. 언뜻 보기에 너무 간단해 보이는 10개의 잉크 반점이 성격의 내적인 측면을 어떻게 드러낼 수 있을까? 로샤검사를 처음 접하는 사람들은 이런 호기심을 갖게 된다. 로샤검사와 같은 투사 검사에 대해 '마음의 엑스레이'라고 메타포를 붙이는 것도 로샤검사에 대해 신비하다는 인상을 갖게 한다. 경험이 많은 노련한 임상가들은 로샤 프로토콜이 마치 우물과 같아서 계속 파다 보면 유용한 정보를 끌어올릴 수 있다고 표현하기도 한다. 따라서 로샤검사를 사용하는 임상가는 검사 기술자(tester)라기보다는 앞을 내다보는 천리안을 가진 사람(seer) 혹은 예술가(artist)로 불리기도 한다.

로샤검사의 장점은 다음과 같다. 우선 가장 큰 장점은 수검자의 의식적 저항을 통과해서 개인의 심층적인 무의식적 성격 구조를 평가한다는 것이다. MMPI와 같은 구조화된 검사와 달리, 로샤검사는 숨겨진 정신병리 수준을 평가할 수 있다. 예컨대, 경계선 성격 병리를 가진 환자의 경우 구조화된 검사에서는 비교적 정상적인 프로파일을 보일 수 있다. 반면 구조화가 덜된 로샤검사에서는 핵심 병리가 더 잘 드러날 수 있다. 로샤검사는 명백한 임상적 증상으로 발현되기 전에 나타나는 미묘한 사고 장애 과정을 예민하게 감지할 수 있다는 장점도 가지고 있다. 초기 정신증적 과정에 있는 환자들은 대개 망상과 환청과 같은 정신증적 증상이 분명하게 나타나기 전에 주의력 결함이라든지, 복잡하고 미묘한 사회적 단서를 파악하는 능력이 현저히 떨어지는 경향이 있다. 그래서 외적인 행동으로 뚜렷이 관찰되지는 않지만 로샤검사에서 연상이 이완되고 내용

면에서 독특하고 기묘한 반응이 나타나는 등 미묘한 정신증적 붕괴 과정이 감지될 수 있다.

또 다른 강점으로는 로샤검사에서는 부정 왜곡이나 긍정 왜곡을 덜한다는 것이다. 로샤검사 자극에 노출되면 수검자들은 반응의 진정한 의미를 잘 모르기 때문에 위장된 반응을 하기가 어렵다. 즉, 고의적으로 좋게 보이려 하거나 고의적으로 나쁘게 보이려 하는 반응을 하기가 어렵다. 물론 로샤 반응을 하기까지 내적 검열 과정을 거친다는 Exner의 견해도 있지만, 구조화된 검사보다는 덜하다는 것이 일반적인 견해다.

로샤검사의 또 다른 장점은 실시하기가 쉽다는 것이다. 카드를 다루는 것이 쉽고 실시하는 시간도 대략 30분 이내로 짧게 걸린다. 그러나 검사 실시는 쉽지만 채점과 해석은 복잡하고 시간을 요구하는 작업이다. 임상가들은 대체로 실시와 해석을 합하면 2.5시간이 걸린다고 보고하고 있다.

로샤는 장점이 많은 검사임에도 불구하고 몇 가지 단점이 있다. 우선 신뢰도와 타당도가 낮다는 지적이 가장 중요한 단점으로 거론된다. 이 밖에 수검자에 의한 검열, 채점 오류, 해석 시 미묘한 오류, 연령이나 교육 배경을 고려하지 않은 해석, 평가자 편향 등도 단점에 속한다. 로샤검사가 복잡하기 때문에 상당한 훈련을 요한다는 것도 단점으로 꼽히고 있다.

4. 로샤검사의 특징

로샤검사 자극은 애매성을 띠고 있으며, 수검자는 '무엇'처럼 보이는지를 반응하는 동안에 자기도 모르게 어떤 심리적 과정을 거치게 된다. Rorschach는 그의 검사의 반응 과정을 지각 과정 및 통각(apperception) 과정으로 보았다. 감각적인 인상과 기억을 연합하는 과정에는 개인차가 있게 마련이며, 이러한 개인차로 말미암아 같은 자극에 대해서도 다양한 반응이 나타나게 된다.

수검자가 각 카드의 잉크 반점에서 가능한 잠재적인 대답들 가운데 어떤 것으로 반응하는 과정에는 다음의 여섯 가지 요소가 포함되어 있다.

1) 검사 자극을 입력하고 부호화하기

수검자가 잉크 반점 자극을 처음 접했을 때 자극을 입력하는 과정은 우선 시각적으로 정보를 처리하는 과정으로, 그 처리 시간은 매우 빠르게 진행된다. 이때 잉크 반점의 형태가 단순한지 혹은 복잡한지에 따라 반응 양상은 다양하다. 카드에 따라 차이가 있긴 하지만, 자극을 입력한 후 수검자는 대체로 10초 이내에 반응을 한다. 또한 수검자가 자극을 처리하는 방식도 자극을 입력하고 부호화하는 데 영향을 미친다. 성급하고 충동적인 수검자는 로샤 카드를 보자마자 2~3초 이내에 반응할 수 있고, 강박적이고 우유부단한 수검자는 그보다 훨씬 늦게 수십 초 혹은 수 분 뒤에 반응할 수 있다. 이와 같이 몇 초 혹은 몇 분간 로샤 자극에 노출되었을 때, 수검자는 잠정적으로 반응을 어떻게 분류할지 고심을 하게 된다.

2) 검사 자극을 전체 혹은 부분으로 분류하기

검사 자극이 입력되면 수검자는 자극을 전체 혹은 부분으로 나누어 분류하게 된다. 수검자의 장기기억에서 끌어낸 경험의 산물과 잉크 반점의 특성에 따라 잉크 반점 전체로 지각하기도 하고 때로는 작은 부분들로 나누어 지각하기도 한다.

3) 경제성의 원칙과 우선순위에 따라 잠재적인 반응을 버리기

로샤 반응은 잉크 반점이 무엇처럼 보이는지 모두 반응해 달라는 평가자의 지시에 대해 수검자가 잠재적으로 떠오르는 여러 가지 반응 가운데 무엇을 우선적으로 답해야 할지를 결정하는 과정이다. 성급하게 반응하는 수검자도 있기는 하지만, 대부분의 수검자는 처음 접하게 되는 잉크 반점에 대한 답을 할 때 신중을 기하게 되고 마음속에서 우선순위를 정한 다음 1~2개의 반응을 하고 나머지는 버리기도 한다.

4) 검사의 선입견 등을 검열하는 과정에서 잠재적인 반응을 선택하기

검사에 대한 선입견이나 검사에 대한 경험에 따라 자체 검열을 통해 여러 반응 중에서 취사선택하는 과정이 일어난다. 예를 들어, 처음 보는 평가자인지 혹은 안면이 있고 잘 아는 평가자인지에 따라 검사 반응 수는 달라질 수 있다. 또한 평가자가 여자인지 혹은 남자인지에 따라 반응이 달라지기도 한다. 대체로 수검자는 정서적으로 가깝게 느껴지는 평가자에게 반응을 더 많이 하는 경향이 있다. 또한 검사 반응이 정상인에게서 빈번하게 나오는 반응인지 혹은 비정상적인 집단에서 자주 나오는 반응인지에 따른 선입견이 로샤 반응에 영향을 미치기도 한다.

5) 개인의 특성에 따라 반응 선택하기

개인의 기본적인 심리적 성향은 로샤 잉크 반점에 대해 잠정적인 반응을 결정하는데 중요한 역할을 한다. 예를 들어, 조용하고 순응적인 사람이 있는가 하면, 자발적이고 정서적인 자극에 민감한 사람도 있다. 또 자기주장이 분명하고 스트레스에 효과적으로 대처하는 사람이 있는가 하면, 수동적이고 위축되어 있어서 정서적 자극에 직면하면 쉽게 취약해지고 인격이 붕괴될 조짐을 보이는 사람이 있다. 소극적이고 외적 자극에 대해 탐색을 잘 하지 않는 사람은 반응을 적게 하고, 경험에 개방적이고 적극적인 사람은 반응을 더 많이 선택하기도 한다.

6) 수검자의 심리 상태에 따라 반응 선택하기

수검자가 겪는 심리적인 상태의 변화는 로샤 반응에 영향을 미친다. 스트레스 수준에 따라 변하는 로샤 변인들은 검사-재검사 신뢰도가 낮은 무생물 운동 반응(m)이나 확산 음영 반응(Y)이다. 이들 반응은 현재 겪고 있는 스트레스에 따라 증가하고 스트레스가 감소하면 따라서 줄어드는 변인이다. 만일 수검자가 정신병리를 지닌 상태라면 이러한 증상이 로샤 반응상에 드러난다. 예컨대, 우울증을 보이는 환자의 경우는 우울증의 지표가 되는 손상 반응(MOR)이나 차원 반응(V), 무채색 반응(C′) 등이 증가하여 궁극적으로는 우울 지표(DEPI)를 상승시킨다.

5. 로샤검사의 실시 방법과 절차

1) 1단계: 수검자에게 검사 소개하기

검사의 초기 단계에서 평가자는 수검자가 검사 상황에서 가질 수 있는 불안이나 불신을 완화시키기 위해 노력해야 한다. 검사 초기에 수검자가 여러 가지 질문을 할 때, 평가자는 반응이 비지시적이어야 하며 적절히 답해 줄 필요가 있다. 특히 로샤검사와 같은 애매한 자극은 수검자에게 불안을 유발할 수 있는데, 불안은 수검자의 지각과 자유로운 연상의 흐름을 방해할 수 있다. 입원 상황에 있는 환자들이라면 검사 결과가 퇴원에 영향을 미칠 것을 두려워하여 로샤검사 자극에 대해 매우 소극적으로 임하면서 반응을 산출하지 못할 수 있다. 따라서 부드럽고 편안한 분위기 속에서 검사를 소개하는 것이 무엇보다 중요하다. 검사 절차에 대해 분명하게 소개하고, 개인력을 얻고, 질문에 답하고 불안감을 유발하는 행동을 피하는 것이 좋다. 검사를 소개할 때에도 '모호한'과 같은 불안을 유발하는 단어를 쓰기보다는 '잉크 반점, 흥미, 상상력' 등의 비교적 중립적인 단어를 쓰는 것이 좋다. 수검자가 지나치게 불안해하면서 검사 상황에서 자신이 무엇을 해야 하는지 혹은 어떻게 반응해야 하는지 등 너무 자세한 정보를 요청한다면 평가자는 반응에 영향을 주는 말은 가급적 피해야 하며, 검사가 다 실시된 후에 추가적인 질문에 대한 답을 해 줄 수 있다.

2) 2단계: 검사 지시하기

로샤 체계를 만든 많은 연구자는 '카드에서 보이는 것 전부'를 말하도록 수검자에게 지시하게 하고 있으며, 종합 체계를 만든 Exner(2003)는 첫 번째 카드를 수검자의 손에 쥐어 주면서 "이것은 무엇처럼 보이나요?"라고 묻도록 하고 있다. 또는 "이 카드를 보고 무엇처럼 보이는지 전부 이야기해 주세요."라고 말한다. 카드에 대한 수검자의 반응이 하나로 그칠 때는 "좀 더 보시고 그 외에 보이는 것이 있으면 모두 말씀해 주세요." 혹은 "좀 더 자세히 보면 다른 것도 찾으실 수 있을 거예요."라고 격려하고 보충 설명을 한다. 그리하여 수검자에게 잉크 반점에 대해 본 것을 전부 다 말하는 검사라는 점을 확인시켜 줄 필요가 있다. 평가자 편에서 반응의 양이나 유형을 나타내는 말이라든지, 카드를 돌려보도록 지시를 한다든지 하는 것은 엄격히 피해야 한다. 만일 수검자가 자신이 해야 하는 반응 유형에 대해 질문하거나 카드를 돌려봐도 되는지 물어본다면, 평가자는 그것은 수검자 자신에게 달려 있다고 말해 준다.

검사를 지시할 때 중요한 것은 수검자가 자기가 원하는 대로 자극에 반응할 수 있도록 최대한의 자유를 주는 것이다. 로샤검사를 실시할 때 자리 배치는 수검자가 평가자의 옆에 앉는 방법이 좋은데, 이러한 방법을 권하는 이유는 평가자가 무심코 수검자에게 영향을 줄 수 있는 단서를 줄일 수 있고 질문할 때 수검자가 말하는 검사 자극을 훨씬 더 정확히 볼 수 있기 때문이다. 그러나 임상 실제에서는 검사실의 구조상 옆에 나란히 앉는 자세보다는 마주 앉는 자세가 더 보편적이다.

로샤검사의 전반적인 지시 사항과 검사 상황은 과제를 가능한 한 애매모호한 과제로 만들고 평가자의 영향을 최소화하는 것이다.

3) 3단계: 반응(연상)하기

검사 절차에서 2단계의 기본 조건은 가급적 면밀히 지켜져야 한다. 그러나 수검자가 로샤 반응을 해 나가면서 어떻게 대답해야 하는지 구체적인 예를 요청하거나 평가자에게 격려 혹은 승인을 요청한다면, 평가자는 수검자가 원하는 대로 반응을 하라고 일관성 있게 답해야 한다. 예를 들어, 어떤 수검자는 자신이 반응을 한 다음 평가자에게 "맞나요? 제가 지금 잘 말하고 있는 것인가요? 다른 사람들은 어떻게 반응하죠?"와 같이 평가자의 확인이나 인정을 지나치게 요구할 수 있다. 이럴 때 수검자는 "이 검사는 맞고 틀린 답이 없습니다. 보이는 대로 대답하면 됩니다."라고 말해 준다.

검사가 시작되면 평가자는 가능한 한 침묵을 지키는 것이 원칙이며, 수검자가 처음 카드를 본 후부터 첫 반응을 보이는 시간까지 걸린 시간을 재야 한다. 카드 2번, 3번, 4번 등은 비교적 쉬운 카드이며 반응 시간이 대체로 짧다. 6번, 9번, 10번은 긴 반응 시간을 요한다. 어떤 환자들의 경우 시간을 재는 것에 대해 불안감을 느낄 수 있다. 따라서 초시계를 수검자의 시야에 너무 노골적으로 노출하여 시간을 체크하기보다는 탁상시계를 이용하여 자연스럽게 시간을 측정하든지, 아니면 초시계를 사용하더라도 눈에 띄지 않게 시간을 체크하는 것이 좋다. 요즘에는 휴대 전화에 내장되어 있는 초시계를 사용하면 수검자를 의식하지 않고 간편하게 시간을 측정할 수 있는 장점이 있다.

성인의 평균 반응 수는 미국의 경우 22.32(17~27)개라고 알려져 있다. Exner는 14개 이하의 반응을 할 경우 타당도가 훼손된다고 보았다. 42개 이상의 반응 또한 논란의 여지가 있다고 보았다. 너무 짧거나 너무 긴 프로토콜에 대한 기준을 만들면서, Exner는 14개 이하의 적은 수의 반응을 한 경우 검사를 즉각적으로 재실시하고 좀 더 반응하도록 격려해야 한다고 주장하였다. 우리나라에서는 체계화된 규준 연구가 없지만 문화적 차이인지 미국이나 서구 사람들에 비해 반응 수가 현저히 낮다.

첫 번째 카드에서 수검자의 반응 수가 5개 이상 나올 때는 거기서 검사를 그치고 다음 카드로 넘어가도록 한다. 반응 수가 몹시 적은 프로토콜은 타당도가 떨어지므로 가급적 더 많은 반응을 끌어내는 것이 필요하다. 평가자는 "보이는 대로 몇 가지 더 말해 보세요."라고 요청함으로써 이런 문제를 줄일 수 있다.

평가자는 언어를 축어록(수검자가 한 말을 그대로 기록)으로 남겨야 한다. 많은 임상가는 약어를 사용하기도 한다. 약어를 쓸 때는 부호(<, >, ∧, ∨)를 사용하여 카드의 각도를 표시한다. 어떤 카드에서 이상한 반응이나 특이한 반응을 하는지 주목할 필요가 있다. 특히 불안을 유발한다든지, 주의가 왔다 갔다 한다든지, 행동 표출이 일어난다든지 하는 부분은 잘 살펴볼 필요가 있다.

4) 4단계: 사후 질문하기

10개 카드를 모두 실시한 후에는 사후 질문을 하게 되어 있다. 로샤검사에서 질문을 하는 목적은 수검자의 반응을 정확히 채점하기 위해서다. 즉, 새로운 정보를 얻어 내기 위한 것이라기보다는 반응 단계에서 수검자가 지각한 것을 좀 더 분명히 하기 위한 것이다. 질문을 시작할 때는 평가자가 질문의 목표와 절차를 정확히 설명해야 한다.

예시문: "자, 이제 모두 끝났어요. 이제부터 조금 전에 봤던 카드를 하나씩 다시 보여 드리려고 해요. 카드마다 ○○ 씨가 본 대로 저도 그렇게 볼 수 있도록 설명해 주시겠어요? ○○ 씨가 말한 것을 다시 읽어 줄 테니 어디에서 그렇게 보았는지, 어떤 점에서 그렇게 보았는지 제가 이해할 수 있도록 말해 주시겠어요?"

질문 단계에서 평가자는 영역(어디에서 그렇게 보았는가), 반응 결정인(어떤 점을 보고 왜 그렇게 보았는가), 내용(무엇을 보았는가)의 세 가지 요소에 초점을 둔다. 대부분의 초보 평가자는 두 번째의 반응 결정인과 관련된 질문에서 어려움을 겪는다. 수검자는 보통 '어디에서 그렇게 보았는가'와 '그것이 무엇인가'를 설명하는 데 그치는 경우가 많다. 그럴 때 평가자는 보충 질문과 격려를 통해 개입을 할 필요가 있다. 이때 평가자는 수검자가 말한 것을 단순히 반복하고 대답을 기다리는 것이 좋다. 직접적인 질문이나 유도적인 질문, 반응을 상세히 묘사하도록 유도하는 질문은 피하고 평가자와 수검자가 주고받은 말은 대화체로 기록하며, 위치를 표시하는 용지(location sheet)는 영역 확인 시에 정확히 기록해 두도록 한다. 사후 질문 시 수검자는 대개 자신의 반응을 명확하게 하기 시작한다. 이 정보가 반응을 채점하기에 충분하지 않다면 평가자는 약간 지시적으로 "○○(지각 대상)같이 보인다고 했는데 어떤 것 때문에 그렇게 보셨나요?"라고 질문할 수 있다. 평가자는 "모양 때문에 그렇게 보았습니까?" 혹은 "색깔은 얼마나 중요한가요?"와 같은 직접적인 질문은 하지 않는 것이 좋다. 이러한 질문은 너무나 지시적이고 직접적이어서 수검자가 자신의 반응을 설명할 때 영향을 줄 수 있다. 수검자가 불명확하게 반응한 것에 대해 결정인을 명확하게 하려면 평가자의 특별한 기술이 필요하다.

사후 질문을 잘하게 되면 반응 위치나 결정인을 채점하는 데 충분한 정보를 얻을 수 있다. 위치에 대해 수검자의 언어적 반응이 충분하지 않다면 평가자는 수검자가 지각한 것을 손으로 가리키도록 한다. 수검자가 자신의 반응을 잘 인식하고 있는지 검증하기 위해 추가적인 질문을 할 수도 있다. 예를 들어, 특이한 지각이 수검자의 창의성을 말하는 것인지 혹은 환경과의 접촉을 상실한 것을 반영하는지 확인할 필요가 있다. 사후 질문 시 가장 좋은 접근 방법은 너무 지시적이지 않고 유연한 방식으로 질문을 하는 것이다.

6. 반응 과정에서 투사의 작용 및 로샤 카드의 일반적 의미

평범한 반응에는 투사가 개입되지 않는 경우가 많으나, 수검자의 특징적인 성향이나 내면의 심리적 상태가 잉크 반점의 지각에 영향을 미친다면 투사 과정이 일어나게 된다. 이러한 반응은 그 내용이 비교적 평범하지 않고 독특해진다. 대체로 운동(movement) 반응은 검사 자극의 특성상 실제로 움직임을 포함하고 있지 않기 때문에 투사가 작용하고 있는 반응으로 본다.

운동 반응 가운데 단순한 움직임 반응이 아닌 정교한 세부 묘사나 독특한 반응 묘사가 들어간 경우에는 투사가 개입되고 있을 확률이 높기 때문에 특히 주목할 필요가 있다. 예를 들어, 카드 2번에서 "동물 두 마리."라고 응답한 경우에 비해 "두 마리 동물이 서로 피터지게 싸우고 있어요."라고 반응한다든지, 카드 3번에서 "두 사람." "뭔가 들고 있는 두 사람."이라고 응답한 경우에 비해 "두 사람이 물건을 뺏으려고 애를 쓰고 있어요."라고 반응하는 것은 내적인 갈등이나 투쟁이 투사된 결과로 간주된다. 흔히 이와 같이 반응이 풍부하게 묘사된 경우는 반응 내용을 검토할 때 주요한 해석의 원천이 된다. 이와 같은 언어적 표현이나 내용에는 양적인 분석뿐만 아니라 개인의 반응 내용의 독특성을 고려한 질적인 분석이 반드시 필요하다. 이러한 질적인 분석이 수검자를 이해함에 있어서 풍부한 자료를 제시해 준다.

로샤의 10개 카드 각각의 특징은 다음과 같다.

- 1번 카드

처음 제시되는 카드이므로 수검자에게는 새롭고 친숙하지 않은 스트레스를 주는 상황이 된다. 이러한 상황에서 나온 검사 반응은 수검자의 대처 방식을 추론하게 해 준다. 1번 카드에서 편안하고 효율적인 접근을 한다는 것은 수검자 자신의 생활에서 새로운 스트레스 상황을 처리하는 방식을 알 수 있게 해 준다. 일반적으로 1번 카드는 어려운 과제는 아니며 대개 박쥐와 나비라는 평범 반응이 쉽게 나올 수 있다. 중앙 부분에서는 사람 형상을 쉽게 볼 수 있어서 비교적 무난하고 어려움 없이 여러 가지로 반응할 수 있다. 그러나 첫 카드에서 어두운 색은 수검자에게 부정적인 정서를 유발하고, 따라서 우울감을 느끼는 사람은 카드 1과 다른 4개의 흑백 카드에 불편감을 보이거나 잘 반응하지 못할 가능성이 있다. 조현병 환자의 경우 1번 카드에서 '악마' '가면'과 같은 반응을 흔히 하는데, 이는 주변 상황에 대한 경계와 악의적인 태도를 나타낸다고 볼 수 있다.

• 2번 카드

밝고 붉은색 영역이 가장 주된 특징을 보인다. 이것은 분노감 혹은 상해와 관련된 연상을 유발하는 경향이 있어 분노감을 지닌 사람이나 신체적 약점을 지닌 사람들에게는 힘든 카드가 될 수 있다. 과거에 심리적 상처나 외상을 경험한 사람들은 흔히 빨간색에 대해 거부감을 느끼거나 '피'와 같은 외상을 연상하는 반응을 보이기도 한다.

흔히 수검자는 2번 카드에서 남성과 여성의 성적인 해부학적 구조를 쉽게 볼 수 있다. 이 카드에서 나타난 성적인 반응은 수검자의 성적인 관심에 대한 단서를 말해 준다.

• 3번 카드

흔히 두 사람이 어떤 상호작용하는 것을 통하여 투사가 나타날 수 있다. 다른 사람들과의 관계에서 특징적인 태도나 관심사를 반영한다. 3번 카드에 반응하는 데 어려움이 클수록 사회적 상호작용에 대하여 부정적인 태도를 암시한다. 협동적인 관계를 묘사하는 반응을 한다면 대인 표상이 매우 긍정적이고 협조적이라고 볼 수 있다. 반면 대인관계에서 부정적인 경험을 많이 하여 긍정적인 대상 표상을 가지지 못한 경우 대인관계 지각을 공격적이고 투쟁적으로 할 수 있다. 예를 들어, 대인관계를 갈등적 구조로 보는 환자들은 이 카드에서 흔히 "두 사람이 물건을 서로 가지려고 피터지게 싸우고 있어요."라든지 "두 사람이 무릎을 맞대고 대결하려고 하고 있어요."와 같은 반응을 한다.

• 4번 카드

크고, 강하고, 무겁고, 강력하고, 권위적 위치에 있고, 위협적인 것과 관련된 연상을 유발한다. 자극을 밑에서 올려다보는 느낌은 상대적으로 수검자가 자신을 약하고 낮은 위치에 설정하는 경우가 많다. 권위적 태도를 반영하거나 일반적인 남성에 대한 태도를 반영하기도 한다. 특히 아버지와 같이 권위적인 인물에게 신체적 혹은 정서적 학대를 경험한 남자 성인이 이 카드에서 "덩치가 크고 위협적인 괴물이 벌레를 짓밟고 있어요."와 같은 반응을 하였다면, 이는 권위상에 대한 위협감, 두려움을 투사한 것이다. 어려서부터 아버지와의 관계가 편하지 않았던 40대의 한 여성은 "전쟁터에서 걸어 나오는 남자인데, 아주 두껍고 철로 만든 갑옷을 입은 사람이 서 있어요. 두렵고 가까이 갈 수 없는 사람인 것 같아요."라는 반응을 하였는데, 이는 아버지를 상징하는 인물들인 권위적인 사람들과의 불편한 관계를 예상하게 해 준다.

• 5번 카드

이 카드는 반점이 분명하고 잘 연결되어 있고 평범 반응에 속하는 박쥐, 나비 등의 동물과 비슷하게 보이기 때문에 로샤 카드 중에서 가장 쉽게 반응을 끌어낸다. 카드 1의 생소함, 카드 2의 붉은 부분, 카드 3의 대인관계, 카드 4의 권위적인 상과는 달리, 5번 카드는 특별한 의미와 관련이 적어 이전 카드에서 경험했던 불편한 감정에서 벗어나 안도감을 느끼게 할 수 있다. 색이 검어서 우울감과 관련된 감정을 불러일으키기는 하지만 이 카드는 흔히 평범한 반응, 즉 나비나 박쥐와 같은 반응을 불러일으킨다. 다른 카드에 비해 투사가 가장 적게 일어나는 카드다. 그러나 어두운 색이 음울한 감정과 불쾌한 감정을 불러일으킬 수 있다. 특히 우울한 사람들의 경우 검고 어두운 색이 내면의 우울하고 자기패배적인 생각과 감정을 유발할 수 있다.

• 6번 카드

대인관계에서의 친밀감에 대한 지각과 이에 대한 연상을 유발하는 카드다. 친밀감과 관련된 주제에 대한 관심, 태도, 기대를 반영한다. 검정색과 회색 음영이 반드시 재질 반응을 불러일으키지는 않지만 친밀한 관계에 대한 태도가 가장 잘 드러난다. 또한 6번 카드는 해부학적으로 성적인 구조로 보이는 것도 아니고 항상 성적 주제에 관한 연상을 끌어내는 것은 아니지만 성적인 지각과 주제를 가장 많이 보고하는 카드다. 정상 성인의 경우 성적인 지각을 보고하는 경우가 드물지만, 방어 능력이 떨어지고 현실 검증력이 부족한 정신증 환자의 경우 노골적인 성적 공상이나 망상을 보고하기도 한다.

• 7번 카드

카드 4와 대조되는 카드로 여성적인 특성, 즉 매력적이고 부드럽고 약하고 수동적인 것을 표현한다. 전통적인 여성성에 관한 연상을 유발하고 성인 남성보다는 여성이나 아이로 지각하는 경향이 높다. 여성성을 함축하는 이 카드에서의 곤란은 여성과의 갈등이나 해결되지 않은 문제를 반영할 수 있다.

• 8번 카드

8번 카드부터 10번 카드까지는 색채가 많이 들어가 있는 카드로, 이 카드부터 새로운 국면으로 들어가게 된다. 잉크 반점의 양쪽 면에서 동물을 보는 것이 평범한 반응인데, 파스텔 톤의 여러 색깔이 정서적인 자극으로 작용한다. 8번 카드는 일반적으로 수검자가 매력적으로 느끼고 양쪽 측면에 평범 반응에 해당되는 동물 형상을 쉽게 지각할 수 있다. 5번 카드와 마찬가지로 수검자가 잠시 편안함을 느끼고 여타의 카드에 비해 더 효율적으로 반응할 수 있어서 '휴식 카드'로 여겨진다. 수검자는 8번 카드에서 "이 카드를 보니까 기분이 좋아요." "이것은 아주 예쁘네요." 등의 감정 반응을 보이기도 한다. 반면 이 카드에서 "카드가 너무 복잡해서 뭐가 뭔지 모르겠어요. 너무 힘들어서 못 보겠어요."라며 카드를 밀쳐내는 수검자는 복잡한 상황을 정리 · 통합하는 데 곤란을 느끼는 사람, 정서 유발 상황을 불편해하는 사람, 정서적 자극을 회피하려는 사람이다.

• 9번 카드

9번 카드는 모호하고 산만한 특징을 가지고 있고 색이 혼합되어 있으며 형태도 분명하지 않아 다른 카드보다 평범 반응을 유발하기 어려운 것으로 보인다. 이 카드에 대해 반응하기를 어려워하는 수검자는 복잡하고 비구조화된 상황을 효과적으로 파악할 수 있는 능력이 부족하거나 이런 상황에 대한 불편감을 경험할 수 있다.

• 10번 카드

10번 카드는 마지막으로 제시되는 카드로, 첫 반응이 수검자 자신에 관한 중요한 것을 나타내듯이 마지막 반응도 수검자 자신에 대한 것을 드러낼 수 있다. 이 카드는 9번 카드가 가지고 있는 불명확성과 복잡성을 모두 가지고 있다. 이 카드는 대개는 기분 좋은 자극으로 보이고 많은 반응을 유발하지만, 자극을 효과적으로 조직화하는 것을 힘들어하는 사람은 9번 카드 다음으로 어려워하는 카드다. 일반적으로 10번 카드는 유쾌하게 보이고 쉽게 지각할 수 있는 반응을 유발하지만 잉크 부분들이 떨어져 있고 느슨하게 연결되어 있어 분명하게 구분하고 조직화하기 어려운 카드다. 특히 많은 것을 동시에 처리하는 것에 대해 위압감을 느끼거나 심리적 부담을 느끼는 수검자는 반응하기 어려워한다. 정서적으로 아주 힘들어하는 급성 정신증적 상태에 있는 환자들 역시 이 카드를 어려워하는데, 대개 반응을 하지 못하고 실패하는 경우가 많다. 반면 성격적으로 연극적이고 피상적인 정서적 정보처리를 하는 사람들은 "축제를 벌이고 있어요. 여기저기서 폭죽이 터지고 있어요."와 같이 막연하고 긍정적인 정서를 표현하는 경우가 많다.

7. 로샤검사의 해석적 접근

로샤검사의 해석 과정에서는 평가자가 반응의 어떤 특징을 검토하고 강조할 것인지를 선택하기 위한 전략을 수립해야 한다. 지각과 연상을 모두 측정하는 로샤검사는 프로토콜의 구조적 특징과 주제적 특징이라는 두 가지 해석 전략이 필요하다. 이에 덧붙여 수검자가 검사에 접근하는 방식과 평가자와 상호작용하는 방식에서 정보를 얻을 수 있기 때문에 행동적 특징의 분석이 필요하다. 마지막으로 구조적 · 주제적 · 행동적 특징을 계열 분석에 통합하는 해석 전략을 사용하면 로샤검사를 통해 수검자에 대한 구체적인 정보를 얻을 수 있다.

1) 구조적 특징

로샤검사 프로토콜의 구조적 특징을 해석하는 것은 이 검사가 지각을 측정하는 도구라는 개념에서 비롯된 것이고, 수검자가 반응을 형성하는 방식은 수검자의 대표적인 행동 표본이라는 가정에 근거를 두고 있다. 로샤 자극은 잉크 반점에 불과하므로 그것이 무엇처럼 보이는지, 또 왜 그렇게 보이는지 묻는 것은 일종의 문제해결 과제를 제시하는 것과 같다.

잉크 반점을 구조화하는 방식은 수검자의 성격적 소인과 최근의 정서 상태와 태도에 관해 추론할 수 있는 근거가 될 수 있다. 예컨대, 주로 작은 반점만 보고 반응하는 수검자는 경험을 전체적으로 통합하는 능력이 부족하고 일상생활에서 '나무만 보고 숲은 보지 못하는' 협소한 시각을 가진 사람일 수 있다. 마찬가지로 부정확한 지각과 왜곡된 형태를 보고하는 사람은 일상생활에서도 자기 주변에서 일어나는 상황을 잘못 지각하고 행동의 결과를 잘못 판단할 것이라고 예상할 수 있다. 또한 결정인으로 검은색과 회색을 자주 사용하는 수검자는 사물의 어두운 측면에 주의를 기울여서 슬프고 음울한 정서를 경험할 가능성이 높다. 이처럼 잉크 반점에 반응하는 방식의 구조적 측면은 개념적 · 경험적으로 다양한 해석적 의미를 포함하고 있다.

2) 주제적 특징

로샤 프로토콜에서 주제적 특징을 해석하는 것은 로샤가 연상을 측정한다는 개념화에서 비롯되었고 로샤 반응이 행동을 상징한다는 가정에 근거를 두고 있다. 이러한 접근은 로샤검사의 잉크 반점에 대해 환상을 야기하는 자극으로 간주하고, 일차적인 해석적 관심을 투사를 포함하는 반응에 두는 것이다. 예를 들어, 카드 3에서 "두 사람이 서 있네요."라고 단순하게 반응하지 않고 "두 사람인데 상대방이 먼저 다가와 주기를 기다리는 것처럼 보여요. 서로 화해를 원하고 있지만 먼저 다가가는 것을 힘들어하는 것 같아요."라고 정교화하였다면, 수검자가 중요한 대인관계에서 수동적이고 조심스러워하고 있다는 것을 시사한다. 주제 심상은 이처럼 수검자의 자기지각, 대인 지각, 자기 표상, 대상 표상 등과 관련된 중요한 욕구, 태도, 갈등, 관심 등에 관한 많은 단서를 제공해 준다.

3) 행동적 특징

로샤 프로토콜에서 행동적 특징을 해석하는 것은 수검자가 가지고 있는 검사 자극을 다루는 방식, 심리적 상태에 관한 정보를 제공하는 방식, 문제해결과 대인관계 상황에 접근하는 방식에 대한 가정에서 비롯된다. 예를 들어, 검사에 대해 "시간만 낭비하는 것 같습니다." "이런 검사로 무엇을 알 수 있겠어요?"라고 말한다면 수검자의 실망감과 불안한 정서 상태를 드러내는 것이다. 만일 수검자가 반응을 한 뒤 "제가 하는 것이 맞나요? 이렇게 하는 것이 맞나요?"라며 재차 질문을 한다면 자신감이 부족하고 자기 행동에 대해 평가자로부터 인정을 받는 데에 관심이 많다는 것을 알 수 있다.

로샤검사를 받는 대부분의 수검자는 면담 상황이나 비교적 구조화된 검사를 받는 것보다 더 낯설고 모호한 상황을 경험하게 된다. 따라서 로샤 과제를 다루고 평가자와 관계하는 방식을 통해 수검자의 성격적 특성과 행동 패턴이 나타날 수 있다. 게다가 도구가 특이하기 때문에 카드를 다루는 방식과 카드를 회전하는 것 같은 검사 행동의 의미를 파악하는 것은 해석 과정에서 중요한 역할을 한다.

4) 계열 분석

계열 분석은 로샤검사 프로토콜의 구조적 · 주제적 · 행동적 특징 중에서 어느 한 특징만을 강조하지 않고 세 가지 측면을 세밀하고 조화롭게 통합하여 추론하는 것이다.

계열 분석은 수검자의 지각적 · 인지적 구조화, 주제 심상, 검사 행동에 초점을 두고 있고, 이들 세 가지 측면에서 추론한 결론을 통합하여 성격 기능을 기술하는 것이다. 이는 단순히 구조적 · 주제적 · 행동적 요소를 추가하거나 보완적으로 활용하는 것뿐만 아니라 상호작용과 연속성을 모두 고려한 방법이다.

예컨대, 수검자가 카드 1에서 "이건 정말 하고 싶지 않아요. 시커먼 나비가 날아가려고 하다가 날개가 꺾이고 길을 잃어버린 것 같네요."라고 반응했다면 구조적 측면에서는 C′, 평범한 형태 반응으로 채점할 수 있다. 그리고 "이건 정말 하고 싶지 않아요."라는 말은 검사에 대한 거부감을 나타내고, 주제 심상으로는 "길을 잃어버린 것 같네요."에서 뭔가 방향 감각이 결여되고 자신감과 용기가 부족한 태도를 엿볼 수 있다.

연속되는 반응의 계열 분석을 하게 되면 구조적 · 주제적 · 행동적 특징이 한 반응에서 다른 반응으로 전환되는 방식을 검토할 수 있다. 예컨대, 수검자가 "길을 잃어버린 나비."라고 반응하고 나서 다른 카드에서 "이건 그냥 평범한 나비네요. 날개를 펴고 날아가려고 하고 있어요. 비상하려고 하네요."라고 반응한다면, 심리적 고통에서 벗어나는 회복력을 어느 정도 갖추고 있어서 현실적이고 적응적으로 반응할 수 있는 능력을 나타낸다고 볼 수 있다. 하지만 곧바로 "정말 흉측해서 볼 수 없네요. 흉악한 괴물 같기도 하고 사악한 악마 같기도 하네요. 더 이상 보고 싶지 않아요."라고 하면서 형태질이 나쁜 반응을 계속한다면, 구조적 측면에서 지각의 정확성이 떨어지고 주제 심상적 측면에서 자기상과 타인상이 매우 부정적인 것이라는 것을 알 수 있다. 따라서 첫 번째 반응부터 계열적으로 분석을 하다 보면 불확실성과 불안에서 비롯된 심리적 고통이 다른 반응으로 갈수록 현실 검증력의 저하, 자신에 대한 부정적인 태도, 대인관계의 불편함으로 인해 점점 가중된다고 볼 수 있다.

이런 방식으로 로샤 프로토콜의 구조적 · 주제적 · 행동적 요소는 상호작용한다. 그리고 한 반응에서 다른 반응으로 계열적으로 전환되는 과정을 검토해 보면 수검자의 고통, 방어 능력, 악화, 회복력 등의 흐름을 알 수 있고, 심리적 문제를 다루는 대응 전략의 특성과 적응적 생활 패턴을 분석할 수 있다.

8. 로샤검사의 채점 단계

로샤 반응 범주에는 반응 영역, 발달질, 결정인, 내용, 평범 반응, 조직화 활동(Z점수), 6개 특수 점수 등이 있으며 이를 단계적으로 채점해 나간다. 평가자는 정확한 채점을 위해 Exner의 종합 체계 채점 규칙을 따라야 한다.

1) 반응 영역과 발달질

(1) 반응 영역

반응 영역(location)이란 특정 반응에 카드 반점의 어느 부분이 사용되었는지를 말한다. 반응 영역 정보를 통해서는 수검자가 로샤 카드에 어떤 식으로 접근하고 있는지를 알 수 있다.

표 6-1 반응 영역 채점표

기호	정의	기준	예
W	전체 반응 (Whole Response)	카드 반점의 전체가 반응에서 사용되었을 때	박쥐
D	보통 부분 반응 (Common Detail Response)	흔히 사용되는 반점 영역을 사용하였을 때	사람 얼굴
Dd	드문 부분 반응 (Unusual Detail Response)	D영역 이외에 잘 사용되지 않는 반점 영역을 사용하였을 때	개미
S	공백 반응 (Space Response)	카드의 흰 공백 부분을 사용하였을 때. 항상 다른 반응 영역의 기호와 같이 사용함(WS, DS, Dds)	괴물의 눈

(2) 발달질

발달질(developmental quality)은 반응에서 의미 있는 조직화 혹은 통합이 일어난 정도를 말한다. 반응을 하면서 카드 반점에 대한 정보처리의 질적인 수준이 어떠한지를 반영한다. 반응 영역의 기호에 붙여 쓴다.

표 6-2 발달질 채점표

기호	정의	기준	예
+	통합 반응 (Synthesized Response)	반응에 포함된 둘 이상의 대상이 서로 관련을 맺고 있고, 그중 적어도 하나는 분명한 형태가 있을 경우	곰 두 마리가 손을 맞대고 있다.
o	보통 반응 (Ordinary Response)	단일 반점 영역이 형태를 가지고 있는 단일한 대상을 나타낼 경우	박쥐, 나비, 사람, 돼지
v/+	모호/통합 반응 (Response Vague/ Synthesized)	반응에 포함된 둘 이상의 대상이 서로 관련을 맺고 있고, 그들이 모두 분명한 형태가 없는 경우	구름이 양쪽에서 서로 뭉쳐지고 있다.
v	모호 반응 (Response Vague)	반응에서 형태를 가지고 있지 않은 단일 대상이 나타난 경우	구름, 어둠, 피

표 6-3 반응 영역 및 발달질 채점의 예

카드	반응	위치 부호
I	한 여자 주위에서 춤을 추는 두 남자(W)	W+
	얼음 조각(D1)	Dv
	언덕을 오르고 있는(Dd24) 두 마리의 늑대(DdS30)	Dds+

2) 결정인

결정인(determinant)이란 수검자의 반응을 이끈 반점의 특징이 무엇인가를 의미한다. 즉, 수검자가 반점의 형태에 반응한 것인지, 움직임, 색채, 음영 혹은 대칭에 반응한 것인지를 파악하는 것이다. 반응 결정인을 채점하는 것은 수검자의 지각적 · 인지적 처리 방식에 관한 정보를 얻기 위한 것이다. 결정인은 잉크 반점에 대해 수검자가 인지적으로 그리고 지각적으로 조직화하는 특별한 양식을 반영하며, 성격적 특징이나 인지 스타일과 관련이 있다. 결정인은 해석에 주는 시사점이 가장 크며, 크게 7개 범주, 24가지 채점이 가능하다.

표 6-4 결정인 채점표

범주	기호	기준	예
형태 (Form)	F	형태 반응. 반점의 형태에만 근거해서 나온 반응. F는 다른 결정인과 함께 사용 가능(M과 m은 예외)	모양이 박쥐처럼 생겨서 박쥐다.
운동 (Movement)	M	인간 운동 반응. 반응이 사람의 움직임을 나타낼 때. 동물이나 가공의 인물이라도 보통 사람이 하는 동작을 하고 있을 때에도 M으로 채점	사람이 뭔가를 들려고 하고 있다. 곰 두 마리가 하이파이브를 하고 있다.
	FM	동물 운동 반응. 반응이 그 동물의 특유적이고 자연스러운 움직임을 포함할 때	멧돼지가 산정상을 향해 올라가고 있다.
	m	무생물 운동 반응. 무생물의 운동을 포함하고 있는 반응	화산이 폭발하고 있다. 물이 떨어지고 있다.
	운동이 능동인지(a), 수동인지(p), 아니면 능동과 수동 둘 다를 포함하는지(a-p) 결정하여 운동 결정인 옆에 소문자로 표시(예: M_a, FM_p)		
유채색 (Chromatic Color)	C	순수 색채 반응. 반응이 색채에 근거한 경우	색이 빨개서 피 같다.
	CF	색채-형태 반응. 반응이 주로 색채에 근거하고 이차적으로 형태가 사용된 경우	색도 빨갛고 말라붙어 있는 모양이 피 같다.
	FC	형태-색채 반응. 반응이 주로 형태에 근거하고 이차적으로 색채가 사용된 경우	잎 모양과 색깔이 장미꽃 같다.
	Cn	색채 명명 반응. 반점의 색채만 명명한 경우	이건 분홍색이고 이건 파란색이다.
무채색 (Achromatic Color)	C′	순수 무채색 반응. 반응의 반점이 무채색에만 근거한 경우	색이 검어서 어둠 같다.
	C′F	무채색-형태 반응. 반응이 주로 무채색에 근거하고 이차적으로 형태가 사용된 경우	색도 검은색이고 뭉게뭉게 위로 피어 올라가는 모양이 연기 같다.
	FC′	형태-무채색 반응. 반응이 주로 형태에 근거하고 이차적으로 색채가 사용된 경우	날개와 모양도 그렇고, 색깔이 검어서 박쥐 같다.
음영-재질 (Shading-Texture)	T	순수 재질 반응. 반응이 반점의 음영 특징 가운데 촉감에만 근거한 경우	느낌이 폭신폭신해서 털 같다.
	TF	재질-형태 반응. 반응이 주로 촉감에 근거하여 이차적으로 형태가 사용된 경우	느낌이 보들보들하고 모양이 털가죽 같다.
	FT	형태-재질 반응. 반응이 주로 형태에 근거하여 이차적으로 촉감이 사용된 경우	얼굴 생긴 모습과 털이 폭신폭신해서 고양이 같다.

음영-차원 (Shading-Dimension)	V	순수 차원 반응. 반응이 반점의 음영 특징으로 인해 깊이가 느껴지는 데 근거한 경우	울퉁불퉁 솟아 나와서 산을 위에서 바라본 것 같다.
	VF	차원-형태 반응. 음영 특징을 근거로 깊이에 근거하여 반응하고 이차적으로 형태가 사용된 경우	울퉁불퉁 솟아 나온 느낌이 산맥과 같은 모양이어서 산맥이다. 입체적이고 뚱뚱해 보인다.
	FV	형태 차원 반응. 주로 형태에 근거하고 음영 특징에 의한 깊이를 이차적으로 사용한 경우	산맥의 모양이고 울퉁불퉁 솟아 나온 느낌도 난다.
음영-확산 (Shading-Diffuse)	Y	순수 음영 반응. 반응이 반점의 음영에만 근거한 경우	얼룩덜룩한 느낌이 그림을 그려 놓은 것 같다.
	YF	음영-형태 반응. 반응이 주로 음영에 근거하고 이차적으로 형태가 사용된 경우	얼룩덜룩하고 모양도 그래서 산을 그려 놓은 것 같다.
	FY	형태-음영 반응. 반응이 주로 형태에 근거하고 이차적으로 음영이 사용된 경우	모양도 그렇고 얼룩덜룩한 느낌이 버드나무 같다.
형태 차원 (Form Dimension)	FD	형태에 근거한 차원 반응. 음영이 개입되지 않고 반점의 모양이나 크기에만 근거하여 깊이 및 거리를 지각한 경우	발이 굉장히 크고 머리는 작아 보여서 거인이나 괴물을 아래에서 올려다보는 것 같다.
쌍 반응과 반사 반응 (Pairs & Reflection)	(2)	쌍 반응. 반점의 대칭성에 근거하여 2개의 동일한 대상을 보았을 경우	양쪽에 코끼리 두 마리가 있다.
	rF	반사-형태 반응. 반점의 대칭성 때문에 반쪽이 반사되거나 비친 것이라고 보며 대상의 형태가 분명하지 않은 경우	구름이 호수에 비친 것 같다.
	Fr	형태-반사 반응. 반점의 대칭성 때문에 반쪽이 반사되거나 비친 것이라고 보며 대상의 형태가 분명한 경우	사람이 물속에 자신의 모습이 비친 것을 들여다보고 있다.
	쌍 반응 기호(2)는 다른 결정인과 형태질 기호의 오른쪽에 표시		
혼합 반응 채점하기	하나의 반응에 한 가지 이상의 결정인이 사용되었을 때는 다음과 같은 방법으로 적는다. 1. 운동 반응(M, FM, m)을 먼저 적는다. 2. 형태, 색채, 음영을 그다음에 적는다. 3. 반영 반응(rF, Fr)을 마지막에 적는다. 4. 각 결정인 간에는 마침표를 찍는다(예: M_p. CF. rF).		

형태질(form quality)은 수검자가 기술한 대상의 형태와 반응에 사용된 반점 영역이 대상과 부합하는 정도에 대한 평가다. 형태질의 부호는 결정인 기호의 제일 마지막에 표기한다.

한 반응에 여러 대상이 포함되어 있고 각 대상의 형태질이 모두 다를 경우 전체 반응에 중요한 영향을 미치고 있는 것으로 점수를 매긴다. 예를 들어, "벌레를 바라보는 두 마리의 개."라는 반응에서 벌레는 개보다 덜 중요한 대상이므로 개에 근거하여 형태질을 판단한다. 구름이나 연기와 같이 형태가 없는 것은 형태질을 채점하지 않는다.

표 6-5 형태질 채점표

기호	정의	기준	예
+	우수하고 정교한 (superior overelaborated)	반점의 형태에 맞게 정확히 기술하였거나 형태 사용이 적절하여 반응의 질적 수준이 향상되었을 경우	날개를 펴고 있는 나비인데 희귀한 나비 같다. 흰 무늬, 작은 더듬이, 동그란 머리를 가지고 있다.
o	보통의 (ordinary)	일반적인 형태 특징을 분명하고 정확하게 사용한 반응	날개를 편 모양과 가운데 몸통 부분 모양이 나비다.
u	드문 (unusual)	반응에 나온 대상의 형태와 반점의 형태가 잘 맞지는 않지만 어느 정도는 그렇게 볼 수 있는 반응	날개를 편 모습과 가운데 몸통 모양이 여왕벌 같다.
−	왜곡된 (minus)	반응에 나온 대상의 형태와 반점의 형태가 전혀 맞지 않고 왜곡된 반응	사람들이 많이 모여 있다(카드 I의 반응).

3) 내용

내용(content)은 반응에 나온 대상이 무엇이며 어떤 종류인지를 말한다. 내용 범주에는 27가지가 있다. 이 가운데 어느 범주에도 속하지 않으면 독특한 반응으로 분류하고 Id(idiographic) 기호를 주고 내용을 기록지에 직접 적는다. 한 반응에서 내용이 여러 가지라면 여러 내용 부호가 포함될 수 있다. 단, 반응에 Na, Bt, Ls가 함께 포함되면 Na만 채점하고, Bt와 Ls가 들어가고 Na가 없을 경우에는 둘 중 하나만 채점한다.

표 6-6 내용 채점표

범주	기호	기준
Whole Human	H	사람의 전체 모양, 역사적 실존 인물이 포함되면 Ay도 부가함
Whole Human, Fictional or Mythological	(H)	가공 인물 혹은 신화에 나오는 인물 전체 모양, 광대, 요정, 거인, 악마, 유령, 공상과학적인 인물이나 인간을 닮은 괴물
Human Detail	Hd	사람의 신체 일부. 팔, 다리, 손, 머리가 없는 사람 등
Human Detail, Fictional or Mythological	(Hd)	가공의 인물 혹은 신화에 나오는 인물의 신체 일부. 악마의 머리, 마녀의 팔, 모든 종류의 가면 등
Human Experience	Hx	사랑, 증오, 우울, 행복, 소리, 냄새 등 인간의 정서나 감각 경험과 관련되는 내용. '슬픈 고양이'처럼 인간의 감정이나 감각 경험이 분명한 반응에서도 채점
Whole Animal	A	동물 전체 모양
Whole Animal, Fictional or Mythological	(A)	가공 동물 혹은 신화에 나오는 동물의 전체 모양, 유니콘, 용, 갈매기 조나단 리빙스턴
Animal Detail	Ad	동물의 일부, 말발굽, 가재의 집게발, 개의 머리
Animal Detail, Fictional or Mythological	(Ad)	가공 동물 혹은 신화에 나오는 동물의 일부. 토끼 피터의 머리, 푸우의 다리
Anatomy	An	신체 내부 기관. 뼈, 근육, 심장, 간 등. 현미경으로 본 조직 슬라이드라면 Art 기호를 부가함
Art	Art	예술 작품. 동상, 보석, 샹들리에, 장식품 등을 그린 것. 두 마녀의 조각상[Art, (H)]같이 이차적 내용 포함
Anthropology	Ay	역사, 문화적 의미를 담고 있는 내용. 로마 시대의 투구, 나폴레옹의 모자 등
Blood	Bl	인간이나 동물의 피
Botany	Bt	식물의 전체 혹은 일부
Clothing	Cg	의복류. 모자, 넥타이, 장화 등
Clouds	Cl	구름. 안개나 노을은 Na로 채점
Explosion	Ex	폭발. 불꽃, 폭탄, 폭풍 등
Fire	Fi	불이나 연기
Food	Fd	사람이 먹는 음식 혹은 동물이 주식으로 먹는 음식

Geography	Ge	지도. 지명이 있거나 없거나 모두 포함
Household	Hh	가구 용품
Landscape	Ls	풍경. 산, 산맥, 언덕, 섬 등
Nature	Na	Bt, Ls로 채점되지 않는 다양한 자연적 대상. 태양, 달, 안개, 노을, 무지개 등
Science	Sc	직간접적인 과학적 산물 또는 공상과학과 관련된 내용. 비행기, 건물, 다리, 학기, 기차, 무기 등
Sex	Sx	성 기관이나 성적인 행동과 관련된 반응. 남근, 질, 엉덩이, 월경 등. H, Hd, An에 이차적으로 부가되는 경우 많음
X-ray	Xy	엑스레이 촬영한 사진을 지각한 반응으로 뼈나 내부 기관을 포함할 수 있음. Xy로 채점하면 An은 채점 안 함

4) 평범 반응

평범 반응(popular response)이란 카드마다 일반적으로 자주 나오는 반응을 말한다. 수검자의 반응이 평범 반응과 같은 내용이더라도 반드시 지각한 위치가 평범 반응의

표 6-7 평범 반응 채점표

카드	위치	기준
I	W	박쥐: 반점 위쪽을 박쥐 위쪽으로 보아야 함
I	W	나비: 반점 위쪽을 나비 위쪽으로 보아야 함
I	D1	곰, 개, 코끼리, 양 등의 구체적인 동물 전체
III	D9	인간의 모습: 인형이나 만화도 가능
IV	W 혹은 D7	인간이나 거인: 괴물, 인간을 닮은 대상
V	W	박쥐: 반점 위쪽을 박쥐 위쪽으로 보아야 함
V	W	나비: 반점 위쪽을 나비 위쪽으로 보아야 함
VI	W 혹은 D1	동물 가죽, 짐승 가죽, 융단이나 모피
VII	D9	사람의 머리나 얼굴
VIII	D1	개, 고양이, 다람쥐 등의 동물 전체, D4와 가까운 부분이 머리
IX	D3	인간이나 마녀, 거인, 괴물 등 인간과 유사한 대상
X	D1	게: 모든 부속기관이 D1 영역에 한정됨
X	D1	거미: 모든 부속기관이 D1 영역에 한정됨

위치와 똑같아야 한다. 평범 반응의 예는 〈표 6-7〉과 같다.

5) 조직화 활동

조직화 활동(organizational activity)이란 반응에 나타난 형태를 통합하는 데 있어서 조직화의 정도가 어느 정도로 필요한지를 의미한다. 반응에 사용된 반점의 구성 요소들이 각기 서로 의미 있게 연관되어 있는 경우에 조직화 활동 점수(Z점수)를 주게 된다. 예를 들어, 반응을 단순히 "곰."이라고 하지 않고 "곰이 산을 오르고 있다."라고 한다면

표 6-8 조직화 활동 채점표

범주	정의	예
ZW	반응에 사용된 영역이 전체이고 발달질이 +, o, v/+일 때 (W+, Wo, Wv/+)	카드 I. 박쥐
ZA	서로 다른 대상을 나타내는 서로 인접해 있는 반점 영역이 의미 있는 관계를 맺고 있을 때	카드 II. 곰 두 마리가 손을 맞대고 하이파이브를 하고 있다.
ZD	서로 다른 대상을 나타내는 멀리 떨어져 있는 반점 영역이 서로 의미 있는 관계를 맺고 있을 때	카드 X. D1이 서로 이야기를 나누고 있다.
ZS	반점 영역과 공백 부분을 통합시켜 반응한 경우	카드 I. 가면. 여백 부분이 눈이다.

표 6-9 각 카드에 해당하는 조직화 점수(Z)

카드	카드 조직화 활동의 유형			
	ZW(전체)	ZA(인접 부분)	ZD(원격 부분)	ZS(공백 부분)
I	1.0	4.0	6.0	3.5
II	4.5	3.0	5.5	4.5
III	5.5	3.0	4.0	4.5
IV	2.0	4.0	3.5	5.0
V	1.0	2.5	5.0	4.0
VI	2.5	2.5	6.0	6.5
VII	2.5	1.0	3.0	4.0
VIII	4.5	3.0	3.0	4.0
IX	5.5	2.5	4.5	5.0
X	5.5	4.0	4.5	6.0

조직화 활동이 일어난 것이다. 이런 반응은 보다 정교하게 자극 영역을 조직화하려는 인지적 활동 수준이 높다고 할 수 있다. 이에 대해 Z점수를 주게 된다. Z점수는 형태가 반드시 포함될 때 주며, 형태가 없는 순수 C, C′, T, V, Y 반응에는 주지 않는다.

6) 특수 점수(special score)

(1) 특이한 언어 반응(unusual verbalizations)

일탈된 언어 반응은 인지적 결함의 중요한 증거다. 인지적인 문제가 생길 경우 언어적으로 표출되는 경우가 흔하기 때문이다. 각 영역들은 기괴함이 심한 정도에 따라 수준 1과 수준 2로 구분하여 채점한다. 수준 1은 사고의 비논리적이고 유동적이며 우회적이고 특이한 정도가 가볍거나 두드러지지 않은 수준일 때 채점하며, 반응의 질 자체가 기이하지는 않다. 수준 2는 중등도 이상으로 심한 수준일 때 채점되며 반응이 기괴하기 때문에 확연히 구분된다.

① 일탈된 표현(deviant verbalization: DV)

- 신조어(neologism): 언어 능력으로 볼 때 충분히 정확하게 할 수 있음에도 불구하고 부정확한 말이나 신조어를 사용
  예: <u>망원경</u>으로 볼 수 있는 세균들(DV1), 뛰면서 난다는 <u>뛰날이</u>(DV2)
- 동어 반복(redundancy): 어법에 맞지 않게 대상의 특성을 2번 반복
  예: <u>한 쌍</u>의 새 <u>두 마리</u>(DV1), <u>세 사람</u>의 <u>트리오</u>(DV2)

② 일탈된 반응(deviant response: DR)

이상하고 별난 성질을 띤 응답이다. DR에 DV가 포함될 수 있다.

- 부적절한 어구(inappropriate phrases): 반응이 부적절하거나 관련되지 않은 어구
  예: 우리 아버지는 언제나 고양이를 싫어하셨어요(DR1).
  나비. 곤충 잡아 본 적은 없는데. 생명이니까. 자연 그대로 보존해야 하는데(DR1).
  리본이고 나비. 나비는 예쁘잖아요(DR2).
  새요. 하지만 나는 나비를 보고 싶었어요(DR2).
- 우회적인 반응(circumstantial response): 대상을 정의하는 데 어려움을 보이거나 부적절하게 정교화된 산만한 대답

(2) 부적절한 결합 반응(inappropriate combinations)

현실성을 무시하고 부적절하게 조합되는 반응이다. 심상, 대상, 활동 사이에 비현실적인 관계가 추론된다.

① 모순적 결합(incongruous combination: INCOM)

반점 영역이나 심상이 부적절하게 하나의 대상으로 결합된 경우다. 특히 종의 속성과 관련이 없는 내용으로 되어 있다. 기괴성에 따라 수준 1과 2로 나눈다.

예: 박쥐인데, 이게 날개고 이게 몸이고 손이다(INCOM1).
날개 달린 장병이요. 군인인데요, 날개가 달렸어요(INCOM1).
네 발 달린 사람인데, 얼굴은 하마 같아요(INCOM2).
빨간 동물 둘이 머리가 붙어 있고, 사마귀 머리예요(INCOM2).

② 우화적 결합(fabulized combination: FABCOM)

반점에서 보이는 2개 이상의 대상들 간에 받아들이기 어려운 관련성을 짓는 경우다. 분명하게 분리되어 있는 2개 이상의 반점을 포함한다. 수준 1은 만화에서 묘사되는 것 같은 반응이지만, 수준 2는 현실성이 없거나 불가능한 응답이다.

예: 나무잎을 타고 있는 거북이(FABCOM1)
학 두 마리가 앉아서 담소를 나누면서 결혼식을 올리는 것(FABCOM1)
두더지가 아이스크림을 잡고 있어요(FABCOM1).
닭 두 마리가 손을 짝짝 맞추고 있는 것(FABCOM1)
달나라에 착륙한 코끼리(FABCOM2)

③ 오염 반응(contamination: CONTAM)

가장 기괴하고 부적절한 조합으로 동일한 반점을 보고 2개 이상의 인상이 비현실적인 단일 반응으로 합쳐지는 것이다. 종종 신조어나 다른 특이한 언어를 통해 대상을 기술한다. CONTAM 반응은 다른 특수 점수보다 우선적이다.

예: 4번 카드-벌레 얼굴과 코뿔소 얼굴을 합쳐 '벌레 코뿔소 얼굴'
사람 얼굴 같으면서도 여우 얼굴 같아서 사람 여우네요.

(3) 부적절한 논리(inappropriate logic: ALOG)

수검자가 대답을 정당화하기 위해 단서도 없이 비합리적인 논리를 사용하는 것이다. 논리가 확실하게 타당하지 않고 사고가 지나치게 단순할 때 채점한다. ALOG로 채점할 때는 수검자가 자발적으로 논리의 손상을 보이는 경우다. 질문 단계에서 평가자가 수검자에게 지각한 것을 명확하게 하라고 요구한 후 나타나는 부자연스러운 논리는 ALOG로 채점하지 않는다.

예: 이것은 사랑하는 사람들입니다. 빨간색이 있으니까요.
이것은 북극곰입니다. 위쪽에 있으니까요.
이것이 빨간색이면 다친 것이고 무섭네요.

(4) 반응 반복과 통합 실패(perseveration and integration failure)

이 반응은 인지적 장애나 심리적 고착을 나타낸다. 첫째, 하나의 반점에 거의 비슷한 둘 이상의 반응을 한다. 둘째, 하나의 반응이 상이한 반점에도 반복된다. 셋째, 동일한 반응이 여러 반점을 거쳐 반복적으로 나타난다. 넷째, 일부 반점의 반응을 전체로 확대시켜 과잉 일반화하여 응답한다.

① 반응 반복(perseveration: PSV)

- 카드 내 반응 반복(within card perseveration): 한 카드 내에서 이전 반응과 정확하게 동일한 위치, 발달질, 결정인, 형태질, 내용으로 반응하는 것이다.
- 내용 반복(content perseveration): 수검자가 다른 카드의 새로운 대상을 이전의 대상과 동일하게 보고하는 것이다(예: "아까 봤던 그 나비네요.").
- 기계적 반복(mechanical perseveration): 기계적으로 동일한 반응을 반복한다. 지적으로 장애가 있거나 신경학적 손상이 있는 경우 자주 일어난다(예: 카드 1번에서 10번까지 모두 박쥐로 반응).

(5) 특수한 내용

① 공격적 운동(aggressive movement: AG)

행위가 명백히 공격적인 운동 반응에서 사용된다. 대상이 공격을 받는 경우와 폭발 자체는 AG가 아니지만 폭발에 의해서 무언가 파괴되는 것은 AG로 채점한다.

예: 4번 카드-괴물이 점프하면서 공격하려고 하고 있어요.

② 협동적 운동(cooperative movement: COP)

둘 이상의 대상이 긍정적이고 협동적인 상호작용을 하는 운동 반응에 사용된다. M, FM, m 반응에 부여되는 코드다.

예: 3번 카드-두 사람이 같이 테이블을 들고 있어요.

③ 병적 내용(morbid content: MOR)

대상을 '죽은, 파괴된, 파멸된, 오염된, 손상된, 충격받은, 상처 입은, 깨어진' 등으로 묘사한 경우 또는 우울한 감정이나 특징을 대상에 부여한 경우에 채점한다.

예: 3번 카드-하이에나가 살을 뜯어 먹어서 뼈만 남았어요.
8번 카드-두꺼비 팔다리가 축 처져서 핏물 같은 것이 흐르는 것 같아요.

④ 좋은 인간 표상(good human representation: GHR)과 나쁜 인간 표상(poor human representation: PHR)

인간에 대한 긍정적인 표상을 가지고 있고 형태질이 +, o, u를 가진 인간 반응에 부여한다. 인간 내용 기호를 포함하는 반응[H, (H), Hd, (Hd), (Hx)], 결정인 M을 포함하는 반응, 특수 점수 COP나 AG를 포함하는 FM 반응이 이에 해당된다.

(6) 기타 특수 반응

다음과 같은 세 가지 유형이 있으며 중요한 방어적인 심리적 활동을 반영한다.

① 추상적 내용(abstract content: AB)

- 인간의 정서나 감각 경험과 같은 인간의 경험 내용과 관련된 것
  예: 2번 카드-검은색은 죽음을 상징하는 것 같아서 우울하게 느껴지네요.
- 명백하고 구체적인 상징적 표현을 한 경우. 이 반응에서는 형태가 사용되고 대상에 대한 상징적 의미가 부여된다.
  예: 5번 카드-자유와 평화를 상징하는 비둘기 모양 같아요.

② 개인적 반응(personalized answer: PER)

수검자가 반응을 정당화하고 명확하게 하는 근거로 자신의 지식이나 경험을 참조할 때 채점한다. 설명보다는 개인적인 지식이나 경험을 주입하여 반응을 정당화하고 구체화하려 한다.

예: 8번 카드－해부도인데 고등학교 생물 시간에 본 사람 내장을 해부한 그림 같아요.

③ 색채 투사(color projection: CP)

무채색 영역에서 유채색 반응을 하는 경우다. 언어적 실수에 의한 것인지, 색채를 다르게 지각하는 것인지 주의 깊게 다루어야 한다. 언어적 실수에 의한 것이라면 DV로 부호화해야 한다.

9. 구조적 요약

1) 구조적 요약 상단부: 빈도 기록

(1) 영역: W/D/Dd/S

- 조직화 활동: Zf(Z반응 빈도), Zsum(Z점수의 총합), Zest(수검자의 Zf에 해당하는 값에 기대되는 Zsum 값, 표에서 제시됨)
- 영역 기호: 기본적인 영역 기호 각각의 빈도를 계산. S반응은 다른 영역 기호와 분리해서 빈도를 계산한다.
- 발달질(DQ): 반응 영역에 관계없이 발달질 부호의 빈도 계산. 오른쪽 괄호 안에는 마이너스(－) 반응의 빈도를 기록한다.

(2) 결정인: 복합 반응(blend)/단일 반응(single)

각각의 결정인의 빈도를 기록한다. 복합 반응란에는 각 카드에 대한 복합형 반응을 전부 기록한다. 복합 반응에 포함시킨 결정인들은 단일 결정인의 빈도 계산에 포함시키지 않는다.

(3) 형태질

- FQx(form quality extended): 형태를 사용한 모든 빈도
- MQual: 모든 인간 움직임 반응의 FQ 빈도
- W+D: W와 D 영역을 사용한 반응 모두의 형태질 빈도

(4) 내용

27개의 범주에 빈도를 기록한다. 괄호 안의 첫 번째 값은 일차적 내용으로 사용되는 빈도이고, 두 번째 값은 추가적 · 이차적 내용으로 사용되는 빈도다.

예: '나무' '꽃' '나무 그루터기에 앉아 있는 남자': Bt, H

(5) 인지적 접근 방식

수검자가 선택한 반응 영역의 순서를 그대로 기록한다.

예: 1번 카드–첫 번째 반응은 부분 반응, 두 번째 반응은 전체 반응, 세 번째 반응은 부분 반응과 공백 반응이 혼합되어 있다면 –D, W, DS

(6) 특수 점수

14개의 특수 점수의 빈도를 기록하고 두 가지 점수를 계산한다.

- Raw Sum6: 특수 점수의 원점수 합을 수준 1과 수준 2로 구분하여 계산
- WSum6: 특수 점수의 원점수에 가중치를 곱하고 더해서 가중치 합을 계산

  WSum6 = (1)×DV+(2)×DV2+(2)×INCOM+(4)×INCOM2+(3)×DR+(6)×DR2+(4)×FABCOM+(7)×FABCOM2+(5)×ALOG+(7)×CONTAM

2) 구조적 요약 하단부: 비율

자료가 빈도로 조직화되면 요약지 아래쪽에 있는 일곱 가지 자료 영역의 값을 산출하기 위해 몇 가지 계산을 해야 한다. 요약지 맨 아래의 6개의 특수 지표는 Constellations Worksheet를 사용해서 완성한다.

(1) 핵심 영역(core section)

모두 16개의 항목을 포함한다. 7개는 빈도 자료, R은 전체 반응 수, FM, m, C′, T, V, Y의 전체 수를 나타낸다. 변형된 형태인 FC′, C′F, FT, TF도 포함하여 빈도수를 적는다.

⦿ L(Lambda)

전체 반응에서 순수 형태 반응이 차지하는 비율이다. 심리적 자원을 경제적으로 사용하는 문제와 관련된다.

$$L = \frac{F(\text{순수 형태 반응 수})}{R(\text{총 반응 수}) - F(\text{순수 형태 반응 수})}$$

⊙ EB(Erlebnistypus) = M:WSum C

인간 움직임 반응과 가중치를 부여한 유채색 반응의 합 간 관계다. WSum C는 유채색 반응에 가중치를 곱한 것이다.

$$\text{WSum C} = (.5) \times \text{FC} + (1.0) \times \text{CF} + (1.5) \times \text{C}$$

⊙ EA(Experience Actual) = Sum M+Sum C

개인의 사용 가능한 자원과 관련된 유도값이다. M과 C 변인들은 자발적이고 능동적인 심리 활동을 나타내는 것으로 알려져 있다.

⊙ EBPer(EB Pervasive)

의사 결정 활동에서 EB 스타일이 우세한지에 관련된 비율이다. EB에서 큰 점수를 낮은 점수로 나누어서 계산한다. EB에서 뚜렷한 스타일이 나타날 때만 계산된다.

⊙ eb(Experience Base)

모든 비인간 운동 결정인과 음영 및 무채색 결정인 간의 관계다. 수검자가 경험하는 자극 부담에 대한 정보를 제공한다. FM은 욕구 충족이 좌절되는 상황에서 증가하는 경향이 있고, m은 스트레스 상황에서 증가하는 경향이 있다. 음영 반응들은 초조하고 고통스러운 내적 감정을 나타낸다.

$$\text{Sum FM} + \text{m} : \text{Sum C}' + \text{Sum T} + \text{Sum Y} + \text{Sum V}$$

⊙ es(Experienced Stimulation)

eb 요소들의 합이다. 현재 수검자가 경험하는 자극 요구들과 관련된다. 자발적이고 능동적인 경험을 반영하기보다는 상황적 요구나 충족되지 않은 내적인 욕구들에 의한 심리적 활동을 반영한다.

$$\text{Sum FM} + \text{m} + \text{Sum C}' + \text{Sum T} + \text{Sum Y} + \text{Sum V}$$

⊙D점수(D)

스트레스에 대한 내성과 통제의 요인과 관련된다. EA와 es의 관계에 관한 정보를 제공한다. EA와 es의 원점수 차를 계산한 후, 표준편차를 기초로 하여 척도화된 차이 점수로 변환한다.

- (EA−es)가 +2.5와 −2.5 사이에 오면 D점수는 0
- (EA−es)가 +2.5보다 크면 D점수는 2.5점당 1점씩 증가
- (EA−es)가 −2.5보다 작으면 D점수는 2.5점당 1점씩 감소

⊙ Adj es(Adjusted es)

D점수를 기초로 스트레스에 대한 내성과 가용한 자원의 정보가 상황의 요인에 영향을 받는지 여부를 결정한다. es에서 상황적인 현상과 관련된 대부분의 요인을 제외한다. m값과 Y값이 각각 1을 초과하는 경우 1을 초과한 만큼의 값을 es에서 뺀다.

예: 3개의 m과 2개의 Y 결정인이 있을 때, Adj es는 es에서 2개의 m과 1개의 Y를 합한 값인 3을 뺀 2가 된다.

$$[es = 3m + 2Y = 5,\ Adj\ es = (3m + 2Y) - (2m + 1Y) = 2]$$

⊙Adj D(Adjusted D score)

Adj es 점수를 가지고 D점수 변형표를 참고하여 산출한다. D점수는 현재 통제 능력을 나타내고, Adj D는 일반적인 통제 능력에 대한 정보를 제공한다. 이를 통해 스트레스가 수검자의 대응 능력 범위 안에 드는지를 가늠해 볼 수 있다.

(2) 관념 영역(ideation section)

⊙능동:수동 비율(Active:Passive Ratio, a:p)

관념과 태도에서의 융통성과 관련된다. a−p로 기호화한 운동 결정인은 양쪽 모두에 포함시킨다.

$$M_a + FM_a + m_a : M_p + FM_p + m_p$$

⊙M 능동:수동 비율(M Active:Passive Ratio, M_a: M_p)

사고 특성과 관련된다. 인간 운동 반응만 해당된다.

⊙주지화 지표(Intellectualization Index)

특수 점수 AB와 예술(Art), 인류학(Ay) 내용을 포함한다. 방어 전략으로 주지화를 사용하는 정도에 대한 정보를 제공한다.

$$2AB+Art+Ay$$

(3) 정서 영역(affect section)

정서 영역은 수검자가 정서를 어떻게 조절하고 표현하는지에 대한 정보를 제공해 준다. 정서는 로샤검사에서 색채를 통해 가장 직접적으로 표현되는데, 로샤 반응의 다른 유형들과 색채를 다양하게 조합하여 공식을 낼 수 있다. 6개의 값을 가지는데, 그중 셋은 빈도 자료(Pure C, S, CP)이고 나머지는 다음과 같다. C와 Cn 반응은 정서적 충동에 압도당하는 정도를 나타내는 지표다. S반응은 부정적인 태도, 분노를 다루는 방식, 반항적인 경향성을 나타낸다. 색채 투사(CP)는 드문 반응으로, 받아들일 수 없는 불쾌한 정서 대신 대안적인 정서로 대체하는 능력을 나타낸다.

⊙형태-색채 비율(Form-Color Ration, FC:CF+C)

정서 표출의 통제 및 조절에 대한 지표다.

⊙감정 제한 비율(Constriction Ratio, Sum C′:WSum C)

정서를 지나치게 통제하고 내면화하는 것과 관련이 있다.

⊙감정 비율(Affective Ration, Afr)

정서적인 자극에 대한 관심을 반영한다. 처음 7개의 카드에 대한 반응 수와 나머지 3개 카드에 대한 반응 수의 비율이다.

$$Afr = \frac{\text{VIII} + \text{IX} + \text{X}\text{카드 반응 수}}{\text{I} + \text{II} + \text{III} + \text{IV} + \text{V} + \text{VI} + \text{VII}\text{카드 반응 수}}$$

⊙복합성 지표(Complexity Ration, Blends:R)

수검자의 심리적인 복잡성을 반영한다. 좌항에 복합 반응 수, 우항에 반응 수를 기록한다. 모든 로샤 반응의 대략 20% 정도는 혼합 반응이다. 혼합 반응을 하려면 수검자가 잉크 자극의 복잡성을 이해하여야 하는데, 이는 분석 능력과 종합 능력을 요하는 일이다. Exner(2003)에 따르면 순수 형태 반응 F는 혼합 반응과 완전히 반대가 되며, F반응이 잉크 반점에 대해 가장 단순하고 직선적으로 반응하는 것이라면 혼합 반응은 자극의 복잡한 측면을 지각할 수 있어야 한다. 혼합 반응이 없다는 것은 사고나 지각의 깊이가 매우 좁고 제한되어 있음을 시사한다. 혼합 반응은 우울증 환자나 지능이 평균 이하인 사람에서는 잘 나타나지 않는다. 그러나 혼합 반응이 8개 이상으로 지나치게 많다면 수검자가 감당할 수 있는 선을 넘어서 비정상적인 수준으로 복잡한 것을 의미한다.

질적인 측면을 함께 분석해 보면, 우선 색채가 우세한 혼합 반응은 정서에 쉽게 압도당하는 것을 의미하며 형태가 우세한 혼합 반응은 그 반대다. 색채 음영이 혼합된 반응(C′, Y, T, V)이라면 고통스럽고 성가시고 혼란스러운 정서 경험을 나타내며 우울 프로토콜이라고 볼 수 있다.

(4) 중재 영역(mediation section)

중재 영역은 내담자가 관습적이고 수용 가능한 반응을 하는지, 아니면 독특한 반응을 하는지 그 경향성을 측정하는 지표다. 정보처리 과정 중에 입력된 정보를 확인하고 전환하는 단계에 대해서 살펴보는 영역이다. 들어온 정보를 어떤 방식으로 해석하는가에 대한 정보를 제공한다. 6개의 값이 있는데, 하나는 평범 반응의 빈도이고 5개는 백분율이다.

⊙XA+%(Form Appropriate Extended)

반점의 형태를 알맞고 적합하게 사용했는지 판단하기 위해 마련된 것이다.

$$XA\% = \frac{\text{FQ가 +, o, u인 반응 수}}{R}$$

⊙WDA%(Form Appropriate-Common Areas)

W와 D 영역 반응의 합에 대한 반응의 형태질의 비율을 고려한 것이다. 잉크 반점 형태를 적절하게 사용했는지 판단하기 위한 공식이다.

$$\text{WDA\%} = \frac{\text{FQ 기호가 +, o, u인 W, D반응 수의 합}}{\text{W와 D 영역 반응들의 합}}$$

⊙X−%(Distorted Form)

지각적인 왜곡을 나타내는 비율이다.

$$\text{X} - \% = \frac{\text{FQx−의 합}}{\text{R}}$$

⊙X+%(Conventional Form)

대상을 보편적 · 관습적 수준에서 정의 내리는 것을 비롯해 형태를 적정 수준에서 사용하는 정도를 나타내는 변인이다.

$$\text{X} + \% = \frac{\text{FQx가 +, o인 반응 수의 합}}{\text{R}}$$

⊙Xu%(Unusual Form)

윤곽을 적절하지만 비관습적인 형태로 사용한 반응의 비율이다.

$$\text{Xu\%} = \frac{\text{FQx가 u인 반응 수의 합}}{\text{R}}$$

(5) 처리 영역(processing section)

내담자의 사고 및 중재 영역을 이해하는 것에 더하여 정보처리의 질과 효율성을 평가한다. 즉, 인지 과정 중 정보의 입력 단계에서 어떤 일이 일어나는지를 나타낸다. 정보를 받아들이며 처리하려는 동기화 및 노력과 연관된다. 7개 항목이 있는데, 4개는 빈도 자료(Zf, Psv, DQ+, DQv)이며 2개는 비율, 나머지 하나는 차이 점수다.

⊙경제 지표(Economy Index, W:D:Dd)

전체 반응 수를 좌항으로 하고 흔한 부분 영역 반응 수를 중간에, 드문 반응 수를 우항에 두는 비율 지수다.

⦿ 열망 지표(Aspirational Index, W:M)

각 점수의 총 빈도수를 기입한다. W반응은 과제에 필요 이상의 노력을 투자하는 경향으로 해석된다. M반응은 고차적인 개념화 및 추론 능력과 관련 있는 변인으로 성취 지향적인 활동을 하는 데 필요한 실제적인 능력에 대한 지표다.

⦿ 처리 효율성(Processing Efficiency, Zd)

인지 활동의 효율성에 대한 정보다.

$$Zd = ZSum - Zest$$

(6) 대인 지각 영역(interpersonal section)

대인관계에 대한 정보를 제공하는 영역으로 10개의 항목으로 구성되어 있다. 10개 중 5개는 협동 운동(COP) 반응 수의 합, 공격 운동(AG) 반응 수의 합, 음식(Fd) 반응 수의 합, 순수 인간 내용(H) 반응 수의 합, 개인화된(PER) 반응 수의 합으로 구조적 요약 상단에 있는 빈도 자료를 환산한 값이다.

GHR:PHR에서는 GHR 반응 수의 합을 좌항에, PHR 반응 수의 합은 우항에 기입한다. 구조적 요약 상단에 기입된 빈도 자료 관계 지수와 핵심 영역에 기입된 재질(T) 반응 수의 합 그리고 관념화 영역에 기록된 능동 운동과 수동 운동 간의 비율(a:p)을 기입한다. 나머지 2개는 다음과 같다.

⦿ 소외지표(Isolation Index, Isolate/R)

사회적 고립과 관련된다. 5개의 범주(식물, 구름, 지형, 풍경, 자연)에서의 일차, 이차 내용을 포함한다. 그중 구름과 자연 범주는 원점수의 두 배를 한다.

$$Isolate/R = \frac{Bt + 2Cl + Ge + Ls + 2Na}{R}$$

⦿ 대인관계에 대한 관심(Interpersonal Interest)

사람에 대한 관심의 정도를 나타내는 지표로 자음과 같은 인간 내용 반응을 계산한다.

$$Human\ Cont = H + (H) + Hd + (Hd)$$

(7) 자기지각 영역(self-perception section)

이 영역은 7개의 지수로 구성된다. 그중 4개가 빈도 자료 혹은 반응 수의 합이다. 반사 반응의 합(Fr+rF)과 형태 차원(FD) 반응 수의 합, 특수 내용 점수 중 병리적인 내용과 손상(MOR) 반응 수의 합 그리고 해부(An) 반응과 엑스레이(Xy) 반응 수의 합을 기록한다. 다섯 번째로는 핵심 영역에 기입했던 음영 차원(V) 반응 수의 합을 기록한다. 여섯 번째는 순수한 H반응과 (H)+Hd+(Hd)의 비율이다. H:(H)+Hd+(Hd).

일곱 번째 항목은 다음과 같다.

⊙ 자기중심성 지표(Egocentricity Index, 3r+(2)/R)

자기에게 초점이나 관심을 두는 정도, 자기에게 몰두하는 정도다.

$$3r+(2)/R = \frac{3\times(Fr+rF)+Sum(2)}{R}$$

(8) 특수 지표

구조 요약지의 맨 아래에 6개의 특수 지표가 있다.

⊙ 지각적 사고 지표(Perceptual Thinking Index: PTI)

조현병 지표(Schizophrenia Index: SCZI)의 개정판이다. 사고 장애를 보다 정확하게 확인하는 장점을 가지고 있다. 그 명칭이 시사하듯이 조현병 진단을 위해 만들어지는 것은 아니지만 조현병과 다른 사고 장애에서 나타나는 사고 혼란과 특이한 사고 과정을 측정하기 위한 것이다.

⊙ 우울 지표(Depression Index: DEPI)

DEPI 4점은 수검자가 우울 증상, 기분 변화, 불만족감, 비관주의, 경도의 식물 증상(피로, 불면, 사고 지연, 무쾌)을 경험하고 있다는 것을 나타낸다. 5, 6점 혹은 7점 점수는 보다 분명한 정서 장애 가능성을 나타낸다. 그러나 우울장애 진단을 받았다고 해서 반드시 이 지표가 상승하는 것은 아니다. 우울은 여러 가지 원인에 의해 발생하기 때문에 DEPI로 측정한 우울 증상은 다양한 유형의 우울감과 진단을 반영할 수 있다.

⊙대처 손상 지표(Coping Deficit Index: CDI)

대처 손상 지표에서 4, 5점 이상 맞은 내담자는 불만스럽고 다소 의미 없는 대인관계 패턴을 가지고 있다. 사회적 무능감을 경험하거나 대인관계에서 성공 경험이 적고, 가끔씩 대인 요구에 압도당하는 기분이 들 수 있다.

⊙자살 지표(Suicide Constellation: S−CON)

자살 가능성을 예측할 수 있는 지표이기는 하지만 신중하게 해석되어야 한다. 우울한 환자들 중에서 자살 위험이 없는 환자들이 이 지표가 상승되는 경우가 있다.

⊙과잉 경계 지표(Hyper Vigilance Index: HVI)

과잉 경계 지표는 편집증 자체보다도 편집 스타일의 과잉 경계적인 측면을 잘 나타낸다. 이 지표가 높은 사람들은 환경을 불신하고 만성적으로 취약성을 느낀다. 행동을 시작하기 전에 왜 그리고 어떻게 그것을 표현할지 조심스럽게 숙고한다. 친밀한 관계를 맺는 것에 대해 과도하게 조심하고 두려워하며 정서적인 친밀감뿐만 아니라 전반적인 개인적 공간에 대한 문제에 골몰한다.

⊙강박 성향 지표(Obsessive Style Index: OBS)

강박 성향 지표는 강박장애와 다른 집단을 변별하는지의 감별 진단을 위해 만들어졌다. 강박 성향 지표가 높은 경우 완벽주의적이고 우유부단하며, 세부 사항에 집착하고 정서를 표현하는 것에 어려움을 느낀다. 조심스럽고, 보수적이고, 순응적이고, 관습적이어서 매우 높은 평범 반응(P)을 한다. 정보를 극단적으로 방법론적으로 처리하므로 Zd 지수가 높게 나타난다. 그러나 이 지표가 높다고 해서 반드시 부정적인 특성만 있는 것은 아니다. 세상과 정보에 접근하고 처리하는 스타일을 의미하기도 한다. 이 스타일이 지나치게 엄격하고 융통성이 없으면 역기능적이 되는 것이다.

표 6-10 Constellation Worksheet

S-Constellation(Suicide Potential):	PTI(Perceptual-Thinking Index):
□ 8개 이상 해당될 경우 체크 주의: 14세 이상의 수검자에게만 적용 □ FV+VF+V+FD>2 □ Color-Shading Blends>0 □ 3r+(2)/R<.31 혹은 >.44 □ MOR>3 □ Zd>+3.5 혹은 Zd<−3.5 □ es>EA □ CF+C>FC □ X+%<.70 □ S>3 □ P<3 혹은 P>8 □ Pure H<2 □ R<17	□ XA%<.70이고 WDA%<.75 □ X−%>.29 □ LVL2>2이고 FAB2>0 □ R<17이고 WSUM6>12 혹은 R>16이고 WSUM6>16 □ M−>1 혹은 X−%>.40

DEPI(Depression Index):	CDI(Coping Deficit Index):
□ 5개 이상 해당될 경우 체크 □ (FV+VF+V>0) 혹은 (FD>2) □ (Col−Shd Blends>0) 혹은 (S>2) □ [3r+(2)/(R)>.44이고 Fr+rF=0] 혹은 [3r+(2)/R<.33] □ (Afr<.46) 혹은 (Blends<4) □ (Sum Shading>FM+m) 혹은 (Sum C′>2) □ (MOR>2) 혹은 (2xAB+Art+Ay>3) □ (COP<2) 혹은 [(Bt 2xCl+Ge+Ls+2xNa)/R>.24]	□ 4개 또는 5개 이상이면 체크 □ (EA<6) 혹은 (Adj D<0) □ (COP<2)이고 (AG<2) □ (Weighted Sum C<2.5) 혹은 R(Afr<.46) □ (Passive>Active+1) 혹은 (Pure H<2) □ (Sum T>1) 혹은 (Isolate/R>.24) □ (Food>0)

HVI(Hypervigilance Index):	OBS(Obsessive Style Index):
□ 1번을 만족시키고 아래 7개 중 최소한 4개가 해당될 경우 체크 □ (1) FT+FT+T=0 □ (2) Zf>12 □ (3) Zd>+3.5 □ (4) S>3 □ (5) H+(H)+Hd+(Hd)>6 □ (6) (H)+(A)+(Hd)+(Ad)>3 □ (7) H+A:Hd+Ad<4:1 □ (8) Cg>3	□ (1) Dd>3 □ (2) Zf>12 □ (3) Zd>+3.0 □ (4) Populars>7 □ (5) FQ+>1 □ 1개 이상 해당될 경우 체크 □ (1)~(5) 모두 해당 □ (1)~(4) 중에서 2개 이상 해당되고 FQ+>3 □ (1)~(5) 중에서 3개 이상 해당되고 X+%>.89 □ FQ+>3이고 X+%>.89

10. 구조 변인의 해석

로샤검사 해석의 전형적인 순서는 일반적인 원칙을 따른다. 임상가는 로샤 프로토콜에 대해 가설을 세우고 양적인 자료, 환자의 개인력, 축어록에 기초하여 가능한 시험적인 가설을 세운다. 이러한 가설의 수와 정확성은 자료의 풍부함, 개인적 기술, 임상가의 창의성 등에 의존한다. 마지막 단계에서는 가설을 의미 있고 정확하게 통합하여 한 개인을 설명하여야 한다.

여러 가지 다양한 해석적인 가설을 기술하면서 높고 낮은 로샤 지표와 점수에 주목할 필요가 있다. 해석적인 정보를 제시하는 순서는 특수 채점 범주(위치, 결정인, 내용, 특수 점수)를 중심으로 조직화되며, 이는 구조적 요약의 윗부분에 제시된다. 구조적 요약의 점수는 핵심 영역, 관념, 정동, 중재, 처리, 대인, 자기지각, 특수 지표들로 구성된다. 이와 같은 군집은 로샤검사 해석 시 특정 기능 영역을 중심으로 관련 있는 해석적 자료를 조직화할 때 개념적으로 일관성 있는 수단이 된다. 일단 종합 체계가 이러한 순서에 따라 초기에 조직화되면 다음의 여덟 가지 군집으로 조직화된다.

- 정서적 특징
- 통제 역량 및 스트레스 내성
- 인지적 중재
- 관념화
- 정보처리
- 대인 지각
- 자기지각
- 상황적 스트레스

이 군집은 로샤에 기초한 성격 이론으로 기능하며, 임상가는 이와 같이 기능의 중요한 특면에 기초하여 사례를 개념화한다.

표 6-11 심리적 특성 관련 군집

기능 요소	관련 변수
정서적 특징	DEPI, CDI, EB(외향성), Lambda, EBPer, eb[우항값(Sum C′+Sum T+Sum V+Sum Y)], Sum C′:WSum C, Afr, 2AB+(Art+Ay), CP, FC:CF+C, 순수 C, S, 혼합 반응, 유채색-음영 혼합 반응, 음영 혼합 반응
통제 역량 및 스트레스 내성	D점수, Adj D, CDI, EA, EB, Lambda, es & Adj es(FM, m, Sum T, Sum V, Sum C′, Sum Y)
인지적 중재	R, Lambda, OBS, XA%, WDA%, X−%, FQ−, S−, P, FQ+, X+%, Xu%
관념화	EB(내향성), Lambda, EBPer, a:p, HVI, OBS, MOR, eb[좌항값(FM+m)], M_a:M_p, 2AB+(Art+Ay), Sum, WSum6, 특수 점수, MQ, M반응의 질
정보처리	Lambda, EB, OBS, HVI, Zf, W:D:Dd, 반응 영역의 위계, W:M, Zd, PSV, DQ, 발달질의 위계
대인 지각	CDI, HVI, a:p, Fd, Sum T, 인간 내용 반응의 합, H, GHR, PHR, COP, AG, PER, 소외지표
자기지각	OBS, HVI, Fr+rF, 3r+(2)/R, FD, Sum V, An+Xy, MOR, 순수 H: 비순수 H, 마이너스 반응의 내용, 인간 내용과 운동 반응
상황적 스트레스	D점수, Adj D점수, EA, EB(0점), m, Sum T, 혼합 반응의 복잡성, 유채색 음영 반응과 m+Y 혼합 반응, 순수 C, M−, 형태 없는 M

1) 위치

일반적으로 잉크 반점의 영역은 수검자가 세상에 접근하는 전반적인 스타일을 알 수 있게 해 준다. 수검자는 그들의 삶에서 불확실성과 모호함에 직면할 때 각자 반응하는 스타일이 다르다. 어떤 사람은 상황에서 가장 분명하고 구체적인 측면을 지각하는 경향이 있고, 또 다른 사람들은 작은 세부 묘사에 초점을 기울이고 중요한 측면을 무시하는 경향을 보인다.

로샤검사에서 위치는 흔히 사람들이 지각하는 영역과 그렇지 않은 영역으로 나누어 볼 수 있다. 흔히 사용되는 위치를 지각하고 형태질이 좋으면 현실과 좋은 유대를 맺고 있고 지능, 야망, 추론 능력, 일반화 능력 모두 정상 범위에 있음을 나타낸다. 사람들이 거의 잘 사용하지 않는 영역을 지각하는 것은 두려움, 불안, 강박적 경향성 등 신경증적 증상과 연관이 있다. 다른 사람들이 거의 잘 보지 않는 영역을 지각하는 사람들은 더 심각한 정신병리를 반영한다.

표 6-12 구조적 요약

구조적 요약(상단부)

반응 위치 특성		복합 결정인		결정인 단일 변인	내용	접근 방식	
Zf =				M =	H =	I	
ZSum =				FM =	(H) =	II	
ZEst =				m =	Hd =	III	
				FC =	(Hd) =	IV	
W =				CF =	Hx =	V	
D =				C =	A =	VI	
W+D =				Cn =	(A) =	VII	
Dd =				FC′ =	Ad =	VIII	
S =				C′F =	(Ad) =	IX	
				C′ =	An =	X	
				FT =	Art =		
				TF =	Ay =	특수 점수	
	발달질			T =	Bl =	Lv1	Lv2
+	=			FV =	Bt =	DV =	
o	=			VF =	Cg =	INC =	
v/+	=			V =	Cl =	DR =	
v	=			FY =	Ex =	FAB =	
				YF =	Fd =	ALOG =	
				Y =	Fi =	CON =	
	FQx	MQual	W+D	Fr =	Ge =	Raw SUM6 =	
+	=	=	=	rF =	Hh =	Wgtd SUM6 =	
o	=	=	=	FD =	Ls =		
u	=	=	=	F =	Na =	AB =	GHR =
−	=	=	=		Sc =	AG =	PHR =
none	=				Sx =	COP =	MOR =
					Xy =	CP =	PER =
				(2) =	Id =		PSV =

구조적 요약(하단부)

비율, 백분율과 이탈치

R =	L =	
EB = :	EA =	EBPer =
eb = :	es =	D =
	Adj es =	Adj D =
FM =	Sum C′ =	Sum T =
m =	Sum V =	Sum Y =

정서
- FC:CF+C = :
- Pure C =
- Sum C′:WSum C = :
- Afr =
- S =
- Blends:R = :
- CP =

대인관계
- COP = AG =
- GHR:PHR = :
- a:p = :
- Food =
- Sum T =
- Human Cont =
- Pure H =
- PER =
- Isol Indx =

	관념화	중재	처리	자기지각
a:p = :	Sum6 =	XA% =	Zf =	3r+(2)/R =
Ma:Mp = :	Lv2 =	WDA% =	W:D:Dd = : :	Fr+rF =
2AB+Art+Ay =	WSum6 =	X−% =	W:M = :	Sum V =
MOR =	M− =	S−% =	Zd =	FD =
	Mnone =	P =	PSV =	An+Xy =
		X+% =	DQ+ =	MOR =
		Xu% =	DQv =	H:(H)+Hd+(Hd) = :

PTI=	DEPI=	CDI=	S-CON=	HVI=	OBS=

(1) 전체 반응(W)

전체 반응은 환경을 효율적으로 그리고 적극적으로 상호작용하는 정도를 나타낸다. 형태질이나 반응 조직화가 좋다면 특히 이러한 특징이 강하다. 전체 반응은 3~4세 아동에게서 흔히 나타나며, 점차로 줄어들다가 정상 성인들에 이르러서는 30~40%로 줄어든다. 평균 W:D 비율은 대략 1:2다.

- 높은 W반응
  - 반응 빈도가 높은 것은 지적 활동, 통합 능력, 추상적 추론을 잘하는 것으로 볼 수 있다.
  - 현실과 연결이 잘되어 있으며 문제해결 능력이 좋다.
  - I, IV, V, VI카드에서는 W반응 빈도가 높지만 III, VIII, IX, X카드에서는 빈도가 낮은데, 후자의 카드들이 조직화 능력을 더 많이 요구하기 때문이다.
- 낮은 W반응
  - 우울이나 불안 증상 때문일 가능성이 있다.
  - 만약에 W반응의 빈도, 질, 복잡성이 낮다면 뇌손상이나 지적장애와 같은 심각한 수준의 부적응이 발견된다.

(2) 흔한 부분 반응(D)

D반응은 상황의 분명한 측면을 지각하고 반응하는 정도를 나타낸다. 정상 집단은 대략 반응 중 62~67%가 D반응이다. 나이가 어린 아동은 D비율이 낮은데, 연령이 증가하면서 점차로 증가한다. D와 관련된 해석은 다른 위치 점수 비율과 연관 지어 해석한다.

- 높은 D반응
  - 상황에서 구체적이고 분명한 양상을 강조하는 경향성이 있다.
  - 안전하고 분명한 것들에 초점을 두면서 지적 잠재력을 사용한다.
  - D+가 높다면 기능 수준이 높고 꼼꼼한 유형이다.
  - D가 높은데 발달질이 낮다면 심각한 수준의 부적응이 나타난다.
- 낮은 D반응
  - 높은 수준의 스트레스를 경험하고 있다.
  - 대뇌손상의 가능성이 있고 지각 처리 능력이 떨어진다.

(3) 드문 부분 반응(Dd)

Dd반응은 전체 상황을 지각하거나 환경에서 가장 분명한 요소를 주목하기보다는 세부 사항에 초점을 두면서 환경에서 철수하는 경향을 나타낸다. 어린 아동과 청소년 프로토콜, 조현병에서 많이 나타난다. Dd비율은 W와 D 비율과 같이 고려해야 한다.

• 높은 Dd반응
  – 잉크 반점의 전체 영역이 가지고 있는 모호함을 피하려는 경향이 있다.
  – 환경을 협소하게 지각하는 경향이 있다.
  – 불안감을 줄이기 위해 상황의 세부적인 것에 초점을 맞추고, 지각을 더 통제하려고 한다.
  – 전체 반응의 모호함과 복잡성을 수용할 수 있을 정도의 유연성이 부족하고 경직된 사고 과정을 보인다.

(4) 공백 반응(S)

3개 이상의 공백 반응을 보이는 것은 부정성과 관련이 있다. 또한 분노를 조절하는데 어려움이 있으며 반항적 경향성이 있다. S반응이 3개 이상이고 형태질이 좋지 않고 원시적인 운동 반응이 들어가 있다면 분노, 적대감이 높고 잠정적으로 행동화할 가능성을 고려해야 한다.

(5) DQ+와 DQv

발달질은 정보를 분석하고 종합하는 능력과 관련이 있다. 높은 DQ+를 보이는 사람은 지능이 높고, 인지적 복잡성이 높고, 정교한 사람일 가능성을 시사한다. 그러나 이 점수가 높은 것이 적응을 잘한다거나 인지처리가 정확하다는 의미는 아니다. DQv는 미숙하고 정교함이 부족하며 지적으로 손상되어 있음을 시사한다.

2) 결정인

(1) 순수 형태 반응(F)

순수 형태 반응 수는 일반적으로 수검자가 상황에서 정서를 분리하는 정도를 나타낸다. 형태가 존재한다는 것은 어느 정도 환경에 대한 순응, 추론 능력이 있다는 것을 반영한다. 형태 반응은 주의 및 집중 능력과 관련이 있고 정서 통제와 지연 능력의 지표라고 볼 수 있다. 조현병 환자들은 상대적으로 높은 Fu와 F− 비율을 나타낸다. 순수 형태 반응은 편집형 조현병 환자들의 경우 높게 나타나는데, 이들 환자가 높은 수준의 조직화 및 경계 태도를 가지고 있기 때문이다. 순수 형태 반응이 있다는 것은 갈등과 관련된 정서를 일시적으로 유예할 수 있다는 것을 의미한다. 정서적으로 격렬한 상태에서는 순수 형태 반응이 줄어드는데, 이는 경험에서 정서를 분리하는 능력이 일시적으로 떨어지기 때문이다.

- 높은 F반응
  - 방어적이고 제한적이다.
  - 감정을 신중하게 조절할 수 있는 능력을 가지고 있다.
  - 순수 F반응은 검사 목적에 대한 사전 지식을 가지고 있거나 가능하다면 빨리 반응하라고 요구받은 경우에도 증가한다.
- 낮은 F반응
  - 심리적 혼란의 수준이 높을 수 있다.
  - 급성 정신증은 감정 수준을 조절하는 데 어려움이 있어서, 낮은 빈도의 순수 F반응을 보인다.
  - 기질성 장애로 인한 충동성을 조절하기 어려울 때 낮은 빈도의 순수 F반응을 보인다.

(2) 인간 운동 반응(M)

로샤에서 M반응은 가장 많이 연구된 변인이라고 볼 수 있다. M은 외부 세상과 관련된 내적 공상을 반영하며, 내적 자원을 현실과 연결시키는 것, 즉 '행동의 내면화'로 설명할 수 있다. M은 표출되는 행동의 억제자 역할을 하며, 높은 M은 창조성, 내성화된 사고와 관련이 있다. M반응이 높다는 것은 활발한 내적 과정이 진행 중이며 행동 표출을 지연할 수 있는 능력이 있음을 말한다. 따라서 정교한 내적 경험과 관련되는 것으로 이해할 수 있다. M은 긍정적인 자아 기능, 계획 능력, 충동 통제, 좌절을 견딜 수 있는 능력과 상관이 높다. 부정적인 측면에서는 공상 생활에 과잉 몰두하는 것을 의미할 수 있다.

M을 해석할 때에는 다른 반응과 연결해서 살펴보는 것이 좋다. 예를 들어, 운동 반응이 갈등 혹은 협동을 의미하는지 관련 반응을 검토할 필요가 있다. 공격적인 운동 반응 수가 높다는 것은 일반적으로 공격적인 특성이 있음을 시사한다. 실제로 공격성이 밖

으로 드러나지 않는다고 해도 관계를 공격적으로 지각하고 있다는 것을 암시한다. 수동적인 운동 반응은 의존적이고 수동적인 행동을 나타낸다. 춤을 추는 것과 같은 특정한 운동 반응은 체육, 무용 전공자에게서 흔히 나타날 수 있다. 임상가는 M반응의 해석 시 검사 상황 안에서 혹은 바깥에서 일어나는 행동과 연결시킬 수 있다. EB, EA 비율을 통해 충동 통제 능력과 연관시켜 정교화된 해석을 할 수 있다.

- 높은 M반응
  - 지적 능력, 창조성, 추상적 추론 능력이 좋다.
  - 정보처리 시 사고 내용을 내적으로 처리할 수 있으며 충동 지연 능력이 있다.
  - M+빈도가 높으면 좋은 심리치료 예후를 보이고, M−빈도가 높으면 대인관계가 좋지 못하다. 특히 높은 M반응은 조증 환자들에게서 많이 발견된다.
- 낮은 M반응
  - 우울감이 있을 수 있고, 내적 자원을 사용하는 데 어려움을 보인다.
  - 변화를 받아들이고 적응하는 데 어려움이 있으며 낮은 공감 능력, 상상력의 부족, 높은 충동성을 보인다.
  - 경직성이 높고 내적 세계를 통찰할 수 있는 능력이 떨어지므로 심리치료의 예후가 좋지 못하다.

(3) 동물 운동 반응(FM)

인간 운동 반응이 내적 환경과 외적 환경을 중재하는 기능을 한다면, 동물 운동 반응은 자아 통제가 잘 안 되고 정서 통제가 되지 않는 것을 의미한다. 통제 수준을 넘어선 급박한 충동, 더 의식적이고 상황에 의해 유발되는 것이 많다.

- 높은 FM반응
  - 사고와 느낌을 통제하기 어려워한다.
  - 충동 통제의 어려움, 만족 지연의 어려움, 장기 목표를 향한 계획의 부재를 보인다.
  - 공격적인 FM반응이 많다면 공격적인 성향을 의심해 볼 수 있다.
  - 불안을 줄이기 위한 전략으로 주지화, 합리화, 퇴행, 치환 등의 방어기제를 사용한다.
- 낮은 FM반응
  - 정서 표현을 지나치게 억제하고 있다.

–기본적인 욕구를 부인할 수 있으며, 아동인 경우 에너지 수준의 감소와 관련이 있다.

(4) 무생물 운동 반응(m)

동물 운동 반응과 유사하게, 무생물 운동 반응은 통제 능력을 넘어서는 욕구와 추동 혹은 생활 사건을 경험하는 것을 나타내는 지표다. 욕구와 추동은 개인의 적응을 위협하며 효율적인 대처 능력을 무력화시킬 수 있다. 대개 이러한 무능감은 대인관계 활동에서 나타날 수 있다. 성인 비임상 환자들의 경우 평균 m반응이 1.6개이지만, 그들에게 실험실에서 스트레스를 유발하고 실시했을 때에는 m반응이 유의미하게 증가함을 알 수 있다. m을 해석하기 위해서는 M, Sum C, D와 S의 빈도, F+%, X+%를 살펴봄으로써 갈등을 해결하는 특징적인 방식과 가능한 자원을 파악할 수 있다.

• 높은 m반응

–갈등과 긴장이 내재하고 있음을 나타내는 표시다.

–위협적인 사람 또는 사건에 둘러싸여 있다고 지각하고 있으며, 환경과 자신을 조화시키기 어려운 것으로 느끼고 있다.

(5) 유채색 반응(C, CF, FC, Cn)

로샤에서 색채 카드를 다루는 방식은 수검자가 자신의 정서를 다루는 능력을 나타낸다. 색채가 우세하다면(C, CF, Cn) 정서는 잘 통제되지 않고 혼란되어 있다고 볼 수 있다. 그런 경우 정서 상태가 혼란스럽고 정서가 불안정하며 과잉 반응적이다. 반응이 형태가 우선(FC)이라면 순수한 색채(C) 반응과 색채 형태(CF) 반응보다는 정서 통제 능력과 조직화 능력이 더 좋다고 볼 수 있다. 문제해결 과제에서 반응을 효과적으로 지연시킬 수 있는 사람은 로샤 프로토콜에서 FC반응을 더 많이 보이고, 반응을 지연하는 것이 어려운 사람은 CF와 C 반응을 더 많이 보인다. 색채 우세 반응과 충동성의 정적 상관관계는 많이 알려져 있다. 그러나 색채 우세 반응이 충동성을 의미한다고 해석하기 위해서는 D점수, 형태질, Y반응의 수, FC:CF+C와 같은 색채 우세 반응의 상대적인 비율을 모두 고려해야 한다.

• 높은 C, Cn 반응

–감정 표현이 적응적이지 못하며 충동적으로 감정을 배출한다.

–인지 능력이 떨어지고 감정적 충동성에 압도될 가능성이 있다.
–불안정하고, 민감하며, 흥분하기 쉽고, 문제해결 과정 동안 반응 지연이 어렵다.
–색 이름만 나열하는 반응(Cn)이 많다면 경직되어 있고 발달이 덜 되었으며 자극에 대한 개념적인 이해가 부족하다고 볼 수 있다. 흔히 지능이 낮은 경우에도 이런 반응을 보인다.
–C, Cn이 낮을 경우 자발성이 떨어지고 감정의 과잉 통제를 보인다.

• 높은 FC반응
–정서 조절 능력을 어느 정도 갖추고 있고 적절한 표현과 통합을 잘하며 타인과 라포 형성을 잘한다.
–불안 수준이 낮으며, 스트레스 상황에서 경험을 통해 배우는 능력이 있고, 심리치료의 예후가 좋다.
–극단적으로 높은 FC는 과잉 순응적이고 의존적인 성격을 보일 수 있다.
–아동들의 경우 자연스러운 자발성을 감소시키는 지나친 훈련의 영향을 반영할 수 있다.

• 낮은 FC반응
–낮은 정서 조절 능력 때문에 대인관계의 어려움을 가질 수 있다.
–불안 수준이 높다.
–조현병의 다른 징후가 있다면 조현병일 가능성이 높다(특히 F–반응에서).

(6) 무채색 반응(C′, C′F, FC′)

무채색 반응은 로샤 연구에서 가장 적게 이루어진 영역이다. 그러나 C′은 내적이고 제한적이고 고통스러운 정서를 반영하는 것으로 알려져 있다. 즉, 조심스럽고 방어적인 태도로 인해 정서적인 표현이 꺾여 있는 것을 나타낸다. Exner(1993)는 C′을 "혀를 깨물어서 정서가 내면화되어 마음속에서 어떤 염증 반응이 일어나는 것"과 심리적인 등가물이라고 보고하였다. 따라서 C′은 고통스러운 정서뿐만 아니라 정서적인 억제와 방어를 의미한다. C′은 우울 지표에도 활용되고 있다. 무채색 반응의 의미를 고려할 때, 임상가는 형태의 상대적인 영향력을 살펴보아야 한다. 형태가 우세하다면(FC′) 정서 조직화 능력이 어느 정도 있고 행동을 지연하는 능력도 있다는 것을 의미한다. 그러나 형태보다 C′이 우세하다면 고통스러운 정서가 즉각적으로 일어나고 있음을 의미한다.

• 높은 C'반응
 –강하게 억제되어 있고 고통스러운 감정 수준이 높다.
 –정신신체 장애, 강박증, 우울 경향을 보인다.
 –전반적인 적응이 좋지 못하고 자살 가능성이 있다.

(7) 음영 재질 반응(T, TF, FT)

재질 반응은 고통스러운 정서 경험을 나타내며 지지적인 대인관계 욕구를 의미한다. 형태가 상대적으로 덜 중요하고 재질이 우세하다면 피험자는 고통스러운 경험에 압도당해 있고 적응 능력의 와해를 경험할 수 있다. 이와 반대로 형태가 우세하다면 고통은 통제 가능한데, 타인과의 지지적인 접촉이 일차적인 관심사일 수 있다. 운동 반응과 재질 반응의 결합은 내적 감수성 및 공감 반응과 관련이 있다. 유채색과 재질 반응이 함께 일어나면 수검자가 미숙하게 애정을 추구하고 통제력이 떨어진다는 것을 의미한다. 재질 우세 반응은 아동기 이후 증가하며, 15세 정도에 절정에 달하고, 그다음 가라앉았다가 후기 청소년기와 성인기에는 형태 우세 재질 반응으로 변한다. 비임상 환자는 평균 1개의 재질 반응을 보이지만 정신건강의학과 환자는 평균 2개 이상을 보이는데, 특히 카드 4와 6에서 많이 나타난다.

• 높은 T, TF 반응
 –애정과 의존에 대한 강한 욕구를 보인다.
 –대인관계에 대해 과민하고, 현실적으로 기대할 수 있는 것과 지지받을 수 있는 욕구의 강도를 조절하는 것이 어렵다.
 –환경에 개방적이지만 지나치게 민감하게 접근한다.
• 낮은 T반응
 –정서적으로 빈곤하며, 의미 있는 정서적 관계를 잘 맺으려고 하지 않는다.
 –감정 표현이 억제되어 있다

(8) 음영-차원 반응(V, VF, FV)

순수 음영 반응은 고통스러운 자기검열 과정, 즉 자기로부터 거리감을 만들어 내성하는 과정을 나타낸다. 이러한 내성은 대개 우울감과 열등감을 유발한다. 그러나 형태가 우세한 음영 반응은 내성하는 능력과 그 과정에 수반되는 정서적 고통이 그다지 크지 않다는 것을 의미한다. 반면 순수 차원 V반응은 부정적인 자기검열과 상관이 높다.

정상 집단에서 V반응은 평균 0.35개이지만, 우울한 환자는 평균 1.09개다. 아동의 경우 V반응은 매우 드물며 청소년기에 들어가서야 나타나는 경향이 있다.

- 높은 V반응
  - 자기비판적 반성을 깊이 하며 자살 위험이 높다.
- 낮은 V반응
  - V가 없다는 것은 긍정적인 지표다.
  - 형태가 우세한 V가 단 1개라도 있다는 것은 내성하는 능력을 나타내며, 내성의 결과로 나타나는 정보를 통합해서 궁극적으로는 생산적으로 활용할 수 있다는 것을 의미한다.

(9) 음영-확산 반응(Y, YF, FY)

Y는 무기력감과 위축, 불안감을 나타낸다. Y반응이 많다는 것은 심리적인 고통을 경험하고 있다는 것을 의미하며 상황에 자신을 내맡기고 있다는 뜻이다. Y반응은 시험, 외과수술, 상황적인 위기 등과 같은 상황에서 증가한다. 형태가 우세하다면 행동을 지연하며 경험을 보다 통제하고 조직화하며 통합할 수 있는 능력이 있음을 시사한다. 행동을 지연하는 능력은 수검자가 가지고 있는 자원을 조직화할 수 있는 시간을 벌어 준다. Y가 우세하다면 상황적 스트레스에 압도당하는 상태에 있다고 볼 수 있다. 이러한 사람들은 특징적으로 위축되고, 고통과 무기력을 직접적으로 나타낼 수 있다. 충동을 지연시키는 능력이 부족해서 자원을 가동시키는 시간을 가질 수 없다.

Y반응의 의미를 정확하게 이해하려면 다른 대처 지표들을 살펴보아야 한다. 특히 순수 형태 반응의 수와 패턴, 조직화의 질, 인간 운동 반응의 수를 살펴보아야 한다. Y반응이 높고 대처 지표들이 부재하다면, 그 사람은 스트레스에 압도당하기 쉽고 효과적으로 적응 또는 반응할 수 없다.

- 높은 Y반응
  - 불안감이 많고 정서 표현을 억제한다. 자신과 환경 간에 거리를 두고 삶의 사건에 쉽게 체념한다.

(10) 형태 차원 반응(FD)

형태 차원은 경험적으로 분명한 범주를 가지고 있고 해석적으로 중요한 의미가 있기 때문에 종합 체계에 포함되었다. FD반응이 많다는 것은 내성 능력과 자기지각 능력을 사용할 줄 안다는 것을 의미한다. 내성적인 사람들에게서 이 반응이 높게 나타나며, 그들은 통찰 치료에 적합하다.

• 높은 FD 반응
 −자기 성찰과 자기 인식이 가능하고, 행동을 내면화하고 지연시킬 수 있다.

(11) 쌍 반응과 반사 반응(rF, Fr)

쌍 반응과 반사 반응은 개념적으로 그리고 실증적으로 자기 몰입과 관련이 있다. 그러나 이것이 반드시 병리적인 것을 의미하는 것은 아니다. 높은 자기 가치감을 가진 직업군에서 높은 비율로 나타나는 것으로 보아 부정적인 특성만 있는 것은 아니다. 이 반응은 성격장애 환자의 20%, 반사회성 성격장애 환자의 75%에서 나타나기도 한다. 5~10세 아동의 경우 쌍 반응과 반사 반응이 높지만, 대개 청소년기에는 사라져서 자기 중심적인 성향이 줄어드는 경향이 있다.

• 높은 쌍 반응과 반사 반응
 −자기 몰입의 가능성이 있다.
 −부풀려진 자기 가치감, 과장된 자기개념, 어떤 위치를 확보하기 위해 과도하게 애쓰는 것을 반영한다.
 −자기 확신의 욕구가 강하기 때문에 지나치게 감정적이 되고 대인관계 어려움의 원인이 될 수 있다.

(12) 조직화 활동 지수(Z)

지능과 관련이 있고, 특히 어휘 검사와 상관이 높다. 낮은 수준의 조직화 활동은 정신건강의학과 환자들 중 우울 환자에게서 나타나며, 반면 높은 수준의 조직화 활동은 체계적인 망상을 가진 조현병 환자에게서 나타난다.

• 높은 ZF
 −높은 인지적 노력과 조작이 가능하다.
 −주의 깊고 정확한 지각 처리 능력을 갖고 있다.
• 낮은 ZF
 −정보를 적절히 처리하는 데 요구되는 노력을 덜 기울인다.

3) 내용

(1) 인간 반응[H, Hd, (H), (Hd)]

인간 반응은 가장 철저하게 연구된 영역이다. H반응은 연령에 따라 증가한다. Exner(1974)에 따르면 성인 비임상 집단은 H+HD 반응이 전체 성인 외래 환자 반응보다 높고, 조현병은 이 반응이 가장 낮게 나타난다. H반응에 비해 Hd반응은 억제적인 방어를 사용하는 경향을 나타낸다.

- 높은 H반응
  - –사람에 대한 관심 범위가 넓고 대인 추구 성향이 있다.
  - –높은 자아존중감과 지능을 가질 가능성이 높다.
  - –심리치료에서 성공적일 가능성이 크다.
- 낮은 H반응
  - –낮은 수준의 공감 능력, 대인관계에서의 고립을 보이며 정신병리 치료에 좋지 않은 예후를 보인다.

(2) 동물 및 동물 부분 반응[A, Ad, (A), (Ad)]

동물 내용 반응은 적응과 관련이 있고 현실 검증력을 가장 구체적으로 나타낸다. 동물 내용은 지각하기가 가장 쉽고, 따라서 동물 반응이 있다는 것은 수검자가 일상적이고 예측 가능한 방식으로 반응하고 있다는 것을 의미한다. 역으로 동물 반응이 별로 없다는 것은 수검자가 매우 개인적이고 독특한 방식으로 세상을 지각하고 있음을 의미한다.

동물 반응은 비임상 성인에게서 평균 8.2개가 나올 정도로 빈번하며, 아동에게서도 높은 반응으로 나타난다. 조현병이나 외래 환자들에 비해 우울한 환자들이 동물 반응의 빈도가 높다. 반면 조증 환자들에게서는 반응 빈도가 낮다.

- 높은 A반응
  - –세상과 환경에 대한 태도가 예측 가능하고 전형적이다.
  - –우울한 사람일 수 있고 제한적이고 순응적인 방어를 사용한다.
- 낮은 A반응
  - –자발적이고, 다른 사람을 따라 하지 않으며, 예측 불가능하고, 높은 지적 수준을 가진 사람들이 종종 낮은 A반응을 보인다.

(3) 해부(An), 엑스레이(Xy) 반응

해부 반응은 인간 반응이나 동물 반응과 마찬가지로 많이 나오는 내용 주제이며 연구가 비교적 많이 이루어졌다. 해부 반응은 신체 염려와 관련이 있다. 신체적 문제가 있는 경우, 수술을 겪었거나 질병을 진단받은 사람들, 의사나 병원 관련 직업을 가진 사람들에게서 자주 나타난다. 또한 해부 반응은 내적 공상 생활에 빠지는 정도를 나타내는 지표이며 질병, 사춘기, 임신과 같은 신체적 변화를 반영하기도 한다. Exner(1993)는 해부 반응이 환경으로부터 철수하고 강박적인 방어를 사용하는 것과 관련이 있다고 보았다.

신체 망상을 가진 조현병에서 엑스레이 반응이 증가하는 것으로 보고되고 있고, 우울증인 경우 신체 기능에 대한 염려를 나타낸다고 알려져 있다. An반응은 8번과 9번 카드에서 주로 나타나며 Xy반응은 1번 카드에서 흔히 나타난다.

(4) 음식 반응(Fd)

2개 이상의 음식 반응은 의존성을 나타낸다. 높은 빈도의 음식 반응은 타인의 도움과 광범위한 지지를 추구하는 것과 관련이 있다. 독립적인 결정을 하는 데 어려움을 겪고 타인에 대한 다소 순진한 기대를 갖고 있는 사람들에게서 많이 나타난다.

(5) 평범 반응(P)

평범 반응은 사회적 기준과 가치에 순응하는 정도를 나타낸다. 관습적인 사고 양식을 거부하는 사람들은 순응적인 사람들에 비해 평범 반응이 낮다. Exner(1993)에 따르면 평균 반응에 있어서 정상인은 6.28개, 외래 및 비정신병 환자는 7개, 입원한 조현병 환자는 4개 이하, 성격 병리를 가진 사람은 5개 정도, 우울한 사람은 5개 이하의 반응을 하는 것으로 나타났다.

평범 반응은 1, 3, 5, 8번 카드에서 주로 나타난다. 낮은 평범 반응 하나만으로 부적응이라고 할 수 없으며, 형태질이 좋고 조직화 활동이 좋다면 평범하고 흔한 반응을 피하는 창의적인 사람일 가능성이 높다. 만약 조직화 활동이나 형태질이 좋지 않다면 낮은 평범 반응은 정신병리적 성향을 나타낼 수 있다.

- 높은 P반응
  - 형식적이고 관습적이며, 신중하고, 우울증과 관련이 높다.
  - 실수에 대한 두려움과 불안으로 인정을 얻기 위해 일반적이고 보편적인 지각에

집착한다.

• 낮은 P반응

–순응하는 것이 어렵고, 환경으로부터 초연하고 분리된 모습을 보인다.

–타인이 보는 방식으로 세상을 바라볼 수 없다.

–관습을 거부하는 것을 반영하는 성격장애 가능성이 높고 동시에 창조력이 높다.

4) 비율과 퍼센트

(1) 핵심 영역

① 반응 수

• 낮은 R

–높은 방어, 위축, 우울 가능성이 있으며, 14개 반응 이하는 Exner 방식으로 해석하기에는 어려움이 있는 자료일 수 있다.

• 높은 R

–내향적이고, 높은 학업 성취, 창조력과 관련이 있고, 평균 이상의 지능을 가진다.

–미리 계획하는 능력, 적절한 충동 조절, 스트레스에 대한 내성을 포함하는 자아기능이 좋다.

–정신병리와 관련해서는 조증, 강박장애에서 높은 반응 빈도를 보인다.

② Lambda 값

성공적으로 적응하려면 상황에 맞게 유연하고 융통성 있게 대처할 수 있어야 한다. 융통성이 있는 사람은 문제해결이 필요한 상황에서 진지하게 반응하고 다른 사람에게 자신의 감정을 적절히 표현할 수 있는 사람이다. 이 지표는 경험에 대한 개방성을 평가한다. Lambda 값이 일반적으로 .30~.99에 속하면 주의의 초점이 균형을 이루고 있다는 신호다. 하지만 연령에 관계 없이 지나치게 높게 나오는 경우, 예컨대 Lambda 값이 .99 이상일 경우 경험에 대한 개방성이 부족하고 주의의 초점이 지나치게 협소하다는 것을 의미한다.

• 높은 Lambda

–상황을 온전히 경험하는 것을 회피하며, 나타날 수 있는 모든 가능성을 지각하

는 것을 피한다.

–보수적이고, 불안정하고, 폐쇄적이며, 환경에 개입하는 것을 두려워한다.

–방어적이고, 제한적이며, 상상력이 없고, 불안하다.

–우울이나 죄책감을 가지고 있을 가능성이 있으며 자살 가능성도 높다.

• 낮은 Lambda

–주의의 초점이 너무 넓어서 경험에 대해 지나치게 개방적일 수 있다.

–자극에 과잉 개입되어 있으며 감정에 압도당해 인지 기능을 혼란스럽게 할 수 있다.

–대인관계에서 만족감을 유지하기 어려울 때 종종 충동적인 행동 표출을 보인다.

③ EB(Experience Balance or Erlebnistypus, M:WSum C)

융통성과 대처 방식의 일관성을 나타내는 지표다. 적응적인 유연성을 발휘하려면 EB유형이 균형을 이루어야 한다. M반응 비율이 높은 경우를 내향형이라고 하는데, 이 유형의 사람들은 내적 경험을 선호하는 경향이 있다. WSum C 비율이 높은 경우를 외향형이라고 하는데, 이 유형의 사람들은 활동이나 외적인 표현을 선호하는 경향이 있다. 그리고 M반응과 WSum C 반응 값의 차이가 크지 않은 경우를 양향형이라고 하는데, 이들은 일관적인 대처 방식이 없는 것으로 해석된다. 이는 선천적인 기질 유형과 비슷하다고 볼 수 있다. 내향형은 행동을 효과적으로 지연하는 경향이 있는 반면, 외향형은 보다 정서적이고 정서를 외적 행동의 형태로 표출하는 경향이 있다.

• 내향형(Introversiveness)

–자신의 내적 공상 생활을 즐긴다.

–내부 지향적이며 기본적인 욕구의 대부분을 만족시키기 위해 내부 경험을 사용한다.

–주의 깊고 신중하며 순종적인 경향이 있다.

–C비율이 높은 사람들에 비해 신체적으로 활동적이지 않다.

–내면화된 상황을 활용하여 문제해결 과제에 접근하고, 정신적으로 가능한 대안을 찾아낸다.

• 외향형(Extratensiveness)

–자신의 욕구를 만족시키는 방법으로 외부와의 상호작용을 사용한다.

–반응을 지연시키기 어려우며, 자발적이고 주장적이다.

–과제를 해결하기 전에 여러 가지 행동을 경험하면서(외적인 시도, 실수 등) 문제해결 상황에 접근한다.

–아동들에게서는 자기 확신감의 부족을 나타낼 수 있다.

• 양향형(Ambitents)

–문제해결 과정에서 자신에 대한 확신감이 부족하며 타인의 생각이나 의견에 동요되기 쉬운 경향이 있다.

–문제를 해결하는 모든 과정의 전후 관계를 확인하고 싶어 하며 실수로부터 배우는 능력이 내향형과 외향형에 비해 낮다.

–환자 집단에서는 조증의 경우 M과 C 점수가 비슷하게 높다.

④ EA(Experience Actual, M+WSum C)

EA는 심리적 자원을 측정하는 것으로 관념/감정 지표다. 의사 결정과 문제해결이 필요한 상황에서 신중하게 전략을 수립하고 실행에 옮기는 데 가용한 자원의 양을 반영하는 유용한 지표다. EA가 높으면 적응력이 높고 유능하게 자신의 목표를 달성할 수 있다.

Exner(1974)에 따르면 심리치료에서 향상된 사람들의 경우 이 비율 역시 높게 변하는 것으로 나타났다. 특히 장기간의 통찰 치료를 받은 사람들에게서 이 비율이 높아지는 것을 알 수 있다.

⑤ EBPer(Experience Pervasive)

M과 WSum C 중 어느 것이 우세하느냐를 결정하는 지표다. 한 유형이 다른 유형보다 2.5 이상 클 경우 한 유형이 분명하다고 볼 수 있다. 적절하게 외향적인 EB유형은 적절하게 내향적인 EB유형과 마찬가지로 적응을 잘하지만, 한쪽이 지나치게 우세하면 문제해결과 적응에 어려움이 초래된다.

⑥ eb[(Experience Base, (FM+m):(Y+T+V+C′)]

비인간 운동 반응은 자아에 완전히 수용될 수 없는 방식으로 대응하는 경향성을 말한다. 이러한 경향성은 통제 능력이 부족하고 혼란스럽다는 것을 의미하며, 외부 요인에 의해 고통스러워하고 있다는 것을 의미한다. eb점수가 양쪽 항 모두 작다면 스트레스나 고통을 별로 경험하지 않고 있음을 의미한다. 반면에 양쪽이 5 이상이라면 수검자가 상당히 고통스럽다는 것을 의미한다.

⑦ es[Experienced Stimulation, (FM+m)+(C′+T+Y+V)]

es에는 비인간 운동 반응과 잉크 반점의 흑백 특성과 관련된 모든 반응이 들어가 있다. 이 지표는 기능상의 어려움을 나타내는 것으로, 그 사람이 스스로 통제력을 잃을 정도의 힘든 상황임을 말해 준다. 따라서 이 점수는 혼란감과 무기력의 정도를 나타낸다.

- 높은 es점수
  - 낮은 좌절 회복력을 보이며 과제를 따라가기가 어렵다.
  - 비조직화되어 있으며 산만하고 무력감을 가질 수 있다.
  - 정신병리 증상을 가진 사람들은 es점수가 EA점수보다 높다

⑧ D점수(EA−es)

D점수는 스트레스를 참을 수 있는 능력을 나타내는 측정치다. 그 사람이 가지고 있는 자원(EA)에 비해 개인의 통제력을 넘어서는 혼란스러운 사건의 양을 나타낸다. 외상후 스트레스장애를 가진 사람은 특히 낮은 D점수를 보인다.

- 낮은 D점수
  - 압도적이고, 너무 많은 부담감과 혼란스러운 느낌을 가지고 있으며, 스트레스를 다루는 데 제한된 심리적 자원을 가지고 있다.
  - 복잡하고 모호한 상황을 다룰 수 없다.
  - 생각, 정서, 행동이 충동적이고 초점이 흐트러져 있을 수 있다.
- 높은 D점수
  - 현재의 스트레스 수준을 적절하게 다룰 수 있다.

⑨ Adj es(Adjusted es)

m과 Y와 같이 현재 스트레스가 되는 자극을 포함하기 때문에 m과 Y를 제외하고 조정한 점수가 조정된 es값이다. 이 점수는 만성적인 스트레스 상황이나 조건을 나타낸다고 볼 수 있다. 따라서 이 점수가 높은 사람들은 만성적으로 과잉 자극에 시달리며, 그로 인해 불면증이나 사고 혼란이 많고, 생각을 조직화하고 정리하는 능력이 현저히 떨어진다.

⑩ Adj D점수(Adjusted D)

D점수는 스트레스를 다룰 수 있는 역량을 말한다. 그런데 es가 상황적인 스트레스를 나타내는 m, Y가 삭제된 점수이므로 조정된 D점수는 상황적인 스트레스가 아니라 일반적으로 스트레스를 조절하고 행동을 통제할 수 있는 전형적인 능력을 측정한다.

- 낮은 Adj D 점수
  - 스트레스 상황을 적절하게 다루는 데 평균 이하의 자원을 가지고 있다.
  - 일상적이고 예측 가능한 상황에서는 잘 기능하지만 새로운 상황을 받아들여야 할 때는 어려움을 보이며, 혼란스럽고 비조직적이며 충동적인 경향을 보인다.
- 높은 Adj D 점수
  - 스트레스 상황을 다루는 능력이 있다. 그러나 반드시 적응적이라는 의미는 아니다. 예를 들어, 반사회적이고 편집성 성격 유형도 스트레스를 다루는 꽤 효과적인 시스템을 가지고 있지만 적응적이지는 않다.

(2) 관념 영역

관념 영역은 내담자가 자신이 지각한 것을 얼마나 의미 있게 조직화할 수 있는지와 관련된 정보를 준다. 일반적으로 사람들은 어느 정도 논리적이고, 조리 있고, 유연하고, 건설적으로 생각할 수 있을 때 가장 잘 적응할 수 있다. 이와 달리 비논리적이고, 융통성이 없고, 너무 환상적이고, 지나치게 집착하는 방식으로 사고하게 되면 심리적 적응이 취약해질 수 있다. M−, M, Level 2 반응 수, WSum6 등이 이에 해당된다.

① 능동: 수동 비율(Active:Passive Ratio, a:p)

융통성 있게 사고하는 능력을 나타낸다. 융통성 있는 사람은 자신의 경험에 대해 대안적인 관점을 생각해 내고 상황에 따라 시각이 유연하게 바뀔 수 있는 능력을 나타낸다. 능동:수동 비율에서 불균형을 보이는 사람은 인지적 비융통성을 보이는 경향이 강하다. Lambda가 높으면 이 비율이 갖는 의미는 더욱 강하고, 낮으면 감소한다.

② M_a: M_p

인간 운동 반응은 새로운 상황을 가장 잘 다룰 수 있는 방법에 대해 알 수 있게 해 준다. 특히 능동적인 운동 반응이 많으면 수동적인 인간 운동 반응보다 건설적인 문제해결 능력이 더 좋다는 것을 의미한다. 수동 운동 반응은 문제 상황에서 도피하거나 환상에 몰두하는 것을 의미한다.

③ 주지화 지표(2AB+Art+Ay)

주로 강박적이고 편집증적인 환자들이 추상적인 반응과 예술 반응을 많이 하며 정서를 분리시켜 거리를 유지하면서 지적인 접근을 사용한다.

높은 주지화 지표를 보이는 사람들은 지적인 관점에서 분석하다 보니 정서를 중립화하며 감정의 영향을 부인하거나 축소한다. 전형적으로 정서를 다루는 데 조심성 있고 비현실적인 측면도 있다. 주지화를 함으로써 감정을 조절할 수 있지만, 너무 심하게 억제하게 되면 감정에 압도당하기 쉬우며 혼란감을 느낄 수 있다.

(3) 정서 영역

이 영역은 정서를 얼마나 잘 조절할 수 있는지와 관련된 정보를 제공해 준다. 로샤에서 정서는 색채를 통해 표현되기 때문에 순수한 C반응, 공백 반응(S), 색채 투사(CP), 양적인 공식들이 있다.

C와 Cn 반응의 합은 정서적 충동에 압도되는 경향성과 정도를 나타낸다. S반응은 반항적이고 부정적인 태도, 분노를 처리하기 어려운 경향성을 나타낸다. 색채 투사는 특수 점수에 포함된 드문 반응으로, 받아들일 수 없는 불쾌한 정서를 긍정적인 정서로 대체하는 경향이 있는 사람들에게서 높게 나타난다. 감정 표현 방식이 자연스럽지 못하고 의도적으로 현실을 회피하고 억지로 유쾌한 기분을 가장하려는 원시적인 방어를 사용하는 특성이 있다.

① FC:CF+C

연령에 맞게 FC, CF, C 반응이 균형을 이루고 있으면 감정을 경험하고 표현하는 방식이 적응적이라는 의미다. FC반응은 정서를 비교적 적절하게 조절하고 유지하는 것과 관련이 있다. CF반응과 C반응은 정서가 잘 조절되지 않고 즉흥적인 것과 관련이 있다. 즉, 감정이 빨리 나타났다가 사라지고 피상적이며 감정의 강도가 강하다.

② Afr(Affect ratio)

로샤의 8~10번 카드는 색채 카드여서 이 카드들에서 반응이 증가할 경우 이 비율이 상승하는데, 정서를 통제하는 능력과 관련이 있다.

- 높은 Afr 점수
  - 감정에 과잉 반응적이다.
  - 정서적인 자극을 더 많이 수용하고, 행동을 지연시키기보다 즉각적으로 반응하는 경향이 있다.
- 낮은 Afr 점수
  - 정서를 제한하는 경향이 있다.
  - Afr 점수가 너무 낮다면 극단적으로 정서를 통제하고 정서 반응을 조절하는 것일 수 있다. 주지화 지표를 확인해야 한다.

③ 복합성 지수(Blends:R)

로샤 반응의 대략 20%는 혼합 반응을 포함하고 있다. 혼합 반응을 하기 위해서는 잉크 자극의 복잡성을 이해하고 분석하고 종합하는 능력이 필요하다. Exner(2003)는 순수한 F반응은 자극의 가장 단순하고 명료한 부분에 주의를 기울여야 한다는 점에서 혼합 반응과는 정확하게 반대가 된다고 하였다. 혼합 반응이 없다는 것은 주의 폭이 협소하고 제한되어 있음을 시사한다. 우울한 사람과 평균 이하의 지능을 가진 사람들에게서는 혼합 반응이 잘 안 나타나는 반면, 극단적으로 높은 혼합 반응(8 이상)은 비정상적으로 심리적 복잡성이 높아져서 정서적으로 과잉 부담 상태에 있음을 나타낸다.

혼합 반응을 자세히 분석해 보면 질적인 측면을 이해할 수 있다. 예를 들어, 색채가 우세한 결정 요인을 담고 있는 혼합 반응은 정서에 쉽게 압도당한다는 것을 나타낸다. 반면에 형태가 우세한 혼합 반응이라면 그 반대의 해석이 가능하다. 색채-음영(C′, Y, T, F, V)이 혼합 반응에 포함되어 있다면 고통스럽고 힘들고 혼란스러운 정서 경험을 하고 있고 우울, 자살 가능성과 관련이 있다. 그러나 색채 음영이 들어가 있는 혼합 반응이 하나 있다고 해서 반드시 자살 지표가 되는 것은 아니다.

(4) 중재 영역

중재 영역은 수검자가 관습적이고 수용할 만한 반응을 하는지 혹은 독특한 반응을 하는지를 나타낸다. 너무 관습적이거나 너무 독특하거나 해서 양극단에 있는 경우 적응의 어려움이 예상된다. 평범 반응과 S-반응 그리고 다음의 5개 비율이 포함된다.

① 관습 형태(X+%)

X+%는 프로토콜에 있는 모든 반응의 형태질을 포함하고 있고 F+%보다 덜 왜곡되

어 있다. 정상 성인은 68%의 X+%를 보이며, 아동은 그보다 더 낮은 수준이다. 극단적으로 높은 비율(90% 이상)은 수검자가 세상을 지나치게 관습적으로 보고 개별성과 독특성을 무시하는 것을 나타낸다. 그들은 유연성이 부족하고 경직되어 있고 지나치게 관습적이다. 평범 반응(P)이 상승하면서 이런 특성이 더 확연해진다. 반면 낮은 비율(70% 이하)은 세상을 다소 독특한 방식으로 보고 있음을 나타내며 정신병리 특징을 보인다. 조현병은 40% 정도의 X+% 비율을 나타낸다.

② 순수한 형태(F+%)

F+%는 X+%와 같은 차원을 측정하지만 순수한 F반응을 포함하고 있는 반응 수만을 나타내기 때문에 보다 제한적이다. X+% 해석과 비슷하지만 보다 조심스럽게 이루어져야 한다. 이 비율은 수검자의 지각적 명료성을 의미하며, 현실에 대해 관습적 측면을 존중하고 유지하는지를 반영한다. Exner에 따르면 조현병 환자들은 정상인(71%)에 비해 42% 비율을 보이고 있어 현실 지각 능력이 결여되어 있음을 나타낸다. 전반적으로 낮은 F+%는 지적인 능력의 결함, 기질적 손상, 조현병을 시사한다.

③ 왜곡된 형태(X−%)

X+%와 달리, X−%는 현실을 왜곡해서 지각하는 정도를 나타낸다. 이 비율이 높으면 심각한 수준의 손상이 있음을 시사한다. 중등도로 높은 비율(20%)은 우울한 환자들에게서 나타나며, 37% 정도의 비율은 조현병의 특징을 보인다(Exner, 1993). 20% 이상의 비율은 현실과 적절한 유대를 맺는 데 어려움이 있으며 정확한 추론 능력에도 결함이 있음을 보여 준다.

④ 공백 왜곡(S−%)

X+%와 F+% 비율이 낮다면 형태질이 마이너스(−)라고 추정할 수 있는데, 이는 잘못된 해석으로 몰고 갈 수 있다. 이 문제를 검토할 수 있는 한 가지 방법은 S−반응의 비율을 살펴보는 것이다. 어떤 종류의 왜곡은 조현병을 의미하기보다, 높은 S−%가 강한 부정주의와 분노감 때문에 나타날 수 있지만 경험적인 연구는 부족하다.

⑤ 드문 형태(Xu%)

Xu% 역시 낮은 X+%, F+%에 근거하여 잘못된 해석을 가져올 수 있다. X+%와 F+% 비율이 낮은 것은 드문 형태(Fu) 반응 비율이 높아서일 수 있다. Fu반응은 드물지만 마이너스(−) 반응처럼 현실을 위반하지 않고 심각한 정신병리를 반영하지는 않는다. 몇 개의 Fu반응이 있다는 것은 그 사람이 자신의 세상을 새로운 방식으로 볼 수 있는 능력이 있는 건강한 지표일 수 있다. 그러나 이 반응이 너무 많다면 그 사람은 비관습적인 지향을 가지고 있고, 환경이 이러한 성향을 버텨 주지 못한다면 다양한 갈등과 문제에 직면할 수 있다는 것을 나타낸다.

(5) 처리 영역

내담자의 관념 및 중재 영역을 이해하는 것 이외에 정보처리의 특성과 효율성을 평가하는 것이 필요하다. 관련된 빈도 자료는 조직화 활동(Zf), 보속증(PSV), 발달질(DQ+), 발달질 v(DQv)와 다음의 세 가지 비율이다.

① 경제성 지표(W:D:Dd)

이 지표는 수검자가 쉽게 지각되는 영역(D 혹은 Dd)을 선택하지 않고 높은 수준의 조직화와 동기(W)를 요구하는 도전적인 반응을 하는 경향성을 비교하고 있다. 대개 정상 및 외래 환자는 1:1.2 혹은 1:1.8 정도의 비율을 보인다(Exner, 1993). 상대적으로 높은 비율의 D반응을 보인다면, 로샤 자극을 처리하는 데 있어서 도전적이지 않고 갈등 상황에서 생산적인 문제해결 방법을 시도하는 능력이 떨어진다고 볼 수 있다. 또한 자극에서 물러서서 모호한 것에 초점을 맞추는 성향을 나타내기도 한다. W반응이 많다면 지각을 조직화하려는 시도가 강한 것을 나타낸다. W비율이 높은데 만약 W와 D 반응의 형태질이 좋지 못하다면 철수적인 성향이 강하고 비현실적으로 완벽주의에 몰두하고 있음을 시사한다. 그러나 W와 D 반응의 형태질이 좋다면 창의적이고 성공적으로 지적 노력을 할 수 있는 능력을 나타낸다. 물론 이런 해석이 직관적으로는 매력적인 느낌을 주기는 한다. 하지만 경험적인 지지가 부족하므로 해석에 주의를 할 필요가 있다.

② 열망 지수(W:M)

W:M 비율은 경험적인 연구가 부족하며, 따라서 조심스럽게 해석할 필요가 있다. W반응은 수검자가 환경을 효율적으로 조직화하고 개념화하려는 열망의 정도를 나타내는 지표다. W반응을 하려면 다른 여러 세부 영역을 포괄해서 하나의 일관성 있는 반응을 형성해야 한다. 그러나 수검자가 실제로 환경 혹은 자극을 통합할 만한 자원을 가지고 있는지 여부는 M에 의존한다. M반응은 수검자가 공상 생활에 관여하는 정도를 나타내지만 외적인 현실에 내적인 자원을 연결시키고 추상적인 사고를 수행하는 능력

또한 나타낸다. W:M 비율은 열망 수준을 나타내는 W, 실제 능력을 나타내는 M의 비율을 대략적으로 비교하는 것이다. 내향형은 외향형이나 양향형에 비해 더 높은 비율의 M을 가지고 있어서 W:M 비율을 고려할 때 상대적인 EB값을 같이 살펴보아야 한다. W쪽의 비율이 내향형 1.5:1, 양향형 2.2:1, 외향형 3:1일 때는 높은 열망 능력을 가졌다고 볼 수 있다(Exner, 1993). 그러나 아동들의 경우 W반응이 더 높지만 목표를 성취하는 데 필요한 실제 노력은 과소평가될 수 있다. 오른쪽 M이 왼쪽보다 낮은 경우 극단적으로 조심스럽고 목표를 성취하는 데 매우 보수적임을 뜻한다. 즉, 성취 동기가 낮고 실패하지 않으려고 조심스러워하다 보니 목표를 정의하는 데 있어서 소극적이고 에너지를 별로 투입하지 않으려 한다.

③ 처리 효율성(Zd)

Zf빈도는 경제성 지표(W:D:Dd)와 열망 지표(W:M) 비율과 함께 수검자가 자신의 지각에 부여하는 동기와 노력에 대한 정보를 주며 그 특성과 정확성에 대한 정보를 주지는 않는다. 반면 처리 효율성 지표인 Zd는 조직화하는 데 필요한 노력과 정보처리의 정확성, 용이성에 대한 정보를 제공해 준다. Zd가 높은 사람은 과잉 포괄적인 스타일을 갖고 있고 지각 처리에 더 많은 노력을 기울이며 더 정확하다. 반면 낮은 점수는 과소포괄적인 스타일을 나타낸다. 정보를 우연적으로, 즉 아무렇게 처리하는 스타일을 가지고 있고 정보의 관련 있는 작은 부분을 무시하는 경향이 있다. Zd가 높은 사람은 보다 광범위하게 정보를 탐색하고, 실수를 덜 하며, 실제적 정보와 관련된 자극 처리 시 추측을 덜 하는 경향이 있다. 반면 과소 통합을 보이는 낮은 Zd 수검자들은 정보 탐색을 덜 하고, 따라서 오류를 더 많이 보이고, 실제적인 정보와 관련하여 추측을 더 많이 한다. 낮은 Zd를 보이는 아동은 과잉 활동 진단을 받기도 한다.

- 높은 Zd(>+3)
  - 강박적이고 완벽주의를 보일 수 있다.
  - 능률적이고 정확하게 정보를 처리할 수 있다는 장점이 있다.
  - 정보처리에 더 많은 노력을 보인다.
  - 자신의 지각 능력을 사용하여 지속적으로 정확성을 확인하며 자신의 지각 능력에 확신이 있다.
- 낮은 Zd(<−3)
  - 무계획적이고 상황과 관련된 모든 측면을 고려하지 않은 채 충동적인 결정을 내

릴 수 있다.

–지각을 조직화하는 활동에 최소한의 노력을 기울인다.

–정보처리 능력이 부족하며 정보를 지각, 통합, 반응하는 데 자신들의 효율성을 신뢰하지 않는다.

(6) 대인 지각 영역

로샤 자료는 수검자의 실제 환경 혹은 그 환경에 처해 있는 다른 사람들에 대한 정보를 주지는 않으나 그로부터 대인관계와 관련이 있는 욕구, 태도, 행동 반응 세트, 대처 양식 등에 대한 정보를 얻을 수 있다. 대인관계 영역은 이러한 영역에 대한 몇 가지 측정치를 제공해 준다. 다른 사람과 협동하는 정도는 협조적인 운동(COP) 반응 수를 통해 알 수 있다. 이와 마찬가지로 공격적인 운동(AG)은 대인관계 공격성 지표이며 높은 수준의 음식(Food) 반응은 의존성을 시사한다. 대인관계 양상을 알 수 있는 추가적인 지표는 순수 H 반응, 보속증(PER) 반응, 좋은 혹은 나쁜 인간 표상(GHR:PHR), T반응, 수동:공격 반응 등이 있다. 아래에 나온 공식은 수검자가 사람에 대해 관심을 가지고 있는지 혹은 고립되어 있는지를 나타낸다.

① H:Hd+(H)+(Hd)

H반응이 적어도 3개 이상은 평균에 속하며 대인관계에 대한 흥미가 적절히 있다는 것을 의미한다. H반응보다 높은 Hd+(H)+(Hd)는 부적응적인 대인관계 패턴을 나타낸다. 적절한 직업과 사회적 지위를 유지하고 있는 사람들과의 관계에서 거북함을 느끼며, 다른 사람을 지각하는 능력을 제한함으로써 대인관계에서 느끼는 위협감이나 부적절감을 최소화하려고 시도한다.

② 소외지표

인간을 제외한 다섯 가지 반응(식물, 구름, 지리, 전경, 자연)의 빈도에 근거한 고립지표는 대인관계에 대한 흥미 결여, 최소한의 사회적 상호작용, 신뢰할 수 있는 사람이 부족하다는 것과 관련이 있다. 알코올 중독 환자들의 경우 이 지표가 높게 나타난다.

③ T반응

T반응이 없다는 것은 전형적으로 다른 사람과 친밀한 애착 관계를 형성할 수 있는 능력이 부족하다는 것을 의미한다. 하지만 이 반응이 적다고 해서 반드시 대인관계를

회피하는 것은 아니다. 지각적으로 미성숙해서 혹은 민감하지 못해서 반점의 회색이나 음영을 무시했을 수도 있으므로 해석에 주의가 필요하다. T>1인 사람은 실제로 많은 친밀한 관계를 형성했더라도 충분한 만족감과 친근감을 경험하지 못해서 만성적으로 애정 욕구가 많은 사람일 수 있다.

(7) 자기지각 영역

자기지각 영역은 내담자 스스로 자신의 장점과 단점에 관련된 정보를 제공해 준다. 여기에는 Fr+rF, FD, 병적인 내용, 해부/엑스레이 반응, V반응의 빈도가 들어간다. H:(H)+Hd+(Hd) 비율은 인간 반응 중에서 순수한 반응과 신화적인 가공의 인물 반응 양을 비교하는 것이다. 이 비율은 대인관계 측면을 나타내기도 하지만 개인이 자기지각의 기초를 사람들과의 실제적인 접촉 혹은 가공의 상호작용에 두고 있는지를 나타내 준다. 대략 비환자 성인 및 청소년에서는 순수 인간 반응과 (H)+Hd+(Hd) 비율이 3:2 정도가 된다. 조현병 환자들은 대략 1.5:2의 비율을 보이는데(Exner, 1993), 이는 조현병 환자들이 자신과 타인에 대해 비현실적인 지각을 가지고 있다는 것을 드러낸다. 자아중심성지표(EI)는 수검자가 자기 가치감을 가지고 있는지 여부를 나타내며 자기에게 몰두하고 있는 정도를 의미한다.

- 높은 EI
  - 과도한 자기 가치감을 가지고 있다.
  - 중간 정도의 상승(.40~.45)은 긍정적인 자존감과 관련된 자기 초점, 자기 관심을 나타낸다.
- 낮은 EI
  - 자기 가치감에 대해 부정적이며, 자기 이미지와 갈등하고 있으며, 정서적 불안정과 역기능적 행동을 보일 수 있다.

11. 로샤검사에 대한 정신분석적 접근

Exner 종합 체계의 특징은 다음과 같다. 첫째, 경험적인 근거를 바탕으로 기존의 로샤 방식에서 실증적인 검증을 거친 채점 방식이나 해석 방식을 도입하여 어떤 체계보다 과학적인 입장을 취하고 있다. 둘째, 명백한 채점 방식을 명료화함으로써 채점자 간 신뢰도를 높이고 쉽게 배울 수 있다. 셋째, 반응 해석은 광범위한 연구 자료를 기초로 하고 있기 때문에 해석의 타당성이 높다. 하지만 한계점은 철저하게 통계적인 검증을 거친 방식만을 채택함으로써 로샤검사 반응의 내용 분석을 위축시키고, 통계적인 증거는 불충분하지만 임상적인 경험을 바탕으로 할 때 계속 검토할 가치가 있는 잠정적인 해석을 억제한다는 것이다.

Exner 종합 체계가 매우 과학적이고 실증적인 양적 방법을 따르고 있지만, 로샤검사는 질적인 분석이 보완될 필요가 있다. 이런 질적인 분석 방법은 경험적(experiential) 방법이라고 불린다. 이는 환자의 주관적 경험을 이해하고 공감하는 것을 기본으로 하며 정신분석적 접근을 로샤검사에 적용한 해석법이다.

정신분석 이론은 계속 진화하고 끊임없이 변화하고 있다. 초기에는 본능과 추동을 강조하다가 뒤이어 자아 기능과 구조를 연구하는 입장으로, 그다음에는 초기 모자 관계와 대인관계의 질을 탐구하는 대상 관계 이론 등으로 확장되고 있다.

로샤검사에 정신분석 이론을 적용할 때는 하위 모델에 따라 해석이 조금씩 달라질 수 있다. 예를 들어, 환자가 1번 카드에서 "날개가 꺾이고 구멍이 뚫려 날 수 없는 상처 입은 나비."라고 표현했다고 하자. 자기심리학적 관점에서는 '상처 입은 나비'에 초점을 맞추어 자기개념이 '손상받고 상처 입고 못 쓰게 된' 것으로 경험하는 초기 자기애적인 상처를 추론해 볼 수 있다. 대상 관계 관점에서는 '날 수 없는'에 초점을 두고 '분리와 개별화의 어려움'으로 해석할 수 있다. 추동 이론에서는 '손상받고 상처 입은'을 공격성이 자기로 향한 신호로 볼 것이다. 그리고 구조 이론을 선호하는 평가자는 내용의 원시성에 초점을 둘 것이다. 이 네 가지 해석은 서로 양립 가능하지만 각각 강조하는 바가 다르고 핵심 역동을 개념화하는 방식에서도 차이가 있다.

1) 로샤 반응 내용에 대한 정신분석적 접근

로샤검사 분석에서 가장 오용되고 과소평가되어 온 영역이 바로 내용이다. 오랫동안 로샤 해석은 내용 해석을 의미했고 훈련을 제대로 받지 못한 평가자가 환자의 반응에 자신의 연상을 가미해서 주관적인 인상을 마치 사실인 것처럼 하였다. 그 결과, 로샤검사의 신뢰도와 타당도에 의문이 제기되고 과학적인 증거가 부족하다는 인상이 심어졌다.

이와 같은 점 때문에 많은 임상심리학자는 로샤 반응의 내용을 평가하기보다는 형식적 점수를 평가하는 것이 보다 과학적이라고 보고 내용 분석을 과소평가하는 경향이 있다. 반응 내용만 강조하는 접근법 또는 채점 가능한 양적 접근으로 로샤검사를 해석하는 것의 어느 한 가지만 강조한다면 로샤검사를 해석할 때의 풍부한 해석거리를 놓칠 수 있다. 정신분석이 비판을 받는 것과 비슷한 이유로 로샤의 내용 분석에 대해 비판을 하는 임상가들도 있지만, 임상 경력이 많은 임상가일수록 로샤의 내용 역시 풍부한 자료 원천이 된다는 것을 부인할 수 없다. 물론 내용 범주란 반응과 그 제공자로부터 한 발짝 떨어진 추상 작용이기 때문에 그 유용성에 한계가 있을 수밖에 없다.

심리측정 작업을 하는 데 있어서 내용을 배제하는 것은 풍부하고 귀중한 정보 원천을 무시하는 것과 다름없다. 로샤검사에 대해 좀 더 구조적 접근을 취하는 것이 장점이 있기는 하지만, 경험적인 관점에서 로샤 내용을 평가하는 것도 중요하다고 생각한다.

경험적 관점의 근거에 대해 Mayman(1977)은 다음과 같이 말하고 있다.

> 형태가 없고 이상하고 심지어 이질적인 형태들과 여러 가지 인상으로 이루어진 자극장에 몰두하라는 지시를 받게 되면, 수검자는 형태가 없는 것을 명확한 현실 세계를 상기시켜 줄 수 있는 어떤 것으로 대체하기 위해 수정 과정(reparative process)에 돌입하게 될 것이다. 수검자는 자신을 둘러싼 현상학적 세계를 구조화하도록 배워 온 타고난 기대에 가장 자연스럽게 부합할 수 있는 사람, 동물, 대상을 가지고 자신의 세계를 아는 대로 회상하고 재포착하고 재구성하려고 할 것이다.

Lerner(1998)는 로샤검사의 경험적 차원에 대해 이야기하면서 내용은 의미 있는 경험적 주제를 표현하는 수단이며, 잠정적으로 풍부한 자료 원천이 된다는 점을 강조하였다. 특히 이주 미국인을 대상으로 로샤검사를 실시하면서 그들이 매우 다른 성격 구조를 나타내고 있음에도 불구하고 잉크 반점에서 친숙함을 주는 이미지와 지각을 만들어 내고자 하는 강한 욕구를 드러낸다는 사실을 발견하였다. 예컨대, "예전에 살던 고향에서 봤던 그 화산 같아요. 용암이 분출하는 것 같네요." 등과 같이 정교화되고 윤색된 반응에서 개인적으로 의미 있고 중요한 어떤 것이 작용하고 있고 그러한 것이 내용으로 표현되고 있다는 것이다.

로샤 내용을 수검자에 대한 정보의 기본적 원천이나 추론을 위한 근거로 삼으면서도 평가자의 주관적 인상에 의한 검사의 오남용을 피하려면 내용 분석 시 신중하고 체계적인 방식으로 접근해야 한다. 내용 자료에서 신뢰도와 타당도 문제를 등한시해서도 안 되겠지만, 그럼에도 이러한 문제 때문에 풍부한 임상적 자료를 배제하거나 최소화할 필요는 없다고 본다.

Mayman은 타당한 정보의 원천이 되기 위해서는 공감적 직관을 중요하게 여기고 이론적으로 견고해야 함을 주장하였는데, 자료의 풍부한 내용을 충분히 이해하되 임상적 상황에 맞게 타당도의 일반적인 원리를 결합시킴으로써 내용에 보다 체계적으로 접근해야 한다고 설명하였다.

특히 인간 운동 반응을 평가하기 위해 내용을 포함한 다섯 가지 차원으로 구성된 개념적 구조를 제안하였다. 그중 세 가지, 즉 대상 표상(object representation), 운동 감각과 자아 경험의 관계, 공상의 기여는 비운동 반응의 내용으로도 확장될 수 있다.

Lerner가 제안한 다음의 네 가지 지침은 내용 분석에서 이끌어 낸 추론을 포함하여 추론을 검증하는 데 적용되는 타당화의 규칙이다.

2) 내용 분석의 일반적 지침

- 내용을 완전하게 분석하기 위해서는 반응 하나씩 프로토콜을 체계적으로 면밀하게 검토해야 한다. 내용을 사용할 때는 단지 적당한 반응뿐만 아니라 수검자가 말한 전체 언어적인 표현이 기본 자료가 되어야 한다. 따라서 내용 분석을 하려면 가능한 한 완전하게 쓰인 축어록을 바탕으로 해야 한다.
- 내용 분석에서 특히 유용한 자료는 반점 고유의 특징보다는 반응에 덧붙여진 정교화와 세부적 설명들이다. 이렇게 윤색된 반응들은 잠재적으로 그 의미가 풍부하다. Exner의 채점 방식에서 '드문(unusual) 반응'이라든지 '마이너스(minus) 반응'과 같은 비관습적인 반응, 자극장의 특성을 넘어서서 윤색된 관습적 응답에서도 어떤 개인적 속성이 명백히 드러난다.
- 내용 분석을 위해서는 보다 전통적인 구조적 접근법을 확대하기 위한 보완적 · 해석적 접근이 필요하다. 이러한 접근법은 평가자의 공감에 기초하고, 더 주관적이고, 현상학적이라는 것을 강조하기 위해 '경험적' 접근법이라고 부른다.
- 내용 분석 시 염두에 두어야 할 구성 개념은 '내적 대상 관계'다. 정신분석 이론가들은 내재화된 대상 관계 그리고 자기와 외부 세계의 대상 간의 관계들을 구분할 것을 강조하고 있다. 내적 대상 관계란 과거에 외부 세계에 존재했던 관계에 대한 내적 표상을 일컫는다. 내적 대상 관계가 초기 대상 관계의 내재화에서 파생되고, 그다음에 내적 대상 관계는 현재 대상 관계에 영향을 미친다. 내적 대상 관계에는 세 가지 구성 요소, 즉 자기 표상, 대상 표상, 이 둘 간의 상호작용에 대한 표상이 있다.

3) 내용 분석과 대상 표상

대상 표상이란 자신 및 타인에 대해 지속적으로 내재화된 이미지를 말한다. 이러한 이미지에 따라 현상학적 세계가 구조화되고 타인에 대한 지속적인 경험이 동화된다. 로샤 내용은 현재몽이나 기억들과 마찬가지로 무의식적 의미가 보다 깊고 심오한 수준에서 숨어 있고 암시되어 있다. 로샤 내용은 자아 기능의 수준, 대상 관계 능력, 대인관계 갈등의 본질 등을 반영한다.

> 로샤와 같이 비구조화된 조건하에서 한 개인에게 가장 쉽게 떠오르는 대상 표상은 대상에 대한 그의 내적 세계 혹은 내적 대상과 맺고 있는 관계의 성질에 관하여 많은 것을 말해 준다. 로샤 반응에 나타난 이미지의 심리성적 수준이나 인간다움의 정도, 타인을 묘사하는 데 갈등이나 분노가 스며들어 있는 정도와 분리 및 상실에 대한 개인의 취약성 정도를 알 수 있다.

(1) 일차 과정의 표현

로샤의 운동 반응에는 수검자의 공상이 들어가 있다. 운동 반응만이 공상에 기초하고 있는 것은 아니며, 특정 형태 반응 역시 운동 반응과 마찬가지로 풍부하고, 생생하며, 주목을 끌 만하고, 생동감이 있다. 이러한 반응들의 공통적인 특성은 정서적이고 연상적인 정교화를 통해 지각 대상을 윤색하고 있다는 것이다.

윤색된 반응은 수검자가 로샤검사에서 단순히 요구되는 것 이상을 넘어서서 반응하려고 하는 태도와 관심을 나타낸다. 종종 수검자에게 역동적으로 중요한 어떤 것들이 윤색된 반응과 첨가된 세부 설명에서 표현되기도 한다. 예를 들어, 5번 카드에서 "흡혈박쥐가 날개를 활짝 펴고 내려가면서 먹이를 잡아먹고 있다."라고 반응하는 것은 수검자의 성격에 대해 중요한 것을 암시해 준다.

크기(예: 큰, 거대한, 아주 작은)를 언급하는 것은 수검자 자신의 중요성과 힘에 대한 생각을 나타내고, 공격적인 내용은 상처를 입히고 싶은 욕망이나 상처에 대한 두려움을 그리고 견고함과 약함에 대한 언급은 수검자의 자아 통합감을 시사하는 것으로 해석할 수 있다.

반응을 윤색하는 경향성은 또한 다른 유형의 경험에 대한 개방성, 엄격히 통제된 현실 원칙에서 벗어나는 능력, 즉 Freud가 말한 '일차 과정 사고'에 자유롭게 빠져드는 것을 표현하다. Holt(1978)는 이러한 일차 과정 사고를 측정하기 위해 리비도적 소망을 내포하고 있는 추동을 반영하는 반응과 공격적인 목적을 지닌 추동을 반영하는 반응으로 구분하였다. 리비도적-공격적 범주는 일차 과정의 양극에 가까운 정도를 나타내는 두 가지 수준이다. 수준 1은 원초적이고 명백히 추동 지배적이며, 사회적으로 수용 불가능하고, 추동 관련 기관에 초점이 맞춰진 반응이다. 수준 2는 사회적으로 수용 가능한 내용을 반영하는 반응이다. 수준 1의 리비도적 반응에는 입, 가슴과 같은 구강 의존적인 반응, 이빨, 깨물기 등의 구강 공격적인 반응, 성 기관이나 성교 등의 성적인 반응이 포함된다. 수준 1의 공격적 내용에는 가학적 공상, 사람 또는 동물의 희생, 극단적 무력감, 절망적이거나 대재앙을 암시하는 반응 등이 포함된다.

(2) 운동 감각과 자기 경험

운동 감각 혹은 반응의 행동 요소는 자신과 대상 관계에 대한 주관적인 느낌을 포함하여 극히 중요한 자기 경험에 대한 단서를 주고 있다. 예컨대, '산산조각이 난' '매달린' '찢겨진' '너덜너덜하게 뜯긴' '뜯어먹고 있는' '조각난' '피터지게 싸우고 있는' 등은 고도의 내적 긴장, 고통스러움, 몹시 괴로운 불편감과 같은 감정 상태를 나타내며, 분열되고 찢겨지고 조각난 것으로 경험되는 주관적인 자기개념을 나타낸다. 한편 '꼭 붙어 있는' '매달린' '샴쌍둥이가 붙어 있는' 등은 구강기 관계 양식, 즉 의존성, 매달림(clinging), 공생(symbiosis)의 문제와 관련된 반응이다. 인간 반응은 개인이 타인과 공감적 교류를 맺을 수 있는 능력에 대한 '중요한 개인적 의미'를 이해할 수 있는 수단이다.

(3) 대상 표상

상호작용의 특징, 예컨대 적대적인지, 경쟁적인지, 도움을 주는 관계인지를 살펴보면 수검자의 자기 표상과 대상 표상에 속하는 특징을 구별할 수 있다.

3번 카드에서 수검자가 "외계에서 온 새 머리 형상을 한 남자 괴물한테 얻어맞고 있는 불쌍한 여자."라고 했다면 여기에서 상호작용은 가학-피학적이라고 볼 수 있다. 만일 이 반응에서 수검자의 자기 표상이 여성이라면 개인의 자기지각은 취약하고 학대받고 상처받는 사람이며, 반면에 자기를 '남자 괴물'로 보았다면 수검자는 자신을 사람들과 동떨어지고 해롭고 괴물 같은 존재로 보고 타인은 약하고 무력하고 취약한 희생자로 보고 있는 것이다.

대상 표상과 자기 표상을 구분해 주는 것에는 다음과 같은 것들이 있다. 로샤에서 나타나는 상호작용은 서로 도와주고, 공격하고, 뭔가를 운반하는 행동 등이 있다. 따라서 인물 중 1명은 구원자, 공격자, 운반하는 사람으로 지각되며, 나머지는 도움받고, 공격당하고, 운반되는 것으로 지각된다. 즉, 이러한 상호작용과 다른 상호작용을 구분해 주는 것은 수동–능동 차원이다. 수검자가 자신의 역할을 수동적으로 혹은 능동적으로 보는지 평가하려면 다른 검사 반응 및 평가자와의 상호작용 성질을 포함한 그의 전체 행동을 통해 추론해 볼 수 있다.

예를 들면, 위의 예에서 수검자는 자신을 '무능력하고' '불쌍하게' 느낀다는 것을 다양한 방식으로 평가자에게 전달할 수 있다. 환자의 말을 통해 평가자는 환자가 자신을 무기력한 희생자로 표현하고 평가자를 강력한 공격자 역할로 규정하고 있다는 것을 인식하고, 로샤 반응에서 '여자'는 자기 표상으로, '남자 괴물'은 타인 표상으로 생각할 수 있다. 수도 생활을 하고 있는 40대 여성은 1번 카드에서 "자유롭게 날고 싶은 나비, 하지만 날개가 꺾여 있어요."라고 하였고, 이어서 4번 카드에서는 "움직일 수 없는 무거운 강철 장화."라고 표현하였다. 그리고 스스로 이 반응에 대해 자신이 속해 있는 공동체의 위계 질서가 너무 뚜렷하고 "자유로움을 갈구하지만 날개 짓을 할 수 없도록 높은 담처럼 느껴져 거부감이 들고 윗사람들에게 다가서기 어렵다."라고 표현하였다. 여기서 자유롭게 날고 싶은 나비는 자기 표상, 거부감을 느끼게 하고 다가서기 어려운 존재는 권위적인 타인 표상이라고 추론해 볼 수 있다.

12. 양적 접근과 질적 접근의 통합

Exner 방식으로 학부나 대학원에서 로샤검사를 가르쳐 보면 대부분의 학생이 우선 '어렵다'는 생각을 많이 하는 것을 본다. 특히 학부생들에게 Exner 방식으로 수업을 진행해 보면 이 검사가 너무 복잡하고 어렵다고 생각되어 로샤검사에 대해 막연히 가지고 있던 호기심과 관심이 급격히 떨어지는 것을 경험하기도 한다. 거의 무의미 철자에 가까운 부호들과 수치들을 접하다 보면 당혹스럽고 이 검사를 계속 배워야 할지 의문이 생긴다고 말하는 학생들도 있다. 그래서 필자의 경험으로는 학부생들에게는 Exner 방식으로 수업을 진행하기보다는 오히려 내용 위주의 분석을 통해서 로샤검사에 대한 흥미와 관심을 유도하는 것이 더 바람직하다고 생각한다. 대학원 과정에서 특히 임상을 전공하려는 학생들에게는 Exner 체계가 하나의 관문처럼 통과해야 하는 도전적인 과제인 것만은 분명하다. Exner도 내용 분석이 중요하다는 것을 강조하긴 했지만 종합체계는 구조적 · 양적 분석에 치중하고 있으므로, 구조적 분석과 더불어 정신분석적 접근에 의한 내용 분석을 통합한다면 로샤 프로토콜에 대해 좀 더 풍부한 자료를 얻을 수 있을 것으로 생각된다.

다음은 Exner 체계와 Lerner의 정신분석적 체계를 모두 접한 어느 대학원생이 로샤 검사에 대한 소감을 쓴 글이다.

로샤를 접하면서 이건 마치 인생 다큐 같다는 생각이 들었다. 정답이 없는 우연한 잉크 반점 앞에서 인간의 태도와 생각 그리고 잠재적인 성향을 가늠하는 작업이라는 생각이 든다. 알 수도 없고 정답도 없는 인생을 어떻게 바라보느냐에 따라 한 사람의 삶이 결정되듯이, 로샤는 우리에게 "너는 이 존재들을 어떻게 보았느냐?"라고 자못 선문답 같은 질문을 던지고 있다. 평가자는 6mm 카메라를 든 채 주인공에게 사후 질문을 툭 던지고서는 주인공이 어떤 대답을 하는지 클로즈업한다.

"왜 그렇게 보셨나요?"

"어떤 점에서 그런 거죠?"

평범한 대답이 나올 수도 있고, 형태 반응이 나올 수도 있고, 색깔 반응이 나올 수도 있고, 내용에 따른 반응이 나올 수도 있다. 모든 반응이 해석의 가치가 있는 의미 있는 반응이다. 로샤는 답이 없다. 수검자에게는 주체가 되어 스스로 형성해 나가는 반응이 정답이다. 인생도 답이 없다. 자신이 주체가 되어 스스로 만들어 살아 나가는 것이 그의 인생에 정답인 것처럼. 따라서 지금의 내 사고방식, 내 행동, 내 반응이 새삼 의미 있고 가치 있게 느껴졌던 흥미로운 로샤 강의였다.

양적 통계를 강조했던 Exner와는 아주 많이 다르게 느껴지는 질적 평가로서의 Lerner 방식은 역시나 그 깊이에 있어 몽환적인 안나푸르나와 같았다. 그중에 가장 인상 깊었던 부분은 정신분석과 통합된 자기 표상 이론이다. 한 개인의 경험적 상황과 밀접한 관련을 지으면서, 때로는 Rogers가 말했던 가치 조건화와 같은 거짓 자기(false self)와 부모 역할에 있어서의 미러링 등이 여운이 남는다. 나는 얼마나 내 본연의 모습으로 살아왔던가!

시간이 갈수록 희박해지긴 하지만, 그동안 가졌던 알 수 없는 불만을 이번 로샤 강의로 더욱더 초연하게 바라볼 수 있을 것 같아 마음이 한결 가볍다. 개인적 상황으로 말미암아 실패감과 자괴감과 심한 피해의식에 사로잡혔던 적이 있다. 심리적인 스트레스가 심한 상황에서 매일 이상한 꿈들을 꾸곤 했는데, 그 꿈의 장면들이 마치 로샤가 보여 주는 카드와 같았던 것 같다. 날개가 꺾였거나, 뛰지 못하거나, 시험 당일 날 답을 하나도 못 쓰거나, 옷을 털면 벌레들이 기어 나오거나, 불이 활활 타지 못하고 고약한 그을음만 내거나 하는……. 이 모든 게 손상받고 상처 입은 자기 표상이고, 공격성이 무력해지고 약해진 내 경험적인 표상이라고 생각하니 이제야 명쾌해지면서도 다시금 서글퍼지기도 한다. 그때는 내가 나비인 건지, 나비가 나인 건지 구분할 수 없을 만큼 그저 덧없는 느낌뿐이었고, 기분 나쁜 꿈의 단면들을 부정했으나 로샤의 컬러 잉크만큼이나 복잡하고 묘하게 뚜렷하기만 했는데…….

수증기 가득히 뿌연 거울을 한 손으로 훔쳐내 내 모습을 바라본 느낌이랄까 정신분석이 로샤를 만나니 뭔가가 분명해져 오는 느낌이다. 이것이 바로 정신분석가들이 말한 조직화요, 통합인가 보다. 로샤 강의가 비로소 나의 호접몽을 깨워 준다…….

로샤검사는 중요한 임상 심리검사 중의 하나지만 채점과 해석의 복잡성으로 인해 쉽게 다가가기 어려운 검사다. 그래서 로샤검사는 중요한 전환점을 맞고 있다. 현재 논의되고 있는 주요 방향은 다음과 같다.

- 상대적인 타당도, 채점자 간 일치도와 임상적 유용성에 따라 채점 범주를 제거하거나 취합하기
- 축약본을 개발하기
- 컴퓨터로 실시하고 채점하기
- 범주의 재개념화
- 지능검사처럼 오차 범위를 포함시키기
- 사용자가 편리하게 사용할 수 있는 프로파일 개발

특히 컴퓨터 시대에 맞게 로샤검사를 전산화 버전으로 개발하는 것도 필요하다. 많은 학생은 구조적 요약의 수량적 접근에 압도당할 수 있다. 따라서 사용자가 편하게 이용할 수 있도록 채점 체계를 더 간소화하고 대신 타당도를 높게 하는 작업은 지속되어야 할 것이다. 이 밖에도 실증적이고 양적인 접근과 내용 위주의 질적인 접근을 통합하는 노력이 필요하다. 일반적으로 종합 체계는 성격의 형식적 · 구조적 측면을 평가하기 위해 적용되었고, 정신분석적 접근은 역동적 특징을 평가하기 위하여 로샤 반응의 내용에 적용되었다. Exner의 종합 체계를 정신분석적 방법과 통합하는 것, 정신분석적 하위 모델을 특정 종합 체계의 점수에 적용하는 것 등이 그러한 노력의 일환이라고 볼 수 있다.

TIP 체스(CHESSSS) 프로그램

체스 프로그램(http://www.chessss.org/)은 Exner 방식으로 채점한 기호를 입력하여 구조적 요약표나 특수 지표 등을 손쉽게 얻을 수 있는 엑셀 기반의 무료 소프트웨어다. Petrick Fontan 등이 2013년 개발한 프로그램으로 구조적 요약표를 제시할 뿐만 아니라 각 영역별 유의미한 지수의 의미를 키워드로 제공하여 매번 책을 찾아보지 않아도 해석하기가 비교적 쉽게 되어 있다.

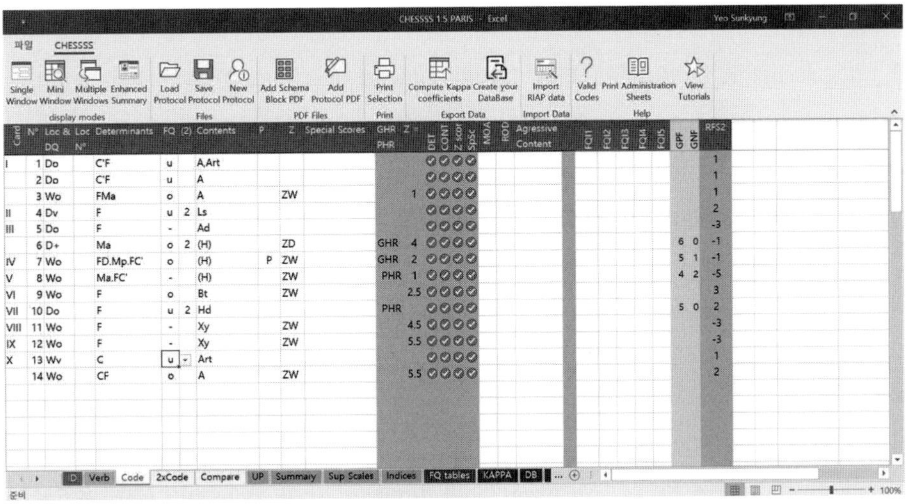

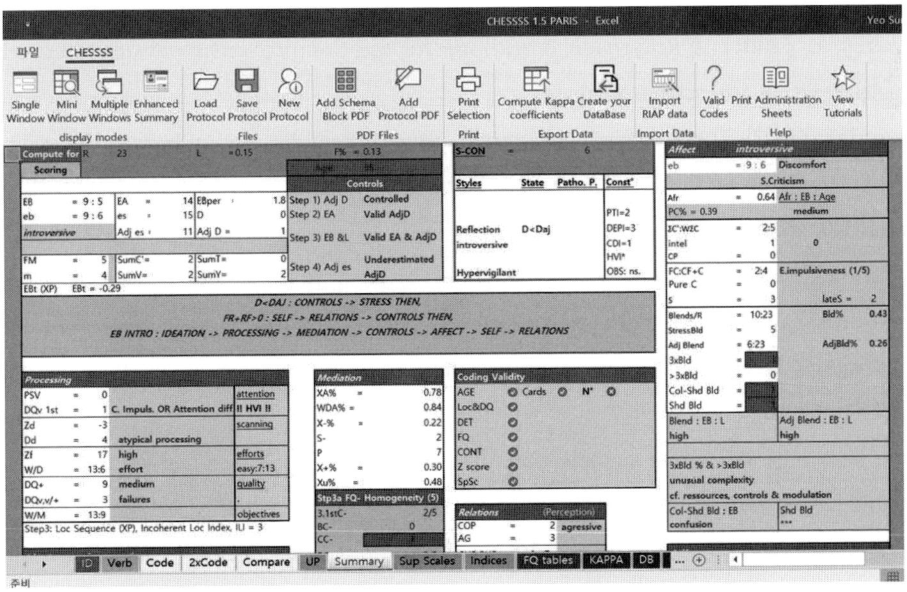

참고문헌

신민섭, 김지영, 김은정(2009). **아동 청소년 로샤의 이론과 실제**. 서울: 학지사.

Acklin, M. W., & Bernat, E. (1987). Depression, alexithymia, and pain prone disorder: A rorschach study. *Journal of Personality Assessment, 51,* 462–479.

Acklin, M. W., McDowell, C. J., Verschell, M. S., & Chan, D. (2000). Interobserver agreement, intraobserver reliability, and the Rorschach Comprehensive System. *Journal of Personality Assessment, 74,* 15–47.

Bell, J. D., Archer, R. P., & Imhof, E. A. (1994). Time requirements of psychological testing: A survey of practitioners. *Journal of Personality Assessment, 63,* 239–249.

Exner, J. E. (1969). *The Rorschach Systems.* New York: Grune & Stratton.

Exner, J. E. (1974). *The Rorschach Comprehensive System. Volume 1: Basic Foundations.* New York: Wiley.

Exner, J. E. (1991). *The Rorschach Comprehensive System. Volume 2: Current Research and Advanced Interpretations.* New York: Wiley.

Exner, J. E. (1993). *The Rorschach Comprehensive System. Volume 1: Basic Foundations* (3rd ed.). New York: Wiley.

Exner, J. E. (2000). *A Primer for Rorschach Interpretation.* Asheville, NC: Rorschach Workshops.

Exner, J. E. (2001). *A Rorschach Workbook for the Comprehensive System* (5th ed.). Asheville, NC: Rorschach Workshops.

Exner, J. E. (2002). *The Rorschach: A Comprehensive System, Basic Foundation and Principles of Interpretation, Volume 1* (4th ed.). Hoboken, NJ: John Wiley & Sons, Inc. 윤화영 역 (2011). **로르샤하 종합체계**. 서울: 학지사.

Fontan, P., Andronikof, A., Nicodemo, D., Nyssani, L. A., Guilheri, J., Hansen, K. G., Kumasaka, S., & Nakamura, N. (2013). CHESSSS: A free software solution to score and compute the Rorschach comprehensive system and supplementary scales. *Rorschachiana, 34*(1), 56–82.

Garb, H. N. (1999). Call for a moratorium on the use of the Rorschach inkblot test in clinical and forensic setting. *Assessment, 13,* 313–317.

Groth-Mamat, G. (2009). *Handbook of Psychological Assessment* (pp. 385–446). New York: Wiley.

Holt, R. R. (1978). *Methods in Clinical Psychology (Vol. I): Projective Assessment.* New York: Plenum Press.

Lerner, P. M. (1998). *Psychoanalytic Perspectives on the Rorschach.* Hilsdale, NJ: The Analytic Press, Inc. 이우경, 이원혜 공역(2003). **로샤검사에 대한 정신분석적 접근**. 서울: 학지사.

Meyer, G. J., Mihura, J., & Smith, B. (2005). The interclinician reliability of Rorschach interpretation in four data sets. *Journal of Personality Assessment, 84,* 296-314.

Mihura, J. (2008). *A Review of the Validity Research on the Rorschach Comprehensive System Variables.* Workshop presented at the Society for Personality Assessment conference, New Orleans, LA.

Parker, K. C. H. (1983). A meta-analysis of the reliability and validity of the Rorschach. *Journal of Personality Assessment, 47,* 227-231.

Weiner, I. B. (1996). Some observations on the validity of the Rorschach inkblot method. *Psychological Assessment, 8,* 206-213.

Weiner, I. B. (2003). *Principles of Rorschach Interpertation* (2nd ed.). Mahwah, NJ: Lawrence Erlbaum Sooociation, Inc. 김영환, 김지혜, 홍상황 공역(2010). **로르샤하 해석의 원리**. 서울: 학지사.

제7장

주제통각검사(TAT)

주제 통각 검사(Thematic Apperception Test: TAT)는 많이 쓰이는 투사 심리검사의 일종으로 일련의 그림 자극으로 이루어져 있다. TAT에 대한 이론적 근거를 제시하였던 Murray는 TAT에 대해 "수검자가 의식적으로 잘 인식하지 못하는 욕구, 정서, 기분, 콤플렉스, 성격 갈등의 일부를 드러내는 방법이며, 무의식에 가려 있어 인정하고 싶지 않거나 인정하기 어려운 억제된 경향성을 표현한다."라고 보았다. TAT는 애매한 자극으로 이루어진 로샤검사와는 달리 자극이 비교적 구조화되어 있고 복잡한 언어적 반응과 표현을 요한다. 또한 양적·구조적 접근을 하고 있는 로샤검사와 달리 TAT는 프로토콜을 해석할 때 주로 질적인 방법을 적용하고 있다. TAT는 수검자가 가지고 있는 성격의 기본 구조를 잘 드러낼 뿐만 아니라 수검자의 생활 상황 중 '지금-여기'를 잘 포착한다고 알려져 있다. TAT 자극 상황에서 수검자는 TAT 그림에 묘사된 상황이나 사건을 보고 이야기를 구성하도록 지시를 받는다. TAT는 매우 풍부하면서도 복잡한 정보를 제공해 줄 뿐만 아니라 수검자의 의식적 저항을 넘어서서 개인의 독특한 자료를 제공해 주기 때문에 다른 심리검사 자료를 보완하는 검사 방법으로 널리 사용되고 있다.

1. TAT의 역사와 발전

TAT는 1935년에 Morgan과 Murray에 의해 처음으로 개념화되었고 1943년에 정교화 작업이 이루어졌다. TAT는 2개의 회기로 구성되어 있고 총 2시간가량이 소요되며 모두 20종의 카드로 이루어져 있다. TAT에서는 모호한 사진을 보고 수검자가 꾸며내는 이야기 주제를 해석함으로써 수검자가 가지고 있는 무의식적인 주제와 공상을 파악할 수 있다. 평가자는 잠정적으로 수검자가 말하고 싶어 하지 않거나 무의식 속에 억제되어 있는 자료에 접근할 수 있게 된다. 검사가 개발되었던 초기에 TAT는 신체 엑스레이 사진과 비슷한 표현으로 '성격 엑스레이'로 불렸고, 수검자 고유의 핵심 주제가 드러날 수 있다고 판단되어 많은 관심을 받고 임상 분야에서 널리 사용되었다. 초기 TAT 연구는 사회 태도, 비행, 비정상 성격 등에 집중하였고, 1950년대에는 TAT 관련 논문이 약 100편 이상 발간되었다.

이처럼 TAT와 관련된 연구 및 임상 관심이 지속되어 오긴 했으나 MMPI나 웩슬러 지능검사만큼 표준화 작업과 실증적 연구가 이루어지지는 못했다. 그 결과로 오늘날 분명하게 검증된 TAT 채점 체계나 해석 체계가 마땅히 없는 실정이다 보니 다른 객관적 검사들에 비해 신뢰도와 타당도가 떨어진다는 평가를 받고 있다. 평가자에 따라 사용하는 TAT 카드 수, 절차와 시행 방식 등이 모두 다르기는 하지만 TAT는 여전히 인기 있는 검사 중의 하나이며, 미국에서는 임상심리학자가 사용하는 심리검사 중에서 여섯 번째, 투사 검사 중에서는 두 번째로 많이 사용되고 있다(Groth-Marnat, 2009). 특히 미국에서는 심리학자의 63%가 청소년을 대상으로 사용하고 있고, 유럽, 인도, 남아프리카, 중국, 남아메리카, 아시아, 러시아 등 여러 나라에서 널리 사용되고 있다. 우리나라 상황을 보면 로샤의 인기만큼은 아니지만 임상 실제에서 많이 쓰이고 있는 투사 검사 중의 하나다.

TIP TAT의 종류

- CAT(아동용 통각 검사, Children Apperception Test)
  - 3~10세 아동 대상, 동물 자극 사용
- CAT-H(Children Apperception Test-Human)
  - 동물이 아닌 사람 그림 사용
- GAT(노인용 통각 검사, Gerontological Apperception Test), SAT(Senior Apperception Test)
  - 가족, 외로움을 묘사한 그림 사용
- RATC(아동용 로버트 통각 검사, Robert Apperception Test for Children)
  - 아동용 TAT의 최신판(1990), 5~16세 아동 대상
  - 총 27장 카드로 구성, 남자/여자를 위한 11장 카드 포함
  - Robert-2(2006년 개정판), 5~18세 검사 대상, 백인, 스페인계/아프리카계 미국인 대상
- TEMAS(이야기 검사, The Tell Me A Story)
  - 소수 인종 아동과 청소년 대상, 총 23장의 카드로 구성, 9개의 성격 기능(불안, 공격성 등) 검사
  - 대인 갈등 상황에 있는 스페인계, 아프리카계, 아시안계 미국인 그림
  - 정상 집단과 환자 집단을 효과적으로 구별

- 로젠츠바이크 그림 좌절 검사(Rosenzweig Picture Frustration Study)
  –좌절 지각 및 대처 유형 검사
- 스트레스 내성 검사(The Stress Tolerance Test)
  –스트레스가 높은 전투에서 군인의 반응 및 대처 유형 검사
- 아동 학대 검사(Caruso)
  –3개의 카드 세트 사용(학대하는 카드 세트, 그렇지 않은 카드 세트, 재판장 카드 세트)
- 가족 통각 검사(The Family Apperception Test)
- SM–TAT(Southern Mississippi TAT)
  –Family of man 포토 컬렉션 사진 사용
  –TAT보다 더 활동적이고 감정적인 이야기 생산, 병리적 집단과 구별하는 데 효과적
- APT(통각 성격 검사, Apperception Personality Test)
  –8장의 카드로 구성, 객관적 채점 체계, 연속적인 카드 제시, 다인종 그림

2. 이론적 배경

TAT는 원래 Murray의 성격 개념에 기초하고 있다. Murray가 생각했던 개념의 핵심은 개인이 환경과 어떻게 상호작용하는가였다. 즉, 사람이 외부의 힘에 어떤 영향을 받는지, 사람들이 가지고 있는 독특한 욕구, 태도, 가치 체계가 주변 세상과의 관계에서 어떤 영향을 미치는지가 주요 관심 주제였다. 특히 그는 욕구(needs) 개념을 분석하고 명확하게 하였다. Murray의 영향으로 TAT는 이야기의 주인공이 표현하는 다양한 욕구의 강도를 측정하는 수단으로 개념화되었다. Murray는 28개의 욕구와 24개의 압력(욕구의 표현을 조율하고 보충하는 환경의 힘)을 개념화하였다. 그에 따르면 행동은 욕구와 압력의 상호작용의 결과다.

욕구와 압력의 상호작용에서 나온 행동 단위를 개념화하기 위해 Murray는 테마(thema, 주제)라는 용어를 만들어 냈다. 테마는 행동의 작은 단위로, 다른 테마와 합쳐져서 일련의 테마(serial thema)를 만들어 낸다. 개인의 단일 테마(unity thema)는 관련된 욕구와 압력 패턴을 나타내며 전체적인 행동에 의미를 주는 것들이다. 단일 테마는 초기 유아 경험에서 비롯되며, 일단 형성되면 개인의 후반기 삶에도 많은 형태로 반복되어 나타난다. TAT는 작은 단위의 테마와 보다 크고 핵심적인 단일 테마를 평가하기 위해 고안한 것이다.

TAT = 개인(욕구) × 환경(압력)

Murray의 성격 이론은 TAT의 초기 개발과 사용에 주요한 영향을 미쳤다. 이후 정신분석, 대상 관계, 내러티브(narrative) 이론 역시 TAT의 개념화와 채점 및 해석에 영향을 미쳤다. 특히 정신분석 이론은 TAT 이야기 해석에 중요한 영향을 미치고 있다. 예컨대, 1번 카드(바이올린 앞에 앉아 있는 소년)에서는 초자아 갈등이 나타나고 있고, 8BM 카드(전경에 소년이 있고 배경에는 누워 있는 환자에게 수술을 하고 있는 2명의 남자가 보임)에서는 Freud가 개념화한 거세 불안이 나타나고 있다. TAT 속의 이야기들은 수검자가 내적 갈등과 그것을 어떻게 다루고 있는지를 드러낸다.

TAT의 이론에 크게 영향을 미친 또 다른 임상가는 Bellak이다. 그는 TAT의 기본 가정으로 통각(apperception), 외현화(externalization), 정신 결정론(psychic determination)을 제시하고 있다. 여기서 통각이란 한 사람의 지각 과정은 그 사람의 내적 욕구와 공상에 따라 어느 정도 변형되고 왜곡되며, 따라서 TAT에서 나타나는 지각은 순수한 지각 과정이 아닌 통각 과정이라는 의미다. TAT에서 외현화는 전의식적 혹은 무의식적 수준에 있던 개인의 내적 욕구가 의식화되고 표현된다는 의미다. 또한 정신 결정론은 외적 자극에 대한 반응으로 이야기되는 모든 것은 역동적인 의미가 있다는 것이다.

TAT 해석에 대해서는 여러 가지 체계가 발달되었다. 그중 Bellak의 채점 체계는 내담자의 정신 역동적 영역(부모와의 관계 등)에서 해석이 가능하며, Cramer의 채점 체계는 방어기제(부인, 투사, 동일시) 측면에서 해석할 수 있고 또 내담자의 대상 관계의 성질을 잘 드러내 준다. Weston의 채점 체계인 사회 인지 및 대상 관계 척도(Social Cognition and Object Relations Scale; Weston, 1995)는 심리적 기능의 주요한 측면, 즉 내담자가 중요한 타인에 대해 가지고 있는 내적 표상, 정서적 투자 능력 및 도덕적 성실성, 그 사람의 대인 동기를 측정하기 위해 개발되었다.

TAT 이야기를 둘러싼 주제는 다양한 성격적 특성과 심리 기능을 이해할 수 있게 해준다. 특히 자기애성 성격장애, 경계선 성격장애, 반사회성 성격장애와 같이 좋지 못한 대상 관계를 가진 장애들을 이해하는 데 주요한 정보를 제공해 주기도 한다(Ackerman, Clemence, Weatherill, & Hilsenroth, 1999).

대부분의 심리치료는 치료자와 내담자 간의 상호작용을 통해 내담자가 살아온 삶의 이야기를 재창조·재구성하는 것을 도와주는 것이라고 볼 수 있다. 따라서 내러티브는 그 사람의 현재 상태를 반영하며 변화를 일으키는 수단이 될 수 있다. 자기 내면 혹은 외적 환경을 반영하는 내러티브의 패턴은 좋은 치료 결과와 관련이 있다. 시간이 흐르면서 내담자가 사용하는 언어 패턴의 변화는 사람들이 자신의 세계를 인지적으로 조직화하는 방식뿐만 아니라 관련된 성격 차원을 조직화하는 데 도움을 준다. 이야기를 통해 사람들은 그 사건이 어떻게 그리고 왜 일어났는지 충분히 이해할 수 있게 되고, 다음번에 비슷한 사건이 일어나면 그 문제를 더 잘 다룰 수 있게 된다.

인간은 비밀스러운 일을 꼭꼭 담아 두려는 욕구도 있지만 그것을 털어내고 표현하고 싶은 욕구가 내재되어 있다. 이와 관련하여 자신의 이야기를 털어놓는 것과 정신건강의 관련성에 관한 Pennebaker와 Seagal(1999)의 연구는 매우 흥미롭다. 그들은 수검자들에게 15분씩 4일 연속으로 정서적인 부담이 강한 이야기를 쓰게 한 결과, 질병이 줄어들고 면역 체계가 강화되고 주관적 고통 수준이 유의하게 감소하였다고 보고하였다. 털어놓기가 정신건강에 미치는 영향은 이처럼 일상적인 이야기를 내러티브 방식으로 풀어내는 것이 매우 중요하다는 것을 보여 주고 있다. 이와 같은 영향은 TAT의 이야기와 주제에서도 나타난다.

TIP 임금님 귀는 당나귀 귀

아폴론의 벌을 받아 길어진 귀를 넓은 수건을 둘러 감추었다는 프리지아(Phrygia)의 왕 마이다스의 이야기가 나온다. 마이다스 왕의 비밀은 왕실 이발사가 갈대숲에 판 구멍에 입을 대고 속삭임으로써 바람이 불 때마다 갈대숲에서 '임금님 귀는 당나귀 귀'라는 소리가 흘러나와 널리 퍼지게 된다.

여기서 당나귀처럼 긴 귀는 왕의 허물이자 비밀을 뜻한다. 높은 지위의 왕이라도 자신의 허물은 숨길 수 없다. 비밀은 아무리 감추려 해도 언젠가는 드러나기 마련이고, "발 없는 말이 천리 간다."라는 우리의 옛 속담처럼 입 밖으로 나온 말이 사람들에게 알려지는 것은 순식간이다.

여기서 주의할 부분은 왕의 비밀을 알고 있는 사람이 끝까지 비밀을 간직하기보다 결국은 비밀을 입 밖으로 내는 쪽을 선택했다는 것이다. 즉, 표현하고자 하는 인간의 욕구는 거의 본능에 가깝다. 자신에 관한 비밀이든, 타인에 관한 비밀이든 억압하고 통제해야 할 경우에는 표현의 욕구가 더 커질 수밖에 없다. 동서양을 비롯해서 이런 이야기가 보편적으로 전해지는 것을 보면 표현의 욕구는 시공을 초월하는 인간의 보편적인 욕구라고 볼 수 있다.

3. 신뢰도와 타당도

TAT는 투사 검사이기 때문에 로샤검사와 마찬가지로 신뢰도와 타당도에 대해서는 의문이 제기되어 왔다. 신뢰도 중에 특히 채점자 간 신뢰도(동일한 수검자를 대상으로 한 여러 명의 채점자의 평가 결과에 얼마나 일관성이 있는지)를 살펴본 결과, 대부분이 .85 이상으로 채점자 간 신뢰도는 인정되었다. 그러나 각 채점자들이 TAT의 양적인 점수를 토대로 판단한 성격 추론은 일관성이 낮은 것으로 드러나고 있다. 이 때문에 실제 임상 현장에서는 평가자의 직관적 판단에 의존하는 경우가 많고 검사 지시문이라든지 카드 수, 유형, 절차가 다른 경우가 많다. 내적 일관성(Cronbach's alpha) 계수를 이용한 신뢰도를 살펴보면 20종의 카드 각각이 다른 성격 영역을 측정하기 위해 고안되었기 때문에 내적 일관성이 매우 낮으며, 반분 신뢰도(측정 도구를 임의로 반으로 나누어 사용하여 신뢰도 추정), 검사-재검사 신뢰도(동일 측정 대상에 동일 측정 도구를 사용하여 일정한 간격을 두고 두 번 측정하여 결과 비교) 역시 낮은 수준이다.

타당도를 살펴보면 TAT의 준거 타당도와 예언 타당도는 별로 높지 않은 것으로 나타나고 있다. 그러나 Cramer의 방어기제 매뉴얼(Defense Mechanism Manual)과 사회 인지 및 대상 관계 척도(Weston, 1995)는 비교적 내적 타당도가 높은 것으로 나타나고 있다.

TAT의 타당도와 관련해서는 다음을 염두에 둘 필요가 있다. McClelland가 말했듯이, "TAT는 의식적인 것이 아니라 이면에 있는 암묵적인 동기"를 측정하는 것이며 단기 행동보다는 장기 행동에 영향을 주는 동기와 주제를 측정한다. TAT는 그 사람과 생리적으로 그리고 무의식적으로 연결되어 있는 동기와 기저에 있는 핵심 주제를 측정하며, 단기 행동보다는 장기 행동에 영향을 준다. 이러한 결과는 TAT에서 나타난 주제가 수검자의 경력에서 전반적인 성공과 같은 장기적 결과를 비교적 정확하게 예측해 준다는 점에서 지지되었다. 이 때문에 McClelland는 TAT 내용에 대해 즉각적이고 의식적인 수준의 단기 행동과 상관 관계를 보는 것은 적합하지 않다고 강조하였다. 또한 즉각적인 외적 행동과 연결시키는 것도 옳지 않은데, 그 이유는 TAT의 독특하고 귀중한 정보 원천은 수검자의 내적 생활에 접근할 수 있는 역량을 측정하기 때문이다.

TAT는 객관적 연구가 미흡하며 동일 인물에 대한 여러 명의 임상 평가 결과가 일치하지 않는 경우가 많은데, 채점자 간 낮은 신뢰도는 채점자의 부정확성보다는 다양한 해석 방법, 내담자에 대한 풍부한 자료 측면에서 이해될 수 있다.

신뢰도와 타당도가 부족한 투사 검사이기는 하지만, TAT는 성격에 대한 포괄적인 평가를 제공해 준다. TAT는 개인의 인지 양식, 상상력, 가족 역동, 내적 적응, 정서적 반응성, 방어 구조, 주요 인물에 대한 내적 대상 표상, 일반 지능, 성적 적응 능력 등을 보여 준다. TAT는 창의성, 정서 수준, 문제해결 기술, 언어 유창성과 같은 영역을 측정할 수 있는 잠재력을 가지고 있다. TAT는 원래 수검자의 기본 욕구와 상호작용 패턴을 알 수 있는 정보를 제공해 주기 위해 개발되었지만, 의식적인 저항으로 인해 직접적인 질문에서는 잘 드러나지 않는 주제가 나타나기도 한다. 예컨대, 알코올 중독 환자들은 직접적인 자기보고 질문지에서는 내적 통제 소재 수준이 높은 것으로 나타났으나 TAT 유형의 검사에서는 외적 통제 소재가 높은 것으로 나타나기도 한다. 이에 대한 한 가지 해석은 TAT가 개인의 의식적인 부인을 벗어나서 다른 차원의 개인사적인 상징 작용을 보여 준다는 것이다.

TAT는 이와 같이 장점이 있지만 검사로서 한계도 있기 때문에 단독으로 실시하기보다는 검사 배터리의 일부 검사로 사용하는 것이 더 유용하다.

4. TAT의 실시 방법

검사 실시는 성, 연령을 고려하여 선정된 20개 카드를 2회에 걸쳐서 실시한다. 첫 번째 시행에서는 보다 현실적인 인간관계가 묘사되는 카드를 시행하며, 두 번째 시행에서는 일상적이지 않고 극적이고 기이한 장면이 나오는 그림을 제시하여 더 자유로운 상상을 지시한다. 다음은 평균 지능을 가진 청소년, 성인에게 검사를 할 때의 지시문이다.

> "이것은 일종의 상상력 검사입니다. 지금부터 한 번에 한 장씩 그림을 몇 개 보여 드리겠습니다. 제가 제시하는 그림을 보면서 될 수 있는 한 많은 이야기를 꾸며 보십시오. 그림에 나타난 장면이 있기까지 어떤 일들이 있었는지, 현재 무슨 일이 일어나고 있는지, 그림 속의 인물들이 무엇을 느끼고 생각하고 있는지 이야기해 보십시오. 그리고 현재 상황이 앞으로 어떤 결과로 이어질지도 이야기해 주십시오. 자, 여기 첫 번째 그림을 보시고 이야기를 만들어 보십시오."

지능이나 연령을 고려하여 이 지시문을 변형하여 사용할 수 있다. 예컨대, 지능이 낮은 경우에는 보다 쉬운 표현으로 그리고 구체적으로 지시하는 것이 필요하다.

첫 번째 그림에 대해 이야기를 다 하고 나서는 지시문대로 수검자가 반응하지 않는 경우 다시 한 번 지시문을 반복해 주는 것이 좋다. 예를 들면, "소년이 바이올린을 치기 싫어한다고 이야기하였는데 엄마가 혼냈을 때 소년은 어떤 생각과 어떤 행동을 했는지 말해 보세요. 이야기의 끝은 어떻게 되었을까요? 시간이 있으니까 생각나는 대로 다시 한 번 자세히 얘기해 보세요."라고 말해 준다. 만일 수검자가 세부적인 사항에 대해 질문을 하면 "그냥 원하는 대로 하시면 됩니다."라고 말해 준다.

원래 Murray는 실시 요강에서 TAT를 두 번 나누어서 시행하고 두 번째 시행은 적어도 하루 정도의 시간 간격을 두도록 하였다. 그러나 현실적으로 임상 혹은 상담 장면에서 TAT를 두 번에 나누어 실시하는 것은 많은 평가자가 선호하지 않는 방법이다. 임상가의 취향에 따라 검사에 할당하는 시간이나 선호하는 카드 종류, 실시 방법, 채점과 해석 방법 등은 다를 수밖에 없다. Bellak(1986)은 그림 카드의 실시 방법과 지시문을 프린트하여 수검자에게 주고 미리 이야기를 종이에 적게 하는 방법을 사용하기도 했고, 스크린에 비추어 주고 집단으로 실시하기도 했다. 또 Murray의 실시 방법과는 달리 한 번만 시행하며 모든 카드를 제시하기보다는 10~12장만 제시하는 것을 선호하기도 하였다.

5. TAT 도판의 일반적인 주제

도판 1

한 소년이 탁자 위에 놓여 있는 바이올린을 바라보면서 무엇인가 골똘히 생각하고 있다.

이 그림에서 흔히 나타나는 반응은 소년과 부모의 관계를 잘 알 수 있는 내용들이다. 부모가 바이올린을 배우도록 하지만 소년은 하기 싫어서 고민하고 있다는 주제가 많이 나타난다. 권위적 인물의 요구와 자기 욕구 간 갈등, 이 갈등이 해결되는 방식, 성취 욕구 등과 관련이 있다.

이 그림은 전체 TAT에서 가장 유용한 것으로 간주되고 있다. 수검자의 충동 통제 능력과 관련된 전반적인 주제가 나타나며 넓은 의미에서 개인의 요구와 외부의 통제 간의 갈등이 드러난다. 부모와의 관계에서 부모가 지배적인지, 통제적인지, 무관심한지, 지지적이고 사려 깊은지, 보호하려는지가 잘 드러난다. 성취 욕구뿐만 아니라 성취를 이루는 방식에 대해서도 정보를 얻을 수 있다.

이 그림에서 흔히 나타나는 줄거리는 수검자의 특징적인 기능 양식을 잘 반영해 주기 때문에 특별히 주목할 필요가 있다. 예컨대, 이야기에 나오는 인물에 대한 태도, 그 인물과의 관계, 그 인물 혹은 또래와 동일시하는 정도에 주목할 필요가 있다. 충동 통제 문제가 다루어지는 방식에 대해서도 중요한 정보를 얻을 수 있으며 공격성의 주제가 드러날 수도 있다. 예를 들어, 한 아이가 "바이올린이 하기 싫은데 부모가 억지로 하게 해서 바이올린을 부숴 버린다."라고 대답했다면 수검자의 충동 통제 능력의 부족을 고려해 볼 수 있다.

도판 2

시골 풍경으로 한 젊은 여자가 책을 들고 서 있고, 뒤 배경에는 한 남자가 들에서 일을 하고 있고, 한 아주머니는 나무에 기대어 먼 곳을 응시하고 있다.

이 그림에서는 세 사람 이상의 관계, 어머니, 오빠, 여동생, 아버지 등 가족 관계의 역동이 드러날 수 있다. 젊은 여성이 앞쪽에 있어서 수검자가 여성인 경우 자기 자신을 투사하는 경우가 많다. 가족 간의 대립 구조나 갈등이 자주 묘사되는 그림이다.

어기서 그려지는 가족은 농사를 지으며 열심히 살아가는 가족이며 가족의 가치를 유지하는 것을 중요하게 생각한다. TAT에서 무리 지은 사람들이 나오는 카드 중의 하나로, 한 개인이 함께 살아가는 주변 사람들과 어떤 관계를 맺고 있는지 알 수 있게 해 준다. 젊은 여자가 앞에 나오고 좀 더 나이 든 여자와 남자가 뒤에 나오므로 부모-자녀 관계, 이성 관계 등이 드러날 수 있다. 새것과 오래된 것의 대비, 개인적인 야심 등이 나타나기도 한다. 젊은 딸이 양쪽 부모 혹은 한쪽 부모의 관심을 얻으려고 경쟁하는 이야기가 나오기도 한다. 이런 이야기에서 경쟁자는 나이 든 자매, 즉 언니가 될 수 있다. 또한 인물들 간의 분리 혹은 결탁이 일어날 수 있다. 예를 들어, 두 여자가 연합하여 남자에게 대항하거나 혹은 늙은 여자와 남자가 젊은 여자에게 대항하는 주제가 나올 수 있다.

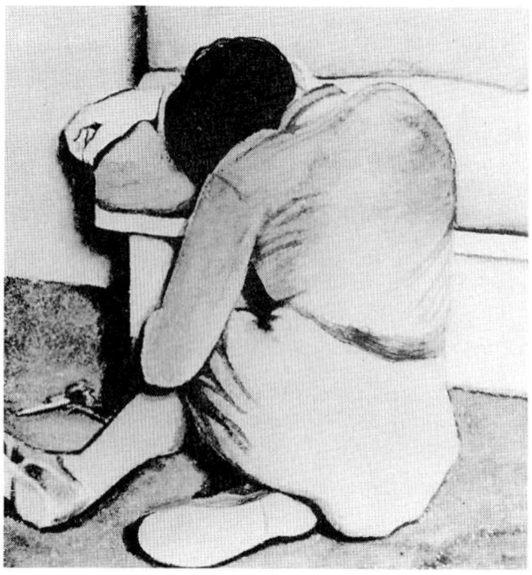

도판 3BM

한 소년이 의자에 기대어 머리를 파묻고 있고 그 옆에는 권총이 놓여 있다.

우울감, 공격성, 충동 통제, 죄책감 등의 주제가 드러나기 때문에 TAT에서 가장 유용한 카드 중의 하나다. 남자와 여자 모두에게 중요한 정보를 제공해 주는데, 그 이유는 우울한 사람들의 경우 이야기 전개를 통해 우울감이 어떻게 시작되었는지 그리고 어떻게 증상이 지속되고 있는지에 대해 알려 주기 때문이다. 옆에 놓인 권총이 지각되고 표현되는 방식에 따라 공격성이 외부로 향하는지 혹은 내부로 향하여 우울과 자살을 유도하는지 볼 수 있다. 공격적인 갈등을 부인하는 경우 완전히 총을 빼트리기도 하며, 장난감 총이나 열쇠 꾸러미로 표현하여 전혀 해가 되지 않는다고 표현하기도 한다. 이 카드에서 지나치게 머뭇거리거나 대상에 대해 너무 자세히 묘사하는 것은 갈등적인 공격성을 강박적으로 방어하는 것으로 해석될 수 있다. 고립되어 있는 사람에 대한 그림이기 때문에 고립되어 있는 자기를 향한 태도가 나타날 수 있다. 약물 남용을 하는 사람들에게는 약물 과용, 대처 기제, 자기파괴적인 경향성, 사회적 지지의 정도가 드러난다. 대체로 좌절을 느끼는 상황에서 수검자가 어떤 반응을 하는지에 대한 중요한 정보가 나타난다.

도판 3GF

한 젊은 여자가 손으로 얼굴을 가리고 왼손으로 문에 기대고 있다.

3BM과 마찬가지로 여주인공의 실망, 우울과 관련된 주제가 자주 언급된다. 남자친구, 남편 또는 부모와의 관계에서 나타나는 갈등의 일부분이 표현되기도 한다. 수검자가 가진 우울감의 정도와 강도는 어떤지, 그 원인은 무엇인지, 앞으로 우울한 감정을 어떻게 다루어 나갈지 등을 가늠해 볼 수 있다.

도판 4

한 여성이 한 남자의 어깨를 잡고 있고, 그 남성은 몸과 고개를 돌린 채 다른 쪽으로 달려갈 듯한 자세를 취하고 있다.

이 그림에서는 수검자의 이성 관계에 대한 태도와 갈등이 자주 언급된다. 그림에 나타난 여자와 남자에게 부부나 애인 관계에서의 갈등이 주로 투사되며 여성의 남성에 대한 태도, 남성의 여성에 대한 태도가 두드러진다. 배경에 있는 반나체의 여성이 남자의 애인으로 지각되면서 삼각관계 혹은 불륜 관계가 표현되기도 한다. 성적 욕구에 대한 억압이나 갈등, 삼각 구도상의 갈등이 암시되기도 한다. 흔히 여성은 충고를 하는 도덕적인 사람으로 묘사되고 남자는 충동적이고 문제를 일으키는 사람으로 지각되기도 한다. 이 그림에서 여자는 남자가 자기파괴적인 행위에 빠져드는 것을 막으려고 하는 보호자 역할로 그려지기도 한다.

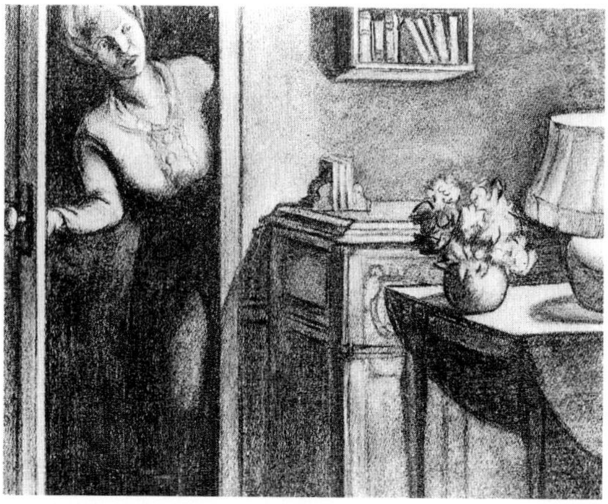

도판 5

한 여성이 방문을 열고 방 안을 들여다보고 있다.

이 그림에서는 중년 부모와 자녀의 관계가 주로 언급된다. "어머니가 자녀 방을 들여다보고 있거나 자녀는 뭔가 어머니에게 숨겨야 할 행동을 방 안에서 하고 있다."라고 하거나 성적인 행위(자위 행위)가 연상되는 경우가 많다. 모자 갈등 외에도 어머니에 대한 태도와 기대, 자녀의 적대감, 성적인 죄책감, 관음증적 욕구 등이 나타난다. 평가자는 이러한 갈등이 죄책감, 분노, 무관심, 두려움을 나타내는지 살펴보아야 하며 감정이 해결되는 방식에 주목할 필요가 있다. "도둑이 들어와서 여자가 놀라고 있다."와 같이 외부 침입자로부터 공격을 받는 것에 대한 편집증적 두려움이 표현되기도 한다.

도판 6BM

나이 지긋한 여성이 창밖을 보고 있고 젊은 남성이 약간 고개를 숙인 채 밑을 내려다보고 있다.

이 그림은 보통 어머니와 아들의 관계가 표현되기 때문에 남자 수검자의 경우 특히 중요한 카드다. 어머니에 대한 수검자의 태도가 나타나며, 죄책감, 의존, 독립, 과잉보호와 관련된 내용이 드러나기도 한다. 특히 아들이 어머니에 대해 가지고 있는 분노감과 그에 따른 죄책감이 표현된다. 아들이 어머니의 요구에 굴복하는지 혹은 저항하는지가 중요한 주제가 될 수 있다. 마찬가지로 아들의 행동에 대해 어머니가 어떻게 반응하는지가 중요한 단서가 될 수 있다. 어느 정도로 어머니가 아들을 통제하는지 그리고 어떻게 통제하고 있는지가 드러날 수 있다. 수검자가 전통적인 어머니-아들 관계를 받아들이는지 혹은 이런 관계를 직접적으로 이야기하는 것을 피하고 있는지를 살펴볼 필요가 있다.

도판 6GF

한 젊은 여성이 소파에 앉아서 어깨 뒤를 바라보고 있고, 뒤에는 나이 든 남자가 파이프를 물고 여자를 바라보고 있다.

이 그림에서는 딸과 아버지의 관계, 나이 든 남자와 젊은 여자의 애정 관계가 드러나기도 한다. 남자가 여자를 유혹하는 장면으로 혹은 남자가 어떤 적대감을 보이고 여자가 놀라는 모습으로 표현되기도 한다. 남성에 대한 태도, 여성의 역할, 이성 관계에 대한 태도가 드러난다.

그림 속에 나와 있는 여자가 놀라거나 당황해하고 있다고 묘사할 수 있는데, 여기서 여자가 남자를 지각하는 방식이 매우 중요하다. 남자가 유혹하는 사람인지, 뭔가 도움을 주려는 사람인지, 여자의 일에 끼어들기 좋아하는 침입자인지 등의 주제가 나타날 수 있다. 대인관계를 잘 믿지 못하는 사람은 남자를 침입자로 지각하고 여성의 반응을 방어적이고 놀라는 것으로 지각할 수 있다.

도판 7BM

머리가 하얀 남자가 젊은 남자와 머리를 맞대고 무엇인가 상의를 하고 있다.

이 그림은 부자 관계 혹은 권위적 인물(직장 상사와 부하, 조직의 사장과 후계자)에 내재된 갈등이 투사되기 쉽다. 대체로 뭔가 음모를 꾸미고 있는 모습이 연상되기도 하고 협동적인 관계에 있는 상하 관계가 표현되기도 한다. 위계 관계가 드러나는 인간관계가 주요 주제가 된다. 나이 든 사람은 노련한 사람으로, 젊은 사람은 경험이 부족한 사람으로 묘사된다. 따라서 이 카드는 수검자가 외적인 요구와 권위상에 대한 태도를 드러낸다고 볼 수 있다.

도판 7GF

소녀가 인형을 안고 다른 쪽을 응시하고 있고, 소녀 옆에는 한 여자가 책을 들고 소녀 쪽을 바라보고 있다.

이 그림에서는 어머니와 어린 딸의 관계가 나타난다. 어머니가 무엇을 설명해 주거나 책을 읽고 있는데, 어머니상에 대해 억압되어 있는 부정적인 이미지가 쉽게 투사된다. 어머니가 책을 들고 읽으라고 하고 있고 소녀가 책을 읽지 않겠다고 반항하고 있다고 한다면 모녀간의 욕구와 압력, 그에 대한 반응이 내재되어 있다. 수검자가 나이 든 여성일 경우는 자녀에 대한 감정과 태도가 나타날 수 있다. 한 인물이 다른 인물을 거부하고 있는 것으로 지각되기 때문에 부정적인 감정과 상호작용을 불러일으키며 갈등이 어떻게 해결되고 표현되는지가 관건이다.

도판 8BM

젊은 남자가 앞을 바라보고 있고 그 옆에는 장총이 보인다. 그 뒤 배경에는 흐릿하게 처리되어 있는 모습으로 1명의 남자는 누워 있고 두 남자 중 하나는 누군가의 배를 향해 칼을 들이밀고 있다.

이 그림은 남성 수검자가 주인공이 되며 공격성을 강하게 암시하는 내용이 주로 도출된다. '누군가 총에 맞아 수술을 하는 장면' 혹은 '의사가 되고픈 장면의 상상' 등 공격성이 승화된 연상으로 표현될 수 있다. 총을 언급하지 않는 것은 공격성을 부인하거나 억압하는 의미가 될 수 있다. 앞에 있는 남자와 배경에 있는 남자들 간의 관계를 통해 남자 수검자의 경우 아버지를 포함한 권위적인 남성에 대한 태도와 감정이 드러날 수 있다.

만일 그림 속의 젊은 사람이 성취 욕구를 가지고 있다고 묘사된다면 나이 든 사람과 동일시할 것이고 그를 본보기로 할 것이라고 표현되기도 한다. 이 경우 동일시가 어떻게 일어나는지, 동일시와 관련된 특정 감정에 대한 세부 묘사가 중요한 단서가 된다.

도판 8GF

한 젊은 여성이 턱을 괴고 허공을 응시하고 있다.

이 그림에서 수검자가 여성일 경우 자기상이 투사될 수 있다. 주부 혹은 미혼 여성이 자신의 미래에 대해 공상을 하고 있거나 현재 경험하고 있는 갈등이나 욕구가 드러날 수 있다.

도판 9BM

네 사람의 남자가 풀밭에 누워 편안하게 쉬고 있다.

이 그림에서 수검자인 남성이 자신의 동년배 남성들과의 관계에서 느끼는 정서적인 태도가 드러날 수 있다. 남자들이 서로를 편안하게 느끼고 있는지, 경쟁적이지는 않은지, 인물들 중에서 중심 인물은 누구인지 살펴보는 것이 필요하다. 동성애적 충동과 신체적 접촉에 대한 두려움이 나타날 수 있다. 권위적 대상에 대한 느낌, 갈등이 투사되기도 한다.

도판 9GF

한 젊은 여성이 나무 뒤에서 한 손에 수건과 책을 들고 있고, 드레스를 손으로 잡고서 다른 곳을 향해 뛰어가고 있는 또 다른 젊은 여성을 바라보고 있다.

이 그림에서 두 여성의 나이, 차림새와 외모 등을 통해 수검자가 여성인 경우 동성과의 관계가 쉽게 투사된다. 경쟁심을 암시하는 주제가 자주 드러나기도 한다. 두 젊은 여성은 서로 경쟁을 느끼고 상대방을 은밀하게 견제하는 모습이 주로 표현된다. 자매, 또래 여성과의 관계 그리고 드물게는 엄마와 딸의 관계로 표현되기도 한다. 나무 뒤에 있는 여성이 해변의 여성을 주의 깊게 관찰하고 있기 때문에 이야기가 편집증적인 방향으로 흘러갈 수도 있다.

도판 10

한 여성과 남성이 서로를 안고 있다.

두 사람은 대개 남녀 관계로 묘사된다. 중년 부부가 만나는 장면 혹은 이별하는 장면으로 표현되는 경우가 많다. 관계가 종결되면서 수검자의 입장에서 공공연하게 혹은 은밀하게 공격성이 드러날 수 있다. 모자지간으로 지각하는 경우도 있는데, 이때 부모에 대한 지각이나 감정이 드러난다. 둘 다 남자로 보는 경우는 동성애적 경향이 있다.

도판 11

높은 절벽 위로 길이 있고 그 길 위쪽으로 모호한 형상이 보이며, 왼쪽 바위벽에는 용처럼 생긴 동물 머리와 목이 나와 있다.

그림이 모호하고 애매하기 때문에 수검자의 상상 능력을 평가할 수 있고 명확하지 않은 자극을 통합하는 능력을 나타내기도 한다. 이 그림에서는 유아적이고 원시적인 두려움이 표현된다. 다양한 위험 상황에 대한 태도, 즉 외부로부터의 위협적인 공격에 대한 태도와 대처 양식이 표현된다. 용이 절벽에서 나와 사람을 공격한다는 주제는 환경에서 공격적인 힘을 암시한다. 반면 그림에 나온 동물이 피난처와 은신처를 제공해 주는 수호 동물로 묘사되기도 한다. 이러한 주제들은 수검자의 내적인 틀과 기분을 반영해 준다. 만일 "모든 것이 죽어 있어요."라고 표현한다면 우울하고 메말라 있는 내적 상태를 나타낸다.

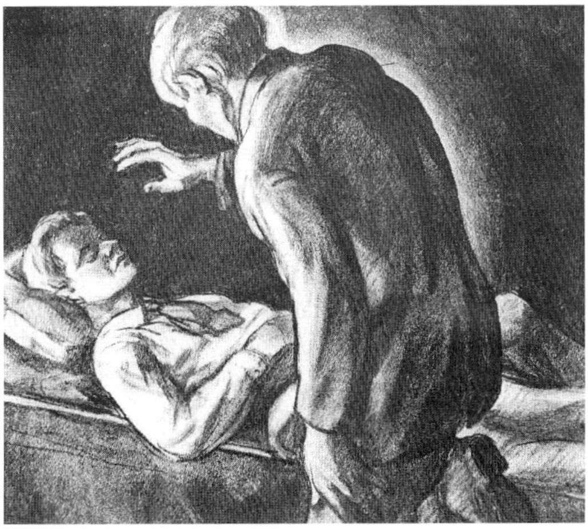

도판 12BM

한 젊은 남자가 눈을 감고 누워 있고, 그 옆에는 수척해 보이는 노인이 몸을 구부린 채 누워 있는 남자의 얼굴 위로 손을 뻗고 있다.

이 그림에서 누워 있는 젊은 남자는 자고 있거나 병을 앓고 있는 아들로 표현되고 노인은 손을 뻗고 있는 아들을 보호하려는 아버지로 흔히 묘사된다. 수검자가 가진 의존 욕구, 수동성이 드러나기도 하며, 반면 상사나 연장자와 같은 성인 남성에 대한 공포감과 두려움이 표현되기도 한다. 그림에서 노인을 지각하는 태도가 특히 중요한데, 예를 들어 노인이 뭔가 도움을 주려고 하는지 혹은 해를 끼치려 하는지, 온정적인지 혹은 적대적인지 등을 통해 대상 관계의 본질을 보여 줄 수 있다. 흔히 외부에서 통제하려는 힘에 대한 수검자의 태도가 잘 드러난다.

도판 12F

한 젊은 여성의 뒤에 이상한 차림의 늙은 여자가 숄을 쓰고 있다.

이 그림은 어머니상에 대한 태도와 개념을 드러내 준다. 뒤의 여성은 악한 특성을 지닌 시어머니 혹은 현실에 존재하지 않는 '마녀' 등으로 묘사된다. 흔히 선과 악에 대한 주제가 드러나며 앞의 여자는 선한 모습으로, 뒤의 여자는 뭔가 음모를 꾸미고 있는 사악한 모습으로 기술된다. 간혹 부정적으로 묘사되는 부분은 수검자가 자신의 엄마에 대해 가지고 있는 나쁜 감정일 수 있는데, 직접적으로 표현되기보다는 시어머니상으로 투사되어 나타나기도 한다. 조현병 환자들의 경우 "뒤에 있는 마녀가 귀에 대고 속삭이고 있다."라고 표현하는 경우가 많다.

도판 12BG

숲 속의 냇가에 나룻배가 있고 주변에는 무성한 나무와 숲이 있다.

자살, 죽음, 우울 경향이 잘 나타난다. 인물이 등장하지 않아 많은 이야기가 도출되지 않지만 내면의 공허감, 외로움, 정서적 소외감 등이 드러난다. 자살 사고, 우울 성향을 보이는 수검자들은 버림받는 것에 대한 공포, 고립감 등을 묘사하기도 한다. 혼자 있는 것에 익숙한 사람들은 숲 속에 혼자 있는 것의 평화로움에 대해 이야기하기도 한다.

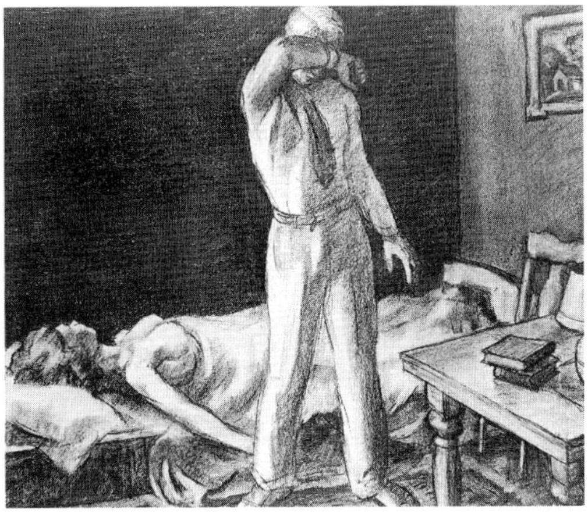

도판 13MF

한 남자가 한 손을 들어 얼굴을 가리고 고개를 숙이고 서 있고, 그 뒤에는 여자가 반쯤 가슴을 드러내고 침대에 누워 있다.

성적 장면 혹은 성적 갈등이 가장 빈번하게 나타난다. 성에 대한 태도, 이성에 대한 태도가 나타난다. 대체로 성적 파트너에 대한 태도와 감정이 드러나며 성관계 이전 혹은 성관계 직후에 상대방에 대해 가지고 있는 감정이 나타나기도 한다. 명백하게 공격적인 것이 표현되고 있다면 주목할 필요가 있다. 공격적인 감정과 성적인 감정 간의 관계가 표현되기도 한다. 이 그림은 비교적 세부적인 묘사가 많은 특성이 있기 때문에 강박적인 성향을 가지고 있는 사람들은 이 카드에서 지나치게 오랜 시간 동안 상세하게 상황을 묘사하려는 경향을 보인다. 이 카드가 일종의 충격 효과를 가져와 불안을 야기하고 불안을 통제하려는 수단으로 세부 묘사에 집착하게 만드는 것이다. 성적인 욕구와 억압, 성행위 후의 죄책감 등이 표현된다.

도판 13B

한 아이가 통나무로 만든 오두막집 문턱에 턱을 괴고 앉아 있다.

이 그림에서는 주로 소년 시절의 이야기가 표현되며, 부모가 모두 나가고 아이가 혼자서 집을 보는 것으로 외로움이라는 주제와 아동기 이야기가 전개된다. 아동기의 분리 불안이나 부모에 대한 태도가 드러날 수 있다. 성인과 아이 모두 자신의 마음을 들여다보는 것과 관련된 태도를 드러내는데, 성인의 경우는 아동기 기억과 관련된 공상이 드러나기도 한다.

도판 13G

한 어린 소녀가 나선형 계단을 올라가고 있다.

이 그림에서는 성취 지향적인 모습이 드러나기도 한다. 나선형 계단과 그 계단을 오르는 소녀와 같은 성적인 상징을 담고 있기 때문에, 아동이나 청소년의 경우 성적 욕구나 그와 관련된 죄책감 등이 드러나는 경우가 있다.

도판 14
깜깜한 방 안에서 밝은 빛이 들어오는 창가의 문을 열어 놓고 한 남자가 한 발을 올려놓고 있다.

이 그림에서는 "한 남자가 한밤중에 창문을 열고 하늘을 보면서 자신의 미래에 대해 생각하고 있다."라는 주제가 빈번히 나타난다. 깜깜한 밤과 밝은 빛이 대비되고 있어 주인공의 생각과 정서 상태가 절망에서 희망으로 혹은 자살과 같은 극단적인 사고로 표현되기도 한다. 자살에 대한 공상과 충동 외에도 부모 혹은 가족에 대한 의존과 독립 갈등이 나타나기도 한다.

수검자가 나타내고 있는 문제가 우울감이고 자살 사고의 증거가 있다면 이 카드는 3BM과 함께 매우 중요한 카드다. 수검자가 그림 속의 인물을 묘사하는 방식, 사건을 기술하는 방식, 자기파괴적인 행동으로 몰고 가는 태도 등을 탐색할 필요가 있다. 특히 질문 단계에서 이야기 속의 인물이 시도하고자 하는 것 혹은 시도하고 있는 문제해결 방식이 무엇인지 질문할 필요가 있다. 그 인물이 삶의 스트레스에 직면했을 때 내적인 대화(internal dialogue)가 어떤지, 개인적 반응이 어떤지 알 수 있다.

또한 이 그림에서 수검자의 심미적인 관심이나 개인적인 철학적 신념 혹은 소망 성취적 특징이 나타나기도 한다.

도판 15

괴상하게 보이는 남자가 무덤의 묘비 앞에 두 손을 오므리고 서 있다.

수검자의 적대감, 그에 대한 죄책감, 죽음에 대한 공포, 우울증적 성향이 노출될 수 있다. 죽은 사람이 수검자 자신과 가까운 인물이거나 미워하는 대상일 수 있어서 죽은 사람에 대한 수검자의 태도, 감정, 공포, 죄책감이 드러난다. 만일 수검자가 가까운 가족이나 친척 혹은 친구의 죽음을 경험한 후 극도로 힘들어하고 있다면 왜 그렇게 고통스러워하는지 단서를 얻을 수 있다. 죽음을 지나치게 부인하거나 애도 과정에 돌입할 수 없는 이유, 해결되지 않은 문제 등이 드러날 수 있다. 또한 죽은 사람이 자신을 버렸다는 느낌에서 오는 해결되지 않은 분노감, 표현되지 않은 내적 갈등이 빈번하게 나타날 수 있다.

도판 16

백지 카드

아무런 자극이 없는 백지 그림이며 "어떤 그림이 있다고 상상해 보고 그에 대한 이야기를 꾸며 보세요."라고 지시하면 수검자의 자유연상이 활발하게 이루어진다. 수검자가 평소에 품고 있는 소망, 백일몽, 공상이 드러난다. 과거에 당했던 충격적인 일들이 떠오르기도 하고 현재의 당면한 문제들, 미래에 대한 포부 등이 표현된다. 이 카드는 창조성 측정치와도 상관이 높다고 알려져 있다. 수검자의 순수한 상상력과 무의식적 산물이 펼쳐질 수 있으나, 불안감이나 저항감이 많고 창의성이 떨어지는 내담자의 경우 이야기가 짧고 깊이와 넓이가 부족하여 정보가 떨어지기도 한다. 수검자가 묘사한 내용이 생동감 있고 낙관적인지 혹은 황폐하고 단조로운지를 살펴보는 것이 유용하다.

도판 17BM

벌거벗은 듯한 남자가 밧줄을 잡고 공중에 매달려 있다.

벌거벗은 남자가 나오기 때문에 수검자가 자신의 신체상에 대해 가지고 있는 이미지와 남성적 성 정체감의 내용이 투사된다. 신체적으로 용맹한 모습, 찬사, 자기애적인 내용이 드러난다. 줄에 매달려 있는 남자는 자신의 신체적 능력을 과시하거나 위험한 장면에서 도망가려는 것으로 흔히 묘사된다. 아버지나 권위적 대상과의 갈등 내용이 직접 혹은 상징적으로 표현되기도 한다. 해결할 수 없는 어려운 상황으로부터 도피하고자 하는 욕구도 표현된다. 동성애적인 감정과 그에 따른 불안감이 나타나기도 한다.

도판 17GF

강물 다리 위 난간에 한 여자가 몸을 앞으로 숙이고 서 있고, 위에는 높은 빌딩과 햇빛이 강렬하며 아래는 몇몇 남자가 보인다.

최근에 일어난 이별 혹은 새로운 연인이 나타나는 것이 표현되기도 한다. 또한 이 그림에서는 우울감과 자살 공상이 노출된다. 여성의 경우 자살 생각이나 충동이 있는지를 알아볼 수 있는 유용한 그림이다. "다리에서 뛰어내리려고 하고 있다."가 흔히 나타나는 반응이다. 3BM이나 14번 카드처럼 이야기 주인공이 가지고 있는 특정한 어려움과 그것을 어떻게 다루고 있는지를 통해 수검자의 대처 방식을 추측해 볼 수 있다. 생활 스트레스에 대한 개인적 반응과 내적 대화를 알아봄으로써 수검자에 대한 좋은 정보를 얻을 수 있다. 처음 이야기에 따른 세밀한 질문을 하면 더 많은 단서와 정보가 나올 수 있다.

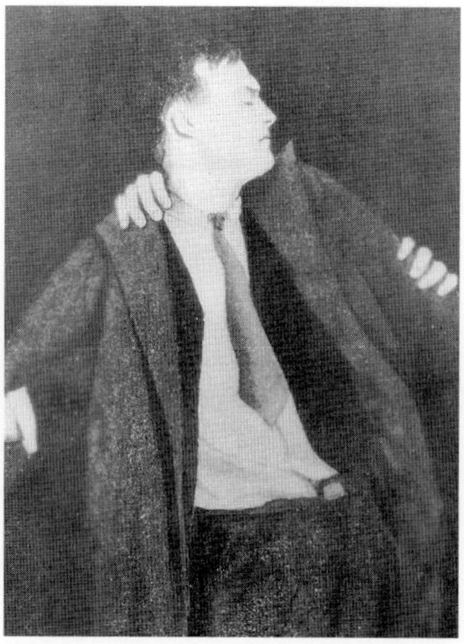

도판 18BM

한 남자를 뒤에서 3개의 손이 잡고 있고 남자가 뒤를 돌아보고 있다.

보이지 않는 힘이 그림 속의 인물을 공격하는 것이 암시되고 있어서 불안감을 유발할 수 있는 카드다. 흔히 술 취한 사람이 누군가의 부축을 받거나 강도를 당하고 있다고 표현된다. 인물이 구조되고 있거나 공격을 당하고 있다는 이야기 또한 빈번한 주제다. 이야기 속의 주인공이 이 상황을 어떻게 다루는지 혹은 불안을 어떻게 다루는지를 주목할 필요가 있다. 주인공이 자신을 그 상황의 희생자로 묘사하고 무력해하고 있는지, 무력감을 결국 어떻게 다루는지를 살펴보면 주인공의 자기지각과 상황 대처 능력을 알 수 있다. 만일 주인공이 나쁜 운명에 휩쓸리고 있다고 생각한다면 특별히 어떤 상황에 처해 있다고 지각하고 있는지 살펴볼 필요가 있다.

도판 18GF

한 여자가 계단 밑에서 넘어져 있는 다른 사람을 붙들어 안고 있고, 그 사람의 목은 뒤로 젖혀 있다.

난간에 기대어 넘어져 가는 사람은 여자나 남자 또는 어린아이로 지각되기도 한다. 살인 장면, 모녀지간, 자매지간으로 보는 경우가 많다. 모녀간에 내재된 적대적 감정들이 나타날 수 있다. 위에 있는 여성의 손이 아래 여성의 목을 조른다고 지각할 수도 있다. 지쳐서 쓰러져 있거나 해서 도움을 받고 있는 것으로 지각하는 경우에는 그 과정에서 수검자의 의존성과 처리 방식이 드러나기도 한다. 열등감, 질투심, 지배받는 것에 대한 반응이 기술되기도 한다. 그림에서 공격성이 비교적 분명하게 표현되고 있어서 한 사람이 다른 사람을 도와주려고 하고 있다고 표현하는 것은 공격성을 피하거나 부인하려는 시도라고 볼 수 있다.

도판 19
시골의 눈 덮인 집 위로 구름이 덮여 있다.

가장 모호하고 동화적이다. 지각적 통합 능력을 알아볼 수 있고 불안감이 표현될 수 있다. 집에 사는 사람들의 상태, 어려움에 대처하면서 갖는 희망이 표현된다. 안전 욕구, 환경의 어려움, 극복 방법에 대해 알 수 있다.

도판 20
깜깜한 밤에 한 사람이 가로등 불빛을 받으면서 서 있다.

대체로 고독이나 외로움, 어둠, 불확실한 상황에 대한 태도가 드러난다. 성별을 구분하기 어려우나 남자로 지각하는 경우가 많고 수검자의 공격적 성향, 문제에 대한 태도가 드러난다. 18BM과 마찬가지로 두려움을 다루는 방식, 수검자의 신체적 위험에 대한 반응이 나타난다.

6. TAT의 채점

1943년 TAT가 만들어진 이래 다양한 채점 및 해석 체계가 발달하였다. 이렇게 많은 채점 체계가 발달한 것은 연구자마다 사용하는 정보의 양과 유형이 달랐기 때문이다. 상상에 의한 이야기 혹은 주제란 매우 다양하고 풍부한 정보를 제공해 주기 때문에 정확하게 특정한 범주에 넣기 어려운 것들이 많다. 그래서 TAT 채점 체계를 만들 때 어떤 범주를 넣을지 논란의 여지가 많았다. 예를 들어, Murray는 이야기에 표현된 수검자의 기본적인 욕구와 압력을 기술하고 중요도를 살펴보는 것을 강조한 반면, Arnold(1962)는 해석적 수준에서 이야기의 필수 주제를 재진술하여 기본 의미와 도덕을 강조하였다. Cramer(2006)는 방어기제에 초점을 두었고, Weston(1995)은 대상 관계와 관련된 채점 체계를 개발하였다. 어떤 방법을 사용할지 결정하고 그에 따라 이야기를 평가한 뒤, 평가자는 특정 방법에 따른 범주화를 기초로 성격의 질을 추론할 수 있다. 최종적인 추론이 정확한지 그리고 타당한지 여부는 평가자의 기술이나 경험, 다른 검사 자료, 검사 당시 수검자의 상태 등 여러 가지 변인에 의존한다.

현재까지 가장 많이 쓰이는 체계는 Bellak(1993)의 체계다. Bellak의 체계는 포괄적이고 채점이 용이하며, 내담자의 이야기를 여러 영역에서 평가할 수 있고 수량화할 수 있게 되어 있다(〈표 7-1〉 참조).

표 7-1 Bellak의 TAT 분석 시트

1. 주요 주제 ______________________

2. 주인공: 나이 ________ 성별 ________ 직업 ________ 능력 ________
   관심 ________ 특성 ________ 신체 이미지 ________

3. 주인공의 욕구와 추동
   a) 주인공의 행동적 욕구:
   b) 등장인물, 대상, 환경:
   c) 생략된 인물, 대상, 환경:

4. 환경(세상)에 대한 개념 ______________________

5. a) 부모 인물 (남 ________ 여 ________):
      수검자의 반응:
   b) 동시대 인물 (남 ________ 여 ________):
      수검자의 반응:
   c) 형제자매 (남 ________ 여 ________):
      수검자의 반응:

6. 주요 갈등 ______________________

7. 불안의 본질

신체적 위해 또는 처벌 ________	인정받지 못함 ________
애정 결핍(상실) ________	질병, 부상 ________
버려짐 ________	박탈 ________
과잉 통제를 받거나 무기력 ________	외로움 ________
집어삼켜짐 ________	기타 ________

8. 갈등과 공포에 대한 주요 방어

억압 ________	반동형성 ________	분열 ________
퇴행 ________	부인 ________	내사화 ________
고립 ________	취소 ________	합리화 ________
기타 ________		

9. '잘못된 행동'에 대한 처벌로 표현된 초자아의 적합성

적절한 ________	부적절한 ________
가혹함(또는 즉각 처벌) ________	일관되지 않은 ________
관대한 ________	초기 반응의 지연 정도 ________
말더듬 ________	기타 초자아의 간섭 ________

10. 자아의 통합

주인공: 적합 ________		부적합 ________
결과: 행복 ________		불행 ________
현실적 ________		비현실적 ________
추동 통제 ________		

이야기에서 나타난 사고 과정

전형적 ________	독창적 ________	적절 ________
완성적 ________	미완성 ________	부적절 ________
혼합적 ________	구체적 ________	오염된 ________

지능 ________________________________

성숙 수준 ________________________________

기질적 징후 ________________________________

1) 주요 주제

이 부분에서는 수검자가 말한 이야기의 주요 요소를 재진술한다. 각 이야기는 매우 중요한 한두 가지 주제를 담고 있다. 주요 주제를 기술해 보면 추론의 수준에서 다양한 이야기가 펼쳐질 수 있다. 이야기의 주요 주제를 재기술할 때에는 가급적 수검자가 사용한 단어를 사용해서 수검자의 경험에 가깝게 이야기를 기술해야 한다. 또한 수검자의 이야기를 어느 수준에서 기술할 것인지 가늠해 보고 설명적 수준, 해석적 수준, 진단적 수준으로 다시 바꿔야 한다. 필요하다면 수검자로 하여금 이야기에 들어 있는 어떤 요소와 관련된 자유연상을 하게 해서 정교화하는 것이 좋다. 주요 주제, 즉 핵심 주제는 이야기의 함축된 의미를 잘 반영할 수 있을 만큼 간결한 것이 좋다.

2) 주인공

주인공은 수검자가 말한 이야기에서 가장 자주 언급되는 사람이며, 경우에 따라 1명 이상일 수도 있다. 주인공이 불확실할 경우 내담자의 나이, 성별 등 주인공과 유사한 인물을 통해 추측해 볼 수 있다. 분석 용지에 주인공의 관심사, 특성, 능력, 적절성, 신체 이미지 등을 적어 놓는다. 또한 주인공이 사회적 · 감정적 · 도덕적 · 지적으로 수용할 수 있는 방식으로 일을 완수하는 능력이 있는지 평가해 볼 수 있다. 신체 이미지는 몸 또는 그에 대한 표상이 묘사되는 스타일과 특성을 드러내 준다. 몸에 대해 직접적으로 묘사되면 해석하기 쉽지만, 상징을 통해 간접적으로 묘사될 경우는 그 상징을 분석할 필요가 있다.

3) 주인공의 주요 욕구와 추동

행동 욕구는 TAT 이야기에서 내담자의 기본 욕구를 드러내 준다. 애정, 공격성, 성취 등의 욕구는 어떤 행동을 통해 드러날 수 있다. 이 부분에서는 주인공의 가장 분명하고 강력한 욕구를 기술하고 그것이 수검자에게 실제 어떤 의미가 있는지 추론해야 한다. 행동 욕구들은 공상의 형태로 나타나기도 하는데, 어떤 욕구가 실제적이고 보다 의식적인 것이라면, 또 다른 욕구는 겉으로는 알기 어렵게 위장되고 잠재된 욕구일 수 있다. 임상가는 가장 강력하고 분명한 욕구를 기술해야 하며 이러한 욕구의 실제적인 의미가 무엇인지 추론할 수 있다. TAT 이야기에서 계속 돌보고 양육하는 내용이 나타나고 있다면 타인으로부터의 양육이나 보살핌을 원하는 것일 수도 있고, 반대로 그 내담자가 자주 표현하는 욕구일 가능성도 높다. 공격성을 계속 회피한다면 실제로는 기저에 공격성이 부인되고 있을 가능성이 높다.

임상가는 이야기에서 포함되거나 생략된 대상, 인물, 상황도 주목할 필요가 있다. 3BM 카드에서 총을 생략하였다면 공격성의 억압을 고려해 볼 수 있고, 4번 카드에서 배경에 있는 반나체의 인물을 생략하면서 13MF 카드에서 성적인 언급을 한다면 성과 관련된 갈등과 불안감 등의 정서를 유추해 볼 수 있다. 무기, 음식, 돈 등이 계속 반복된다면 공격성, 양육, 금전적인 성공에 대한 높은 욕구를 표현했다고 볼 수 있다.

4) 환경에 대한 개념

임상가는 내담자의 환경에서 가장 중요하고 강력한 개념을 요약해 볼 수 있다. 적대적인, 위험한, 보호하고 돌보는 등의 단어가 반복되는 것을 보면 주변 환경에 대한 개념을 엿볼 수 있다. 세상에 대한 개념을 요약해 보면 주인공이 환경에 대해 가지고 있는 전반적인 의미, 즉 세상을 지나치게 요구적이고 복잡하게 지각하고 있는지, 기회가 많은 곳이라고 지각하고 있는지, 뭔가 착취하는 곳으로 지각하고 있는지 등을 알 수 있다.

5) 대상 인물 및 관계

TAT 이야기의 주요한 특징 중의 하나는 사회적 관계의 통각적 왜곡과 그 기저에 있는 역동적인 요인들이다. 내담자가 이야기에서 다른 사람을 어떻게 묘사하고 있는지를 살펴보면 대상 인물에 대한 생각, 즉 대상 표상을 알 수 있다. 이런 대상 표상을 통해 주인공이 부모, 동년배, 아랫사람에 대해 가지고 있는 태도와 행동이 드러난다. 같은 성에 대한 공격성이나 양가감정이 나타날 수도 있고 부모상이나 권위상에 대한 불편한 감정이 드러날 수도 있다. 또한 주변 사람들을 대하는 태도가 주장적인지, 적대적인지, 회피적인지, 화해를 원하는지 등이 나타난다.

6) 주요 갈등

주인공의 주요 갈등은 수검자의 현재 감정이나 행동을 검토하고 주인공과 수검자가 얼마나 일치하는지 살펴보면 단서를 얻을 수 있다. 임상가는 특히 내담자의 진정한 감정과 겉으로 드러나는 감정의 차이를 구분할 필요가 있다. 어떤 내담자는 실제로는 힘들어하면서도 겉으로는 그렇지 않은 척하는 경우가 많다. 이런 사람들은 실제 내면의 진솔한 감정을 인식하고 교류하는 것을 어려워한다. 또 어떤 경우에는 성취 욕구를 표현하고 있지만 실제로는 놀고 싶고 쾌를 추구하고 싶은 상충적인 욕구가 내재되어 있다. 적대감을 느끼면서도 친교를 원하는 것으로 욕구를 표현할 수 있으며, 따라서 진정한 내면의 욕구를 파악하는 것이 중요하다.

7) 불안의 본질

주인공이 느끼는 불안의 본질과 강도를 평가한다. 주인공의 불안이 신체적 위해, 처벌, 거절, 애정 결핍, 상실, 질병/부상, 유기, 박탈, 무기력, 삼켜질 것 같은 느낌에서 오는 불안인지 평가한다.

8) 갈등과 두려움에 대한 방어

각각의 이야기에서 불안과 갈등이 있는지, 있다면 그 강도는 어떤지를 평가하면 수검자의 성격 구조를 알 수 있다. 방어의 강도는 각 이야기에 들어 있거나 다른 이야기에 두루 들어 있는 반복적인 내용을 보면 알 수 있다. 이야기에서 주지화 방어가 빈번하게 나온다면 지나치게 방어적인 수검자임을 암시한다. Cramer의 방어기제 매뉴얼을 이용하여 부정, 투사, 동일시를 채점할 수도 있다.

9) 처벌받을 만한 행동에 대한 처벌과 초자아 적절성

잠정적으로 처벌받을 만한 행동 이후에 행위의 결과를 처리하는 방식을 살펴보면 초자아의 적절성, 일관성, 엄격함을 알 수 있다. 처벌받을 만한 행동의 심각성과 처벌의 강도/유형을 비교하여 기록한다. 예를 들어, 사소한 위반에 대해 징역, 사형을 내리고 있다면 가혹한 초자아를 가지고 있다고 해석할 수 있고, 심각한 죄에 대해 처벌을 하지 않는 것으로 이야기를 묘사한다면 초자아가 약하다고 볼 수 있다.

10) 자아 통합

자아 통합 능력은 이야기에 나온 주인공이 여러 가지 갈등 상황을 해결하는 과정 혹은 특성을 보면 알 수 있다. 이는 주요 인물이 대인관계 기술을 얼마나 효과적으로 다루고 있는가를 반영한다. 문제해결의 적절성, 성질, 효과성, 유연성, 스타일 등을 살펴보면 알 수 있다. 이때 사고 과정의 전반적인 특성(기괴한지, 독창적인지, 완전한지)을 평가하는 것이 필요하다.

Bellak은 내담자의 지능을 평정하는 범주를 제공하고 있다. 전통적인 분류 기준인 최우수, 우수, 평균상 등이 사용된다. 추가적인 부분은 내담자의 전반적인 성숙도를 평정하고 있다. 전통적인 TAT 영역 외에도 Bellak과 Abrams(1997)는 내담자의 12가지 자아 기능을 평정하는 척도를 제시하고 있다([그림 7-1] 참조). 이러한 평정은 내담자가 만들어 내는 TAT 이야기와 관련된 행동 관찰을 기초로 한다. 〈표 7-2〉는 12가지 자아 기능에 대한 설명이다.

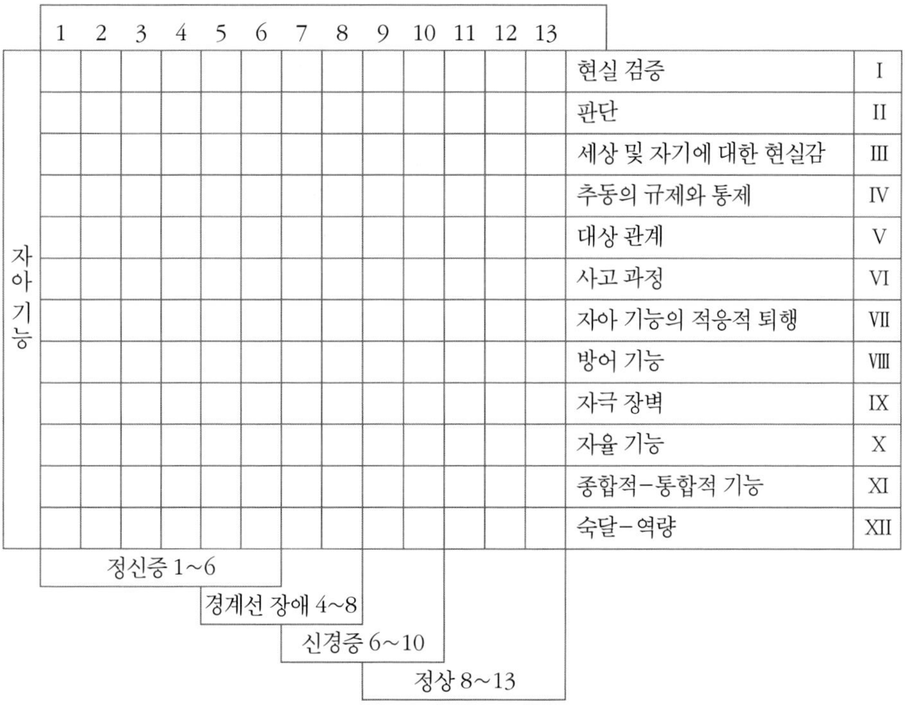

그림 7-1 자아 기능 평가지

* 각 항목의 평가 등급을 연결하여 그래프를 만듦
출처: Bellak & Abrams (1997).

표 7-2 자아 기능

변수	설명
I. 현실 검증	• 내담자가 현실을 정확하게 지각하는 정도, 외부 환경과 연관시키는 정도를 평가 • 시간과 장소 지각의 정확성을 평가
II. 판단	• 상황을 이해하는 능력, 특히 대인관계 상황을 이해하고 이를 통해 효과적이고 일관성 있는 반응을 만들어 내는 능력, 향후 계획뿐만 아니라 사회적, 물리적 결과를 평가
III. 세상 및 자기에 대한 현실감	• 해리 경험, 이인화, 기시감, 미시감 등과 같은 자기개념의 혼란을 평가 • 내담자의 환경 지각에서 현실감과 비현실감을 평가 • 개별화 대 분화, 자존감, 타인 혹은 외부 세계와 구별되는 것으로 자신을 경험하고 있는지를 평가
IV. 추동의 규제와 통제	• 충동 표현이 직접적, 간접적인가? 충동이 효과적으로 통제, 지연되는가? • 추동을 모니터하고 적합한 방법으로 표현할 수 있는가?

V. 대상 관계	• 내담자가 타인과 적절하게 관계를 맺고 타인에게 관여하고 헌신하고 있는가? 관계의 성질은 어떠한지, 내담자가 자신의 욕구를 충족시키는 정도, 왜곡은 없는지, 내담자가 얼마나 성숙한지 그리고 부적응적인 대인관계 패턴에서 얼마나 자유로운지, 타인에 의해 어느 정도로 과잉 영향을 받고 어느 정도로 과소 영향을 받고 있는지 등 • SCORS(Westen's Social Cognition and Object Relation Scale)를 이용하여 평가
VI. 사고 과정	• 내담자의 집중력 및 주의력, 기억력, 언어 능력, 추상적 추론 수준에 주목(예: 강박적인 사람은 매우 세밀한 부분까지 설명, 알츠하이머 환자는 매우 적은 수의 단어만 사용하고 설명, 지시 누락)
VII. 자아 기능의 적응적 퇴행	• 자아의 적응적 기능하에 일시적으로 퇴행해서 자각하고 문제해결을 하고 있는지, 일차 과정 사고를 비교적 자유롭게 표현해서 자기 및 타인에 대해 다른 관점으로 접근할 수 있는지, 방어를 해제하고 거기에서 얻은 통찰과 새로운 관점을 재통합하고 재조직화할 수 있는지를 평가 • 일시적으로 공상 활동으로 퇴행할 수 있는지, 과제에 쉽게 혹은 방어적으로 접근하는지, 이야기 구성이 풍부하고 창의적인지, 제한되어 있고 방어적인지, 공상에 들어갈 때 길을 잃고 일관성이 없는지, 내용을 효율적으로 처리하고 조직화할 수 있는지 여부 평가
VIII. 방어 기능	• 내적으로 불안을 불러일으키는 충동과 갈등으로부터 보호하는 방어기제의 정도. 방어기제가 지나친지, 결함이 있는지, 적응적/부적응적인지, 얼마나 성공적인지 등 방어의 효율성을 전체적으로 평가
IX. 자극 장벽	• 다양한 사건(자극)에 대한 수검자의 반응 정도(반응 역치가 높은지, 낮은지), 사소한 비난에 과잉 반응하는지, 수검자가 분노, 공격성, 주장성, 위축, 혼란, 자기를 희생자로 지각을 하는 식으로 불쾌한 상황에 반응하는지 등을 평가
X. 자율 기능	• 수검자가 자율적으로 대처하고 결정할 수 있는지, 아니면 의존적인지를 평가. 독립적으로 기능하지 못하고 타인이 대신 문제를 해결하도록 하고 의존적인지, 아니면 적응적인 습관과 시간 관리 능력을 가지고 자율적인 행동을 하고 비교적 독립적으로 기능할 수 있는지 평가
XI. 종합적-통합적 기능	• 욕구와 갈등을 조정하는 내담자의 능력 평가
XII. 숙달-역량	• 전반적인 능력, 특히 갈등 해결 능력, 창조적 문제해결, 자아 방어의 경직성의 정도, 자기 효능감, 내적/외적 통제 소재를 가지고 있는 정도, 자기 유능감이 실제 능력이나 성취를 고려할 때 현실적인지, 자신의 능력을 과소평가 혹은 과대평가하고 있는 것은 아닌지 평가

7. TAT의 해석

Bellak과 Abrams(1997)는 TAT 해석 수준을 크게 세 가지 수준으로 나누었다. 첫 번째는 기술적 수준으로, 분석 종이에 그냥 내담자의 이야기를 짧은 형태로 반복하는 것이다. 두 번째 해석 수준에서는 "만일 소년이 바이올린 연습을 한다면 그의 실력은 향상될 것입니다."와 같이 x를 한다면 y의 결과가 생길 것이라고 하는 것이다. 세 번째 진단적 수준은 수검자에 대한 추론이 만들어지는 것으로, 예컨대 1번 카드에서 "높은 자기 효능감을 가진 내담자는 높은 성취 욕구를 가지고 있다."와 같은 것이다. TAT 점수가 수검자의 성격 특성과 항상 일치하지는 않으며, 해석 시 내담자의 현재 생활 상황과 검사 당시의 감정 상태에 주목할 필요가 있다.

TAT는 투사 검사이므로 해석의 근거는 로샤나 HTP와 같은 다른 투사 검사와 비슷하다고 볼 수 있다. 해석의 기본적인 가정은 수검자가 만들어 낸 이야기의 구성 요소란 그 사람의 내면적인 역동에서 파생된 결과이며, 따라서 표면적으로 드러난 이야기 내용이나 구조를 살펴보면 내적인 상태를 알 수 있다는 것이다.

Murray의 해석 체계인 욕구 압력 분석 방법에서는 개인의 욕구와 환경의 압력 사이의 상호작용 결과를 분석함으로써 개인의 심리적 상황을 평가하고자 한다. 이러한 반응 분석 과정에서 반응 내용을 해석하는 기본 요인은 다음과 같다.

- 주인공
- 환경 자극의 요구와 압력
- 주인공의 욕구
- 대상에 대한 주인공의 감정
- 주인공의 내적 심리 상태
- 주인공의 행동 표현 방식
- 이야기의 결과

Murray가 제시한 이 방법은 주인공이 누구인지, 주인공을 둘러싼 환경 자극의 특징은 어떠한지, 주인공의 주된 욕구는 무엇인지, 주요 대상에 대해 주인공이 느끼는 감정은 무엇인지, 감정이 부정적인지 또는 긍정적인지, 욕구와 환경의 압력 관계에서 주인공의 내적인 심적 상태는 어떤지 그리고 행동은 어떻게 표현되고 욕구-압력 관계가 어떤 결말로 이어질지를 종합해 보는 과정이다.

현재 임상심리 전문가들은 TAT를 실시하고 해석할 때 Murray나 Bellak의 실시 요강을 따르기도 하지만 각자 나름대로 약간씩 변형시켜 사용하는 경우가 많다. 해석을 할 때에는 성별, 나이, 부모의 생존 여부, 형제의 나이와 성별, 결혼 여부와 같은 수검자에 대한 기본적인 신상 정보를 알고 있어야 한다. 이러한 정보는 TAT 반응과 통합하여 해석을 해야 한다. 임상가들이 가장 선호하는 직관적 해석 방법에서는 정신분석 이론이 유용한 이론적 틀이 될 수 있다. 정신분석적 지향을 가지고 있는 임상가는 TAT에서 나온 반응을 좀 더 의미 있게 해석할 수 있다.

8. 아동용 통각 검사

아동용 통각 검사(Children's Apperception Test: CAT)는 성인용과 달리 3~10세 아동을 대상으로 만들어진 투사 검사로 Bellak(1954)이 제작하였다. CAT는 성인 TAT 자극을 아동에게 맞는 그림으로 바꾸고 그림에 등장하는 주인공도 동물로 바꾸어서 제작하였다. CAT를 통해서는 아동이 자신의 충동이나 주변의 인물에 대응해 나가는 방식을 이해할 수 있다. 또 다른 투사 검사인 로샤검사가 기본적인 성격 구조에 대한 정보를 주는 데 비해, CAT는 보다 구체적인 문제, 즉 내용이나 주제에 관한 정보를 제공한다.

한국판 CAT는 미국판 CAT를 한국 아동에 맞게 수정 · 제작한 것이다. 여기서는 '투사'의 개념이 Freud가 제시한 방어기제의 투사보다 더 넓은 범위에서 쓰인다. Bellak은 과거의 경험과 지각의 기억 흔적이 현재의 지각에 영향을 미칠 것이라는 가정하에 투사 과정을 '통각적 왜곡(apperceptive distortion)'이라고 표현하였다. 또한 경험의 폭이 넓을수록 통각도 풍부해지고 다양해지리라고 가정하였다. CAT에서는 등장인물을 동물로 제작하였는데, 동물은 만화나 동화를 통해 아동들에게는 친근한 대상이 되어 사람보다 더 잘 동일시되기 때문이다. 로샤검사에서도 아동은 동물 반응의 비율이 성인의 경우보다 훨씬 높다.

CAT에서 동물 자극을 사용하는 이점은 다음과 같다.

- 검사 목적을 위장하기가 편하다.
- 사회적으로 용납되지 않는 욕구나 부정적인 감정을 드러내기가 쉽다.
- 문화적 영향을 덜 받는다.

• 성과 연령이 분명하지 않아 등장인물의 성, 연령 특징에 영향을 덜 받는다.

그러나 그림에 나온 상황이 동물의 전형적인 생활 장면이 아니어서 어린 아동들은 그림을 이해하기 어려울 수도 있다. 또한 지능이 높은 아동이나 초등학교 고학년 아동의 경우 동물 그림을 유치하게 생각할 수 있다는 점도 지적되고 있다.

1) CAT의 구성

• Bellak판: 표준 그림 10장+보충 그림 10장
• 한국판 CAT: 문화 요인을 고려하여 9번의 캥거루 그림을 고양이로 바꿈. Bellak판 중 표준 그림 9장+보충 그림 9장

한국판의 표준화는 김태련, 서봉연, 이은화, 홍숙기(1993)가 하였고 4~12세 서울 중류 가정 아동 270명을 대상으로 하였다. 미국 자료에 비해 상상력이 빈약하고 진술 내용이 빈곤한 것이 특징이다. 동물 자극과 인간 자극을 비교한 연구들은 두 자극 간의 반응에 유의한 차이가 없다는 결과가 대부분이나, 일부 아동은 어떤 경우에는 동물 자극에, 어떤 경우에는 인간 자극에 더 잘 반응하기도 하였다. 대인관계에서 외상이 있거나 부모와 아동 간의 문제가 초점이 될 때 사람 자극을 이용한 CAT-H는 관련된 감정, 불안 또는 적대감을 더 잘 이끌어 낼 수 있다.

2) CAT 그림의 전형적인 주제

그림 1
음식이 들어 있는 큰 쟁반이 놓인 밥상에 병아리들이 둘러앉아 있고 한쪽에는 윤곽이 뚜렷하지 않은 큰 닭이 서 있다.

이 그림에서 흔히 아동은 병아리들이 엄마 닭으로부터 충분히 먹이를 공급받는지 여부에 관심을 나타내며 누가 더 많이 먹는지, 누가 더 착하고 나쁜지에 관심을 보인다. 음식이 보상으로 주어지기도 하고 처벌로 음식을 빼앗기거나 음식을 적게 먹는 것으로 묘사된다. 구강 욕구의 만족 여부, 형제간 경쟁 의식 등이 주요 주제다.

그림 2
곰의 줄다리기 장면으로, 한쪽에는 한 마리의 큰 곰이 줄을 잡아당기고 있고 다른 한쪽에는 큰 곰과 새끼 곰이 함께 줄을 당기고 있다.

새끼 곰이 협력하고 있는 대상을 살펴보면 아버지 혹은 어머니 중 어느 쪽과 동일시하고 있는지가 드러난다. 그림의 장면을 단순한 놀이로 보는지, 아니면 심각한 싸움으로 보고 이기고 지는 것에 대한 관심이 드러나는지를 평가한다. 부모 중 동일시하는 쪽, 독립 욕구, 처벌에 대한 공포, 자위에 대한 상징적 반응 등이 표현된다.

그림 3
사자가 담뱃대와 지팡이를 가지고 의자에 앉아 있고, 오른쪽 아래 구석에 있는 쥐구멍에서 작은 쥐가 나오고 있다.

사자가 담뱃대와 지팡이라는 상징물을 가진 아버지의 모습으로 비춰진다. 반면에 쥐는 대체로 아동 자신과 동일시하는 반응을 나타낸다. 아동이 사자를 아버지 모습으로 볼 경우 지팡이를 공격의 수단으로 보아 아버지를 힘과 권위의 상징과 동일시할 수 있으며, 반면에 무기력한 늙은이로 바꾸기도 한다. 때로는 아동 자신이 사자와 동일시하는 등 동일시 대상을 한두 번 바꾸는 경우가 있는데, 이때는 역할에 대한 혼란 및 순종과 자립심에 대한 갈등이 나타나기도 한다.

그림 4
어두운 방에 큰 이부자리가 깔려 있고, 작은 토끼 한 마리가 자지 않고 혼자 앉아 있다.

어둠이나 혼자 있는 것에 대한 공포, 부모의 동침 장면에 대한 호기심이 드러난다. 때로는 남근기의 문제, 즉 오이디푸스 콤플렉스 상징 반응이 나타난다.

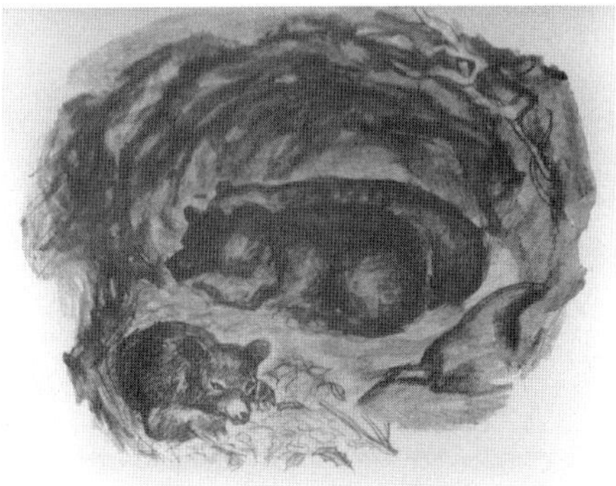

그림 5
동굴 속에는 흐릿한 모습의 큰 곰 두 마리가 있고, 동굴 앞쪽에는 아기 곰이 엎드려 있다.

이 그림에 대한 반응은 흔히 아빠 곰과 엄마 곰이 잠을 자고 아기 곰은 혼자 앉아 있다는 것으로, 부모의 동침 장면에 대한 태도가 나타난다. 그림 4와 같은 삼각관계의 문제나 잠자리에서의 자위 행위 문제가 나타나기도 한다.

그림 6
날카로운 이빨과 발톱을 가진 호랑이가 원숭이에게 뛰어 덤빈다.

호랑이가 원숭이를 잡아먹으려고 한다거나 호랑이와 원숭이가 싸우려고 한다는 표현에서 아동의 공격에 대한 두려움 정도와 그것을 어떻게 받아들여 처리하는가가 나타난다. 대부분 불안의 정도가 분명해진다. 공격에 대한 방어가 잘되어서 불안의 흔적이 없고 평화스러운 장면으로 바꾸어 말하기도 한다. 원숭이가 호랑이를 이기는 적도 있는데, 이때는 원숭이를 공격에 대처하는 자신으로 동일시할 수 있다. 동물의 꼬리에 관심을 보일 경우는 거세 공포를 반영하는 것으로 해석된다.

그림 7
두 마리의 원숭이는 의자에 앉아 차를 마시면서 이야기를 나누고 있고, 그 앞에는 큰 원숭이가 새끼 원숭이에게 이야기하고 있다.

아동이 생각하는 가족 내에서의 자신의 역할이 나타나며, 새끼 원숭이에게 이야기하는 큰 원숭이를 아버지 또는 어머니 중 누구와 동일시하는가를 알 수 있다. 아버지, 어머니 중 누가 지배적이며 누가 더 자상한 모습으로 투사되는지 판단할 수 있다. 차를 마시는 것이 강조된다면 구강기 특징과 연결 지어 해석할 수 있다.

그림 8
화장실 안에서 강아지가 큰 개의 무릎 위에 엎혀 있는 그림이다.

새끼 강아지가 잘못했기 때문에 엄마가 새끼 강아지를 때린다는 표현을 통해 아동의 도덕 개념, 즉 죄와 벌에 대한 태도를 알 수 있다. 자위 및 대소변 훈련 문제, 퇴행 경향 등이 나타난다.

그림 9
하마 한 마리가 과일 가게 앞에 서 있고, 다람쥐 두 마리는 과일을 하나씩 손에 쥐고 달아난다.

두 마리의 다람쥐가 과일을 훔쳐서 달아나는 것으로 보아 도벽과 벌에 대한 도덕 개념의 정도를 나타낸다. 그림 8이 가정 상황에서 자기 자신의 청결 문제와 관련되는 것이라면, 이 그림은 사회적 상황에서의 도덕 개념으로 발전된 면을 알 수 있다. 하마가 사과를 다람쥐에게 나누어 주는 인자한 성인의 형상으로 바꾸어 지각되는 것으로 권위에 대한 아동의 생각이 긍정적인지 혹은 부정적인지를 알 수 있다.

보충 1

네 마리의 다람쥐가 미끄럼을 타고 있다. 한 마리는 막 타고 내려오고 있고, 또 한 마리는 내려오려는 순간이며, 다른 두 마리는 계단을 올라오고 있다.

놀이 장면으로 지각하면서 아동의 신체 활동이나 상해에 대한 두려움, 또래 관계의 문제 등이 드러난다.

보충 2

원숭이 세 마리가 교실 안에 있다. 원숭이 두 마리는 책상에 앉아 있고, 가운데 원숭이는 책을 들고 서 있다. 맨 끝에 앉은 원숭이는 꼬리를 만지작거린다.

아동의 학교 생활(교사, 또래, 학업 등)이 드러나며 여러 가지 문제가 표현된다. 특히 그림에 나타나지 않은 교사상이 부각될 수 있으며, 자신의 지식을 과시하고자 하는 욕망이나 자신의 무지에 대한 공포 또는 대중 앞에서 자신을 표현하는 것에 대한 공포가 드러나기도 한다. 꼬리를 잡고 있는 원숭이에게 관심을 보일 경우 자위 행위를 나타낸다고 해석할 수 있다.

보충 3
쥐들의 소꿉놀이 장면이다. 큰 안경을 낀 아빠 쥐에게 엄마 쥐가 차를 따라 주고 있으며, 작은 유모차와 장난감이 주변에 흩어져 있다.

아동이 가지고 있는 어른에 대한 환상, 어른의 역할에 대한 인식, 부모와의 동일시 등이 나타난다.

보충 4
큰 곰 한 마리가 두 마리의 아기 곰을 품에 안고 있다.

아기 곰을 통해 구강 욕구가 드러나며, 아기 곰에 대한 적대 감정과 퇴행 경향을 알 수 있다. 엄마의 태도에 대한 묘사에서 독립 및 의존의 갈등, 일반적인 부모와의 관계 등이 나타난다.

보충 5

엄마 토끼가 아기 토끼를 유치원(학교) 문 앞에 데리고 와서 토끼 선생님에게 인계하려고 하고 있으며, 운동장에서는 동물들이 수업하고 있다.

유치원 또는 학교를 시작하는 아동의 문제가 드러난다. 즉, 유치원 상황에 대한 아동의 태도와 흥미를 알 수 있으며 엄마와의 관계에서 독립 내지 의존의 정도, 교사에 대한 이미지가 나타날 수 있다.

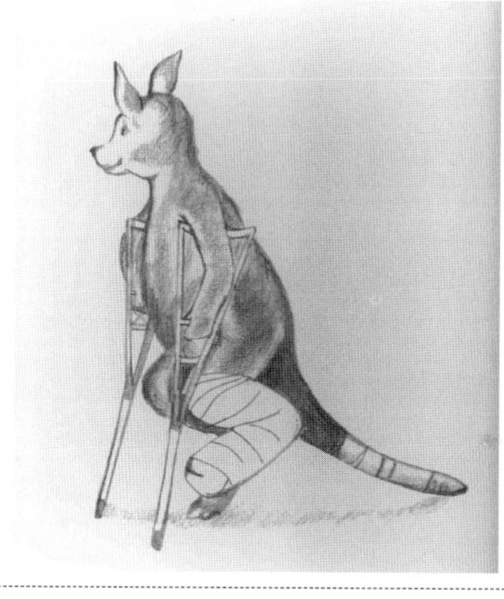

보충 6

다리와 꼬리에 상처를 입은 캥거루가 목발을 짚고 서 있다.

아동의 상해와 거세에 대한 공포, 신체 불구나 허약한 사람 또는 자신의 신체 결함에 대한 이미지와 태도, 신체 결함에 대한 사회적 저항 정도가 나타난다.

보충 7

고양이 한 마리가 거울 앞에서 자기 모습을 비추어 본다.

자기 신체에 대한 이미지, 외모에 대한 자부심 또는 열등감, 성차나 노출에 대한 아동의 생각 등이 표현된다.

보충 8

토끼 의사가 아기 토끼를 청진기로 진찰하고 있으며 한 구석에 약병이 놓여 있다.

아동이 질병에 대해 가지고 있는 공포나 저항, 신체적 상해에 대한 관심, 의료진에 대한 생각 등이 나타난다. 의사, 간호사, 병원, 수술, 기타 병원에 대한 아동의 감정과 생각을 알 수 있다.

보충 9
목욕탕에서 큰 고양이가 몸을 씻고 있는 장면을 작은 고양이가 문을 살며시 열고 들여다보고 있다.

아동의 반응을 통해 성차나 나체에 대한 태도, 성적 호기심을 알 수 있다. 특히 가정 내에서 대소변 및 청결 훈련과 관련된 강박증 정도를 알 수 있다.

3) CAT의 실시 방법

CAT를 실시하기 위해서는 투사 검사의 기본 이론 및 원리, 아동과 관련된 특수한 문제를 인식하고 있어야 한다. 특히 아동 개개인에게 맞는 지시와 어떤 경우에 어떤 반응을 나타낼 것인가의 예측, 수검자의 행동에 관한 관찰과 기록 그리고 분석과 판단에 필요한 훈련과 예리한 판단력이 요구된다.

검사를 지시할 때에는 아동 수검자의 연령, 지능, 성격 또는 생활 환경을 고려한 지시와 칭찬이 필요하다.

초기 지시문

"지금부터 그림을 가지고 이야기하는 놀이를 할 거야. 그림을 보여 줄 테니, 그림들을 보고 거기에 어떤 일이 일어나고 있는지 말해 봐. 자, 이 그림을 봐. 여기 나온 동물들은 지금 무엇을 하고 있지? 여기서 지금 어떤 일이 일어나고 있는지 말해 봐. (어느 정도 이야기하게 한 다음) 그럼 이 일이 있기 전에는 어떤 일이 일어났을까? 그럼 다음에는 어떻게 될까?"

중기 지시문

"그럼 그 전에는 무슨 일이 있었을까? (이에 대한 대답을 하면) 그럼 그다음에는 어떻게 될까?"

심층 지시문

한 그림에 대해 이야기를 다 마친 뒤에 이야기의 특수한 사항들에 대해 보다 상세하게 물어본다.

"어느 동물이 그런 이름을 갖게 되었니?"

"동물들은 몇 살이지?" "넌 그중에 누가 되고 싶니?"

아동의 경우 "참 잘하는구나. 다른 걸 해 볼까?"와 같은 칭찬이나 격려를 하면 좀 더 풍부한 반응을 이끌어 낼 수 있다.

수검자의 질문에 대한 반응

예시 1: "이건 뭐예요? 남자예요, 여자예요?"
→ "너는 어떻게 생각하니? 네 생각대로 말해 봐."

예시 2: "앞의 그림에 이어지는 이야기를 만들어야 해요?"
→ "그렇게 해도 되고 다른 이야기를 만들어도 돼."

4) 검사 거부에 대한 처리

첫 그림부터 거부하는 경우에는 아동이 흥미를 가질 수 있도록 그림을 바꾸어서 시행하는 것이 좋다. 특정 그림을 거부할 경우 다른 그림으로 옮겨 갔다가 다시 시행한다. 중도에 거부하는 경우에는 다른 그림을 해 보거나 잠시 쉬고 다른 대화를 하다가 시행하는 것이 좋다. 단, 암시적인 질문은 삼간다. 아동이 반응하는 것을 축어록으로 남기는 것이 좋다. 녹음도 가능하나 이 경우 아동의 주의가 분산되지 않도록 해야 한다.

5) CAT의 분석 방법

CAT의 분석 방법은 전반적으로 TAT의 분석 방법과 비슷하다. 다만 CAT는 아동에게 실시하기 때문에 발달 심리학적 관점과 지식을 가지고 있어야 해석이 용이하다.

(1) 주제

CAT에서는 아동이 각 그림에서 무엇을 생각해 내는지, 왜 그러한 이야기를 하는지, 그것이 아이의 내적 세계에서 어떤 의미를 갖는 것인지를 알아내고자 한다. 해석상의 편리를 위해 기술적 수준, 해석적 수준, 진단적 수준으로 나누어 기술한다.

그림 1에서 아이가 "아침밥을 먹고 놀러 나갔는데 엄마가 '냇가에 가면 물에 빠질 수 있어. 가지 마.'라고 했고, 병아리들은 '안 갈게요.'라고 하고서는 냇가에 갔다가 물에 빠졌다. 엄마가 '그러기에 가지 말라고 했지.' 하면서 꾸지람을 해서 그 후에는 절대로 가지 않았다."라고 했다면 다음과 같이 요약해서 기록한다.

- 기술적 수준: 병아리들이 엄마 말을 안 듣고 냇가로 가서 물에 빠져서 울면서 엄마에게 갔고, 혼난 다음 다시는 가지 않았다.
- 해석적 수준: 어머니 말을 거역하면 좋지 않은 일이 생기니, 다음부터는 말을 잘 듣는다.
- 진단적 수준: 자율의 욕구, 초자아의 증거, 권위적 대상에 대한 순종

(2) 주인공의 동일시 대상

대개 아동과 성별 및 연령이 같고 처지가 같은 인물이 주인공이 된다. 주인공 탐색의 단서는 다음과 같다.

- 이야기의 중심 인물
- 맨 먼저 언급되는 인물
- 아동의 주의의 초점이 되는 인물
- 중요한 행동을 하는 데 있어 주동적 위치에 있는 인물
- 다른 사람들이 모두 그 인물을 향해 말하거나 그 인물을 중심으로 상황이 전개됨

이런 점들을 감안하여 이야기 내용에서 주인공이라고 간주되는 대상을 찾아내어 그

대상을 명기하고 연령, 성별, 직업, 능력 및 기타 특징을 적는다. 때로는 주인공이 하나 이상일 때가 있고 처음에는 이 동물에, 나중에는 저 동물에 동일시하기도 하고 혹은 둘 다에 동일시하기도 한다.

(3) 주인공의 주요 욕구

아동 수검자의 욕구는 이야기 가운데 나타나는 주인공의 행동 기술에 투사될 때가 많다. 그리고 그림에 없는 대상이나 상황을 도입해서 이야기하거나 어떤 부분이나 대상을 빠뜨려 버리고 이야기하는 데서 나타나기도 한다.

TIP 주인공의 세부 욕구

- 행동적 욕구로 주인공의 행동 기술에 쉽게 투사된다.
  예: 놀러 갔다 → 명령을 거역하고 놀러 가고 싶은 충동, 자율적 욕구를 나타낸다.
- 도입된 대상에 내포된 욕구: 상황의 상징적, 실제적 의미를 찾는다.
  예: 물에 빠졌다 → 저항에 대한 죄책감으로 인한 자기 처벌적 욕구가 드러난다.
- 간과된 대상에 내포된 욕구: 간과된 자극의 의미를 찾는다.
  예: 병아리 각각에 대한 언급 부재 → 대상을 빠트렸다면 그 대상에 대한 시기심, 적대감을 암시할 수 있다. 형제간의 경쟁 욕구와 적대감이 표현된다.
- 세부 지각에 내포된 욕구: 일반적으로 간과되기 쉬운 세부 묘사를 하고 있다면 그 의미를 찾아볼 수 있다.
  예: 원숭이의 꼬리를 만지고 있다는 것을 강조하고 있다면 꼬리의 상징적 의미로서 자위 행위나 남근기 주제가 나타난다고 볼 수 있다.

(4) 주변 인물에 대한 지각

그림에 나온 등장인물들을 자기 주변의 어떤 인물과 동일시하여 지각하는가를 알아보면 그 아이가 주변 사람들에 대해 가지고 있는 지각과 역동을 이해할 수 있다. 예를 들어, 어떤 대상을 아버지로 보고 어떤 대상을 어머니로 보느냐는 아이들에게 매우 중요한 의미를 갖는다. 그 대상에 대한 행동적 기술은 부모에 대한 정서적 친근함 내지는 거리감과 지각 구조의 특성을 반영한다. 부모, 또래, 나이 많은 대상 및 어린 대상에 대한 지각이 드러난다.

(5) 주요 갈등

수검자가 어떤 갈등을 가지고 있는지, 그 갈등의 성질과 강도를 살피는 동시에 그런 갈등으로 인해서 일어나는 불안에 대해 수검자가 어떤 방어기제를 사용하는지를 알아보게 된다. 물에 빠진 다음 엄마한테 혼나고 나서 다시 물가에 가지 않겠다고 하는 것은 권위적 존재에 대한 복종을 뜻한다. 초자아와 저항 내지 공격 욕구 간의 갈등을 보인다고 볼 수 있다.

(6) 불안의 성질

아동 수검자의 주요 불안을 알아내는 것은 매우 중요하다. 불안의 성질, 즉 신체적 상해, 처벌, 애정 결핍, 상실에 대한 두려움 등이 나타나는데, 발달 과정상 정상적인 것과 병리적인 것을 구분할 필요가 있다. 수검자의 생활사적 자료와 규범적인 자료를 고려하여 병리적인 불안인지 혹은 정상 불안인지를 평가할 필요가 있다. 물가에 가서 빠진 경험을 이야기하는 것은 신체적인 상해를 두려워하고 그에 대한 약간의 불안이 있음을 암시한다.

(7) 주요 방어기제

아동의 성격 구조에 대한 탐색이 가능하다. 초자아의 적절성, 즉 주인공의 실수, 처벌 등이 타당하고 적절한가의 문제는 아동이 가지고 있는 초자아의 엄격성을 나타낸다. 예를 들어, 아동이 어머니 말을 안 듣고 냇가로 간 것을 뉘우치고 있다면 중간 내지 약간 엄격한 초자아를 가지고 있다고 볼 수 있다.

(8) 자아의 강도

주인공의 충동/욕구 또는 현실적 요구와 초자아의 명령을 어떻게 타협하며 처리하는가의 문제가 드러날 수 있다. 뿐만 아니라 주인공이 그러한 자극에 대해서 얼마나 민감하며 어떠한 자극에 더 집착하느냐를 통해 자아 강도를 측정할 수 있다. 주인공이 자기 자신의 욕구에 너무 집착하는 나머지 현실적인 요구나 초자아 명령을 감지하지 못하는 경우가 있다. 그러므로 주인공이 그의 욕구와 현실 및 사회 규범 혹은 도덕 간의 갈등을 처리하는 방식과 적절성을 살펴보는 것이 중요하다.

(9) 해석의 틀

주인공에게 작용하는 환경적 자극, 즉 주인공이 받고 있는 압력을 분석해서 주인공

TIP 주인공의 욕구

외적 사상에 대한 욕구

- 성취 욕구: '열심히 공부하려고 한다. 책을 보려고 한다, 기회를 노렸다' 등
- 획득 욕구: 사회적 획득('먹을 것을 찾으러 다닌다, 먹이를 구해 왔다'), 반사회적 획득('뺏어 먹으려고 한다, 도둑질한다, 훔쳐간다')
- 구성 욕구: '물건을 정리한다, 나무토막을 쌓는다, 방청소를 하고 있다, 고양이 집을 만들려고 한다' 등
- 호기심 욕구: '들여다보고 있다, 목욕탕을 몰래 들여다본다' 등
- 전시 욕구: '멋을 부리다, 예쁘게 머리를 빗다, 자랑한다, 거울을 보고 몸치장한다' 등
- 섭취 욕구: '먹을 것을 찾는다, 주사를 놓는다, 밥을 먹는다' 등
- 수동성; '가만히 앉아 있다, 아무 생각도 안 한다, 젖도 안 먹고 놀지도 않고 아무것도 안 한다' 등
- 지원 욕구: '힘이 드니까 도와준다, 아빠 곰이 돕는다, 엄마가 약해서 엄마 편을 든다, 밧줄을 내려준다' 등

대인관계 욕구

- 공격 욕구: 정서적 · 언어적 공격('막 욕을 한다, 흉을 본다'), 신체적 · 사회적 공격('매를 때리다'), 파괴 욕구('때려 부수다, 죽이려고 한다, 잡아먹으려 한다, 불을 지른다')
- 경쟁 욕구: '1등을 한다, 이기려고 막 달리고 있다, 서로 많이 먹으려고 한다' 등
- 기대 욕구: '밥을 달라고 조른다, 다른 동물이 오면 쫓아 보낸다, 엄마한테 안아 달라고 한다, 젖을 달라고 운다' 등
- 의존 욕구: '엄마를 따라가려고 한다, 엄마한테서 안 떨어지려고 한다, 형에게 숙제를 도와달라고 한다' 등
- 지배 욕구: 타인의 행동, 감정이나 생각에 영향을 미치려고 하는 것. '책을 읽으라고 지적했다, 반장에 임명되었다' 등
- 불안 욕구: 주변 인물에 대해 불안해하고 두려움을 가지는 것. '무서워서 막 떨고 있다, 무서워서 숨었다, 걱정하다' 등
- 친화 욕구: 친구들과 사귀고 싶어 하고 우호관계를 유지하는 것. '친구 집에 놀러 간다, 안 싸우고 잘 논다' 등
- 적개심: 주변 사람을 미워하고 불친절하게 대하는 것. '내 것을 달라고 할 때 제일 싫다, 때린 사람을 미워한다, 욕해서 밉다' 등
- 거부 욕구: 타인의 요구를 들어주지 않고 거부하는 것. '선생님을 만나기 싫어한다, 먹지 않으려 한다, 씻지 않으려 한다' 등

압력 배제의 욕구

- 자율 욕구: 구속이나 속박으로부터 도피, 회피하는 것. '일하기 싫어 나간다, 내 마음대로 한다, 엄마가 시키지 않아도 내가 한다' 등
- 저항 욕구: 강요에 저항하는 것. '일하기 싫어서 나간다, 학교 가기를 싫어한다, 엄마, 아빠가 하라는 일을 안 한다' 등
- 복종 욕구: '청소하라고 해서 청소한다, 엄마가 시키는 대로 한다, 다시는 그러지 않으려고 한다' 등
- 방어 욕구: 공격, 비난으로부터 자기 자신을 방어하는 것. '야단맞을까 봐 변명을 한다, 실수할까 봐 조심한다. 친구가 욕을 해서 나도 욕을 했다' 등
- 권력 욕구: 사람과 사물을 다루는 능력이 뛰어난 것. 남을 지배하고 자기 뜻대로 부리고 싶어 함. '왕이 된 것 같다, 대장이 된다, 힘이 센 것 같다' 등
- 처벌 욕구: 실수나 과실, 규칙을 어긴 것에 대해 벌을 주는 것. '혼내 주다, 엄마한테 매를 맞았다, 경찰에 잡혀 갔다, 야단을 맞았다' 등

의 욕구와 관계 지어 보는 것이 중요하다.

환경과 대인관계 압력 외에도 주인공에 대한 압력, 즉 질병, 죽음, 좌절, 죄, 무력감, 신체적 부적절감, 심리적 부적절감도 고려할 필요가 있다.

TIP 주인공에 대한 압력

대인적 압력

- 성취/획득/친화
- 공격/지배/지시
- 지지/거절/복종
- 구성/양육/요구
- 처벌

환경적 압력

주인공의 행동에 영향을 미치는 환경 내에서의 압력

- 재해: 자연재해, 사고 등
- 불행: 주인공이 아닌 타인의 불행
- 결핍: 영양, 배고픔, 갈증, 모유의 부족 등

- 소유: 아동이 장난감이 없거나 박탈당한 경우
- 우정: 친구와 헤어지거나 친구가 죽는 것
- 위험: 자연으로부터의 물리적인 위험과 불행

내적 압력

주인공의 내부에서 올라오는 압력

- 질환: 신경과민, 심장병, 소아마비 등
- 죽음: 주인공의 죽음
- 좌절: 주인공의 행동에서 일어나고 있거나 일어나리라고 예상되는 욕구의 좌절
- 죄: 주인공의 범법 행위나 비행에 대한 죄책감, 종교적 · 도덕적 죄의식의 자각
- 무력감: 신체적 부적절감, 결함, 심리적 부적절감
- 열등감: 개인이 느끼는 신체적, 사회적, 정신적 열등감

- TAT와 마찬가지로 반응이 반복된다면 주요한 해석의 단서가 된다. 특이한 1~2개의 반응보다는 반복해서 나타난 반응들에 근거하여 해석하는 것이 타당하다. 인물, 사물, 상황의 반복과 감정과 태도의 반복이 나타날 수 있다. 그렇다고 해서 이탈적이고 비전형적인 소수의 반응을 무시해서는 안 되며 가능한 한 모든 단서에 주의를 기울여야 한다.
- 주제가 나오는 순서는 의미가 있다. 예를 들어, 반항 이야기 다음에 순종 이야기가 나올 경우와 그 반대의 경우에는 해석의 의미가 달라진다. 주인공의 성격 특성이 일관성 있게 표현될 때 그들 관계가 안정되어 있다고 볼 수 있다. 그렇지 않을 경우는 관계가 모호하거나 양가적일 수 있다. 또한 그림에 제목을 붙이는 경우는 이야기가 진행됨에 따라 불안이 증가하는 것일 수 있다.
- 아동이 처한 상황(가족, 학교 등)을 비롯한 여러 가지 정보를 통해 아동의 CAT 반응을 의미 있게 해석할 수 있다.
- 동일시 수준을 평가한다. 특히 어떤 성별에 동일시하느냐에 따라 아동이 지향하는 성역할에 대한 정보를 알 수 있다. 앞서 제시한 주인공 탐색 요령을 참고하여 아동이 동일시하는 대상을 찾아내야 한다. 여아가 특별히 여성을 부여할 경우 그 대상에 강한 여성 동일시가 일어나고 있다는 의미인데, 전후 맥락을 고려하여 결정하는 것이 중요하다.
- 발달 수준을 고려한다. 발달 수준에 따라 흔히 등장하는 주제가 있다는 것을 명심

하고, 발달 수준에서 기대되지 않는 반응은 개인 정보를 고려하여 세심하게 해석해야 된다.

TIP CAT 사람 그림판(CAT-H)

CAT 동물 그림은 문화적 제약을 받지 않고 성별, 연령에 구애받지 않는다는 장점이 있지만, 초등학교 고학년 정도가 되면 동물 자극이 유치하다는 생각을 가질 수 있다. CAT 사람 그림판은 CAT 동물 그림판과 마찬가지로 아동의 삶에서 중요한 문제나 상황과 관련된 주제(섭식, 경쟁심, 공격성, 외로움 및 부모와의 상호작용 등)가 표현될 수 있다. 종단 연구나 장애별 비교 연구 등을 통해 사람 그림판과 동물 자극판의 상대적 장점을 알아볼 수 있다.

참고문헌

김태련, 서봉연, 이은화, 홍숙기(1993). **아동용 회화 통각 검사.** 경기: 한국가이던스.

Ackerman, S. J., Clemence, A. J., Weatherill, R., & Hilsenroth, M. J. (1999). Use of the TAT in the assessment of DSM-IV personality disorders. *Journal of Personality Assessment, 73,* 422-448.

Arnold, M. B. (1962). *Story Squence Anlysis: A new Method of Measuring and Predicting Achievement.* New York: Columbia University Press.

Bellak, L. (1954). *The Thematic Apperception Test and the Children's Appercertion Test in Clinical Use.* New York: Grune & Stratton.

Bellak, L. (1986). *The TAT. CAT and SAT in Clinical Use* (4th ed.). New York: Grune & Stratton.

Bellak, L. (1993). *The TAT. CAT and SAT in Clinical Use* (5th ed.). New York: Grune & Stratton.

Bellak, L., & Abrams, D. M. (1997). *The TAT. CAT and SAT in Clinical Use* (6th ed.). New York: Grune & Stratton.

Cramer, P. (2006). *Protecting the Self: Defense Mechanisms in Action.* New York: Guilford Press.

Ebbinghaus, H. (1896). Ueber eine neue methode zur Pruefung geisige Faehigkeiten und thre Anwendung bei Schulkindern. *Zeitschrift fuer Psychologie und Psychologie der Sinnersorgane, 13,* 401-457.

Groth-Marnat, G. (2009). *Handbook of Psychological Assessment* (5th ed.). Hoboken, NJ: John Wiley & Sons, Inc.

Hart, D. H. (1972). Sentence Completion Test for children. In H. M. Knof (Ed.), *The Assessment of Child and Adolescent Personality.* New York: Guilford Press.

Jenkins, S. R. (2008). *Handbook of Clinical Scoring Systems for Thematic Apperception Techniques.* Mahwah, NJ: Erlbaum.

Jung, C. G. (1910). The association method. *American Journal of Psychology, 21,* 219-269.

Pennebaker, J. W., & Seagal, J. D. (1999). Forming a story: The health benefits of narrative. *Journal of Clinical Psychology, 55,* 1243-1254.

Weston, D. (1995). Revision of Social Cognition and Object Relations Scale: Q sort for projective stories (SCORS-Q). Unpublished manuscript, Cambridge Hospital and Harvard Medical School, Department of Psychiatry, Cambridge, Ma.

제8장

신경심리평가

사례 1

철도공 Gage는 누구에게나 친절하고 상냥하며 성실하여 동료들에게 인기가 많았다. 어느 날 그가 새로운 철로 설치를 위해 폭파 작업을 하던 중 다이너마이트가 잘못 터지면서 1m가 넘는 쇠막대기가 Gage의 머리를 관통했다. 그는 충격으로 잠시 기절하였으나 곧 정신이 들어 스스로 병원을 찾아갔다. 의사는 그의 두개골에 손가락 몇 개가 들어갈 정도의 구멍이 나 있는 점을 제외하고는 특별한 이상을 발견하지 못하였다. 하지만 사고 이후 그는 이전과는 전혀 딴판인 사람으로 변하였다. 그는 욕을 입에 달고 지냈고 거칠고 무례했으며 기분 변화도 심했다. 늘 술에 취해 있고 괴팍하게 행동하는 그는 동료들과 마찰이 잦았고 더 이상 직장 생활을 할 수가 없었다.

사례 2

명문대를 졸업한 L 씨는 전도유망한 대기업에 엔지니어로 입사하여 2~3년간 성실히 직장 생활을 잘해 왔다. 그러던 어느 날 직장 상사와 동료들이 자신을 감시하고 모함한다는 피해망상 및 이와 관련된 환청에 시달리면서 주변 사람들과 갈등이 심해지고 업무에 지장이 초래되어 퇴사하였다. 이후 L 씨는 10여 년간 조현병 진단하에 약물 치료를 받아 왔으나 간혹 임의로 투약을 중단하였고 병이 수차례 재발하였다. 근래 몇 년 동안 L 씨는 정신건강복지센터에서 사례 관리를 받으며 약물 치료를 꾸준히 유지하고 있다. 현재 L 씨는 망상, 환각 같은 정신증적 증상은 보이지 않지만 행동이 굼뜨고 느리며 한 가지 일에 집중을 못하고 멍하니 있는가 하면, 주변 일에 무관심하고 어린아이처럼 조른다든지 눈치 없이 행동할 때가 많아 직업은 물론 사회생활을 유지하기가 어렵다.

첫 번째 사례는 1800년대 중반에 실재했던 Phineas Gage의 일화로, 뇌 전두엽의 손상과 행동 간의 관계를 밝혀내는 데에 중요한 기여를 했다. 두 번째 사례는 지속적인 치료를 통해 망상, 환각과 같은 양성 증상이 조절됨에도 사회적, 직업적 적응의 어려움이 지속되는 만성 조현병 환자들에게서 흔히 관찰되는 인지적, 행동적 특성이다. 정신건강의학과나 신경과 같은 임상 장면에서 일하는 심리학자들은 이와 같이 환자들의 뇌손상 여부, 현재 뇌 기능이 환자의 행동, 정서 및 일상생활에 미치는 영향 등을 평가하는 역할을 담당하기도 한다. 예를 들어, 뇌졸중, 뇌종양, 간질 등과 같이 명백한 뇌손상이 있는 환자들의 현재 인지 기능이나 사회적 기능 수준, 정서 및 행동장애가 수반되는지를 평가하기도 하며, 교통사고나 산업재해로 인해 두뇌 외상 가능성이 있는 환자들을 대상으로 뇌손상 여부를 확인할 목적의 심리평가를 실시하기도 한다. 혹은 인지 기능이나 행동상의 변화를 보이는 노인 환자들을 대상으로 치매 진행 여부나 그 심각도를 평가하기도 한다. 이러한 심리평가 영역은 신경심리평가(neuropsychological assessment)로 분류된다.

신경심리학은 뇌와 인간의 행동, 정서 및 인지 간의 관계를 연구하는 학문으로, 임상 장면에서는 뇌의 구조적, 기능적 문제가 행동으로 어떻게 표현되는지를 다룬다. 신경심리평가는 뇌의 기능을 심리학적 방법으로 측정하고 그 결과를 분석, 해석하는 일련의 과정을 일컫는다. 영상의학적 기술이 발달하기 이전인 19세기에는 통제된 관찰이나 구성 개념에 기초해 뇌와 행동의 관계에 대한 가설을 세우기 시작하였다. 신경심리학이 본격적으로 발달하기 시작한 것은 20세기 초로, 이 무렵 제1 · 2차 세계대전을 거치는 동안 군복무자 선발을 위해 뇌손상 및 행동장애에 대한 진단적 선별검사가 개발되기 시작하였다. 그리고 종전 후에는 뇌손상 군인들이 발생하면서 그들을 대상으로 한 평가 및 재활의 목적에서 정교한 신경심리평가가 개발되었다. 다른 한편으로는 20세기 초 서구를 중심으로 공교육이 보편화되면서 정규 교육을 이수할 수 있는 아동과 지적장애 아동을 감별할 목적에서 개발되기 시작한 지능검사는 다양한 인지 기능 검사로 확장되었고, 후에 신경심리평가에 통합되었다. 20세기 중반에는 실험 심리학이 발달하면서 정상인을 대상으로 한 인지 기능 연구, 동물의 뇌 연구 등이 활성화되었고, 이 역시 신경심리평가의 이론적 · 방법론적 토대가 되었다. 20세기 후반부터 현재까지는 뇌 영상학이 발전하면서 행동의 기초가 되는 신경, 뇌 기능에 대한 이해의 폭이 넓어지게 되었다.

신경심리평가 장면에서 심리학자들은 환자의 행동과 뇌의 관계에 대해 신경학적 측면뿐만 아니라 심리적 측면에서도 그 중요성을 인식하여 다양한 의문을 제기하고 그에 대한 해답을 찾아야 한다. 또한 최근 신경과학 분야는 뇌를 연구하는 다양한 관련 분야의 학제 간 접근이 중요시되는 추세이므로 이들과의 상호 협력 또한 중요하다.

이 장에서는 신경심리평가의 목적, 절차 및 방법, 임상 장면에서 많이 사용되는 신경심리검사 등을 소개하고자 한다.

1. 신경심리평가의 목적 및 사용 장면

신경심리평가는 다음과 같은 목적에서 주로 사용되고 있다(Lezak, Howieson, & Loring, 2012).

- 진단
- 환자 관리 및 치료 계획
- 치료: 재활 및 치료 평가
- 연구
- 법정 장면에서의 자문

1) 진단

신경심리평가는 두뇌 외상이나 뇌기능 장애를 진단할 목적에서 사용된다. 예를 들어, 신경심리평가는 환자의 행동 문제가 정신의학적 증상에 기인한 것인지, 아니면 뇌손상이나 다른 신경학적 증상에 기인한 것인지를 감별하고자 할 때 사용된다. 또한 신경학적 장애에 대한 진단 및 감별 진단을 위해 사용되기도 한다. 일례로, 인지 기능 저하를 호소하는 노인들을 대상으로 현재 상태가 경도 인지장애인지, 치매에 해당하는지를 확인하기 위해 혹은 두뇌 외상을 입은 환자의 경우 이로 인해 유의한 인지적 손상이 초래되었는지를 확인하기 위해 신경심리평가를 실시한다. 환자가 치매라면 알츠하이머형 치매인지, 혈관성 치매나 다른 병인에 의한 치매인지를 감별하고 현재 기능 수준이 어느 정도인지를 평가하기 위해 신경심리평가를 실시한다. 최근 CT, MRI, PET와 같은 최첨단의 영상학적 검사 기법이 발달하면서 뇌의 구조적 손상이나 뇌병변 여부, 손상/병변의 위치, 크기 및 부피 등을 확인할 목적에서 사용되던 신경심리평가의 비중은 많이 줄어드는 추세다. 하지만 영상학적 검사를 통해 뇌 병변의 위치, 크기, 부피 등이 확인되더라도 이러한 신경학적 상태와 행동으로 드러나는 기능의 손상 정도가 반드시 비례하지는 않으며, 그 양상도 매우 다양하기 때문에 영상학적 검사만으로는 충분치 않다. 특히 중독성 뇌장애, 초기 단계의 알츠하이머형 치매, 경미한 외상성 뇌손상의 경우 정확한 진단적 확인을 위해 신경심리평가의 역할이 매우 중요하다. 더구나 뇌영상학적 검사 결과가 유사하더라도 뇌손상에 수반한 정서 및 행동 양상, 현재의 기능 수준, 남아 있는 자원 등은 상이한 경우가 많은데, 이러한 정보는 신경심리평가를 통해서 확인 가능하다. 따라서 신경학적 진단의 유용성을 높이기 위해서는 영상학적 검사와 신경심리평가를 함께 사용할 것을 권한다.

2) 환자 관리 및 치료 계획

환자의 인지 기능 및 심리-사회적 기능 수준, 정서 상태, 행동 양상, 성격 특성, 환자의 강점과 약점 등에 대한 정보는 진단뿐만 아니라 환자를 관리하고 치료 계획을 세우는 데 매우 중요한 역할을 한다. 평가자는 뇌손상 혹은 현재의 신경학적 상태가 환자의 행동에 어떤 영향을 미치고 있는가, 환자가 현재의 장애에 어느 정도 적응할 수 있는가를 이해하고 있어야 하며, 이를 토대로 다른 치료진이나 보호자 등에게 환자의 상태를 충분히 이해하고 관리할 수 있도록 설명해 주어야 한다.

환자 관리 및 치료 계획 수립 관점에서는 다음의 사항에 초점을 맞춰 신경심리평가를 실시하고 결과를 기술하는 것이 유용하다.

- 환자의 인지 기능
- 환자의 자기관리 능력 및 일상생활 기능 수준
- 환자에게 나타난 정서적·행동적 변화
- 환자의 신경심리학적 변화와 정서 및 행동적 변화의 관련성
- 변화에 대한 환자의 인지 정도 및 반응 양상
- 치료에 대한 환자 및 가족들의 협조 정도
- 환자에게 필요한 치료 및 재활 기법
- 제공된 치료적 개입에 대한 환자의 수행 능력
- 환자에 대한 치료진 및 가족들의 대처 방법

3) 치료: 재활 및 치료 평가

최근 뇌손상 환자들을 대상으로 한 신경심리학적 치료 효과가 입증되고 치료의 필요성에 대한 인식과 요구가 높아지는 추세다. 뇌손상 환자들에 대한 개입은 손상된 신경심리학적 기능의 회복(restoration)이나 교정(remediation)을 목적으로 한 치료적 접근뿐만 아니라 손상된 상태에 적응하고 보완해 나가는 데 초점을 둔 재활적 접근도 중요하

다. 재활 장면에서는 신경심리학적 지식을 응용한 치료 프로그램이 많이 개발되고 있으며 관련 연구도 활발히 진행되고 있다. 이러한 추세에 발맞춰 치료 효과를 민감하게 측정할 수 있는 신경심리평가 기법을 개발하고 활용하는 것에 대한 관심과 요구도 증가하고 있다.

재활 장면에서는 단순히 치료에 전후에 혹은 일정 간격으로 반복 실시한 신경심리평가의 결과를 토대로 그 효과를 검증하는 것 외에도 다양한 목적에서 신경심리평가가 사용되고 있다. 우선 재활 및 치료 장면에서는 신경심리평가 결과를 토대로 각 프로그램에 적합한 후보자를 선정하고 배치할 수가 있다. 또한 이러한 결과로는 해당 프로그램과 관련된 환자의 강점과 약점, 프로그램 참여 후의 예후 등에 대한 정보를 얻을 수 있다. 뿐만 아니라 개입이 이루어지는 동안에도 환자의 변화된 욕구와 능력을 지속적으로 평가함으로써 그에 맞춰 프로그램과 치료 목표를 조율해 나갈 수 있다. 한편 재활에 관여하는 다양한 분야의 치료자들에게도 환자의 기능 수준을 설명해 줌으로써 환자에 대한 이해를 돕고 치료 목표 수립은 물론 치료 과정에서 적합한 프로그램을 조정, 적용해 나갈 수 있게 해 준다. 그 밖에 외과 수술, 약물 치료 등 의학적 처치 전후에 실시하는 신경심리평가의 결과는 치료 효과나 부작용에 대한 정보를 제공해 준다. 보호자들은 고비용의 치료 혹은 처치를 지속해 나갈 만한 가치가 있는지 의문을 가질 수 있는데, 프로그램 효과나 지속성에 대한 신경심리평가는 그에 대한 답을 제공한다.

4) 연구

신경심리평가는 뇌의 기능이 행동적으로 어떻게 표현되는가, 즉 뇌와 행동 간의 관계를 규명할 목적에서도 사용되어 왔다. 신경심리검사는 특히 영상학적 검사로 확인되지 않는 미세한 뇌 기능의 변화나 행동 변화를 탐지하는 데 유용하여 뇌 기능 연구에 여전히 많이 사용되고 있다. 앞서 언급한 외과적 수술, 약물 치료, 재활 치료 등의 효과 검증 연구뿐만 아니라 뇌 지도(brain mapping) 연구, 노화에 따른 뇌 기능 및 인지 기능 변화에 대한 추적 연구 등에 신경심리검사가 사용되고 있다. 또한 새로운 신경심리검사를 개발하고 표준화하는 연구도 활발하게 진행되고 있다.

5) 법정 장면에서의 자문

최근 들어 법정 장면에서 자문의 목적으로 신경심리평가가 의뢰되는 경우가 증가하고 있다. 교통사고, 산업재해 및 기타 상해와 같은 각종 손해배상 소송에서 뇌손상과 관련해 진단적 자문이 요구되며, 이때 신경심리평가 결과가 근거 자료로 사용되기 때문이다. 이러한 장면에서 신경심리평가 결과는 다음과 같은 의문에 대한 답을 제공해야 한다.

- 현재의 사고로 인해 뇌손상이 초래되었는가?
- 이러한 뇌손상은 지속될 것인가 혹은 일시적인가?
- 현재 뇌손상에 따른 신경심리학적 기능 및 상태는 어떠한가?
- 이러한 결과로 정서 및 행동장애가 수반되는가?
- 이러한 결과가 직업 및 일상생활 기능에 어떠한 영향을 미치는가?
- 향후 어느 정도의 치료를 요하는가?
- 재활 치료의 잠재적인 효과는 어떠할 것으로 추정되는가?

또한 법정 장면에서 범죄자의 정신 상태를 감정할 목적에서 신경심리평가가 의뢰되는 경우도 있다. 이때 의뢰자는 피의자의 범죄 행동에 영향을 미칠 만한 뇌 기능의 문제가 있는지, 피의자가 자신의 범죄 행동을 인지하고 판단할 만한 능력과 자기통제력을 갖추고 있는지 혹은 재판을 받을 만한 정신 능력을 갖추고 있는지 등에 대한 자문을 얻고자 신경심리평가를 의뢰한다.

이러한 법적 자문의 목적에서 신경심리평가를 실시할 때에는 수검자가 증상을 가장하거나 꾀병(malingering)일 가능성에 대해 주의를 기울여야 한다. 이러한 수검자들은 자신에게 유리한 판결을 얻어 내기 위해 실제 기능보다 의도적으로 저조한 수행을 보이는 경우가 많기 때문이다. 법정 장면에서 수검자가 증상을 과장하는 정도나 양상은 매우 다양한데, 외상성 뇌손상과 같이 손해 배상을 목적으로 의뢰된 수검자 집단이 감형을 목적으로 한 범죄 피의자 집단에 비해 꾀병 비율이 상대적으로 낮은 것으로 보고되었다(Lezak et al., 2012). 따라서 평가자는 이러한 점을 고려해 다양한 평가 기법을 사용할 수 있어야 한다. 또한 평가자는 법적 장면의 수검자들이 증상을 의도적으로 과장하거나 꾀병일 가능성이 있다 해도 그들의 인권 역시 존중되어야 함을 명심해야 한다.

6) 향후 신경심리평가 사용에 있어 고려할 점

이상과 같은 여러 가지 목적에서 신경심리평가는 매우 유용하게 사용되어 왔다. 이러한 평가 목적을 보다 충실히 반영할 수 있기 위해서는 다음과 같은 몇 가지 점을 고려하여 신경심리평가 기법을 개선, 발전시켜 나가야 할 것이다.

첫째, 평가자는 자신이 사용하고 있는 신경심리평가의 결과가 현재 환자의 실제 행동 및 향후 기능적 성과를 얼마나 잘 반영하는지 염두에 두고 이를 검증해야 하며, 연구자들 역시 생태학적 타당도가 높은 신경심리평가 도구 개발에 노력을 기울여야 한다. 신경심리평가 결과와 영상학적 검사 결과 및 최종 의학적 진단에 대한 비교 검토를 통해 진단적 타당도를 확인하는 것이 필요하다. 또한 신경심리평가 결과와 일상생활 수행 능력, 직업 능력, 심리-사회적 기능 등의 관계를 확인하는 연구도 필요하다.

둘째, 여러 유형의 신경심리검사에 대해 신뢰성 있고 타당한 규준 개발이 필요하다. 신경심리검사에서 측정하고자 하는 인지 기능은 연령, 교육 수준의 영향을 많이 받기 때문에 이러한 인구통계학적 특성을 잘 반영하는 규준이 개발되어야 한다. 이를 위해 전산화 자료 은행을 만들어 공통적으로 많이 사용하는 검사 자료를 축적하고 대규모 표집에 근거한 규준 개발이 제안되기도 하는데, CERAD에서 채택한 규준 개발 방식이 대표적인 예다.

셋째, 전 세계적으로 고령화 사회로 접어들면서 노화에 따른 뇌 기능 변화 및 퇴행성 인지장애 등에 대한 관심이 급증하고, 연구 장면이든 임상 장면이든 노인들을 대상으로 한 신경심리평가가 많이 사용되는 추세다. 따라서 노인들에게 적절한 평가 기법과 규준 개발의 중요성도 대두되고 있다.

넷째, 신경심리평가의 경우 측정하고자 하는 인지 기능은 물론이고 수행 방식에 있어 언어 능력이 많이 관여하므로 각 문화 및 언어를 고려한 검사 개발 및 규준 적용이 필요하다. 예를 들어, 선로잇기 검사(Trail Making Test)의 경우 각 문화권에 따라 언어 체계가 미치는 영향력의 차이를 통제하기 위해 색상 선로잇기 검사(Color Trail Making Test)가 사용되기도 한다. 단어 유창성 검사나 단어 기억력 검사의 경우 다른 언어권의 검사를 번역하여 사용할 경우에는 해당 단어를 직역하여 사용하기보다는 과제 수행에 영향을 미칠 수 있는 단어의 심상도, 음절 수 등을 고려한 등가 번역이 권장된다. 우리나라의 경우 다문화 인구가 증가하는 추세이므로 다른 문화권의 수검자들의 특성을 충분히 반영할 수 있는 규준 개발이 필요하다.

다섯째, 컴퓨터 기반의 신경심리평가 도구 개발의 필요성이다. 주의력, 반응 속도 등 특정 인지 기능을 보다 정교하게 평가하기 위해서 혹은 복잡한 수행 패턴 및 결과 분석을 위해서 컴퓨터 기술을 응용한 평가 기법이 유용하다. 연속 수행력 검사(Continuous Performance Test: CPT), 위스콘신 카드 분류 검사(Wisconsin Card Sorting Test: WCST) 등이 대표적인 예이며, 그 밖에도 컴퓨터 기반의 신경심리평가 도구 개발이 활발히 진행 중이다. 이와 관련해 컴퓨터 기반의 신경심리평가 기법을 적용함에 있어 장점, 단점, 주의 사항, 권장 사항을 충분히 반영할 수 있는 구체적인 지침 개발이 병행되어야 할 것이다.

그 밖에 특정 장애, 질환 및 신경심리학적 결함군에 특화된 상대적으로 간편한 신경심리검사 배터리 개발과 진단, 행동 및 일상생활 기능을 보다 신뢰성 있고 타당하게 평가할 수 있는 구조화된 면담 기법 개발도 신경심리평가자와 연구자들이 관심을 가져야 할 부분이다.

2. 신경심리평가의 절차

신경심리평가는 일반적으로 다음과 같은 절차를 거친다.

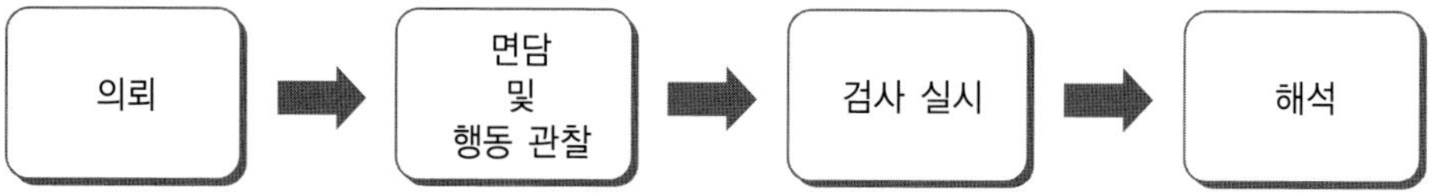

그림 8-1 신경심리평가의 절차

이 절에서는 신경심리평가의 실시와 관련해 평가자 요인과 신경심리평가 절차의 각 단계에 대해 살펴보고자 한다.

1) 평가자

신경심리평가는 검사를 실시하는 과정과 결과를 분석하고 해석하는 2개의 과정으로 구분된다. 이 두 과정 모두 대개는 해당 분야의 전문 자격을 취득한 심리학자에 의해 실시된다. 신경심리평가를 실시하는 심리학자는 신경심리학, 인지심리학은 물론이고 정신병리학, 심리평가 및 치료 등 임상심리학 전반에 대해 지식을 습득하고 충분한 임상 훈련을 받아야 한다. 다만 검사의 실시와 관련해서는 검사의 수준에 따라 대체 인력이 활용되기도 한다. 예를 들어, 의학적 진료를 담당한 의사가 초기 면담이나 침상에서 간단한 검사를 통해 환자의 인지 기능을 대략적으로 평가하는 경우가 있으며, 대규모 연구 장면에서는 일정 수준의 훈련을 받은 검사 전문 요원이 투입되기도 한다. 누가 검사를 실시하든 심리검사 및 정신병리에 대해 기본적인 지식을 갖추고 있어야 하며 실시 지침과 채점 절차를 숙지해야 한다. 이를 위해서는 자격을 취득한 전문 심리학자의 지도 감독하에 이론 교육, 검사 실시 및 채점과 관련된 훈련 과정을 거쳐야 한다. 나아가 신경심리검사 결과에 대한 해석은 반드시 체계적인 지식과 훈련을 받아 자격을 취득한 임상심리학자/신경심리학자에 의해 이루어져야 한다(American Psychological Association, 1999).

평가자는 수검자/환자를 그만의 독특성을 지닌 개별 인격체로 여기고 다양한 관점에서 종합적으로 이해해야 한다. 유사한 뇌손상을 보인 환자들이라도 필요한 검사가 다를 수 있으며, 두 환자의 검사 점수가 동일하더라도 환자의 배경 정보에 따라 그 해석적 의미가 달라질 수 있는 것이다.

또한 평가자는 자신의 지식의 범위와 능력을 항상 인식하고 있어야 한다. 신경학적 장애, 정신장애 이외에 다양한 신체 질환 및 원인에 의해 신경심리학적 기능 손상이 초래되고 신경심리평가에 의뢰된다. 그리고 뇌과학과 관련해서는 하루가 다르게 새로운 이론과 지식이 도출되고 있다. 신경심리평가자가 이와 관련해 최신 지식을 습득하고 자신의 능력을 계발, 함양하는 것이 윤리적인 의무이기는 하지만, 의뢰된 환자의 상태가 자신의 전문 능력의 범위를 벗어나는 경우도 분명히 있다. 따라서 평가자는 자신이 알고 있는 것과 모르는 것이 무엇인지를 분명히 인식하고, 자신의 능력 범위를 벗어난 환자에 대해서는 해당 분야의 전문가에게 의뢰할 수 있어야 한다.

2) 의뢰

다른 심리평가와 마찬가지로 신경심리평가 역시 평가 과정에서 수검자의 협조를 얻어 내는 것이 매우 중요하다. 특히 평가의 첫 단계인 의뢰 단계에서 의뢰자의 태도나 방법은 수검자의 협조를 끌어내는 관건이 되기도 한다.

의뢰자는 현재 수검자에게 신경심리평가를 실시하는 것이 타당하고 적절한지를 우선적으로 평가해야 한다. 수검자가 급성의 혼란 상태, 동기 저하와 정신-운동 지체가 극심한 우울 상태, 극도의 불안 상태에 있다면 검사 실시가 불가능하거나 협조를 얻어 내기 어려울 것이다. 이러한 경우에는 증상이 어느 정도 호전된 후 평가를 의뢰하는 것이 바람직하다. 수검자나 보호자가 평가에 대한 불안, 의구심을 갖고 있다면 의뢰자는 이를 우선적으로 해소해 주고 평가받을 준비를 시켜 협조도를 높일 수 있다. 의뢰자가 수검자 혹은 보호자에게 평가의 목적, 평가 절차와 내용, 평가 절차의 활용 및 유용성, 평가와 관련된 위험성, 수검자의 선택권 등을 미리 충분히 설명해 주는 것이 필요하다. 또한 의뢰자는 신경심리평가를 의뢰하는 목적과 얻고 싶은 정보 등을 분명하게 인지하고 구체적으로 명시해야 한다. 일반적으로 의뢰서에는 수검자에 대한 기본적인 인적 사항, 수검자의 주된 문제 및 병력, 의뢰 사유 등이 포함되어 있다.

평가자 역시 의뢰 사유를 정확히 인지하고 있음은 물론이고 그 적절성에 대해서도 평가해야 한다. 왜냐하면 신경심리평가는 다양한 장면에서 다양한 목적으로 의뢰되다 보니 의뢰자가 항상 관련 분야의 전문가인 것은 아니다. 때로는 의뢰자가 수검자 상태의 본질과 초점에서 벗어난 요구를 하거나 의뢰 목적을 충분히 명시하지 않는 경우도 있다. 따라서 평가자는 수검자의 능력과 현재 무엇이 필요한지를 검토해 신경심리검사의 내용과 방향을 최종적으로 결정해야 한다. 또한 의뢰자가 환자에게 신경심리평가 의뢰와 관련해 미리 충분한 설명을 해 주지 않을 때도 있는데, 이 경우 평가자는 검사 실시에 앞서 수검자 및 보호자가 평가의 목적, 본질, 절차 등을 충분히 이해하도록 설명해 줌으로써 협조를 끌어낼 수 있다.

3) 면담 및 행동 관찰

면담 및 행동 관찰은 평가자와 수검자가 대면하여 본격적으로 평가가 실시되는 단계다.

정확한 평가 결과를 얻기 위해 수검자를 언제 평가할 것인가가 매우 중요한데, 수검자가 급성 상태인지 혹은 진행 상태인지에 따라 적절한 평가 시기가 다르다. 두뇌 외상, 뇌졸중과 같이 갑작스럽게 발병(acute onset)한 경우, 발병 초기에는 상태가 급변하고 불안정하며 신체 기능 저하, 피로감, 우울, 혼란감 등으로 검사 수행에 영향을 많이 받는다. 따라서 간편형 검사를 사용해 현재의 인지 기능 상태를 대략적으로 확인하고, 발병한 지 3~6개월 후 수검자의 감각이나 원기가 회복되면 종합 신경심리평가를 실시하는 것이 바람직하다. 반면 알츠하이머형 치매와 같은 퇴행성 질환, 뇌종양 등 진행성 장애의 경우에는 초기 단계에서 신경심리평가를 실시해야 진단에 유용한 정보를 제공받을 수 있다. 심리적 원인이 현재 상태에 영향을 미칠 가능성이 있다면 첫 평가로부터 6~8개월이 경과된 후 재평가를 실시하는 것이 도움이 된다. 치매의 경우 병이 진행되는 동안 점진적인 인지 기능 감퇴를 보이므로, 일반적으로 1~2년 간격으로 재평가를 실시해 인지 기능의 변화 추이를 살펴보는 것이 유용하다.

면담의 초반에는 수검자의 능력, 평가에 대한 수검자의 이해 정도 및 준비 정도 등을 파악하는 데 초점을 맞춘다. 이를 통해 수검자의 기능 수준, 심리-사회적 문제, 정서 혹은 성격 특성, 수행 가능한 수준 및 제한 요인 등에 대해 잠정적인 가설을 세운다. 수검자로부터 주요 호소 문제와 병력, 평가에 의뢰된 경위 등을 직접 청취하는 것은 수검자의 기능 수준을 파악하고 필요한 검사의 종류와 수준을 결정하는 데에 도움이 될 것이다. 이때 간이 정신상태 검사(Mini-Mental State Examination: MMSE)와 같은 간편형 인지 기능 검사를 실시할 수도 있다. 수검자의 인지 능력 손상이 심해 면담이 제대로 진행될 수 없는 경우에는 보호자나 수검자를 잘 알고 있는 지인을 동석시켜 정보를 수집해야 한다.

TIP 면담 초반에 다루어지는 주제

1. 평가자의 설명
   - 검사의 목적과 본질에 대한 설명
   - 사용되는 검사 종류, 대략적인 방법 및 절차
   - 비밀 보장의 원칙 및 예외 사항
   - 평가 결과 전달 방법
   - 비용 지불에 관한 사항
   - 현재 평가 상황을 편안하게 느끼는지 여부 확인
   - 평가에 대한 동의
2. 면담을 통해 수집해야 할 정보
   - 기본 정보: 성명, 성별, 연령, 교육 연한, 직업력, 가족 관계 등
   - 주요 호소 문제
   - 신경학적/정신과적 병력
   - 주요 의학적 병력
   - 투약 및 의학적 치료에 대한 정보
   - 가족력
   - 현재 신체 상태: 사지 기능, 시력, 청력, 손잡이 등
3. 평가자의 잠정적 가설
   - 수검자가 자신의 상태를 정확히 보고할 만한 병식을 갖추었는가?
   - 의뢰서의 내용과 수검자의 보고 내용이 일치하는가?
   - 의뢰서에 포함되지 않았지만 수검자가 추가로 제공한 정보는 무엇인가?
   - 수검자의 기본적인 인지 기능은 어느 정도인가? 그리고 어느 수준의 검사를 수행할 수 있는가?

초기 면담 평가에서는 여느 심리평가 때와 마찬가지로 수검자의 성별, 연령, 교육 연한, 직업력 등 기본적인 인적 사항을 우선적으로 수집한다. 특히 노인 대상의 신경심리평가의 경우 연령, 교육 수준 등이 과제 수행에 유의한 영향을 미치는 것으로 밝혀졌고 이에 근거해 규준 점수가 산출되는 것(강연욱, 나덕렬, 2003; 우종인 외, 2003; 최진영, 2006)이 일반적이므로 정확한 정보 수집이 중요하다. 그러나 우리나라의 경우 일제 강점기, 해방 및 한국전쟁 등 역사의 격변을 거치면서 공식적인 생년월일과 실제 생물학적 연령 간에 차이를 보이는 경우가 흔하다. 학제의 구성 역시 역사적 시기에 따라 차이가 있다. 따라서 수검자의 생물학적 연령과 총 교육 연한에 대해 정확히 확인하는 과정

표 8-1 행동 관찰 목록의 예

외양	• 체격, 외모, 위생 상태 등
감각 기능	• 시력(시력 약화, 복시, 색맹 등), 청력, 체감각의 변화 • 장애의 편측성: 좌측, 우측, 양측
운동 기능	• 사지 사용: 편측 마비/부전마비, 보행 장애, 서행, 반응 개시의 어려움, 미세 운동 협응의 문제, 진전(tremor) 등
신체 상태	• 전반적 쇠약감, 피로도, 통증 등
언어	• 말하기: 전반적인 말의 양, 자발적 언어표현의 빈도, 말의 흐름, 내용 전달 능력, 구음 장애, 어조, 표현의 유창성 및 적절성, 착어증(paraphasia), 단어 찾기 곤란(word finding difficulty) 등 • 이해하기: 간단한 지시 사항의 이해, 복잡한 문장 이해 등
학업 능력	• 읽기 및 쓰기: 읽기, 독해, 단어 쓰기, 문장 쓰기 등 • 계산 능력
주의력	• 지속적인 주의 유지의 어려움, 산만한 행동 등 • 편측 부주의
시공간 능력	• 시지각 능력, 공간 지남력, 좌우 지남력 등
사고력	• 인지적 경직성, 구체적 사고 경향, 비논리적 언어표현, 언어적 보속 반응 등
정서	• 우울감, 무력감, 동기 및 흥미 저하, 무관심/무감동, 불안감, 초조감, 긴장감, 근심, 걱정, 공포 반응, 과민함(irritability), 정서적 흥분, 정서 조절 능력 약화, 심한 기분 변동, 정서의 부적절성 등
행동	• 과활동성, 탈억제 및 충동적 행동, 보속 반응, 과소 활동, 행동의 부적절성 등
수검 태도	• 평가 상황 및 평가자에 대한 협조적/거부적/공격적 태도 등 • 수행 동기 및 자신감 • 전-후반부 수검 태도의 변화

을 거쳐야 한다. 교육 연한과 직업력에 대한 구체적인 정보 수집은 병 전 지능 수준, 과거 심리-사회적 기능 수준을 추정함에 있어서도 유용한 자료가 된다. 신경과 및 정신건강의학과 병력뿐만 아니라 수검자의 인지 기능이나 정서 및 행동에 영향을 미칠 수 있는 의학적 병력, 투약하고 있는 약물의 종류, 기타 의학적 처치, 가족력 등을 파악하는 것이 중요하다. 시력, 청력, 보행, 사지의 움직임 등 신체 기능과 감각 기능의 수준 역시 검사 수행은 물론이고 일상생활에 지장을 초래할 수 있는 요인이므로 반드시 확인이 필요하다.

신경심리평가에서도 행동 관찰은 면담, 심리검사와 함께 중요한 자료의 출처 중 하나다. 수검자 행동에 대한 직접 관찰은 면담은 물론 검사가 진행되는 동안에도 지속적으로 이루어진다. 평가 상황의 행동을 일상생활에서의 행동으로 일반화할 수는 없으므로 평가 상황에서 직접 관찰된 내용 외에도 보호자 등 제3자의 간접 관찰에 기초한 정보 수집도 필요하다. 평가 상황에서는 수검자가 일상을 벗어난 낯선 환경적 요구에 어떻게 대처하는지를 확인할 수 있다. 그러나 평가 상황이 비교적 구조화되어 있는 반면, 일상생활은 복잡하고 변화가 많아 오히려 수검자의 적응행동에 더 큰 지장이 초래되기도 한다. 중요한 정보를 간과하지 않기 위해 구조화된 행동 관찰 목록 혹은 지침서 사용을 권한다.

4) 검사 실시

의뢰 목적은 물론이고 면담과 행동 관찰을 통해 수검자의 상태에 대해 잠정적으로 내린 결론 등을 종합적으로 고려해 현재 평가 상황에 적합한 검사를 선택하는 것이 중요하다. 예를 들어, 현재 인지장애의 정도를 평가할 목적에서 의뢰된 수검자인데 초기 면담 단계에서 실시한 MMSE만으로도 심한 인지장애가 확인되었다면, 긴 시간이 소요되는 종합 신경심리검사를 실시할 필요가 없을 것이다. 반면 병 전 기능 수준이 우수한 외상성 뇌손상 환자에 대해 재활 치료 계획을 목적으로 평가가 의뢰되었다면, 여러 인지 영역 및 일상생활 기능 수준을 포함한 종합 신경심리검사를 실시하는 것이 도움이 될 것이다. 그러나 검사를 본격적으로 실시하기 전에 의뢰서의 기록, 면담 및 행동 관찰만으로는 어떤 검사를 실시하는 것이 적합할지 정확히 확인하기 힘든 경우도 많다. 따라서 평가자는 평가 목적과 수검자의 상태를 가장 정확하게 반영할 수 있는 신경심리검사 항목들을 구성하되, 검사를 진행해 나가는 동안 수검자의 능력에 대한 잠정적 가설을 검증하고 구체화시키면서 필요한 검사를 추가하고 불필요한 검사를 제외하여 시간 및 비용 대비 효용성을 극대화시킬 수 있도록 융통성을 발휘하여야 한다. 하지만 신경심리평가에 대한 지식이 부족한 초심자들일수록 이러한 작업은 매우 힘들며 시행착오를 범하기 쉬우므로 고정된 소검사들로 구성된 기성의 배터리형 검사 사용을 선호한다. 이러한 접근은 각 인지 영역에 보편적으로 사용되는 검사들을 포함하여 평가를 실시하기에 여러 종류의 신경심리검사의 활용에 대한 감각과 안목을 익힐 수가 있으며 잘못된 검사를 선택할 가능성도 줄어든다. 표준화된 검사 사용을 필요로 하는 연구 장면에서는 이러한 기성의 배터리형 검사 사용이 유용할 것이다. 하지만 임상 장면에서는 기성의 배터리형 검사만 사용할 경우 한계가 많다. 우선 이러한 접근은 많은 검사를 실시함에도 불구하고 해당 배터리의 하위 소검사에 포함되지 않은 인지 기능 및 행동 특성을 평가할 수 없어 수검자의 당면한 문제에 대해 충분한 정보를 얻지 못하는 경우가 종종 발생한다. 또한 이러한 접근은 수검자의 신체 및 심리 상태, 검사 상황 등을 고려한 조정이 불가능하므로 해당 기능을 정확히 측정하지 못하는 경우도 있다. 따라서 초심자들은 인지 영역의 여러 차원을 포함하고 있는 기본 배터리형 검사로 시작하되, 경험을 축적해 나가면서 신경심리평가에 대한 자신의 관점을 개발하고 검사 레퍼토리를 확장시켜 나가는 것이 필요하다.

생각해 봅시다 **수검자별 검사 레퍼토리 확장**

1. 손가락 움직임이 원활하지 않은 노인 수검자에게 SNSB-II의 Contrasting Program 과제(손가락을 올렸다 내렸다 하는 반응이 포함된 과제)를 어떻게 실시할 것인가?
   → 이 두 과제의 일차적인 측정 목적은 운동 기능을 평가하기 위함이 아니라 외부 환경 자극과 독립적으로 목표에 맞게 반응을 스스로 조절할 수 있는 행동적 수준의 관리기능(behavioral executive function)을 평가하는 것이다. 따라서 손가락을 원활히 사용하기 어렵다면, 주먹으로 책상을 두드리는 변형된 방법으로 실시할 수 있다. 이 경우 반응 방식이 실시 지침을 벗어났으므로 표준화된 규준 점수를 적용하는 데에 제한이 따를 것이다.
2. 청력이 저하된 수검자에게 레이 청각-언어 학습 검사(Rey Auditory-Verbal Learning Test)를 어떻게 실시할 것인가?
   → 평가자가 불러 주는 단어를 듣고 기억하는 방법 대신 단어 목록 카드를 사용해 수검자가 읽고 기억하는 변형된 방법으로 실시할 수 있다. 이 경우 정보 부호화의 방법이 실시 지침을 벗어났으므로 표준화된 규준 점수를 적용하는 데에 제한이 따를 것이다.
   → Rey-AVLT 대신 수검자가 단어 목록을 읽고 기억하는 형태의 다른 단어 목록 기억 과제를 사용한다.

3. 수검자가 지나치게 산만하고 주의집중이 어려워 따라말하기 과제에서 지시를 한 번에 듣지 못하는 경우에 어떻게 할 것인가?
→지시를 한 차례 실시하는 것이 표준화된 실시 지침이지만, 부주의함으로 인한 수행 실패가 의심된다면 수검자의 주의를 다시 한 번 환기시켜 준 상태에서 재차 지시하는 한계 검증을 실시한다. 이 경우, 채점에는 포함되지 않지만 검사 결과 해석에 반영될 수 있을 것이다.

신경심리검사를 실시할 때는 신뢰도 및 타당도가 확보된 표준화된 검사를 사용하는 것이 일반적이다. 이렇듯 표준화된 절차에 따라 검사를 실시하되, 수검자로부터 최상의 수행을 끌어내기 위해 최적의 검사 조건을 조성해야 한다. 특히 수검자와 평가자 간의 라포 형성이 매우 중요하다. 평가자는 수검자의 상태에 민감하게 주의를 기울여야 하며, 평가자의 정서적 지지, 격려, 온화한 표정과 적절한 반응성 등은 수검자의 불안 수준을 낮춰 주고 수행 동기를 향상시킬 수 있을 것이다. 그러나 표준 조건과 최적의 조건이 항상 일치하는 것은 아니다. 수검자의 신체 상태, 인지 기능 및 기타 여러 요인에 의해 표준화된 지침을 변경해서 실시해야 하는 경우가 있으며, 때로는 실험 기법이나 표준화되지 않은 검사 도구를 사용하는 것이 더 적합한 경우도 있다. 즉, 검사 도구의 선정뿐만 아니라 검사 방법, 절차 등과 관련해서도 평가자의 직관과 융통성이 필요하다.

5) 해석

해석은 면담, 행동 관찰 및 검사 결과를 통해 수집된 자료를 분석하고 의뢰 사유에 맞게 설명하는 단계다.

우선 의학적 진단에 초점을 맞춘 해석과 수검자의 행동 및 기능 수준에 초점을 맞춘 해석으로 분류할 수가 있다. 진단적 해석에서는 수검자의 문제가 무엇인가를 다룬다. 여기에는 신경심리학적 기능의 손상 여부, 신경학적 손상과 정신의학적 장애에 대한 변별, 기타 감별 진단 등이 포함된다. 수집된 자료가 잠정적으로 수립해 놓은 진단적 가설에 부합하는지를 검증하고 대안적 가능성 등을 검토해 가설을 구체화하고 다듬는다. 예를 들어, 어느 노인 수검자에 대해 평가자는 의뢰서의 내용상 뇌 기능의 장애를 고려하였다. 신경심리검사 결과 기억력을 비롯한 광범위한 인지 기능의 손상이 확인되었으며, 면담, 행동 관찰 및 다른 의학적 검사 결과 일상생활에서도 명백한 기능 저하가 관찰되었다. 그리고 이러한 기능 저하가 서서히 점진적으로 진행되고 있는 점, 대뇌 위축이 나타나고 있는 점 등에 비추어 최종적으로 알츠하이머형 장애가 시사됨을 제안하였다. 기술적 해석에서는 수검자의 기능 수준에 초점을 두고 평가 결과를 해석한다. 이 경우 신경심리평가 결과의 해석에 수검자가 할 수 있는 것과 할 수 없는 것, 수검자의 병식 정도, 재활 훈련의 적합성 및 효용성 등을 구체적으로 기술해야 한다. 정기적인 반복 평가를 통해 수검자의 기능 변화, 병의 진행 과정 등을 확인하고 설명하는 것도 기술적 해석에 포함된다.

수집된 자료(면담, 행동 관찰, 검사 결과)를 해석함에 있어서 양적인 분석과 질적인 분석의 두 방법을 모두 고려해야 한다. 양적인 분석은 측정된 검사 점수에 기초한 해석이다. 검사 점수는 객관적으로 측정 가능하도록 수량화시킨 것으로, 규준 점수나 절단점 점수 등 표준화된 점수를 통해 개인 간 비교를 용이하게 해 준다. 일반적으로 규준 점수에서 1SD(표준편차) 이하인 경우 유의한 차이로, 2SD 이하인 경우 해당 인지 기능의 손상 혹은 뇌손상 가능성이 있는 것으로 해석한다. 또한 반복 측정을 통해 얻어진 검사 점수 혹은 현재의 검사 점수에 기초해 병 전 기능을 추정함으로써 병 전-병 후, 수술 전-수술 후, 치료 전-치료 후 등 개인 내의 인지 기능 변화도 쉽게 확인할 수 있다. 그러나 표준화된 점수 체계는 인간의 광범위한 행동을 지나치게 단순화시키는 문제가 있다. 배터리형 검사에서 사용하는 합산 점수 체계는 신경심리검사에서 중요하게 여겨지는 개별 인지 기능의 특성을 충분히 반영하지 못한다. 또한 어떤 행동의 지표로 사용된 개별 검사의 점수와 그 특정 행동을 동일시하는 오류를 범할 때가 많다. 검사 점수는 여러 가지 행동 특성이 점수라는 단일한 상징으로 축소되어 표현된 것으로, 그 수행에 내포된 의미는 훨씬 더 복잡하고 역동적이다. 그럼에도 불구하고 측정된 검사 점수와 패턴에만 초점을 맞춰 해석을 할 경우 원자료의 특성을 왜곡할 수가 있다. 따라서 그러한 점수를 얻기까지의 과정, 행동 특성, 검사의 다양한 맥락 등 자료의 질적인 분석도 병행되어야 한다. 즉, 어떠한 검사 점수가 매우 저조하더라도 즉각적으로 뇌손상을 단정 짓지 말고 유사한 다른 검사에서의 수행, 전체 수행 과정과 수행 패턴에 대한 질적인 분석, 면담 등을 통해 수집된 임상 양상과의 관련성, 일상적 활동에서의 기능 수준, 영상학적 검사 결과 등을 신중하고 면밀히 살펴 통합적으로 해석해야 한다.

TIP 초심자가 흔히 범하는 해석에서의 오류

1. 과잉 일반화(……라면 ~이다)
   - 진단적 인상이 다른 수검자들임에도 불구하고 서로 유사한 점수 형태를 보인다는 결과만으로 동일한 손상이라고 과잉 일반화할 수 있다.

   예: 시공간 구성 과제와 운동 협응 과제에서 손상 범위의 저조한 수행을 보인 두 수검자에 대해 평가자는 우반구 손상을 단정하였다. 그러나 영상학적 검사 결과 및 임상 정보에 따르면 A는 대뇌 우반구에 병변이 있는 뇌경색 환자, B는 좌반구에 대뇌 위축이 나타난 만성 알코올 환자였다.

2. 오부정 오류(false negative)
   - 평가자가 적합한 검사를 사용하지 않거나 검사 점수를 단순화시켜 해석해서 손상의 증거를 놓칠 수 있다.

   예: WAIS의 숫자 소검사 환산점수가 평균상 범위(환산점수 12점)에 속해 평가자는 수검자의 주의집중력이 잘 유지된다고 해석하였다. 그러나 최장 숫자 바로 따라하기 점수(LDSF)가 9자리인 반면, 최장 숫자 거꾸로 따라하기 점수(LDSB)는 3자리로 현저히 낮았고, 다른 소검사를 통해 작업기억력, 주의통제력의 손상이 확인되었다. 이는 주의력의 상이한 특성을 나타내는 두 소검사를 단순히 합산하여 해석함으로써 초래된 해석상의 오류다.

3. 검증 과정에서의 편향
   - 평가자는 모순된 증거들은 무시하고 지지하는 증거들에만 의미를 부여하여 편향된 해석을 할 수가 있다.

   예: 근래 뇌경색 발병이 보고된 수검자에 대해 기억 과제, 시공간 구성 과제, 관리기능 과제 등 여러 신경심리검사에서 일관되게 손상된 수행을 보이고, 일상생활 기능도 유의하게 저하되어 있음에 비추어 혈관성 치매를 단정하였다. 하지만 면밀한 과거력 탐색을 통해 뇌경색 이전 몇 년부터 기억력 감퇴를 비롯해 인지 기능이 서서히 점진적으로 저하되었음이 밝혀졌고, 뇌영상학적 검사에서도 최근의 뇌경색 외에도 대뇌 위축 소견을 보여 이미 알츠하이머형 치매 경과의 환자임이 확인되었다.

3. 주요 신경심리검사

1) 주의력

주의력은 외부 환경 자극을 처리하고 내적 사고 과정에 관여하는 데 매우 중요한 인지 기능이지만, 주의력이 무엇인지를 명확히 정의 내리기는 어렵다. 우리의 생활 환경에는 무수히 많은 정보가 존재한다. 그래서 우리의 뇌는 입력된 많은 양의 정보 중 필요한 정보만을 선택하여 더 깊이 처리함으로써 효율적으로 기능하는데, 이와 같이 정보를 선택하여 처리하는 과정이 주의라고 알려져 있다(Banich, 2004). 주의력은 일반적으로 다음과 같은 범주로 분류된다.

- 각성(arousal): 의식이 깨어 있어 반응을 할 수 있는 주의의 가장 기초적 수준
- 경계(vigilance): 특정 목표 자극에 주의의 초점을 맞춰 집중하는 능력
- 지속적 주의력(sustained attention): 일정 시간 동안 각성 상태, 즉 주의를 유지할 수 있는 능력
- 선택적 주의(selective attention): 동시에 제시되는 여러 정보 중 꼭 필요한 정보에 선택적으로 반응하고 불필요한 경쟁 자극에는 주의를 억제하는 능력
- 주의 분할/주의 배분 능력(divided attention): 동시에 여러 가지 정보에 주의를 기울여야 하는 경우 각각의 정보에 필요한 만큼의 주의 자원을 배분하는 능력

주의력에 관여하는 신경해부학적 구조물을 살펴보면, 우선 뇌간에서 대뇌 피질까지 이르는 상향식 정보처리(bottom-up process)를 담당하며 각성 및 의식에 관여하는 망상활성체(Reticular Activating System: RAS)가 있다. 이때 각성을 촉진, 유지시키는 데에 중요한 역할을 하는 아세틸콜린을 비롯해 도파민, 노르아드레날린 등은 주의에 작용하는 주요 신경전달물질이다. 주의력의 또 다른 경로로 대뇌 피질에서 시작되는 하향식 정보처리(top-down process)가 있다. 이 중 두정엽은 주로 경계, 지속적 주의력 및 선택적 주의력을, 전전두 피질은 주로 주의 자원의 분할과 배분을 담당한다. 시상은 대뇌 피질과 RAS 사이의 중계소 역할을 한다는 점에서 주의력에 관여하는 대뇌의 중요한 구조물 중 하나다.

주의력을 측정하는 대표적인 검사는 다음과 같다.

- 시간 지남력 및 장소 지남력
- 숫자 바로 따라하기/거꾸로 따라하기(예: WAIS, 웩슬러 기억검사)
- 순서화(Letter-Number Sequencing)(예: WAIS-IV)
- 거꾸로 따라말하기(요일, 달 또는 짧은 문장)
- 연속 빼기(100−7, 20−3 등)
- 지우기 검사(Cancellation Test)
- 연속 수행력 검사(Continuous Performance Test: CPT): 경계, 지속적 주의력을 측정하는 대표적인 검사로 컴퓨터를 사용해 실시된다. CPT의 실시 방법은 스크린에 무작위로 제시되는 일련의 자극 중 표적 자극에 대해서만 반응하고 간섭 자극에 대해서는 반응하지 않는 것이다. CPT에 따라 표적 자극과 간섭 자극의 유형, 표적 자극 제시 빈도 및 간격 등에 차이가 있다. Rosvold, Mirsky, Sarason, Bransome과 Beck(1956)이 개발한 초기 버전에서는 알파벳 중 특정 문자를 표적 자극으로, 다른 문자들은 모두 간섭 자극으로 사용하였다. 최근 보편적으로 많이 사용되는 Conners 버전(1992, 2000)에서는 특정 문자가 간섭 자극으로 사용된다. Cicerone(1997) 버전(Continuous Performance Test of Attention: CPTA)은 음성 자극이 제시되는 청각 CPT다. 국내에서 개발된 주의력 장애 진단 시스템(Attention Diagnostic System: ADS; 신민섭, 조성준, 전선영, 홍강의, 2000)도 아동 대상의 CPT에 해당된다.
- 선로잇기 검사(Trail Making Test): 선로잇기 검사는 지속적 주의력, 정신 추적 능력, 주의전환 능력 등을 측정하는 검사로, A형과 B형의 두 가지로 구성되어 있다. A형은 일련의 숫자를 가능한 한 빠르고 정확하게 순서대로 연결하는 과제이며, B형은 숫자와 문자를 번갈아 가며 순서대로 연결하는 과제(예: ① → ㉮ → ② → ㉯ → ③ → ㉰……)다. 숫자와 문자가 사용되는 B형 과제는 수검자가 해당 문자에 얼마나 숙달되어 있는가가 수행에 영향을 미칠 수 있다. 따라서 이러한 영향 요인을 배제할 목적에서 색상 선로잇기 검사(Color Trail Making Test)가 개발되었는데(Maj, D'Elia, & Satz, 1993), 이 과제에서는 일련의 숫자를 순서대로 연결하되 서로 다른 색으로 번갈아 가며 연결하도록 되어 있다(예: ① → ❷ → ③ → ❹ → ⑤ → ❻……).
- 스트룹 검사(Stroop Test): 이 검사는 색상 자극과 단어 자극을 동시에 사용해 목표 자극(색상 자극)에 대한 선택적 주의력을 측정하는 검사다. 이를 위해서는 간섭 자극(단어 자극)을 억제하는 능력도 요구된다. 여러 유형의 스트룹 검사가 개발되어 있기는 하지만 가장 일반적으로 Dodrill 버전이 많이 사용된다(Lezak et al., 2012).

시행 1에서 수검자는 종이에 검정색으로 적힌 단어를 읽는다(단어 조건). 시행 2에서는 단어에 대해 읽기가 아닌 그 단어가 인쇄된 색상을 말해야 한다(색상 조건). 이때 단어 자극은 여러 가지 색상 이름으로 구성되어 있어 색상 자극 처리를 간섭한다.

표 8-2 CPT의 주요 해석 지표

누락 오류	표적 자극에 반응하지 않는 오류 양상. 부주의 지표
오경보 오류	간섭 자극에 대해 반응하는 오류 양상. 부주의, 충동성 및 탈억제 지표
반응 시간	정확 반응에 소요되는 시간으로 처리속도를 반영. 지나치게 느린 경우는 부주의 지표, 지나치게 빠른 경우는 충동성 및 탈억제 지표
민감도 d′	오경보 비율에 대한 정반응의 비율. 간섭 자극으로부터 표적 자극을 변별하는 능력
다중 반응	한 가지 자극에 1회 이상 반응하는 경우. 충동성 및 탈억제 지표

2) 언어 능력

언어 능력에는 언어표현력, 언어이해력, 따라말하기(복창), 이름대기 등이 포함된다. 이러한 능력의 손상 양상에 따라 실어증의 하위 유형이 분류된다. 언어표현력과 관련해서는 전반적인 말의 양, 자발적인 언어표현의 빈도, 발음의 정확성(조음 장애), 자연스러운 억양, 리듬 및 말의 흐름, 언어표현의 유창성, 적절한 단어 사용, 문법에 맞는 언어표현 등을 평가한다. 언어이해력에는 단어 이해, 단문 및 복잡한 문장에 대한 이해 등이 포함된다. 따라말하기 능력은 간단한 단어에서부터 2~3개의 구(句), 긴 문장 등을 듣고 정확히 따라서 말하는지를 평가한다. 이름대기에는 실물이나 모형 혹은 그림을 통해 사물을 직접 대면한 상태에서의 이름대기 능력, 특정 범주 혹은 음소를 제시해 주고 그에 해당하는 단어를 자발적으로 생성해 내는 능력 등이 포함된다. 이때 단어 찾기의 곤란, 잘못된 명칭을 사용하는 착어증의 문제가 나타나기도 한다. 이 외에 읽기 및 쓰기 능력도 언어 능력에 포함되는데, 이 영역의 문제는 실독증(alexia), 실서증(agraphia)에서도 나타난다.

언어 능력은 대부분 뇌의 좌반구와 관련이 있다. 언어표현력은 하부 전두엽(inferior frontal lobe)의 브로카(Broca) 영역 및 전측 뇌섬(anterior insula) 영역, 언어이해력은 후측 상부 측두엽(posterior superior temporal lobe)의 베르니케(Wernike) 영역과 관련이 있는 것으로 알려져 있다. 또한 브로카 영역과 베르니케 영역을 연결하는 뇌 궁상(arcuate fasciculus)은 따라말하기 장애가 특징적인 전도성 실어증과 관련이 있다. 한편 뇌의 우반구는 문맥에 맞는 운율이나 어조 사용, 언어의 정서적 표현 및 인식 등에 관여한다.

언어 능력을 측정하는 대표적인 검사는 다음과 같다.

- 어휘 검사(WAIS)
- 보스톤 이름대기 검사(Boston Naming Test: BNT): BNT(김향희, 나덕렬, 1997; Goodglass & Kaplan, 2000a; Kaplan, Goodglass, & Weintraub, 1983)는 그림으로 제시된 사물을 보고 명명(naming)하는 검사로, 일상생활에서 쉽게 접해 매우 친숙한 고빈도 자극 20항목, 중간 빈도 자극 20항목, 좀처럼 접하기 힘든 저빈도 자극 20항목의 총 60항목으로 구성되어 있으며, 15항목의 단축형도 개발되어 있다.
- 언어 유창성 검사(Verbal Fluency Test): 언어 유창성 검사는 제시된 조건에 해당하는 단어를 제한된 시간 내에 가능한 한 많이 말하도록 하는 검사로, 단어 생성 능력(generative naming ability)뿐만 아니라 개념적 사고력 및 인지적 유연성 등을 평가할 목적에서 개발되었다. 여기에는 특정 범주(예: 동물 범주, 쇼핑 목록 등)에 속하는 단어를 말하도록 하는 범주 유창성 검사, 특정 음운(예: F, A, S 또는 ㄱ, ㅇ, ㅅ 등)으로 시작하는 단어를 말하도록 하는 통제 단어 연상 검사(Controlled Oral Word Association: COWA) 등이 포함된다.
- 따라말하기 검사(Repetition Test): 이 검사는 복창(따라말하기) 능력을 측정하기 위한 검사로, 수검자에게 평가자가 불러 주는 단어나 문장을 듣고 똑같이 따라말하도록 지시한다. 첫 항목은 한 단어에서부터 시작하며, 음절 수가 점점 늘어나 구, 문장 등이 사용된다.
- 토큰 검사(Token Test): 이 검사는 언어이해력을 측정하는 검사로 크기, 색깔, 모양이 다양한 토큰이 사용된다. 수검자는 평가자의 언어적 지시를 듣고 이를 행동으로 옮겨야 한다(예: "노란색 원 모양을 짚으세요." "하얀색 사각형을 노란색 원 뒤에 놓으세요.").
- 보스톤 진단용 실어증 검사(Boston Diagnostic Aphasia Examination: BDAE): BDAE는 실어증의 다양한 유형 및 실어증 환자의 언어 능력을 평가할 목적에서 개발된 배터리형 언어 검사다. 이 검사에는 대화 상황에서의 말하기 능력, 청각적 이해력, 구어 표현력, 읽기, 쓰기, 실행증, 구성 능력, 계산 능력, 손가락 실인증, 좌우 지남력 영역을 평가할 수 있는 수십 개의 매우 다양한 하위 검사가 포함되어 있으며,

BDAE-III(Goodglass & Kaplan, 2000b)까지 개발되어 있다.

- 웨스턴 실어증 검사(Western Aphasia Battery: WAB; Kertestz, 1979, 1982): 역시 실어증의 하위 유형을 진단, 치료 및 연구할 목적에서 개발된 배터리형 언어 능력 검사다. WAB에는 자발적 언어 능력, 청각적 이해력, 따라말하기, 이름대기 등의 검사 외에 읽기, 쓰기, 계산, 실행증, 구성 능력, 매트릭스 검사 등이 포함되어 있다. 이러한 소검사 점수를 사용해 실어증 지수(Aphasia Quotient: AQ)와 동작성 지수(Performance Quotient: PQ)가 산출된다. 국내에서는 김향희와 나덕렬(2000)이 표준화하였다.

3) 시공간 능력

시공간 능력에는 시지각 능력과 구성 능력 등이 포함된다. 지각이란 색, 형태, 크기와 같이 자극의 물리적·감각적 특성에 기초해 외부 대상을 파악하는 능력을 일컫는다. 구성 능력이란 대상에 조작을 가하여 특정 공간 관계를 인식하는 능력이다.

시공간 처리에는 주로 뇌의 우반구가 관여하며, 특히 일차 시각 피질이 위치한 후두엽과 공간 처리를 담당하는 두정엽의 역할이 중요하다. 후두엽에서 측두엽으로 통하는 복측 경로는 대상의 '무엇'에 관한 시각 정보, 즉 대상 재인과 관련해 중요한 역할을 담당한다. 공간 내 위치 판단, 구성 능력 등 '어디'와 관련된 공간 처리는 후두엽에서 두정엽에 이르는 배측 경로가 주로 담당한다. 이 외에 우반구 전두엽은 시각적 단기기억, 시공간 정보에 대한 작업기억력 등 짧은 시간 동안의 공간 정보를 저장하는 능력에 매우 중요한 역할을 하며, 우반구 측두엽은 장기기억으로 전환된 공간 정보를 저장하는 데 중요하다. 길 찾기와 같은 공간 기억에는 우반구 측두엽과 해마의 역할이 크다. 반면 분석적·순차적 정보처리를 하는 뇌의 좌반구는 대상 부분 부분의 세부 특성 지각, 두 공간 사이의 범주적 공간 관계(상하, 좌우 등) 판단 등에 관여한다. 전환점의 순서, 언어를 매개로 하는 길 찾기 등에서도 좌반구의 역할이 보다 중요하다.

시공간 능력을 측정하는 검사들은 주로 기하학적 도형을 모사하거나(예: 벤더 도형 검사, 레이 복합 도형 검사, 시계그리기 검사, 겹친 오각형 그리기 검사 등) 토막 등을 사용하여 재구성하는 방식(예: 웩슬러 지능검사의 토막짜기 소검사)으로 이루어져 있어 수검자의 필기 기술이나 운동 능력이 과제 수행에 영향을 미칠 수 있다. 따라서 이러한 능력이 취약하거나 손상된 수검자의 경우 검사 점수에 기초해 시공간 능력을 해석하는 데에 제한이 따른다. 웩슬러 지능검사에서는 이와 같이 필기 기술이나 운동 능력이 과제 수행에 미치는 영향을 최소화하기 위해 심상화를 통해 시공간 처리가 이루어지는 소검사(예: 퍼즐)를 개발하였는데, 이는 시공간 능력 외에 추론 능력이나 추상적 사고력, 주의집중력, 작업기억력 등이 수행에 영향을 미칠 수 있다. 시공간 능력을 평가하기 위해 주로 사용되는 검사들은 다음과 같다.[1)]

(1) 벤더 도형 검사(Bender Visual Motor Gestalt Test: BGT)

BGT(Bender, 1938; Hutt, 1985)는 시각-운동 능력의 발달이나 뇌의 기질적인 문제(organicity)[2)]를 확인할 목적에서 개발되었으며, 이후에는 시공간 구성 능력을 평가할 목적에서 널리 사용되어 온 초기 신경심리검사 중 하나다. BGT는 쉽고 간편하게 뇌손상 징후를 선별할 수 있다는 장점 때문에 종합심리검사 체계에 포함되며 오랫동안 사용되어 왔지만, 각 인지 영역에 특화된 체계적이고 정교한 신경심리검사 기법이 발달하면서 신경심리평가 장면에서는 사용 빈도가 감소하는 추세이며 오히려 투사 검사 기법의 성격 검사로 사용되기도 한다. 미국의 신경심리학자들을 대상으로 조사하였을 때 BGT는 스물다섯 번째로 많이 사용되는 검사로 순위가 매겨졌으나, 임상심리학자들을 대상으로 한 조사에서는 다섯 번째로 많이 사용되는 검사에 순위가 매겨지기도 하였다(Camara, Nathan, & Puente, 2000; Lezak et al., 2012).

원판 BGT는 9개의 기하학적 도형을 순차적으로 모사하는 과제였으나, 이후 여러 임상가에 의해 모사 과제 이외에도 다양하게 변형된 방식으로 사용되기도 하였다. 이 중에서 모사 단계를 거친 다음 5~20분 정도 경과 후 자유 회상하는 단계를 추가하는 경우가 대표적이다. Hutt(1985)는 HABGT라는 자신만의 BGT 체계를 개발하였는데, 전통적으로 사용되는 모사 단계 다음, 새로운 용지에 자극들을 다시 제시하고 수검자가

1) 웩슬러 지능검사에도 시공간 능력을 평가하는 소검사들(예: 토막짜기, 퍼즐 등)이 포함되어 있으며, 이는 제3장과 제9장에 상세히 기술되어 있다.

2) Bender가 BGT를 개발한 1930년대에는 특정 뇌 부위와 행동이 상호 연관되어 있음을 인식하고 있었으나 이에 대한 원리나 기제를 구체적으로 이해하지는 못하였으며 현재 통용되는 영상학적 검사나 신경심리평가와 같은 체계적이고 정교한 평가 방법도 부재하였다. 이에 당시에는 우울장애, 불안장애, 조현병 등 보편적인 정신장애와 구별되며 뇌의 문제로 초래된 이상 행동을 설명하는 구성 개념으로 기질성(organicity)이란 용어를 사용하였다. 과거에 사용되던 '기질적 뇌 증후군(organic brain syndrome)'이나 주요 정신장애에 대해 '기질적 원인을 배제'한다는 기준 제시 등은 전통적으로 사용되어 온 '기질성'이란 용어의 구성 개념을 반영한 것이다. 그러나 최근 들어 신경학과 신경심리학이 발달함에 따라 모호하고 단일 요인을 시사하는 듯한 '기질성'이란 용어 대신 '외상성 뇌손상(traumatic braing injury)'을 비롯해 구체적인 신경학적 문제 혹은 신경심리학적 기능 이상(예: 파킨슨병에 의한 주요 신경인지장애, 알츠하이머병에 의한 경도 신경인지장애)이 강조되고 있다.

원하는 방식으로 변형시켜 그리도록 하는 변용묘사(elaboration) 단계, 이 단계에서 수검자가 그린 그림에 대해 연상을 해 보도록 하는 연상(association) 단계, 각 카드 자극을 5초 정도 노출시킨 후 치운 다음 자극이 없는 상태에서 즉각 회상하는 순간 노출(tachistoscophic) 단계 및 지연 회상 단계 등을 추가하였다.

TIP BGT 검사 지시문

- Bender
  "여기에 몇 장의 카드가 있습니다. 당신에게 보이는 대로 이것을 그리십시오."
- Hutt(HABGT)
  "지금부터 이 카드를 한 번에 한 장씩 보여 드리겠습니다. 각 카드에는 간단한 그림이 있습니다. 당신은 될 수 있는 대로 그 그림을 종이에 잘 그리십시오. 당신 좋을 대로 어떤 방법으로든 그리십시오. 이것은 미술 능력의 검사는 아닙니다. 그러나 될 수 있는 대로 정확하게 그리십시오. 빨리 그리든 천천히 그리든 상관은 없습니다."
- Pascal과 Sutell(1951)
  "여기에 당신이 그릴 아홉 장의 간단한 도형이 있습니다. 스케치를 하듯 그리지 말고 자 같은 것도 사용하지 말고 이 종이에 그리셔야 합니다. 이 도형들을 한 장씩 보여 주겠습니다. 이 검사에는 시간 제한은 없습니다."
- Koppitz
  "여기 아홉 장의 그림이 그려진 카드가 있는데, 이것을 종이에 그리는 것입니다. 자, 여기 첫 번째 그림이 있습니다. 시작합니다. 꼭 그대로 그려야 합니다."

또한 모사 단계에 대해 17개 요소에 대한 채점 기준 및 배점 방식을 구체화하였으며, 이때 오류를 보인 자극에 대해서는 재시행 후 수검자에게 원자극과 비교해 보도록 하는 한계 검증 방법도 제시하였다. Bender는 별도의 채점 체계를 개발하지 않았으나, 이후 연구자들에 의해 다양한 채점 체계가 개발되었고(Koppitz, 1964; Hutt, 1985; Lacks, 1984; Pascal & Suttell, 1951), 이에 따라 지시 내용이 조금씩 달라지기도 하였다. 이들 중 Koppitz(1964)는 5~10세 아동들을 대상으로 발달적 측면과 정서적 요인을 측정할 수 있는 채점 체계를 개발하였으며, Lacks(1984)는 기능 장애 환자를 감별할 목적에서 12개의 오류 양상에 소요 시간을 포함한 13개 항목의 구체인 채점 지침을 개발하였으며, 행동 관찰의 기술 항목, 각 오류 양상의 예시, 뇌손상 가능성을 고려해야 하는 기준 점수 등을 제시하였다([그림 8-2] 참조). 연구자마다 채점 기준이 다르기는 하나 일반적으로 다음과 같은 내용들을 고려하여 해석에 반영한다.

- 행동 관찰 영역
  - □ 피로함이 관찰됨
  - □ 자극에 대해 충분히 주의를 기울이지 않음
  - □ 매우 빠르게, 주의 기울이지 않고 수행함
  - □ 지나치게 주의를 기울이고 신중함
  - □ 빈약하게 모사한 그림 혹은 오류를 교정하기 위한 반복적인 시도에도 불구하고 실패한 다음 불만을 표시함
  - □ 빈약한 운동 협응 혹은 손 떨림
  - □ 회전
  - □ 도형을 보는 것에 어려움을 보임
  - □ 기타 사항: ______
  - □ 소요 시간: ______
- 채점 영역

checking	오류 양상	해당 도형	설명	채점 배제
	1. 회전(rotation)	A 1 2 3 4 5 6 7 8	80°~180° 회전	카드돌림, 부분회전
			거울에 비친 모습	
	2. 중복 곤란 (overlapping difficulty)	A 1 2 3 4 5 6 7 8	중복되는 도형 부분 생략	0.3cm 이상 떨어진 경우는 단순화로 채점
			중복 지점에서의 단순화	
			중복 지점 스케치, 재묘사	
			중복 지점에서의 왜곡	
			잘못된 위치에서 중복	
			도형 중복 실패	
	3. 단순화 (simplification)	A 1 2 3 4 5 6 7 8	점 대신 원	0.3cm 미만 떨어짐 (=폐쇄 곤란) 각 대신 곡선 사용은 오류 아님
			도형 부분들 중복 안 됨	
			결합 부분이 0.3cm 이상 떨어짐	
			매우 단순화된 그림	
	4. 단편화 (fragmentation)	A 1 2 3 4 5 6 7 8	도형 부분들이 깨져 형태 파괴	수검자가 나머지를 그리고 싶지 않다고 진술한 경우
			완성되지 않음	

	5. 퇴영 (retrogration)	A 1 2 3 4 5 6 7 8	점 대신 대시(심하고 계속) 마름모/육각형 대신 삼각형 마름모 대신 정사각형 육각형 대신 직사각형	도형 7에서 각 대신 커브를 사용하거나 육각형 밑 부분의 각이 생략된 경우
	6. 고집화 (perseveration)	A 1 2 3 4 5 6 7 8	A: 도형 2의 원 → 도형 1의 점 도형 3, 5점 → 도형 2의 원	도형 1에서 점 대신 원 (= 단순화) 도형 6에서 곡선 증가
		A 1 2 3 4 5 6 7 8	B: 도형 1에서 14개 이상의 점 도형 2에서 13개 이상의 열 도형 2에서 원의 열 4개 이상 도형 3에서 점의 열 증가	
	7. 중첩 (collision)	A 1 2 3 4 5 6 7 8	중첩: 한 도형을 다른 도형에 중첩되게 모사 중첩 경향: 한 도형을 다른 도형에 0.6cm 이내 접근시킴	0.6cm 초과 접근
	8. 무기력 (impotence)	A 1 2 3 4 5 6 7 8	수차례 반복 혹은 수정하지만 정확히 모사하지 못한 경우 오류 교정을 인식하고 애쓰지만 성공하지 못하고 교정, 수정할 수 없다고 표현한 경우	두 번째 시도로 오류가 교정된 경우
	9. 폐쇄 곤란 (closure difficulty)	A 1 2 3 4 5 6 7 8	2개 도형에서 계속된 결합상 문제 폐쇄 곤란, 접촉된 부분 결합 곤란 현저하고 지속적인 간격, 중복, 스케치, 지움 두 접촉 부분에서 연필을 강하게 눌러 그림	도형 부분들이 0.3cm 이상 떨어진 경우 (=단순화)
	10. 운동 불협응 (motor incoordination)	A 1 2 3 4 5 6 7 8	선이 진하게 불규칙적으로 모사되고 떨린 경우(행동 관찰 중요)	
	11. 각의 곤란 (angulation difficulty)	A 1 2 3 4 5 6 7 8	전체 도형의 각이 45°~80° 도형 2에서 원의 열이 반 이상 각이 달라짐	도형 2의 각이 반대 방향인 경우(= 회전) 도형 3은 각 만들기가 어려우므로 관대하게!
	12. 고립된 큰 그림, 작은 그림	A 1 2 3 4 5 6 7 8	도형의 한 부분이 다른 부분보다 1/3 이상 작은 경우 한 도형이 다른 도형들에 비해 크기가 1/3 이상 크거나 작은 경우	
	13. 15분 이상 시간 소요			
총점				

※ 1~12번에서 5개 이상(13번 항목이 포함될 경우 6개 이상) 해당되면 이상 징후를 고려한다.

그림 8-2 Lacks의 BGT 채점 체계 요약

⊙ 조직화(organization)

- 그림의 순서(sequence)
- 첫 도형의 위치(position of the first drawing)
- 인접된 그림 사이의 공간
- 지면의 가장자리 사용(use of margin)
- 중첩(superimposition, collision)

⊙ 형태 변화(change in overall configuration)

- 접촉 곤란(closure difficulty)
- 각의 변화(angulation difficulty)
- 곡선 곤란(curvature difficulty)
- 교차 곤란(crossing difficulty)

⊙ 형태의 왜곡(distortion)

- 지각적 회전(perceptual rotation)
- 퇴화(retrogression)
- 단순화(simplification)
- 단절(fragmentation)
- 겹침의 곤란(overlapping difficulty)
- 정교화(elaboration, doodling)
- 보속성(perseveration)
- 반복 그림(redrawing total figure)

⊙ 기타 요인

- 형태의 크기 및 응집성(cohesion)
- 운동 비협응(motor incoordination)
- 불능(impotence)

2000년대 들어 BGT-II(Brannigan & Decker, 2003)가 출시되었다. BGT-II는 원판 BGT의 9개 도형에 7개 도형을 추가한 총 16개의 도형으로 자극을 확장하였고([그림 8-3] 참조), 모사 단계와 회상 단계로 구성된다. 또한 BGT-II에서는 각 과제를 쉽고 빠

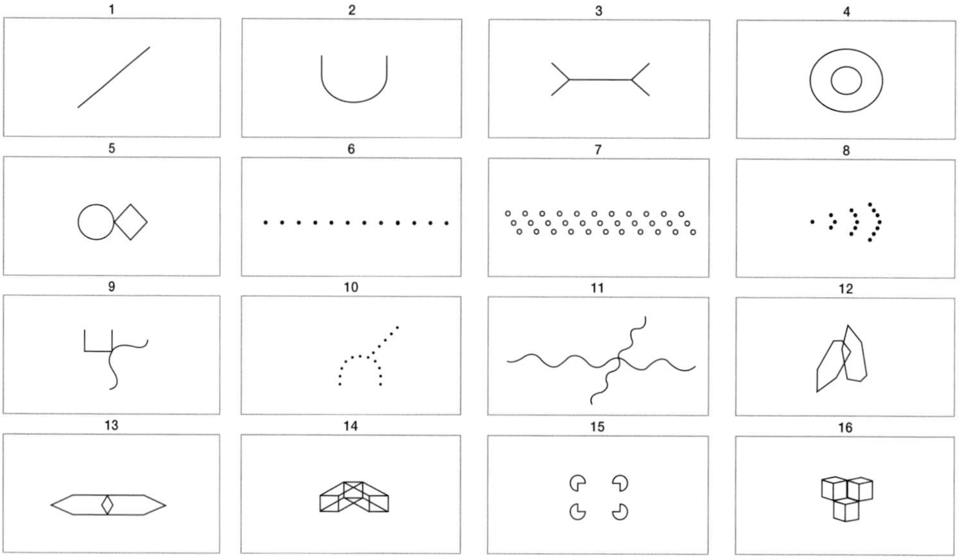

그림 8-3 BGT-II

출처: Brannigan & Decker (2003).

르게 채점할 수 있도록 전반적 채점 체계(Global Scoring System)를 개발하였으며, 각 항목은 5점 척도(0점은 전혀 비슷하지 않음, 낙서 수준, 도형으로 보기 어려움~4점은 거의 동일함)로 평정된다. BGT-II는 만 5세 이상 아동에서부터 모든 연령층의 성인에 대한 규준이 개발되었고, 이를 토대로 산출된 원점수에 대해서는 연령대별 T점수 및 백분위 점수가 제공된다.

(2) 레이 복합 도형 검사(Rey-Osterrieth Complex Figure: R-CFT)

R-CFT(Osterrieth, 1944; Rey, 1941)는 시공간 구성 능력과 시공간 기억력을 평가하는 검사로 가장 널리 사용되고 있다. 그림 자극은 대칭 형태의 중심 도형과 좌우에 세부 요소들을 포함하고 있는 복잡한 형태다. R-CFT에는 위치와 형태를 기준으로 모사의 정확성을 채점하는 표준화된 채점 체계가 개발되어 있다. 일반적으로 우반구 손상 환자는 전체적인 형태 구성에 어려움을 보이거나 좌측 구성 요소들을 생략하고 그리며, 좌반구 손상 환자는 세부 요소를 생략하고 단순하게 그린다. R-CFT 수행에는 과제를 계획적으로 조직화시켜 처리하는 능력이 요구된다는 점에서 구성 능력 외에도 관리기능을 측정하는 검사로 사용되기도 한다. R-CFT의 형태를 변형한 다양한 복합 도형 검사가 있으며(Meador, Loring, & Lee, 1988; Taylor, 1979), 노인의 특성에 맞게 상대적으로 단순화시킨

단순 레이 도형 검사(Simple Rey Figure Test: SRFT; 최진영, 2006; Milberg, 미출판)도 있다.

(3) 기타 도형 그리기 검사

겹친 오각형(MMSE)이나 원, 마름모, 사각형, 육면체(예: CERAD-N) 등 제시된 도형 자극을 모사하는 여러 종류의 그리기 과제가 많이 개발되어 있다. 이러한 검사들에서는 도형의 형태, 비례, 선의 접촉 등을 기준으로 한 채점 체계가 개발되어 있다.

이 외에 채점 방식이 덜 구조화되어 있기는 하지만 특별한 검사 자극 없이 종이와 연필만으로 쉽게 사용할 수 있는 다양한 자유 그림 검사가 있다. 여기에는 사람, 나무, 집, 자전거, 데이지꽃, 시계그리기 등이 포함된다. 이 중 시계그리기 검사는 숫자 배치, 바늘의 크기, 위치 등에 기초해 여러 방식의 채점 체계가 개발되어 있어 다른 비구조화된 그림 검사들에 비해 간편형 시공간 구성 능력 검사로 선호된다.

4) 기억력

기억은 여러 인지 활동에 관여하는 가장 기본적이고 핵심적인 인지 기능이다. 언어 습득을 비롯한 여타 모든 학습 활동은 기억력을 요한다. 이러한 기억 체계, 기억의 단계 및 절차 등에 대해서는 이론가에 따라 분류하는 방식이 매우 다양하고 복잡하다.

기억의 과정은 정보를 입력, 저장, 인출하는 세 단계로 이루어지는데, 특히 정보가 입력 및 저장되는 단계에 따라 단기기억(작업기억)과 장기기억으로 구분된다.

단기기억(작업기억)은 입력된 정보를 1~2초 이내의 아주 짧은 시간 동안 일시적으로 저장하는 과정으로, 한 번에 처리 가능한 단기기억의 양은 7±2 정도로 한정되어 있다. Baddeley(2003)는 단기기억이 매우 짧은 순간에 정보처리가 이루어진다는 점에서 단일한 기억 체계로 비춰지지만, 여러 개의 하위 체계로 이루어지며 각각은 작업기억(working memory)이라 불리는 제한된 용량의 실행 체계에 의해 조절된다고 설명하였다. 작업기억 역시 다양한 하위 구성 요소로 이루어진다고 보는데, 단어, 숫자, 멜로디와 같은 음성 정보를 반복하는 역할을 담당하는 음운 고리(phonological loop)와 공간 정보를 시연하는 시공간 잡기장(visuospatial sketchpad) 등이 이에 해당한다. 이 두 가지는 모두 중앙집행기의 통제를 받는다. 과거에는 단기기억(작업기억)의 정보가 시연(rehearsal)을 통해 장기기억으로 전환된다고 보았지만, 단기기억에 결함이 있음에도 새로운 정보를 장기기억으로 저장, 인출하는 능력이 유지되는 뇌손상 환자가 발견됨에 따라 단기기억(작업기억)은 장기기억과 독립적으로 기능하는 것으로 여겨진다. 단기기

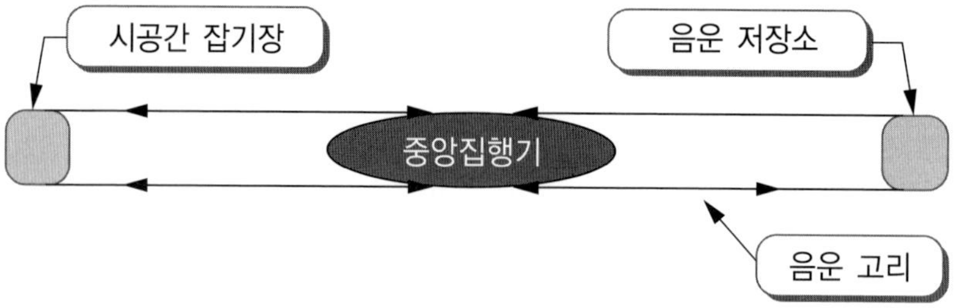

그림 8-4 Baddeley의 작업기억 모형

억(작업기억)과 장기기억에 관여하는 신경해부학적 구조물의 차이도 이러한 기억 모델을 지지한다.

장기기억은 크게 의식적인 접근이 가능한 서술기억(외현기억)과 의식적 접근이 용이하지 않은 암묵기억(절차기억)으로 분류된다. 암묵기억에는 운동 기술의 습득이나 점화 및 고전적 조건 형성과 같이 자동적으로 습관화된 반응 등이 포함된다. 서술기억은 개인이 경험한 사건과 관련된 정보를 저장, 회상하는 일화기억과 사실, 개념에 대한 표상적 지식을 저장, 회상하는 의미기억으로 분류된다.

단기기억(작업기억)에는 뇌의 여러 요소가 관여하는데, 통제 기능을 담당하는 중앙집행기 요소는 배외측 전전두엽, 음운 고리는 우세 반구(일반적으로 좌반구)의 실비안 주변부, 시공간 잡기장은 비우세 반구의 두정-후두 영역 등과 관련이 있다. 장기기억의 정보처리에는 내측 측두엽과 간뇌의 구조물이 주로 관여하는데, 특히 해마는 공간 기억과 새로 학습한 정보의 회상에 매우 중요한 역할을 담당한다. 운동 기억을 비롯한 절차적 기억에는 소뇌의 여러 구조물이 관여하는 것으로 알려져 있다.

기억력을 평가하는 검사는 다음과 같다.

(1) 단기기억(작업기억)검사

- 숫자 따라하기: 청각적 단기기억을 검사하기 위해 가장 많이 사용되는 검사다. 단기기억의 폭을 측정하는 바로 따라하기와 작업기억의 다양한 요소가 관여하는 거꾸로 따라하기로 구성된다.
- 시공간 단기기억검사: 이러한 검사들은 수행 방식은 숫자 따라하기와 동일하지만 육면체 형태의 토막 판으로 시공간 단기기억을 평가한다. 코지 토막 두드리기 검사(Corsi Block Tapping Test)를 비롯해 여러 유형의 시각 폭 검사(예: WMS의 Visual Span Test)가 개발되어 있다.

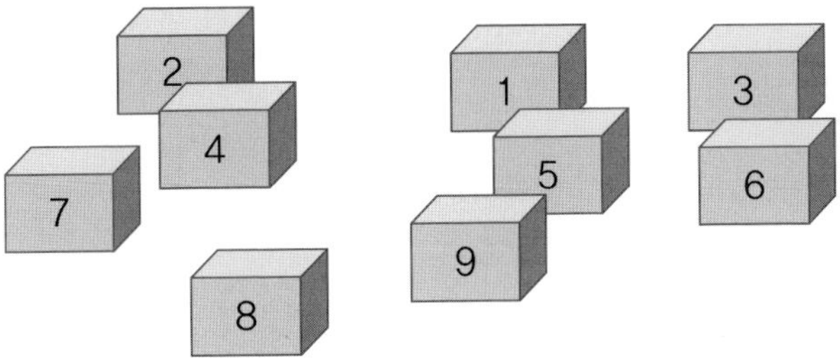

그림 8-5 시각 폭 검사의 예(코지 토막 두드리기 검사의 변형)

(2) 언어기억검사

일반적으로 언어기억검사는 일련의 단어 목록을 3~5회 정도 반복해서 제시하며 각 시행마다 자유 회상하는 즉각 회상 단계, 일정 시간 경과 후 습득한 정보를 지연 회상 및 재인하는 단계로 이루어진다. 이러한 유형의 언어기억검사에는 레이 청각 언어 학습 검사(Rey Auditory Verbal Learning Test: Rey-AVLT), 홉킨스 언어 학습 검사(Hopkins Verbal Learning Test: HVLT), 캘리포니아 언어 학습 검사(California Verbal Learning Test: CVLT) 등이 있다. 이 외에 시간, 장소, 사람, 사건 정보를 포함한 이야기 형태의 기억검사가 사용되기도 한다.

(3) 시공간 기억검사

시공간 기억검사는 대부분 구성 과제와 세트로 사용되는데, 제시된 도형을 모사하는 구성 과제를 실시한 직후 도형이 제시되지 않은 상태에서 다시 그리도록 하는 즉각 회상 과제, 일정 시간 경과 후의 지연 회상 과제 및 재인 과제의 절차를 포함한다. R-CFT를 사용한 레이 시각기억검사는 이러한 형태의 대표적인 시공간 기억검사다. 이 외에 얼굴 사진 자극을 재인하는 Warrington의 재인 기억검사(Recognition Memory Test), 문과 사람을 짝지어 재인하는 문-사람 검사(Doors and People Test) 등이 있다.

(4) 배터리형 기억검사

- 웩슬러 기억검사(Wechsler Memory Scale: WMS): WMS는 Wechsler(1945)가 개발한 이래 가장 보편적으로 사용되는 배터리형 기억검사 중 하나로, 현재 WMS-IV (Pearson, 2009)까지 개발되어 있다. WMS-IV에는 간이 인지 상태 검사, 논리 기억, 단어 연합, 디자인, 시각 재생, 공간 합산, 기억 폭 등의 소검사가 포함되어 있다. WMS-IV는 WAIS-IV와 공통 규준을 적용할 수 있어 동일한 개인의 IQ와

MQ의 비교가 용이하다는 것이 장점이다. 국내에서 표준화된 K-WMS-IV(최진영, 김지혜, 박광배, 황순택, 홍상황, 2012) 역시 K-WAIS-IV와 공통 규준 적용이 가능하다.

- 기억평가 검사(Memory Assessment Scales: MAS): Williams(1991)가 개발한 기억검사 배터리로, 언어기억 범위, 시각기억 범위, 단어 습득, 단어 즉각 회상, 단어 지연 회상, 문장 즉각 회상, 문장 지연 회상, 얼굴-이름 즉각기억(재인), 얼굴-이름 지연 기억(재인), 시각 재생, 시각 즉각 재인, 시각 지연 재인 등의 12개 소검사로 구성되며, 단기기억, 언어기억, 시각기억 및 전체 기억지수(MQ)가 산출된다. 국내에서는 이현수, 박병관, 안창일, 김미리혜, 정인과(2001)가 표준화한 K-MAS(Korean version of Memory Assessment)가 있다.
- 레이-킴(Rey-Kim) 기억검사(김홍근, 1999): Rey가 개발한 AVLT와 시각기억검사를 우리말로 번안하여 표준화한 검사다. 두 기억검사의 점수를 환산하여 기억지수(Memory Quotient: MQ)가 산출되는데, WAIS와 유사하게 평균 100, 표준편차 15로 표준화하였다. 이와 함께 학습 기울기, 기억 유지도, 인출 효율성, 그리기와 기억 일치도, 언어기억과 시각기억 일치도, 지능과 기억 일치도 등 차이 척도가 산출된다.
- 리버미드 행동 기억검사(Rivermead Behaviour Memory Test: RBMT): RBMT(Wilson, Cockburn, & Baddeley, 1985)는 기억력 손상이 실생활에 미치는 영향을 직접적으로 반영하는 소검사로 구성되어 있어 기억 장애 환자들의 보다 실질적인 치료 효과를 평가하는 데에 유용하다. 현재 RBMT-II(Wilson, Cockburn, & Baddeley, 2003)까지 개발되어 있다. 여기에는 얼굴-이름 기억, 물건 찾기, 약속 기억, 그림 재인, 이야기 회상, 얼굴 재인, 길 찾기, 메시지 기억, 지남력(Orientation), 날짜의 11개 소검사가 포함되어 있다.

5) 관리기능/전두엽 기능

관리기능이란 독립적이고 목표 지향적으로 자신의 행동을 조절, 통제, 관리해 나가는 능력을 일컫는다. 관리기능에는 추상적 사고력, 개념 형성 능력, 추론 및 예측 능력, 목표 설정과 계획 수립 능력, 목표에 맞게 행동을 이행하는 능력, 인지적 융통성 등 보다 고차원적인 인지 기능이 포함된다. 뿐만 아니라 충동 및 감정 조절 능력, 사회적 판단력 및 상황 인식 능력, 자신에 대한 통찰력 등 사회적 기능 수행에 필요한 다양한 기능 역시 관리기능의 주요 구성 요소다. 일반적인 인지 기능이 무엇을 얼마나 많이 해

낼 수 있는가의 문제라면, 관리기능은 보유한 자신의 지적 능력을 어떤 일에 어떻게 발휘해 나가는가와 보다 관련이 있다. 관리기능이 손상되었더라도 여타 인지 기능이 유지된다면 구조화되어 있고 익숙한 상황에서는 일정 수준의 기능을 수행할 수 있다. 하지만 감정 조절이나 행동 통제의 어려움을 보인다든지 눈치 없이 행동하여 소소한 문제가 발생할 수 있으며, 특히 일상에서 벗어난 복잡한 상황에서 효과적으로 대처하는 데에 어려움이 발생한다. 또한 이러한 특성 때문에 그들의 신경심리학적 손상이 간과되고 오히려 성격적 · 행동적 문제만 부각될 수도 있다. 따라서 개인의 관리기능을 평가하기 위해서는 관련된 신경심리학검사 결과뿐만 아니라 면담, 행동 관찰 및 영상의학적 검사 등 다양한 출처의 자료에 대해 면밀한 검토가 필요하다.

관리기능은 전두엽, 특히 전전두 영역과 관련이 있다. 중심전 영역에 위치한 일차 운동 피질은 소뇌, 기저핵, 시상의 운동 영역과 긴밀하게 연결되어 있으며 특정 근육의 운동 방향, 운동의 힘 등을 통제하는 역할을 한다. 이 영역이 손상되면 신체 부위가 약화되거나 마비될 수 있다. 중심전 영역의 바로 앞에 위치한 전운동 영역(premotor division)과 보조 운동 영역(supplementary motor area: SMA)은 일차 운동 피질과 연결되어 있으며 의도된 운동을 사전에 프로그래밍하는 운동 계획을 담당한다. 이 영역이 손상되면 일련의 복잡한 행동을 구성하는 운동 요소나 운동 순서의 통합, 운동 협응 등에 어려움이 있다. 전전두 피질은 크게 세 부분으로 구분된다. 배외측 전전두 피질은 주의 통제, 작업기억의 중앙집행기능, 계획의 수립과 실행, 융통성 있는 대처 능력 등과 관련이 있다. 안와 전전두 피질은 편도체, 측두엽과 연결되어 있으며 정서 및 사회적 판단, 충동 및 행동 억제 등을 담당한다. 이 영역이 손상된 경우 외부 자극에 즉각적이고 부적절하게 반응하거나 과민함, 공격적 언사, 충동성, 탈억제 반응, 상동증적 혹은 의례적인 행동 반응과 같은 비정상적인 반복 행동 등을 보인다. 내측 전두엽은 동기, 자발성과 관련이 있다. 이 영역이 손상되면 외부 환경에 무관심하고 냉담하며 심할 경우 말을 전혀 하지 않는다거나 전혀 움직이지 않는 등 자발적 의지를 상실한 상태가 되기도 한다.

관리기능 및 전두엽 기능을 평가하는 검사는 다음과 같다.

(1) 관리기능/전두엽 기능 관련 개별 검사

- 공통성 검사(WAIS)
- 언어 유창성 검사: 언어 능력 관련 검사 참조
- 선로잇기 검사: 주의력 검사 참조

- 스트룹 검사: 주의력 검사 참조
- 레이 복합 도형 검사: 시공간 처리 능력 검사 참조
- 위스콘신 카드 분류 검사(Wisconsin Card Sorting Test: WCST): 관리기능 및 전두엽 기능을 측정하는 데에 가장 보편적으로 사용되는 검사다. 보기의 카드 자극들 중

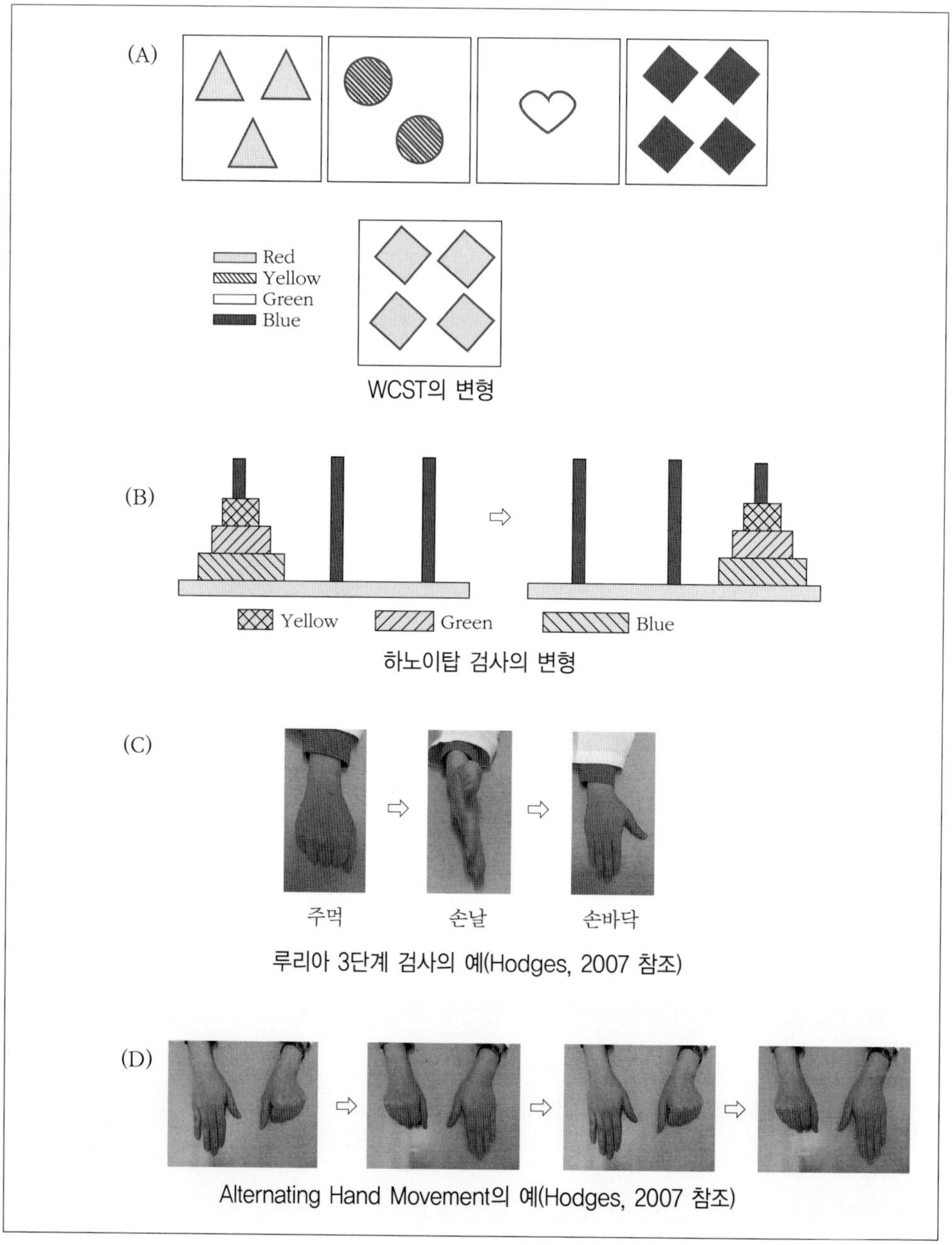

그림 8-6 관리기능/전두엽 기능 검사의 예

제시된 카드 자극과 특성이 유사한 카드를 분류하는 과제로, 수검자는 매 시행에서 평가자의 피드백을 듣고 카드를 분류하는 규칙을 추론하여 자신의 다음 반응을 결정할 수 있다. 연속해서 정해진 횟수만큼 성공 반응을 보이면 분류 규칙이 바뀌며, 수검자는 가능한 한 오류를 적게 해야 한다. 이 검사의 수행 패턴을 통해 범주화 및 개념 형성 능력, 주의지속 능력, 인지적 융통성, 보속 반응 등을 평가할 수 있다. 평가자가 직접 카드를 사용하는 매뉴얼 방식과 컴퓨터를 이용한 방식이 개발되어 있다([그림 8-6(A)] 참조).

- 런던탑 검사(하노이 탑) 검사: 기둥에 걸려 있는 색상 고리(탑)를 정해진 횟수 이내로 옮겨 목표한 형태에 맞게 재배열하는 과제다. 문제해결 능력을 측정하는 데에 많이 사용된다([그림 8-6(B)] 참조).
- 운동 조절 능력 과제: 자발적인 운동 조절 및 운동 학습 능력을 반영하는 Contrasting Program, 반응 억제 및 전환 능력을 반영하는 Go-No-Go Test, 운동 프로그래밍을 반영하는 루리아 3단계 검사(Luria 3-Step Test: 주먹-손날-손바닥; [그림 8-6(C)] 참조), 운동 협응을 반영하는 Alternating Hand Movement([그림 8-6(D)] 참조) 등이 포함된다.

(2) 관리기능/전두엽 기능 관련 검사: 배터리형 검사

- 킴스(Kims) 전두엽 관리기능 신경심리검사(김홍근, 2001): 관리기능의 손상을 평가할 목적에서 개발된 검사로, 독립적으로 실시 가능한 3개의 모듈로 구성되어 있다. 모듈 1은 관리 지능검사(Executive Intelligence Test: EXIT)로 스트룹 검사, 단어유창성 검사(음운 유창성), 도안 유창성 검사 및 기억 인출 효율성 등 전두엽 및 관리기능을 측정하는 인지 기능 검사로 구성되어 있으며, 양적 점수와 질적 점수를 토대로 관리 지능지수(EIQ)가 산출된다. 모듈 2는 관리 복합 도형 검사(Executive Complex Figure Test: E-CFT)로 R-CFT를 그리는 과정을 분석해 통찰성, 계획성 및 반복 억제에 대한 질적인 점수를 산출한다. 모듈 3은 관리 행동 척도(Executive Behavior Scale: EBS)로, 전두엽 및 관리기능과 관련해 성격, 정서, 행동 문제 등을 측정하는 문항들로 구성되어 있다. EBS는 수검자를 잘 아는 제3자의 평정에 기초한 설문형 검사이며, 병 전과 병 후의 적응 지능지수(Adaptive IQ: AIQ)가 산출된다.
- 전두엽 평가 배터리(Frontal Assessment Battery: FAB): FAB은 공통성 검사, 음운 유창성 검사, 운동 프로그래밍(Fist-Edge-Palm), Contrasting Program, Go-No-Go Test 및 잡기 반응(Prehension Behavior) 검사의 총 6개 항목으로 구성되어 있으며,

입원 환자를 대상으로 전두엽 기능을 보다 간편하게 평가할 목적에서 개발되었다 (Dubois, Slachevsky, Litvan, & Pilon, 2000).

6) 치매

치매는 가장 대표적인 인지장애 중 하나로 기억력을 포함해 광범위한 인지 기능의 손상을 주요 특징으로 한다. 따라서 치매 평가를 위해서는 신경심리 기능에 대한 평가가 우선적으로 이루어져야 한다. 치매를 평가하는 신경심리검사는 일반적으로 개별 선별검사(screening test)와 총집형 신경심리검사(neuropsychological battery)로 구분된다.

선별검사는 수검자의 인지적 손상 여부를 짧은 시간 안에 간단한 방법으로 확인하기 위해 사용된다. 대부분의 선별검사에 대해 신뢰도와 타당도뿐 아니라 치매 진단에 요구되는 민감도와 특이도 역시 검증되었지만, 선별검사는 인지 기능의 대략적인 수준에 대한 정보를 제공하므로 치매의 진단적 목적에서 사용되어서는 안 된다. 특히 선별검사만 단독으로 사용할 수검자의 교육 수준, 일시적인 상태 등에 따라 인지 기능 저하 가능성이 잘못 분류될 수 있고 제공할 수 있는 해석적 정보도 제한적이므로 주의해야 한다.

총집형 신경심리검사는 앞서 기술해 놓은 여러 인지 영역을 면밀히 평가할 수 있는 하위 검사들로 구성된 종합 신경심리검사를 일컫는다. 선별형 검사와는 달리 총집형 신경심리검사는 치매 진단을 위한 정밀 검사에 주로 사용되는데, 치매 여부의 확인은 물론이고 심각도 평정, 원인 질환 별별 등에 유용하다.

(1) 치매 선별검사

치매 선별검사에는 간이 정신상태 검사(Mini Mental State Examination: MMSE)를 비롯해 하세가와 치매 척도(Hasegawa Dementia Scale), 7분 선별검사(7 Minutes Screening Test: 7MS) 등이 사용된다.

이 중 MMSE는 Folstein, Folstein과 McHugh(1975)가 인지 기능의 손상을 신속하고 간편하게 평가할 목적에서 개발한 선별형 인지 기능 검사로 전 세계적으로 널리 사용되어 왔다. 국내에도 다양한 버전의 MMSE가 출시되어 있는데(강연욱, 나덕렬, 한승혜, 1997; 권용철, 박종학, 1989; 이동영 외, 2002; Kim et al., 2010), 신경과나 정신건강의학과 등 의료 장면에서는 강연욱 등(1997)이 Folstein 등(1975)의 원판 MMSE 내용을 충실히 반영하여 개발한 K-MMSE가 많이 사용된다.

한편 보건복지부에서 전국 단위의 치매안심센터 등을 통해 시행하는 치매 조기검진 사업에는 K-MMSE의 내용과 유사하나 일부 문항을 국내 실정에 맞게 수정한 MMSE-DS(Kim et al., 2010)가 사용되고 있다. 두 가지 MMSE 모두 19문항으로 구성되어 있는데, 시간 지남력, 장소 지남력, 세 단어에 대한 기억 등록 및 회상 능력, 주의집중력, 언어 능력(이름대기, 따라말하기, 실행증), 시공간 구성 능력 등을 평가하는 항목이 공통적으로 포함된다. 다만 K-MMSE에는 원판 MMSE와 마찬가지로 읽기 및 쓰기 문항이 포함되었으나, MMSE-DS에서는 문맹이나 저학력 노인 비율이 높은 국내 상황을 고려해 읽기 및 쓰기 대신 판단력 및 추상적 사고력을 평가하는 항목으로 구성하였다. 두 검사 모두 총점은 30점이고 점수가 높을수록 인지 기능이 양호함을 시사하지만, 문항 내용이 조금씩 다르고 규준 적용 방식도 다르므로 잘 구분하여 사용해야 한다. 〈표 8-3〉에는 K-MMSE와 MMSE-DS의 항목들을 구분하여 요약해 놓았다.

표 8-3 K-MMSE와 MMSE-DS

영역(배점)	K-MMSE	MMSE-DS
시간지남력(5)	연/월/일/요일/계절	연/월/일/요일/계절
장소지남력(5)	나라/도/무엇하는 곳/장소명/층 수	도(특별시, 광역시)/시(군, 구)/동(구, 읍, 면)/장소명/층수
기억 등록(3)	비행기, 연필, 소나무	나무, 자동차, 모자
주의집중력(5)	시계, 볼펜	시계, 연필
기억회상(3)	비행기, 연필, 소나무	나무, 자동차, 모자
명령시행(3)	종이를 뒤집고/반으로 접은 다음/저에게 주세요.	종이를 오른손으로 받아서/반으로 접은 다음/무릎 위에 놓으세요.
따라말하기(1)	백문이 불여일견	간장공장공장장
구성 능력(1)	겹쳐 있는 오각형 따라 그리기	겹쳐 있는 오각형 따라 그리기
읽고 이해하기/쓰기(2)	눈을 감으세요/문장 쓰기	–
이해, 판단력 및 추상적 사고력(2)	–	세탁/속담
점수 해석	연령, 교육 연수를 고려한 규준 적용	연령, 성별, 교육 연수를 고려한 규준 적용

(2) 한국판 치매평가 검사-2(Korean-Dementia Rating Scale-2: K-DRS-2)

치매평가 검사(Dementia Rating Scale: DRS; Mattis, 1988)는 치매 환자의 진단 및 경과를 평가할 목적에서 개발한 신경심리검사다. K-DRS(최진영, 1998)는 DRS를 국내 실정에 맞춰 표준화하였는데, 이것은 국내 최초의 공식화된 치매 평가 도구다. 현재 DRS-2(Mattis, 2001)를 개정한 K-DRS-2(최진영, 2011)가 개발되어 있다. K-DRS-2는 주의, 관리기능, 구성, 개념화, 기억의 다섯 가지 인지 영역을 측정하는 총 36개의 과제로 구성되어 있으며, 총점이 산출되어 전반적인 인지 기능을 평가하는 데에도 용이하다.

표 8-4 K-DRS-2의 구성

평가 영역	소검사 구성
주의	숫자 폭 검사(Digit Span), 2개의 연속된 지시, 단일 지시, 모방
관리기능	언어 유창성(word fluency, complex, simple)/자음 및 모음 보속성/alternating hand movement/alternating triangle & square/○×
개념화	동질성과 이질성/유사성/점화 유도 추론/상이성/유사성-선다형
구성	도형 그리기/이름 쓰기
기억	시간 및 장소지남력/간섭된 셈1, 2/언어적 회상(읽은 것 및 작성된 것)/언어적 재인(제시 및 재인)/시지각 및 시각적 기억력

(3) CERAD 평가집(Consortium to Establish a Registry for Alzhemer's Disease Battery)

CERAD 평가집(Morris et al., 1989)은 전 세계적으로 가장 잘 알려진 치매 평가 도구 중 하나로(Lezak et al., 2012), CERAD 임상 평가(CERAD-Clinical Battery: CERAD-C)와 CERAD 신경심리평가(CERAD-Neuropsychological Battery: CERAD-N)로 구성되어 있다. CERAD-C에서는 인구학적 자료, 현 병력, 가족력, 다양한 심리적·신경학적 장애에 대한 임상력, 일상생활 기능, 치매 심각도, 간이 블레스드(Blessed) 검사를 비롯한 간편형 인지 기능 검사와 임상력, 임상 진찰, 임상 병리 및 영상학적 검사 등 구조화된 절차와 자료 수집을 통해 임상 진단을 내리게 된다. CERAD-N은 신체적 피로감이나 장기간 주의집중의 어려움을 호소하는 노인층에게 용이하게 사용할 수 있도록 실시 시간이 비교적 짧고 시행이 간단한 신경심리검사로 구성하였는데(이동영, 2001), MMSE, 언어 유창성 검사(동물 범주), 단축형 보스톤 이름대기 검사(15문항), 구성 능력 검사, 단어목록 기억검사, 단어 지연 회상 검사, 단어 지연 재인 검사, 구성 회상 검사, 길만들기 검사 A형과 B형 등이 이에 포함된다. 국내에서는 만 60~90세 노인층을 대상으로 한

표 8-5 CERAD-K-N 제2판의 구성

소검사 구성	평가 영역
J1. 언어 유창성 검사	관리기능, 인지적 유연성, 자발적인 단어 산출 능력
J2. 보스톤 이름대기(단축형)	언어 능력, 대면한 상황에서 이름대기 능력
J3. MMSE-KC	선별검사
J4. 단어 목록 기억검사	언어적-청각적 기억력: 즉각 회상
J5. 구성 행동	시공간 구성 능력
J6. 단어 목록 회상	언어적-청각적 기억력: 지연 회상
J7. 단어 목록 재인 검사	언어적-청각적 기억력: 지연 재인
J8. 구성행동 회상	시공간 기억 능력
J9. 길만들기 검사	A형: 지속적 주의력, 처리속도 B형: 관리기능, 주의전환 능력
J가. 스트룹 검사	단어: 지속적 주의력, 처리속도 색깔: 지속적 주의력, 처리속도 색깔-단어: 관리기능, 선택적 주의력

한국판 CERAD 평가집(CERAD-K; 우종인 외, 2003)이 표준화되어 개발되었다. 한국판 CERAD-K는 CERAD 원판과 마찬가지로 임상평가집(CERAD-K-C)과 신경심리평가집(CERAD-K-N)으로 구성되어 있으며, 연령뿐만 아니라 교육 수준, 성별에 따른 규준이 개발되어 있다. 2015년에는 CERAD-K-N 제2판(우종인 외, 2015)이 표준화 연구를 거쳐 출시되었다. 제2판에서는 스트룹 검사가 추가되어 주의력 및 관리기능 평가가 보강되었으며, 50~59세 장년층까지 연령 규준을 확장하였다.

(4) 서울신경심리검사(Seoul Neuropsychological Screening Battery: SNSB-II)

SNSB(강연욱, 나덕렬, 2003)는 치매 선별 평가를 목적으로 개발된 종합 신경심리검사 배터리로 주의집중력, 언어 및 관련 기능들, 시공간 기능, 기억력 및 전두엽/관리기능의 다섯 가지 인지 영역과 MMSE와 같은 신경심리검사 외에도 노인 우울 척도(GDS), 바텔 일상생활 기능 평가(Barthel-ADL) 및 치매 임상 평정 척도(Clinical Dementia Rating Scale: CDR) 등이 포함되어 있다. 이처럼 SNSB는 치매 진단에 필수적인 신경인지 기능과 일상생활 기능은 물론이고 정서 상태까지 광범위하게 선별 평가가 가능하다는 것이 장점이다. 현재는 SNSB-II(강연욱, 나덕렬, 장승민, 2012)가 출시되었는데, 2판에서는

표 8-6 SNSB-II의 구성

평가 영역	소검사 구성
주의집중력	경계 검사(Vigilance Test), 숫자 폭 검사(Digit Span Forward & Backward), 글자 지우기(Letter Cancellation)
언어 및 그와 관련된 기능들	언어이해, 따라말하기, 한국판 보스톤 이름대기 검사, 읽기와 쓰기, Gerstman's Syndrome(손가락 이름대기, 좌-우 지남력, 신체 부위 재인, 계산 과제), 실행증(Praxis: 구강안면실행증, Ideaomotor Apraxia)
시공간 기능	레이 복합 도형 검사(R-CFT): 모사, 시계그리기(CDT)
기억력	서울 단어 학습 검사-노인형(SVLT-E): 즉각 회상, 지연 회상, 재인 RCFT(Rey-Osterrieth complex figure test): 즉각 회상, 지연 회상, 재인
전두엽/관리기능	운동조절(motor regulation)과 보속증: motor impersistence constrasing program, Go-No-Go, Fist-Edge-Palrm, Alternating Hand Movement, Alternating Square & Triangle, Luria loop 한국판 색상 단어 스트룹 검사(K-CWST): 글자 읽기, 색깔 읽기, 통제된 구강 언어 연합 검사(Controlled Oral Word Association Test: COWAT), 범주 유창성(동물, 가게 물건), 글자 유창성(ㄱ, ㅇ, ㅅ) 숫자-기호 부호화(Digit Symbol Coding) 한국판 길만들기 검사-노인형(K-TMT-E): Part A, Part B
기타	선별검사(K-MMSE), 단축형 노인 우울 검사(SGDS), 바텔 일상생활 기능 평가(Barthel-ADL), 한국판 도구적 일상 활동 평가(K-IADL), 치매 임상 척도(CDR), Global Deterioration Scale(GDS)

'시계그리기' '길만들기' '숫자-기호 부호화'와 같은 소검사가 추가되어 시공간 능력, 처리속도 및 전두엽/관리기능 평가가 보강되었으며, 45세 이상 장년층을 포함하여 연령 규준이 확장되었다.

(5) LICA 노인인지기능검사

현재 통용되는 신경심리검사 도구들에서는 읽기, 쓰기, 계산하기, 그리기 등의 과제가 주로 사용되며, 문해 능력이나 필기 기술이 저조한 노인들에게 실시하기가 어려운 경우가 종종 발생한다. 공교육의 역사가 오래된 북미 혹은 유럽권과는 달리 개발도상국의 경우 노인층의 문맹 비율이나 저학력 비율이 높다. 우리나라도 현재까지는 베이비부머 이전 세대의 노인층 비율이 높다 보니 노인 인구 중 문맹 혹은 저학력 비율 역시 높은 편이다. LICA 노인인지기능검사(심용수 외, 2016)는 이처럼 문해자뿐만 아니라 교

표 8-7 LICA 노인인지기능검사의 구성

번호		소검사 구성	평가
1		이야기회상검사(즉각회상)	기억력(언어)
2	1(S)	막대구성검사	시공간 구성 능력
3	2(S)	단어회상검사(즉각회상)	기억력(언어)
4		시공간 주의력 검사	주의력
5	3(S)	숫자스트룹검사	수행기능
6		계산검사	계산 능력
7		이야기회상검사(지연회상)	기억력(언어)
8		이야기회상검사(재인)	기억력(언어)
9	4(S)	막대재인검사	기억력(시각)
10	5(S)	단어회상검사(지연회상)	기억력(언어)
11	6(S)	단어회상검사(재인)	기억력(언어)
12	7(S)	단어유창성검사(동물이름)	수행기능
13	8(S)	의미모양-색깔속성검사/이름대기	언어 능력

* (S)는 단축형 검사의 실시 순서

육 수준이 다소 낮은 비문해자 혹은 심한 신경인지 기능 저하로 읽기 및 쓰기 능력이 저하된 수검자에게도 손쉽게 적용할 목적에서 개발된 노인 대상의 인지 기능 검사 배터리다. LICA는 다양한 인지 영역을 포함한 13항목 외에도 8항목의 단축형이 함께 개발되었으며, 연령 및 교육 수준에 따른 규준이 개발되어 있다. 특히 비문해자에 대한 규준이 별도로 개발되어 있다.

(6) 노인 기억장애 검사(Elderly Memory Disorder Scale: EMS)

EMS(최진영, 2007)는 국내 노인 인구를 위해 자체 개발된 종합 신경심리검사집으로, 기억력을 중심으로 주의집중력, 시공간 기능, 언어 기능 및 개념화 능력 등을 평가하는 소검사들로 구성되어 있다. EMS에는 단어 목록이 사용된 언어기억검사 외에도 일화기억을 평가할 수 있는 이야기회상검사가 포함되어 있으며, 구성 능력의 경우에도 노인들에게 실시하기 용이하도록 R-CFT를 변형시킨 SRFT가 사용된다.

(7) ADAS(The Alzheimer's Disease Assessment Scale)

ADAS(Rosen, Mohs, & Davis, 1984)는 CERAD 평가집과 유사하게 ADAS-인지 소척도(이하 ADAS-Cog)와 ADAS-비인지 소척도(이하 ADAS-Noncog)로 구성된 치매 평가 도구다. ADAS-Cog에는 기억력, 언어 능력, 지남력, 실행증 등 기본적인 인지 기능이 포함되어 있으며, 실시 시간이 짧고 간편하다는 점 외에도 총점제를 도입해 인지 기능 변화 여부를 쉽게 확인할 수 있다는 장점이 있어 FDA의 약물 승인 시험 연구를 비롯해 임상 시험 연구에서 표준 도구로 사용되고 있다. ADAS-Noncog에서는 임상가가 수검자에 대한 면담 및 관찰, 보호자 혹은 간병인 등에 대한 면담에 기초해 수검자의 집중력, 운동 장해, 식욕의 변화, 기분장애, 행동장애 및 정신증적 증상 등을 평정한다. ADAS-Cog는 임상 시험에 기본적인 측정치, ADAS-Noncog는 이차 측정치로 주로 사용된다(Lezak et al., 2012). 그러나 ADAS-Cog는 지연 회상, 주의력 및 집중력, 관리기능 등을 포함하고 있지 않아 경도 인지장애나 치매 초기 단계에 대한 진단 평가에는 이러한 인지 기능을 평가할 수 있는 다른 척도를 추가로 실시할 것을 권한다(Mohs et al., 1997).

(8) CAMDEX(Cambridge Mental Disorders of the Elderly Examination), CAMECOG (Cambridge Cognitive Examination)

CAMDEX(Roth et al., 1999)와 CAMCOG(Huppert, Brayne, et al., 1995)도 유럽에서 많이 사용되는 치매 평가 도구로 임상 평가와 인지 기능 평가가 짝을 이루어 사용된다. CAMDEX는 수검자와 보호자 혹은 간병인을 대상으로 한 구조화된 임상 면담 평가로 수검자의 현재 정신의학적 상태, 의학적 병력, 가족력 등을 평가한다. CAMCOG는 지남력, 언어 능력, 기억력, 주의력, 실행증, 계산 능력, 추상적 사고력, 지각 능력의 8개 소척도, 총 67항목으로 구성된 인지 기능 평가다.

7) 정서 및 행동장애

신경심리학적 손상에 의해 성격, 정서 및 행동상의 문제가 초래되기도 하며, 역으로 정서 상태가 인지 기능에 영향을 미치기도 한다. 따라서 신경심리평가에서는 개별 인지 기능에 대한 평가 외에 성격, 정서 및 행동에 대해서도 종합적으로 평가하는 것이 중요하다.

신경심리평가 과정에서 주로 사용되는 성격, 정서 및 행동 평가 척도는 다음과 같다.

- 증상 및 성격 척도: MMPI−2/MMPI−A, 증상 체크리스트(Symptom Check List−90−Revised: SCL−90−R), PAI 등
- 우울 평가: 주의집중력 저하를 비롯한 인지 기능 저하는 우울에 흔히 동반되는 징후일 뿐만 아니라 신경심리학적 손상 시에도 우울, 무감동, 동기 저하 등 우울 관련 징후를 흔히 보인다. 우울 증상 및 심각도에 초점을 맞춘 검사로 임상가 평정 척도인 해밀턴 우울 평정 척도(Hamiltonn Depression Rating Scale)가 있으며, 일반 성인들을 대상으로 한 자기보고형 우울 척도로 BDI−II(Beck Depression Inventory−II), CES−D(Center for Epidemiologic Studies Depression Scale) 등이 많이 사용된다. 또한 노인에게 특화된 대표적인 우울 척도로 노인 우울 척도(Geriatric Depression Scale: GDS) 및 단축형 GDS(Yesavage et al., 1983; 조맹제 외, 1999)가 있다. 이와 유사하게, 국내에서는 한국형 노인 우울 척도(Korean Geriatric Depression Scale: KGDS; 정인과, 곽동인, 조숙행, 이현수, 1997)가 개발되기도 하였다.
- 치매 정신 행동 증상 관련 척도: 치매와 같은 인지 기능 감퇴에 흔히 수반되는 심리적, 행동적 변화를 평정하기 위해 다양한 척도가 개발되어 있다. 여기에는 망상이나 환각과 같은 정신증적 증상, 우울, 불안 및 기타 정서적 불안정성, 충동적/공격적 행동, 탈억제/반복 행동, 수면 장애, 식이 행동의 변화 등이 포함된다. 치매 정신증상 척도(Neuropsychiatric Inventory: NPI; Choi et al., 2000; Cummings, 1997), CERAD−치매행동 평가척도(Behavioral Rating Scale for Dementia: BRSD; 윤종철, 이원혜, 최종배, 2008; Tariot et al., 1995), 기억 및 행동 문제 점검 목록−개정판(Revised-Memory and Behavioral Problem Checklist: R−MBPC; Pearlin et al., 1990; 이형석 외, 2004) 등이 이러한 목적에서 개발된 척도다. 치매 환자들의 경우 병식이 부족해 자신의 상태에 대해 신뢰할 만한 보고가 어려운 경우가 있으므로, 이러한 척도들은 수검자를 잘 아는 제3자 평정형으로 개발되어 있다. 또한 척도의 종류에 따라 평가 영역에 차이가 있기는 하지만, 대개는 증상의 출현 빈도, 심각도, 해당 증상으로 인한 보호자의 주관적 불편감 등을 평정하도록 되어 있다.

참고문헌

강연욱, 나덕렬(2003). SNSB: 서울신경심리검사. 인천: 휴브알엔씨.

강연욱, 나덕렬, 장승민(2012). SNSB-II. 서울신경심리검사 2판. 인천: 휴브알엔씨.

강연욱, 나덕렬, 한승혜(1997). 치매 환자들을 대상으로 한 K-MMSE의 타당도 연구. 대한 신경과학회지, 15, 300-307.

권용철, 박종한(1989). 노인용 한국판 Mini-Mental State Examination(MMSE-K)의 표준화 연구. 신경정신의학, 28, 2386-2391.

김향희, 나덕렬(1997). 한국판 보스톤 이름대기 검사(K-BNT). 서울: 인싸이트.

김향희, 나덕렬(2000). 파라다이스 · 한국판-웨스턴 실어증 검사(Paradise-K-WAB). 서울: 파라다이스 복지재단.

김홍근(1999). Rey-Kim 기억검사 해설서. 대구: 도서출판 신경심리.

김홍근(2001). Kims 전두엽-관리기능 신경심리검사 해설서. 대구: 도서출판 신경심리.

대한노인정신의학회(2003). 한국형 치매 평가검사. 서울: 학지사.

신민섭, 조성준, 전선영, 홍강의(2000). 전산화된 주의력 진단 시스템의 개발 및 표준화 연구. 소아 · 청소년 정신의학, 8, 217-231.

심용수, 유승호, 유희진, 이동우, 이준영, 정지향, 최성혜, 한설희(2016). LICA 노인인지기능검사. 서울: 인싸이트.

우종인, 김기웅, 김성윤, 우성일, 윤종철, 이강욱, 이군희, 이동영, 이정희, 주진형, 한설희(2003). 치매 진단 평가를 위한 한국판 CERAD 평가집(CERAD-K). 서울: 서울대학교 출판부.

우종인, 이동영, 김기웅, 김성윤, 김주한, 우성일, 윤종철, 이강욱, 이군희, 이정희, 주진형, 한설희(2015). 치매 진단 평가를 위한 한국판 CERAD 평가집(CERAD-K, 제2판). 서울: 서울대학교 출판부.

윤종철, 이원혜, 최종배(2008). 한국판 치매행동평가 척도(BRSD-K)와 한국판 Neuropsychiatric Inventory(NPI-K)의 도구적 특성 비교. 정신병리학, 16(17), 40-48.

이동영(2001). 한국판 CERAD 신경심리검사집[CERAD-K(N)]의 노인 정상 규준 연구. 서울대학교 대학원 박사학위논문.

이동영, 이강욱, 이정희, 김기웅, 주진영, 윤종철, 김성윤, 우성일, 우종인(2002). Mini-Mental State Examination의 한국 노인 정상규준 연구. 신경정신의학, 41, 508-525.

이현수, 박병관, 안창일, 김미리혜, 정인과(2001). 한국판 기억평가 검사: 전문가용 실시, 채점 요강. 서울: 한국가이던스.

이형석, 김도관, 고혜정, 구형모, 권의정, 김지혜(2004). 치매 환자 보호자의 스트레스 평가: 기억 및 행동문제점검-개정판(Revised-Memory and Behavioral Problem Checklist: R-MBPC)과 부담조사(Burden Interview: BI)의 신뢰도 및 타당도. 한국심리학회지: 임상, 23, 1029-1050.

정인과, 곽동일, 조숙행, 이현수(1997). 한국형 노인우울검사(Korean Form of Geriatric

Depression Scale: KGDS) 표준화 연구. **노인정신의학** 1(1), 61-72.

조맹제, 배재남, 서국희, 함봉진, 김장규, 이동우, 강민희(1999). DSM-III-R 주요우울증에 대한 한국어판 Geriatric Depression Scale(GDS)의 진단적 타당성 연구. **신경정신의학**, 38(1), 48-62.

최진영(1998). **한국판 치매 평가 검사(K-DRS) 전문가 지침서**. 서울: 인싸이트.

최진영(2006). **노인 기억장애 검사(EMS)**. 서울: 학지사.

최진영(2011). **한국판 치매 평가 검사2(K-DRS-2) 전문가 지침서**. 서울: 인싸이트.

최진영, 김지혜, 박광배, 황순택, 홍상황(2012). **한국판 웩슬러 기억검사-4판(K-WMS-IV)**. 대구: 한국심리주식회사.

American Psychological Association. (1999). *Standard for Educational and Psychological Testing*. Washington, DC: American Psychological Association.

Baddeley, A. D. (2002). The Psychology of Memory. In A. Baddeley, B. Willson, & M. Kopelman (Eds.), *Hand Book of Memory Disorder* (pp. 3-15). London, UK: Willey.

Baddeley, A. D. (2003). Working memory: Looking back and looking forward. *Nature Reviews Neuroscience, 4*, 829-839.

Banich, M. T. (2004). *Cognitive Neuroscience and Neuropsychology* (2nd ed.). Boston, MA: Houghton Mifflin Company. 김명선, 강은주, 강연욱, 김현택 공역(2008). **인지신경과학과 신경심리학**. 서울: 시그마프레스.

Bender, L. (1938). A visual motor Gestalt Test and its clinical use. *Research Monographs of the American Orthopsychiatric Association, No. 3*.

Brannigan, G. G., & Decker, S. L. (2003). *Bender Visual-Motor Gestalt Test* (2nd ed.). Itasca, IL: Riverside Publishing.

Camara, W. J., Nathan, J. S., & Puente, A. E. (2000). Psychological test usage: Implications in professional psychology. *Professional Psychology: Research and Practice, 31*, 141-154.

Choi, S. H., Kwon, H. M., Yoon, S. J., et al. (2000). The Korean version of the neuropsychiatric inventory: A scoring tool for neuropsyciatric disturbance in dementia patients. *Journal of Korean Medical Science, 15*, 609-615.

Cicerone, K. (1997). Clinical sensitivity of four measures of attention to mild traumatic brain injury. *Brain Injury, 18*(1), 33-39.

Conners, C. K. (1992). *Conners Continuous Performance Test*. Toronto, Canada: Multi-Health Systems.

Conners, C. K. (2000). *Conners Continuous Performance Test II*. Toronto, Canada: Multi-Health Systems.

Cummings, J. L. (1997). The neuropsychiatric inventory: Assessing psychopathology in dementia patients. *Neurology, 48*(5 Suppl 6), S10-S16.

Dubois, B., Slachevsky, A., Litvan, I., & Pillon, B. (2000). The FAB: A Frontal Assessment Battery at bedside. *Neurology, 55,* 1621-1626.

Folstein, M. F., Folstein, S. E., & McHugh, P. R. (1975). "Mini mental state": A practical method for grading the cognitive state of patients for the clinician. *Journal of Psychiatric Research, 12,* 189-198.

Goodglass, H., & Kaplan, E. F. (2000a). *The Boston Diagnostic Aphasia Examination(BDAE-3)* (3rd ed.). Philadelphia, PA: Lioppincott.

Goodglass, H., & Kaplan, E. F. (2000b). *The Boston Naming Test* (2nd ed.). Philadelphia, PA: Lioppincott Wukkuans & Wilkins.

Hodges, J. R. (2007). *Cognitive Assessment For Clinicians* (2nd ed.). New York. Oxford University Press.

Huppert, F. A., Brayne, C., Gill, C., Paykel, E. S., & Beardsall, L. (1995). CAMCOG-A concise neuropsychological test to assist dementi diagnosis: Socio-demotraphic determinants in an elderly population sample. *British Journal of Clinical Psychology, 34*(4), 529-541.

Hutt, M. L. (1985). *The Hutt Adaptation of the Bender Gestalt Test.* New York: Grne & Stratton.

Kaplan, E. F., Goodglass, H., & Weintraub, S. (1983). *The Boston Naming Test.* Philadelphia, PA: Lea & Febiger.

Kertestz, A. (1979). *Aphasia and Associated Disorder.* New York: Grune & Stratton.

Kertestz, A. (1982). *Western Aphasia Battery.* San Antonio, TX: Psychological Corporation.

Kim, T. H., Jhoo, J. H., Park, J. H., Kim, J. L., Ryu, S. H., Moon, S. W., Choo, I. H., Lee, D. W., Yoon, J. C., Do, Y. J., Lee, S. B., Kim, M. D., & Kim, K. W. (2010). Korean version of mini mental status examination for dementia screening and its' short form. *Psychiatry Investigation, 7*(2), 102-108.

Koppitz, E. M. (1964). *The Bender Gestalt Test for Young Children.* New York: Grune & Stratton.

Lacks, P. (1999). *Bender Gestalt Screening for Brain Dysfunction* (2nd ed.). New York: Wiley.

Lezak, M. D., Howieson, D. B., & Loring, D. W. (2012). *Neuropsychological Assessment* (5th ed.). New York: Oxford University Press.

Maj, M., D'Elia, L., & Satz, P. (1993). Evaluation of two neuropsychological test designed to minimize cultural bias in the assessment of HIV-1 seropositive person: A WHO study. *Archives of Clinical Neurology, 55,* 377-383.

Mattis, S. (1988). *Dementia Rating Scale(DRS).* Odessa, FL: Psychological Assessment Resources.

Mattis, S. (2001). *Dementia Rating Scale-2nd edition(DRS-2).* Odessa, FL: Psychological

Assessment Resources.

Meador, K. J., Loring, D. W., & Lee, G. P. (1988). Right cerebral specialization for tactile attention as evidence by intracarotid sodium amytal. *Neurology, 38,* 1763-1766.

Mohs, R. C., Knopman, D., Petersen, R. C., Ferris, S. H., Ernesto, C., Grundman, M., Sano, M., Bieliauskas, L., Geldmacher, D., Clark, C., & Thal, L. J. (1997). Development of cognitive instruments for use in clinical trials of anti dementia drug: Additions to the Alzheimer's Disease Assessment Scale that broaden its scope. *Alzheimer's Disease and Associated Disorders, 11*(2), S13-S21.

Morris, J. C., Heyman, A., Mohs, R. C., Hughes, J. P., van Belle, G., Fillenbaum, G., Mellits, E. D., & Clark, C. (1989). The Consortium to Establish a Registry for Alzheimer's Disease (CERAD). Part I. Clinical and neuropsychological assessment of Alzheimer's disease. *Neurology, 39*(9), 1159-1165.

Osterrieth, P. A. (1944). Le test de copie d'une figure complexe. *Archives de Psychologie, 30,* 206-356. [Trans. J. Corwin & F. W. Bylsma (1993). *The Clinical Neuropsychologist, 7,* 9-15.]

Pascal, G. R. & Suttell, B. J. (1951). *The Bender Gestalt Test: Quantification and Validity for Adults.* New York: Grune & Stratton.

Pearlin, L. I., Mullan, J. T., Semole, S. J., & Skaff, M. M. (1990). Caregiving and stress process: An overview of concepts and their measures. *The Gerontologist, 30,* 583-594.

Pearson. (2009). *Wechsler Memory Scale-4th Edition administration and scoring manual.* San Antonio, TX: Author.

Rey, A. (1941). L'examen psychologique dans les cas d'encephalopathie traumatique. *Archives de Psychologie, 28,* 286-340. [See J. Corwin & F. W. Bylsma (1993). *The Clinical Neuropsychologist, 7,* 9-15.]

Rosen, W. G., Mohs, R. C., & Davis, K. L. (1984). A new rating scale for Alzheimer's disease. *American Journal of Psychiatry, 141,* 1356-1364.

Rosvold, H. E., Mirsky, A. F., Sarason, I., Bransome, E. D., & Beck, L. H. (1956). A Continuous performance test of brain damage. *Journal of Consulting Psychology, 20*(5), 343-350.

Roth, M., Huppert, F. A., Tym, E., & Mountjoy, C. Q. (1999). *The Cambridge Examination for Mental Disorders of the Elderly-Revised.* Cambridge, England: Cambridge University Press.

Tariot, P. N., Mack, J. L., Patternson, M. B., Edland, S. D., Weiner, M. F., Fillenbaum, G., Blazina, L., Teri, L., Rubin, E., & Mortimer, J. A. (1995). The Behavior Rating Scale for dementia of the consortium to establish a registry for alzheimer's disease(CERAD). *The*

American Journal of Psychiatry, 152(9), 1349-1357.

Taylor, L. B. (1979). Psychological assessment of neurosurgical patients. In T. Rasmussen & R. Marino (Eds.), *Functional Neurosurgery.* New York: Raven Press.

Wechsler, D. (1945). A standardized memory scale for clinical use. *Journal of Psychology, 19,* 87-95.

Williams, J. M. (1991). *Memory Assessment Scales.* Odessa, FL: Psychological Assessment Resources.

Wilson, B. A., Cockburn, J., & Baddeley, A. (1985). *The Rivermead Behavioral Memory Test.* Bury st. Edmunds, UK: Thmaes Valley Test.

Wilson, B. A., Cockburn, J., & Baddeley, A. (2003). *The Rivermead Behavioral Memory Test* (2nd ed.). Bury st. Edmunds, UK: Thmaes Valley Test.

Yesavage, J. A., & Rose, T. L. (1984). Concentration and mnemonics training in the elderly with memory complaints: A study of combined therapy and older effect. *Psychiatry Research, 9,* 157-167.

Yesavage, J. A., Brink, T. A., Rose, T. L., Lum, O., Huang, V., Adey, M., & Leirer, V. O. (1983). Development and validation of a geriatric depression screening scale: A preliminary report. *Journal of Psychiatry Research, 17,* 37-49.

제9장

영유아 · 아동 · 청소년 심리평가

영유아·아동 및 청소년을 대상으로 한 심리평가 역시 기본적인 목적, 방법, 절차 및 결과의 활용은 일반적인 심리평가의 틀을 따른다. 다만 이들은 성인에 비해 지적 능력을 비롯해 발달적 특성이나 가족 간 상호작용 및 가정환경 등의 영향을 많이 받기 때문에 좀 더 정교하고 통합적인 이해가 필요하다.

우선 영유아·아동 및 청소년을 대상으로 심리평가를 하는 심리학자는 이 시기의 정상 발달 과정에서 나타나는 인지적·정서적·행동적 특성과 사회적 기능 수준에 대해 숙지하고 있어야 부적응이나 일탈의 문제를 정확히 파악할 수 있다. 또한 평가자가 이 수검자들에게 통용되는 언어와 사회·문화적 특성을 충분히 잘 이해한다면, 진단 및 이해의 목적에서뿐만 아니라 평가 과정에서 이들과 라포를 쉽게 형성하고 평가를 원활히 진행할 수 있어 매우 유용하다. 평가 과정에서도 수검자의 일상적 행동 특성을 잘 알고 있는 부모 혹은 주 양육자, 교사 등을 대상으로 한 면담이나 제3자 평정 등이 포함되는 경우가 흔하다.

이 장에서는 면담 평가 및 행동 관찰, 질문지형 검사 및 행동 평정 척도, 지능 및 발달 평가 등 영유아·아동 및 청소년 대상의 다양한 심리평가 방법 및 활용에 대해 개괄적으로 살펴보고자 한다.

1. 영유아·아동 및 청소년 심리평가에서 유의 사항

1) 의뢰 과정

- 영유아·아동 및 청소년들은 자신의 심리적 고통이나 적응상의 문제를 스스로 인식하여 도움을 찾는 경우가 매우 드물며, 부모나 교사 등 주위 성인에 의해 문제가 인지되어 심리평가에 의뢰되는 경우가 대부분이다.
- 수검자의 자발성, 검사 동기가 부족할 수 있으므로 평가자와 수검자의 라포 형성

이 특히 중요하다.

- 의뢰인과 수검자가 호소하는 문제의 내용, 심각도, 문제를 대하는 태도 등에 어떠한 차이가 있는지 살펴보아야 한다.

2) 제3자의 정보 제공

- 수검자인 영유아 · 아동 및 청소년으로부터 수집된 자료(면담, 심리검사 및 행동 관찰)만으로는 충분치 않으며 부모나 주 양육자, 교사 등 그들을 잘 아는 제3자가 제공하는 정보 역시 평가의 중요한 자료원으로 활용된다.
- 제3자는 면담, 행동 관찰, 평정 척도 등을 통해 평가에 참여한다.
- 수검자인 영유아 · 아동 및 청소년과 제3의 정보 제공자의 관계, 친밀도, 정보 제공자가 평가에 참여하게 된 과정, 동기, 목적 등에 따라 제공되는 정보의 신뢰도가 달라질 수 있다.

3) 발달 특성에 대한 이해

- 영유아기, 취학 전 초기 아동기, 학령기 초기, 청소년기 등 각 발달 단계에 따라 인지, 정서, 행동 및 사회성 등의 주요 주제와 특성에 차이가 크므로, 이들을 대상으로 한 심리평가에서는 정상 발달에 대한 이해가 선행되어야 한다. 이 분야의 심리평가를 수강하는 학생들 역시 발달심리학을 먼저 수강할 것을 권장한다.
- 지능을 비롯한 인지 기능 평가, 발달 평가에서는 일반 성인에 비해 연령 규준의 구간이 짧게 적용된다(예: WISC-IV나 WISC-V의 경우 3개월 단위).
- 지능이나 발달 상태는 다른 검사 수행 수준에 영향을 많이 미친다. 특히 언어 능력이 부족한 경우 언어를 매개로 한 다른 검사, 예를 들면 지능검사, 질문지형 검사 등의 수행에 제한이 따른다.

2. 면담 평가

1) 비구조화된 면담 평가

일반적으로 면담 평가에는 수검자인 영유아 · 아동 및 청소년을 직접 대상으로 하는 면담과 부모를 비롯한 주 양육자 혹은 교사를 대상으로 한 면담 과정이 포함된다. 이러한 면담 과정은 진단적 정보 수집뿐만 아니라 신뢰성 있는 평가, 치료 계획 수립 등을 위한 협조 단계 구축을 위해서도 매우 중요하다.

표 9-1 영유아 · 아동 및 청소년 심리평가: 임상 면담

- 제3자(부모, 교사 등)로부터 수집할 정보
  - 내원 사유 및 주요 호소 문제
  - 주요 호소 문제와 관련된 과거력: 증상 시작 시기
  - 발달력: 운동발달(예: 목 가누기, 앉기, 기기, 걷기), 언어발달(예: 한 단어 말하기, 구 사용하기 등), 배변 훈련 및 기타 발달 지연
  - 신체 질병: 주산기 및 출산 상태(예: 임신 중독, 조산, 유도 분만, 기타 산모의 건강 이상), 영유아기 건강 상태(예: 황달, 고열, 열성 경련 등), 신체 질병(예: 천식, 소아 당뇨 등), 기타 사고 및 수술
  - 기질, 정서 및 행동(예: 순한 기질, 예민한 기질, 떼쓰기, 쉽게 울음, 공격 행동, 분리 불안 등)
  - 교육 상태 및 학업 적응(예: 수업 이해도 낮음, 학습장애 및 학습 부진, 과제 수행 수준, 학습 준비, 교사와의 관계 및 교사 평가 등)
  - 단체 활동 참여 및 또래 관계(예: 스카우트 혹은 동아리 활동 참여도, 자발성, 수줍음 및 회피 행동, 자기주장성, 협동성, 책임감, 사교성, 교우 관계 및 또래 평가, 이탈 행동 등)
  - 가계도 및 가족 관계: 주 양육자 확인, 가족 간 친밀도, 부모와의 애착 관계, 부모의 양육방식(방임, 과보호, 냉담함, 학대)
  - 기타 일반적 적응도 및 외상 경험
- 수검자(영유아 · 아동 · 청소년)로부터 수집할 정보
  - 내원 사유
  - 영유아 · 아동 · 청소년이 지각하는 자신의 문제, 불편감
  - 대인관계(부모, 교사, 형제, 또래 관계)
  - 학업 및 취미

2) 구조화/반구조화된 면담 평가 도구

임상 장면이나 연구 장면에서 영유아 · 아동 및 청소년의 정신병리를 표준화된 방식으로 진단하고 평가할 목적으로 체계적이고 구조화된 다양한 면담 평가 도구가 개발되어 사용되고 있다. 이들을 대상으로 한 구조화 혹은 반구조화된 면담 평가 도구는 주로 임상 장면에서 사용되고 있으므로 학교를 비롯해 다양한 정신 보건 장면에서 어떻게 활용될 수 있을지에 대한 연구가 많이 필요하다. 또한 평가 도구의 신뢰도와 타당도를 높이기 위해 면담자 훈련이 필수적이다.

영유아 · 아동 및 청소년을 대상으로 한 구조화 혹은 반구조화된 면담 평가 도구는 다음과 같다.

(1) K-SADS-PL

K-SADS-PL(Kiddie-Schedule for Affective Disorders and Schizophrenia-Present and Lifetime Version; Ambrosini, Metz, Prabucki, & Lee, 1989; Kaufman et al., 1996; Puig-Antich & Chambers, 1978)은 아동과 청소년의 현재 및 과거 정신장애를 DSM-IV(DSM-III-R 포함)의 진단 기준에 따라 평가하기 위해 고안된 반구조화된 진단 면담 도구다. 이는 성인의 정신장애를 DSM 체계의 진단 기준에 따라 평가할 목적에서 개발된 반구조화된 진단 면담 도구인 정동장애와 조현병 스케줄(Schedule for Affective Disorders and Schizophrenia: SADS; Endicott & Spitzer, 1978)에 기초해 개발되었다. K-SADS-PL의 대상자는 만 6~18세의 아동 및 청소년이며, 해당 아동(청소년)은 물론이고 그들의 주 양육자(부모)를 대상으로 면담을 하며, 학교 기록, 병력 및 기타 자료도 평정의 근거로 사용된다. 일반적으로 아동의 경우에는 부모 면담을 먼저 진행한 후 아동 면담이 이루어지며, 청소년의 경우에는 대상 청소년을 먼저 면담한 후 부모 면담이 진행된다.

K-SADS-PL에서는 구체적 증상에 대해 그 심각도를 0~3점(0점: 정보 없음, 1점: 증상 없음, 2점: 역치하, 3점: 역치)으로 평정하도록 되어 있으며, 현재는 물론이고 과거에 대해서도 평정한다. 이때 두 정보 제공자(아동/청소년 대 부모)의 보고에 차이가 있다면 임상가가 최상의 임상적 판단을 내리도록 한다. 각 대상자마다 약 1시간가량, 총 2~3시간의 면담 시간이 소요된다.

K-SADS-PL의 평가 영역은 다음과 같다.

- 기분장애: 주요우울장애, 지속성 우울장애, 양극성장애

- 조현병 및 기타 정신장애: 조현병, 조현양상장애, 조현정동장애, 단기 반응성 정신병
- 불안장애: 공황장애, 광장공포증, 분리불안장애, 아동과 청소년의 회피성장애, 단순공포증, 사회공포증, 범불안장애(과잉불안장애 포함), 외상후 스트레스장애
- 행동장애: 주의력결핍 과잉행동장애, 품행장애, 반항성장애
- 기타: 유뇨증/유분증, 신경성 식욕부진증/신경성 폭식증, 틱장애, 알코올 사용장애/물질 사용장애, 적응장애

국내에서도 한국판 K-SADS-PL 연구 팀이 구성되어 표준화 연구(대한소아청소년정신의학회, 2003)가 진행되었는데, DSM-IV의 모든 정신장애에 대해 수행하지는 못하였으며 기분장애 범주, 불안장애 범주, 틱 장애, ADHD, 반항성 장애, 품행 장애와 같은 행동장애 범주 등 일부 범주에 대해서만 연구가 진행되었다.

(2) DISC-IV

DISC-IV(Diagnostic Interview Schedule for Children-version IV; Costello et al., 1984)는 성인기 정신장애를 조사하기 위해 개발된 진단 면접 스케줄(Diagnostic Interview Schedule: DIS)에 기초하였으며, 아동 · 청소년의 정신장애에 대한 역학 연구를 위해 NIMH에서 개발한 구조화된 진단 면담 도구다. 가장 최근 버전으로는 NIMH DISC-IV (Shaffer, Fisher, Lucas, Dulcan, & Shwab-Stone, 2000)가 개발되어 있다(조수철, 신민섭, 2006). NIMH DISC-IV는 DSM-IV 및 ICD-10의 진단 기준을 적용하여 소아 · 청소년기의 주요 정신과적 문제를 진단할 수 있도록 되어 있으며, 연령 범위 6~17세에 속하는 아동 및 청소년의 주 양육자(부모)를 대상으로 한 DISC-P(parents version), 평가에 의뢰되는 9~17세의 아동을 대상으로 한 DISC-Y(youth version)로 구분하여 사용한다. 4~5세에 해당하는 아동의 경우 DSIC-P만 적용하며, 17세 이상의 청소년의 경우는 DISC-Y만 실시한다.

DISC-IV는 간단명료한 질문들로 구성되어 있고, 질문의 내용, 순서 및 방법이 명확히 구조화되어 있으며, 일부 문항을 제외하고는 대부분 '예/아니요'로 평정하도록 되어 있다. 그래서 2~3일 정도 훈련을 받은 초심자들도 쉽게 사용할 수 있다.

DISC-IV에 포함된 진단 목록은 다음과 같다.

- 불안장애: 공황장애, 광장공포증, 사회공포증, 특정공포증, 강박장애, 범불안장애, 선택적 함구증, 분리불안장애, 외상후 스트레스장애

- 기분장애: 주요우울장애, 지속성 우울장애, 양극성장애
- 조현병
- 주의력결핍 및 파괴적 행동장애: 주의력결핍 과잉행동장애, 품행장애, 반항성장애
- 물질사용장애: 알코올사용장애, 물질사용장애
- 기타: 배설장애(유뇨증/유분증), 신경성 식욕부진증/신경성 폭식증, 틱장애

국내에서도 한국판 DISC-IV의 표준화 연구가 진행되었고, 서울시 역학 조사 사업에서 이를 시행하여 진단 도구로서 DISC-IV의 유용성이 입증되었다(대한소아청소년정신의학회, 2008).

3. 보호자(교사) 대상 행동 평정 척도

영유아 · 아동 및 청소년의 행동 특성에 대해 그들을 잘 알고 있는 주 양육자(부모 등) 혹은 교사를 대상으로 쉽고 간편하게 평가하기 위해 다양한 행동 평정 척도 및 체크리스트가 개발되어 있다. 이러한 평정 방식은 구조화/반구조화된 면담 평가나 행동 관찰에 비해 간접적인 평정 방식이지만, 대상자를 잘 아는 정보 제공자의 객관적 평정에 기초한다는 점, 비교적 짧은 시간 내에 간편하게 실시할 수 있다는 점, 행동 관찰이나 대상자 자신의 방어적 · 회피적 태도로 인해 확인할 수 없는 영역까지 측정할 수 있다는 점 등으로 인해 객관적으로 관찰 가능한 행동을 평가할 때 많이 사용된다. 그러나 대상자와 평정자의 관계, 평정자의 태도 등이 평정에 영향을 미칠 수 있다. 또한 평정자가 대상자의 행동을 전체 맥락에서 파악하지 못해 반응 편향이 초래될 수도 있다. 예를 들어, 교사 평정인 경우 학교생활에서의 행동 특성에 기초할 뿐 가정에서의 행동 특성이 반영되지 않을 수 있으며, 부모 평정의 경우는 그 반대의 결과가 초래되기도 한다.

국내에서 많이 사용되는 영유아 · 아동 및 청소년 대상의 행동 평정 척도와 체크리스트는 다음과 같다.

1) 아동-청소년 행동 평가 척도(CBCL)

아동-청소년 행동 평가 척도(Child Behavior Checklist: CBCL; Achenbach, 1991a)는 아동 및 청소년이 보이는 문제행동의 여러 속성을 포함하고 있는 포괄적이고 정교한 행동 평가 척도다. 대상 연령은 4~18세의 아동 및 청소년이며, 부모를 비롯한 주 양육자가 평정하는 CBCL 외에 교사 평정에 기초한 TRF(Teacher's Report Form)도 개발되어 있다. 두 척도 모두 120문항으로 구성되어 있으며 0~2점 범위의 3점 척도(0점: 전혀 아니다~2점: 자주 그런 편이다)로 평정하도록 되어 있다.

CBCL은 크게 문제행동척도와 적응척도로 분류된다. 문제행동척도는 8개의 문제행동증후군 소척도(불안/우울, 위축/우울, 신체 증상, 사회적 미성숙, 사고의 문제, 주의집중 문제, 규칙 위반, 공격 행동)로 분류되고, 그 밖에 특정 연령에 적용되는 성문제척도 등이 기타 문제행동증후군 소척도에 포함된다. 문제행동증후군 척도는 각 소척도 점수 외에 문제행동 총점과 내재화척도(불안/우울, 위축/우울, 신체 증상) 및 외현화척도(규칙 위반, 공격 행동) 점수가 산출된다. 적응척도는 적응척도 총점 및 2개의 하위척도(사회성척도, 학업수행척도) 점수가 산출된다. 최근 CBCL 버전에는 문제행동 영역과 관련해 DSM 진단척도와 문제행동 특수척도 등이 새롭게 포함되었으며, 이를 통해 임상 장면에서 진단적 활용도가 높아졌다.

국내에서는 오경자, 이혜련, 홍강의, 하은혜(1997)가 한국판 CBCL을 표준화하였는데, 미국판과 동일한 하위척도 외에 국내판에서만 특유하게 요인 분석된 정서 불안정 척도를 포함하고 있다. 한국판 CBCL의 하위척도의 측정 영역 및 대략적인 해석 기준은 다음과 같다.

(1) 문제행동척도

- 문제행동증후군 척도
  - 문제행동 총점: 전체 문제행동증후군 소척도 점수를 합산하여 문제행동 정도를 지수화한 것
  - 내재화척도: 소극적 · 수동적이며 사회적으로 위축된 행동, 신체 증상 등 내재화되고 과잉 통제된 행동을 평가. 다음의 문제행동증후군 소척도 중 불안/우울, 위축/우울, 신체 증상 소척도로 구성
  - 외현화척도: 타인에게 위해가 되는 공격 행동, 싸움, 비행 등 통제가 잘되지 않고 겉으로 드러나는 문제행동을 평가. 다음의 문제행동증후군 소척도 중 규칙 위

반, 공격행동 소척도로 구성

- 문제행동증후군 척도의 해석 기준
  - 임상 범위: 64T(백분위 92) 이상
  - 준임상 범위: 60T(백분위 84)≤T(백분위)점수<64T(백분위 92)

- 문제행동증후군 소척도
  - 불안/우울: 정서적으로 우울하고 지나치게 걱정이 많거나 불안한 정도 등
  - 위축/우울: 사회적 위축, 철수, 소극적 태도 등
  - 신체 증상: 의학적 증거가 없이 신체적 증상이 나타나는 정도 등
  - 사회적 미성숙: 발달상의 문제와 사회적으로 미성숙하고 비사교적인 측면 등
  - 사고 문제: 비현실적이고 기이한 사고 내용, 이와 관련된 행동 등
  - 주의집중 문제: 주의집중력의 문제와 이에 따른 행동상의 문제 등
  - 규칙 위반: 비행 등
  - 공격행동: 공격성, 싸움, 반항행동 등
  - 기타 문제
- DSM 진단척도
  - 정서문제
  - 불안문제
  - 신체화문제
  - ADHD
  - 반항행동문제
  - 품행문제
- 문제행동 특수척도
  - 강박증상
  - 외상후 스트레스문제
  - 인지속도 부진

- 문제행동증후군 소척도, DSM 진단척도 및 문제행동 특수척도의 해석 기준
  - 임상 범위: 70T(백분위 98) 이상
  - 준임상 범위: 65T(백분위 93)≤T(백분위)점수<70T(백분위 98)

※ 이 척도들은 정신장애의 잠정적인 진단 기준으로 적용될 수 있으므로 비임상 장면에서 나타날 수 있는 행동문제가 정신장애로 잘못 분류되는 오긍정 오류(false positive error)를 줄이고자 보다 엄격한 기준을 적용한다.

(2) 적응척도

- 적응척도 총점: 사회성 척도+학업 수행 척도
- 사회성척도: 속해 있는 모임이나 단체의 개수, 참가 활동의 활발한 정도, 친구 수, 친구와 어울리는 정도, 형제자매나 또래 및 부모 등 사회적 관계의 질 등
- 학업수행척도: 국어, 수학, 사회, 과학, 영어의 5개 과목별 학업 수행 정도, 특수 학급 소속 경험 여부, 휴학 여부 등

- 적응척도 총점의 해석 기준
  - 임상 범위: 36T(백분위 8) 이하
  - 준임상 범위: 36T(백분위 8)<T(백분위)점수≤40T(백분위 16)
- 사회성척도 및 학업수행척도 해석 기준
  - 임상 범위: 30T(백분위 2) 이하
  - 준임상 범위: 30T(백분위 2)<T(백분위)점수≤35T(백분위 7)

2) 한국 아동 인성 평정 척도(KPRC)

한국 아동 인성 평정 척도(Korean Personality Rating Scale for Children: KPRC; 김지혜, 조선미, 홍창희, 황순택, 2006)는 아동·청소년을 대상으로 정신장애의 선별 및 진단, 학교 장면에서 심리적 도움이 필요한 학생의 조기 발견 등을 위해 그들의 인지, 정서, 행동 특성을 다차원적으로 평가할 목적에서 개발된 주 양육자 평정 척도다. KPRC는 기존에 개발된 아동 인성검사(Personality Inventory for Children: PIC; Wirt, Lachar, Klinedinst, & Seat, 1984) 및 한국판 PIC(이하 KPI-C; 김승태 외, 1997)를 수정·보완한 척도로 주 양육

자 평정에 기초한다.

KPI-C는 4~15세에 속하는 아동 및 청소년을 대상으로 하였으며 255문항으로 구성되어 있고 2분 척도(예/아니요)가 적용되었다. 반면 KPRC는 적용 연령 범위를 3~17세까지 확대하였으며, 문항 수를 177문항으로 줄이는 대신 4점 척도(0~3점)로 세분화하였다. 척도 구성에 있어 가장 큰 변화는 KPI-C에 포함되던 자폐증척도(AUT)를 제외하고 사회관계척도(SOC)를 보완 · 수정해 자폐증 이외에 사회적 관계 및 적응에 어려움을 초래하는 다양한 요인을 고려하여 평가할 수 있게 되었다. 또한 임상적으로 변별력 있는 문항을 추가하고 중복 문항을 삭제하여 간편하게 실시하면서도 해석을 보다 명료화할 수 있게 하였다. KPI-C와 마찬가지로 KPRC도 다양한 타당도 척도를 포함하고 있다는 것이 장점이다.

KPRC에는 다음과 같은 하위척도가 포함되어 있다. 각 척도는 T점수 65점 이상일 때 임상적으로 유의한 것으로 간주된다.

(1) 타당도 척도

- ?척도: 무응답 혹은 그렇다, 아니다 모두에 응답한 경우
- T-R: 검사-재검사 척도. 각 문항에 대해 얼마나 일관성 있게 반응했는가를 측정. 이 척도가 상승할 경우 일관성 없이 임의로 혹은 부주의하게 반응하였음을 나타냄
- L척도: 문제행동을 부정하고 바람직한 아동으로 표현하려는 보호자의 방어적 태도를 측정
- F척도: 의도적이거나 비의도적인 증상의 과장, 무선 반응과 같이 일탈된 반응 태도를 변별하기 위해 개발된 척도

(2) 자아탄력성(ERS)

- 자아탄력성척도: 내적 · 외적 스트레스를 포함하여 여러 가지 심리적 문제에 대한 아동의 대처 능력과 문제해결 능력 및 적응 잠재력 등을 측정. 이 척도의 점수가 높을수록 자신감과 여유, 원만하고 친밀한 대인관계, 인내심, 집중력, 포용력 등이 높음을 시사함. 심리치료나 상담 장면에서는 긍정적인 예후와 정적인 상관을 보임

(3) 임상 척도

- 언어발달(VDL): 언어적 능력이나 발달의 지체나 기능상의 손상을 측정

- 운동발달(PDL): 신체발달 및 운동발달의 정도를 측정
- 불안(ANX): 자연현상이나 동물, 대인관계, 사회관계에서의 두려움, 불안, 긴장, 공포감, 일반적인 걱정, 예민성 등을 측정
- 우울(DEP): 우울한 기분, 자신감의 저하, 흥미의 저하, 신체적 활동의 저하, 사회적 회피, 비관적인 생각, 자살 사고 등 우울과 관련된 문제를 측정
- 신체화(SOM): 심리적인 문제를 신체 증상으로 나타내는 신체화 경향을 측정
- 비행(DLQ): 아동의 비행 성향을 측정하고 품행 장애가 있는 아동들을 가려내기 위해 반항과 불복종, 공격성, 적대감, 거짓말, 도벽 등 비행이나 품행문제를 측정
- 과잉행동(HPR): 주의력결핍 과잉행동장애(ADHD)의 특징을 보이는 아동들을 가려내기 위해 주의산만, 과잉행동, 충동성과 이에 수반되는 학습이나 대인관계에서의 어려움, 우울 등을 측정
- 가족관계(FAM): 가족 내의 역동이 아동의 부적응이나 정신병리에 영향을 미치는 정도를 평가하기 위하여 가정 불화와 가정 내의 긴장, 부모-자녀 관계, 부부 관계의 위기, 자녀에 대한 무관심 등을 측정
- 사회관계(SOC): 또래 관계나 어른들과의 관계 등 사회관계에서의 어려움을 측정하기 위하여 또래 관계에서의 소외, 리더십과 자신감의 부재, 대인관계에서의 불안이나 수줍음, 제한된 인내력과 포용력을 측정
- 정신증(PSY): 부적절하고 특이한 행동, 망상, 환각, 비현실적인 생각, 대인관계에서의 고립과 회피 등 심한 심리적 혼란감과 부적응을 포함하는 정신병적 증상을 측정

3) ADHD 증상 평정 척도

(1) ADHD 평정 척도(ADHD Rating Scale: ARS)

ARS(DuPaul, 1998)는 아동 대상의 ADHD 선별검사로 널리 사용되고 있는 보호자 및 교사 평정 척도다. ARS는 DSM-IV에 제시된 ADHD 진단 기준을 반영한 총 18문항으로 구성되어 있다. 각 문항은 0~3점으로 평정되며, 총점 외에 부주의 영역과 충동성 및 과잉행동 영역의 하위 요인 점수가 산출된다. 국내에서는 소유경 등(2002)이 지역사회 거주 초등학생들을 대상으로 신뢰도와 타당도를 확인하는 연구를 진행하였으며, 이후 대규모 지역사회 표집을 대상으로 신뢰도 및 타당도 연구도 진행되었다(Park et al., 2014).

(2) 코너스 평정 척도(Conners Rating Scale)

코너스 평정 척도(Conners, 1990)는 주의력결핍 과잉행동장애와 관련된 행동 증상을 객관적으로 평정할 목적에서 개발되었으며, 부모용 및 교사용 각각 2개의 버전씩(부모용: 98문항, 48문항/교사용: 39문항, 28문항) 총 네 가지 형태가 있다. 각 척도는 4점 척도(0점: 전혀 아니다~3점: 매우 그렇다)로 평정되며, 부모용은 3~17세, 교사용은 3~14세의 아동 및 청소년을 대상으로 적용된다. 이후 개정판 코너스 평정 척도(Conners & Sitarenios, 1998)는 주의력결핍 과잉행동장애와 관련된 행동 증상 외에도 가족문제, 정서문제, 분노조절문제, 불안문제 등 다양한 정서적, 행동적 문제와 관계의 문제를 평정할 수 있는 하위척도가 포함되었다. 또한 부모용(80문항, 27문항), 교사용(59문항, 28문항) 외에도 청소년용 자기보고 척도도 개발되었다.

국내에서는 부모용과 교사용 각각 10문항의 단축형 코너스 평정 척도(오경자, 이혜련, 1989)에 대해 신뢰도 및 타당도를 검증하는 연구가 진행되었다. 이 연구에서는 부모용은 16점 이상, 교사용은 17점 이상을 절단점으로 제안하고 있다.

4. 자기보고형 검사

1) 청소년 자기행동 평가척도(YSR)

청소년 자기행동 평가척도(Youth Self Report: YSR; Achenbach, 1991b)는 CBCL에 대응되는 청소년 대상(11~18세)의 자기보고형 검사로, 유능감척도, 문제행동척도로 분류된다. 유능감척도에는 사회적 유능감척도, 사회적 활동에서의 유능감척도가 포함된다. 문제행동척도는 CBCL에 포함되는 8개의 문제행동증후군 하위척도 외에 사회적 바람직성 척도가 개발되어 있다. 국내에서는 YSR의 일부 문항을 수정 · 표준화한 한국판 청소년 자기행동 평가척도(이하 K-YSR; 오경자, 하은혜, 이혜련, 홍강의, 2001)가 개발되었다. K-YSR의 하위척도 구성은 다음과 같다. K-YSR에서는 미국판 YSR에 포함되어 있는 사회활동 척도가 국내 실정에 적합하지 않아 제외되었다. 사전 선별검사로 활용할 목적에서는 내재화문제, 외현화문제, 총 문제행동척도에 대해 T점수 63점 이상을 기준점으로 적용하며, 정신장애 진단과 관련된 각 문제행동증후군 척도에서는 T점수 70점 이상을 유의한 상승으로 간주한다.

⊙사회적 능력

- 사회성척도
- 학업수행척도
- 총 사회능력 점수: 사회성 척도+학업 수행 척도

⊙문제행동증후군 척도

- 위축
- 신체 증상
- 우울/불안
- 사회적 미성숙
- 사고의 문제
- 주의집중 문제
- 비행
- 공격성
- 내재화문제
- 외현화문제
- 총 문제행동척도: 전체 문제행동 문항의 합산 점수. 문제행동 정도를 지수화함
- 자해/정체감 문제: 남자에게만 적용되는 특수 척도
- 기타

2) 청소년용 다면적 인성검사(MMPI-A)

청소년용 다면적 인성검사(이하 MMPI-A; Butcher et al., 1992)는 MMPI의 청소년용으로, 국내에서는 김중술 등(2005)이 표준화 연구를 진행하여 출간되었다. MMPI-A는 14~18세(한국판은 13~18세) 청소년에게 적용하도록 개발되었으며, 현재는 개정된 규준(한경희 외, 2017)이 사용되고 있다. 원판 MMPI의 기본 타당도 척도와 임상 척도의 틀을 유지하되 MMPI-2와 마찬가지로 새로운 타당도 척도, 내용 척도, 보충 척도 및 PSY-5 척도들이 추가되었다. 또한 성인과 청소년기 발달 단계, 사회-문화적 환경의 차이를 고려해 청소년들에게 적용하기에 적절치 않은 문항은 삭제하거나 청소년들에게 맞게 수정되었고, 청소년기의 독특한 영역을 다루기 위해 새로운 문항들이 추가되어 총 478문항으로 구성되었다.

MMPI-A의 기본적인 타당도 척도(?, VRIN, TRIN, F, L, K)와 10개 임상 척도의 구성은 MMPI와 동일하나 각 척도에 포함되는 문항에는 차이가 있다. 또한 타당도 척도 중 F척도는 F1(검사 전반부의 비전형적 양상)과 F2(검사 후반부의 비전형적 양상)로 구분된다.

MMPI-A에도 10개 임상 척도에 기초한 Harris-Ringoes의 임상 소척도가 개발되어 있다. MMPI-A의 내용 척도의 경우 기본적으로 MMPI-2와 유사하지만 공포(FRS), 반사회적 특성(ASP), A유형의 행동(TPA), 직업적 곤란(WRK) 등은 제외되었으며, 소외(Alienation: A-aln), 품행문제(Conduct Problem: A-con), 낮은 포부(Low Aspiration: A-las), 학교문제(School Problem: A-sch) 등이 추가되었다. MMPI-A의 보충 척도는 총 6개의 척도로 구성되어 있는데, MMPI-2에 사용되는 MacAndrew의 알코올 중독 척도(MAC-R), 불안 척도(A), 억압 척도(R) 등 일부가 포함되는 한편, 알코올/약물 문제 인정 척도(Alcohol Drug Acknowledgement Scale: ACK), 알코올/약물 문제 가능성 척도(Alcohol Drug Proneness Scale: PRO), 미성숙 척도(Immaturity Scale: IMM)가 새롭게 개발되었다. MMPI-A에 추가된 내용 척도 및 보충 척도는 〈표 9-2〉와 같다.

표 9-2 MMPI-A에만 적용되는 내용 척도 및 보충 척도

구분	척도명(약어)	내용
내용 척도	소외 (A-aln)	타인과의 정서적 거리감을 측정한다. 이 척도의 점수가 높으면, 타인과의 정서적 거리를 크게 느낀다. 이들은 자신을 이해하거나 돌봐 주는 사람이 별로 없고 자신을 좋아하지 않으며 자신에게 불친절한 등 자신이 정당한 대우를 받지 못한다고 느낀다.
	품행문제 (A-con)	청소년기에 보이는 다양한 행동 문제(예: 절도, 좀도둑질, 거짓말, 기물파손, 무례한 말이나 행동, 욕설, 반항적 행동 등)를 측정한다. 이 척도의 점수가 높으면 앞서 언급한 품행문제 외에도 약물, 알코올 사용, 성적인 문제 등 법적인 문제에 연루되거나 낮은 학업 성취, 정학 및 징계 등 학교 부적응을 보이기도 한다.
	낮은 포부 (A-las)	저조한 학업 수행 및 학교 활동 등에서의 소극적, 회피적 태도를 측정한다. 이 척도의 점수가 높으면 학업에 대한 흥미, 성취 동기나 포부가 낮고 힘든 일에 직면하거나 일을 개시하기 어려워하며 쉽게 포기한다.
	학교문제 (A-sch)	학업 문제 및 학교에서의 행동 문제를 측정하며, 일반적인 부적응을 예측하는 데에 유용하다. 이 척도의 점수가 높으면 저조한 학업 성적 혹은 학습장애, 낙제, 주의집중의 어려움, 등교거부, 징계 및 처벌, 대인관계 기술 부족, 쉽게 지루해하고 우유부단함, 권태 등이 시사된다.

보충 척도	알코올/약물 문제 인정 (ACK)	알코올이나 다른 약물 사용과 관련된 문제를 인정하는 정도를 측정한다. 이 척도에서 높은 점수를 받은 경우 알코올과(또는) 약물 관련 문제를 인정하고, 의식적으로 자각하고 있음을 나타내는데, 감정을 자유롭게 표현하기 위해 알코올 혹은 대체물에 의존한다든지 해로운 물질 남용 습관을 갖고 있을 가능성, 음주 중 싸움에 가담할 가능성 등이 높아진다.
	알코올/약물 문제 가능성 척도 (PRO)	알코올을 비롯한 약물 문제를 보일 가능성을 측정한다. 이 척도에서 높은 점수를 받는 경우 알코올 혹은 약물 관련 문제, 학교와 가정에서의 행동 문제를 보일 경향성이 시사되기는 하지만, 현재의 알코올 또는 약물 사용 패턴을 명백히 반영하는 것은 아니므로 주의가 필요하다.
	미성숙 척도 (IMM)	대인관계 양식, 인지적 복합성, 자기인식, 판단력 및 충동 조절 등의 영역에서 미숙함을 측정한다. 이 척도에서 높은 점수를 받는 경우 타인에게 신뢰감을 주지 못한다. 이들은 의존적이고 좌절에 대한 내성이 약하며 감정 조절에 어려움을 보인다. 다른 사람들을 괴롭히고 저항적, 반항적 태도를 취해 학교생활이나 또래 관계에 부적응을 보일 가능성이 높다.

MMPI-A의 PSY-5 척도는 MMPI-2와 마찬가지로 공격성 척도(AGGR), 정신증 척도(PSYC), 통제 결여 척도(DISC), 부정적 정서성/신경증 척도(NEGE) 및 내향성/낮은 긍정적 정서성 척도(INTR)의 다섯 가지로 구성되어 있으며, 수검자의 정신병리의 분류보다는 개인의 특질이나 성향과 관련된 정보를 제공한다.

최근 MMPI-A에 대해서도 재구성판(Minnesota Multiphasic Personality Inventory-Adolescent Restructured Form)이 출시되었다(한경희 외, 2018; Archer et al., 2016). MMPI-A-RF는 MMPI-2-RF와 마찬가지로 상위 차원 척도, 중간 단계의 구성 개념을 반영하는 재구성 임상 척도(Restructured Clinical Scales: RC), 구체적인 구성 개념을 반영하는 특정 문제 척도(Specific Problems Scale: SP)의 3층 위계 구조로 이루어져 있다. 상위 차원 척도는 MMPI-2-RF와 동일하게 정서적/내재화 문제, 사고문제, 행동적/외현화 문제의 3개 척도가 포함된다. 재구성 임상 척도는 MMPI-2-RC 및 MMPI-2-RF에 포함되어 있는 재구성 임상 척도를 토대로 개발되었으며, 척도 구성이나 임상적 함의 역시 이것들과 동일하다. MMPI-A-RF 특정 문제 척도는 MMPI-2-RF의 특정문제 척도와 동일한 구성 개념이며, 대부분의 하위척도 역시 이와 유사하다. 다만 MMPI-2-RF의 내재화척도에 포함되는 자살/죽음 사고(Suicidal/Death Ideation: SDI) 척도가 MMPI-A-RF에는 포함되지 않으며, 그 대신 강박사고/행동(Obsessions/Compulsions: OCS) 척도가 포함된다. 또한 외현화척도의 경우 품행문제(Conduct Problems: CNP), 약물남용(Substance Abuse: SUB), 공격성향(Aggression) 척도는 MMPI-2-RF와 동일하나, MMPI-2-RF의 흥분성향(Activation: ACT)은 제외되었으며 학교에 대한 부정적 태도(Negative School Attitudes: NSA), 반사회적 태도(Antisocial Attitude: ASA) 및 또래의 부정적 영향(Negative Peer Influence: NPI) 척도가 추가되었다. 대인관계 척도에 포함되는 하위척도는 MMPI-2-RF와 MMPI-A-RF가 모두 동일하며, MMPI-2, MMPI-2-RF 및 MMPI-A와 마찬가지로 성격병리 5요인 척도(PSY-5)도 개발되어 있고, 14개 영역에 대해 결정적 문항도 확인 가능하다. 그러나 MMPI-2-RF에 들어 있는 흥미 척도가 MMPI-A-RF에는 포함되어 있지 않다.

5. 아동용 지능검사

TIP 대표적인 아동용/영유아용 지능검사

- 웩슬러 지능검사
  - 웩슬러 아동 지능검사(Wechsler Intelligence Scale for Children, 이하 WISC-III, WISC-IV, WISC-V)
  - 웩슬러 유아 지능검사(Wechsler Preschool & Primary Scale of Intelligence, 이하 WPPSI-R, WPPSI-III, WPSSI-IV)
- 카우프만 아동 지능검사(Kaufman Assessment Battery for Children, 이하 KABC-II)
- 그림 지능검사(Pictorial Test Intelligence: PTI)

1) 아동용/영유아용 웩슬러 지능검사

아동용/영유아용 웩슬러 지능검사의 역사 및 발달 과정은 제3장에서 이미 상세히 기술하였으므로 이 장에서는 별도로 언급하지 않겠으며, 국내에서 많이 사용되고 있는 K-WISC-IV와 아동용/영유아용 웩슬러 지능검사의 최신 버전인 K-WISC-V 및 K-WPPSI-IV를 중심으로 살펴보고자 한다.

(1) K-WISC-IV

WISC-IV(Wechsler, 2003)는 만 6~16세 11개월의 아동 및 청소년을 대상으로 규준이 개발되었으며, 국내에서는 WISC-IV를 표준화한 K-WISC-IV(곽금주, 오상우, 김청택, 2011)가 출시되어 있다.

WISC-IV의 지표 및 소검사의 구성은 [그림 9-1]에 제시되어 있다. WISC-IV는 WAIS-IV보다 먼저 출시되었으며, 이 역시 WISC-III까지 웩슬러 지능검사 체계에서 사용해 왔던 언어성 IQ와 동작성 IQ의 2요인 체계를 폐기하고 전체 IQ 및 네 가지 지표 점수 체계를 채택하였다. 이 외에 일반능력지표(Global Ability Index: GAI)와 인지효능지표(Cognitive Proficiency Index: CPI) 및 과정점수가 산출된다. WISC-IV에는 10개의 핵

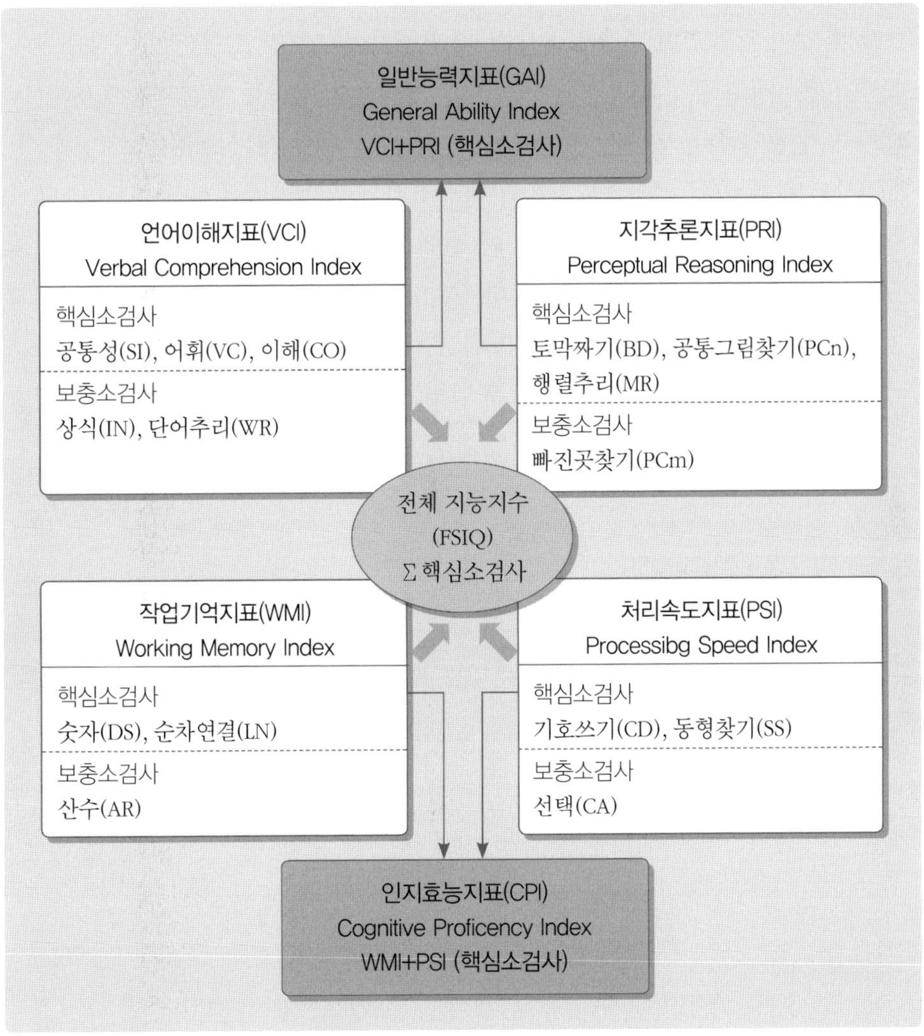

그림 9-1 K-WISC-IV의 구성

심소검사와 5개의 보충소검사 즉, 총 15개의 소검사가 포함되어 있다. 이처럼 WISC-IV와 WAIS-IV의 기본 구조는 동일하나, 15개의 소검사 항목이나 네 가지 지표에 포함되는 소검사 구성은 일부 차이가 있다. 우선 WISC-IV의 언어이해지표 영역을 살펴보면, '이해' 소검사가 핵심소검사에 포함되며, '상식' 소검사는 보충소검사로 분류된다.

또한 WAIS-IV와는 달리 WISC-IV에는 언어이해지표의 보충소검사로 '단어추리' 소검사가 개발되어 있다. 따라서 WISC-IV의 언어이해지표는 총 5개의 소검사로 구성되어 있다. 지각추론지표 영역을 살펴보면, WAIS-IV의 핵심소검사인 '퍼즐' 소검사가 WISC-IV에는 포함되어 있지 않으며, 그 대신에 '공통그림찾기' 소검사가 추가되었다.

WAIS-IV의 지각추론지표의 보충소검사인 무게비교 소검사 역시 WISC-IV에는 개발되어 있지 않았으며 보충소검사는 '빠진곳찾기' 1개만 포함되어 지각추론지표 소검사는 총 4개로 구성된다. 작업기억지표 영역을 구성하는 소검사는 WISC-IV와 WAIS-IV가 동일하나, WISC-IV에서는 '순차연결(LN)'[1]이 핵심소검사로, '산수'가 보충소검사로 분류된다. 처리속도지표의 핵심소검사 및 보충소검사 구성은 WISC-IV와 WAIS-IV가 동일하지만, WISC-IV의 '선택(CA)' 과제에서는 무선배열과 일렬배열로 구성되어 수행 방식에는 차이가 있다. WISC-IV의 각 소검사의 특징에 대해 〈표 9-3〉에 요약해 놓았다. 또한 WAIS-IV에 포함되어 있지 않은 공통그림찾기(PCn)와 단어추리(WR) 소검사가 측정하고자 하는 인지 기능에 대해서는 다음에 간략히 기술하였다.

표 9-3 WISC-IV의 소검사 구성 및 설명

실시 순서	소검사	약어	설명	K-WISC-IV
1	토막짜기 (Block Design)	BD	제한 시간 내에 흰색과 빨간색으로 이루어진 토막을 사용하여 제시된 모형이나 그림과 똑같은 형태를 만드는 과제	PRI 핵심소검사
2	공통성 (Similarity)	SI	제시된 두 단어에 대해 유사점을 설명하는 과제	VCI 핵심소검사

1) WISC-IV와 WAIS-IV의 작업기억지표 소검사에 Letter-Number Sequencing(LN)이 포함되어 있는데, K-WAIS-IV에서는 이를 '순서화'로, K-WISC-IV에서는 '순차연결'로 다르게 번역하였다. 마찬가지로 처리속도지표 소검사인 'Cancellation(CA)'도 K-WAIS-IV에서는 '지우기'로, K-WISC-IV에서는 '선택'으로 다르게 번역하였으므로 이 점을 유의해야 한다.

3	숫자 (Digit Span)	DS	평가자가 읽어 준 일련의 숫자를 동일한 순서로 따라하는 과제(바로 따라하기)와 역순으로 따라하는 과제(거꾸로 따라하기)	WMI 핵심소검사
4	공통그림찾기 (Picture Concepts)	PCn	제시된 두 줄 또는 세 줄의 그림에서 공통 특성으로 묶일 수 있는 그림을 각 줄에서 하나씩 고르는 과제	PRI 핵심소검사
5	기호쓰기 (Coding)	CD	제한 시간 내에 간단한 기하학적 모양이나 숫자에 대응되는 기호를 빈칸에 그리는 과제	PSI 핵심소검사
6	어휘 (Vocabulary)	VC	그림 문항에서는 시각적으로 제시된 사물의 이름을 말하고, 말하기 문항에서는 평가자가 들려주는 단어의 뜻을 설명하는 과제	VCI 핵심소검사
7	순차연결 (Letter-Number Sequencing)	LN	평가자가 읽어 주는 일련의 숫자와 글자를 듣고 숫자는 오름차순으로 글자는 가나다 순으로 회상하는 과제	WMI 핵심소검사
8	행렬추리 (Matrix Reasoning)	MR	불완전한 행렬을 보고 제시된 행렬의 빠진 부분을 5개의 반응 선택지에서 고르는 과제	PRI 핵심소검사
9	이해 (Comprehension)	CO	제시된 질문에 대해 일반적인 원칙과 사회적 상황에 대해 자신이 이해하고 있는 바에 기초해 답하는 과제	VCI 핵심소검사
10	동형찾기 (Symbol Search)	SS	제한 시간 내에 표적 기호와 동일한 기호를 보기에서 찾아내는 과제	PSI 핵심소검사
11	빠진곳찾기 (Picture Completion)	PCm	중요한 부분이 빠져 있는 그림을 보고 그 빠진 부분을 제한 시간 내에 찾아내는 과제	PRI 보충소검사
12	선택 (Cancellation)	CA	무선으로 배열된 그림과 일렬로 배열된 그림을 훑어보며 제한 시간 내에 표적 자극과 동일한 모양들을 찾아 표시하는 과제	PSI 보충소검사
13	상식 (Information)	IN	광범위한 일반 지식에 관한 질문에 응답하는 과제	VCI 보충소검사
14	산수 (Arithmetic)	AR	제한 시간 내에 일련의 산수 문제를 암산으로 푸는 과제	WMI 보충소검사
15	단어추리 (Word Reasoning)	WR	일련의 단서에서 공통된 개념을 찾아내고 이를 단어로 말하는 과제	VCI 보충소검사

- 공통그림찾기(PCn): 언어이해지표의 '공통성' 소검사에 대응되는 소검사로 비언어적 · 시각적 범주화 및 개념 형성 능력을 측정한다. 비언어적 시각 정보들 간의 공통 속성을 추론해야 하므로 이 과제를 수행하기 위해서는 추상적 사고력, 유동추론 능력 등도 관여한다. 이 과제는 제시된 시각 자극을 정확히 인식해야 수행이 가능하므로 아동의 시력, 시지각 능력 및 시각적 재인 능력에 문제가 없는지를 먼저 살펴보아야 한다. 시각 자극을 사용해 추상적 사고력, 범주적 추론 능력을 측정한다.
- 단어추리(WR): 언어적 이해력, 언어적 유추 및 일반적인 추론 능력, 언어적 측면의 추상적 사고력, 서로 다른 유형의 언어 정보를 통합하고 종합하는 능력, 대체 개념을 만들어 내는 능력 등을 측정한다.

Flanagan과 Kaufman(2009)은 WISC-IV의 해석에 대해 다음과 같은 여덟 가지 단계를 제시하였으며, K-WISC-IV 역시 이를 근거로 해석할 것을 추천한다(오상우, 오미영, 2011). 그 내용은 다음과 같으며, 1~6단계는 일반적인 해석 절차이고 7단계와 8단계는 선택적 해석 단계다.

STEP 1 WISC-IV의 주요 지표들(FSIQ, GAI CPI, VCI, PRI, WMI 및 PSI)의 표준점수와 소검사 환산점수를 기술하라.

- FSIQ와 지표점수의 경우 표준점수(IQ), 백분위, IQ의 범위 및 신뢰구간 등을 기술한다.
- 소검사의 경우 연령 환산점수와 그에 대한 백분위를 기술한다.

STEP 2 전반적인 지적 능력을 요약할 수 있는 최상의 방법을 결정하라.

2a. 4개의 지표점수 중 가장 높은 지표점수와 가장 낮은 지표점수의 차이가 1.5SD (23점)보다 작다면, FSIQ가 아동의 전반적인 지적 능력에 대한 신뢰성 있고 타당한 측정치로 해석될 수 있으므로 3단계로 가라.

2b. 4개의 지표점수 중 가장 높은 지표점수와 가장 낮은 지표점수의 차이가 1.5SD (23점) 이상이라면, FSIQ가 아동의 전반적인 지적 능력을 설명할 수 없다. 2c로 가라.

2c. GAI로 전반적인 지적 능력을 요약할 수 있는지를 확인해야 한다.

- VCI와 PRI의 지표점수 간 차이가 1.5SD(23점)보다 작다면, GAI가 아동의 전반적인 지적 능력에 대한 신뢰성 있고 타당한 측정치로 해석될 수 있다. 따라서 GAI의

표준점수, GAI 표준점수의 범위와 백분위 및 신뢰구간 등을 기술하고 3단계로 이동하라.

- VCI와 PRI의 지표점수 간 차이가 1.5SD(23점) 이상이라면, GAI 역시 아동의 전반적인 지적 능력에 대한 측정치로 해석할 수 없다. 3단계로 이동하라.

STEP 3 4개의 지표점수 각각을 단일한 능력으로 해석할 수 있는지를 결정하라.

3a. VCI의 3개 핵심소검사(공통성, 어휘, 이해) 중 가장 높은 소검사 환산점수와 가장 낮은 소검사 환산점수의 차이가 유의한지(1.5SD, 즉 5점 이상 기준)를 결정한다.

- 1.5SD(5점)보다 작을 경우: VCI가 단일한 능력을 나타낸다는 가정하에 해석이 가능하다.
- 1.5SD(5점) 이상일 경우: VCI는 단일 능력을 나타내는 것으로 해석할 수 없다.

3b. PRI의 3개 핵심소검사(토막짜기, 공통그림찾기, 행렬추리)에 대해 3a와 같은 절차를 따른다.

3c. WMI의 2개 핵심소검사(숫자, 순차연결)에 대해 3a와 같은 절차를 따른다.

3d. PSI의 3개 핵심소검사(기호쓰기, 동형찾기)에 대해 3a와 같은 절차를 따른다.

3e. 4개의 모든 지표에 해석이 불가능하다면 7단계로 가라.

STEP 4 지표 프로파일에 대해 규준에 따른 인지적 강점과 약점을 결정하라.

- 3단계에서 단일 지표로 확인된 것에 대해서만 기술하라.
- 지표의 표준점수가 115점보다 크다면, 그 지표는 규준적 강점으로 기술한다.
- 지표의 표준점수가 85점보다 작으면, 그 지표는 규준적 약점으로 기술한다.
- 지표의 표준점수가 85~115점 사이에 있다면, 그 지표는 정상 범위로 기술한다.

STEP 5 지표 프로파일에 대해 아동 개인의 인지적 강점과 약점을 결정하라.

5a. 4개 지표점수의 평균을 산출한다. 이 경우 해석할 수 있는 지표점수뿐만 아니라 해석할 수 없는 지표점수도 모두 포함시켜 평균을 산출한다.

5b. 5a에서 산출된 평균값과 해석 가능한 지표의 표준점수 간 차이가 유의한지를 결정하라.

- 이 점수 차이가 유의하고 지표의 표준점수가 평균값보다 높다면, 그 지표는 아동 개인의 인지적 강점이 된다.
- 이 점수 차이가 유의하고 지표의 표준점수가 평균값보다 낮다면, 그 지표는 아동

개인의 인지적 약점이 된다.

5c. 개인적 강점과 약점이 일반적인지 혹은 비일반적인지 여부를 결정하라(이때 비일반적인 강점 혹은 약점의 기준으로 기저율 준거 10% 미만을 적용한다).

- 제시된 기저율 준거 점수 이상일 경우 비일반적인 차이로 간주한다.

5d. 진단적 · 교육적으로 가장 중요한 개인적 강점과 약점을 확인하기 위해 다음과 같은 준거를 사용하여 핵심 강점(key assets)과 우선적 관심사(high-priority concerns)를 확인하라.

- 비일반적인 개인적 강점이면서 동시에 표준점수가 115점보다 크다면 핵심 강점으로 간주한다.
- 개인적 약점이면서 표준점수가 85점보다 작다면 우선적 관심사로 간주한다.

STEP 6 지표 프로파일에서 변산성을 해석하라.

- 아동의 지표 프로파일을 해석하는 것은 진단적 결정과 교육적 결정에 있어 신뢰성 있고 유용한 정보를 제공한다.
- 핵심 강점을 포함한 인지적 강점을 먼저 해석한 다음 우선적 관심사를 포함한 인지적 약점을 해석하라.
- 그다음 강점과 약점 그 어느 것에도 해당하지 않는 지표를 해석하라.
- 마지막으로 해석할 수 없는 지표에 대해 기술하라.
- 각 지표별로 문단을 달리하여 기술하라.

STEP 7 WISC-IV의 보충소검사를 시행했다면 임상적 비교를 할 수 있다.

7a. 각 군집이 단일 능력 혹은 처리로 해석할 수 있는지를 결정하라.

- 일반적으로 해당 군집에 포함되는 소검사 중 가장 높은 소검사 환산점수와 가장 낮은 소검사 환산점수 간 차이가 5점 미만일 때 단일 능력으로 간주한다.
- 임상 군집이 단일 능력이나 처리로 해석할 수 있다면 7b로 가라.
- 임상 군집이 단일 능력이나 처리로 해석할 수 없다면 이 군집을 포함한 임상 비교를 해서는 안 된다.

7b. 해당 임상 군집을 구성하는 소검사 척도 점수를 합산하고 이를 표준점수로 변환하여 임상 군집을 산출한다.[2)]

2) WISC-IV의 경우 군집 표준점수 값이 부록에 제시되어 있다.

7c. 비교할 군집 간 점수 차이를 계산하고 이러한 차이가 비정상적인지를 결정하라 (기저율 준거 10% 미만 점수 이상을 비정상적인 차이로 간주한다).

7d. 7c의 결과와 상관없이 아동의 임상적 군집 비교의 결과를 대략적으로 기술할 수 있는 해석적 설명의 예를 확인하라.

TIP CHC 임상 군집 및 군집 비교의 예

- 유동추리(Gf) 군집: 행렬추리 + 공통그림찾기 + 산수
- 시각적 처리(Gv) 군집: 토막짜기 + 빠진곳찾기
- 비언어적 유동추리(Gf−nonverbal) 군집: 행렬추리 + 공통그림찾기
- 언어적 유동추리(Gf−verbal) 군집: 공통성 + 단어추리
- 어휘 지식(Gc−VL) 군집: 단어추리 + 어휘
- 일반 지식(Gc−K0) 군집: 이해 + 상식
- 장기기억(Gc−LTM) 군집: 상식 + 어휘
- 단기기억(Gc−WM) 군집: 순차연결 + 숫자

1. 유동추리 군집 대 시각적 처리 군집
2. 비언어적 유동추리 군집 대 시각적 처리 군집
3. 비언어적 유동추리 군집 대 언어적 유동추리 군집
4. 어휘 지식 군집 대 일반 지식 군집
5. 장기기억 군집 대 단기기억 군집

STEP 8 GAI와 CPI의 차이가 일반적으로 큰 수준인지를 결정하라.

8a. GAI 및 CPI 각 지표들이 단일 능력이나 단일 처리를 나타내는지를 결정하라.

- VCI와 PRI의 표준점수 차이가 1.5SD(23점)보다 작다면 GAI를 단일 능력이나 단일 처리로 해석할 수 있다.
- WMI와 PSI의 표준점수 차이가 1.5SD(23점)보다 작다면 CPI를 단일 능력이나 단일 처리로 해석할 수 있다.
- GAI와 CPI 각각을 단일 능력이나 단일 처리로 해석할 수 있다면 8b로 가라.
- GAI와 CPI 중 어느 하나라도 단일 능력이나 단일 처리로 해석할 수 없다면 GAI와 CPI의 차이를 비교할 수 없다.

8b. GAI와 CPI의 표준점수를 산출하고 두 점수 차를 구하라.

8c. GAI와 CPI의 차이가 비일반적으로 큰 경우(21점 이상인 경우)인지를 결정하라.
8d. GAI와 CPI의 차이가 비일반적인 경우라면 그에 대한 이유를 설명하라.

(2) K-WISC-V

WISC-V(Wechsler, 2014a)는 WISC의 가장 최신 버전으로 이 역시 만 6~16세 11개월

A. 전체척도(Full Sclaes)

	언어이해(VCI)	시공간(VSI)	유동추론(FRI)	작업기억(WMI)	처리속도(PSI)
핵심	공통성(SI) 어휘(VC)	토막짜기(BD)	행렬추리(MR) 무게비교(FW)	숫자(DS)	기호쓰기(CD)
보충	상식(IN) 이해(CO)	퍼즐(VP)	공통그림찾기(PC) 산수(AR)	그림기억(PS) 순차연결(LN)	동형찾기(SS) 선택(CA)

B. 기본지표척도(Primary Index Sclaes)

언어이해(VCI)	시공간(VSI)	유동추론(FRI)	작업기억(WMI)	처리속도(PSI)
공통성(SI) 어휘(VC)	토막짜기(BD) 퍼즐(VP)	행렬추리(MR) 무게비교(FW)	숫자(DS) 그림기억(PS)	기호쓰기(CD) 동형찾기(SS)

C. 추가지표척도(Ancillary Index Sclaes)

양적추론 (QRI)	청각작업기억 (AWMI)	비언어 (NVI)	일반능력 (GAI)	인지효율 (CPI)
무게비교(FW) 산수(AR)	숫자(DS) 순차연결(LN)	토막짜기(BD) 퍼즐(VP) 행렬추리(MR) 무게비교(FW) 그림기억(PS) 기호쓰기(CD)	공통성(SI) 어휘(VC) 토막짜기(BD) 행렬추리(MR) 무게비교(FW)	숫자(DS) 그림기억(PS) 기호쓰기(CD) 동형찾기(SS)

D. 보완지표척도(Complementary Index Sclaes)*

명명속도지표 (Naming Speed Index)	기호전환지표 (Symbol Translation Index)	저장및인출지표 (Storage and Retrieval Index)
명명속도독해(NSL) 명명속도양(NSQ)	즉각기호전환(IST) 지연기호전환(DST) 재인기호전환(RST)	명명속도지표(NSI) 기호전환지표(STI)

그림 9-2 K-WISC-V 및 WISC-V의 구성

* 이 지표 및 소검사들은 미국판 WISC-V에 적용되며, K-WISC-V에는 개발되어 있지 않음

의 아동 및 청소년을 대상으로 규준이 개발되었으며, 국내에서도 WISC-V를 표준화한 K-WISC-V(곽금주, 장승민, 2019)가 출시되었다. WISC-V는 신경인지 과학, 특히 인지발달 및 신경발달 분야의 최근 심리학적 연구 결과 및 이론을 반영하여 개정이 이루어졌으며, 이에 따라 지표 및 소검사 구성 역시 많은 변화가 있다. K-WISC-V의 구조와 소검사 구성을 [그림 9-2]에 제시해 놓았으며, 각 소검사의 특징은 미국판 WISC-V를 포함하여 〈표 9-4〉에 요약해 놓았다. 미국 원판 WISC-V는 총 21개의 소검사로 구성되어 있으나, K-WISC-V 연구진들은 WISC-IV에서 보완지표로 새롭게 추가된 5개 소검사(명명속도독해, 명명속도양, 즉각기호전환, 지연기호전환, 재인기호전환)가 필수적이지는 않다고 판단하여 이를 제외한 총 16개 소검사로 표준화하였다. 또한 미국판의 경우 태블릿 PC를 사용해 검사를 실시할 수 있으나, 국내에서는 태블릿 PC를 사용하는 버전은 아직 개발되지 않았다. 이 모든 과정은 미국의 WISC-V 개발자들과 사전 협의를 거친 후 진행했다고 한다.

표 9-4 WISC-V의 소검사 구성 및 설명

실시 순서	소검사	약어	설명
1	토막짜기 (Block Design)	BD	제한 시간 내에 두 가지 색으로 이루어진 토막을 사용하여 제시된 모형이나 그림과 똑같은 형태를 만드는 과제
2	공통성 (Similarity)	SI	제시된 두 단어에 대해 유사점을 설명하는 과제
3	행렬추리 (Matrix Reasoning)	MR	행렬이나 연속의 일부를 보고 행렬 또는 연속을 완성하는 보기를 선택지에서 고르는 과제
4	숫자 (Digit Span)	DS	평가자가 읽어 준 일련의 숫자를 동일한 순서로 따라하는 과제(바로 따라하기), 역순으로 따라하는 과제(거꾸로 따라하기), 작은 숫자부터 큰 숫자를 순서대로 따라하는 과제(순서대로 따라하기)
5	기호쓰기 (Coding)	CD	제한 시간 내에 기호표를 사용하여 간단한 기하학적 모양이나 숫자에 대응되는 기호를 그리는 과제
6	어휘 (Vocabulary)	VC	그림 문항에서는 소책자에 그려진 사물의 이름을 말하고, 말하기 문항에서는 평가자가 들려주는 단어의 뜻을 설명하는 과제
7	무게비교 (Figure Weights)	FW	제한 시간 내에 양팔 저울이 균형을 이룰 수 있도록 보기 중에 답을 선택하는 과제
8	퍼즐 (Visual Puzzle)	VP	제한 시간 내에 완성된 퍼즐을 보고 퍼즐을 구성할 수 있는 3개의 조각을 선택하는 과제

9	그림기억 (Picture Span)	PS	제한 시간 내에 사물들이 그려진 자극 페이지를 제시한 후, 반응 페이지에 그려진 사물들 중 이전에 봤던 그림들을 가능한 한 순서대로 고르도록 하는 과제
10	동형찾기 (Symbol Search)	SS	제한 시간 내에 표적 모양과 동일한 모양을 보기에서 찾아내는 과제
11	상식 (Information)	IN	광범위한 일반 지식에 관한 질문에 응답하는 과제
12	공통그림찾기 (Picture Concepts)	PC	제시된 두 줄 또는 세 줄의 그림에서 공통 특성으로 묶일 수 있는 그림을 각 줄에서 하나씩 고르는 과제
13	순차연결 (Letter-Number Sequencing)	LN	평가자가 읽어 주는 일련의 숫자와 글자를 듣고 숫자는 오름차순으로 글자는 가나다 순으로 회상하는 과제
14	선택 (Cancellation)	CA	제한 시간 내에 무선으로 배열된 그림과 일렬로 배열된 그림을 훑어보며 표적 자극과 동일한 모양들을 찾아 표시하는 과제
15 (18)	이해 (Comprehension)	CO	제시된 질문에 대해 일반적인 원칙과 사회적 상황에 대해 자신이 이해하고 있는 바에 기초해 답하는 과제
16 (19)	산수 (Arithmetic)	AR	제한 시간 내에 말하기 혹은 그림으로 제시된 산수 문제를 암산으로 푸는 과제
17 (15*)	명명속도독해 (Naming Speed Literacy)	NSL	제시된 자극에 대해 가능한 한 빠른 속도로 명명하는 과제
18 (16*)	명명속도양 (Naming Speed Quantity)	NSQ	제시된 상자 속의 그림 중 사각형의 개수를 명명하는 과제
19 (17*)	즉각기호전환 (Immediate Symbol Translation)	IST	제시된 시각-언어 자극 쌍을 학습한 다음, 기호(시각 자극)를 보고 이에 대응되는 문장이나 구문(언어 자극)으로 바꿔 말하는 과제
20 (20*)	지연기호전환 (Delayed Symbol Translation)	DST	즉각기호전환 소검사를 수행한 이후에 이해 및 산수 소검사를 수행한 다음 실시하며, 즉각기호전환 소검사에서 학습했던 기호를 보고 이에 대응되는 문장이나 구문으로 바꿔 말하는 과제
21 (21*)	재인기호전환 (Recognition Symbol Translation))	RST	즉각기호전환 소검사에서 학습했던 기호를 보고, 언어로 제시된 보기들 중에 이에 대응되는 정확한 보기를 고르는 과제

* K-WISC-V에는 포함되지 않지만 WISC-V에는 포함되는 소검사이며, ( ) 안의 숫자는 WISC-V에서 실시하는 순서임

WISC-V는 다음과 같은 목적에서 개정되었다(https://nspa.wildapricot.org/resources/Documents/kimbell_wisc-v_nspa_handout.pdf).

첫째, WISC-V는 심리학 분야의 최신 지견을 반영하여 이론적 근거를 업데이트하였다. 이에 대한 대표적인 예가 지능의 구성 개념을 확장시킨 것인데, 지능의 구성 개념에 대해 기존에 적용했던 4요인 이론(언어이해지표, 지각추론지표, 작업기억지표, 처리속도지표)을 폐기하고 5요인 이론을 적용하여 기본지표를 5개(언어이해지표, 시공간지표, 유동추론지표, 작업기억지표, 처리속도지표)로 구성하였다. 즉, 소검사 구성이 이전 버전과 완전히 동일하지는 않지만 지각추론지표 대신 시공간지표와 유동추론지표가 추가된 셈이다. 이 중 시공간지표를 구성하는 소검사에는 기존에 사용되었던 토막짜기에 WAIS-IV 지각추론지표의 핵심소검사인 퍼즐을 추가하였다. 유동추론지표를 구성하는 소검사에는 WISC-IV 지각추론지표의 핵심소검사인 행렬추리에 WAIS-IV 지각추론지표의 보충소검사인 무게비교를 추가하였다. 반면 WISC-IV 지각추론지표의 핵심소검사인 공통그림찾기는 산수소검사와 함께 유동추론지표의 보충소검사에 포함시켰다. 한편, 빠진곳찾기 소검사는 WISC 원판부터 WISC-IV까지 시지각 조직화 및 추론 능력을 평가할 목적에서 전통적으로 사용되어 왔으나, WISC-V에서는 더 이상 사용되지 않는다. 작업기억지표를 구성하는 소검사에도 큰 변화가 있다. 핵심소검사에는 전통적으로 사용되어 온 숫자 소검사에 시각 주의 폭을 반영하는 그림기억 소검사를 새롭게 추가하였으며 순차연결 소검사는 보충검사로 재분류하였다. 이는 이전 버전들에서 작업기억지표가 언어적-청각적 정보처리에 초점이 맞춰져 있고 비언어적 · 시각적 정보처리 시의 작업기억력이 포함되어 있지 않았던 문제점을 개선한 것이다. 전통적으로 주의력 및 작업기억 요인으로 분류되었던 산수 소검사는 유동추론지표의 보충소검사로 재분류하였다. 그동안 산수 소검사를 수행하기 위해서는 수 개념이나 계산과 같은 학업적 기술이 필요하며, 복잡한 수식을 세우고 정답을 산출하기 위해서는 수리적 추론 능력이 많이 관여하여 주의집중력이나 작업기억력을 온전히 반영하는 데에 제한이 따른다는 비판이 있어 왔다.

둘째, WISC-V에서는 이 도구의 사용자들에게 친숙성을 증대시켰다. WISC-V의 5개 지표에 포함되는 10개 핵심소검사를 시행하는 데에는 평균 65분 정도가 소요되는데, 이는 WISC-IV에 비해 시행 시간이 10분 정도 줄어든 것이다. 전체척도에 포함되는 16개 소검사 중 7개의 핵심소검사(공통성, 어휘, 토막짜기, 행렬추리, 무게비교, 숫자, 기호쓰기)만 실시하면 FSIQ를 산출할 수 있으며, 여기에는 평균 48분 정도가 소요되어 WISC-IV의 FSIQ를 산출할 때보다 27분 정도가 단축되었다고 한다.

셋째, WISC-V에서는 발달적 적합성이 크게 개선되었다. 검사 수행 시 어휘력이나 말을 많이 하는 경우가 득점에 미치는 영향을 감소시켰고, 시범 문항이나 연습 문항 등을 통해 수검자가 과제에 숙달할 수 있도록 하였다. 시대에 뒤떨어진 낡은 기법이나 문항 내용들은 현재 시점에 적합하도록 수정하였다(이는 이해 소검사의 문항 내용을 살펴보면 쉽게 알아차릴 수 있다).

넷째, 심리측정 속성을 개선하였다. 우선 문항 내용, 채점 규칙, 규준, 표준화 방법 등에서 심리측정 속성을 개선하였으며, 신뢰도는 이전 버전과 비슷한 수준이거나 이전 버전보다 향상된 것들도 있다. 또한 반복 측정 분석(iterative psychometric analyses)과 전문가들의 질적인 검토를 통해 문항 편향을 개선하였다.

마지막으로 임상적 유용성을 향상시켰다. FSIQ는 기본지표를 구성하는 10개 소검사가 아닌 이 중 7개 소검사에 기초해 손쉽게 산출할 수 있다. 또한 지능검사의 5요인 이론에 기초해 기본지표를 구성함으로써 해석을 간명하게 해 주었다. 예를 들어, WISC-V의 시공간지표와 유동추론지표를 구분하여 해석하는 것이 WISC-IV의 지각추론지표 체계로 해석하는 것보다 수검자의 인지적 특성을 좀 더 명확하게 이해할 수 있다. 강점과 약점 분석에 새로운 방법을 사용하였으며, 각 지표들 간 점수 차이 혹은 각 소검사 간 점수 차이에 대해 쌍별 비교를 포함해 약점과 강점을 확인할 수 있도록 상세한 정보를 제공한다. 양적추론지표, 청각작업기억지표, 비언어지표, 일반능력지표 및 인지효율지표의 다섯 가지 척도가 포함된 추가지표 역시 수검자의 인지 기능에 대해 풍부한 해석적 정보를 제공한다. 지각추론지표 체계에 비해 인지처리 과정을 측정하는 소검사들은 학습장애의 감별에 민감한 것으로 알려져 있다. 또한 K-WISC-V에는 해당되지는 않지만, WISC-V에 새롭게 추가된 소검사인 명명속도독해와 명명속도양, 즉각, 지연 및 재인 과제인 기호전환 소검사 등은 학습장애를 평가할 때 이러한 수검자들의 강점과 약점 패턴을 강화시켰다.

K-WISC-V를 중심으로 그 구조를 살펴보면, 우선 FSIQ 산출과 관련된 전체척도(Full Scales), 5요인 이론에 기초한 기본지표척도(Primary Index Scales) 및 추가지표척도(Ancillary Index Scales)의 세 가지 수준으로 구분된다. WISC-V에는 이에 더해 보완지표척도(Complementary Index Scales)까지 총 네 가지 수준으로 구분된다.

K-WISC-V의 전체척도는 다섯 가지 기본지표 영역, 총 16개 소검사로 구성되어 있는데([그림 9-2]의 A 참조), 이 중 전반부에 배치된 7개의 핵심소검사(토막짜기, 공통성, 행렬추리, 숫자, 기호쓰기, 어휘 및 무게비교)에 기초해 FSIQ를 산출한다. 이 7개의 핵심소검사 중 측정의 신뢰성에 문제가 발생하였을 때, 다른 9개 소검사 중 하나로 대체할 수 있

표 9-5 WISC-V에서 FSIQ 산출에 허용 가능한 대체 소검사

FSIQ 핵심소검사	FSIQ 산출에 허용 가능한 대체 소검사
공통성	상식 또는 이해
어휘	상식 또는 이해
토막짜기	퍼즐
행렬추리	공통그림찾기
무게비교	공통그림찾기 또는 산수
숫자	그림기억 혹은 순차연결
기호쓰기	동형찾기 또는 선택

다. FSIQ를 산출할 때 이와 같은 대체 소검사는 단 한 번만 적용할 수 있다. 또한 FSIQ 산출에 투입할 수 없는 핵심소검사와 동일한 영역의 소검사로만 대체해야 한다(예: 공통성 대신 상식 또는 이해/기호쓰기 대신 동형찾기 또는 선택). 행렬추리 소검사는 유동추론 지표의 소검사 중 공통그림찾기만이 대체가 가능하다. 대체 방식 이외에 비례배분 방식(proration)으로 FSIQ를 산출할 수 있다.

예를 들어, 어떠한 이유로 '어휘' 소검사에 대해 신뢰할 수 있는 측정이 불가능할 경우 실시한 6개 핵심소검사의 환산점수들을 비례 합산하는 방법을 사용할 수 있다. 하지만 소검사 대체와 비례배분 방식을 함께 사용해서는 안 된다. 예를 들어, 어떤 수검자에게 핵심소검사 중 공통성, 토막짜기, 행렬추리, 숫자, 기호쓰기와 같이 5개 소검사만 시행했다고 하자. 이 경우 어휘 소검사를 상식 소검사로 대체한 후 이 6개 소검사에 대해 비례배분 방식을 적용해서 FSIQ를 산출해서는 안 된다. 〈표 9-5〉에 FSIQ를 산출하기 위해 각 핵심소검사를 대체할 수 있는 소검사를 제시해 놓았다.

기본지표척도(Primary Index Scale)는 언어이해지표(Verbal Comprehension Index: VCI), 시공간지표(Visual Spatial Index: VSI), 유동추론지표(Fluid Reasoning Index: FRI), 작업기억지표(Working Memory Index: WMI) 및 처리속도지표(Processing Speed Index: PSI) 총 5개 영역 각각에 대해 2개의 소검사, 즉 총 10개의 소검사로 구성되어 있다([그림 9-2]의 B 참조). FSIQ와 다르게 5개의 기본지표는 다른 소검사의 대체나 비례배분 방식을 적용해 산출할 수 없다.

K-WISC-V에서는 추가지표척도(Ancillary Index Scales)가 새롭게 포함되었는데, 이 척도는 이전 버전에 포함되었던 GAI나 CPI 외에 양적추론지표(Quantitative Reasoning Index: QRI), 청각작업기억지표(Auditory Working Memory Index: AWMI) 및 비언어지표

(Nonverbal Index: NV)의 5개 지표로 구성되어 있다([그림 9-2]의 C 참조). 추가지표척도 역시 다른 소검사의 대체나 비례배분 방식을 적용해 산출할 수 없다. K-WISC-V에는 적용되지 않지만, WISC-IV에서는 CHC 이론에 근거하여 보완지표척도(Complementary Index Scales)가 새롭게 추가되었다. 이 척도는 명명속도지표(Naming Speed Index: NSI)와 기호전환지표(Symbol Translation Index: STI) 그리고 이 두 지표의 합산으로 산출되는 저장및인출지표(Storage and Retrieval Index: SRI)로 구성된다([그림 9-2]의 D 참조). 이 SRI에 포함되는 5개 소검사는 모두 CHC 이론에 근거하여 WISC-V에서 새롭게 개발된 것들이다.

K-WISC-V의 지표 및 소검사의 해석은 기본적으로 K-WISC-IV나 K-WAIS-IV와 동일하게 적용된다. 다음에는 K-WISC-V에 새롭게 추가된 지표 혹은 일부 소검사 구성이 수정된 지표와 추가된 소검사에 대한 해석을 기술해 놓았다.

⊙ 언어이해지표(VCI)

VCI에 대한 기본적인 해석적 함의는 K-WISC-IV나 K-WAIS-IV와 유사하다. 다만, WISC-V의 VCI는 '공통성' 및 '어휘' 두 가지 소검사의 합산으로 산출되므로 단어의 의미에 대한 지식, 언어적 자극을 이해하는 능력, 언어를 통해 생각을 창출하고 이를 전달하는 능력, 언어적 정보에 대한 추론 능력이나 언어적으로 문제를 해결하는 능력을 반영하는 비중이 높아졌다.

⊙ 시공간지표(VSI)

VSI는 시공간 정보를 인식하고 평가하는 능력, 시공간적 관계를 이해하고 기하학적 형태를 구성할 수 있는 능력, 시공간 처리를 통한 추론 능력, 세부 구성 요소를 전체로 통합하는 능력, 시각 정보의 세부적 측면에 주의를 기울이는 능력, 시각-운동 협응 능력 등을 반영한다.

- **토막짜기**

토막짜기 소검사에서는 이전 버전들과 비교해 복잡한 모형의 새로운 항목이 포함되었다. 또한 처리점수에는 기존에 사용했던 '시간 보너스가 없는 토막짜기 점수(BDn)' 외에도 각 항목의 전체 형태를 완성하지 못하더라도 올바르게 만든 토막의 총 개수에 근거한 '토막짜기 부분점수(BDp)', 토막을 맞추는 도중에 모형의 최대 크기를 초과하여 토막을 배치할 때 적용되는(예: 2×2 모형인데 한 줄에 3개의 토막을 배치하는 경우) '공간 크기 오류(BDde)' 및 30° 이상 회전오류를 범한 항목의 총 개수인 '토막짜기 회전오류(BDre)'의 총 4개 토막짜기 처리점수가 산출된다.

⊙ 유동추론지표(FRI)

FRI는 비언어적 시각 정보들 간의 관계나 규칙을 탐지하고 추론하는 능력을 반영한다. 이를 위해서는 유추적 · 귀납적인 추론 능력, 수량에 대한 추론 능력, 광범위한 시각적 능력, 동시적 처리, 추상적 사고력 등이 요구된다. 이러한 유동추론 능력은 교육적, 문화적 경험을 통해 형성된 결정화 지능의 영향을 상대적으로 적게 받는 것으로 알려져 있다. 이에 비해 행렬추리나 무게비교와 같은 과제를 수행하기 위해서는 정보를 정신적 표상에 유지한 상태에서 정보들에 조작을 가해야 하므로 기본적으로 작업기억력이 관여한다.

⊙ 작업기억지표(WMII)

K-WISC-V의 WMI는 K-WISC-IV나 K-WAIS-IV에 포함된 숫자 소검사와 새롭게 추가된 그림기억 소검사로 구성된다. 따라서 언어적-청각적 정보뿐만 아니라 비언어적 시각 정보를 포함하여 주의집중력과 작업기억력을 다양한 방식으로 측정할 수 있다. 작업기억지표는 의식적인 각성 상태에서 시각 및 청각 정보를 부호화하고 유지 및 조작하는 능력을 측정한다. 정보를 부호화하기 위해서는 기본적으로 주의력이 요구되며 언어적 혹은 시각적 정보를 변별하는 능력, 집중력 등도 필요하다. 정보를 유지하기 위해서는 의식적인 각성 상태에서 정보를 활성화시켜 유지해야 한다. 정보를 조작한다는 것은 특정 규칙을 적용하여 정보를 정신적으로 재배열하는 것을 의미한다. 따라서 WMI에서 높은 점수를 얻었다 함은 시각 및 청각 정보를 인식하는 능력, 일시적인 저장 상태에서 이를 유지하는 능력, 이러한 능력을 사용하여 정보들을 재배열하는 능력이 잘 발달해 있음을 의미한다. 이 지표의 점수가 낮은 아동들에 대해서는 주의산만, 시각 혹은 청각적 변별에서의 문제, 의식적인 각성 상태에서 정보를 활성화하여 유지하는 것의 어려움, 저조한 일반 지능 등 다양한 이유를 고려해 볼 수 있다.

• 숫자

K-WISC-V의 숫자 소검사는 K-WAIS-IV의 숫자 소검사와 같은 방식을 채택하여 바로 따라하기, 거꾸로 따라하기 및 순서대로 따라하기를 실시해야 하며 이는 주의집중력과 작업기억력 요소가 보강되었음을 의미한다.

• 그림기억

이 소검사는 K-WISC-V에 새롭게 추가되었다. 이 소검사에서 수검자는 자극 페이지에 제시된 그림을 5초 동안 보아야 한다. 이후 한 페이지를 넘겨(반응 페이지) 더 많은 그림이 제시되는데, 이 중 일부는 직전 페이지에 보았던 그림에 해당하며 다른 일부는 처음 제시되는 그림이다. 수검자는 이 중 직전 페이지에 있었던 그림들을 찾아내서 순서대로 가리켜야 한다. 이때 그림과 순서를 정확히 반응하면 2점, 그림에 대해서 정확히 반응하였으나 순서를 틀리게 반응하면 1점을 획득한다. 자극 페이지의 그림은 1개에서 시작해 점점 증가하여 최대 8개가 제시되며, 반응 페이지에는 최대 12개의 그림이 제시된다. 그림기억검사의 환산점수는 총점에 기초하지만, 2점을 받은 마지막 문항을 기준으로 자극 페이지에 제시된 그림의 개수(최장 그림기억 자극 최대 점수, LPSs)와 반응 페이지에 제시된 그림의 개수(최장 그림기억 반응 최대 점수, LPSr)가 처리점수에 포함된다.

이 소검사에서는 일차적으로 비언어적, 시각 정보에 대한 주의 폭, 주의집중력 및 작업기억력을 측정한다. 그러나 수검자가 시각적 시연만 사용하는 것이 아니라 시각적 시연과 언어적 시연을 동시에 사용하여 정보를 처리하는 것이 일반적이다. 이 소검사에서 반응을 할 때, 직전 자극 페이지에 있었던 그림이 아니라 더 이전에 보았던 그림을 잘못 기억하는 순행간섭이 발생할 수 있다. 이러한 순행간섭을 통제하기 위해 과제 수행 시 더 많은 작업기억력이 필요할 것으로 보인다. 이 과제 역시 수검자의 점수 패턴을 면밀히 살펴보는 것이 중요한데, 수검자의 저조한 수행이 그림을 기억하지 못하기 때문인지 또는 그림은 기억하지만 순서대로 기억하지 못하는 것인지를 구별할 수 있다. 이 소검사는 새로운 방식의 검사이므로 아직 연구가 많이 이루어지지 않았으므로 임상적 유용성을 확인하기 위해 향후 연구가 더 진행되어야 할 것이다.

⊙ 처리속도지표(PSI)

처리속도지표는 시각적 재인, 의사 결정, 의사 결정의 실행 과정에 있어 속도와 정확성을 측정한다. PSI에 포함된 소검사를 수행하는 데에는 시각적 주사(scanning), 시각적 변별, 시각적 단기기억, 시각-운동 협응능력 및 집중력 등이 관여한다. 따라서 PSI 점수가 높은 아동들은 시각 정보를 신속하게 인식하는 능력, 정확하고 신속한 의사 결정 능력, 이러한 의사 결정을 신속하게 이행하는 능력 등이 잘 발달해 있다. 반면에 이 지표의 점수가 낮은 아동들에 대해서는 시각적 변별의 어려움, 주의산만함, 느린 의사 결정 속도, 저조한 운동 기술이나 전반적인 인지처리 속도가 저조할 가능성 등 다양한 이유를 고려해 볼 수 있다. 주의력결핍 과잉행동장애, 특정 학습장애, 자폐스펙트럼장애와 같은 임상 집단에서 처리속도가 느리다고 보고된다(Mayes et al., 2012).

⊙ 양적추론지표(QRI): 추가지표척도

이 지표는 무게비교 및 산수 소검사로 구성되며 일차적으로는 비언어적, 시각 정보이든 언어적 정보이든 제시된 정보에 대해 양적 관계를 이해하여 추론하는 능력을 측정한다. 수리 혹은 계산 능력, 주의집중력, 작업기억력 등도 이 과제들을 수행하는 데에 영향을 미친다.

⊙ 청각작업기억지표(AWMI): 추가지표척도

이 지표는 숫자 및 순차연결 소검사로 구성되므로 K-WISC-IV의 작업기억지표의 속성을 측정한다.

⊙ 비언어지표(NVI): 추가지표척도

이 지표는 시공간지표(토막짜기, 퍼즐), 유동추론지표(행렬추리, 무게비교) 및 처리속도지표(기호쓰기)의 핵심소검사들에 더해 작업기억지표의 그림기억 소검사가 포함된다. 즉, 이 지표는 10개의 기본지표척도 소검사 중 언어적 반응이 필요하지 않은 6개의 소검사에 기초해 산출되므로 언어적 요구를 최소화한 상태에서의 전반적인 지적 능력을 반영한다.

⊙ 일반능력지표(GAI): 추가지표척도

이 지표는 FSIQ 산출에 적용되는 전체척도의 핵심소검사들 중 VCI(공통성, 어휘), VSI(토막짜기), FRI(행렬추리, 무게비교)에 포함되는 5개의 핵심소검사로 구성된다. K-WISC-IV 및 K-WAIS-IV의 일반능력지표와 구성 개념이 기본적으로는 동일하겠으나, 소검사 항목의 변화를 고려해 해석해야 한다.

⊙ 인지효율지표(CPI): 추가지표척도

이 지표는 WMI(숫자, 그림기억)와 PSI(기호쓰기, 동형찾기)에 포함되는 4개의 소검사로 구성되므로 K-WISC-IV 및 K-WAIS-IV의 인지효율지표와 구성 개념이 기본적으로 동일할 것이다. 하지만 이전 버전의 CPI와는 달리 언어적-청각적 정보처리가 주가되는 순서화(K-WISC-IV) 혹은 산수(K-WAIS-IV) 소검사 대신 그림기억 소검사가 새롭게 추가되어 비언어적, 시각 정보처리에 대한 비중이 상대적으로 증가하였을 가능성을 고려해야 한다.

Wechsler(2014b)는 WISC-V를 해석하기 위한 프로파일 분석을 [그림 9-3]과 같이 크게 세 영역으로 구분하였다. 또한 기본 프로파일 분석을 위해서 10단계의 해석 절차를, 추가지표 및 보완지표 프로파일 분석을 위해서는 12단계의 해석 절차를 각각 제안

I. 기본 프로파일 분석

- 1단계: FSIQ를 기술한다.
- 2단계: VCI를 기술한다.
- 3단계: VSI를 기술한다.
- 4단계: FRI를 기술한다.
- 5단계: WMI를 기술한다.
- 6단계: PSI를 기술한다.
- 7단계: 지표 수준의 강점과 약점을 평가한다.
- 8단계: 지표 수준의 쌍에 대해 비교한다.
- 9단계: 소검사의 강점과 약점을 분석한다.
- 10단계: 소검사 수준의 쌍에 대해 비교한다.

↓

II. 추가지표 및 보완지표 분석

- 1단계: QRI(추가지표)를 기술한다.
- 2단계: AWMI(추가지표)를 기술한다.
- 3단계: NVI(추가지표)를 기술한다.
- 4단계: GAI(추가지표)를 기술한다.
- 5단계: CPI(추가지표)를 기술한다.
- 6단계: NSI(보완지표)를 기술한다.
- 7단계: STI(보완지표)를 기술한다.
- 8단계: SR(보완지표)를 기술한다.
- 9단계: 추가지표 및 보완지표 수준의 쌍에 대해 비교한다.
- 10단계: 추가지표 및 보완지표 소검사 수준의 쌍에 대해 비교한다.
- 11단계: 처리점수를 분석한다.
- 12단계: 처리점수와 보완 대비 점수를 평가한다.

↓

III. 질적인 분석

그림 9-3 WISC-V 해석 단계

하였다. K-WISC-V에서는 보완지표 및 해당 소검사가 개발되어 있지 않으므로, 다음에는 이를 제외한 각 단계별 해석의 주안점을 간략히 기술해 놓았다. 이 모든 복잡한 과정을 해석에 포함시킬 필요는 없으며, 기본지표를 중심으로 해석을 하되, 평가자가 이 절차만으로는 수검자의 인지 기능에 대해 충분한 정보를 제공하기 어렵다고 판단하였을 경우 추가지표나 처리점수에 대해 선택적으로 해석한다.

⊙ 기본 프로파일 분석

- 1단계: FSIQ를 기술한다.
  - WAIS-IV 및 WISC-IV와 달리 WISC-V에서는 FSIQ가 7개 소검사로부터 산출된다. 대부분의 경우 FSIQ는 지능의 일반(g) 요인, 즉 일반적인 지적 기능을 가장 잘 대표한다. 그렇기는 하더라도 FSIQ는 기본지표에 포함되는 소검사들로 구성되어 있으므로 FSIQ가 일반지능을 잘 추정하는지를 결정하기 위해서는 기본지표를 구성하는 척도들 간 변산 및 핵심소검사들 간의 변산을 면밀히 살펴보아야 한다. FSIQ와 함께 기본지표점수들의 평균(Means of the Index Scores: MIS), 기본지표점수들 간의 쌍별 비교(예: VCI와 FRI) 등을 살펴봄으로써 수검자의 전반적인 지적 능력을 추정할 수 있다. 또한 소검사의 전반적인 수행 수준을 추정한 값과 소검사 환산점수 간의 비교, 소검사 환산점수들 간의 쌍별 비교(예: 공통성과 어휘), 소검사들 간 변산분석 등은 최적의 해석을 위해 좀 더 많은 정보를 제공해 주기도 한다. Flanagan과 Alfonso(2017)는 FSIQ가 일반 지능을 잘 대표하는지를 결정하기 위해 고려해야 할 사항을 상세히 설명하였는데, 이에 대해서는 이 절 후반부에 간략히 기술해 놓았다.
- 2단계: VCI를 기술한다.
- 3단계: VSI를 기술한다.
- 4단계: FRI를 기술한다.
- 5단계: WMI를 기술한다.
- 6단계: PSI를 기술한다.
- 7단계: 지표 수준의 강점과 약점을 평가한다.
  - 대부분의 아동이 지표점수 간에 어느 정도의 변산을 보인다. FSIQ와 개별 지표점수들 간 차이 혹은 MIS와 개별 지표점수 간 차이를 비교하는 것도 아동의 전반적인 인지 능력의 수준에 비해 인지적 강점과 약점이 무엇인지에 대한 정보를 제공한다. 이러한 점수들 간의 유의한 차이가 확인되었다면, 그 차이에 대한 가설을 수

립하고 이를 지지하는 증거를 확보하여 해석해야 한다. 물론 아동의 인지적 강점과 약점은 아동에 대한 다른 여러 정보와 평가 맥락을 함께 고려해 해석해야 한다.

–예를 들어, 어떤 아동의 WISC–V 프로파일에서 MIS 점수와 비교해 VSI 점수가 유의하게 낮다고 하자. 이러한 차이는 아동의 시공간 능력이 저조한 데에 기인할 수도 있고, 운동 기술이 저조한 데에 기인할 수도 있다. 이를 위해 운동 기술이 필요하지 않은 시공간 과제와 시공간 능력이 관여하지 않는 운동 과제에서의 수행을 비교함으로써 가설을 검증할 수 있을 것이다. 면담, 행동 관찰 및 기타 다양한 정보를 통해 가설을 지지하는 정보는 무엇인지 혹은 가설과 상반되는 정보는 무엇인지 면밀히 검토해야 한다.

–지표 수준에서 강점과 약점을 해석하려면 비교 기준이 되는 지표가 어떻게 구성되는지를 잘 이해하고 있어야 한다. MIS 산출과 FSIQ 산출에 모두 포함되는 소검사들이 있는가 하면, MIS를 산출할 때에만 포함되고 FSIQ를 산출할 때에는 포함되지 않는 소검사들도 있다(예: 퍼즐, 그림기억, 동형찾기).

• 8단계: 지표 수준의 쌍에 대해 비교한다.

–평가자는 기본지표를 구성하는 각 지표들은 2개의 소검사로 산출된다는 점을 명심해야 한다. 예를 들어, 어느 지표를 구성하는 2개의 핵심소검사의 환산점수 간 차이가 현저하게 크다면, 이때 산출된 지표점수는 이 지표에서 측정한다고 알려진 능력을 안정적으로 반영하지 못할 수 있다. 따라서 평가자는 이 지표점수를 해석할 때 두 소검사의 상대적인 수행을 면밀히 검토해야 한다. 소검사 환산점수들 간에 유의한 수준의 차이 혹은 특기할 만한 차이가 난다면, 기본지표점수들 간 차이를 비교하는 해석을 할 때 이와 같은 소검사 환산점수 간 변산을 고려해야 한다. 즉, 어느 두 지표 간 점수 차이가 각각의 지표가 측정한다고 알려진 인지 기능 간 차이를 반영하는 것이 아니라 이 중 어느 하나의 지표점수를 구성하는 소검사들 간의 현저한 차이에 기인할 수도 있다.

–예를 들어, 어느 아동의 VCI와 FRI 간 점수 차이가 유의한 수준이라고 하자. 그런데 이 아동이 VCI를 구성하는 공통성 소검사의 환산점수(15점)와 어휘 소검사의 환산점수(6점) 간 차이는 현저하게 크고(9점), FRI를 구성하는 행렬추리 소검사의 환산점수(15점)와 무게비교 소검사의 환산점수(15점) 간 차이는 유의하지 않다. 이 경우 VCI와 FRI 간 점수 차이를 아동의 언어 능력과 유동추론 능력 간 차이로 해석하는 것은 적절하지 않다. 오히려 아동은 언어적 정보이든 비언어적 정보이든 추상적 추론 능력이 '평균보다 높은 수준(95%ile)'으로 잘 발달한 반면,

단어에 대한 지식은 '평균보다 낮은 수준(9%ile)'으로 빈약하다고 해석하는 것이 적절할 것이다.

–지표 수준의 쌍별 비교에 대한 자세한 해석은 미국판 WISC–V의 기술 및 해석 요강(Wechsler, 2014b)를 살펴보도록 한다.

- 9단계: 소검사의 강점과 약점을 분석한다.

–지표 수준의 강점과 약점과 마찬가지로 소검사 수준의 강점과 약점 역시 대부분의 아동들에게서 나타난다. 하지만 특정 소검사에 대해 강점과 약점을 검토하기 위해서는 분명한 이론적 근거를 지침으로 삼아야 한다. 또한 이러한 차이를 해석할 때 가용할 수 있는 다양한 정보 및 다른 검사 점수, 평가 맥락 등을 종합적으로 검토해야 한다. 무엇보다도 소검사 수행 수준을 단독으로 임상적 가설을 지지하는 증거로 삼는다거나 임상적 가설을 반박하는 증거로 삼아서는 안 된다. 소검사 점수를 기본지표척도를 구성하는 핵심소검사들의 평균(Mean of the Subtest Scores in Primary Index: MSS–P)과 비교할 수 있으며 혹은 FSIQ를 구성하는 핵심소검사들의 평균(Mean of the Subtest Scores in FSIQ: MSS–F)과 비교할 수도 있다. 하지만 기본지표에 포함되는 10개 핵심소검사 점수를 모두 사용할 수 있다면, MSS–P와 비교하는 것이 MSS–F와 비교하는 것보다 낫다.

- 10단계: 소검사 수준의 쌍에 대해 비교한다.

–각각의 기본지표점수는 2개의 핵심소검사로 구성되므로, 동일 지표에 포함된 두 핵심소검사 간 차이를 비교하는 것이 그 지표에 대해 유용한 정보를 제공할 수 있다.

–소검사 수준의 쌍별 비교에 대한 자세한 해석 역시 미국판 WISC–V의 기술 및 해석 요강(Wechsler, 2014b)를 살펴보도록 한다.

⊙ 추가지표 및 보완지표 분석

다음 기술한 1~10단계는 추가지표와 보완지표에 대한 분석이며, 기본적인 해석의 주안점은 기본지표 해석과 유사하다.

- 1단계: QRI(추가지표)를 기술한다.
- 2단계: AWMI(추가지표)를 기술한다.
- 3단계: NVI(추가지표)를 기술한다.
- 4단계: GAI(추가지표)를 기술한다.

- 5단계: CPI(추가지표)를 기술한다.
- 6단계: NSI(보완지표)를 기술한다.
- 7단계: STI(보완지표)를 기술한다.
- 8단계: SRI(보완지표)를 기술한다.
- 9단계: 추가지표 및 보완지표 수준의 쌍에 대해 비교한다.
- 10단계: 추가지표 및 보완지표 소검사 수준의 쌍에 대해 비교한다.
- 11단계: 처리점수를 분석한다.
  - 토막짜기 처리점수: 시간 보너스가 없는 토막짜기 점수(BDn), 부분점수(BDp), 공간크기 오류(BDde) 및 회전 오류(BDre)
  - 숫자 처리점수: ⓐ 숫자 폭 처리점수: 숫자 바로 따라하기 점수(DSf), 숫자 거꾸로 따라하기 점수(DSb), 숫자 순서대로 따라하기 점수(DSs)/DSf−DSb, DSf−DSs, DSb−DSf; ⓑ 최장 숫자 폭 처리점수: 최장 숫자 바로 따라하기 점수(LDSf), 최장 숫자 거꾸로 따라하기 점수(LDSb), 최장 숫자 순서대로 따라하기 점수(LDSs)/LDSf−LDSb, LDSf−LDSs, LDSb−LDSs
  - 그림기억 처리점수: 최장 그림기억자극(LPSs), 최장 그림기억 반응 점수(LPSr)
  - 순차연결 처리점수: 최장 순차연결 점수(LLNs)
  - 선택 처리점수: 무선배열 점수(CAr), 일렬배열 점수(CAs)/(CAr−CAs)
- 12단계: 처리점수와 보완 대비 점수를 평가한다.
  - 이 단계에서는 검사 수행 과정에서 관찰된 수검자의 반응 방식이나 반응 내용에 대해 다음과 같은 항목들을 중심으로 검토가 이루어진다.
  - '모른다(Don't Know)' 반응, 아무 반응도 하지 않는 경우(No Response), 반복 반응과 반복적인 질문 혹은 요구, 목소리를 내지 않고 말하기(Subvocalization), 스스로 교정하기(Self-Correction) 등

한편, Flanagan와 Alfonso(2017)는 WISC−V의 해석 절차를 다음과 같이 7단계로 정리하였다.

- 1단계: 전반적인 지적 능력을 기술하는 데에 가장 좋은 방법을 결정하라.
  - 이 단계에서는 NVI과 FSIQ 각각에 대해 해당 지표를 구성하는 소검사들 중 가장 높은 점수와 가장 낮은 점수들 간의 차이를 검토한다.
  - 이러한 소검사 간 점수 차이가 매우 비전형적으로 이탈된 수준인지(9점 이상)에

기초해 응집성(cohesion)을 평가한다.

–응집성이 손상될 정도는 아니지만, 소검사 간 점수 차이가 실질적으로 커서(5점 이상) 수검자의 인지적 강점과 약점에 대해 중요한 정보를 가리지는 않는지, 임상적 함의를 평가한다.

–NVI와 FSIQ 간의 점수 차이 및 NVI와 VCI 간의 점수 차이를 검토하여 FSIQ가 전반적인 지적 능력의 추정치로 적합한지(NVI–FSIQ < 9점이고 NVI–VCI < 10점)를 평가 한다.

–이 단계에서는 전반적인 지적 능력을 기술하기 위한 지표로서 GAI가 FSIQ의 대안이 될 수 있는지에 대한 검토도 이루어진다.

–다만 모든 지표 중 FSIQ가 가장 포괄적이고 신뢰성 있으며, 많은 연구를 통해 FSIQ의 예측 타당도와 임상적 유용성이 검증되었으므로 FSIQ의 변산이 심하게 이탈되어 어쩔 수 없는 경우가 아니라면, 전반적인 능력을 평가하는 기본 측정치로 FSIQ 사용이 권장된다.

- 2단계: 5개의 기본지표를 분석한다.
- 3단계: 적용 가능하다면, 추가지표에 대한 분석을 시행한다.
- 4단계: 적용 가능하다면, 보완지표에 대한 분석을 시행한다.
- 5단계: 지표점수 프로파일에 대해 규준적 강점과 약점을 결정한다.
- 6단계: (선택) 5개의 기본지표 중 개인적 강점과 약점, 수검자의 자산 혹은 우선적으로 고려할 사항 등을 결정한다.
- 7단계: (선택) 새로운 임상지표가 응집성이 있는지, 기본지표, 추가지표 및 보완지표에서 제공되는 점 이외에 임상적으로 연관된 추가 정보가 있는지 등을 결정한다.

이처럼 WISC–V에 포함되는 여러 지표점수 간 차이 혹은 여러 소검사 간 차이를 분석하기 위해서는 여러 변인 간의 방대하고 복잡한 조합을 검토해야 한다. WISC–V의 경우 태블릿 PC 버전 혹은 Cross–Battery Assessment Softward System(X–BASS v2.0; Ortiz, Flanagan, & Alfonso, 2017)을 사용해 자동화 해석 정보를 제공받을 수 있다. 그러나 국내에는 이러한 프로그램이 개발되어 있지 않아 Flanagan 등(2017)이 제안한 해석 단계를 적용하는 데에 제한이 따른다.

상기의 해석 단계에 포함되지는 않지만, 모든 단계의 해석을 마치면 지능검사를 수행하는 동안 아동이 보인 반응 전반에 대한 질적인 분석을 거쳐야 한다. 특이하거나 기이한 반응 내용, 수행 전반에 걸쳐 관찰된 반응 패턴 등에는 특히 주의를 기울여야 한다. 아동이 정답 반응을 도출하기까지의 과정 혹은 오답 반응을 보인 이유 등을 검토하는 것이 유용한 정보를 제공하는 경우도 있다.

WISC-V는 이전 버전들과 비교해 다양한 수준의 확장된 여러 지표점수, 소검사 점수, 처리점수 등 분석에 포함되는 변인이 방대하고 복잡하다. 따라서 임상가들은 이에 대한 원리와 최신 지능 이론을 적용한 해석 지침을 숙지하고 충분한 훈련을 거친 후 WISC-V를 사용해야 한다.

(3) K-WPPSI-IV

한국 웩슬러 유아 지능검사 4판(Korean Wechsler Preschool & Primary Scale of Intelligence, 4th ed.: K-WPPSI-IV; 박혜원, 이경옥, 안동현, 2016)은 WPSSI-IV(Wechsler, 2012)를 한국판으로 표준화한 유아용 지능검사로 만 2세 6개월~7세 7개월의 유아 · 아

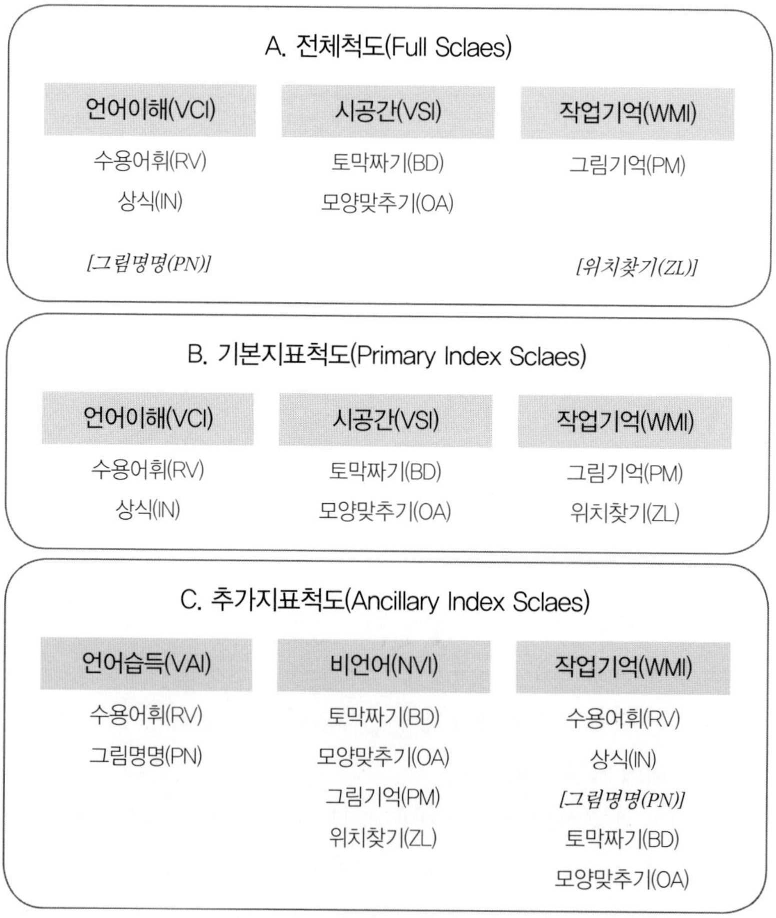

그림 9-4 K-WPPSI-IV의 구성(만 2세 6개월~3세 11개월 대상)

동을 대상으로 규준이 개발되어 있다. 다만 연령 범위보다 어리더라도 인지 능력이 매우 뛰어난 영재 아동 또는 연령 범위보다 나이가 많지만 발달상의 문제를 보이는 지적 장애 아동에게도 실시할 수 있다. WPPSI-IV 역시 신경인지 과학, 특히 인지발달 및 신경발달 분야의 최근 심리학적 연구 결과 및 이론을 반영하여 개정하였으며, WPPSI-R과 비교해 전체적인 구조, 특히 지표 및 소검사의 구성이 상당히 달라졌다. WPPSI-IV의 구조와 지표([그림 9-5] 참조)를 살펴보면 WISC-V와 거의 유사한데, 이는 WISC-V가 이보다 먼저 출시된 WPPSI-IV의 구성을 따르는 것으로 보인다. 다만 WPPSI-IV의 경우 연령이 어린 아동을 대상으로 하므로 기본지표의 구성은 WISC-IV와 동일하나

A. 전체척도(Full Sclaes)

언어이해(VCI)	시공간(VSI)	유동추론(VCI)	작업기억(WMI)	처리속도(PSI)
상식(IN)	토막짜기(BD)	행렬추리(MR)	그림기억(PM)	동형찾기(BS)
공통성(SI)				
[어휘(VC)]	*[모양맞추기(OA)]*	*[공통그림찾기(PC)]*	*[위치찾기(ZL)]*	*[선택(CA)]*
[이해(CO)]				*[동물짝짓기(AC)]*

B. 기본지표척도(Primary Index Sclaes)

언어이해(VCI)	시공간(VSI)	유동추론(VCI)	작업기억(WMI)	처리속도(PSI)
상식(IN)	토막짜기(BD)	행렬추리(MR)	그림기억(PM)	동형찾기(BS)
공통성(SI)	모양맞추기(OA)	공통그림찾기(PC)	위치찾기(ZL)	선택(CA)

C. 추가지표척도(Ancillary Index Sclaes)

어휘습득(VAI)	비언어(NVI)	일반능력(GAI)	인지효율성(CPI)
수용어휘(RV)	토막짜기(BD)	상식(IN)	그림기억(PM)
그림명명(PN)	*[모양맞추기(OA)]*	공통성(SI)	위치찾기(ZL)
	행렬추리(MR)	*[어휘(VC)]*	동형찾기(BS)
	공통그림찾기(PC)	*[이해(CO)]*	선택(CA)
	그림기억(PM)	토막짜기(BD)	동물짝짓기(AC)
	[위치찾기(ZL)]	*[모양맞추기(OA)]*	
	동형찾기(BS)	행렬추리(MR)	
	[선택(CA)]	*[공통그림찾기(PC)]*	
	[동물짝짓기(AC)]		

그림 9-5 K-WPPSI-IV의 구성(만 4세 0개월~7세 7개월 대상)

표 9-6 WPPSI-IV의 소검사 구성 및 설명

실시 순서	소검사	약어	설명
1	토막짜기 (Block Design)	BD	제한 시간 내에 흰색과 빨간색으로 이루어진 토막을 사용하여 제시된 모형이나 그림과 똑같은 형태를 만드는 과제
2	상식 (Information)	IN	광범위한 일반 지식에 관한 질문에 응답하는 과제
3	행렬추리 (Matrix Reasoning)	MR	불완전한 행렬을 보고 제시된 행렬의 빠진 부분을 2개의 반응 선택지에서 고르는 과제
4	동형찾기 (Bugs Search)	BS	제한 시간 내에 표적 기호와 동일한 기호를 보기에서 찾아내는 과제
5	그림기억 (Picture Memory)	PM	수검자에게 사물들이 그려진 그림을 제시한 후, 다음 페이지에 그려진 사물들 중 이전에 봤던 그림들을 가능한 순서대로 고르도록 하는 과제
6	공통성 (Similarity)	SI	제시된 두 단어에 대해 유사점을 설명하는 과제
7	공통그림찾기 (Picture Concepts)	PC	제시된 두 줄 또는 세 줄의 그림에서 공통 특성으로 묶일 수 있는 그림을 각 줄에서 하나씩 고르는 과제
8	선택 (Cancellation)	CA	무선으로 배열된 그림과 일렬로 배열된 그림을 훑어보며 제한 시간 내에 표적 자극과 동일한 모양들을 찾아 표시하는 과제
9	위치찾기 (Zoo Location)	ZL	일정 시간 동안 울타리 안에 있는 1개 이상의 동물카드를 보고 난 다음, 동물카드를 본래 위치에 배치하는 과제
10	모양맞추기 (Object Assembly)	OA	제한 시간 내에 사물의 표상을 구성할 수 있도록 조각을 맞추는 과제
11	어휘 (Vocabulary)	VC	그림 문항에서는 시각적으로 제시된 사물의 이름을 말하고, 말하기 문항에서는 평가자가 들려주는 단어의 뜻을 설명하는 과제
12	동물짝짓기 (Animal Coding)	AC	제한 시간 내에 동물과 모양의 대응표를 본 다음, 동물 그림에 해당하는 모양에 표시하는 과제
13	이해 (Comprehension)	CO	제시된 질문에 대해 일반적인 원칙과 사회적 상황에 대해 자신이 이해하고 있는 바에 기초해 답하는 과제
14	수용어휘 (Receptive Vocabulary)	RV	자극 책자에서 평가자가 읽어 주는 단어를 가장 잘 표현하는 보기를 선택하는 과제
15	그림명명 (Picture Naming)	PN	그림으로 제시된 사물의 이름을 말하는 과제

추가지표의 구성은 상대적으로 단순하며 2세 6개월~3세 11세의 영유아에 대해서는 기본지표 및 추가지표의 구성이 좀 더 단순하다. WPPSI-IV의 소검사 구성 및 특징은 〈표 9-6〉에 요약해 놓았다.

2) 카우프만 아동 지능검사 II(KABC-II)

카우프만 아동 지능검사(Kaufman Assessment Battery for Children: KABC)는 Kaufman과 Kaufman(1984)이 아동의 지능과 지식의 습득도를 평가하기 위해 개발한 종합 지능검사로, 현재 개정판인 KABC-II(Kaufman & Kaufman, 2004)가 사용되고 있다. 초기 버전인 KABC는 기존의 지능검사와 달리 습득된 지식보다는 순차적-동시적 정보처리 능력에 초점을 맞춰 인지 기능을 평가할 목적에서 개발되었다. 반면 KABC-II는 정보처리 능력에 초점을 맞춘 Luria(1973)의 신경심리학적 모델과 최근 웩슬러 지능검사에서도 대안적 해석으로 채택하고 있는 CHC 모델을 결합한 이원론적인 구조를 바탕으로 개발되었다. 국내에서도 KABC(문수백, 변창진, 1997)를 거쳐 현재 KABC-II(문수백, 2014)가 표준화되어 사용 중인데, 만 3~18세에 해당하는 유아, 아동 및 청소년을 대상으로 규준이 개발되어 있다.

KABC-II에서는 루리아(Luria) 모델에 기초해 전체척도 지수에 해당하는 인지처리지표(Mental Processing Index: MPI)가 산출되며, KABC에서와 마찬가지로 순차적 정보처리, 동시적 정보처리에 더해 학습력, 계획력 등이 MPI에 포함된다. 루리아 모델에서는 언어 숙련도(예: 표현어휘, 언어지식), 일반적인 지식(예: 수수께끼)과 같은 습득된 지식을 인지처리 능력과는 별개의 영역으로 간주하여 MPI 산출에 포함시키지 않았다.

KABC-II의 이론적 기초가 되는 CHC 모델에서는 인지 기능을 광범위한 능력(broad abilities) 군집과 한정적인 능력(narrow abilities) 군집 간의 위계적인 구조로 특징짓는다. CHC 모델에서는 루리아 모델에 포함되는 순차처리, 동시처리, 학습력 및 계획력에 더해 습득된 지식을 인지 기능의 구성 요소로 보며, 이들의 합산 점수에 기초해 전체척도 지수에 해당하는 유동성-결정성지표(Fluid-Crystallized Index: FCI)가 산출된다. 또한 루리아 모델과 CHC 모델에서는 각 하위척도에 대한 해석적 의미에도 차이가 있다.

한편 KABC와 KABC-II 모두 전체척도 및 이를 구성하는 하위척도 외에 비언어성지표(Nonverbal Index: NVI)가 별도로 산출된다. NVI의 하위 검사에서는 평가자가 몸짓을 사용해 문항을 제시하고 수검자 역시 언어가 아닌 동작으로 반응할 수도 있도록 함으로써 청력 손상, 언어장애, 외국인이나 다문화 가정의 아동 등 언어적 의사소통에 어려움이 있는 수검자의 인지 기능을 보다 타당하게 평가할 수 있다.

〈표 9-7〉에는 KABC-II의 전체척도를 구성하는 하위척도와 이에 해당하는 루리아 모델 및 CHC 모델의 하위척도에 대한 해석을 요약해 놓았으며, 〈표 9-8〉에는 각 척도에 포함되는 하위 검사를 제시해 놓았다.

표 9-7 KABC-II의 하위척도

KABC 하위척도	루리아 모델 (인지처리지표, MPI)	CHC 모델 (유동성-결정성지표, FCI)
• 순차처리(Gsm) -일련의 정보들을 제시 순서에 따라 정확히 재현하는 하위 검사로 구성됨	• 순차처리 -제시된 자극들을 정해진 순서에 따라 입력하고 연속적으로 처리하는 능력	• 단기기억(Gsm) -인지 능력의 위계상 계층 II 영역에 속해 있는 광범위한 능력 중 하나로, 제시된 정보를 즉각적인 지각 활동을 통해 수 초 동안 파지하면서 망각하기 전에 그 정보를 적절히 사용할 수 있는 능력
• 동시처리(Gv) -시각 정보가 포함된 자극이 제시되고 일부 하위 검사는 복잡한 문제를 정확히 풀기 위해 비언어적 추론이나 시공간적 조작이 필요함	• 동시처리 -개별 자극들을 하나의 범주로 통합시키거나 전체적으로 개념화하여 통합시키는 동시적 처리 과정	• 시각적처리(Gv) -시각적인 패턴을 지각하고, 생각하고, 조작하며 실제 행동이 아닌 정신활동을 통해 대상을 공간에서 회전시켜 볼 수 있도록 하는 광범위한 인지 능력을 의미함
• 학습력(Glr) -시각 자극과 짝지어진 언어 자극이 제시되고 이를 연합 학습하는 과제와 20~25분 경과 후 그 자극들을 회상하는 과제로 구성됨	• 학습력 -새로운 정보를 학습하는 능력. 이를 위해서는 선택적 주의력, 주의지속력, 집중력과 같은 주의력 요소와 더불어 청각적, 시각적 자극을 통합하고 감각 정보를 저장하는 과정에서 순차적, 동시적 처리를 적용시키는 능력, 새로운 정보를 부호화하고 저장하는 능력 등 Luria의 세 가지 기능적 단위들을 연합, 통합하는 능력이 필요함	• 장기저장-회생(Glr) -장기기억의 저장고에 정보를 능숙하고 효율적으로 저장 및 인출하는 능력으로, 광범위한 인지 능력에 해당함. 여기에서 강조하는 점은 정보를 저장하는 데에 필요한 타고난 능력(Gc, Gq)이 아니라 정보를 저장, 검색 및 인출함에 있어서의 효율성임

• 계획력(Gf) –기존에 배운 것과는 다른 종류의 새로운 비언어적인 문제가 제시되고, 수검자는 언어적으로 간접적인 추론을 사용해 정답을 도출해야 함	• 계획력 –가설을 생성하는 능력, 계획을 행동으로 전환시키는 능력, 문제해결을 위한 최상의 가설을 모니터링하고 평가하여 의사결정하는 능력, 융통성, 충동통제력 등이 필요함	• 유동성추리(Gf) –새로운 문제를 적응적이고 융통성 있게 해결하기 위해 사용하는 다양한 정신적 조작 능력으로, 광범위한 인지 능력에 해당함. 여기서 정신적 조작이란 귀납적, 연역적 추론을 적용하고 암시를 이해하며 추론을 형상화하는 능력을 일컬음
• 지식(Gc) –지식과 사실, 어휘력을 평가하는 다양한 과제로 구성됨	–	• 결정성능력(Gc) –자신이 속한 문화에서 습득한 특정한 지식의 양과 이렇게 습득한 지식을 효율적으로 적용하는 능력으로, 광범위한 능력에 해당함. 학습력(Glr)이 저장과 인출의 효율성에 초점이 맞춰져 있는 것과 달리 결정성능력(Gc)은 습득해 놓은 특정 정보의 범위와 깊이를 강조함. 이는 단지 학교 교육에 국한된 것이 아니라 일상생활에서의 경험을 통한 학습도 포함됨. 이러한 과정에는 여러 많은 능력이 관여함

표 9-8 KABC-II의 하위 검사 구성

척도/하위 검사	핵심	보충	비언어성
순차처리/Gsm			
수회생	4~18세	3세	
단어배열	3~18세		
손동작		4~18세	3세
동시처리/Gv			
블록세기	13~18세	5~12세	7~18세
관계유추	3~6세		3~6세
얼굴기억	3~4세	5세	3~5세

형태추리	5~6세		
빠른길찾기	6~18세		
이야기완성		6세	
삼각형	3~12세	13~18세	3~18세
그림통합		3~18세	
계획력/Gf			
형태추리	7~18세		5~18세
이야기회상	7~18세		6~18세
학습력/Glr			
이름기억	3~18세		
암호해독	4~18세		
이름기억-지연		5~18세	
암호해독-지연		5~18세	
지식/Gc(CHC모델)			
표현어휘	3~6세	7~18세	
수수께끼	3~18세		
언어지식	7~18세	3~6세	

6. 발달평가

일반적으로 5세 이하의 영유아의 경우 언어발달, 운동발달, 사회적 상호작용 및 기타 행동발달의 문제와 관련해 심리평가가 의뢰되는 경우가 많은데, 이는 지적장애, 의사소통장애, 자폐스펙트럼장애 등 신경발달장애와 관련된다. 이 절에서는 영유아 대상의 발달 평가, 지적장애 판별의 기준이 되는 사회성숙도 검사, 자폐스펙트럼장애 관련 척도 등을 살펴보고자 한다.

1) 영유아 발달 검사

(1) 베일리 영유아 발달 검사

베일리 영유아 발달 검사(Bayley Scales of Infant Development: Bayley, 1969, 1993, 2006)는 영유아의 행동발달을 평가하기 위해 만든 척도로 국내에서는 현재 베일리 영유아 발달 검사 제3판(이하 Bayley-III)을 표준화한 한국형 베일리 영유아 발달 검사 3판(이하 K-Bayley-III: 방희정, 남민, 이순형, 2019)이 사용되고 있다. K-Bayley-III는 16일~42개월 15일의 영유아들의 발달 기능을 평가하는 개인용 검사이며, 영유아의 발달 지연 여부 평가, 조기 개입 프로그램의 효과 평가, 아동 발달에 대한 부모 교육 자료 등의 목적에서 활용도가 높다.

Bayley-III는 평가자가 아동에게 도구나 언어적 지시를 사용해 지시한 후 수행 수준을 평가하는데, 일부 항목은 보호자의 보조가 필요하다. 또한 아동 행동 관찰, 아동 행동 및 검사 수행에 대한 보호자 평가 등이 포함된다. Bayley-III에서 평가하는 발달 영역의 특징 및 하위 검사는 다음과 같다.

- 인지발달 검사: 감각운동, 탐색적 조작, 대상 영속성, 개념 형성, 기억, 기타 인지 처리 능력을 평가하는 항목들로 구성되어 있다. 기본적인 항목 구성은 이전 버전인 한국판 베일리 영유아 발달 검사 2판(Korean Bayley Scales of Infant Development, 2nd ed.: K-BSID-II; 박혜원, 조복희, 2004)과 유사하나, 수용언어 기술이 덜 필요하고 운동기술의 영향을 더 적게 받는 방향으로 일부 항목이 수정되었다.
- 언어발달 검사: 언어발달은 '수용언어'와 '표현언어' 하위 검사로 구성되며, K-BSID-II의 인지 척도 항목들 중 수용언어나 표현언어를 측정하는 항목들 대부분을 이 영역에 포함시켰으며, 일부 문항이 추가되었다. 수용언어 및 표현언어를 평가하는 항목에는 전(前)언어적 요소에 대한 이해 및 표현이 포함되어 있다. 즉, 전(前)언어적 행동을 이해하는지, 옹알이, 몸짓, 공동 주시, 번갈아 주고받기와 같은 전언어적 의사소통 등이 여기에 포함된다.
- 운동발달 검사: 운동발달 검사는 '소근육 운동'과 '대근육 운동' 하위 검사로 구성된다. K-BSID의 인지 척도와 동작 척도에 포함되는 문항 중 소근육 운동이나 대근육 운동을 주로 측정한다고 확인된 문항들을 이 영역에 포함시켰다. 또한 최근 연구 결과를 통해 확인된 영유아의 운동발달 영역을 반영하여 일부 항목을 추가하였다.

- 사회-정서발달 검사: 이 영역에서는 연령별 기대되는 사회 및 정서 발달의 이정표를 제시하고 대상 영유아가 이에 도달했는지를 평가한다. 정서 기술의 숙달 정도를 평가할 수 있는 세부 항목으로 구성하였는데, 자기조절 능력의 발달, 환경에 대한 관심, 자신의 요구 사항을 잘 전달하여 소통하는 능력, 다른 사람의 주의를 끌고 관계를 형성하기, 검정을 상호적이고 의도적인 방식으로 사용하기, 정서 신호나 몸짓을 이용해 문제를 해결하기 등이 포함된다.
- 적응행동 검사: 이 영역은 의사소통, 지역사회 이동, 학령 전 학업 기능, 가정생활, 건강과 안전, 놀이 및 여가, 자조 기술, 자기주도, 사회성, 운동 기술 등 일상적 행동 기술을 측정하는 소검사들로 구성되어 있다. 적응행동 검사는 아동을 직접 대상으로 수행을 관찰하는 것이 아니라, 주양육자가 작성하는 질문지형 검사다. 각 항목은 4점 척도(0=아직 못 함; 1=거의 안 함, 2=가끔 함, 3=항상 함)로 평정되며, 응답자가 아동의 수행을 추측하여 응답할 경우 추측 칸에 별도 표시하도록 한다. 응답자가 독해의 어려움을 보인다든지 어떤 이유로 스스로 읽고 답하기를 어려워 한다면, 평가자가 응답자에게 문항을 읽어 주고 응답자가 이에 구어로 답하는 방식을 사용할 수 있다.

4개의 발달 영역(인지발달, 언어발달, 운동발달, 사회-정서발달)과 적응행동 영역에는 발달지수, 백분위 점수, 신뢰구간 및 발달 월령이 제시된다. 이 중 발달지수는 웩슬러 지능검사의 FSIQ나 지표점수들과 마찬가지로 다음과 같이 분류하여 해석한다.

- 130 이상: 최우수
- 120~129: 우수
- 110~119: 평균 상
- 90~109: 평균
- 80~89: 평균 하
- 70~79: 경계선
- 69 이하: 지연

각 발달 영역의 하위 검사들은 원점수, 척도 점수(환산점수) 및 발달 월령이 제시되며, 적응행동 영역 하위 검사에 대해서는 척도 점수(환산점수)만 제시된다. Bayley-III는 영유아의 발달 이상 여부를 선별하는 검사로서 유용하지만 의사소통장애, 지적장애, 자폐스펙트럼장애 등 특정 신경발달의 장애를 진단할 목적에서 사용하지 않도록 주의해야 한다. 예를 들어, Bayley-III를 통해 언어발달의 문제가 의심되었다면 영유아기 언어발달에 특화된 검사를 추가적으로 실시해 언어장애 진단 가능 여부를 보다 상세하게 평가해야 한다. 또한 감각 이상이나 신체적 문제를 갖고 있는 영유아에게 표준화된 절차로 이 검사를 실시하고 규준을 적용한다면 실제 기능이 저평가될 수 있으므로 이에 대해서도 주의가 필요하다.

(2) 한국형 덴버 II

덴버 II(Frankenburg, Goldstein, & Camp, 1971)는 덴버 발달 선별검사(Denver Development Screening Test: DDST; Frankenburg, & Dodds, 1967)의 개정판으로, 0~6세의 영유아를 대상으로 발달 문제를 쉽고 간편하게 선별할 목적에서 사용되는 발달 평가 도구다. 국내에서는 신희선, 한경자, 오진주, 오가실, 하미나(2002)에 의해 표준화가 되었다.

덴버 II는 다양한 도구를 사용해 아동의 행동 수준을 관찰, 평정하도록 되어 있으며, 개인 · 사회발달 영역, 미세 운동 및 적응발달 영역, 언어발달 영역, 운동발달 영역의 4개 발달 영역을 평가하는 총 110문항으로 구성되어 있다.

2) 사회성숙도 검사와 바인랜드 적응행동 척도

사회성숙도 검사(Social Maturity Scale: SMS)는 바인랜드 사회성숙도 척도(Doll, 1965)를 번안, 표준화(김승국, 김옥기, 1985, 1995)한 것으로, 일상생활에서 개인의 적응행동 수준을 알아보는 데에 보편적으로 사용된다. 적응행동이란 개인의 대처 방법의 기초가 되는 것으로, 일반 사회에 대해 혹은 특정 연령군에 대해 전형적으로 기대되는 행동, 개인에게 요구되는 행동을 수행하는 능력(독립 기능), 중요한 과제를 성취하고자 하는 의지와 행동에 대해 책임을 지는 능력(개인적 책임) 및 사회 집단의 한 성원으로서 책임을 받아들이는 능력(사회적 책임) 등이 포함된다.

SMS는 0~30세 연령에 대한 적응행동 측면의 발달 정도를 다음과 같은 여섯 가지 영역에 대해 평가하며 총 117문항으로 구성되어 있다.

- 자조 행동(Self-help: SH): 조작 능력, 배변 관리, 이동, 자기관리 및 기본적인 의사소통 능력 등과 관련된 자조 일반(SHG), 식사 도구 사용 및 식사 행동, 식이 행동

통제, 판별력 등과 관련된 자조 식사(SHE), 세면, 옷 입기 등과 관련된 자조 용의(SHD)의 3개 영역으로 구성되어 있다.

- 이동(Locomotion: L): 기어다니기, 걷기, 독립적인 외출 및 이동 능력 등을 평가한다.
- 작업(Occupation: O): 단순한 놀이 행동, 장난감 사용에서부터 성인으로서 전문성, 독립성, 책임감을 요하는 작업 수행 능력 등을 평가한다.
- 의사소통(Communication: C): 간단하고 관습적인 제스처, 언어적 의사소통, 문자와 같은 매체를 사용한 수용성, 표현성 의사소통 능력 등을 평가한다.
- 자기관리(Self-Direction: SD): 돈의 용도를 인식하고 사용하는 능력, 구매, 경제적 자립 준비, 책임 있고 분별력 있는 행동, 독립성과 책임감 등을 평가한다.
- 사회화(Socialization: S): 사회적 활동, 사회적 책임, 현실적 사고 등을 평가한다.

사회성숙도 검사의 각 항목은 다음과 같이 다섯 가지로 평정한다.

- +: 부당한 강요나 인위적인 유인 없이도 해당 항목이 지시하는 본질적인 행동을 습관적으로 수행할 경우 혹은 현재 습관적으로 하고 있지는 않지만 하려고만 하면 쉽게 수행할 수 있는 경우. 1점 배점
- +F: 검사 시 특별한 제약(일시적인 질환, 환경적 제약)으로 각 항목이 지시하는 행동을 성공적으로 수행하지 못하였지만, 평상시에는 성공적으로 수행. 1점 배점
- +NO: 지금까지는 기회의 부족으로 각 항목이 지시하는 행동을 수행하지 못하였지만, 기회가 부여된다면 곧 성공적으로 수행 또는 습득할 수 있는 경우. +~+, +F~+F, +NO~+NO: 1점 배점/−~−: 0점 배점/그 외 0.5점 배점
- ±: 각 항목에서 지시하는 행동을 가끔 하기는 하나 그 행동이 불안정할 경우. 즉, 과도적 상태이거나 발현 중인 상태에 있을 경우. 0.5점 배점
- −: 각 항목에서 지시하는 행동을 전혀 수행하지 못할 경우, 부당한 강요나 유인이 있을 때에만 수행할 경우, 과거에는 성공적으로 수행하였지만 현재는 노쇠나 어느 정도의 항구적인 정신적 또는 신체적 장애로 수행하지 못할 경우. 0점 배점

이와 같은 방식으로 평정한 각 항목의 점수를 합산하여 총점을 산출한 후 환산표를 이용해 총점에 해당하는 사회 연령(SA)을 구한다. 그리고 그에 기초해 사회 지수(SQ)를 계산한다.

$$SQ = \frac{SA(사회\ 연령)}{CA(만\ 생활\ 연령)} \times 100$$

예: 만 12세 3개월(=만 12.25세)인 아동이 사회성숙도 검사에서 총점 88점을 받은 경우
→ 총점 88점의 SA=12.5세, SQ=(12.5세/12.25세)×100≒102

사회성숙도 검사의 사회 연령으로 평가되는 사회적 기술의 발달은 생활 연령처럼 지속적으로 증가하는 것이 아니며, 성인기의 일정 연령에 도달하면 대부분의 사회적 기술을 습득하여 독립적으로 활용할 수 있다. 그럼에도 불구하고 SQ 공식을 모든 연령에 적용할 경우 일정 연령 이상의 성인들은 SQ가 지나치게 낮게 산출될 것이다. 예를 들어, 사회성숙도 검사에서 측정 가능한 가장 높은 사회 연령은 30세인데, 45세 성인에게 이 공식을 그대로 적용할 경우 최대 수행을 보이더라도 SQ는 약 67 정도로 산출된다. 이러한 문제점을 해결하기 위해 지수 비를 계산할 때 제수로 사용되는 최고의 생활 연령을 25세로 한정하도록 제시하였다(김승국, 김옥기, 1985, 1995)

지적장애 등을 판정할 때에는 웩슬러 지능검사를 통해 평가된 지적 기능과 사회성숙도 검사를 통해 평가된 일상활동 수행 능력 및 심리-사회적 기능을 함께 검토하는 것이 일반적이다. 이때 연령 규준의 평균 및 표준편차에 근거해 지수 점수를 산출하는 웩슬러 지능검사의 FSIQ와 비율지수를 사용하는 사회성숙도 검사의 SQ를 동급에서 비교해서는 안 된다. 예를 들어, FSIQ 65와 SQ 65를 동일한 기능 수준으로 해석해서는 안 된다.

사회성숙도 검사가 출시된 지 오래되어 규준이나 문항 내용이 시대에 맞지 않는다는 점, 특히 비율지수 산출 방식의 문제점 등이 제기되고 있다. 이러한 제한점을 개선할 목적에서 미국판 바인랜드 척도를 표준화한 바인랜드 적응행동 척도 2판(Vineland Adpative Behavior Scales, 2nd ed.: K-Vineland-II, 황순택, 김지혜, 홍상황, 2015)이 출시되었다. K-Vineland-II는 0~90세까지 전 연령층에 실시 가능하며, 조사면담형과 부모/양육자 평정형의 두 종류로 실시할 수 있다.

K-Vineland-II의 측정 영역은 다음과 같고, 이 핵심 영역과 하위 영역에 대해 표준점수, 신뢰구간, 백분위 점수, 등가 연령 및 스테나인 점수 등 대상자의 심리-사회적 발달 수준을 객관적으로 확인할 수 있는 다양한 지수가 산출된다.

• 의사소통 영역

- 일상생활 기술 영역
- 사회화 영역
- 운동 영역
- 부적응행동 영역

3) 시각-운동 통합 검사(Visual Motor Integration: VMI)

시각-운동 통합 능력(visual motor integration)은 시각적으로 입력된 자극을 대근육 및 소근육 간의 운동 협응을 통해 실제 행동으로 옮기는 능력을 일컬으며 인지 기능을 구성하는 주요 요인 중 하나로 알려져 있다. 심리평가 장면에서도 BGT와 같이 전통적인 도형 모사 과제들은 이러한 시각-운동 통합 능력을 평가할 목적에서 사용되어 왔다. VMI의 공식 명칭은 Beery-Buktenica Developmental Test of Visual-Motor Integration(이하 Beery-VMI: Beery, 1967; Beery & Beery, 2010)으로 24개의 도형을 포함한 모사 과제를 통해 아동들의 시각-운동 통합 능력을 측정할 목적에서 개발되었다. 이후 여러 차례의 개정을 거쳐 현재는 Beery-VMI 6판이 출시되었으며, 유아동은 물론이고 성인까지 다양한 연령층을 대상으로 시각-운동 통합 능력, 시지각 능력 및 운동 협응 능력 등을 평가하는 도구로 널리 사용되고 있다. 국내에도 Beery-VMI 6판을 표준화한 VMI-6가 출시되었다(황순택, 김지혜, 홍상황, 2016).

VMI-6는 핵심검사에 해당하는 시각-운동 통합 검사 외에 시지각 보충검사와 운동협응 보충검사로 구성된다. VMI-6의 시각-운동 통합 검사(VMI) 중 1~6번은 평가자가 시범을 보인 낙서를 모방하는 과제에서부터 시작하여 자발적인 낙서, 평가자가 시범을 보인 직선이나 간단한 도형을 모방하는 과제 등 매우 쉬운 과제들로 구성되어 있다. 이 항목들은 모사 단계의 수행이 어려운 수검자들을 대상으로 실시한다. 7~30번은 평가자의 시범 없이 제시된 도형들을 모사하는 항목들이다.

시지각(Visual Perception: VP) 보충검사는 VMI를 실시한 후 수검자의 시지각 능력에 대해 추가적인 평가가 필요할 경우 시행한다. 이 도형은 보기로 제시된 도형들 중 모델 도형과 동일한 도형을 재인하는 과제로 구성되어 있다. 연령대별로 시작 문항이 다르다는 점을 주의해야 한다.

운동협응(Motor Coordination: MC) 보충검사는 VMI와 VP를 실시한 후 평가자가 필요다고 판단할 경우 실시한다. MC 과제는 시작점, 윤곽선 등이 제공되고 이 윤곽선 위에 따라 그리는 방식으로 진행되므로 시지각 능력의 영향을 최소화한다.

VMI-6에서는 VMI, VP 및 MC 각각에 대해 평균 100, 표준편차 15의 분포로 전환된 표준점수와 백분위 점수는 물론이고 등가 연령 등이 함께 제공된다.

4) 자폐스펙트럼장애 평가 척도

(1) 자폐증 진단 관찰 스케줄

자폐증 진단 관찰 스케줄(Autism Diagnostic Observation Schedule: ADOS; Lord et al., 2002)은 놀이 활동 및 행동 관찰을 통해 자폐스펙트럼장애 진단 및 그 증상의 심각도를 평정할 목적에서 개발된 평가 도구로, 만 3세~성인을 대상으로 실시가 가능하다. ADOS는 자폐스펙트럼장애의 진단에 해당하는 행동을 유도해 내기 위해 평가자가 직접적으로 활동에 관여하며 사회적 상호작용, 의사소통, 놀이나 재료를 상상해서 사용할 수 있는지를 평가한다.

참가자의 생활 연령, 표현적 언어 능력에 기초해 네 가지 모듈 중 선택하며, 각 모듈은 개인의 언어 수준과 상관없이 발달 수준에 맞춰 목표 행동을 자연스럽게 유발할 수 있도록 고안된 것이 ADOS의 장점이다(〈표 9-9〉 참조). 국내에서는 유희정과 곽영숙(2007)에 의해 표준화 연구가 진행되었으며, ADOS를 실시하는 데에는 45분~1시간 정도 소요된다. ADOS는 인정 가능한 워크숍에 참석하거나 수련 자격을 인정받은 전문가로부터 규정된 수련을 받아야 사용 가능하다.

표 9-9 ADOS 모듈의 구성

구성	대상	상황
모듈 1	어구(예: 반향어가 아닌 3단어의 어절, 때로는 동사를 포함하며 자발적이고 의미 있는 단어들의 조합)를 사용할 수 없는 대상자	이름에 대한 반응, 합동 주시에 대한 반응, 비눗방울 놀이 등
모듈 2	어느 정도의 어구를 사용하지만 언어가 유창하지 않은 대상자	구성 과제, 이름에 대한 반응, 가장 놀이, 합동적 상호작용 놀이 등
모듈 3	장난감을 갖고 하는 놀이가 나이에 적절하며 언어가 유창한 아동	실연 과제, 그림과 묘사, 만화, 대화와 보고, 감정, 친구와 결혼 등
모듈 4	언어가 유창한 청소년과 성인	책에서 스토리 이야기하기, 그림 묘사, 감정, 실연 과제, 외로움, 계획과 희망 등

(2) 자폐증 진단 면담지

자폐증 진단 면담지(Autism Diagnostic Interview-Revised: ADI-R; Lord, Rutter, & Le Couteur, 1994)는 DSM-IV와 ICD-10의 진단 준거에 기초해 자폐스펙트럼장애(광범위성 발달장애)를 정확히 감별, 진단할 목적에서 사용하는 반구조화된 면담 평가다. ADI-R은 자폐스펙트럼장애의 주요 증상인 사회적 관계, 의사소통, 반복적/상동증적 행동 및 한정된 관심사 등에 초점을 맞춰 질문 항목이 구성되어 있다. ADI-R은 자폐스펙트럼장애가 의심되는 18개월~성인의 주 양육자를 대상으로 면담을 실시하는데, 연령 및 아동의 발달 상태에 따라 소요 시간에 차이가 크다(1시간 30분~4시간). ADI-R은 현재 행동을 기준으로 한 행동 알고리듬 점수와 과거 특정 시점에서 보인 행동 특성을 기준으로 한 진단적 알고리듬 점수가 산출된다. ADI-R과 ADOS는 상호 보완적으로 사용되면서 자폐스펙트럼장애 연구에서 표준 평가 도구로 인정받고 있다. 또한 현재 행동 알고리듬 점수는 치료 전후의 호전 정도를 평가하는 데에도 유용하다. 국내에서는 유희정(2007)에 의해 표준화되었다.

(3) 아동기 자폐 평정 척도

아동기 자폐 평정 척도(Childhood Autism Rating Scale: CARS; Schopler et al., 1988)는 자폐성 장애를 선별할 목적에서 개발된 15문항의 행동 평정 척도로, 만 2세 이상의 아동을 대상으로 하며 교육, 의료, 정신건강 분야에 종사하는 아동 전문가들이 평정하도록 되어 있다. 국내에서는 김태련과 박랑규(1996)에 의해 한국판 CARS가 표준화되었으며, 현재는 한국판 아동기 자폐 평정 척도 2(Korean Childhood Autism Rating Scale, 2nd ed.: K-CARS2; 이소현, 윤선아, 신민섭, 2019)가 표준화되어 사용 중이다. K-CARS2는 CARS 원판과 동일한 형태의 표준형(CARS2-ST) 외에도 고기능형(CARS2-HF) 및 부모 · 양육자 질문지 등을 포함하고 있다.

표준형(CARS2-ST)에서 평정자는 심리검사 동안의 행동 관찰, 기타 활동 관찰, 보호자 보고 등에 기초해 대인관계, 모방 행동, 변화에 대한 적응, 언어 및 비언어적 의사소통, 지적 반응에 대한 일관성 등을 7점 척도(1~4점 범위를 0.5점 단위로 채점)로 평정한다. 고기능형(CARS2-HF)도 표준형과 동일하게 15문항으로 구성되어 있고 7점 척도로 평정하나, 사회-정서 이해, 정서 표현 및 정서 조절, 사고/인지적 통합 기술 등의 항목이 포함된다. 표준형과 고기능형에서 산출된 원점수는 〈표 9-10〉과 같이 해석할 수 있다.

표 9-10 K-CARS2 원점수 범위와 관련된 해석

K-CARS2-ST 원점수	K-CARS2-HF 원점수	장애 진단 가설	서술적 수준
15~29.5	15~26	자폐 아님	증상이 없거나 최소한의 자폐 관련 행동
30~36.5	26.5~29.5	자폐 범주	경도에서 중등도 수준의 자폐 관련 행동
37~60	30~60	지폐 범주	중도 수준의 자폐 관련 행동

K-CARS2의 표준형(CARS2-ST)과 고기능형(CARS2-HF) 모두 원점수와 함께 자폐스펙트럼장애 환자들을 대상으로 평균 50, 표준편차 10으로 환산된 T점수가 제공된다. 이 T점수는 자폐스펙트럼장애 환자들과 비교하였을 때 증상의 상대적 심각도에 대한 정보를 알려 주며 다음과 같은 기준으로 해석한다.

- 70T 초과: 자폐스펙트럼장애로 진단된 사람과 비교할 때, 극심한 수준의 자폐 관련 증상
- 60T~70T: 자폐스펙트럼장애로 진단된 사람과 비교할 때, 매우 높은 수준의 자폐 관련 증상
- 55T~59T: 자폐스펙트럼장애로 진단된 사람과 비교할 때, 높은 수준의 자폐 관련 증상
- 45T~54T: 자폐스펙트럼장애로 진단된 사람과 비교할 때, 평균 수준의 자폐 관련 증상
- 40T~44T: 자폐스펙트럼장애로 진단된 사람과 비교할 때, 낮은 수준의 자폐 관련 증상
- 25T~39T: 자폐스펙트럼장애로 진단된 사람과 비교할 때, 매우 낮은 수준의 자폐 관련 증상
- 25T 미만: 자폐스펙트럼장애로 진단된 사람과 비교할 때, 최소한의 자폐 관련 증상 혹은 자폐 관련 증상이 전혀 없음

CARS는 사용이 간편하며 자폐스펙트럼장애 선별을 위한 정보를 제공하고 손상 패턴도 확인할 수 있다는 장점이 있지만, 선별 도구이므로 정확한 진단 평가를 위해서는 다른 진단 절차와 함께 사용할 것을 권한다.

참고문헌

곽금주, 박혜원, 김청택(2001). K-WISC-III(한국 웩슬러 아동 지능검사) 지침서. 서울: 도서출판 특수교육.

곽금주, 변지원(2019). K-WISC-V 한국 웩슬러 아동 지능검사 워크숍-중급. 서울: 인싸이트.

곽금주, 오상우, 김청택(2011). K-WISC-IV(한국 웩슬러 아동 지능검사) 전문가 지침서. 서울: 인싸이트.

곽금주, 장승민(2019). K-WISC-V(한국 웩슬러 아동 지능검사-5판) 실시와 채점 지침서. 서울: 인싸이트.

김승국, 김옥기(1985). 사회성숙도검사. 서울: 중앙적성출판사.

김승국, 김옥기(1995). 사회성숙도검사(개정판). 서울: 중앙적성출판사.

김승태, 김지혜, 송동호, 이효경, 주영희, 홍창희, 황순택(1997). KPI-C. 한국아동인성검사. 서울: 한국가이던스.

김재환, 오상우, 홍창희, 김지혜, 황순택, 문혜신, 정승아, 이장한, 정은경(2006). 임상심리검사의 이해. 서울: 학지사.

김중술, 한경희, 임지영, 민병배, 이정흠, 문경주(2005). MMPI-A. 다면적 인성검사-청소년용 매뉴얼. 서울: 마음사랑.

김지혜, 조선미, 홍창희, 황순택(2006). KPRC 한국아동인성평정척도. 대구: 한국심리주식회사.

김태련, 박랑규(1996). 아동기 자폐증 평정척도 지침서. 서울: 도서출판 특수교육.

대한소아청소년정신의학회(2003). 한국판 K-SADS-PL 6-18. 서울: 중앙문화사.

대한소아청소년정신의학회(2008). 한국판 DISC-IV 워크샵 자료집. 서울: 대한소아청소년정신의학회.

문수백(2014). 카우프만 아동 지능검사 II(KABC-II). 서울: 인싸이트.

문수백, 변창진(1997). K-ABC 실시 · 채점요강. 서울: 인싸이트.

박혜원, 곽금주, 박광배(1996). K-WPPSI 지침서. 서울: 도서출판 특수교육.

박혜원, 이경옥, 안동현(2016). 한국 웩슬러 유아 지능검사 4판(K-WPPSI-IV) 실시지침서. 서울: 인싸이트.

박혜원, 조복희(2004). 한국 Bayley 영유아발달검사 지침서. 서울: 키즈팝.

방희정, 남민, 이순행(2019). 한국형 베일리 영유아 발달검사 3판(Bayley-III) 기술지침서. 서울: 인싸이트.

소유경, 노주선, 김영신, 고선규, 고윤주(2002). 한국어판 부모, 교사 ADHD 평가 척도의 신뢰도와 타당도 연구. 신경정신의학, 41(2), 283-289.

신희선, 한경자, 오진주, 오가실, 하미나(2002). 한국형 Denver II 검사지침서. 서울: 현문사.

오경자, 이혜련(1989). ADHD평가도구로서의 단축형 Conners 평가척도 연구. 대한신경정신의학회 추계학술대회 발표.

오경자, 이혜련, 홍강의, 하은혜(1997). K-CBCL 아동청소년 행동평가척도. 서울: 중앙적성출판사.

오경자, 하은혜, 이혜련, 홍강의(2001). K-YSR 청소년 자기행동평가척도. 서울: 중앙적성출판사.

오상우, 오미영(2011). K-WISC-IV 중급 워크숍 자료집. 서울: 인싸이트.

유희정(2007). ADI-R 자폐증 진단 면담지 개정판. 서울: 인싸이트.

유희정, 곽영숙(2007). ADOS 자폐증 진단 관찰 스케줄. 서울: 인싸이트.

이소현, 윤선아, 신민섭(2019). 한국판 아동기 자폐 평정 척도 2(K-CARS2) 전문가 지침서. 서울: 인싸이트.

조복희, 박혜원(2006a). 한국판 베일리 영유아 발달 검사-II. 실시지침서. 서울: 도서출판 키즈팝.

조복희, 박혜원(2006b). 한국판 베일리 영유아 발달 검사-II. 해석지침서. 서울: 도서출판 키즈팝.

조수철, 신민섭(2006). 소아정신병리의 진단과 평가. 서울: 학지사.

한경희, 임지영, 김중술, 민병배, 이정흠, 문경주(2017). 다면적 인성검사-청소년용 매뉴얼 개정판. 서울: 마음사랑.

한경희, 임지영, 문경주, 육근영, 김지혜(2018). 다면적 인성검사-청소년용 재구성판 매뉴얼. 서울: 마음사랑.

황순택, 김지혜, 홍상황(2015). 바인랜드 적응행동척도 2판. 대구: 한국심리주식회사.

황순택, 김지혜, 홍상황(2016). 시각-운동 통합검사(VMI-6) 요강. 대구: 한국심리주식회사.

Achenbach, T. M. (1991a). *Manual for the Child Behavior Checklist and 1991 Profile.* Burlington, VT: University of Vermont, Department of Psychiatry.

Achenbach, T. M. (1991b). *Manual for the Youth Self-Report and 1991 Profile.* Burlington, VT: University of Vermont, Department of Psychiatry.

Ambrosini, P. J., Metz, C., Prabucki, K., & Lee, J. (1989). Videotape reliability of the third revised edition of K-SADS. *Journal of the American Academy of Child and Adolescent Psychology, 28,* 723-728.

Archer, R. P., Handel, R. W., Ben-Porath, Y. S., & Tellegen, A. (2016). *Minnesota Multiphasic Personality Inventory-Adolescent-Restrucured Form(MMPI-A-RF) User's Guide for Reports.* Minneapolis, MN: University of Minnesota Press.

Bayley, N. (1969). *Bayley Scales of Infant Development Manual.* New York: The Psychological Corporation.

Bayley, N. (1993). *Bayley Scales of Infant and Toddler Development Manual* (3rd ed.). Bloomington, MN: Pearson.

Bayley, N. (2006). *Bayley Scales of Infant and Toddler Development* (3rd ed.). San Antonio, TX: Pearson Education, Inc.

Beery, K. E. (1967). *Developmental Test of Visual-Motor Integration.* Chicago, IL: Follett Publishing.

Beery, K. E., & Beery, N. A. (2010). *The Beery-Buktenica Developmental Test of Visual-Motor Integration* (6th ed.). Bloomiongton, MN: Pearson.

Butcher, J. N., Williams, C. L., Graham, J. R., Archer, R. P., Tellegen, A., Ben-Porath, Y. S., & Kaemmer, B. (1992). *Minnesota Multiphasic Personality Inventory-A(MMPI-A): Manual for administration, Scoring, and Interpretation.* Minneapolis, MN: University of Minnesota Press.

Conners, C. K. (1990). *Conners Rating Scales Manual.* Toronto, Canada: Multi-Health Systems.

Conners, C. K., & Sitarenios, G. (1998). Revision and restandardization of the Conners Teacher Rating Scale(CTRS-R): Factor structure, reliability and criterion validity. *Journal of Abnormal Child Psychology, 26,* 279-291.

Costello A. J., Edelbrock, C. S., Dulcan, M. K., Kalas, R., & Klarci, S. H. (1984). *Development and Testing of the NIMH Diagnostic Interview Schedule for Children in a Clinic Population: Final Report.* Rockvill, MD: NIMH Center for Epidemiologic Studies.

Doll, E. (1965). *Vineland Social Maturity Scale.* Circle Pines, MN: American Gidances Service, Inc.

Endicott, J., & Spitzer, R. R. (1978). A Diagnostic interview: The schedule for affective disorders and schizophrenia. *Archives of General Psychiatry, 35,* 837-844.

Flanagan, D. P., & Alfonso, V C. (2017). *Essentials of WISC-V Assessment.* Hoboken, NJ: John Wiley & Sons, Inc.

Flanagan, D. P., & Kaufman, A. S. (2009). *Essentials of WISC-IV Assessment* (2nd ed.). Hoboken, NJ: John Wiley & Sons, Inc.

Frankenburg, W. K., & Dodds, J. B. (1967). The Denver Developmental Screening Test. *The Journal of Pediatrics, 71*(2), 181-191.

Frankenburg, W. K., Goldstein, A. D., & Camp, B. W. (1971). The revised Denver Developmental Screening Test: Its accuracy as a screening instrument. *The Journal of Pediatrics, 79*(6), 988-995.

Kaufman, A. S., & Kaufman, N. L. (1984). Factor analysis of the Kaufman Assessment Battery for Children. *Journal of Educational Psychology, 76,* 623-637.

Kaufman, A. S., & Kaufman, N. L. (2004). *Kaufman Assessment Battery for Children* (2nd ed.). Circle Pines, MN: American Guidance Service.

Kaufman, A. S., & Lichtenberger, E. O. (2000). *Essentials of WISC-III and WPPSI-R Assessment.* New York: Wiley.

Kaufman, J., Birmaher, B., Brent, D., Rao U., et al. (1996). Schedule for affective disorders and schizophrenia for school-age children-parent and lifetime version(K-SADS-PL): Initial reliability and validity data. *Journal of American Academy of Children and Adolescents Psychiatry, 36,* 980-988.

Lord, C., Rutter, M., DiLavore, P. C., & Risi, S. (2002). *Autism Diagnostic Observation Schedule-Generic.* Los Angeles, CA: Western Psychological Services.

Lord, C., Rutter, M., & Le Couteur, A. (1994). Autism Diagnostic Interview-Revised: A revised version of a diagnostic interview for caregivers of individuals with possible pervasive developmental disorders. *Journal of Autism Developmental Disorders, 24,* 659-685.

Mayes, S. D., Calhoun, S. L., Mayes, R. D., & Molitoris, S. (2012). Autism and ADHD: Overlapping and discriminating symptoms. *Research in Spectrum Disorders, 6,* 277-285.

Oritz, S. O., Flanagan, D. P., & Alfonso, V C. (2017). *Cross-Battery Assessment Software System(X-BASS).* Hoboken, NJ: John Wiley & Sons, Inc.

Park, J. I., Shim, S. H., Lee, M. M., Jung, Y. E., Park, T. W., Park, S. H., Im, Y. J., Yang, J. C., Chung, Y. C., Chung, S. K. (2014). The validities and efficiencies of Korean ADHD rating scale and Korean child behavior checklist for screening children with ADHD in the community. *Psychiatry Investigation, 11*(3), 258-265.

Puig-Antich, J., & Chambers, W. (1978). *The Schedule for Affective Disorders and Schizophrenia for School-Aged Children.* New York: New York State Psychiatric Institute.

Schopler, E., Reichler, R. J., & Rochen, R. B. (1988). *The Childhood Autism Rating Scale.* Los Angeles, CA: Western Psychological Services.

Shaffer, D., Fisher, P., Lucas, C. P., Dulcan, M. K., & Shwab-Stone, M. E. (2000). NIMH Diagnostic Interview Schedule for Children(Version IV: NIMH DISC-IV): Description, differences from previous versions, and reliability of some common diagnosis. *Journal of the American Academy of Child and Adolescent Psychology, 39,* 28-38.

Wechsler, D. (1946). *The Wechsler-Bellevue Intelligence Scale, Form II.* New York: The Psychological Corporation.

Wechsler, D. (1949). *Manual for the Wechsler Intelligence Scale for Children.* New York: The Psychological Corporation.

Wechsler, D. (1974). *Manual for the Wechsler Intelligence Scale for Children-Revised (WISC-R).* New York: The Psychological Corporation.

Wechsler, D. (1991). *Manual for the Wechsler Intelligence Scale for Children(WISC-III)* (3rd ed.). San Antonio, TX: The Psychological Corporation.

Wechsler, D. (2003). *Manual for the Wechsler Intelligence Scale for Children(WISC-IV)* (4th ed.). San Antonio, TX: The Psychological Corporation.

Wechsler, D. (2012). *Wechsler Preschool and Primary Scale of Intelligence(WPPSI-IV)* (4th ed.). Bloomington, MN: Pearson.

Wechsler, D. (2014a). *Wechsler Intelligence Scale for Children* (5th ed.). Bloomington, MN:

Pearson.

Wechsler, D. (2014b). *Wechsler Intelligence Scale for Children Technical and Interpretive Manual* (5th ed.). Bloomington, MN: Pearson.

Wirt, R. D., Lachar, D., Klinedinst, J. K., & Seat, P. D. (1984). *Multi dimensional description of child personality: A manual for the Personality Inventory for Children(1984 Revision by D. Lachar).* Los Angeles, CA: Western Psychological Service.

제10장

심리평가 보고서

심리평가의 마지막 단계는 심리평가 보고서를 작성하는 것이다. 이 단계는 수집된 다양한 자료를 통합하여 수검자의 문제를 종합적으로 이해하고 의뢰 사유에 답을 하는 과정이라는 점에서 심리평가 작업의 최종 산물이다. 임상 면담, 행동 관찰과 최적의 검사 실시를 통해 양질의 자료가 도출되었다 하더라도 그것을 적절하고 명확하게 통합하지 못하거나, 수검자의 핵심 욕구를 간과하거나, 의뢰 사유에 적확한 답을 제공하지 못한다면 그간 투입된 노력은 무용지물이 되고 말 것이다. 심리평가 보고서는 수검자 혹은 의뢰인에게 단순히 검사 결과를 전달하는 데에 그쳐서는 안 되며 의뢰 사유에 유용한 답을 제공함으로써 문제를 해결하고 의사 결정을 도와줄 수 있어야 한다.

이 장에서는 Lichtenberger, Mather, Kaufman과 Kaufman(2004), Groth-Marnat (2016) 등이 제안한 심리평가 보고서 작성 방법에 기초해 심리평가 보고서 작성의 일반적인 지침과 유의 사항 및 심리평가 보고서의 필수 구성 요소 등에 대해 기술하였다. 또한 이 장의 후반부에는 심리평가 보고서 작성에 대한 이해를 돕고자 견본 심리평가 보고서를 제시하였다.

1. 심리평가 보고서 작성의 일반적인 지침

1) 심리평가 보고서의 목적

TIP 심리평가 보고서의 일반적인 목적

- 의뢰 사유에 대해 명확한 답을 제공한다.
- 수검자 개인에 대해 설명해 준다.
- 수집된 다양한 자료를 조직화 · 통합한다.
- 치료적 개입 방법에 대한 제언을 한다.

심리평가 보고서는 왜 필요하며 어떠한 목적으로 사용되는가? 이에 대해 여러 의견이 있지만, Ownby(1997)는 다음과 같은 네 가지로 요약하였다.

- 의뢰된 문제에 대해 가능한 한 명확하게 설명할 수 있다.
- 문제와 관련되는 추가적인 정보를 얻을 수 있다.
- 향후 사용할 수 있도록 기록을 남겨 놓기 위함이다.
- 특별한 조치를 권고할 수 있다.

Sattler(2001) 역시 이와 비슷한 관점에서 심리평가 보고서의 목적을 다음과 같이 설명하였다.

- 대인관계 기술, 인지적/지적 능력, 운동 기술, 성격뿐만 아니라 이와 관련된 발달력, 의학적 질병력, 교육력 등 수검자에 관한 광범위하고 정확한 정보를 제공할 수 있다.
- 임상적 가설을 세우고 적합한 개입 방법을 찾을 수 있다.
- 기저선 정보를 제공받음으로써 치료적 개입 효과를 명확히 확인할 수 있다.
- 법적 증거 자료로 제시할 수 있다.

2) 심리평가 보고서의 주안점

이렇듯 심리평가 보고서의 일반적인 목적은 비슷하지만, 보고서를 최종적으로 읽는 사람이 누구냐에 따라 평가 유형과 보고서 작성은 달라진다. 최근 들어 임상심리학자들의 역할이 다양해져서 병원, 대학 상담 센터, 지역사회 센터, 자체 개업 등을 통해 정신건강 서비스를 제공하고 있다. 병원이나 지역사회 센터에서 일하는 임상심리학자는 주로 정신건강의학과 전문의나 전공의, 정신건강 간호사, 정신건강 사회복지사 등 다른 정신건강 전문가와 함께 팀을 이루어 일하는 경우가 많다. 따라서 심리평가 보고서는 그들과의 의사소통 수단이 된다. 정신건강의학과 의사는 주로 성격적 구성, 진단적 도움을 받기 위해 심리평가를 의뢰하는 경우가 많아서 이러한 목적에 맞는 내용을 보고서에 구체적으로 기술하여야 한다. 정신건강 전문가 외에도 신경과, 응급의학과, 재활의학과, 소아과, 암 센터 등 다양한 의학 장면에서 심리학적 서비스에 대한 요구도가 높아지고 있으며, 이 분야의 담당 의사가 심리평가 의뢰자가 되기도 한다. 학교 장면에서는 담임교사나 상담교사, 기업 장면에서는 인사 담당자, 법적 장면에서는 판사,

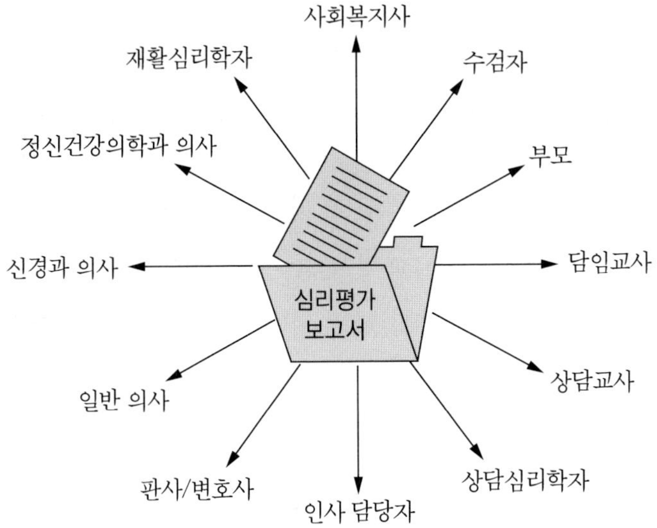

그림 10-1 심리평가 보고서를 읽을 사람들

검사, 변호사 등도 심리평가 보고서를 읽는 대상자가 되기도 한다. 최근 들어 소비자의 권익 보호 차원에서 보호자는 물론이고 수검자 당사자가 직접 심리평가 보고서를 읽는 경우도 늘고 있다. 따라서 의뢰자와 의뢰 사유에 맞게 심리평가 보고서의 주안점이 달라질 수는 있지만, 심리평가 보고서의 수령자가 누구든지 그 내용을 충분히 이해할 수 있도록 읽기 쉽게 써야 한다.

또한 심리평가 보고서의 내용과 관련해서도 한 가지 중요한 공통점이 있는데, 그것은 바로 수검자 개인과 의뢰된 문제에 초점을 두어야 한다는 점이다. 예를 들어, 학생의 학교 부적응 문제와 관련해 심리평가가 의뢰된 경우라면 학교 적응에 어려움을 초래하는 인지적, 학업적, 발달적, 언어적, 정서적 문제 등에 대해 그 이유를 분명하게 기술해야 하며, 적응에 도움이 되는 학생의 강점, 향후 학생에게 필요한 교육 방법 및 개입 프로그램에 대한 설명도 포함되어야 한다. 이는 매우 당연한 것처럼 보이지만, 실제 초보 심리평가자는 평가 상황에서 수집된 수많은 정보의 양에 압도당하여 이를 단순히 나열하는 데에 그치고 만다. 혹은 개별 검사 점수나 평가 장면에서 관찰된 단편적인 행동 하나하나에 지나치게 많은 의미를 부여한다. 하지만 이보다는 수집된 자료들이 수검자 개인에게 어떠한 해석적 의미를 갖는지, 의뢰된 문제를 어떻게 설명하며 향후 개입 방법이나 경과 예측에 있어 어떤 정보를 제공할 수 있는지 등을 염두에 두고 심리평가 보고서를 작성해야 한다.

O'Neill(1995)은 임상적 해석을 다음과 같은 세 가지 수준으로 분류하였다.

- 구체적 수준(concrete level): 검사 점수에 초점을 맞춰 기술하는 데 그치며 어떠한 해석이나 결론을 제시하지 않는다.
- 기계적 수준(mechanical level): 소검사와 요인 점수 간의 차이에 초점을 맞추어 기술하고 이에 대해서 결론을 제시한다.
- 개별적 수준(individualized level): 배경 정보, 관찰 행동, 검사 점수를 통합하여 결론을 제시한다. 평가자는 여기에 질적 정보까지 포함시켜 내담자와 의뢰 문제를 충분히 탐색한다. 이는 검사에 초점을 맞춰 개인을 평가하기보다는 개인에 초점을 맞춰 검사 점수의 의미를 해석한다는 점에서 심리평가 보고서 본연의 목적에 충실한 가장 유용한 형식의 보고서라 할 수 있다.

TIP 심리검사와 검사 점수

동일한 검사 점수를 얻은 두 사람의 특성이 동일한 것은 아니며, 두 사람의 성향이 비슷할지라도 검사 점수 패턴이 유사한 것은 아니다. 즉, 검사 점수에 개인을 맞추지 말고, 수검자 개인과 의뢰 문제에 초점을 맞춰 검사 점수의 의미를 해석해야 한다.

3) 심리평가 보고서의 조직화

평가자는 심리평가 보고서에 포함되는 각 영역의 내용들을 전체적인 흐름과 맥락에 맞게 유기적으로 잘 조직화·통합하여 일관성 있는 전체를 형성해야 한다.

(1) 보고서를 어떻게 조직화할 것인가

① 영역별 조직화

이러한 유형의 조직화 형식에서는 개인의 인지 능력, 정서 상태 및 정서적 대처 방식, 성격 특성, 대인관계 및 사회적 능력 등의 구체적 영역을 논의한다. 의뢰 사유에 따라 심리평가 보고서에 포함되는 영역에는 차이가 있다. 예를 들어, 학교 장면에서 학업 능력 평가를 목적으로 의뢰될 경우에는 지적/인지적 영역을 먼저 기술한 후 성취 수준 등을 기술한다. 이러한 방식은 읽는 이가 보고서 내용을 더 잘 이해할 수 있도록 해 주어 선호된다. 그러나 너무 많은 정보를 제공하여 읽는 이에게 부담을 줄 수 있으며, 평가자가 도출된 여러 자료를 영역별로 잘 분석하여 재구성하지 못하면 오히려 보고서의 내용이 불명확하고 난해해질 수 있다.

② 기능별 조직화

이러한 유형의 조직화 형식은 신경심리평가, 학습장애 평가 등에서 많이 사용된다. 예를 들어, 종합 신경심리평가의 경우 지남력, 주의력 및 집중력, 언어 능력, 시각적 처리 능력, 기억력, 관리기능, 일상생활 기능 등의 인지 기능별로 구분하여 보고서를 기술해 나간다. 각 기능별로 일목요연하게 확인할 수 있다는 점이 장점이지만, 여러 기능 간 상호작용의 결과가 간과될 수 있으므로 주의가 필요하다.

③ 검사별 조직화

이 형식은 시행된 검사별로 보고서를 기술해 나가는 것으로, 예를 들어 종합심리평가 후 지능검사, MMPI, HTP, SCT, 로샤검사, TAT 순으로 결과를 기술할 수 있다. 영역별 통합 능력을 갖추지 못한 초심자들의 경우 비교적 쉽게 보고서를 작성할 수 있다는 점에서 이러한 방식을 선호한다. 또한 보고서를 읽는 사람 역시 평가자가 어떤 자료에 근거해 결과를 기술하고 추론했는지를 명확히 알 수 있다는 장점이 있다. 하지만 읽는 사람으로 하여금 특정 검사 점수에 지나치게 의존하여 수검자를 한 개인으로 이해하는 것을 방해할 수가 있다.

어떤 유형으로 조직화할지는 사례마다 다를 수 있고 평가자의 스타일을 반영하지만, 일반적으로는 영역별로 조직화하는 보고서 작성 방법이 선호된다.

(2) 부제를 사용하라

결과를 기술할 때 부제(subhead)를 사용하면 정보를 조직화하는 데 도움이 될 수 있다. 예를 들어, 영역별로 조직화해 보고서를 작성할 경우 각 영역에 해당하는 부제를 붙인 후 해당 내용을 기술하는 것이다.

(3) 전체적인 것에서 구체적인 것으로 기술하라

심리평가 보고서를 작성할 때는 일반적인 혹은 포괄적인 정보를 먼저 기술한 후 그와 관련된 세부적인 내용들을 다루면 내용을 보다 명확히 전달할 수 있다. 예를 들어,

지능검사의 경우에는 전체 지능에 관한 사항을 먼저 기술한 다음 지표점수, 소검사별 인지적 강점과 약점을 기술하는 것이다.

(4) 대비를 활용하라

정보를 효과적으로 조직화하여 보고하기 위해 상이한 두 수행을 비교하는 방식 등의 대비(contrast)를 사용할 수 있다. 예를 들어, 추정된 병 전 지능과 현재의 지능과 기억력, 수용성 언어와 표현성 언어 등의 차이를 비교하는 것이 이에 포함된다.

> 구조화된 지능검사에서 최우수 수준의 수행을 유지한 것과는 달리, 수검자는 모호한 투사 검사에서는 반응 수가 매우 적고 형태 위주의 단순한 반응이 대부분이며 보편적 관점에서 지각하지 못하고 부정확한 판단을 내리는 등 수행이 저조하다. (중략) 이러한 점에 비춰 볼 때, 특성이 분명하고 익숙한 환경에서는 보유한 지적 능력을 바탕으로 적응을 유지해 나갈 수 있지만, 낯설고 복잡한 상황에서는 판단의 정확성이 저하되며 단순하고 경직된 사고방식으로 인해 대처에 어려움이 예상된다.

4) 검사 자료들 간의 일치성

평가자가 어떠한 결론을 내릴 때에는 여러 가지 자료에 기초해야 한다. 즉, 평가자는 자신의 가설을 지지해 줄 수 있는 근거를 확보하고 공통 주제를 도출해 내기 위해 배경 정보, 행동 관찰, 검사 점수, 과거 평가 자료 등 수집된 여러 자료 간에 일치되는 점을 찾도록 노력해야 한다.

그러나 여러 자료가 항상 일치하는 것은 아니다. 검사 점수와 교사/부모 평정 간에 혹은 검사 점수와 행동 관찰 간에 다양한 방식으로 불일치가 나타나며 때로는 모순된 결과를 보이기도 한다. 예를 들어, 어머니는 아동에 대해 집 안에서는 산만함이나 과잉행동이 나타나지 않는다고 보고했지만, 평가 상황에서는 과제에 집중하지 못하고 검사실을 돌아다니고 검사 도구를 임의로 만지는 행동이 빈번히 관찰되고, 주의력 관련 검사 점수도 지적 능력에 비해 수행이 일관되게 저조한 경우도 있다. 동일한 심리적 속성을 측정하는 두 검사 점수 간에도 결과가 불일치할 수 있다. 예를 들어, BDI 점수는 임상적으로 유의한 수준이지만 MMPI의 2번 척도는 정상 범위에 속하거나 혹은 그 반대의 패턴을 보일 수 있다.

평가자는 자신의 가설을 지지하는 정보들에만 편향되게 주의를 기울이고 그것만 부각시켜 기술하지 않도록 유념해야 한다. 또한 자신의 가설에 불일치하는 점에도 주목하고 그 이유에 대해 설명할 수 있어야 한다.

5) 심리평가 보고서의 강조 사항

평가자는 명확하고 적절하게 강조점을 두고서 수검자의 증상 및 행동의 상대적 강도를 나타내야 한다. 이를 위해 현재 보이는 증상이나 행동이 다른 행동이나 일상생활 기능에 어떠한 영향을 미치는지에 대해 구체적으로 기술해야 한다. 다음은 수검자의 우울 정도를 기술하는 것에 대한 예다.

> 이 수검자는 현재 우울한 기분과 함께 일상생활에 대한 흥미와 의욕이 감퇴되면서 집안일을 하는 것이 힘들고 평소 유지해 오던 대인관계도 단절된 상태다. 이에 수반해 자기비하적인 사고가 지속되며 자살 사고도 빈번한바, 입원을 요할 정도의 심한 우울 징후가 시사된다.

평가 자료를 통해 결론을 내릴 때에도 그 결론의 확실성에 대해 상대적인 정도를 나타내야 한다. 즉, 평가자의 결론이 객관적인 사실에 근거를 둔 것인지, 아니면 추론한 것인지를 분명히 기술해야 한다. 또한 수검자가 현재 하고 있는 행동과 예상되는 행동을 구분하여 기술하는 것이 필요할 때도 있다. 예를 들어, 불법 약물 사용으로 인해 법적인 장면에서 평가가 의뢰된 경우라면 일반적으로 수검자의 향후 재발 가능성이 의뢰 사유에 포함된다. 이는 객관적 사실이 아닌 평가자의 추론을 바탕으로 기술될 수밖에 없다. 이때 평가자는 자신이 내린 추론의 근거를 충분히 포함시켜 기술해야 한다.

> 수검자는 현재 불법 약물 사용으로 인해 법적 처벌을 받게 된 상황에 대해 후회와 죄책감을 호소하고 있다. 하지만 심리검사 결과에서는 새롭고 감각적인 자극을 선호하며 이와 관련된 활동을 적극적으로 추구하는 성향(novelty seeking)이 강한 반면, 욕구 지연이나 좌절에 대한 역치가 낮고 충동성이 강한 것으로 시사되었다. 또한 여러 차례 법적인 처벌을 받았음에도 불법 약물 사용 문제가 반복되어 온 것에 비춰 볼 때 일반적인 사례에 비해 약물 재사용 가능성이 높다.

심리평가 보고서에서 어떠한 점을 강조하여 표현할지를 결정하기 위해서는 평가자와 의뢰자가 평가의 목적을 명확하게 하고 이에 동의해야 한다. 그래야만 평가자가 어떠한 정보를 더 자세히 기술하고 강조할지, 간단하게 언급할지 혹은 그 부분을 생략할 것인지 결정할 수가 있다. 반면 평가자의 편향으로 인해 검사 자료를 취사선택하고 잘못된 지각과 임의적인 추론을 바탕으로 잘못된 해석을 내리는 경우도 있다. 평가자의 경직되고 엄격한 이론적 지향, 주관적인 인상에 근거한 강조, 병리적 관점을 지나치게 부각시키는 것 등이 평가자의 편향을 초래하는 요인이다. 또한 의뢰자의 마음에 들려는 시도에서 불충분한 자료를 바탕으로 해석하는 오류를 범할 수가 있으며, 지나치게 주장적인 추론에 중점을 두어 읽는 사람으로 하여금 잘못된 결론을 내리게 할 수도 있다. 모호하고 양가적인 표현 방식도 읽는 이로 하여금 평가자가 기술한 바를 잘못 이해하게 만든다. 근거가 미약해 평가자가 확신할 수 없는 추론이라면 심리평가 보고서에 기재하지 않는 편이 낫다. 하지만 평가 결과에는 어떠한 식으로든 의뢰 사유에 대한 답이 포함되어야 한다. 평가 결과가 의뢰 사유에 대한 명확한 답을 줄 수 없다고 해서 이를 임의로 생략하지 말고, 현재 결과가 충분한 정보를 제공할 수 없다는 점을 밝히고 추후 조치 등에 대해 언급해야 한다. 심리평가 보고서에 대한 책임은 검사 점수가 아닌 평가자에게 있음을 명심해야 한다.

6) 보고서 작성 양식

보고서 작성 양식은 평가자의 수련 및 교육 배경, 수퍼바이저의 지향점, 작성자의 평소 글 쓰는 스타일 등에 영향을 많이 받는다. 평가자가 어떠한 양식을 취하든 중요한 것은 보고서를 읽는 사람이 흥미를 갖고 숙독할 수 있고 그 내용이 쉽게 전달될 수 있어야 한다는 것이다. 다음은 잘 쓴 심리평가 보고서와 좋지 않은 심리평가 보고서의 예를 비교한 것이다.

표 10-1 잘 쓴 심리평가 보고서와 좋지 않은 심리평가 보고서

좋지 않은 심리평가 보고서	잘 쓴 심리평가 보고서
• 읽는 이가 이해하기 어렵게 기술된 보고서 • 자료에만 초점이 맞춰져 있어 수검자의 특성, 의뢰 사유에 대한 설명이 부족한 보고서 • 어느 상황에나 일반적으로 언급되는 혹은 실행하기 불가능한 개입 방법을 제안하는 보고서	• 다양한 분야의 의뢰자, 부모, 수검자 등이 명확하게 이해할 수 있고 읽기 쉽게 기술된 보고서 • 수검자의 특성, 의뢰 사유에 적확한 설명을 제공하는 보고서 • 치료 계획에 대해 현실적이고 구체적인 제안을 포함하는 보고서

Ownby(1997)는 다음과 같은 '전문가 양식(professional style)'의 심리평가 보고서 작성법을 추천하였다.

- 정확하게 의미를 전달할 수 있도록 관용적인 표현을 짧고 간결하게 사용할 것
- 문법적으로 정확한 표현을 사용할 것
- 다양하고 풍부하게 문장을 구성할 것
- 여러 단락에 걸쳐 비슷한 개념이나 내용을 반복하지 말 것
- 한 단락은 중요한 단일한 개념에 초점을 맞춰 짧게 기술할 것
- 비슷한 개념은 서로 비슷한 영역에 위치시킬 것

구체적으로 다음의 몇 가지 사항은 기본적인 형식이므로 숙지할 필요가 있다.

(1) 보고서 길이

보고서는 의뢰 기관의 요구나 기대에 따라 그 분량이 천차만별이다. 선별검사, 치료 경과 평가 등에서는 A4 용지 1~2장 내외에서 간단하게 작성할 수도 있으며, 법적인 장면에서 상세한 정보를 요구할 경우에는 A4 용지 7~20장 이내로 길게 쓰는 경우도 있다. 하지만 정신건강의학과 장면에서 진단적 목적이라든지 심리학적 · 교육적 · 직업적 장면에서 쓰이는 심리평가 보고서는 A4 용지 5~10장 정도가 적당하다.

(2) 자연스러운 문장 연결: 접속어를 활용하라

보고서를 잘 쓰는 방법 중 하나는 평가자의 다양한 견해가 응집력 있게 전달되도록 일관성 있는 텍스트를 사용하는 것이다. 다음과 같이 문맥에 맞는 접속어를 활용하면 문장을 자연스럽게 연결하는 데에 도움이 된다.

- 인과관계: 따라서, 그러므로, 이러한 결과 등
- 부연 설명: 또한, 더욱이, 덧붙여, 이와 유사하게 등
- 대비: 그러나, 하지만, 반면에, 그럼에도 불구하고 등
- 시간적 순서: ~한 이래로, ~한 후, ~하는 동안 등

(3) 간결한 글쓰기

일반적으로 다양한 어휘를 포함하는 길고 복잡한 문장이 세련되어 보이고 의미를 명

확히 전달하는 데에 도움이 될 것이라고 생각한다. 하지만 심리평가 보고서는 문학 작품이 아니다. 오히려 간결한 문장이 심리평가의 중요한 시사점을 전달하는 데에 보다 효과적이다. 간명하게 전달될 수 있는 보고서를 쓰기 위해서는 다음과 같은 점을 유의해야 한다.

- 중복된 말의 사용, 장황한 표현 등을 삼간다.
- 문장 길이의 균형을 맞추도록 한다. 지나치게 길고 복잡한 문장이 많으면 전반적인 내용을 따라가기가 어렵다. 하지만 단편적인 내용을 단문 형태로 계속 나열하는 것은 글을 읽는 흐름을 방해할 수 있다. 따라서 반복되는 단어나 구문, 불필요한 단어 사용을 피하되 문장의 핵심적인 내용을 연결하여 문장을 구성한다.
- 문단의 길이도 중요한데, 한 문단이 지나치게 길면 핵심 내용을 놓쳐 이해하기 어

표 10-2 간결한 보고서와 간결하지 않은 보고서

간결하지 않은 보고서	간결한 보고서
• 장황한 표현 수검자는 평가자가 제시한 모든 과제에 기꺼이 최선을 다하며 성심성의껏 열심히 임하였고 평가 상황에서 동기 유발이 잘되었다.	• 간결한 표현 수검자는 제시된 과제를 자발적으로 성실히 수행하는 등 동기 유발이 잘되었다.
• 짧은 문장의 반복 수검자는 현재 우울하다. 수검자는 현재 불면을 호소한다. 수검자는 식욕이 감퇴되어 있다. 수검자는 주변 활동에 흥미가 없다. 수검자는 쉽게 피곤해한다. 수검자는 무력감을 호소한다.	• 핵심적인 내용을 연결한 문장 구성 수검자는 현재 우울감, 의욕 저하와 함께 불면, 식욕 감퇴, 피로감, 무력감 등 광범위한 양상의 우울 징후를 호소한다.
• 불필요하게 반복되는 문구 귀가 잘 들리지 않고 얼굴 모양이 둥글고 빠르게 서둘렀다 가장 필수적인 간단히 요약하면 예: 수검자에 대해 치매 가능성을 단언하기는 어렵지만, 이 모든 가능성을 고려하더라도 수검자는 분명히 기억력이 경미하게 저하되어 있어 불편감을 겪고 있다.	• 중복되지 않은 간결한 표현 잘 듣지 못하고 얼굴이 둥글고 서둘렀다 필수적인 요약하면 예: 수검자는 경미한 기억력 저하로 불편감을 겪고 있다.

렵기 때문이다. Sattler(2001)는 한 문단이 해당 페이지의 1/4 이상이면 읽는 이의 주의 폭을 넘어서는 수준으로 주제를 파악하기 힘들어진다고 하였다.

(4) 명확하고 정확한 글쓰기

어떤 평가자는 누구에게나 적용 가능한 모호하고 광범위한 표현 혹은 추상적 설명을 많이 사용한다. 이와 같이 모호하고 일반적인 문장은 누구에게나 해당될 수 있다. Klopfer(1960)에 따르면 사람들은 보통 막연하고 일반적인 특성을 자신의 성격으로 묘사하면서, 다른 사람들에게도 그러한 특성이 있는지의 여부는 고려하지 않고 자신만이 가지고 있는 독특한 특성으로 믿으려는 경향이 있다고 보고 이를 바넘 효과(Barnum effect)라 불렀다. 이와 같이 누구에게나 해당되는 보편적인 진술은 수검자에 대해 완전히 잘못된 정보를 제공하지는 않으며 수검자 자신도 어느 정도 타당하게 여길지 모른다. 하지만 개인의 본질적인 독특성을 강조하는 심리평가 보고서에서는 이러한 방식을 지양해야 한다. 따라서 평가자는 보편적이고 일반적인 심리적 특성을 기술하기보다는 수검자의 독특하고 특징적인 특성을 기술하려고 노력하여야 한다. 또한 심리평가의 해석이 평가자의 추론에 기초하는 것이기는 하지만 객관적으로 관찰된 정보나 사실에 대해서까지 모호하게 표현하면 확신이 부족하고 무능한 평가자로 비춰질 수 있으므로 이 역시 지양해야 한다.

Harrvey(2006)는 구체적인 의뢰 사유에 초점을 맞춘 사례 중심의 보고서 쓰기를 강조하였다. 여기에서는 행동지향적인 용어, 즉 '행동 언어(action language)'의 사용을 강조한다. 행동 언어를 사용한 보고서란 수검자를 대표하는 독특한 특성이나 행동과 연관 지어 문제를 구체적으로 기술하는 것이다. 수검자의 진단과 관련해서도 과거 병인(etiology)보다는 현재의 특징을 강조한다. 치료적 권고 역시 개별 수검자에 대해 특정한 상황에서 구체적으로 적용할 수 있도록 언급해야 한다.

의뢰자가 정신건강의학과 의사나 인접 전문가인 경우 그들 간에 통용되는 전문 용어를 사용하는 것이 원활한 의사소통에 도움이 될 수도 있다. 하지만 상투적인 전문 용어(jargon)나 기술적인 용어(technical term)의 사용, 무분별한 영어 표현 등은 평가자의 현학적이고 자기과시적인 면을 나타낼 뿐 수검자의 주관적 경험과 상태를 생생하게 기술하는 것을 방해한다. 더욱이 보고서를 읽는 사람이 보호자, 교사 등 정신건강 분야의 전문 지식이 부족한 사람이라면 이러한 복잡하고 어려운 용어를 이해할 수 없을 것이다. 따라서 평균 수준의 지식을 지닌 사람이 보고서를 읽는다고 가정했을 때 명확히 이해하기 어려운 특수한 용어 사용은 삼가도록 한다. 시간과 지면의 공간을 경제적으로

표 10-3 명확한 용어 사용과 명확하지 않은 용어 사용

명확하지 않은 용어 사용	명확한 용어 사용
• 모호한 표현 아동은 부주의하고 산만해 보였다.	• 행동지향적인 용어 사용 아동의 놀이 행동을 관찰한 결과, 2~3분 정도 한 가지 놀이에 주의를 기울일 수 있지만 이를 지속하지 못하고 한 가지 놀이에서 다른 놀이로 빠르게 관심을 돌렸으며, 놀이치료실 밖에서 나는 사소한 소음에도 쉽게 산만해졌다.
• 무분별한 전문 용어, 영어 및 약어 사용 수검자는 현재 dsyphoric하고 depressive mood, irritability, agitation, anxiety를 호소하고 있다.	• 명확하게 전달되는 전문 용어 사용 수검자는 현재 불쾌감, 우울감, 과민하고 짜증스러운 기분, 초조감, 불안감을 호소하고 있다.
수검자는 현재 contamination과 관련된 obsession과 이를 undoing할 목적의 repetitive washing 등의 compulsion이 현저한 바 OCD가 시사된다.	수검자는 현재 오염과 관련된 강박 사고와 이를 취소할 목적의 반복적인 씻기와 같은 강박 행동이 현저하다는 점에서 강박장애(obsessive compulsive disorder)가 시사된다.
수검자는 투사를 광범위하게 사용한다.	수검자는 자신의 부정적 감정, 생각, 부적응적 행동의 원인을 다른 사람의 탓으로 돌리는 경향이 있다.
수검자는 공감 능력이 부족하다.	수검자는 상대방의 관점에서 조망하며 상대방의 감정과 욕구를 이해하고 감정 이입하는 능력이 부족하다.
• 구어체 표현 지난번에 실시한 주의력 검사 때보다 수행이 매우 떨어졌다.	• 객관적이고 명확한 표현 지난 9월에 실시한 주의력 검사 결과와 비교해 금번 검사의 수행이 유의하게 저하되었다.
수검자는 가족들이 자신을 해칠 것이라고 느낀다.	수검자는 가족들이 자신을 해칠 것이라는 피해 사고를 보인다.

활용하기 위해 심리평가 보고서에 약어를 많이 사용하는데, 전문 지식이 부족한 사람들이 심리평가 보고서를 읽을 경우 이 역시 이해하기 어려울 것이다. ADHD, WAIS와 같이 임상 장면이나 교육 장면에서 보편적으로 알려진 용어라 할지라도 처음에는 본래의 용어를 풀어서 기술하고 약어를 밝히도록 한다[예: 주의력결핍 과잉행동장애(Attention Deficit Hyperactivity Disorder: ADHD)].

쉽고 명확하게 이해될 수 있는 보고서를 작성하라는 것을 구어체 표현을 권장하는

것으로 이해해서는 안 된다. 일상생활에 통용되는 구어체 표현은 부정확하고 다양한 의미를 내포하고 있어 오히려 심리평가 보고서의 내용이 잘못 전달될 수 있다. 이러한 구어체 표현이 지나치게 많으면 심리평가 보고서의 전문성이나 신뢰성이 의심을 받을 수 있다. 쉽고 명확하게 전달하되 객관적이고 분명한 표현을 사용해야 한다.

수검자의 과거력, 과거 검사 결과 등을 기술할 때는 과거 시제를 사용하고, 성별, 연령, 신체 특징과 같은 지속되는 특성과 현재의 검사 수행 결과를 기술할 때는 현재 시제를 사용한다.

(5) 평가 자료의 사용

TIP 원자료를 인용하는 예

1. 수검자는 아버지상에 대해 적대감, 공격성이 내재되어 있음이 시사된다.
   → 평가자의 통합된 추론만 단편적으로 기술하여 수검자의 감정을 명확히 이해하기가 어렵다.

2. '나의 아버지는–원수지간이다.' '나의 어머니는–남을 들볶을 줄만 알지 모성은 빵점이다.' '윗사람들은 대개–자기들 멋대로다.'라는 문장완성검사의 반응은 권위적 인물에 대해 적대감, 공격성을 나타낸다.
   → 원자료를 인용함으로써 수검자의 권위적 인물에 대한 적대감, 공격성이 생생하게 전달되기는 하지만, 원자료를 확인한 대부분의 사람이라면 추론할 수 있는 단순한 기술에 그친다.

3. '나의 아버지는–원수지간이다.' '나의 어머니는–남을 들볶을 줄만 알지 모성은 빵점이다.' '윗사람들은 대개–자기들 멋대로다.'라는 문장완성검사의 반응에 비춰 봤을 때, 수검자는 부모님을 비롯해 권위적인 대상과의 관계에서 긍정적 정서 경험이 부족하며 요구적, 강압적이라는 부정적 지각을 가지고 있다. 수검자는 권위적 대상을 향해 적대적, 공격적 태도를 취할 수가 있으며, 이로 인해 성인들과의 친밀하고 우호적인 관계 형성이 어려울 수 있다.
   → 원자료를 인용하되 구체적이고 명확한 용어로 기술하였으며, 수검자의 일반화된 행동까지 연결시켜 추론함으로써 읽는 이가 수검자의 현재 감정뿐만 아니라 사고, 행동 방식 등을 보다 생동감 있게 이해할 수 있다.

심리평가 보고서에 수집된 자료 중 어떤 것을 포함시킬지를 결정하기 위해 기본적으로 고려해야 할 사항은 다음과 같다.

- 의뢰 사유
- 평가의 목적 및 평가에 대한 기대
- 수집된 자료의 상대적 유용성(예: 수집된 자료가 수검자의 특성을 잘 반영하는가)
- 보고서를 읽는 사람의 배경

심리평가 보고서 작성 시 원자료를 어느 수준에서 언급할 것인지에 대해서도 평가자들이 고민하는 부분이다. 평가의 목적이 원자료, 특히 검사 점수 자체를 포함하는 것이라면 이를 언급하는 것이 유용할 수 있다. 특히 법적 장면에서 요구하는 특정 유형의 보고서에서는 원자료를 포함하는 것이 도움이 된다. 또한 검사에 정통하지 않는 사람이 심리평가 보고서를 읽는 경우, 평가자의 통합된 설명이나 추론만 제시되는 경우보다 수검 태도, 면담에서 수집된 수검자의 언어 반응, 검사 점수 등이 제시되는 경우에 수검자가 느끼는 감정적 색채와 행동이 더욱 생생하게 전달되어 이해가 쉬울 것이다.

그러나 원자료, 특히 검사 점수에 지나치게 초점이 맞춰져 있으면 해당 수검자에게 그 자료가 가진 해석적 의미가 간과될 수 있으므로 일반적으로는 원자료를 그대로 인용하지 않는 것이 권장된다(Groth-Marnat, 2016). 또한 수검자에 대한 이해를 돕기 위해 원자료를 인용하는 경우라도 원자료의 단순한 인용이나 재진술에 그쳐서는 안 되며, 그 자료가 의미하는 바에 대해 구체적이고 명확한 설명과 수검자의 일반화된 행동으로 연결시킬 수 있는 해석 등이 포함되어야 한다.

TIP 주먹구구식으로 작성된 심리평가 보고서의 예

예 1: 행동 관찰에 기술한 내용과 검사 결과에 기술한 내용이 부합하지 않는 경우

행동 관찰: 수검자는 평가자의 지시에 소극적이지만 차분히 협조적으로 반응하였다.

검사 결과: 실제 인지 기능의 저하라기보다는 평가 상황에서의 회피적, 거부적인 태도, 낮은 수행 동기 등으로 인해 보유한 인지 기능이 외현적인 수행에 충분히 발휘되지 못하였다.

⇒ 행동 관찰 영역에서 수행 동기, 회피적이고 거부적인 태도 등의 근거가 될 만한 수검자의 행동 특성을 구체적으로 기술해 주어야 한다.

예 2: 행동 관찰 영역에 검사 결과와 해석을 포함시켜 기술한 경우

행동 관찰: 수검자는 HTP 수행 시 연필을 손에 꽉 쥐고 매우 진하게 덧칠해서 그리는 등 필압이 높았고 매우 크게 그리는 등 충동 조절이 어렵고 심신 에너지가 항진되어 있는 듯 보였다.

⇒ 행동 관찰: 수검자는 HTP 수행 시 연필을 손에 꽉 쥐고 매우 진하게 덧칠해서 그렸으며, 대부분의 그림을 지면에 꽉 찰 정도로 크게 그렸다.

검사 결과: 현재 수검자는 심신 에너지의 항진이 시사되며 충동 조절의 어려움을 보일 수 있다.

예 3: 결론 및 제언에 의뢰 사유를 언급하지 않은 경우

의뢰 사유: 교통사고로 인한 신경심리학적 손상 가능성에 대해 신경심리평가가 의뢰된 환자

결론 및 제언: 현재 외상후 스트레스장애에 해당하는 인지적, 정서적, 행동적 징후로 인해 대인관계를 비롯한 사회활동, 직업 기능에 지장이 초래되고 있다.

⇒ 결론 및 제언: 현재 주의집중력이 경미하게 저하되어 있지만, 기억력, 언어 능력, 시지각 및 시공간 구성 능력, 관리기능 등 다른 신경심리학적 기능은 지적 능력 범위에서 유지되고 있다. 현재 일상생활 적응에 지장을 초래할 만한 신경심리학적 손상을 단정 지을 수 없다. 오히려 외상후 스트레스장애에 해당하는 다양한 인지적, 정서적, 행동적 징후가 시사된다. 이러한 징후는 대인관계를 비롯한 사회활동, 직업 기능에 지장을 초래하고 있다. 그리고 상기의 징후는 주의집중에 영향을 미칠 가능성이 있다. 따라서 외상후 스트레스 징후 완화에 초점을 맞춘 약물 치료와 행동 노출 치료의 병행이 도움이 될 것이다. 정서적 안정감을 회복한 후에는 주의집중력에 대한 재평가가 필요하다.

(6) 보고서 점검하기

심리평가 보고서를 작성하기 전에 해당 사례에 대해 상대적으로 덜 구조화된 형태의 개요(outline)를 작성한 후, 의뢰 사유, 평가자의 관찰, 검사 결과 등을 검토하면서 부족한 자료를 보충하고 해석의 요지를 찾아가는 것도 도움이 될 것이다. 이러한 초안을 다듬고 수정하는 과정을 거쳐 보고서를 완성한 후에는 잘못된 내용이나 미비한 점은 없는지 다시 한 번 점검한다. 이때 오탈자 검토를 비롯해 페이지 번호, 편집, 서명 등도 반드시 확인해야 한다.

7) 심리평가 보고서의 피드백

과거에는 수검자들이 이해하기에 너무 복잡하고 미묘하다고 여겨 심리평가 결과나 보고서를 수검자에게 직접 전달하는 것을 금기시했다. 그러나 최근 들어 사회 전반에 걸쳐 소비자의 권리가 향상되면서 심리평가 결과와 관련해서도 수검자에게 명확하

고 직접적이고 정확한 피드백을 제공해야 하는 경우가 늘어나고 있다. 수검자가 자신에 대한 이해를 돕기 위해 심리평가 받기를 자발적으로 원하기도 하며, 상담이나 심리치료 장면에서는 수검자에게 심리평가 결과를 설명해 줌으로써 수검자가 자신의 문제, 특성을 더 잘 이해할 수 있고 치료 효과를 높일 수 있다. 심리평가와 관련된 대부분의 윤리 강령에서도 특별한 경우를 제외하고는 수검자에게 심리평가 결과를 설명해 주도록 규정하고 있다.

수검자에게 심리평가 결과를 전달하는 경우, 임상가는 모든 결과를 다 열거하기보다는 수검자에게 가장 중요하고 핵심적인 정보(일반적으로 서너 가지)를 선택해 설명하는 것이 적절하다. 이러한 정보는 한 사람의 인생이라는 전체적인 맥락에서 조심스럽게 통합되어야 하며, 피드백을 받은 수검자가 정보의 정확성과 타당성을 평가하도록 하는 것이 필요하다. 이와 같은 협력을 통해 임상가는 수검자가 피드백을 얼마나 잘 이해했는지 가늠할 수 있다. 수검자에게 피드백을 할 때에도 전문 용어나 상투적인 용어보다는 수검자가 분명히 이해할 수 있는 일상적인 언어로 표현하여야 한다. 지나치게 예민하거나 편집증 성향이 있는 수검자에게는 보고서 용어를 순화해서 표현하는 것이 필요하다. 이때 직접적이고 단언적인 표현보다는 간접적이고 우회적이면서 부드러운 언어로 설명해 주어야 한다. 보고서를 작성하는 단계에서부터 평가자는 수검자와 의사소통을 할 목적에서 심리평가에서 얻은 정보를 기술하는 것이라는 입장을 취하는 것이 도움이 된다. 심리평가 결과를 중립적으로 전달하는 데에 그쳐서는 안 되며, 수검자에게 새로운 관점과 대안을 제공하고, 수검자 자신의 문제해결을 도울 수 있는 임상적 개입으로 연계되어야 한다. 이를 위해서는 수검자의 문제, 즉 병리적 측면에 지나치게 초점을 두기보다 변화에 긍정적, 적응적인 측면에 더 강조점을 두는 것이 좋다. 제언 역시 분명하게 강조하는 것이 유용하다.

2. 심리평가 보고서의 구성

심리평가 보고서에 대해 임상가들 간에 합의된 단일한 형식은 없지만, 대개는 다음과 같은 목록이 포함된다. 각 항목은 분리되어 있지만 별개의 독립적인 것은 아니며 보고서 전체에 걸쳐 통합되어야 한다. 즉, 수검 태도를 기술할 때 배경 정보를 고려해야 하며, 배경 정보와 검사 결과와 해석을 기술할 때도 수검 태도를 통합하여 기술해야 한다. 이러한 통합과 조직화를 위해 몇 가지 유의해야 할 점이 있다.

TIP 심리평가 보고서의 일반적인 구성 요소

- 제목 및 머리글
- 수검자 신상 정보
  - 성명, 성별, 연령, 교육 연한, 직업, 결혼 상태 등
- 의뢰 사유 및 배경 정보
- 실시 검사 및 평가 절차
- 행동 관찰 및 수검 태도
- 검사 결과 및 해석
  - 지적 능력
  - 사고 조직화
  - 정서 및 성격 특성
- 요약, 진단적 인상 및 제언
- 검사 점수 요약

첫째, 보고서의 앞부분 항목에 기술된 내용이 뒷부분에 통합되어 사용될 수는 있지만, 보고서의 뒷부분에 기술된 내용이 앞부분에 통합되어 기술되어서는 안 된다. 예를 들어, 수검 태도에서는 가능한 한 검사 결과를 기술하지 않도록 하되 검사 결과에서는 배경 정보, 수검 태도의 내용을 검사 자료와 통합해서 제시할 수 있다.

둘째, 재차 강조하지만 의뢰 사유를 항상 염두에 두어야 한다. 수집된 자료만으로 의뢰 사유에 대한 답을 설명하기에 불충분하다고 해서 생략하기보다는 "이 결과는 확정적이지 않다." 또는 "단정할 수 없다."라고 기술하고 추후 조치 등에 대해 언급하도록 한다.

1) 의뢰 사유 및 배경 정보

이 영역은 문제가 어떤 유형인지, 보고서의 내용에 무엇이 언급될지를 알 수 있게 해 준다. 수검자에 대한 배경 정보, 문제의 특징 등을 간단히 기술하고 평가를 실시하게 된 이유를 언급한다.

의뢰 사유와 배경 정보를 같이 기술하는 경우도 있지만 별도의 영역으로 분리하여 기술하기도 한다. 배경 정보에는 수검자의 발달력, 의학력, 교육력, 가족 구조, 직업력 등의 개인사가 포함되기도 하는데, 대개는 연대기 순으로 요약된다. 이 부분은 평가가

실시되기 전의 기록, 면담 정보 등에 기초해 작성되기도 한다. 이때 수검자의 모든 과거력을 포함시키기보다는 현재 상황(예: 학교 등교 거부, 두뇌손상, 우울 증상 등)과 관련된 내용을 쓴다. 의뢰자가 수검자의 배경 정보를 자세히 알고 있는 경우라면 이를 간략하게 기술하는 것이 좋다.

현재 고등학교 2학년에 재학 중인 남학생이다. 이 학생은 초등학교 6학년경에 동생과 함께 외국으로 유학을 갔으며, 올해 초 경제적인 문제로 귀국해 일반 고등학교를 다니고 있다. 학생은 학교 수업을 이해하기 힘들어 검정고시를 준비하고자 하였으나 부모의 반대로 갈등이 심했다고 한다. 내원 며칠 전에는 아버지가 학생을 야단치면서 체벌을 가했다고 하며, 학생은 아버지에게 물건을 던지며 공격적으로 반응을 했다고 한다. 이에 부모님에 의해 본 상담 센터를 방문하였으며, 학생의 학교 수업 부적응, 최근 보인 공격적 행동, 성격 특성 등에 대한 정확하고 객관적인 이해를 위해 심리평가에 의뢰되었다.

현재 대학교 1학년에 재학 중인 남성이다. 수검자는 고등학교 시절 학교 친구들로부터 집단 따돌림을 당한 적이 있다고 한다. 대학 입학 후 새로운 친구들을 사귀고 학교 생활에 잘 적응해 왔으나, 2개월 전 집 근처에서 따돌림을 주도했던 고등학교 동창을 우연히 만난 이후부터 따돌림 당했던 고등학교 시절의 일들을 떠올리면서 불안하고 우울한 기분이 들었다고 한다. 또한 대학 친구들도 이때의 일을 다 알고 수군거리며 은연중에 자신을 따돌린다는 생각이 들어 학교에 나가지 않고 집에서만 지내고 있다. 이에 부모님의 권유로 본원 정신건강의학과를 방문하였으며 수검자의 현재 전반적인 심리 상태에 대해 객관적으로 파악하기 위해 심리평가가 의뢰되었다.

TIP 의뢰 사유로 포함 가능한 예

- 지능 평가: 지적장애, 일반 지능
- 감별 진단
  예 1: 우울로 인한 기억 문제인지, 경도 신경인지장애 단계에서 나타나는 기억 문제인지
  예 2: 극심한 기분 변동, 불안정한 정서가 기분장애 때문인지, 성격 특성을 반영하는 것인지
- 뇌손상의 범위와 특징의 평가
- 성격 특성에 대한 정보를 얻기 위해
- 치료적 개입에 대한 정보를 얻고자

2) 실시 검사 및 평가 절차

이 영역에서는 실시한 검사 항목을 기술한다. 검사 수행 순서가 중요한 경우라면 이에 대해 함께 기술할 수도 있다.

3) 행동 관찰 및 수검 태도

검사 동안 수검자의 외관, 일반적인 행동 관찰 또는 평가자–수검자 상호작용에서 나타난 행동을 기술한다. 행동 관찰은 수검자의 문제에 대한 통찰을 제공할 수 있고 검사 해석에 대한 자료가 된다.

TIP 행동 관찰 및 수검 태도의 예 1

우울해 보였다.

⇒ 반응을 개시하기까지 시간이 오래 걸렸고 전반적인 반응 속도도 매우 느렸으며, 수행 도중 "내가 바보 같죠?"와 같은 자기비판적인 언급을 자주 하였다.

평가자와 눈 맞춤을 하지 않고 과제 수행에 대해 짜증을 내며 거부하는 경우가 있었고 토막짜기 소검사 수행 시에는 시간 측정에 예민하게 반응하며 경미한 손 떨림이 관찰되었다.

수검자의 신체적 외모에 대한 설명은 표정, 옷, 체구, 독특한 버릇, 동작 등 일반적이지 않은 특징에 초점을 둔다. 검사 과제와 평가자에 대한 수검자의 반응과 행동은 수검자가 검사 동안 느끼는 감정과 검사 태도를 반영한다. 검사 태도를 기술할 때 명백하게 나타나는 불안감, 우울감을 나타내는 표현, 적대감의 정도를 반영하는 행동도 포함하여 기술한다. 이때 평가자의 추론에 근거한 표현을 삼가고 명백히 행동과 관련된 용어로 표현해야 한다.

심리평가 결과에 영향을 미칠 수 있는 수검 태도, 수검자의 행동 특성에 대해 자세히 관찰하여 기술해야 한다. 매우 주의 깊고 체계적으로 과제를 수행하는 것부터 충동적이고 와해된 경우까지 수검자의 다양한 문제해결 방식이 관찰된다. 예를 들어, 검사 지시나 질문에 대해 성급하게 답을 하는 유형인지, 과제 수행 시 지나치게 시간을 많이 들이며 심사숙고하지만 문제해결 능력이나 효율성이 부족한지 살펴본다. 또한 검사 도구에 대해 평범하지 않은 언어적 반응에도 주의를 기울여야 한다. 어떤 수검자들은 특정 검사(예: 로샤검사)에 대해 흥미를 보이거나 재미있어 하면서도 다른 검사(예: 지능검사)에서는 어려워하며 거부적인 태도를 보이기도 한다. 이와 같이 검사 협조 수준도 검사 결과의 타당화를 판단하는 중요한 단서가 된다. 검사 점수에서 나타나는 부적응의 정도는 수검자의 원래 기능이 과장되어 나타난 것일 수도 있으므로, 지능과 능력 검사에서 수검자의 협조 수준은 매우 중요하다. 평가 결과의 타당성에 의문을 가져올 수 있는 다른 상황적 요인들이 있는지에 대해서도 자세히 살펴보아야 한다. 시력, 청력, 사지 사용 등 수행에 지장을 초래하는 신체적 문제가 있었는지, 외부 소음이나 검사실 안에서의 다른 자극으로 인해 주의를 분산시키는 환경적 문제가 있었는지 등도 이에 해당한다. 이렇듯 검사 결과에 영향을 미치는 요인들에 대해서는 행동 관찰 및 수검 태도 영역에 기술하되, 검사 점수에 구체적으로 어떤 영향을 미쳤는지에 대해서는 결과 부분에서 언급한다.

행동 관찰은 보통 간결하고 명확하고 적절해야 한다. 만일 행동 기술이 수검자에 대한 통찰 또는 수검자의 독특성을 설명하지 못한다면 기술하지 않는 것이 좋다. 행동 관찰을 기술할 때에는 수검자의 구체적이고 독특한 인상에 초점을 맞추어야 한다. 행동 관찰 내용은 보통 한 단락을 넘지 않는다. 그러나 다양한 행동 특성이 관찰된 경우라면 두세 단락에 걸쳐 관련 행동을 기술할 수도 있다.

TIP 행동 관찰 및 수검 태도의 예 2

행동 관찰 및 수검 태도: 현재 입원 상황에 대해 불만감이 고조되어 있는 상태여서 검사 상황에 잘 몰입하지 않고 거부적, 비협조적인 태도를 보여 원활한 검사 진행이 어려웠다.

⇒ 결과: 수검자의 평가 상황에 대한 불만, 거부적이고 비협조적인 수검 태도, 낮은 동기 수준 등으로 인해 검사 상황에 충분히 몰입하지 못하였고, 이로 인해 신뢰성 있고 타당한 해석에 제한이 따른다.

행동 관찰 및 수검 태도: 수검자는 청력이 저하되어 있으나 보청기를 착용하지 않은 상태로 매우 큰 소리로 말해야 지시 내용을 알아들었으며, 지능검사의 숫자 소검사 등 언어적 지시를 많이 포함하고 있는 일부 항목에서는 평가자의 지시가 정확히 전달되지 못하였다.

⇒ 결과: '숫자' 소검사의 수행이 유의하게 저조하다. 청력 저하로 인해 명확한 지시 전달이 어려워 해당 과제의 수행에 지장이 초래된 점에 비춰 보았을 때, 해당 소검사에 대한 타당하고 정확한 해석에 제한이 따른다.

4) 검사 결과 및 해석

(1) 지적 능력

지적인 능력은 성격 변인의 다양성에 대해 추론하는 일반적인 형식을 제공해 주며 대개 보고서 결과를 기술할 때 첫 부분에 제시한다. 지적 능력을 기술할 때에는 IQ 점수에 의한 개인의 지적 능력에 대한 일반적인 추정과 더 구체적인 능력, 예컨대 기억, 문제해결, 추상적 추론, 집중력, 정보의 축적과 같은 영역에 대해 자세히 기술한다. 검사 이론에 친숙한 사람이 보고서를 읽게 된다면 IQ 점수만을 포함하는 것으로 충분하지만, 대부분의 보고서에서는 IQ 점수, 백분위, 일반적인 지능 분류(평균상, 우수 등)도 포함시킨다. 지능을 기술할 때에는 수검자의 인지적 강점과 약점을 기술하는 것이 일반적이며, 지표점수 간의 차이가 의미하는 것이 무엇인지 정교하게 설명해야 하며, 소검사 간에 편차를 설명해 주는 것이 좋다. 또한 검사에서 드러난 실제적인 수행 능력과 잠재적인 기능의 수준을 비교하면서 차이가 나는 이유도 함께 제공한다.

더불어 인지적 효율성, 사고의 경직성, 동기 수준, 구조화된 환경에서 더 성취하는 유형인지, 아니면 자율적이고 독립적인 활동을 통해 성취하는 유형인지 행동적인 선호도 등을 기술해 준다.

이 수검자의 Korean Wechsler Adult Intelligence Scale-4th edition(이하 K-WAIS-IV) 결과를 살펴보면, 전체 지능지수는 '평균 하' 수준(FSIQ=87)에 속한다. 이는 비슷한 연령의 성인들과 비교했을 때 백분위 20%ile로, 100명 중 하위 20번째에 해당된다. 신뢰구간 95%의 오차 수준를 고려했을 때, FSIQ는 '평균 하~평균' 수준(FSIQ=82~93)에 속한다. 언어이해지표(VCI=100, 50%ile, 95% 신뢰구간 93~107)와 처리속도지표(PSI=97, 41%ile, 95% 신뢰구간 88~107)는 '평균' 수준에 해당한다. 반면 지각추론지표(PRI=82, 11%ile, 95% 신뢰구간 76~91)와 작업기억지표(WMI=84, 14%ile, 95% 신뢰구간 78~93)는 VCI 및 PSI보다 유의하게 저조한 '평균 하' 수준에 그친다.

단어의 의미를 이해하고 설명하는 능력, 장기기억으로 습득해 놓은 일반 지식의 범위는 '평균' 수준에 해당한다. 이에 비해 언어적 정보에 대한 개념 형성 능력이나 추론 능력, 사회적 상황을 추론하여 판단하는 능력은 '평균보다 낮은' 수준에 그친다. 비언어적 시각 정보에 대한 지각적 추론 능력도 '평균보다 낮은' 수준에 그친다.

단순한 시각 정보에 대한 정신처리속도나 지속적 주의력은 '평균' 수준에 해당한다. 반면 제시된 언어적-청각적 정보를 심상으로 유지하고 정신적 조작을 해나가야 할 때 필요한 주의집중력, 작업기억력, 지속적 주의력은 일관되게 '평균보다 낮은' 수준에 그친다.

이러한 인지 기능 간 편차와 수검자의 과거 교육 수준 및 직업력을 함께 고려할 때, 조현병의 경과가 관해 상태 없이 장기간 지속되어 오면서 유동추론 능력, 체계적이고 조직적인 사고력, 작업기억력, 사회적 이해력과 판단력 등이 유의하게 저하된 것으로 시사된다. 따라서 수검자가 익숙하지 않고 복잡하여 자발적인 판단이나 응용이 필요한 업무, 인지적 부하가 높은 업무 등을 수행할 때에는 비슷한 연령의 성인들보다 수행이 저조할 수 있다. 다만 구조와 지침이 분명한 작업 환경, 기존에 습득해 놓은 지식의 단순한 인출이나 간단한 행동 위주의 작업 배치 등이 이루어진다면 직업 재활 장면에서 충분히 적응해 나갈 것이다.

(2) 사고 조직화

이 부분에서는 사고 능력, 사고 형식 및 조직화 능력, 사고 내용 등을 기술한다. 사고 능력을 기술할 때에는 단순히 사고 장애가 '있다' '없다' 식으로 이분법적으로 쓰는 것이 아니라 수검자가 가지고 있는 사고 능력의 본질에 대해 다양하게 기술할 필요가 있다. 현재 정신의학적 증상으로 인해 침습적 사고, 망상, 집착 등의 사고 문제를 보인다면 이에 대해 기술해 주어야 하며, 사고의 영역에서 연상의 이완, 사고의 단절, 반복, 비논리적 사고가 있는가에 대해서도 기술해 주어야 한다. 또한 사고장애 증상과 별개로 원래의 사고 양상이 어떠한지를 기술할 필요가 있다. 신경증 환자, 예를 들어 우울증 환자라면 현재 우울 증상으로 인해 나타나는 사고 양상, 즉 사고가 느리고 사고 내용이 빈약한 정도 그리고 강박장애 환자라면 강박 사고의 내용과 집착 및 몰두의 정도 등에 초점을 두어야 한다.

지각 및 사고 측면에 대해 살펴보면, 외부의 자극들이나 자신의 내적 경험에 지나치게 예민한 상태로 주변의 사소한 단서들에 주의의 초점이 맞춰져 전체 상황에 대한 조망이 어렵다. 부정적으로 느껴지는 환경 자극에 대해 불안감, 두려움, 위협감 등 불쾌한 정서가 촉발되면서 심리적으로 압도당하게 되고, 이 경우 주의집중, 목표 지향적인 사고가 어렵고 극도의 혼란스러운 사고를 경험할 것으로 예상된다. 수검자는 특히 자신의 신체적인 경험이나 반응에 지나치게 집착하고 예민하게 지각하며 이에 대해 부정확하고 왜곡된 판단을 보일 수가 있는데, 현재 일상생활에서 빈번히 관찰되는 신체 망상도 이러한 점을 반영한다.

투사 검사에 반영된 사고 내용을 구체적으로 살펴보면 외부 세상을 두렵고 위협적인 곳으로 지각하고 있다. 내면에는 위협적으로 지각되는 대상을 향한 극도의 분노감, 적개심과 함께 자신이 외부 환경에 적절히 대처하지 못하고 피해를 입는다고 여겨 자아 손상감도 심하다. 대인 표상뿐 아니라 자기 표상이 부정적이고 상당히 왜곡된 상태이며 주변에 대한 피해의식이 강하다. 현실 검증력의 손상 수준은 아니지만 망상적 수준의 피해 사고를 보이기도 한다.

(3) 정서 및 성격 영역

이 영역에서는 환자가 현재 경험하고 있는 정서, 정서 인식 능력, 정서 표현의 강도, 정서 조절 능력 등을 포함시켜 기술한다. 성격 부분에서는 평소의 욕구, 관심사, 행동 특성, 대처 방식 등을 기술한다. 현재 보이는 문제가 상황적 요인에 의한 일시적인 증상에 해당되는지 혹은 장기간 지속되고 고질적, 만연된 성격 특성의 영향인지를 구분해서 기술할 필요가 있다.

이 밖에도 대인관계를 포함하여 검사 맥락, 의뢰된 곳과 수검자의 욕구에 따라 유연하게 조직화할 필요가 있다. 수검자가 보이는 증상 또는 정신병리의 상대적인 심각성을 평가할 필요가 있으며 판단의 적절성을 평가하는 것도 중요하다. 이와 관련해서는 다음과 같은 점을 고려해야 한다.

- 수검자가 사용하는 문제해결 방법은 적응적/부적응적/자기방어적인가?
- 수검자가 당면한 문제를 비롯해 자신에 대한 통찰 수준은 어느 정도인가?
- 수검자는 결과를 예측해 효과적으로 계획을 수립할 수 있는가?
- 수검자는 자신의 행동이나 계획이 타인에게 미치는 영향을 고려하여 행동의 적절성을 판단할 수 있는가?
- 스트레스와 관련하여 신체적 반응, 정서, 행동, 사고, 방어기제는 어떠한가?
- 적대감, 분노감 등 부정적 감정을 표현하는 방식은 어떠한가?(과도한 억제, 간접적/우회적 표현, 즉각적/직접적 표출 등)
- 성적인 충동에 대한 강도, 성적 충동의 표현과 관련된 불안 정도, 성적 충동에 대한 방어 양상 등은 어떠한가?
- 수검자의 자율성과 독립성에 대한 욕구 수준은 어느 정도인가?
- 대인관계에 대한 수검자의 욕구 수준, 수검자가 보이는 특유한 행동 패턴, 대인관계에서 수검자의 전형적인 역할, 현재 또는 과거의 중요한 사람들과의 대인관계 양상 등은 어떠한가?
- 수검자의 대인관계 상호작용 방식(경계적, 방어적, 개방적, 과도한 의존성)은 어떠한가?
- 수검자는 특정한 상황에 대해 구체적이고 적절한 대처 능력을 갖추고 있는가? 대처 방식(주장적, 직접적 의사 표현, 수동적, 우회적 표현 등)은 어떠한가?
- 대인관계에 대해 지각하는 범위, 갈등 해결에 대한 전형적인 접근의 범위
- 직업적인 목적과 태도

자기보고 검사에서 모호한 신체 증상, 건강 악화에 대한 걱정, 집착을 유의하게 호소하는 점(척도 1=69T)을 제외하고는 그 외에 다른 임상 척도는 대부분 정상 범위에 속한다. 한편 면담 과정에서는 자신의 진심을 오해하는 동생들을 향해 서운함, 원망감, 억울한 감정을 강하게 호소했던 것과는 달리 자기보고 검사에서는 타인에 대한 불만이나 분노감을 극히 낮은 수준으로 평정하여 평가 방식에 따라 수검자의 반응에 차이가 있다(척도 4=23T). 수검자는 사회적 평가나 인정에 민감한 유형이며, 특히 타인에게 호감이 가고 바람직한 사람으로 비춰지고 싶은 욕구가 강하다. 따라서 현재 상황에서도 내면의 불편하고 부정적인 감정을 부인하고 억압하는 방어적인 태도로 검사에 반응해(L=70T), 자기보고 검사에서는 심리적 문제가 과소평가되었을 가능성이 있다.

이에 비해 임상가 평정에서는 심한 수준의 우울 상태로 평정되었는데(해밀턴 우울 평정 척도: 22점), 식욕 감퇴, 불면, 체중 감소, 피로감, 무기력 및 의욕 저하 등 신체적, 생리적 측면의 우울 징후가 지배적이다. 이에 수반해 초조감, 정서적 과민성, 불안감도 유의한 수준으로 평정되었다(해밀턴 불안 평정 척도: 16점).

투사 검사에서도 자신이 보유하고 있는 심리적 자원을 압도하는 수준의 심한 정서적 불쾌감이 시사되었다[Depression Index=5, (+)]. 반응 내용을 살펴보면, 의존 욕구나 애정 욕구, 친밀감과 관련해 불만족감, 좌절감, 분노감 등이 우회적, 간접적으로 표출되고 있다. 상황을 객관적이고 논리적으로 조망하기보다는 순간적인 느낌, 기분 등에 좌우되는 등 감정적인 판단이 앞서며 쉽게 흥분하는 성향이 시사된다. 평소에는 생기발랄하고 활력 있어 보이지만, 감정적으로 자극받는 상황에서는 감정 조절이나 행동 통제에 어려움을 보일 수 있다.

외향적이고 사교적이며 활달한 성격이다. 애정과 관심에 대한 욕구가 강한 유형으로, 이와 관련된 주위 사람들의 반응이나 평가에 민감하고 의존적이다. 사람들의 주목을 끌고 노력이 인정받는 상황에서는 사기가 진작되어 개인적인 욕구를 자제하며 더욱 의욕적으로 주위의 기대에 부흥한다. 이러한 특성이 자기희생적 행동으로 반영되기도 하지만, 기대한 만큼의 반응을 얻지 못하면 매우 낙담하며 자신의 노고를 인정해 주지 않는 주위 사람을 탓하고 원망할 때가 많다. 또한 자신이 중요한 역할을 맡아 상황을 주도해 나갈 때에 만족스러워하며 타인의 간섭이나 지시를 받는 상황을 잘 견디지 못한다. 주위의 피드백에 따라 정서적, 행동적으로 기복이 심해 안정적인 관계 유지가 어려울 수 있다. 이러한 성격 특성은 대인관계와 관련된 갈등, 욕구 불만족 상황에서 우울 삽화 재발의 취약성을 높이는 요인으로 작용할 수 있다.

수검자가 이전에 보였던 문제 상황에 어떻게 대처했는지를 고려해서 수검자의 문제나 고통이 현재 일시적일 것인지, 아니면 장기간 지속되는 문제인지 예견하는 것도 필요하다. 수검자의 미래에 대한 기대가 좋지 않다면 이에 대해 타당한 근거와 이유도 함께 언급해야 한다. 여기에는 자신의 문제, 정서, 내면 상태를 인식하려는 수검자의 심리적 소양(psychological mindedness), 적응에 유용한 개인 내적 강점(예: 지적 능력, 긍정적 피드백에 대한 반응성 등), 변화에 대한 동기, 사회적 지지 체계 등이 포함된다. 치료 기간 동안 어떤 문제를 보일 가능성이 있다면 그것이 어느 정도의 강도일지 구체적으로 기술해 준다. 자살 가능성, 자기주장적 행동, 아동 학대, 범죄 행동의 예견도 특정한 유형의 보고서에서는 필수적이다. 행동에 대한 예견 시 장기 예측은 오류의 가능성이 높으므로 주의해야 한다.

수검자는 군대에서 억울하게 괴롭힘을 당하는 상황에서 적절한 대응책이나 해결 방안을 찾지 못한 채 극심한 고통감과 불안감을 경험했을 것으로 여겨진다. 이러한 경우 자신의 신체적, 정서적 상태에 대한 각성 수준이 높아지면서 메스꺼움, 호흡 곤란, 심계 항진 등의 신체 반응을 예민하게 감지해 내고 이를 파국적으로 해석하면서 불안 수준이 더욱 상승한다. 이 과정에서 신체 증상들이 악화되어 공황 상태까지 이르는 악순환을 보이고 있다. 공황 발작 재발에 대한 예기 불안이 심하고 신체적인 반응에 과잉 각성되어 있으며, 공황 발작 혹은 불안감이 유발될 만한 상황을 적극적으로 회피하는 경향을 보인다는 점에서 공황 발작의 재발 가능성이 높다.

현재 군입대 이후 집단 생활 적응에 어려움을 보이는 등 이전과 달라진 자신의 모습에 대해 부적절감을 느끼고 있으며, 이렇듯 자신을 힘든 상황에 처하게 한 부대의 사람들뿐만 아니라 권위적이고 강압적으로 지각되는 일반적인 남성들에 대해 분노감, 거부감이 극심하다.

공황 발작이 재발할 것에 대한 두려움 외에도 대인관계에 예민해져 있고 피해의식이 고조되어 있으며 심리적으로 위축감이 심한 상태 역시 사회적 상황에 대한 회피적, 철수적 행동에 영향을 미치고 있다. 이러한 점들에 비추어 볼 때, 현재로서는 엄격한 규율, 통제, 처벌적 분위기가 강한 집단생활 적응에 어려움이 예상된다. 최근 군생활에서 한정적으로 나타난 것이기는 하지만 극도의 불안감, 두려움을 회피하기 위해 자살 시도를 했던 점을 고려했을 때, 유사한 스트레스 상황에 노출될 때 극단적인 회피의 양상으로 충동적인 자살 시도를 보일 가능성이 있으므로 유의해야 한다.

다만 자신에게 적극적인 관심, 보살핌, 도움을 준다고 여겨지는 주변의 일부 대상을 향해서는 강한 신뢰감을 보이며 그들에게 의지하고 관계 맺고자 하는 욕구가 증가해 있는 점, 이전에 대부분의 대인관계를 원만히 잘 유지해 나갔던 점 등에 비추어 봤을 때, 우호적이고 지지적인 환경에서 치료적 개입이 이루어진다면 정서적 안정감을 회복할 수 있을 것으로 여겨진다. 새로운 환경에서 변화된 모습으로 적응해 나가고 싶어 하는 동기와 자신감을 표현하고 있는 점도 치료에 긍정적 자원으로 볼 수 있다.

(4) 진단

진단과 관련해서는 DSM 또는 ICD 체계에 근거한 의학적 진단과 수검자의 증상, 부적응을 초래하는 성격 특성 기술에 초점을 맞춘 임상적 진단을 고려해 볼 수 있다. 하지만 DSM 체계를 적용한 의학적 진단에 대한 논쟁은 현재도 지속되고 있다. 이와 같은 방식의 정신장애 진단이 자기충족적 예언을 초래하고 지나치게 환원주의적인 입장을 취하며, 수검자들로 하여금 자신의 행동에 대한 책임을 피하게 한다는 점, 진단 체계에 사용되는 용어와 개념의 과학적 타당성에 대한 의문, 치료적 계획 수립에 유용하지 않다는 비판 등이 이러한 논쟁의 핵심이다.

평가자는 진단 용어에 대해 명확한 조작적 지식을 갖고 있어야 하며, 수검자의 병 전 적응 수준과 정서적 고통의 빈도와 강도를 포함시켜야 한다. DSM-5 장애에 대한 구조화된 임상적 면담(Structured Clinical Interview for DSM-5 disorders: SCID-5), DSM-5 인격(성격)장애에 대한 구조화된 임상적 면담 전문가 지침서(Structured Clinical Interview for DSM-5 Personality Disorders: SCID-5-PD), 정동장애와 조현병에 대한 면담 스케줄(Affective Disorders and Schizophrenia: SADS) 등은 진단의 신뢰도를 높일 수 있다. 정신장애의 가능한 원인을 포함하는 것이 중요하며, 증상의 원인에 대한 논의를 할 때는 단순하고 일차원적이 아닌 복합적인 요인에 대한 인식이 필요하다. 따라서 '~해서 ~하다'는 식의 단순한 해석은 수검자가 보이는 심리적 문제의 복잡성을 충분히 설명하지 못하므로 지양한다.

이에 더하여 수검자의 부정적인 특징과 균형을 맞추어 강점을 기술하는 것이 유용하다. 임상심리학적 관점에서 쓴 보고서는 대개 수검자의 강점보다는 약점과 결함에만 초점을 맞추는 경우가 많은데, 수검자의 강점과 동맹을 맺고 심리치료를 해 나가는 것처럼 심리평가 보고서에서도 약점뿐만 아니라 강점을 기술하려는 태도가 중요하다. 이와 같이 강점을 강조한 보고서는 비록 수검자가 심리적 문제를 가지고 있지만 한 인간으로서 강점과 가치를 가진 인간이라는 인식, 즉 수검자 중심의 심리평가 보고서라고 할 수 있다. 또한 요즘 들어 수검자가 자신에 대한 심리평가 보고서를 읽는 기회가 많이 늘어나고 있다. 만일 수검자가 자신의 약점과 문제만을 강조한 보고서보다 적절하게 강점을 강조한 보고서를 읽게 된다면 임상심리학자와의 관계 형성에도 도움이 되고, 이후 상담이나 심리치료적 관계에 들어가는 데에도 효과적일 것이다.

5) 요약 및 제언

이 영역에서는 지금까지 기술된 내용에 대한 주된 결론을 다시 언급한다. 지능, 사고, 정서, 성격, 대인관계, 자존감 등 영역별로 핵심적인 내용을 간결하게 요약해 주는데, 이때 앞에 나온 문장을 단순히 반복하고 나열하기보다는 바꾸어 쓰는(rephrase) 것이 좋다. 요약에서도 의뢰된 문제에 대한 심리평가 결과를 한 번 더 강조할 필요가 있고, 요약의 마지막 부분에서는 진단적 제안과 치료적 개입에 대한 방법을 언급해 준다. 제언은 일반적일 때보다 구체적일 때 유용하다. 예컨대, 수검자는 심리치료가 필요하다고 막연하게 기술하기보다는 "수검자는 자기 표현력이 부족하므로 자기주장 훈련이 도움이 될 수 있다."라든지, "불안감에 영향을 미치는 역기능적 사고와 회피 행동의 수정을 위해 인지행동 치료가 도움이 될 것이다."라는 구체적이고 명확한 언급이 좋다. 수검자에 대한 분석이 매우 잘되어 있는 최고의 보고서일지라도 제언이 수검자의 문제를 해결하는 데에 구체적, 실질적 도움을 줄 수 없다면 그 유용성은 크게 저하된다. 다음은 요약 및 제언에 포함되는 일반적인 내용들이다.

- 임상가는 가장 중요한 이슈를 선택하고 불필요한 세부 사항에 보고서를 읽는 사람이 압도되지 않도록 해야 한다.
- 의뢰 사유 각각에 대해 점이나 번호를 달아 간단한 대답을 제공하는 것도 유용하다.
- 제언은 분명하고 실용적이며 보고서의 목적과 직접적으로 관련이 있어야 한다.
- 효과적인 보고서는 의뢰 사유에 반드시 답해야 하고, 가치 있는 결정을 내리는 데 도움을 주어야 한다.
- 제언은 치료 선택, 배치의 결정, 이후의 평가, 수검자 환경의 변화, 자조 자원의 사용과 여러 고려 사항을 포함해야 한다.

3. 심리평가 보고서의 예

사례 1: 정신건강의학과 안정병동에 입원한 여성

사례 1

심한 우울감, 불안감과 자살 충동을 억제하기 어렵다고 호소하여 야간에 종합병원 응급실을 방문하였으며, 응급실 진료 후 정신건강의학과 안정병동에서 입원 치료를 받고 있는 여성. 우울 증상의 정도, 기분 증상에 영향을 미치는 성격 특성, 향후 자살 및 자해 가능성 등을 평가하기 위해 심리평가에 의뢰된 사례다.

J 씨는 고등학교 졸업 학력의 34세인 기혼 여성으로 현재 배우자, 1남 2녀와 함께 살고 있다.

내원일 아침, 두통약, 소화제 수십 알을 먹고 몽롱해진 상태인 J 씨를 남편이 발견하여 본원 응급실로 이송하였으며, 의학 처치 및 검사 후 정신건강의학과 전문의 자문 진료에 의뢰되었다. 자문의는 J 씨에 대해 우울한 기분, 불면, 흥미 소실 등 우울 징후가 심하고 자살 위험성이 높은 상황으로 판단하여 정신건강의학과 안정병동 입원치료를 권하였다. J 씨는 친절하고 훌륭한 의사선생님들이 환자들을 위해 애쓰는 것을 보니 세상은 살 만한 곳이라는 생각이 들어 입원에 동의하였다고 한다.

J 씨는 고등학교 시절부터 특별한 이유 없이 가끔 우울한 기분이 지속되면서 '왜 살아야 되나'라는 막연한 자살 사고를 경험했다고 한다. 대학입시를 앞둔 고등학교 3학년 늦가을, 가족들이 자신에게 너무 무심한 것 같아 갑자기 자신의 처지가 비참하게 느껴졌고 죽어야겠다는 생각에 두통약 20알을 한꺼번에 복용했다고 한다. 하지만 곧바로 자신이 죽으면 가족들이 죄책감을 느낄 것 같다는 생각이 들어 비틀거리며 거실로 나왔고 TV를 보고 있던 가족들이 수검자를 발견하고 모 대학병원 응급실로 이송하여 처치를 받은 적이 있다. 자살 시도 이후 자신 때문에 슬퍼하는 가족들을 보며 이제는 행복하게 살아야겠다는 삶의 의지를 찾았다고 하며, 이후로는 우울감 없이 잘 지내왔다. 고교 졸업 직후 잠시 다니던 직장에서 만난 상사에게 첫눈에 반해 서둘러서 결혼을 했고 첫째 아들을 출산했다. 결혼 후 2년 정도 잘 지냈지만, 놀기만 좋아하고 게으르며 가정에 무관심한 남편에게 실망이 컸고 이혼을 했다. 이후 친정 부모 집에서 자녀와 함께 살았다. 몇 차례 이성교제 끝에 7년 전, 집 리모델링 공사를 맡은 남성과 재혼하였다. J 씨는 현재의 남편이 그간 만났던 남자친구들과는 달리 성실한 점이 마음에 들었다고 하며 결혼 직후 쌍둥이 딸을 출산했다. J 씨는 남편이 사업에 전념할 수 있도록 자신이 집안일을 다 맡아 오며 한동안 잘 지냈다. 하지만, 최근 2~3년 전부터는 남편이 생각보다 무뚝뚝하고 사업에만 신경 쓸 뿐 자신의 처지를 전혀 이해해 주지 않는다는 생각에 서운했고, 이때부터 결혼 생활이 우울하고 불행했으며 만사가 짜증나고 귀찮아졌다. 남편에 대한 불만이 쌓이면 가끔 죽고 싶다는 생각도 들었고, 친구들을 만나 쇼핑을 하거나 술을 마셨고, 집에서는 아이들이 어린이집에 가 있는 시간 혹은 가족들이 잠이 든 한밤중에 간혹 폭식을 하는 것으로 스트레스를 풀었다. 작년 여름, 스포츠센터에서 만난 남자와 가끔 데이트를 하며 위로를 많이 받았고 우울한 기분이 자연히 호전되었다.

내원 3개월 전 불경기로 경제적 문제가 가중되면서 지인의 가게에 다니며 돈을 벌기 시작했는데, 몸도 힘들고 시간이 없어 취미활동과 사교 활동을 모두 그만두어야 하고 남자친구를 만나기도 힘들어지자 공허감, 의욕 상실, 우울감이 심해졌다. 이 시기에 이유 없이 자신에게 안 좋은 일이 생길 것 같아 갑자기 두렵고 초조해지면서 일에 집중하기 어려웠으며, 사소한 실수가 늘고 쉽게 피곤해졌다. 내원 전날, 야간 근무를 마친 후 지친 몸을 이끌고 귀가했는데 아무도 반겨 주지 않고 잠만 자고 있는 가족들을 보니 이렇게 살아서 뭐 하나 하는 생각이 들었고 집에 있는 술을 마시다가 남자친구에게 전화를 걸었다. 오랜만에 남자친구와 통화를 한 후 자신을 그리워하는 사람이 있을 때 죽는 게 낫겠다 싶어 집에 있는 두통약, 소화제 등을 모두 입에 털어넣었다.

⊙ 심리평가 절차(입원 7일째 심리평가 실시)

- Minnesota Multiphasic Personality Inventory-2nd edition(MMPI-2)
- Korean Wechsler Adult Intelligence Scale-4th edition(K-WAIS-IV)
- House-Tree-Person Test(HTP)
- Rorschach Inkblot Test
- Thematic Apperception Test(TAT)
- Sentence Completion Test(SCT)
- Hamilton Depression Rating Scale(HDRS)
- Hamilton Anxiety Rating Scale(HARS)
- Semi-Structured Clinical Interview Structured Clinical Interview for DSM-5 Disorders, Clinician Version(SCID-5-CV)

(1) 검사별 결과 분석

① 자기보고 검사

⊙ MMPI-2

타당도 척도 및 임상 척도																		
VRIN	TRIN	F	F_B	F_P	FBS	L	K	S	Hs	D	Hy	Pd	Mf	Pa	Pt	Sc	Ma	Si
45	57F	50	46	44	75	50	52	42	69	66	72	67	34	66	68	58	51	59

재구성 임상 척도									성격병리 5요인 척도(PSY-5)				
Rcd	RC1	RC2	RC3	RC4	RC6	RC7	RC8	RC9	AGGR	PSYC	DISC	NEGE	INTR
50	69	46	40	65	64	57	52	48	67	33	65	74	56

내용 척도														
ANX	FRS	OBS	DEP	HEA	BIZ	ANG	CYN	ASP	TPA	LSE	SOD	FAM	WRK	TRT
71	59	44	45	76	44	64	42	39	62	44	52	65	56	52
보충 척도														
A	R	Es	Do	Re	Mt	PK	MDS	Ho	O-H	MAC-R	AAS	APS	GM	GF
55	47	38	47	54	64	44	65	65	67	65	59	66	43	66

- 타당도 척도: 입원 환자임을 고려할 때 타당한 프로파일
- 임상 척도
  - 1-2-7 상승 코드: 수검자의 최근 정서 상태를 반영한다. 우울함, 불쾌감, 불만족감, 과민하고 짜증스러운 기분과 함께 불안감, 긴장감, 초조감 등 부정적이고 불안정한 정서를 유의한 수준에서 호소하고 있다. 피로감, 무기력, 동기 및 의욕 저하, 식욕의 변화, 수면 문제와 같은 신체적, 생리적 증상에 대한 호소도 많다.
  - 1-3/3-4-6 상승 코드+척도 5가 낮은 여성: 지속적인 성격 특성을 반영한다. 대인관계 욕구, 의존 욕구가 강한 유형으로, 상대로부터 호감, 지지를 얻기 위해 관계 초기에는 친절하고 상냥하며 자기주장을 삼가고 상대에게 순응적인 태도를 취한다. 애정과 관심을 받을 수 있는 환경에서는 정서적 · 행동적으로 동기 유발이 잘 되어 일이나 대인관계에 적극적이고 의욕적인 태도를 취한다. 그러나 관계를 지속해 나갈수록 상대에게 지나치게 의존하며 요청, 요구가 많아지는 경향이 있다. 자신을 향한 상대의 반응에 매우 예민하며, 부정적 피드백을 받을 경우 필요 이상으로 의기소침해지고 사기가 저하된다. 애정욕구나 의존욕구가 좌절된 상황 혹은 책임과 관련한 부담감이 증가한 상황에서는 자신이 처한 어려움을 주위에 알리고 관심을 구하기 위해 모호한 신체적 불편감이나 건강에 대한 염려 등을 드러낼 가능성이 있다. 충동적, 자극 추구적 성향도 강해 스트레스가 증가한 상태에서는 음주와 같이 신체적, 감각적으로 자극을 받는 행동이 증가할 수 있다(DISC=65T, MAC-R=65T, APS=65T). 상대로부터 거절, 거부, 무시당했다고 여길 경우 평소와 달리 분노 감정을 충동적으로 표출할 수 있다(AGGR=67T, Ho=65T, O-H=67T). 배우자에 대한 서운함과 불만족감을 경험하고 있으며(FAM=65T, MDS=65T), 최근 들어 대인관계 욕구와 관련한 좌절도 지속되는 상황이라 수검자의 성격 특성 중 역기능적 측면이 더욱 강화되었을 수 있다.

② 대면 심리검사

⊙K-WAIS-IV

소검사	원점수	환산점수				
BD	38		7			
SI	22	13				
DS	32			11		
MR	18		10			
VC	40	13				
AR	16			10		
SS	49				13	
VP	8		7			
IN	12	9				
CD	105				13	
LN	12			(7)		
FW	17		(10)			
CO	17	(10)				
환산점수 합		35	24	21	26	106
		VCI	PRI	WMI	PSI	Total

지수	환산점수	지표점수	백분위 (%ile)	신뢰구간 95%	기술적 분류
VCI	35	110	61	97~110	평균 상
PRI	24	88	21	81~97	평균 하
WMI	21	104	60	96~111	평균
PSI	26	118	88	106~125	평균 상
FSIQ	106	105	62	100~110	평균
GAI	59	97	43	92~102	평균
CPI	47	110	74	104~115	평균 상

• 전반적인 지능 수준의 분류 및 해석
  - FSIQ를 구성하는 지수 점수 간 최대 차이(PSI−PRI): 30점(1.5SD에 해당하는 23점 이상)으로 전반적인 지적 능력을 추정하는 값으로 FSIQ는 타당하지 않다.
  - GAI를 구성하는 지수 점수 간 차이(VCI−PRI): 22점으로 통계적으로 유의하고 기저율을 고려했을 때에도 실질적으로 큰 차이라고 볼 수 있다. 그러나 전반적인

지적 능력을 추정하는 값으로 GAI의 타당도를 무효화할 수준(23점 이상)에 해당하지는 않는다. 전반적인 지적 능력의 추정치로 GAI를 채택한다.

- 지표점수의 요인 구조 분석 및 해석
  - –4개 지표점수를 구성하는 각각의 소검사 간 최대 점수 차이가 모두 1.5SD(5점) 미만에 해당한다. 4개 지표 각각을 단일 지표로 해석이 가능하다.
  - –지각추론지표가 언어이해지표 및 작업기억지표보다 통계적으로 유의하게 저조하며, 기저율을 고려했을 때에도 이러한 차이는 약 10% 이하로 드물게 나타나는 경우이다. 또한 지각추론지표는 처리속도지표와의 차이가 1.5SD 이상으로 현저하게 크다. 지각추론지표를 제외한 다른 지표들 간의 점수 차이는 유의하지 않다.

〈지수 수준 및 소검사 수준의 차이 비교〉

지수	점수 1		지수	점수 2		차이	임계치	유의미	기저율
VCI	110	–	PRI	88	=	22	11.0	V	7.0
VCI	110	–	WMI	104	=	6	10.95		34.7
VCI	110	–	PSI	118	=	–8	12.85		30.9
PRI	88	–	WMI	104	=	–16	11.89	V	10.1
PRI	88	–	PSI	118	=	–30	13.66	V	4.8
WMI	104	–	PSI	118	=	–14	13.62		18.4
DS	11	–	AR	10	=	1	2.84		43.9
SS	13	–	CD	13	=	0	3.87		
비교 기준: ■ 전체 표본(p<.05) □ 능력수준									

- 소검사 간 변산
  - –다른 지표점수보다 지각추론지표가 유의하게 저조하다. 따라서 언어이해지표 및 지각추론지표 각각에 대해 소검사 간 차이를 비교한다. 소검사 간에 인지적 강점 및 약점을 나타내는 정도의 편차는 확인되지 않는다.
  - –단, 언어이해지표의 경우 언어이해 및 표현력, 추상적 사고력을 반영하는 공통성, 어휘 소검사 점수는 연령 규준의 '평균보다 높은 수준'에 해당한다. 일반 지식의 습득 정도, 지적인 흥미의 범위를 반영하는 상식 소검사 점수는 연령 규준의 '평균' 수준에 해당한다.
  - –지각추론지표의 경우 시공간 처리 및 조직화 능력을 반영하는 토막짜기, 퍼즐

소검사 점수가 연령 규준의 '평균보다 낮은' 수준에 해당하며, 연령 규준과 비교했을 때에는 약점에 해당한다. 유동추론 능력을 반영하는 행렬추론 및 무게비교 소검사 점수는 연령 규준의 '평균' 수준에 해당한다.

–작업기억지표를 구성하는 소검사 점수 간 차이는 유의하지 않으며, 모두 연령 규준의 '평균' 수준에 해당한다.

–처리속도지표를 구성하는 소검사 점수 간 차이는 유의하지 않으며, 모두 연령 규준의 '평균보다 높은' 수준에 해당한다.

〈강점과 약점 분석〉

	소검사		평균		차이	임계치 .15 또는 .05	약/강	기저율
BD	7	–	8.0	=	−1.0	2.38		
SI	13	–	11.7	=	1.3	2.37		
DS	11							
MR	10	–	8.0	=	2.0	2.16		
VC	13	–	11.7	=	1.3	2.12		
AR	10							
SS	13							
VP	7	–	8.0	=	−1.0	2.20		
IN	9	–	11.7	=	−2.7	1.82	W	10~15
CD	13							

* VCI–PRI 값이 23점 이상으로 매우 커서 두 지표 각각에 대해 핵심소검사 환산점수의 평균값을 기준으로 비교함(언어이해지표 소검사는 35÷3=11.7, 지각추론지표 소검사는 24÷3=8.0)

• 과정점수를 포함한 질적 분석 및 해석

–숫자 소검사의 경우 바로 따라하기 시행점수는 '매우 높은' 수준에 해당하지만, 거꾸로 따라하기 및 순서대로 따라하기 시행 점수는 '평균' 수준에 해당한다. 이는 통계적으로 유의하고 실질적으로도 매우 드문 차이에 해당한다. 최장 숫자 바로 따라하기 점수와 거꾸로 따라하기 및 순서대로 따라하기의 점수 차이도 실질적으로 드문 차이에 해당한다. 기본적인 주의 폭은 매우 우수하지만, 심상화를 통해 정보를 가역적 혹은 재배열하는 복잡한 정신적 조작을 수행하는 동안에는 보유한 주의자원에 비해 작업기억력과 주의집중력을 충분히 발휘하지 못하였다.

〈과정분석〉

• 과정점수

	원점수	환산점수		원점수	환산점수
BDN	38	8	DSB	9	8
DSF	16	16	DSS	9	8

• 과정수준

구분		환산점수			환산점수		차이	임계치 .15 또는 .05	유의미	기저율
토막짜기	BD	7	−	BDN	8	=	−1	3.95		20.5 이상
	DSF	16	−	DSB	8	=	8	3.61	V	.6
숫자	DSF	16	−	DSS	8	=	8	3.77	V	.8
	DSB	8	−	DSS	8	=	0	3.75		13.1 이상

• 과정점수

과정점수	원점수	기저율	과정점수	원점수	기저율
LDSF	9	31.9	LDSS	5	83.3
LDSB	5	79.7	LLNS	4	100

							기저율
LDSF	(9)	−	LDSB	(5)	=	4	10.1
LDSF	(9)	−	LDSS	(5)	=	4	12.3
LDSB	(5)	−	LDSS	(5)	=	0	37.0 이상

⊙ 로샤검사

• 계열 분석: 핵심 변인 중 D<Adj D에 해당하므로 통제(controls)의 소재 및 스트레스 관련 변인을 먼저 검토함. 이를 통해 외향형(EB Per=2.7)이 확인되었으므로 정동, 자기지각, 대인관계, 통제의 소재를 해석한 다음, 처리, 중재 및 관념화 순으로 인지적 요인을 해석해 나간다.

• 정서: FC보다 CF+C 점수가 현저히 높고(0:14), 순수 색채 반응(4개)과 색채-음영 혼합 반응(6개)이 많으며, 후반부 색채 카드에서의 반응 비율이 높은 것(Afr=.70)이 특징이다. 정서적 부하가 조금만 증가해도 내면의 감정과 충동이 쉽게 자극받고

이를 매우 강렬하게 경험하며 즉각적 · 충동적으로 표출하는 유형이다.

- 자기지각 및 대인관계: 자아중심성지표(Ego Centricity Index)는 보통 수준(.35)으로 로샤검사를 통해서는 부정적 자기지각의 문제를 시사하는 징후는 확인되지 않았다. 그러나 친밀하고 의존적인 관계 형성에 대한 욕구가 강한 것으로 시사된다(FT=3). 대인관계에서 시행착오를 보일 때, 개인적인 경험이나 지식 등을 근거로 내세우며 합리화하려는 경향이 시사된다(PER=3).
- 통제 및 스트레스: 자발적이고 능동적인 인지적, 정서적 활동에 가용될 수 있는 심적 자원(EA=22)이 높지만, 상황적 어려움이나 충족되지 않은 내적인 욕구를 처리하기 위해 소모되는 인지적, 정서적 활동(es=27)은 더욱 높아 스트레스 과부하 상태로 시사된다(D=−1). 장기간 지속적으로 욕구 불만족이나 불쾌감(C′=6)을 경험해 왔을 뿐만 아니라 최근 들어 상황적 어려움과 관련한 답답함, 과민함, 초조함 등 부정적 정서를 매우 심하게 경험하고 있으며(Y=11), 막연한 근심, 걱정, 잡념 등 부정적 사고(FM=7, m=3) 등도 증가한 상태임이 시사된다.
- 인지적 변인: Lambda 비율이 매우 낮아(L=.26) 정보의 다양한 속성에 주의를 기울이고 의미 있는 방식으로 통합하기 위해 상당한 인지적 · 정서적 노력을 투입하는 유형이다. 그러나 정보를 정교하게 조직화하고 통합시키기보다는 성급하고 충동적으로 처리하여 정보처리 효율성은 낮을 것으로 보인다(Zd=−3.5). 보편적이고 관습적 수준에서 상황을 지각하고 판단하는 능력은 갖춘 것으로 보이나(Popula Response=8), 충동적이고 감정적인 판단을 앞세워 정확한 지각이 어려울 수 있다(XA%=74%, WDA%=75%, X+%=56%). 자신의 충동적, 감정적인 의사 결정에 대해 확신이 부족할 경우 추상적이고 관념적, 현학적인 표현이 증가하는 주지화(intellectualization) 등의 방어기제가 작동할 가능성이 시사된다(2AB+Art+Ay=7). 그렇다고 해서 망상 수준의 왜곡된 판단이나 사고 과정의 와해 등 심각한 수준의 지각 및 사고의 문제를 보일 가능성은 시사되지 않는다.

〈로샤검사 점수 계열〉

CARD	No.	Loc & DQ	Determinants	FQ	(2)	Contents	P	Special Scores	GHR/ HHR	Z	Z Scores
I	1	W+	$M_a.m_a$	o	2	H, Cg	P		GHR	ZA	4.0
	2	Do	$C'F.YF.FM_a$	o	2	A					
	3	Do	F	o		Sc					
II	4	Do	F	o		Sx		PER			
	5	W+	M_a	o	2	(H), Cg		COP	GHR	ZW	4.5
	6	Dso	F	o		Sc					
	7	Do	$FM_a.CF$	o	2	A,Bl		AG	PHR		
III	8	Do	YF	o		Xy	P				
	9	D+	$CF.M_p$	o	2	H, (H), Cg	P	AG	GHR	ZD	4
IV	10	W+	$FT.FY.M_a$	o		H, (H), Cg	P		GHR	ZA	4
V	11	Wo	FC′	o		A			GHR	ZW	1
	12	Wo	FC′	o		A				ZW	1
	13	W+	YF.VF	–		Ls				ZA	2.5
VI	14	Ddo	F	u		Ad	P				
	15	Do	FT	o		Ad					
	16	Ddo	F	–		An		PER			
	17	W+	FC′	u		Sc, A				ZW	2.5
VII	18	D+	M_p	o	2	Hd, Art	P		GHR	ZD	3
	19	D+	$FM_a.M_p.FC'.YF$	u	2	A, Hd			PHR	ZD	3
	20	D+	$C'F.YF.TF.m_a$	–		Ls		PER		ZA	1
VIII	21	Do	F	o	2	A	P				
	22	D+	CF.YF	o		Bt				ZA	3
	23	Dv	C	no		Fi					
IX	24	Do	CF.YF	u		Bt					
	25	Dv/+	$C.Y.m_a$	no		Art				ZA	2.5
	26	Dv	C.Y	no		Art					
	27	Wv	C.Y	no		Hx		AB	PHR		
X	28	Wv	CF	u		Hx		AB	GHR		
	29	Do	CF	o	2	A	P	INC1			
	30	Dv	CF	u	2	Bt					
	31	Do	CF	o	2	H, Cg, Bt			GHR		
	32	D+	$FM_a.CF$	o	2	A, Ls				ZA	4
	33	Do	F	–		Sx					
	34	Wo	YF.CF	–		Xy		PER		ZW	5.5

〈구조적 요약 하단부〉

		R=34		L=.26			
EB	=	6:16		EA=	22	EBper=	2.7
eb	=	7:20		es=	27	D=	−1
				Adj es=	15	Adj D=	2
FM	=	4		SumC′=	6	SumT=	3
m	=	3		SumV=	0	SumY=	11

D<Adj D:CONTROLS → STRESS THEN, EB EXTRA:

AFFECT → SELF → RELATIONS → CONTROLS → PROCESSING → MEDIATION → IDEATION

Processing			Mediation		Ideation		
Zf	=	15	XA%=	.74	a/p	=	10:3
W:D:Dd	=	10:22:2	WDA%=	.75	M_a/M_p	=	3:3
W:M	=	10:6	X−%=	.15	2AB+Art+Ay	=	7
Zd	=	−3.5	S−=	0	Sum6	=	2
PSV	=	0	P=	8	Lvl2	=	0
DQ+	=	11	X+%=	.56	Wsum6	=	2
DQv	=	5	Xu%=	.18	M−	=	0
					Mnone	=	0

Affect			Relations			Self		
FC:CF+C	=	0:14	COP	=	1	3r+(2)/R	=	.35
Pure C	=	4	AG	=	2	Fr+rF	=	0
SumC′:WSumC	=	6:16	GHR:PHR	=	8:3	SumV	=	0
Afr	=	.70	a:p	=	10:3	FD	=	0
S	=	1	Food	=	0	An+Xy	=	3
Blends/R	=	14:34	SumT	=	3	MOR	=	0
CP	=	0	H Cont.	=	9	H:(H)+Hd+(Hd)	=	4:5
			Pure H	=	4			
			PER	=	3			
			Isol° Indx	=	.21			

PTI=0 DEPI=4(−) CDI=1(−) S−CON=4(−) HVI=No OBS=No

⊙TAT & SCT

〈배우자 및 현재 가족관계에 대한 지각〉

배우자와의 관계에서 애정과 보살핌에 대한 욕구가 충족되지 않아 불만족감이 지배적인 것으로 나타난다.

- SCT
  - 대부분의 남자는: 족쇄. 여자를 가둘 줄만 알지 자신은 갇힐 줄 모른다.
  - 결혼은: 구중궁궐을 꿈꿨건만 창살 없는 감옥에서 무수리 신세로 전락했다.
  - 내가 바라는 남성상은: 외모, 학벌, 재력, 성격이 충족되는 팔방미인. 다음 생에는 만날 수 있을까?
- TAT
  - #4: "처음에는 이 두 사람이 열렬히 사랑하는 사이였어요. 여자는 아직도 남자에게 푹 빠져 온정을 다하고 있죠. 하지만 남자는 여자를 별로 안 좋아해요. 마음이 떠난 거예요. 여자가 남자 마음을 붙들려고 애를 쓰고 헌신을 다하지만 이 남자는 이별을 통보하겠죠."

〈원가족에 대한 지각〉

아버지상에 대해서는 지나칠 정도로 우호적, 긍정적으로 지각하지만 안정적이지는 못하다. 반면 어머니상과 관련해서는 과도하게 헌신적인 역할을 기대하며 자신의 어머니가 그에 부합하지 않는다고 여겨 비난하고 평가절하하는 부정적 지각이 지배적이다.

- SCT
  - 우리 아빠는: 나의 영웅. 너무 사랑하고 그립지만 날 두고 떠난 미운 사람이다.
  - 아빠와 나는: 고맙고 멋있고, 친구같이 다정한 새아빠가 있어 다행이다.
  - 우리 엄마는: 나밖에 없다고 하지만 항상 말뿐이고, 돈으로 때우는 양반이다.
  - 아이를 키운다는 것은: 자고로 애미란 자식을 위해 간, 쓸개, 영혼까지 내줘야 하는 사람이다. 난 그렇게 생각하고 그렇게 살고 있다. 우리 엄마만 안 그렇지.
- TAT
  - #6GF: "부부나 애인 관계? 나이 차이가 많이 나잖아요? 남자가 여자를 놀라게 하려고 뒤에서 몰래 쓱 나타나고 여자는 화들짝 놀라고. 남자가 이 여자를 너무 사랑하고 좋아서 어쩔 줄 몰라요. 그러면서도 의처증이 있을지도 몰라요, 너무 좋아하니까. 그런데 여자가 젊고 예뻐서 남자 때문에 둘 관계가 오래가지 못할 것 같아요."
  - #7GF: "엄마랑 딸이죠. 엄마는 애한테 잘해 준다고 생각하는 모양인데 알고 보면 다 잔소리예요. 딸은 짜증나서 죽을 지경인데, 엄마는 계속 일장연설을 하고 있어요. 결국 딸은 참지 못하고 방에 들어가서 문을 걸어 잠그고 잠이 들었는데,

엄마는 딸이 죽었는 줄 알고 깜짝 놀라서 대성통곡을 할 거예요."

〈기타 대인관계〉

피상적으로는 관계를 맺고 어울리지만 타인의 진심, 신의를 불신하며 부정적 예상을 많이 한다.

- SCT
  - 나에게 좋은 친구는: 있다가도 없다. 만나서 놀 때는 다들 좋지만 영원히 나를 돌봐 줄 사람이 없다는 말이다.
  - 대부분의 여자는: 야누스. 어울릴 때는 죽고 못 살지만 돌아서면 질투의 화신이다.
  - 세상은: 나를 다 품어 줄 것 같다가도 조금만 방심하면 믿는 도끼에 발등 찍히는 곳이다. 내가 살아온 세상은 그렇더라.

〈자기지각/대처 방식 등〉

자기지각이 양가적인 것으로 나타나고 있다. 유능하고 인정받는 사람이 되고 싶은 기대에 반해 이를 스스로 성취할 것에 대한 자신감이 부족하며, 주위의 보살핌과 도움에 지나치게 의존하고, 이러한 기대에 부합하지 않는 환경과 주위 사람들을 탓하고 원망하고 있음이 시사된다.

- SCT
  - 나는: 능력이 무궁무진한 사람이건만 내 진가를 알아보고 날개를 달아 줄 인간들이 없다.
  - 나의 미래는: 전도양양하기를 바라지만, 기댈 곳이 없으니 절망적일 수밖에…….
  - 원하던 일이 잘 풀리지 않으면: 친구들과 함께 쇼핑하며 지르고 나서 음주가무를 땡기는 것이 최고다.

⊙HTP

내가 살고 싶은 집/오두막집/나 혼자 살고 있어요./아주 조용하고 아무한테도 방해받지 않는 평온한 곳/그냥 오래오래 잘 있을 것 같아요.

설명 작은 크기와 굴뚝의 연기 등에서 가정, 가족 관계에 대해 불안정감, 위축감이 시사된다. 집 크기에 비해 창문, 커튼 등이 강조된 점은 이면의 애증, 관심에 대한 욕구를 반영한다.

사과나무/100년도 넘은 아주 오래된 나무/아주 튼튼해요./살랑살랑 바람이 불고 따뜻한 햇살 가득한 언덕 위에 혼자 덩그러니 있어요./천년만년 잘 살아요.

설명 크기가 큰 걸로 보아 기본적으로 포부가 크고 심신에너지 수준이 높음을 시사한다. 사과나무를 통해 애정, 관심을 받고자 하는 의존 욕구가 강하지만, 나이에 비해 어리고 미숙하게 표현할 가능성이 시사된다.

30대 여자/생각나는 사람은 없어요./웃는 얼굴로 사람들을 기다리지만 속으로는 울어요./못생긴 외톨이구나. 혼자 남았구나./성형 수술을 해서 얼굴 작아지고 예뻐져서 사람들이 너도 나도 만나자고 해 줬으면…….

30대 남자?/생각나는 사람 없어요./배우 아니면 하여튼 뭔가 멋진 일 하는 사람/기분이 들떠서 어디를 가고 있어요./특별히 바랄 게 없을 것 같아요. 잘생겨서 이대로만 살아도 백점 인생이다 할 것 같아요.

설명 성인을 그렸지만, 어린아이같이 표현한 것은 심리적인 미숙함, 유아적 성향을 시사한다. 손을 표현하는 방식은 수동-회피적 태도, 문제해결 능력의 부족을 반영한다. 사후 질문 단계에서는 애정 욕구에 대한 좌절감이 드러난다. 대인 지각에 있어 외모 등 신체적 매력을 중요하게 여기고 있다. 이에 반해 자신의 신체적, 여성적이 매력 부족하다고 지각하며 불만족스러워한다.

③ 임상 면담 및 임상가 평정

⊙ SCID-5-CV

- 첫 번째 우울 삽화는 15년 전(고등학교 3학년), 두 번째 주요 우울 삽화는 20대 초반(이혼 직후)에 있었던 것으로 시사되며, 두 번의 우울 삽화 모두 특별한 치료적 개입 없이 1~2개월 정도 지속되었다가 자연 관해된 것으로 보인다.
- 약 2~3개월 전부터 간헐적 우울 징후가 나타났고, 1개월 전부터 우울 징후[슬프고 우울한 기분, 일상적 활동에 대한 흥미 감소, 불면(기면 단계), 식욕 감퇴 및 체중 감소, 정신 운동 초조(agitation), 피로감 및 심신 에너지 저하, 주의집중의 어려움, 반복되는 자살 사고]가 거의 매일 지속되어 왔다. 우울한 상태에서 불안 징후(초조함, 안 좋은 일이 발생할 것에 대한 걱정, 걱정으로 인한 주의집중의 어려움 등)가 동반된다. 이러한 우울 징후의 영향으로 직업 및 대인관계에 지장이 초래되고 있으며, 특히 자살 시도와

같이 신체적 안전에 위험이 초래되는 행동을 보인 점에서 입원 당시 심리-사회적 기능이 현저히 저하된 것으로 평가된다.

- 평소의 음주 빈도나 음주량, 음주에 수반하는 문제 등이 지속적이지 않다는 점에서 알코올사용장애(Alcohol Use Disorder)는 배제하였다. 단, 스트레스가 증가한 상태에서 과음 및 과음 후 충동적인 행동이 증가하는 양상을 간헐적으로 보여, 음주 문제에 대한 주의 및 경과 관찰이 필요하다.
- 우울한 기분 상태에서 환각, 망상 등을 경험한 적은 없다고 하며, 우울 삽화 유발에 영향을 미칠 가능성이 있는 신체적, 의학적 문제 역시 배제할 수 있다. 과거부터 현재까지 조증/경조증 삽화는 보고되지 않는다. 우울 삽화 이외의 시기 동안 지속되는 불안 징후 등도 보고되지 않는다. 따라서 다른 정신장애의 공병 가능성은 시사되지 않는다.

⊙HDRS/HARS

- 입원 직후 담당의가 실시하였을 때, HDRS는 총점 38점, 매우 심한(severe) 수준, HARS는 총점 30점, 유의한 수준에 해당하였다. 입원 일주일 경과 후 종합심리평가가 진행되는 동안 임상심리전문가가 실시하였을 때, HDRS는 총점 14점, 중등도(moderate) 수준, HARS는 12점, 준임상(subclinical) 수준으로 감소하였다. 안정된 입원 환경에서 적극적인 치료적 개입과 의료진 및 가족의 관심이 증가된 상황에서 우울 징후와 불안 징후가 경감된 것으로 보이나, 우울 징후는 여전히 중등도 수준에서 지속되고 있다.
- 불안 징후를 동반한 중등도 수준의 주요우울장애(Major Depressive Disorder, moderate, with anxious distress)

⊙기타 임상 면담

과거력에 대해 수검자와 보호자(배우자, 어머니)를 대상으로 정보를 수집하였으며, 상기 우울 증상 외에도 일상생활이나 대인관계 적응에 지장을 초래하는 성격 특성이 시사된다. 기본적으로 애정 욕구 및 의존 욕구가 지나치게 강하며, 주위 사람들의 반응에 민감하고, 타인의 반응이나 상황적 요인에 의해 감정에 기복이 크고, 일이나 상대를 대하는 행동 방식도 매우 다르다고 한다. 이에 보호자들은 수검자에 대해 변덕이 심하고 반응을 예측하기 어렵다고 평한다. 욕구 좌절 상황에서 위험을 초래할 만한 충동적인 행동 문제(폭음, 폭식, 자살 시도), 안정적인 대인관계 유지의 어려움 등이 반복되어 왔다.

→달리 분류되지 않는 성격장애: 연극성 성격과 경계선 성격이 혼재된 양상(Other Specified Personality Disorder: Histrinoic mixed with Borderline Personality features)

(2) 영역별로 조직화하여 작성한 심리평가 보고서

심리평가 보고서 Psychological Assessment Report 기관명 소속부서	등록번호: ××××××××× 성　명: JJJ 성　별: 여 연　령: 만 34세 교육정도: 고등학교 졸업(12년) 평 가 일: ○○○○년 ○월 ○일

실시한 검사: 성인 종합심리평가
- Minnesota Multiphasic Personality Inventory-2nd edition(MMPI-2)
- Korean Wechsler Adult Intelligence Scale-4th edition(K-WAIS-IV)
- House-Tree-Person Test(HTP)
- Rorschach Inkblot Test
- Thematic Apperception Test(TAT)
- Sentence Completion Test(SCT)
- Hamilton Depression Rating Scale(HDRS)
- Hamilton Anxiety Rating Scale(HARS)
- Semi-Structured Clinical Interview Structured Clinical Interview for DSM-5 disorders, Clinician Version(SCID-5-CV)

① 배경 정보 및 의뢰 사유

고등학교 졸업 학력의 만 34세인 기혼 여성이다. 내원 전날에 음주 후 자살을 목적으로 두통약을 과다 복용한 후 내원 당일 배우자에게 발견되어 본원 응급실로 이송되었고, 응급의학과 진료 후 정신건강의학과 자문에 의뢰되어 진료를 받았다. 주요우울장애가 의심되며 자살 위험성이 있어 자문의가 입원 치료를 권유하였으며, 수검자도 이에 동의하여 본원 정신건강의학과 안정병동에 입원하였다. 현재 기분장애 양상, 우울증상의 심각도, 기분 증상에 영향을 미치는 성격 특성 및 자살 혹은 자해 위험성 여부 등을 평가하기 위해 성인 종합심리평가가 의뢰되었다.

② 검사 태도 및 행동 관찰

약간 큰 키에 보통 체격인 30대 중반의 여성이다. 자기보고 심리검사는 입원 3일째에 작성하였고, 입원 7일째에 대면 심리평가와 임상 면담이 실시되었다. 손톱에 진분홍색 매니큐어를 칠했고, 눈화장을 진하게 하였으며, 향수 냄새가 강하게 풍겼다. 기운이 없는 듯 느린 걸음으로 입실하였으며 평가자에게 간단한 눈인사를 했다. 평가자가 심리평가의 이유와 목적을 설명해 주자 작은 목소리로 힘들어서 한 번에 다 끝낼 수 있을지 모르겠다며 우려했다. 그러나 검사가 시작되자 한쪽 다리를 오므려 의자 위로 올리고 의자를 책상 가까이 당겨 앉았다. K-WAIS-IV의 '동형찾기'와 '기호쓰기' 소검사를 수행하는 동안에는 밝은 표정으로 수행한 반면, '숫자' 소검사의 중반 이후에는 잠시 인상을 쓰고 비스듬히 책상에 엎드리며 힘이 들어 휴식을 취하고 싶다는 언급을 하였다. 평가자가 격려하면 자세를 고쳐 앉고 다시 협조적으로 임하였으며, 이러한 수행 패턴은 '순서화' 소검사를 수행할 때에도 관찰되었다. 면담 시에는 입원하기까지의 과정을 상세히 설명하며 눈물을 흘렸다.

③ 심리평가 결과

⊙ 인지 기능 및 사고 특성

K-WAIS-IV 결과, 전체 지능지수(FSIQ)는 연령 규준의 '평균' 범위에 해당하나 이를 구성하는 지표점수 간 차이가 매우 커서(최대 30점), 이에 근거해 수검자의 전반적인 지적 능력을 추정하는 데에 제한이 따른다. 다만 일반능력지표(GAI)를 적용하였을 때에도 연령 규준의 '평균' 범위에 속하며(GAI=97, 95% 신뢰구간 92~102), 이는 비슷한 연령의 성인들과 비교했을 때 백분위 43%ile로 100명 중 하위 43번째에 해당한다.

작업기억지표(WMI=104, 60%ile)는 연령 규준의 '평균' 범위, 언어이해지표(VCI=110, 61%ile) 및 처리속도지표(PSI=118, 88%ile)는 '평균 상' 범위에 해당한다. 반면 지각추론지표(PRI=88, 21%ile)는 연령 규준의 '평균 하' 범위에 해당하며, 다른 지표들보다 통계적으로 유의하게 저조할 뿐만 아니라 이러한 차이는 100명 중 약 4~10명 정도에게서만 나타날 정도로 매우 드문 경우에 해당한다.

교육이나 경험을 통해 습득해 놓은 일반 지식 및 사회적 지식의 범위가 연령 규준의 '평균' 수준에 해당하며, 언어적 개념형성 능력, 추상적 사고력은 연령 규준의 '평균보다 높은' 수준에서 발휘되고 있다. 자신의 생각을 추상적, 개념적 수준에서 유창하게 표현할 것으로 보인다. 한편 비언어적, 시각적 정보에 대한 유동추론 능력도 연령 규준의 '평균' 수준을 유지하고 있다. 다만 시공간 능력이나 지각적조직화 능력이 많이 요구되는 시지각추론 과제의 수행은 연령 규준의 '평균보다 낮은' 수준에 그친다. 이러한 점이 수검자의 인지적 약점에 해당하지는 않지만, 복잡한 문제를 해결할 때 체계적이고 계획적으로 접근하여 대처하는 능력이 상대적으로 저조할 수 있다.

시각-운동 협응 능력이 관여하는 시각 과제를 수행하는 동안 정신처리속도, 지속적 주의력 등을 연령 규준의 '평균보다 높은' 수준에서 발휘하였다. 언어적-청각적 정보처리 시의 주의 폭, 지속적 주의력도 연령 규준의 '평균' 수준에 해당한다. 다만 복잡한 내적 사고 활동을 수행하는 동안에는 보유하고 있는 주의 자원에 비해 작업기억력, 주의집중력이 유의하게 저하되는 양상이다. 현재와 같이 우울하고 불안정한 정서 상태에서 주의집중력을 안정적으로 발휘하지 못할 수는 있겠으나, 이러한 점이 일상적 활동 수행에 지장을 초래할 정도에 해당하지는 않을 것으로 보인다.

지수	환산점수	지표점수	백분위(%ile)	95% 신뢰구간	기술적 분류
VCI	35	110	61	97~110	평균 상
PRI	24	88	21	81~97	평균 하
WMI	21	104	60	96~111	평균
PSI	26	118	88	106~125	평균 상
FSIQ	106	105	62	100~110	평균
GAI	59	97	43	92~102	평균
CPI	47	110	74	104~115	평균 상

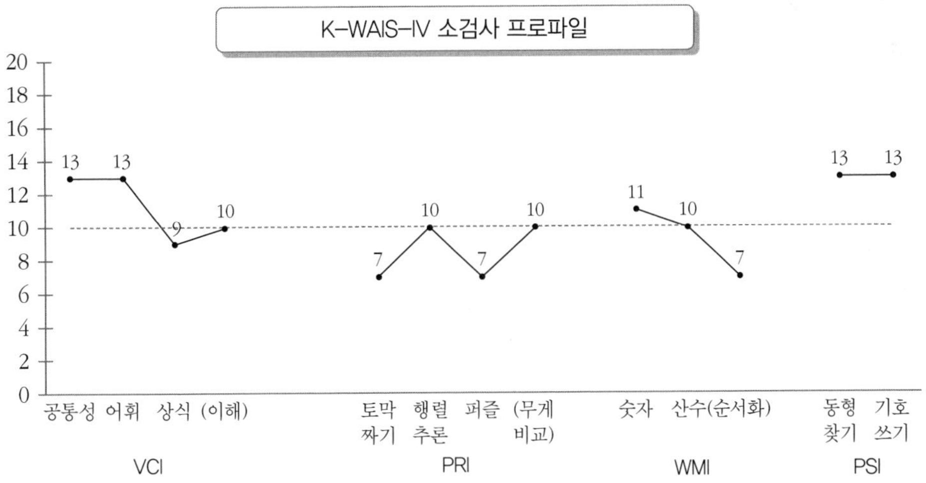

지능검사 및 투사 검사 결과, 현실 검증력이 손상된 심한 수준의 인지적 왜곡이나 망상적 사고, 판단력 문제, 연상의 이완, 논리적 사고 과정의 와해와 같이 정신증적 상태에서 흔히 나타나는 사고 내용 혹은 사고 형식의 장애는 시사되지 않는다. 일상적으로

발생하는 일들을 판단할 때 참조할 일반적인 사회 현상, 사회 관습, 도덕 규범, 행동 규칙 등에 대한 지식을 적정 수준 갖추고 있으며, 대부분의 상황에서 보편적 · 관습적인 방식으로 판단하고 사고할 수 있다. 다만 주변 환경 단서들에 인지적, 정서적으로 쉽게 자극을 받아 내적 사고 활동이 활발히 전개되고 있다. 이때, 자극을 구성하는 여러 속성에 상당한 주의를 기울이고 정보처리를 위해 상당한 인지적 노력을 투입하고는 있으나, 여러 구성 요소를 체계적이고 정교하게 조직화하고 통합해서 처리하기보다는 충동적이고 성급하게 처리하여 인지적 효율성이 저하되는 양상이다. 또한 정서적 부하가 조금만 높아져도 순간적으로 모호하고 강렬한 느낌, 인상, 감정, 충동 등을 경험하며, 이에 영향을 많이 받아 주관적, 자의적, 감정적인 판단을 내릴 때가 많다. 특히 타인으로부터의 비난, 거절, 대립, 갈등을 암시하는 환경 자극에 매우 민감하게 반응하며 정서적으로 쉽게 자극을 받는다. 이러한 경우에는 일시적으로 피해 사고나 비관적, 파국적 사고 내용에 몰두하여, 타인의 행동이나 의도를 오해하고 부정적 감정에 치우친 판단을 내릴 수가 있다. 또한 부정적 정서가 자극받는 경우에는 합리적이고 이성적, 목표 지향적으로 사고하기보다는 평소와 달리 매우 충동적인 방식으로 의사 결정을 내리고 이를 즉각적으로 표출하여 시행착오가 증가할 수 있다.

⊙정서 및 성격

구조화된 진단 면담 평가 결과, 현재 슬프고 우울한 기분, 직업이나 가사일 등 중요한 일상적 활동에 대한 흥미 감소, 기면 단계에서의 불면, 식욕 감퇴 및 체중 감소, 정신운동 초조(agitation), 피로감과 무력감 등의 심신 에너지 저하, 주의집중의 어려움, 반복되는 자살 사고 및 자살 시도 등 주요 우울 삽화에 해당하는 징후가 유의한 수준인 것으로 시사된다. 상기 기분 증상은 입원 2~3개월 전부터 시작되었으며, 당시에는 반나절에서 이틀 정도 나타나다 완화되는 양상이었고, 입원 1개월 전부터는 거의 매일 지속되었다. 상기 기분 증상으로 인해 직장에서 결근이나 조퇴가 늘었고, 늘 해 오던 가사일이 힘들어 친정 부모님의 도움을 받고 있다. 15년 전인 고등학교 3학년 때 첫 번째 주요 우울 삽화, 20대 초반 이혼 직후 두 번째 주요 우울 삽화가 있었던 것으로 시사된다. 이 두 번의 우울 삽화 모두 전문적인 치료적 개입 없이 1~2개월 정도 삽화가 지속되다가 자연 관해된 점, 주관적 불편감은 컸지만 직업적, 사회적 기능에 심한 지장을 초래하지 않은 점에서 가벼운 정도로 평가되었다. 이번 우울 삽화의 경우 입원 전날에는 음주 상태에서 충동적이기는 하나 자살 시도가 있었고 입원을 요하는 점, 주관적 고통감의 수준이 심하고 직업적, 사회적 기능 저하도 심한 점, 환각이나 망상 등 정신증적 양상은 나타나지 않은 점 등을 고려했을 때, '정신증적 양상을 동반하지 않은 심한 수준의 주요우울장애(Major Depressive Disorder, severe without psychotic features, with anxious distress)'였을 것으로 시사된다.

입원 3일째에 실시한 자기보고 검사 결과, 우울함, 불쾌감, 불만족감, 과민하고 짜증스러운 기분과 함께 불안감, 긴장감, 초조감 등 부정적이고 불안정한 정서를 유의한 수준에서 호소하였다. 피로감, 무기력, 동기 및 의욕 저하, 식욕의 변화, 수면 문제와 같은 신체적, 생리적 증상에 대한 호소도 많다. 입원 일주일 후 실시한 임상가 평정에서도 이와 비슷한 양상의 광범위한 우울 징후를 중등도 수준에서 경험하는 것으로 시사되었는데, 입원 직후 담당의가 실시했을 때 심한 수준으로 평정되었던 것과 비교해서는 우울 징후가 다소 경감된 것으로 보인다. 이는 안정된 입원 환경하에서 집중적인 치료적 개입이 이루어지면서 우울 증상이 점진적으로 호전되고 있음을 나타내며, 현재는 '불안 징후를 동반한 중등도 수준의 주요우울장애(Major Depressive Disorder, moderate, with anxious distress)'가 시사된다. 심층적 투사 검사를 통해 장기간 불쾌감, 불만족감과 같은 부정적 정서를 지속적으로 경험했을 가능성이 시사되며, 근래에는 상황적 스트레스에 수반하여 답답함, 과민하고 짜증스러운 기분, 초조감, 불안감 등을 이전보다 심한 수준에서 경험했던 것으로 보인다. 대인관계에 대한 불만족감, 욕구 좌절감 등이 이러한 우울 및 불안 징후에 영향을 미친 주된 스트레스 요인으로 보인다.

특히 배우자를 비롯해 주요 친밀한 대상과의 관계에서 경험하는 부정적 지각, 피해사고, 불안정한 자기 표상 등이 당면한 우울감, 정서적 불안정성에 상당한 영향을 미치는 것으로 여겨진다. 여러 심리검사에서의 반응들을 살펴보았을 때, 애정과 관심을 얻고자 하는 의존 욕구가 매우 강한 유형임이 일관되게 시사된다. 이와 관련해 유능하고 매력적이며 상대에게 호감을 주는 이상적인 자기상을 소망하지만, 실제 지각되는 자기상은 충분한 지지와 수용을 받지 못하고 나약한 부정적 모습으로 괴리가 크다. 겉으로 비춰지는 모습에 비해 내적으로는 자신에 대한 실망감, 좌절감, 무능감이 심하며 주위 사람들로부터 관심과 도움을 갈망한다. 이렇듯 긍정적 · 우호적 관계를 맺기 위해 관계의 초기에는 순응적이고 상대방에게 헌신하지만, 대인관계에 대한 기본적인 신뢰감이 부족해 상대방의 진의, 애정의 강도 등을 끊임없이 의심하고 시험한다. 또한 어느 정도 관계가 형성되면 상대에게 지나치게 의존하며 나아가 자신의 애정 욕구 충족을 위해 주위 사람들을 조종, 통제하려 시도하고 요구적, 자기본위적으로 행동을 한다. 때로는 과도한 신체 증상의 호소, 어리고 미숙한 행동을 통해 상대방의 관심을 끌고자 한다. 하지만 이러한 대인관계 행동이 오히려 상대방으로 하여금 부담감을 느끼게 해서 관계가 소원해진다. 이때 상대방이 자신의 희생과 양보를 알아주지 않고 부당하게 거절, 거부한다고 여겨 서운함, 원망감, 분노감, 적대감을 경험한다.

정서 인식 및 조절 능력의 취약성도 우울 증상의 재발이나 대인관계 부적응에 영향을 미치고 있다. 수검자는 주변 환경에 의해 정서적으로 쉽게 자극받지만, 이때의 정서 경험을 객관적이고 명확하게 인지하지 못하고 모호하면서도 매우 강렬한 충동 양상으로 경험하다 보니 상황적 여건과 자신의 감정 상태를 고려해 적절한 수준에서 조절하여 표현하기가 어렵다. 관계의 초기에는 주위 사람들의 시선이나 평판을 의식하다 보니 이와 같은 부정적 감정이나 충동을 직접적으로 드러내기가 어렵다. 모호한 신체 증상, 신체 기능 저하에 대한 호소는 자신이 겪는 정서적 어려움을 우회적으로 표출하는 수단이 되기도 한다. 하지만 이러한 수동-회피적 대처 방식으로는 빈번히 경험하는 정서적 불안정성을 충분히 해소하기가 어렵고 오히려 심적 스트레스가 누적된다. 누적된 스트레스가 역치 수준을 넘어서면 간헐적이지만 충동적이고 미숙한 방식의 행동 문제를 보인 후, 자신이 처한 어려움에 대해 우호적이지 않은 상황적 여건 혹은 주위 사람들의 태도를 탓하며 자신의 부적응행동을 정당화하고 합리화한다.

입원 직전에 보였던 명확한 자살 사고, 구체적인 계획이나 추가 자살 시도 등은 나타나고 있지 않다. 하지만 막연한 죽음 관련 사고 혹은 미래에 대한 부정적 조망이 지속되고 있는 점, 정서적으로 자극받는 상황에서는 복잡하고 혼란스러운 생각이 증가하며 감정적이고 충동적인 판단과 행동이 앞서는 점 등에 비추어 볼 때, 기분 증상이 악화되거나 급격한 스트레스 상황에서는 우발적 자살 시도나 자기파괴적 행동을 보일 수 있

MMPI-2 프로파일

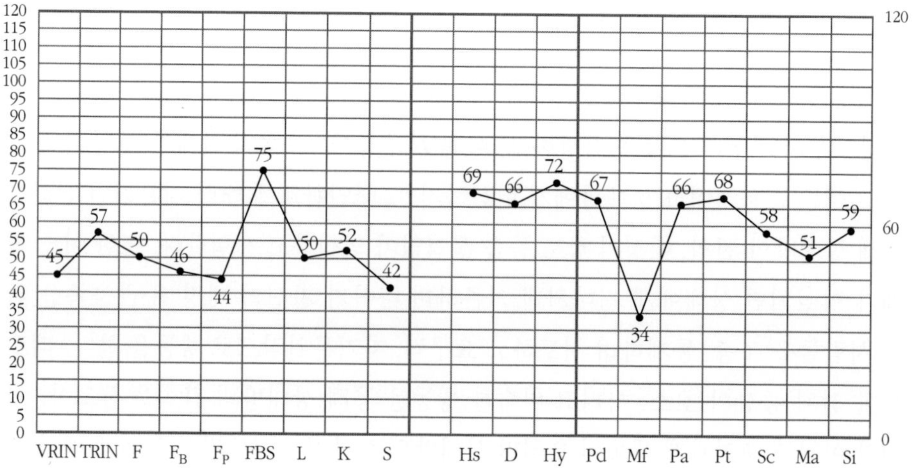

타당도 척도 및 임상 척도																		
VRIN	TRIN	F	F_B	F_P	FBS	L	K	S	Hs	D	Hy	Pd	Mf	Pa	Pt	Sc	Ma	Si
45	57F	50	46	44	75	50	52	42	69	66	72	67	34	66	68	58	51	59

재구성 임상 척도									성격병리 5요인 척도(PSY-5)				
Rcd	RC1	RC2	RC3	RC4	RC6	RC7	RC8	RC9	AGGR	PSYC	DISC	NEGE	INTR
50	69	46	40	65	64	57	52	48	67	33	65	74	56

내용 척도														
ANX	FRS	OBS	DEP	HEA	BIZ	ANG	CYN	ASP	TPA	LSE	SOD	FAM	WRK	TRT
71	59	44	45	76	44	64	42	39	62	44	52	65	56	52

보충 척도														
A	R	Es	Do	Re	Mt	PK	MDS	Ho	O-H	MAC-R	AAS	APS	GM	GF
55	47	38	47	54	64	44	65	65	67	65	59	66	43	66

Scale	Score	Level
Hamilton Depression Rating Scale(HDRS)	14	moderate
Hamilton Anxiety Rating Scale(HARS)	12	subclinical

다. 이러한 정서적 고통을 회피할 목적 외에도 주위의 도움과 관심을 끌기 위한 수단으로 충동적이고 우발적인 자해 행동 혹은 자살 시도 등을 보일 수 있으므로 주의가 필요하다. 음주문제가 지속되는 것은 아니지만, 스트레스가 증가하고 정서적으로 불안정한 상태에서는 신체적 · 감각적으로 자극받을 수 있는 과도한 음주 문제가 동반되고 이로 인해 충동적인 행동화 문제가 증폭되는 양상이므로 수검자의 음주 패턴에 대해서도 치료적 개입과 지속적인 경과 관찰이 필요하다.

④ 요약 및 제언

- 입원 당시에는 광범위한 양상의 우울 징후로 직업 활동은 물론이고 가사일 수행에 지장이 초래되었으며, 자살 시도, 반복되는 죽음에 대한 생각 등이 지속되어 안정된 입원 환경에서 집중적인 치료를 요한다는 점에서 우울 증상의 심각도는 심한 수준이었던 것으로 시사된다. 현재도 주요 우울 삽화에 해당하는 광범위한 우울 징후를 경험하며 불쾌감, 고통감, 불안감, 초조감 등 부정적이고 불안정한 정서 상태가 지속되고 있으나, 입원 당시와 비교해 우울 증상의 심각도는 중등도 수준으로 경감되었음이 시사된다.
- 긍정적인 피드백이 제공되는 지지적이고 우호적인 환경에서 동기 유발이 잘 되며 적극적, 의욕적으로 자신의 역할을 수행해 나간다는 점은 장점으로 볼 수 있다. 그

러나 불안정한 자기지각 및 대인 지각, 대인관계에서의 과도한 민감성과 양가적 태도, 환경적 요인에 정서적, 행동적으로 지나치게 영향을 받는 점, 정서 인식 및 조절 능력의 취약성, 자극추구적 성향, 스트레스 상황에서 과도한 음주나 폭식 등 충동적인 대처 방식을 취하는 점 등은 대인관계를 포함한 일상생활 적응에 지장을 초래하고 기분 증상 재발에 영향을 미칠 수 있는 취약성 요인이다.

- 일반 지능이 '평균' 범위(GAI=97, 43%ile, 95% 신뢰구간 92~102)에 해당한다. 추상적이고 개념적인 수준의 언어표현 능력, 단순한 시각과제를 신속하고 정확하게 처리하는 능력은 연령 규준의 평균보다 높은 수준에 속한다. 일반 지식과 사회적 지식의 습득 정도, 유동추론 능력, 기본적인 주의 폭과 익숙한 방식으로 언어적-청각적 정보를 처리하는 상황에서의 주의지속 능력도 평균 수준을 유지하고 있다. 반면 복잡한 정신적 조작이 필요한 상황에서 주의집중력과 작업기억력은 평균보다 낮은 수준에 그치는데, 이는 현재 우울 징후에 수반한 인지적 효율성 저하를 반영하는 것으로 보인다. 시공간 정보에 대한 조직화 및 통합 능력도 평균보다 낮은 수준에 해당하며, 이는 평소의 인지적 경향성을 반영하는 것으로 보인다.
- 입원 치료를 통해 기분 증상이 점진적으로 호전되는 과정이지만 아직 중등도 수준의 우울 징후가 남아 있으며, 특히 막연하지만 죽음에 대한 사고가 지속되는 점 등에 비추어 좀 더 안정된 환경에서의 치료 유지가 필요하다고 여겨진다. 욕구 불만족, 대인관계 갈등과 같이 스트레스가 과부하되는 상황에서 감정적 판단이 앞서면서 어리고 미숙한 행동 문제를 보인다는 점은 충동적, 우발적 자살 시도의 가능성을 높이는 요인이다. 타인의 도움과 관심을 받기 위해 극적인 방식의 충동적, 자기파괴적 행동을 보일 수 있으므로 이에 대한 지속적인 주의가 필요하다. 최근의 주된 스트레스 요인인 부부 갈등에 대한 치료적 개입이 중요하며, 이 외에도 기분 증상 재발 방지 및 스트레스 관리를 위해 대인관계 치료(interpersonal psychotherapy) 혹은 다이어렉티컬 행동치료(dialectical behavioral therapy)가 병행되면 도움이 될 것이다.

- 진단적 시사점

  -Major Depressive Disorder, moderate, with anxious distress

  -Other Specified Personality Disorder: Histrionic mixed with Borderline Personality

- 기관명, 소속 부서

임상심리전문가(한국심리학회), 정신건강임상심리사1급(보건복지부) ○○○, Ph.D. (인)

사례 2: 정신건강의학과 진료를 통해 아동 종합심리평가가 의뢰된 남학생

사례 2

A는 초등학교 3학년에 재학 중인 만 9세 남아로 2남 1녀 중 장남이다. A는 영유아기의 전반적인 발달에서 특이 사항은 보고되지 않으며, 최근까지는 자신이 할 일을 알아서 잘하고 동생들도 잘 돌보며 학업 성적도 우수하여 부모나 교사로부터 칭찬을 많이 듣는 모범적인 아이였다고 한다. 그러나 약 3개월 전, 3학년에 진급할 무렵부터 이전과는 달리 가족들에게 짜증이 늘고, 동생들에게는 소리를 지르거나 그 정도가 심하지는 않지만 신체적 공격 행동을 보이는 경우도 있다고 한다. 학교에서는 공격 행동을 보이지는 않지만, 이전보다 수업에 흥미를 보이지 않고 쉬는 시간에도 엎드려 있거나 혼자 운동장을 배회하며 친구들과는 잘 어울리지 않는다고 한다. 최근 실시한 단원 평가 성적이 이전보다 많이 저하되었고 가정에서 어머니가 학습을 지도할 때에도 문제집을 푸는 속도가 느려지고 틀리는 경우도 많아졌다고 한다. 이러한 점이 염려된 A의 부모는 아동과 함께 지역 종합병원 소아청소년 정신건강의학과를 방문하였다.

A의 아버지는 지역에서 유명한 학원을 운영하고 있다. 어머니는 고등학교 교사로 근무하였으나, 지난해 자녀들에게 적극적인 돌봄이 필요하다는 생각이 들어 퇴직을 하였고 현재는 전업주부로 생활하고 있다. 당시 둘째인 A의 여동생은 언어 영재로 발탁되어 영재원에 다니기 시작한 반면, 막내인 A의 남동생은 언어발달이 느려 언어 치료를 받기 시작하였다고 한다.

심리평가 보고서
Psychological Assessment Report
○○○○병원
임상심리과

성 명: A
성 별: 남
연 령: 9세 7개월
교육정도: 초등학교 3학년 재학 중
평 가 일: ○○○○년 ○월 ○일

실시한 검사

- Korean-Wechsler Intelligence Scale For Children-IV(K-WISC-IV)
- Sentence Completion Test(SCT)
- Rorschach Ink Blot Test
- Children's Apperception Test(CAT)
- House-Tree-Person(HTP)
- Kinetic Family Draw test(KFD)
- Korean Personality Rating Scale for Children(KPRC)
- Kiddie-Schedule for Affective Disorders and Schizophrenia-Present and Lifetime Version (K-SADS-PL)
- Minnesota Multiphasic Personality Inventory, 2nd edition(MMPI-2) for Parents

(1) 배경 정보 및 의뢰 사유

초등학교 3학년에 재학 중인 만 9세 남아로, 수개월 전부터 이전과 달리 가정에서 짜증을 많이 내고 동생들에게 소소한 공격적 언행을 보이기도 하며 학교에서는 또래들과 어울림이 적고 흥미 저하를 보인다고 한다. 이와 같은 아동의 정서적, 행동적 변화에 대해 객관적인 평가 및 상담을 받고자 보호자와 아동이 함께 본 소아청소년 정신건강의학과를 방문하였고 외래 진료 후 아동 종합심리평가가 의뢰되었다.

(2) 검사 태도 및 행동관찰

아동은 또래들보다 한두 살가량 많아 보일 정도로 키가 크고 체구가 건장하다. 보호자인 어머니, 아버지와 함께 내원하였으며 전반적인 위생 상태는 양호하였다. 심리평가가 진행되는 동안 전반적인 말의 양, 언어표현 방식, 시선 접촉 등은 적절하였으며, 평가자의 질문이나 지시에 협조적인 태도를 보였다. HTP나 KFD와 같은 그림 검사를 수행하는 동안에는 자신이 제대로 수행하고 있는지 평가자에게 여러 차례 확인을 구하였고, 지우개를 사용해 가며 수정도 많이 하여 오랜 시간이 소요되었다. 지능검사 수행 시에도 과제에 주의를 기울이며 적극적으로 수행하고자 노력하였고, 평가자에게 정답 여부에 대해 확인을 구하기도 하였다. 다만 난이도가 높다고 여겨지면 고개를 갸우뚱거리고 한숨을 쉬는 행동이 자주 관찰되었다. 지능검사에서와는 달리 로샤검사나 CAT와 같은 투사 검사를 수행하는 동안에는 단답형으로 짧게 응답하였고 일부 카드에 대해서는 평가자의 격려에도 불구하고 반응에 실패하였다. 이때도 고개를 숙이고 한숨을 쉬는 행동이 관찰되었다.

(3) 심리평가 결과

① 지능 및 사고력

한국 웩슬러 아동용 지능검사 제4판(이하 K-WISC-IV) 평가 결과, 언어이해지표(VCI=86, 17.1%ile)와 지각추론지표(PRI=84, 15.1%ile)는 '평균 하' 범위에 해당하는 반면 처리속도지표(PSI=111, 77.5%ile)는 '평균 상' 범위로 지표점수 간 차이가 현저하게 커서 전체 지능지수(FSIQ=91, 95% 신뢰구간 85~98, 27.9%ile)에 근거해 아동의 전반적인 지적 능력을 추정하는 데에 제한이 따른다. 이에 일반 지능에 대한 구성 개념을 잘 반영하면서도 비교적 안정적인 수행을 보인 일반능력지표(GAI=83, 95% 신뢰구간 76~91)에 근거해 아동의 전반적인 지적 능력을 추정하였다. 그 결과, 아동의 전반적인 지적 능력은 비슷한 연령의 아동 100명 중 하위 13~14번째에 해당하는 '평균 하' 수준으로 추정된다. 한편 작업기억지표와 처리속도지표를 바탕으로 산출되는 인지효능지표(CPI=107, 95% 신뢰구간 98~116, 68.6%ile)는 '평균' 수준으로 GAI보다 현저히 높다.

소검사 수행을 살펴보더라도, 언어적 정보이든 시각적 정보이든 추상적 사고력, 추론 능력이 요구되는 과제에서는 '평균 하~평균' 수준의 하단(16~25%ile)에 해당하는 수행을 보였다. 지능검사에 비해 구조가 명확하지 않고 아동에게 익숙하지 않은 방식으로 진행되며, 정답이 정해져 있지 않은 상태에서 스스로 반응을 도출해 나가야 하는 투사검사에서도 쉽게 인지할 수 있는 한정된 영역, 형태를 중심으로 제한적인 반응만 보이고, 반응 내용도 동물 위주의 단순한 내용이 대부분인 점 역시 추상적인 추론 능력이 또래에 비해 저조함을 시사한다. 학교 성적이 우수하였다고 보고되나, 교육이나 경험을 통해 습득하는 어의적인 지식, 상식적 수준의 일반 지식이나 사회적 지식의 범위 혹은 계산 기술도 연령 규준의 평균 수준(25~50%ile)에 해당한다. 한편 기본적인 주의

지수	지표점수	백분위(%ile)	95% 신뢰구간	기술적 분류
VCI	86	17.1	79~95	평균 하
PRI	84	15.1	78~95	평균 하
WMI	100	50.4	92~109	평균
PSI	111	77.5	100~119	평균 상
FSIQ	91	27.9	85~98	평균
GAI	83	13.2	76~91	평균 하
CPI	107	68.6	98~116	평균

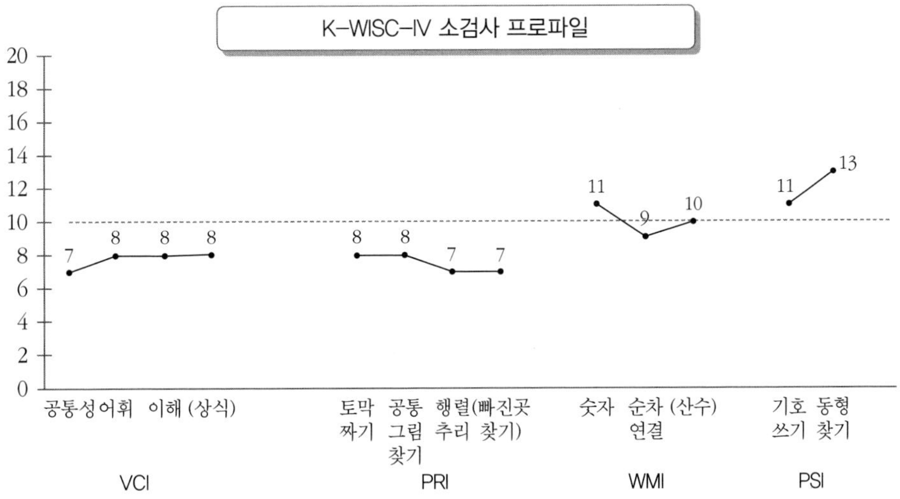

폭, 주의집중력, 작업기억력은 '평균' 수준을 유지하며, 특히 단순한 시각 정보를 빠르고 정확하게 처리해야 하는 과제에서는 '평균보다 높은' 수준의 수행을 보인다.

② 정서 및 행동

아동의 정서 및 행동 특성에 대한 보호자 평정(KPRC) 결과, 아동에 대해 우울함, 과민함, 불안, 초조 등의 정서적 어려움과 함께 반항적이고 공격적인 행동과 같은 외현화 문제를 유의한 수준으로 보고하였다. 아동과 보호자를 대상으로 한 임상 면담(K-SADS-PL) 결과도 이와 일치한다. 아동은 올해 초부터 이전에 비하여 심한 수준으로 특별한 이유 없이 과민하고 짜증스러운 감정 표출이 빈번하며 사소한 일에도 쉽게 화를 내며 물건을 발로 차거나 언성을 높이고 거칠게 말하는 행동, 동생들을 향한 소소한 신체적 공격 행동 등을 보인다고 한다. 이러한 정서 및 행동 변화는 최근 3~4개월간 주로 가정 내에서 관찰되며 학교 장면에서는 이러한 행동 변화가 보고되지 않는다. 오히려 학교에서는 이전과 달리 소극적이고 자신감이 저하되어 보이며 또래들과의 어울림이 감소하는 등 우울하고 무기력한 모습이 보고된다. 아동을 대상으로 한 대면 심리검사를 통해서도 현재 짜증스러움, 불쾌감, 과민함, 답답함, 불안감, 초조함과 같은 불안정하고 부정적인 정서 상태임이 시사된다. 한편 자신감 저하, 가족에 대한 서운함, 자신의 능력이나 가치가 인정받지 못하고 거부당할 것에 대한 두려움 등이 다양한 심리검사의 반응을 통해 일관되게 시사되었다. 이에 비해 성장과정 동안 언어발달이나 운동발달, 부주의, 충동성 및 과잉행동, 사회성 발달 등과 관련한 이상 소견은 보고 및 시사되지 않는다.

아동은 성취나 인정, 애정에 대한 욕구가 강한 유형이다. 주위로부터 칭찬, 인정, 긍정적 관심이 제공되거나 이를 예상할 수 있는 상황에서는 동기 유발이 잘 되어 적극적이고 의욕적으로 행동하며, 이는 아동의 장점으로 볼 수 있다. 이번 심리평가 장면에서도 민첩하고 빠른 정신-운동 속도가 요구되는 단순한 과제에서 자신의 지적 능력을 상회하는 수행을 보인 점도 이를 반영한다. 일상생활에서도 초등학교 저학년 때와 같이 학습량이 많지 않고 학습 난이도가 높지 않은 상황에서는 이러한 성취 동기와 인정 욕구를 바탕으로 학업 장면에서도 적극적으로 임하여 양호한 학업 성취를 이룰 수 있었던 것으로 보인다. 부모나 교사의 요구에 순응하고 모범적으로 행동해 온 점도 칭찬이나 인정을 통해 적응행동이 강화된 것으로 보인다. 그러나 일상적인 학습이나 복잡한 문제해결에 가용할 수 있는 기본적인 지적 능력은 또래들의 '평균 하' 수준으로, 고학년에 진급하고 학습량, 학습의 난이도 및 복잡성이 증가하면서 적극적인 노력을 기울이

더라도 이전과 같이 우수한 성취를 보이기는 어려웠을 것으로 보인다. 아동은 이러한 변화를 인지하면서 성취 동기나 자신감이 저하되고 애정 및 인정 욕구에 대한 좌절감을 경험한 것으로 보인다.

이처럼 자신의 욕구가 충족되지 않는 상황에서 자신보다 지적으로 우월하여 주위 사람들로부터 인정을 많이 받는 여동생에 대해 열등감, 질투심을 경험하며, 이전과는 달리 부모님의 관심이 동생들에게 더 많이 가 있는 상황에 대해서도 낙담하고 의기소침한 상태로 보인다. 아동은 아직 연령이 어려 자신이 경험하는 정서 상태를 명확하게 인식하지 못할 뿐만 아니라 자신의 욕구 좌절감을 비롯한 부정적 정서를 막연히 감지하더라도 이를 적절하게 표현하거나 해소할 만한 대처 기술이 부족하다. 특히 부정적 정서 표현으로 인해 주위 사람들로부터 지적, 비난, 처벌받을 것을 염려하여 눈치를 살피며 불안해하는 면도 시사된다. 비교적 안전하다고 여겨지는 가정에서는 과민함, 짜증스러움, 소소한 공격 행동 등으로 부정적 정서를 표출하지만, 학교 장면에서는 흥미 저하, 위축된 모습이 주로 관찰되는 점도 부정적 정서 표현에 대한 어려움을 시사한다.

이처럼 아동이 학업 수행의 어려움과 학업 성취 저하, 형제 관계에서의 욕구 불만족 등 상황적 요인에 의해 우울, 불안 등의 정서적 변화를 경험하고 가정 내에서 그 정도는 경미하지만 반항적이고 공격적인 행동 반응을 보인다는 점에서 주의 및 개입이 필요하다고 판단된다. 다만 지지적이고 우호적인 상황에서는 또래들과의 어울림이 늘고 활동에도 적극적으로 참여하는 것으로 보고 및 시사된다. 그 외에 일상생활 적응에 심각한 지장을 초래할 정도의 정서 및 행동장애, 신경발달장애의 가능성은 시사되지 않는다.

타당도			자아탄력	지적발달		정서			행동		대인관계		현실접촉
T/R	L	F	ERS	VDL	PDL	ANX	DEP	SOM	DLQ	HPR	FAM	SOC	PSY
46	29	60	31	43	42	65	70	64	65	53	64	60	52

③ 보호자 대상 심리검사(MMPI-2) 결과

• 어머니: 현재 특별한 정서적 불편감은 시사되지 않는다. 평소 정서적으로 안정감이 있으며 사회의 보편적인 가치에 비추어 바람직하고 모범적으로 생활하는 것을 매우 중요하게 여기는 유형이다. 이에 전통적인 어머니의 역할과 아내의 역할에 충실해 가족들에게 헌신적이고 희생적으로 책임을 다해 나간다. 이러한 과정에서 일상적으로 경험할 수 있는 부정적인 감정, 욕구를 적절히 표현하지 못하고 억제,

억압할 때가 많아 소소한 심적 스트레스가 누적될 수 있다. 또한 A와의 관계에서는 지나치게 높고 엄격한 행동 및 성취 기준을 적용하여 A가 부담감을 느낄 수 있다. 최근 A가 가정에서 보이는 짜증스러운 감정 반응, 비순응적인 태도, 동생들에 대해 소소한 공격 행동 및 학업 성적의 저하에 대해 어머니 역시 당황스러워하고 있다. A에 대해 지난해까지의 우수한 학업 성취 수준이나 모범적인 태도를 현재도 기대하고 있고 이로 인해 엄격한 행동 통제나 제지, 간섭을 가하게 되고, A 역시 그에 대한 불만족감, 욕구 좌절감이 증가할 수 있다.

- 아버지: 아버지 역시 어머니와 마찬가지로 정서적 안정감, 사회적 적응력을 중요하게 여기는 유형으로 보인다. 외향적, 사교적, 활달한 성향이며 심신 에너지 수준이 높아 자신의 역할을 적극적으로 잘 수행해 나가고, 이에 대해 자부심도 강하다. 가족들과의 관계에서도 가장으로서 책임감을 느끼며 리더십을 발휘하고자 노력한다. 다만 전통적인 남성적 역할, 가부장적 권위를 중요하게 여기며 정서적인 세심함이 부족하다. A가 어머니에 대해서는 서운함, 원망감이 증가한 상태이나 아버지에 대해서는 상대적으로 호의적으로 지각하며 중재자, 조력자의 역할을 기대하고 있다는 점은 긍정적 측면이다. A와 어머니의 관계에서 발생하는 어려움, 양자가 경험하는 심적 스트레스를 다뤄 줌에 있어 아버지의 적극적인 관심과 역할이 중요하다.

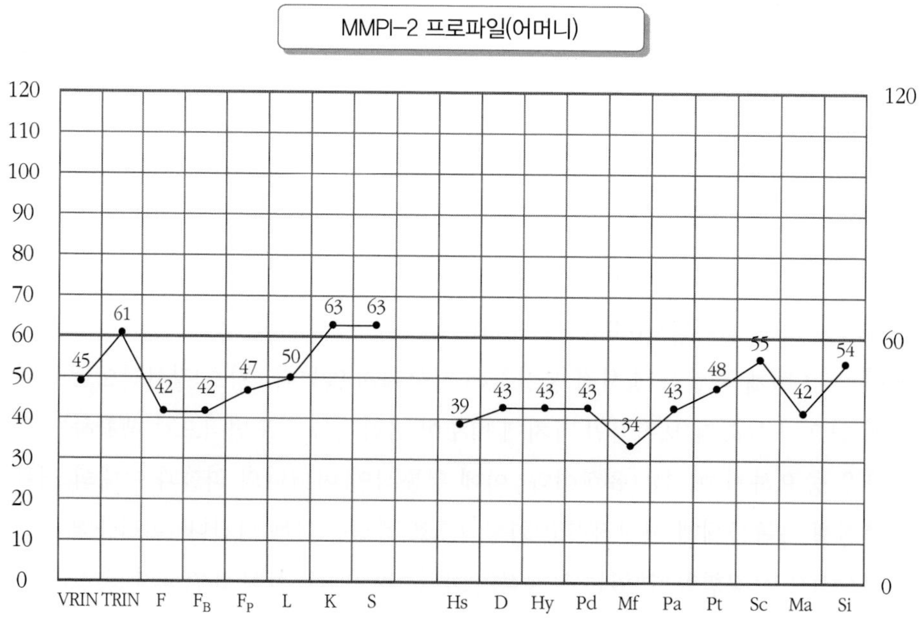

MMPI-2 프로파일(아버지)

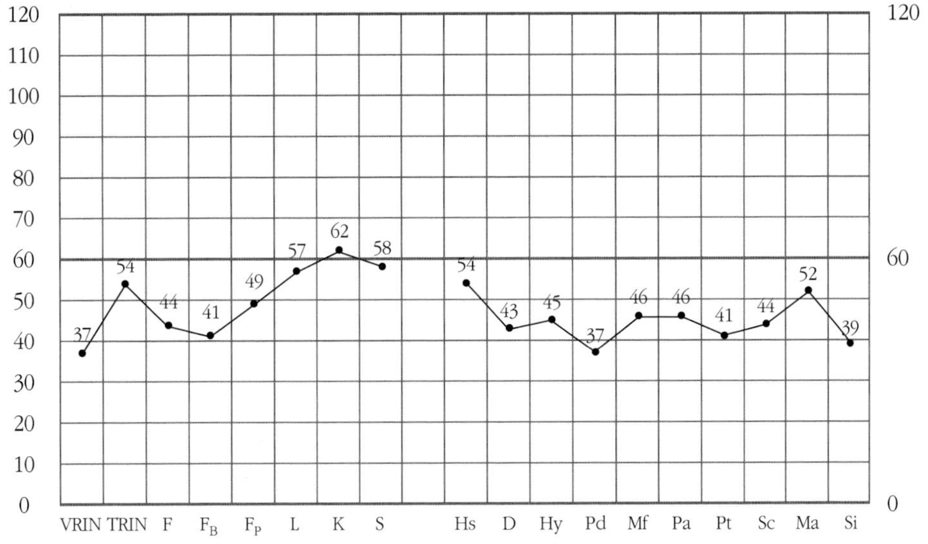

(4) 요약 및 제언

이상의 심리평가 결과, 추상적 추론 능력을 비롯한 유동추론 능력이나 교육 및 경험을 통해 획득, 계발된 결정화 지능 등 일반지능은 '평균 하' 수준으로 추정된다(K-WISC-IV: GAI=83, 13.2%ile, 95% 신뢰구간 76~91). 이에 비해 일시적인 주의력 및 집중력은 '평균' 수준에 속하며, 속성이 단순한 시각 자극을 빠르고 정확하게 처리하는 능력은 '평균보다 높은' 수준까지 발휘되고 있다. 이는 아동이 성취 및 인정 욕구가 강해 쉽고 단순한 과제에 대해서는 성취 동기가 향상되어 적극적이고 의욕적으로 수행하여 일시적으로 지적 능력을 상회하는 성취를 보일 수 있음을 시사한다. 학습량이나 학습 난이도가 높지 않는 저학년 시기 동안 우수한 학업 성취를 이룰 수 있었던 점도 아동의 이러한 인지적·행동적 특성을 반영한다. 다만 최근 고학년에 진급하고 학습량이나 학습 난이도, 복잡성이 증가하면서 이전과 같은 학업 성취를 이루기 어렵고 투입하는 노력대비 학업 효율성이 저하되는 것을 인지하면서 자신감, 자기 효능감도 저하된 상태라 여겨진다. 한편 형제 관계에서는 자신보다 유능한 동생에 대해 열등감, 질투심을 느낄 수 있으며, 부모의 관심이 동생들에게 집중되고 있다는 생각에 애정 욕구의 좌절감도 경험하고 있다. 최근 아동에게 보고 및 시사되는 과민하고 우울한 기분, 불안감과 같은 정서적 변화, 가정에서 한정되어 나타나는 반항적·공격적 행동, 학교 장면에서 보이는 소극적이고 위축된 행동 등은 이와 같은 상황적 어려움에 대한 정서적·행동적 반응이라 생각된다. 다만 이러한 점이 또래관계나 학교생활 적응에 지장을 초래할 정도는 아니며, 지지적이고 우호적인 상황에서는 또래들과의 어울림이 늘고 활동에도 적극적이어서 칭찬이나 관심이 제공되는 상황에서는 이전과 마찬가지로 또래들과 적절히 어울리고 순응적으로 행동하는 것으로 보고된다.

아동의 인지 기능 수준과 성취 욕구 등을 고려하여, 학습량이나 학습 난이도를 조절해 주고 단계적 성공을 통해 성취감을 경험하고 동기를 향상시켜 줄 수 있는 지지적이고 우호적인 생활 환경 조성이 필요하다. 보호자가 아동의 인지적, 정서적, 행동적 특성을 객관적으로 이해하고 아동의 성취 동기와 적응행동을 강화시킬 수 있는 양육 환경을 조성해 나갈 수 있도록 부모 교육을 제공하는 것이 도움이 될 것이다. 현재 아동이 보이는 정서적 · 행동적 변화가 상황적 스트레스에 대한 일시적 반응이라 생각되지만, 스트레스 요인을 경감시킨 생활 환경 조성 및 심리적 개입 후에도 상기 문제가 지속되는지에 대해 경과 관찰이 필요하다.

- 진단적 시사점
  - Adjustment Disorder with emotional and behavioral disturbance
  - Sibling relational problem

- 치료적 고려 사항
  - 아동 대상의 지지적 접근의 단기 심리 상담
  - 양육 환경에 대한 개입을 위한 부모 교육
  - 치료적 개입 이후 정서 및 행동 변화에 대한 재평가

- 기관명, 소속 부서

  임상심리전문가(한국심리학회), 정신건강임상심리사1급(보건복지부) ○○○, Ph.D. (인)

사례 3: 고등학교 진학을 앞두고 진학 및 진로 계획에 대한 자문 목적으로 심리상담센터를 방문한 여자 중학생

사례 3

B는 중학교 3학년인 만 14세의 여학생이다. 학령기 동안 지속적으로 학업 성적이 최하위 수준으로 지나치게 저조하여 이에 대한 원인 파악과 고등학교 진학 및 진로 계획을 수립하고자 본 심리상담센터를 방문하였다. 학생의 인지 기능 및 주의력, 학업 수행에 영향을 미치는 동기, 심리적 특성을 객관적으로 파악하기 위해 심리평가를 실시하였다.

B는 2녀 중 둘째다. 유아동기의 신체발달, 운동발달에 특이 소견은 보고되지 않으며 일상적인 의사소통에 필요한 언어 사용, 사회적 상호작용 등에도 별다른 문제는 보고되지 않는다. 만 4세경부터 어린이집에 다녔는데, 어린이집 및 유치원 교사로부터 B가 단체 활동 시간에 활동에 집중하지 못하고 돌아다니며 활동 진행을 방해한다는 피드백을 매년 받았다고 한다. 가정에서도 보호자들이 동화책을 읽어 주거나 학습을 하는 상황을 지루해하며 자리를 이탈하는 경우가 잦았다고 한다. 초등학교 입학 준비를 하며 유치원과 과정에서 기초적인 한글 학습, 셈하기 등을 교육할 때 반복적으로 설명해도 잘 따라가지 못했다고 하며, 언니와 비교했을 때 학습 속도가 매우 더디었다고 한다. 또한 부모나 교사가 일대일로 충분히 설명을 해 주고 지켜보며 문제 풀이를 할 경우에는 반복 연습을 거쳐 그 내용을 어느 정도 익힌 것으로 보이지만, 시간이 조금 경과하면 다 잊어버리는 패턴이라고 한다. B는 또래들과의 일상적인 대화나 신체 활동 중심의 놀이에는 잘 참여하지만, 발표 수업을 비롯해 자신의 생각을 조리 있게 설명해야 하는 경우에도 우물거리며 단편적으로 답할 때가 많다고 한다. 초등학교 입학 후부터 현재까지 성적이 학교에서 최하위 그룹에 속하여, 보호자는 B의 지능에 문제가 있다고 생각하고 있다.

B의 보호자들은 고등학교 진학을 앞두고, B의 인지 기능을 고려해 진학 및 진로 계획에 도움을 받고 싶다고 한다.

※ 이 사례는 WISC-V에 기초해 심리평가를 실시하고 심리평가 보고서를 작성한 예시다. 동일한 사례에 대해 K-WISC-IV가 실시된 후의 지능검사 결과의 해석 예시를 별도 박스에 제시해 놓았다.

심리평가 보고서 Psychological Assessment Report ○○○○ 심리상담센터	성 명: B 성 별: 여 연 령: 만 14세 7개월 교육정도: 중학교 3학년 재학 중 평 가 일: ○○○○년 ○월 ○일

실시한 검사

- Korean-Wechsler Intelligence Scale For Children-5th edition(K−WISC−V)
- Coners Continuous Performance Test(CPT)
- Minnesota Multiphasic Personality Inventory-Adolescent version(MMPI−A)
- Sentence Completion Test(SCT)
- Korea-Child Behavior Check List(K-CBCL)
- Kiddie-Schedule for Affective Disorders and Schizophrenia-Present and Lifetime version (K−SADS−PL)

(1) 배경 정보 및 의뢰 사유

중학교 3학년에 재학 중인 여학생으로 초등학교 입학 후부터 현재까지 학업 성적이 매우 저조하다고 하며 주의집중의 어려움도 지속되어 온 것으로 보고된다. 고등학교 진학을 앞두고 진학 및 진로 계획에 조언을 구하고자 본 상담센터를 방문하였고 초기 면담을 진행한 다음 상기의 심리평가가 의뢰되었다.

(2) 검사 태도 및 행동관찰

보통 키에 약간 마른 체구로 또래와 비슷한 연령으로 보이는 여학생으로 보호자인 어머니와 함께 상담센터를 방문하였다. 전반적인 위생 상태는 양호하였으며, 입실 직후에는 검사실을 두리번거리고 평가자의 눈치를 살폈다. 심리평가가 진행되는 동안 평가자의 질문이나 지시에 공손하고 협조적인 태도로 성실히 임하였다. 난이도가 높거나 자신이 잘 모르는 문항에 대해서는 작게 한숨을 내쉬며 머뭇거렸으나 스스로 포기하지는 않았다. 평가자가 다음 문항으로 넘어가도 괜찮을지 질문하면 멋쩍은 듯 고개를 끄덕였다. 빠르게 수행해야 함을 지시한 과제에 대해서는 입을 앙 다물고 연필을 꼭 쥐며 준비 태세를 취하고 있다가, 과제 시작을 알리면 적극적으로 수행하였다.

(3) 심리평가 결과

① 지능 기능 및 사고력

한국 웩슬러 아동용 지능검사 제5판(이하 K-WISC-V) 평가 결과, 학생의 전체 지능지수(FSIQ=91, 95% 신뢰구간을 고려하면 85~97)는 '평균' 수준으로, 이는 100명 중 상위 73번째, 하위 27번째에 해당한다. FSIQ와 함께 일반지능의 속성을 비교적 잘 반영한다고 알려진 비언어지표(NVI=89, 24%ile) 및 일반능력지표(GAI=89, 24%ile) 역시 FSIQ와 비슷한 수준에 속한다. 한편 전반적인 지적 능력의 추정치로서 FSIQ의 타당도를 무효화시킬 정도로 FSIQ를 구성하는 핵심소검사 간 수행 편차가 현저하게 크지는 않지만(최대 차이: 공통성-토막짜기=6점), 이러한 차이는 통계적으로 유의한 수준이며 실질적으로도 드문 경우에 해당한다. 이러한 양상의 인지적 편차는 기본지표를 구성하는 척도들 간에도 나타나는바, 인지적 강점과 약점이 명백하게 구분되는 경우임을 시사하며 학생의 인지적 특성을 이해함에 있어서도 이러한 영역 간 편차를 고려해 주의 깊게 해석해야 한다.

처리속도지표(PSI=111, 76%ile)는 '평균 상' 수준에 해당하며 PSI의 핵심소검사 수행도 대체로 이와 비슷하다. 단순한 시각 정보를 빠르고 정확하게 변별하고 지시에 맞게 의사 결정을 내려 반응하는 운동 속도, 정신처리속도는 '평균 상' 수준에서 발휘하고 있음이 시사되며, 이는 학생의 인지적 강점에 해당한다.

반면 시공간지표(VSI=78, 7%ile)로 측정되는 복잡한 시공간 정보에 대해 세부 속성을 면밀히 살피고 여러 구성 요소를 의미 있는 방식으로 정교하게 조직화하고 통합해서 처리하는 능력은 또래들과 비교해 '경계선' 수준에 그친다. 뿐만 아니라 시공간지표는 학생의 인지적 강점에 해당하는 처리속도지표와 비교해 현저히 저조하며, 언어이해지표 및 지각추론지표와 비교해서도 시공간지표는 통계적으로 유의하게 저조하고 이와 같은 점수 차이는 100명 중 9~10명 정도만 해당할 정도의 드문 경우로 학생의 인지적 약점에 해당한다.

유동추론지표(FRI=89, 22%ile)가 반영하는 비언어적 시각 정보에 대한 추론 능력도 연령 규준의 '평균 하' 수준에 그친다. 이러한 인지 영역 간 차이는 학생이 단순한 과제를 수행하는 능력에 비해 복잡한 문제를 해결하는 능력이 매우 저조함을 시사한다. 관련 소검사 수행을 통해서도 이러한 인지적 특성이 확인된다. 일례로, 처리속도지표 산출에 포함되지 않는 보충소검사로 동시에 여러 시각 자극이 제시되는 상황에서 목표 자극에 대한 선택적 주의력과 불필요한 자극에 대한 주의 억제 능력이 요구되는 과제에서는 '평균보다 낮은' 수준으로 수행이 급격히 저하된다. 또한 유동추론지표 산출에 포함되지 않는 보충소검사 중 수리적 추론과 암산과 같은 복잡한 정신활동을 동시에 수행해야 해서 작업기억력, 지속적 주의력에 대한 요구도가 높은 과제의 경우 '평균보다 낮은' 수준으로 수행이 저하된다. 반면에 제시된 대상들 내에서 공통 속성을 찾아내어 시각적으로 범주화, 개념화시키는 추론 과제에서는 여타의 유동추론 능력보다 양호한 '평균보다 높은' 수준의 수행을 보인다.

언어이해지표(VCI=100, 50%ile)는 '평균' 수준에 해당한다. 이 지표를 단일 요인으로 타당하게 해석하는 데에 제한이 초래될 정도는 아니지만, 핵심소검사 간 차이가 유의하고 실질적으로 클 뿐만 아니라 보충소검사를 포함할 경우 소검사 간 편차는 더욱 증가하므로 해석에 주의를 요한다. 비언어적 시각 정보에 대한 범주화 및 개념화 능력과 마찬가지로 언어적 정보에 대한 범주화 및 개념화, 언어적 추론 능력은 '평균' 수준의 상단(75%ile)에 해당한다. 반면 독서, 학교 교육 등을 통해 습득한 어의적 지식을 바탕으로 조리 있게 설명하는 언어 능력은 평균 수준 하단(25%ile)으로 언어적 추론 능력보다 유의하게 저조하다. VCI의 산출에 반영되지는 않지만, 보충소검사에 해당하며 습득해 놓은 일반 지식이 범위를 반영하는 소검사의 수행은 '평균보다 낮은' 수준(9%ile)으로 더욱 저조하다. 학생의 경우 언어적 개념형성 능력, 추상적 사고력은 '평균' 수준의 상단에 해당하나, 학령기 동안 복잡한 정신활동 수행 시 주의집중이나 주의지속의 어려움 등으로 체계적이고 안정적인 학습에 지장이 초래되고, 이는 학업 수행 및 학업 성취 동기의 저하, 지적인 활동에 대한 흥미와 관심 부족 등으로 이어져 보유한 지적 능력에 비해 학교 성적이 현저히 저조한 상태가 지속되어 온 것으로 보인다.

작업기억지표(WMI=100, 50%ile) 역시 '평균' 수준에 해당한다. 이 지표를 단일 요인으로 타당하게 해석하는 데에 제한이 초래될 정도는 아니지만 핵심소검사 간 차이가 유의하고 동일한 핵심소검사 내에서도 수행에 편차를 보이므로 학생의 작업기억력과 주의집중력의 수준을 해석함에 있어 주의를 요한다. 시각적 주의 폭, 한정된 범위의 시각 정보에 대한 주의집중력, 작업기억력은 '평균' 수준의 상단(75%ile)에 해당한다. 이에 비해 언어적–청각적 정보에 대한 주의집중력과 작업기억력을 반영하는 과제의 수행은 '평균' 수준의 하단(25%ile)에 그친다. 학생은 단순한 언어적–청각적 정보처리 시의 주의 폭을 평가하는 과제의 수행이 '평균보다 매우 낮은' 수준으로 저조하였으나, 이후에 진행된 상대적으로 복잡한 정신적 조작을 수행해야 하는 과제들에서는 오히려 '평균' 수준으로 수행이 향상되었다. 이에 대해 평가 상황에서 일시적인 수행 불안이 영향을 미쳤을 가능성, 과제를 수행하는 동안 익숙해지면서 일시적인 주의집중력이나 작업

기본분석

지표점수 분석

지표		환산점수 합	지표점수	백분위	95% 신뢰구간	진단분류 (수준)	측정표준오차 (SEM)
언어이해	VCI	20	100	50	90~108	평균	3.95
시공간	VSI	12	78	7	72~89	경계선	5.32
유동추론	FRI	16	89	22	82~97	평균 하	4.16
작업기억	WMI	20	100	50	92~108	평균	4.39
처리속도	PSI	24	111	76	101~118	평균 상	4.93
전체 IQ	FSIQ	61	91	27	85~97	평균	3.02

* 신뢰구간은 추정값의 표준오차(SEM)를 사용하여 산출

추가지표점수 분석

추가지표		환산점수 합	지표점수	백분위	95% 신뢰구간	진단분류 (수준)	측정표준오차 (SEM)
양적추론	QRI	15	86	18	80~94	평균 하	3.57
청각작업기억	AWMI	17	92	30	85~100	평균	3.86
비언어	NVI	51	89	24	84~96	평균 하	3.61
일반능력	GAI	42	89	24	83~96	평균 하	3.47
인지효율	CPI	44	107	67	99~113	평균	3.92

소검사 환산점수 프로파일

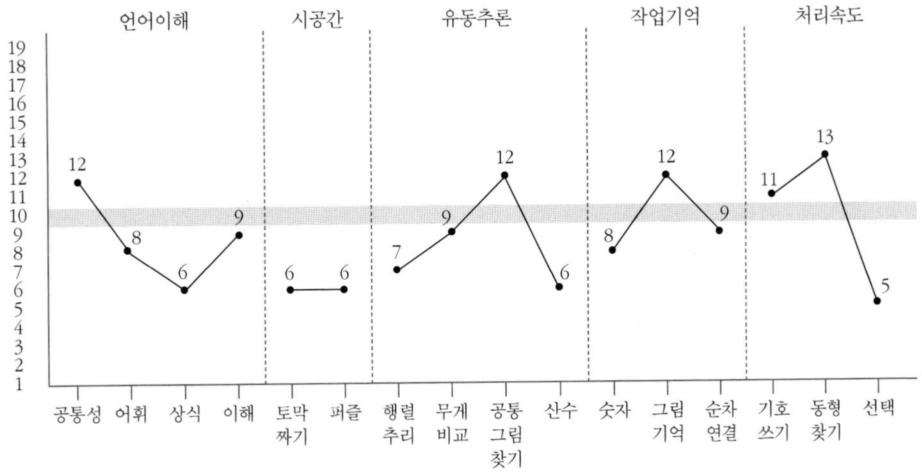

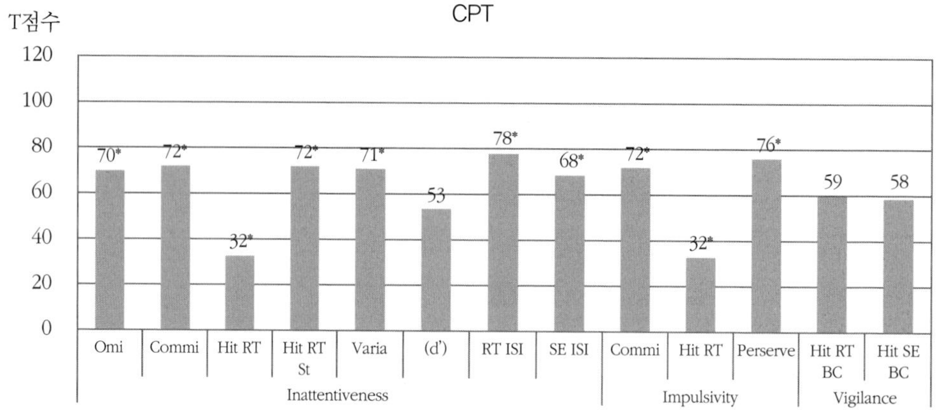

* 평균(50T)보다 유의하게 높거나 낮은 점수를 의미함

기억력을 보유한 주의 자원 내에서 발휘하였을 가능성 등을 고려해 볼 수 있다.

한편 시각적 주의지속 능력을 평가하는 CPT(Continuous Performance Test) 결과, 목표 자극에 대한 누락 오류와 간섭 자극에 대한 오경보 오류가 유의하게 많고 정확 반응 속도는 유의하게 느리며 과제 후반부로 갈수록 정확 반응 속도의 저하 폭이 유의하게 증가하는 양상이다. 지능검사와 같이 1~2분 이내의 한정된 시간 동안에는 주의집중력, 작업기억력, 정신처리속도 등을 일정 수준 유지할 수 있으나, CPT와 같이 장시간 과제를 수행하는 동안에는 전반적인 지적 능력에 비해 주의지속 능력과 인지적 억제 능력의 급격한 저하가 시사된다. 이는 학생의 인지적 취약성을 반영한다.

② 정서 및 행동

학생의 정서 및 행동 특성에 대한 보호자 평정(K-CBCL) 결과, 대인관계를 포함한 일상생활 적응에 지장을 초래하는 정도의 정서 및 외현화 문제는 보고되지 않는다. 다만 보호자인 어머니는 학생에 대해 주의집중의 어려움을 임상적으로 유의한 수준으로 호소하였으며, 이는 구조화된 임상 면담(K-SADS-PL)을 통해서도 일관되게 시사된다. 학생은 유아동기부터 현재까지 사소한 주변 자극에 의해 주의가 쉽게 분산되며 과제나 놀이에 주의를 지속적으로 기울이고 안정적으로 참여하는 데에 상당한 어려움을 보여왔다고 한다. 간단한 심부름이나 분리수거와 같이 단순한 집안일에 자발적으로 참여하고 순응적이지만, 지시를 경청하지 않아 지시 내용의 세부 사항을 정확히 기억하지 못한다든지 다른 일을 하다가 타이밍을 놓쳐 지시를 이행하지 못하는 경우가 빈번하다고 한다. 알림장을 스스로 작성한다든지 숙제나 기타 과제를 스스로 기억하고 기한에 맞춰 제출하는 경우도 극히 드물다고 한다. 한편 운동이나 흥미 있는 활동은 신속하고 민첩하게 수행하지만, 숙제나 문제 풀이와 같이 인지적 노력을 요하는 활동을 수행할 때에는 속도가 매우 느리고 정해진 시간은 물론이고 더 많은 시간이 소요되었음에도 완성하지 못할 때가 많다고 한다. 물건 정리, 일을 중요도나 시간 순서에 맞게 계획하여 처리하는 것도 어려워 방 정리나 시험 혹은 학원 스케줄 관리 등을 보호자가 전적으로 도와주어야 하며, 이에 대해 보호자는 상당한 불편함과 염려를 호소하였다. 또한 어떤 일이나 활동에 대해 처음에는 상당한 흥미를 보이고 몰두하지만 이를 지속하지 못하고 쉽게 그만두며, 흥미나 활동이 다른 주제로 금방 바뀌어서 좀처럼 숙달 단계에 이르지 못한다고 한다. 이처럼 임상적으로 유의한 수준의 광범위한 부주의 징후가 보고 및 시사되는 것에 비해 충동성 및 과잉행동 징후는 역치하 수준으로 시사된다. 학생은 초기 아동기 때에는 어린이집 활동이나 식당 등 착석이 요구되는 상황에서 돌아다녀 주위 사람들을 방해할 때가 많았고, 언어적 의사소통 능력을 갖추고 있음에도 빠르고 급하게

문제행동증후군 척도

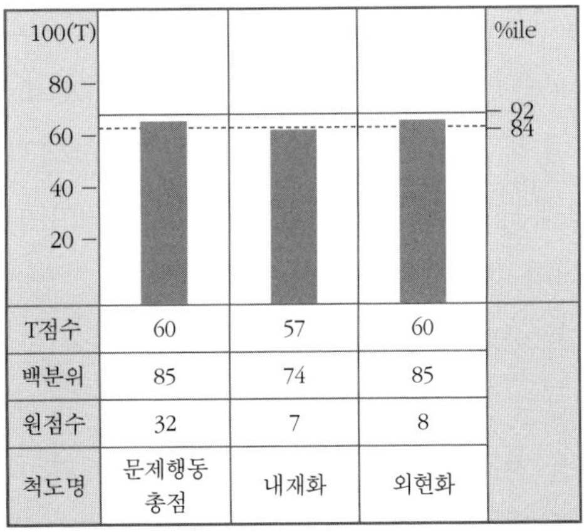

척도명	문제행동 총점	내재화	외현화
T점수	60	57	60
백분위	85	74	85
원점수	32	7	8

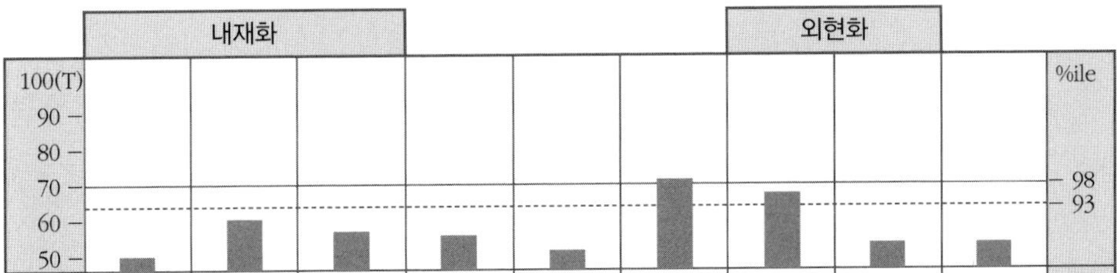

척도명	불안/우울	위축/우울	신체 증상	사회적 미성숙	사고문제	주의집중 문제	규칙위반	공격행동	기타문제
T점수	50	61	58	57	53	70	67	55	55
백분위	48	87	78	77	63	97	95	69	68
원점수	1	4	2	2	1	12	5	3	2

* 문제행동증후군 소척도 임상범위 기준: T점수 70(백분위 98) 이상, 준임상범위 기준: T점수 66(백분위 93) 이상, T점수 70 미만(백분위 98)

말하느라 상대에게 내용을 정확히 전달하지 못하는 경우도 많았다고 한다. 또한 주위를 충분히 살피지 않고 빠르고 성급하게 행동하다 넘어지거나 사소한 신체적 부상을 당하는 경우 또래들보다 잦았다고 한다. 이러한 일부 충동성 및 과잉행동 징후는 성장과정 동안 상당 수준 완화되어 현재는 거의 나타나지 않거나 간혹 경미한 수준에서 관찰되는 정도다. 인지 기능 검사를 통해서도 쉽고 단순한 활동에 대해서는 1~2분 이내 주의를 기울이며 신속하고 정확하게 수행할 수 있었지만, 긴 시간 동안 일관된 행동반응을 유지해야 하는 경우는 주의지속 능력, 주의 억제 능력, 정신처리속도가 현저히 저하되는 양상이다. 또한 체계적이고 조직적인 문제해결 능력도 매우 저조한데, 복잡한 정신활동을 지속해야 하는 경우 주의집중력, 선택적 주의력, 주의억제력이 급격히 저하되는 점도 이에 영향을 미치는 것으로 보인다.

한편 학생을 대상으로 한 임상 면담에서는 학업 성적이 저조하여 부모님께 미안한 마음을 토로한 점을 제외하고는 가정 및 학교생활, 또래 관계 등 생활에 지장을 초래하는 정서적, 행동적 어려움을 보고하지 않았다. 또한 인지 기능 검사나 보호자 대상의 평정 및 면담을 통해 일관되게 시사된 부주의 징후로 인한 어려움도 매우 피상적이고 경미한 수준에서 보고하였다. 학생이 작성한 자기보고 검사(MMPI-A)에서도 대부분의 척도 점수가 정상 범위에 해당한다. 다만 타당도 척도나 상대적으로 상승한 척도 점수를 살펴보았을 때, 자신에 대해 긍정적 특성을 강조하여 표현하고 사회 통념상 부정적이라고 여겨지는 감정이나 욕구, 부적응행동에 대해서는 부인하거나 회피적인 태도를 취하고 있음이 시사된다. 이와 같은 방어적 수검태도가 자기보고 검사 결과나 임상 면담에서 수집된 정보의 신뢰성, 타당한 해석을 저해할 정도에 해당하지는 않는다. 오히려 학생이 긍정적 평판을 받고자 하는 욕구나 동기가 강하며, 주위로부터의 부정적 평판이나 시선을 염려하여 평소에도 이와 같은 방어적 태도를 취해 왔을 가능성이 시사된다. 그러나 현재 학생이 원하는 고등학교 진학에 실패할 가능성에 직면해 있어 보호자와 학생 모두 염려하는 상황임을 고려할 때, 내면의 심적 스트레스가 주위 사람들에게는 간과될 수 있으므로 이 점을 주의 깊게 살펴보아야 한다.

학생은 애정과 관심을 받고자 하는 욕구가 강해 칭찬, 격려, 정서적 지지와 인정, 물리적 보상 등이 제공되는 환경에서는 동기 유발이 잘 되며 능동적이고 적극적으로 행동한다. 유순하고 협조적이며 상대의 반응에 신경을 쓰고 상대에게 맞추고자 노력하는 점도 대인관계 측면에서 긍정적 특성으로 볼 수 있다. 학생이 고등학교 진학 문제로 부모님이 걱정하는 것에 대해 미안함을 느끼고 있으나, 이를 제외하고는 가족으로부터 격려와 긍정적 관심, 자신에게 필요한 도움과 보살핌을 충분히 받고 있다고 여기며 가족을 자신의 최우선의 중요한 지지 체계로 보고하였다. 이러한 점에 비춰 볼 때 지지적이고 안정적인 가족 체계는 학생이 적응적으로 생활을 해 나가는 데에 중요한 환경적 자원으로 볼 수 있다.

다만 유아동기부터 현재까지 광범위하고 유의한 수준의 부주의 징후가 적절한 치료적 개입 없이 지속되어 왔고, 이로 인해 학업 수행을 비롯해 일상생활 적응 전반에도 지속적인 지장이 초래되어 왔다. 학생은 물론 보호자나 교사를 비롯해 주위 사람들은 이러한 부적응, 특히 저조한 학업 성취를 지적인 능력에 잘못 귀인하고 학생의 능력을 저평가 하고 있으며 이는 학업적 성취 동기 저하, 학업적 흥미와 참여의 저해 등으로 이어지고 있다. 따라서 부적응을 지속 및 심화시키는 부주의 징후에 대해 전문적인 치료적 개입이 필요하다고 판단된다.

타당도 척도와 임상 척도

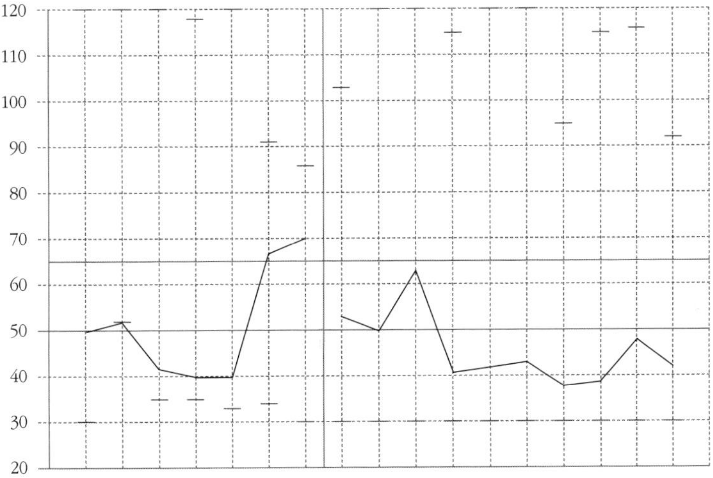

척도	VRIN	TRIN	F1	F2	F	L	K	Hs	D	Hy	Pd	Mf	Pa	Pt	Sc	Ma	Si
원점수	5	9	2	2	4	8	22	12	24	30	16	18	10	9	11	22	24
성별규준T	49	52	42	40	40	67	69	53	50	63	41	42	43	38	39	48	42

내용 척도

척도	A-anx	A-obs	A-dep	A-hea	A-ain	A-biz	A-ang	A-cyn	A-con	A-lse	A-las	A-sod	A-fam	A-sch	A-trt
원점수	3	3	2	6	0	2	3	3	4	0	6	9	6	10	3
성별규준T	39	38	35	44	33	43	37	34	38	33	48	45	44	60	36

성격병리 5요인 척도와 보충 척도

척도	AGGR	PSYC	DISC	NEGE	INTR	척도	A	R	MAC-R	ACK	PRO	IMM
원점수	3	1	6	4	8	원점수	7	20	21	3	19	8
성별규준T	37	38	44	37	47	성별규준T	37	63	47	45	57	37

(4) 요약 및 제언

- 학생의 전반적인 지적 능력은 100명 중 상위 73번째, 하위 27번째에 해당하는 평균 수준(K-WISC-V 결과 FSIQ=91, 95% 신뢰구간 85~97)으로 추정된다. 다만 유아동기부터 현재까지 광범위한 양상의 부주의 징후가 지속되어 오면서 학업 수행을 비롯해 주의를 요하는 활동 수행에 심각한 지장이 초래되어 왔다. 반면 보호자와 학생 모두 부주의 징후의 심각성을 명확히 인지하지 못한 채 저조한 성취를 낮은 지능으로 잘못 귀인하고 있다.
- 복잡한 시공간 정보를 분석하고 조직화하는 능력은 '경계선' 수준으로 인지적 약점에 해당한다. 복잡한 정신활동이 요구되는 시지각적 추론 능력도 '평균 하' 수준에 그친다. 장시간 주의를 안정적으로 지속하고 일관된 행동 반응을 유지하는 능력, 인지적 억제 및 통제력도 유의하게 저조하다. 이러한 점은 복잡한 정신활동 시 주의집중력, 작업기억력과 지속적 주의력의 취약성을 시사한다. 또한 많은 양의 인지적 노력이 필요하거나 복잡한 문제를 해결해 나가야 하는 상황에서 성취가 급격히 저하될 수 있다.
- 한정된 범위의 단순한 시각 정보를 빠르고 정확하게 검색, 변별하고 이에 기초해 의사 결정을 내려 즉각적으로 이행하는 능력은 '평균 상' 수준으로 학생의 인지적 강점에 해당한다. 과제가 단순하고 난이도가 낮아 긍정적 피드백이 예상되는 경우 성취 동기가 향상되고 적극적으로 임하여 양호한 수행을 보일 것으로 기대된다.
- 보호자는 학생이 원하는 고등학교에 진학하지 못할 것에 대한 염려, 학생은 이러한 염려와 보호자를 향한 미안함을 경험하고 있으나 그 정도는 경미하여 생활에 지장을 초래할 정도는 아닌 것으로 보인다. 임상적으로 유의한 수준의 여타 정서적 문제나 품행문제도 시사되지 않는다.
- 부주의 징후에 대해 전문적인 치료적 개입이 필요하다. 해야 할 일이나 과제를 유목화, 단순화시켜 단계적으로 수행해 나갈 수 있도록 문제해결 및 대처 기술 강화에 초점을 맞춘 치료적 개입도 도움이 될 것이다. 보호자에게 학생의 인지적 강점과 약점에 대해 객관적이고 정확한 정보를 제공하고 이에 맞는 양육 환경을 조성할 수 있도록 부모 교육을 단기로 제공하는 것도 필요하다.
- 학생이 대인관계 욕구가 강하고 순응적, 협조적인 점, 긍정적 피드백이나 지지적인 환경에서는 동기 유발이 잘 된다는 점은 적응이나 치료적 변화와 관련해 긍정적 요소라고 볼 수 있다.

• 진단적 시사점

–Attention Deficit Hyperactivity Disorder, Predominantly Inattentive Presentation

–Average Intellectual Functioning but Academic Problem due to inattentiveness, poor academic interest and motivation

• 치료적 고려 사항

–전문의료기관(소아청소년 정신건강의학과) 의뢰

–문제해결 기술 및 동기 강화에 초점을 맞춘 심리상담

–단기 부모 교육

• 기관명, 소속 부서

임상심리전문가(한국심리학회), 정신건강임상심리사1급(보건복지부) ○○○, Ph.D. (인)

〈K–WISC–IV를 적용한 지능검사 해석〉

지표점수 분석

지표	환산점수 합산	지표점수	백분위	95% 신뢰구간	질적분류(수준)
언어이해	30	100	50.9	92~108	평균
지각추론	26	91	28.0	84~101	평균
작업기억	17	92	29.1	84~101	평균
처리속도	24	111	77.5	100~119	평균 상
전체IQ	97	97	41.8	90~104	평균

소검사 결과 프로파일

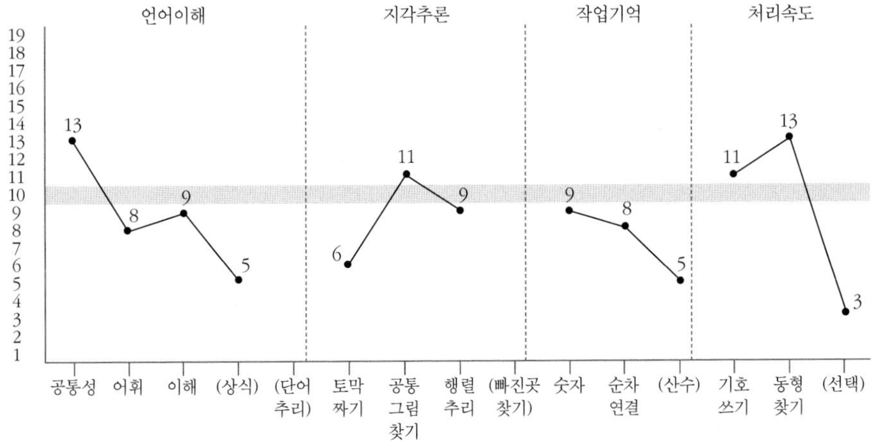

K-WISC-IV 결과, 전체 지능지수(FSIQ=97, 41.8%ile, 95% 신뢰구간 90~104)에 근거한 학생의 전반적인 지적 능력은 '평균' 수준으로 추정되며 이는 비슷한 연령의 학생 100명 중 상위 약 58번째, 하위 약 42번째에 해당한다.

언어이해지표(VCI=100, 50.9%ile)는 '평균' 수준에 해당하나 이를 구성하는 소검사들 간에 편차가 매우 크고 실질적으로도 드물게 나타나는 경우이므로(공통성-어휘=5점) VCI를 단일요인으로 간주하여 해석하는 데에 제한이 따른다. 제시된 언어 정보에 대해 공통 속성을 추론하여 개념화하는 능력은 평균보다 높은 수준(84%ile)에 해당하며, 이는 학생의 인지적 강점으로 볼 수 있다. 반면 일상생활에서 사용하는 어휘력은 '평균' 수준의 하단(25%ile)으로 학생의 여타 인지 기능과 비슷한 수준에 해당하나, 언어적 개념형성 능력과 비교해서는 현저히 저조하다. 보충소검사에 포함되며, 교육 및 경험을 통해 습득해 놓은 일반 상식의 범위는 '평균보다 낮은' 수준(5%ile)으로 학생의 여타 인지 기능과 비교해 현저히 저조하다. 이에 대해 부주의 증상이 학업 수행에 지장을 초래해 왔고, 이로 인한 저조한 학업 성취는 학업에 대한 흥미, 성취 동기 및 효능감 저하로 이어진 것으로 보인다.

지각추론지표(PRI=91, 28.0%ile)는 '평균' 수준에 해당하나, 이 역시 소검사들 간 편차가 현저하게 크고 실질적으로 드물게 나타나는 경우이므로(토막짜기-공통그림찾기=-5점) PRI를 단일요인으로 간주하여 해석하는 데에 제한이 따른다. 비언어적 시각 정보에 대해 공통 속성을 추론하여 범주화, 개념화하는 능력, 순서 및 규칙을 추론하는 능력 등 유동추론 능력은 '평균' 수준(37~63%ile)을 유지하고 있다. 그러나 시공간 정보를 분석, 조직화하여 처리하는 능력은 '평균보다 낮은' 수준(9%ile)에 그치며, 이는 학생의 인지적 약점에 해당한다.

작업기억지표(WMI=92, 29.1%ile)는 '평균' 수준에 해당한다. 언어적-청각적 주의 폭, 한정된 범위의 언어 정보에 대한 주의집중력 및 작업기억력 등은 평균 수준(25~37%ile)에 해당한다. 다만 난이도가 높은 과제에서 오히려 수행이 향상되는 비전형적인 수행패턴을 보였다. 과제에 익숙해지면서 긍정적 피드백을 예상하게 되고 수행동기도 향상되었을 가능성을 고려해 볼 수 있다. 한편 작업기억지표 산출에 포함되지 않지만 암산과 같이 내적 정신활동을 지속해야 하는 보충소검사에서 수행이 '평균보다 낮은' 수준(5%ile)으로 급격히 저하된다. 필기도구를 제공한 한계검증을 통해 수식을 세우고 계산하는 것이 가능했음에 비춰 볼 때, 인지적 부하가 높은 암산 활동에서 주의지속 능력, 작업기억력이 현저히 저하되었을 가능성, 수리 및 계산 능력과 같은 학업적 기술이 요구되는 암산 활동에 대해 수행불안이 증가하고 자신감이 저하되었을 가능성 등을 고려해 볼 수 있다.

처리속도지표(PSI=111, 77.5%ile)는 '평균 상' 수준에 해당하며, 이는 지각추론지표나 작업기억지표보다 유의하게 높은 수준이다. 특히 한정된 범위의 시각 정보를 정확히 변별하고 신속하게 반응하는 능력, 이러한 상황에서의 정신처리속도가 '평균보다 높은' 수준(84%ile)으로 학생의 인지적 강점에 해당한다. 이에 대해 난이도가 낮고 단순한 시각 자극 처리 시 긍정적 피드백을 예상하여 수행동기가 향상되고 적극적으로 임하였고 양호한 성취로 이어졌을 가능성을 고려해 볼 수 있다. 이에 비해 인지적 부하가 증가하는 상황에서는 주의집중력, 작업기억력, 주의지속 능력이 저하되고 체계적이고 조직적인 사고 활동도 방해를 받아 복잡한 문제해결에는 어려움이 예상된다.

사례 4: 정신건강의학과 진료를 통해 신경인지장애 감별을 위해 심리평가가 의뢰된 여성 노인 환자

사례 4

해외에서 박사 학위를 취득한 만 80세 여성이다. 30년 이상 대학 교수로 재직하였으며, 약 15년 전 정년퇴임을 하였으나, 이후에도 약 5년 정도는 명예교수로 자신이 근무했던 대학에서 강의 및 논문 지도를 해 왔다. 약 10년 전부터는 거주지의 노인복지관에서 노인들이 알기 쉬운 인문학 강좌를 개설하여 재능 기부를 하고 있으며, 배우자와 함께 성당 노인 친목 모임에 정기적으로 참석하고 있다. 1~2년 전부터 독서, TV 시청, 친구와의 전화 통화 등 소소한 일들을 하다가 가스 불을 끄는 것을 깜박 잊거나 약 복용 시간을 놓치는 경우가 간혹 있다고 한다. 주위 사람들은 그 나이에 흔히 겪을 수 있는 소소한 건망증이라고 말하지만, 수검자는 기억력이 점진적으로 저하되다가 치매에 걸리지 않을까 걱정이 된다고 한다. 이에 전문적인 진료와 평가를 받고자 정신건강의학과 노인 클리닉에 수검자가 직접 외래 진료를 예약하고 방문했다고 한다. 정신건강의학과 전문의 진료 후 CERAD-K 신경심리평가와 일상생활 기능 평가 등이 의뢰되었다.

심리평가 보고서 Psychological Assessment Report ○○○○병원 임상심리과	성　　명: K 성　　별: 여 연　　령: 만 80세 결혼상태: 기혼 교육정도: 대학원 졸업(박사학위 취득) 16년 이상 평 가 일: ○○○○년 ○월 ○일

실시한 검사

- Korean version of Mini-Mental Status Examination(K-MMSE)
- CERAD-K(N)-2
  - −Word Fluency Test(Categorical Fluency: Animal)
  - −Korean Boston Naming Test-Short form
  - −Construction Praxis
  - −Word List Learning(Immediate Recall, Delayed Recall, Delayed Recognition)
  - −Construction Recall
  - −Trail Making Test
  - −Color-Word Stroop Test
- 기타
  - −Clinician Demetia Rating Scale(CDR)
  - −Activity of Daily Living Scale(S-IADL 및 S-ADL)
  - −Neurospychiatric Inventory(NPI)
  - −Short form-Geriatric Depression Scale-Korean version(SGDS-K)

(1) 배경 정보 및 의뢰 사유

해외에서 박사 학위를 취득한 만 80세 여성으로 대학 교수로 정년퇴임을 하였다고 한다. 1~2년 전부터 일상생활에서 소소한 건망증을 비롯해 기억력이 점진적으로 저하되는 것 같아 전문적인 진료와 평가를 받고자 정신건강의학과 노인 클리닉에 직접 외래 진료를 예약하고 방문했다고 한다. 정신건강의학과 전문의 진료 후 CERAD-K 신경심리평가와 일상생활 기능 평가 등이 의뢰되었다.

(2) 검사 태도 및 행동 관찰

보통 키, 보통 체격의 80대 여성으로 실제 나이보다 5~10년 정도 젊게 보였다. 보호자들과 함께 평가실에 입실하였다. 독립 보행이 가능하였고 사지 사용이 원활하였으며 시력, 청력도 양호한 등 검사 수행에 지장을 줄 만한 여타의 신체적 문제는 관찰되지 않았다. 평가자에게 예의 바르게 인사를 하였고, 평가 상황에서도 지시나 질문에 협조적으로 응답하였다. 기억력 과제를 수행하는 동안 긴장한 듯이 보였고 자신의 점수가 일반적인 노인들과 비교해 어느 정도에 해당하는지 평가자에게 확인을 구하였다. 또한 평가 종료 후 전반적인 결과가 좋지 않게 나올 것을 염려하였으며, 평가자가 지지하고 안심시켜 주자 여러 차례 고맙다고 표현한 뒤 퇴실하였다.

(3) 심리평가 결과

① 신경인지 기능

한국판 간이 정신상태 검사(K-MMSE) 결과, 정상 범위에 해당한다. 지연 회상 단계에서 한 항목만 회상한 점을 제외하고 모든 항목에 대해 정확히 반응하였다 (K-MMSE=28점/30점, 정상 범위).

Time	Place	3-word registration	Concentration & Calculation	3-word recall
5/5	5/5	3/3	5/5	1/3
Naming	Repetition	3-Command Praxis	Reading	Writing
2/2	1/1	3/3	1/1	1/1
Drawing				
1/1				
Total Score		28/30		Normal

또한 CERAD-K(N) 2판을 실시한 결과, 단어목록 지연회상 과제에서 연령, 교육 수준 및 성별을 고려한 규준 대비 '손상' 범위의 저조한 수행을 보였으나, 이를 제외한 모든 소검사에서 정상 범위의 수행을 보였다. 현재의 시간 상태와 장소 및 공간에 대한 인지 능력은 정상 범위에서 유지되고 있다. 일상적인 의사소통에 필요한 언어표현력과 이해력을 갖추고 있으며, 사물을 대면한 상황에서의 이름대기 능력, 따라말하기 능력 등 대부분의 언어 능력 역시 정상 범위에서 유지되고 있음이 시사된다. 시지각 및 시공간 구성 능력을 반영하는 모든 과제에서 정확히 수행하여 정상 범위에 해당한다. 기억과제의 수행을 살펴보면, 새로운 단어 정보에 대해 즉각기억 수준의 부호화, 저장 및 인출 능력은 정상 범위에서 유지되고 있다. 또한 반복 경험하는 동안 학습량이 증가하고 이를 장기기억으로 전환시켜 저장, 유지하는 능력도 정상 범위에서 유지되고 있다. 이에 비해 일정 시간 경과하면 습득한 정보를 자발적으로 인출, 회상하는 능력은 유의

Neurocognitive domain		Score/Max	M±SD	1SD cut off	1.5SD cut off	5%ile	Level
Word Fluency		18	14.4±5.3	9.1	6.5	8.0	Normal
Boston Naming Test		14/15	10.5±2.3	8.2	7.1	6.3	Normal
Word List Memory	trial 1	3/10	3.0±1.3	1.3	1.7	1.0	–
	trial 2	5/10	5.2±1.4	1.4	3.8	3.0	–
	trial 3	7/10	6.2±1.5	1.5	4.7	3.3	–
	total	15/30	14.4±3.6	10.8	9.0	9.3	Normal
Constructional Praxis		11/11	10.5±0.9	9.6	9.2	8.3	Normal
Word Delayed Recall		1/10	4.7±1.9	2.8	1.9	1.0	Impaired
Word Recognition		9/10	8.1±1.9	6.2	5.3	4.0	Normal
Construction Recall		8/11	6.7±3.0	3.7	2.2	0.5	Normal
Trail Making Test	A	95	92.7±32.9	125.6	142.1	149.0	Normal
	B	225	197.3±45.8	243.1	266.0	290.0	Normal
Korean-Color Word Stroop Test	Word reading	71/100	71.2±13.4	57.8	51.1	48.0	Normal
	Color reading	66/100	58.6±9.0	49.6	45.1	39.0	Normal
	Color-Word reading	29/100	38.8±10.2	28.6	23.5	23.0	Normal

한 저하가 나타나고 있다.

기억 인출 효율성의 저하와 같이 전두엽/관리기능을 반영하는 일부 인지 기능은 유의한 저하가 시사된다. 그러나 주의지속 능력 및 처리속도, 선택적 주의력, 주의전환 능력, 제시된 조건에 맞게 단어나 개념을 산출하는 능력 및 인지적 유연성 등 대부분의 전두엽/관리기능은 정상 범위에서 유지되고 있다.

② 정서 및 일상생활 수행 능력

노년기 우울감을 자가평정하는 단축형 노인 우울 검사(SGDS-K) 결과, 유의한 수준의 우울 징후를 호소하였다(SGDS=9점/15점). 수검자는 기억력 저하를 비롯해 노화가 진행되어 독립적인 일상생활을 유지하기 어려운 상황이 발생할 것에 대해 지나친 염려와 불안감, 비관적인 조망, 자신에 대한 실망감, 낙담, 흥미 저하와 의욕 감퇴 등을 주로 호소하고 있다.

보호자와의 면담을 통해 평정하는 NPI 결과, 우울/낙담, 무감동/무관심이 지속되며 피로감, 의욕 저하를 호소하고 활동량이 감소한 것으로 보고된다. 다만 이러한 부정적 정서가 일상생활 수행에 지장을 초래할 정도는 아니며, 주위 사람들로부터 긍정적인 관심이나 격려가 제공되는 상황에서는 다소 경감되어 보호자에게 부담이 되는 정도는 아니라고 한다.

일상생활 수행 능력을 살펴보면, 1~2년 전부터 수검자가 이전보다 소소한 건망증을 호소하는 빈도가 증가하였음을 보호자와 수검자 모두 보고하였다. 그러나 기억 저하 행동의 양상을 구체적으로 살펴보면, TV를 보는 동안 가스 불을 끄거나 예정되어 있던 전화 연락을 놓치는 것 등 어떤 일을 하는 동안 그 시간에 해야 할 다른 일을 자발적으로 인출하는 데에 실패하는 경우가 간혹 발생하는 것으로 보고된다. 그러나 그 빈도가 적고 생활에 지장을 초래하는 정도는 아닌 것으로 보고되었으며, 독립적인 일상적 활동 수행에 지장을 초래할 정도의 여타의 인지 기능 저하 소견은 시사되지 않았다 (CDR=0, Normal/S-IADL=4점, Normal). 신경인지 기능 검사에서도 기억 인출 효율성이 저하된 점을 제외하고는 대부분 정상 범위에서 유지되고 있다.

Test		Score/Max	Level
Short Version of the Geriatric Depression Scale(SGDS)		9/15	Clinical Level
K-NPI	Severity	12/144	•
	Caregiver stress	2	•
Activities of Daily Living(S-ADL)		0/24	Normal
S-IADL	(performance)	4/45	Normal
	(potential)	4/45	Normal
Clinical Dementia Rating(CDR)		0/5	Normal

(4) 요약 및 제언

이상의 결과, 수검자는 대부분의 신경인지 기능이 정상 범위에서 유지되고 있으나 기억 인출 효율성의 유의한 저하가 시사된다. 일상생활에서 호소하는 최신 일화기억력 저하는 주로 미래 계획 기억 행동과 관련이 있으며, 상기의 기억 인출 효율성 저하에 기인하는 것으로 보인다. 다만 이와 같은 기억력 저하가 독립적인 일상생활 유지에 지장을 초래할 정도는 아니며 빈도 역시 드물고 사소한 경우가 대부분이다. 생활에 지장을 초래할 정도는 아니지만, 주위 사람들이 인지 가능하고 수검자 스스로도 불편감을 느낄 정도의 우울 징후도 시사된다. 우울한 상태에서 보이는 부정적인 상황 조망, 자신감 및 인지적 효능감 저하 등이 객관적 인지 기능에 비해 주관적으로 지각하는 기억 불편감을 증폭시켰을 가능성이 있다. 일차적으로는 연령 증가에 따른 경미한 기억력 저하가 시사된다. 수검자의 인지 기능에 대해 객관적인 정보 제공은 기억력 저하에 대한 염려나 비관적 조망을 경감시키는 데에 도움이 될 것이다. 치료적 개입을 통해 우울 징후가 호전된 이후에도 상기의 기억력 저하가 지속될지 여부에 대해 정기적인 경과 관찰이 필요하다.

- 진단적 시사점
  - Other Specified Depressive Disorder
  - Age-Related Memory Decline
  - Recommendation on Regular Follow-up Neuropsychological Assessment, every 1 year.

- 기관명, 소속 부서
  임상심리전문가(한국심리학회), 정신건강임상심리사1급(보건복지부) ○○○, Ph.D. (인)

사례 5: 건강검진 센터에서 전산화된 치매 선별검사(CARDS)를 실시한 후 자동화된 해석 프로그램에 임상심리 전문가의 의견을 추가해 심리평가 보고서를 작성한 60대 여성의 경우

심리평가 보고서 Psychological Assessment Report ○○○○대학교 병원 건강검진센터	성　　명: 가나다 성　　별: 여 연　　령: 만 65세 결혼상태: 기혼 교육정도: 초등학교 졸업(6년) 평 가 일: ○○○○년 ○월 ○일

실시한 검사

- Cognitive Assessment & Reference Diagnosis Sytem(CARDS)
  - Memory Test: Word List Memory, Object List Memory, Recent & Remote Memory, Orientation
  - Agnosia Test: Object Naming Test–I, Identification Test, Object Constancy Test
  - Aphasia Test: Object Naming Test–II, Verbal Fluency Test, Word Definition, Expressive Language, Comprehension of Spoken Language, Word-finding difficulty
  - Apraxia Test: Ideational Praxis, Ideomotor Praxis, Constructional Praxis, Writing
  - Dysexecution Test: Abstract Thinking, Ideational Fluency, Visual Reasoning, Judgement
  - Attention/Calculation Test: Trail Making Test A, Serial 7 Subtraction, Backward Citation of Weekdays, Combined Arithmetic Test

(1) 배경 정보 및 의뢰 사유

가나다 님은 초등학교 졸업 학력의 전업주부다. 종합 건강검진을 받을 목적으로 본원 건강검진 센터를 방문하였다. 최근 소소한 건망증이 늘어 치매가 아닐까 하는 걱정을 많이 하였으며 특수 검진 항목으로 치매 선별검사를 받기를 원하였다.

(2) 행동 관찰

보통 키, 보통 체격의 60대 중반의 여성으로 옷차림이 단정하였으며 위생 상태도 양호하였다. 보호자인 딸과 함께 평가실에 입실하였으나, 독립 보행이 가능하였으며 사지 움직임도 원활하였고 시력 및 청력도 양호한 등 검사 수행에 지장을 줄 만한 신체적 문제가 관찰되지 않았다. 컴퓨터로 검사가 실시될 것이라는 설명에 자신은 기계 사용이 서툴다며 걱정을 표현하였으나, 평가자가 격려해 주자 안심하였고 검사 후에도 지시에 차분히 협조적으로 임하였다. 평가 종료 후 자신의 점수가 몇 점이나 해당되는지, 치매로 판정되었는지 그 결과에 대해 궁금해하며 질문을 많이 하였다.

성명	가나다	연령/성별	65/여성
등록번호	1234567	평가일	2019-07-07
주소	[123-456] 희망시 행복구		
	태평동 복지아파트 7동 707호	전화번호	(02) 123-4567

Diagram to identify impairment in cognitive domains

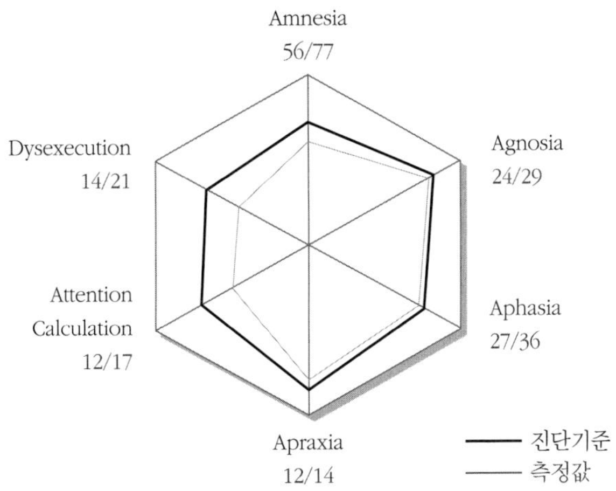

가나다 님의 CARDS-cog 점수는 145점(만점 194점)입니다.

Reference Diagnosis DSM-IV Diagnosis

Not Dementic, Not Depressed, Not Delirious, Not Psychotic

(3) 요약 및 제언

전산화된 신경심리검사(CARDS) 결과, 주의집중력, 기억력, 언어 능력, 시지각 능력, 관리기능 등 대부분의 인지 기능이 연령, 학력 및 성별 대비 정상 범위에서 잘 유지되고 있음이 시사된다. 최근 나타난 건망증 행동에 대해 경미한 수준의 근심, 걱정이 증가해 있는 점을 제외하고는 일상생활 적응에 지장을 초래하는 정서적 문제도 시사되지 않는다. 다만 근래 손자 양육 및 가사 부담의 증가 등이 누적되면서 스트레스 요인으로 작용할 수 있으므로 주의가 필요하다. 주관적인 걱정과는 달리 인지 기능이 잘 유지되고 있다는 정보 제공은 심리적 안정감에 도움이 될 수 있을 것이다. 또한 초기 노인 연령에 접어든 시기이므로 1년 단위의 정기 검진과 선별검사 실시가 건강 관리에 도움이 될 것이다.

• 기관명, 소속 부서

임상심리전문가(한국심리학회), 정신건강임상심리사1급(보건복지부) ○○○, Ph.D. (인)

사례 6: 성년후견인 선임을 위해 법원으로부터 정신건강의학과에 감정 평가가 의뢰되어 심리평가를 실시한 경우

심리평가 보고서 Psychological Assessment Report ○○○○병원 임상심리과	성 명: L 성 별: 여 연 령: 만 64세 결혼상태: 기혼 교육정도: 고등학교 졸업(12년) 평 가 일: ○○○○년 ○월 ○일

실시한 검사

- Korean version of Mini-Mental State Examination(K-MMSE)
- Seoul Neurospychological Screening Battery-2nd edition(SNSB-II)
- Clinician Demetia Rating Scale(CDR)
- Barthe-Activity of Daily Living Scale(Barthe-ADL)
- Korean-Instrumental Activity of Daily Living Scale(K-IADL)
- Short form-Geriatric Depression Scale-Korean version(SGDS-K)
- Neurospychiatric Inventory(NPI)

(1) 배경 정보 및 의뢰 사유

고등학교 졸업 학력의 만 64세 여성이다. 수검자는 수십 년 동안 자신이 소유한 건물을 관리해 왔는데, 약 2~3 전쯤부터 이전과는 달리 세입자들의 월세 납부 내역을 정확히 기억하지 못하고 제대로 기록해 놓지 않는다고 한다. 수검자는 자녀들에게 세입자들이 월세를 제때 주지 않고 자신을 속인다는 불만을 토로하는 반면, 세입자들은 월세를 제때 냈음에도 수검자가 이를 기억하지 못하고 월세 납부를 독촉한다는 항의를 하고 있다. 수검자는 이러한 어려움을 자녀들에게 호소하면서도 자녀들이 도와주려고 하면 자신의 재산을 빼돌릴 것을 의심하며 화를 낸다. 최근 수검자는 세입자와 다투는 과정에서 욕설을 하고 신체적 공격을 가해 법적 분쟁도 초래되었다. 자녀들이 성년후견인 선임을 신청하였고 이 과정에서 법원으로부터 심리평가가 의뢰되었다.

(2) 검사 태도와 행동 관찰

수검자는 보호자인 딸 2명과 함께 내원하였다. 보통 키, 보통 체형의 60대 여성으로 전반적인 위생 상태는 양호하였다. 청력, 시력, 양손 사용을 비롯해 의사소통이나 심리검사 수행에 지장을 초래할 만한 신체적 문제는 관찰되지 않았다. 수검자는 보호자가 퇴실하자마자 평가자에게 자신이 겪고 있는 법적인 문제에 대해 부당하고 억울하다며 큰 소리로 장황하게 언급하였다. 수검자는 평가자의 질문이나 지시를 대부분 이해할 수 있었으나, 길만들기 검사와 같이 일부 복잡한 지시는 평가자의 설명을 여러 번 듣고 그 내용을 스스로 평가자에게 설명하며 자신이 제대로 이해했는지 확인을 구하였으나, 적절히 수행하지는 못하였다. 난이도가 높아지면 갑자기 성량이 작아지고 평가자의 눈치를 살피면서 자기 연령대의 다른 사람들도 풀 수 있는 문제가 맞는지 확인을 구하였다. 수검자는 세입자들에 대한 불신과 분노감을 자주 드러내 보였으나, 적응에 지장을 초래할 만한 인지적, 정서적, 행동적 문제에 대해서는 부인하였다. 또한 수검자는 보호자 면담 평가를 진행할 때 자신도 동석해야 한다고 강하게 주장하며 퇴실을 거부하였다. 평가자가 수검자에게 보호자 면담의 목적을 여러 차례 설명하고, 보호자들도 수검자를 긴 시간 달래고 설득한 이후에야 수검자는 면담에 참여하지 않은 다른 보호자와 함께 퇴실하였다. 수검자는 퇴실할 때 자신의 가방과 휴대폰을 검사실 책상 위에 그대로 두고 나와 추후 보호자가 챙겨서 나갔다.

(3) 심리평가 결과

① 신경인지 기능

한국판 간이 정신상태 검사(Mini-Mental Status Examination(K-MMSE)에서 연령 및 교육수준 대비 '손상' 범위에 해당하는 매우 저조한 수행을 보였다(K-MMSE=24점/30점, .69%ile). 연도, 월, 일, 요일 및 계절과 같은 현재의 시간 상태에 대한 인지는 가능하다. 현재 위치한 장소의 행정 구역, 장소의 이름과 기능 등 장소 및 공간에 대한 인지도 가능하다. 단어 즉각 회상, 이름대기, 따라말하기, 읽기 및 쓰기, 구성 능력을 반영하는 간단한 과제들에 대해서는 정확히 수행하였다. 반면 주의집중력을 반영하는 계산 과제, 단어 지연 회상, 명령 시행 과제 등에서 오류를 보였다.

SNSB-II의 주의력 및 집중력을 반영하는 과제 수행을 살펴보면, 한정된 범위의 단순한 시각 및 청각자극에 대한 일시적인 주의집중력, 언어적-청각적 자극에 대한 기본적인 주의 폭은 정상 범위에서 유지되고 있음이 시사된다. 그러나 복잡한 정신적 조작이 요구되는 경우 주의집중력이 유의하게 저하되는 양상이다.

언어 영역에 대해 살펴보면, 일상적 의사소통에 필요한 언어이해 및 표현력은 갖추고 있음이 시사된다. 읽기 및 쓰기, 따라말하기 능력도 유지되고 있다. 다만 언어이해력을 반영하는 소검사 중 복문의 긴 문장에 대해 오류를 보였는데, 이는 언어이해력의 저하보다는 해당 과제 수행 시점에 주의력을 안정적으로 유지하지 못한 데에 기인한다. 이에 비해 사물을 대면한 상황에서의 이름대기 능력은 유의한 저하가 시사된다.

덧셈과 받아내림이 없는 뺄셈은 가능하지만, 받아내림이 있는 뺄셈, 간단한 곱셈과 나눗셈 과제에서는 지속적으로 오류를 보여 계산 능력의 유의한 저하가 시사된다. 이러한 계산 능력의 저하는 복잡한 돈 계산이나 금전 관리에 지장을 초래할 수 있다.

입 주변부 안면 근육 운동이 필요한 명령 시행 과제(Buccofacial Praxis)는 정확히 수행하였다. 그러나 관념 운동 실행증을 평가하는 과제(Ideaomotor Praxis)에서는 전반적인 수행이 유의하게 저조할 뿐만 아니라 자신의 신체 부위를 도구처럼 사용하는 오류를 여러 차례 보였다. 이에 관념적 사고를 통해 지시받은 행동을 이행하는 능력은 경미한 저하가 시사된다.

구성과제의 수행을 살펴보면, 시공간 구성 능력의 유의한 저하가 일관되게 시사된다. 이에 더해 계획 및 조직화 능력, 충동 억제 능력 등 전두엽 및 관리기능의 저하로 인해 복잡한 시공간 구성 과제에서 수행 저하가 극대화되었을 가능성에 대해서도 고려해야 한다.

언어적-청각적 정보의 경우 부호화 및 저장 단계에서부터 유의한 기억력 저하가 시사되며, 그 결과 반복 경험을 통해서 새로운 정보를 습득하는 데도 지장이 초래되는 양상이다. 시공간 정보에 대해서는 반복 경험을 통해 장기기억으로의 정보 저장 및 유지가 일정 수준 가능하겠으나, 시공간 구성 능력의 저하, 주의집중력의 저하, 조직적 사고력 및 계획 능력의 저하 등으로 즉각적인 정보 인출이나 목표 자극과 간섭 자극을 정확히 변별, 재인하는 데에는 어려움을 보일 수 있다.

전두엽 및 관리기능 영역에 대해서도 광범위한 저하가 시사된다. 앞서 언급했듯이 계획 능력, 조직적 사고력, 충동 통제 능력의 저하와 더불어 반응 억제 능력, 목표에 맞게 사고 혹은 행동을 전환하는 능력, 인지적 유연성 등도 유의한 저하가 시사된다. 주의지속 능력, 정신처리속도는 물론이고 선택적 주의력, 주의전환 능력 등 주의 자원을 통제, 조절하는 능력 역시 유의한 저하가 시사된다.

② 정서 및 행동

우울 관련 자기보고 척도 점수가 정상 범위에 해당하며, 수검자를 대상으로 한 임상 면담에서도 생활에 지장을 초래할 만한 정서적 · 행동적 문제는 보고되지 않는다.

하지만 수검자와 수년째 동거 중인 보호자(큰딸)의 보고에 따르면, 망상을 단정하기는 어려우나 일화기억력 저하에 수반하여 자신의 기억 실수를 주위 사람들의 탓으로 돌리고, 가족이나 이웃 등 광범위한 대상을 향해 강한 불신, 의심, 피해 사고가 지속되고 있다고 한다. 이와 관련해 과민함, 공격 행동, 충동 조절의 어려움 등도 빈번히 발생하며, 이러한 정서 및 행동 문제로 법적인 문제가 초래되었다. 이와 같은 피해 사고, 감정 조절의 어려움이나 공격 행동 등은 가까운 사람들의 설명이나 설득을 통해서도 좀처럼 교정 혹은 경감되지 않는다고 한다. 이번 심리평가 장면에서도 수검자는 자신의 긍정적 특성을 강조하였으나, 세입자들에 대해서는 물론이고 자녀들이 세입자들과 모의하여 자신의 재산을 빼돌릴 궁리를 한다며 불신, 피해 사고 및 분노 감정을 강하게 여러 번 드러냈다.

③ 일상생활 수행 능력

화장실 사용, 씻기, 옷 입기, 식사 행동 등 기초적인 자조 행동은 수검자가 스스로 수행할 수 있다고 보고 및 시사된다. 이에 비해 요리나 청소와 같이 익숙한 집안일, 늘 사용하는 가전제품의 조작, 교통수단을 이용한 근거리 왕래 등도 독립 수행이 가능하다. 그러나 이를 제외하고는 공과금 관리, 새로 구입한 가전제품 사용, 새로운 장소를 찾아가기 등 상대적으로 복잡하여 기억력, 판단력, 응용 능력이 필요한 일상적 활동에 대해서는 독립 수행에 일부 제약이 있으며, 이는 상기의 신경인지 기능의 저하에 기인하는 것으로 보인다. 약 복용, 기념일이나 약속 기억하기와 같이 가까운 미래에 해야 할 일을 스스로 기억하여 이행하는 것이 어려워 보호자가 스케줄 관리를 상당 부분 도와주어야 한다. 또한 최근 발생했던 사건들의 세부 내용을 정확히 기억하지 못하고 사실과 다르게 기억하는가 하면, 소지품을 둔 곳을 기억하지 못해 찾는 행동이 매우 빈번할 뿐만 아니라 최근 1~2년 사이에 큰 금액의 돈이나 귀중품을 공공장소에 두고 와 몇 차례 분실한 경험도 보고된다. 이러한 일화기억력 저하 행동은 이번에 실시한 심리평가 장면에서도 관찰되었다. 특히 계산 능력, 기억력, 판단력의 저하로 큰 금액의 재정을 수검자 스스로 관리하는 데에는 상당한 어려움이 있을 것으로 판단된다. 이러한 점에서 일상생활 수행 능력은 Major Neurocognitive Disorder, mild level이 시사된다(CDR=1점/5점, mild dementia level). 이러한 신경인지 기능 저하에 영향을 미칠 수 있는 과거 신체 질환은 명확히 보고되지 않는다. 다만 광범위한 양상의 신경인지 기능 저하나 일상생활 수행 능력의 저하가 수검자의 연령에 비해 빠르게 발생한 점, 정신 행동 증상이 동반된 점 등을 고려할 때, 의학적 관련성이 있는 병인 여부를 자세히 확인할 필요가 있다. 이를 위해 영상학적 검사 실시도 도움이 될 것이다.

(4) 요약 및 제언

이상의 결과, 수검자는 주의집중력, 시공간 구성 능력, 기억력, 전두엽 및 관리기능, 계산 능력 등 광범위한 영역의 신경인지 기능 저하가 시사된다. 단순한 자극에 대한 주의력, 언어이해 및 표현력, 읽기 및 쓰기 능력이 유지되고 있고, 과거에 습득한 사회적 지식에 기초해 일상적인 문제에 대해서는 관습적, 지적인 수준의 상황 이해나 판단도 일정 부분 가능할 것으로 보인다. 따라서 구조화되어 있고 익숙한 생활환경에서는 수검자의 신경인지 기능 저하가 일상적인 활동 수행에 크게 지장을 초래하지는 않을 것으로 보인다. 하지만 자신의 경험을 구체적으로 기억하는 능력, 계획이나 예측 능력, 복잡한 판단 능력, 응용력 등은 유의하게 저하되어, 이러한 인지 기능을 요하는 일상적 활동 수행에는 지장이 초래되고 있다. 특히 큰 금액의 금전이나 귀중품 관리, 수검자의 안위에 영향을 미칠 수 있는 중요한 서류나 관련 물품 관리, 복잡한 스케줄 관리 등은 수검자 스스로 이행하기 어렵고, 신뢰할 수 있는 대상으로부터 부분적인 도움을 받을 필요가 있다. 영상학적 검사 실시를 포함해 수검자의 신경인지 기능 저하와 일상생활 수행 능력 저하에 영향을 미칠 수 있는 의학적 병인에 대한 확인도 필요하다.

• 진단적 시사점

－Major Neurocognitive Disorder due to Alzheimer's Disease, mild level, with behavioral disturbance

• 기관명, 소속 부서

임상심리전문가(한국심리학회), 정신건강임상심리사1급(보건복지부) ○○○, Ph.D. (인)

※ 검사 결과 표는 뒷면을 참고하십시오.

SNSB-Ⅱ SUMMARY TABLE (1)

이 름	LLL	병록번호	00000	생년월일	1955/03/03
나 이	64	성 별	여자	학력(교육년수)	고졸(12)
손잡이	오른손	검 사 자		검사기관	
직 업	임대업	검 사 일	2019/08/02	의뢰의사(과)	

Test	Raw Score	%ile Score	Z Score	%ile by Sex
Attention				
Vigilance test	Normal			
Digit Span Test: Forward	5	15.17	-1.03	15.75
Backward	2	1.80	-2.10	2.04
Forward-Backward	3	24.01	-0.71	
Letter cancellation	Normal			
Neglected side	N/A			
Language & Related Functions				
Spontaneous speech: Fluency	Fluent			
Contents	Normal			
Comprehension	Borderline			
Repetition	15	15≤		
Korean-Boston Naming Test (K-BNT)	39	0.93	-2.35	1.21
Short form of the K-BNT (S-K-BNT)				
Reading	Normal			
Writing	Normal			
Finger naming	Borderline			
Right-left orientation	Borderline			
Body-part identification	Normal			
Calculation: Addition (+)	3	15≤		
Subtraction (-)	2	<5		
Multiplication (×)	1	<5		
Division (/)	1	<5		
Total score	7	<5		
Praxis: Ideomotor	3	<5		
Buccofacial	Normal			

SNSB-II SUMMARY TABLE (2)

이 름: LLL

Test	Raw Score	%ile Score	Z Score	%ile by Sex
Visuospatial Functions				
Clock Drawing Test (CDT): Contour	1			
Numbers	0			
Time setting	1			
Total score	2	5≤*<10		
Rey Complex Figure Test (RCFT): Copy score	24.5	0.01	-3.73	<.01
Copy time (sec)	154	60.05	0.25	67.08
Memory				
Seoul Verbal Learning Test-Elderly's version (SVLT-E)				
Immediate recalls: Trial 1	4			
Trial 2	4			
Trial 3	4			
Total score	12	1.10	-2.29	0.35
Delayed recall	3	3.13	-1.86	1.13
Recognition: True positive	8	3.44	-1.82	2.08
False positive	2	18.96	-0.88	17.33
Recognition score	18	2.48	-1.96	1.57
Recognition discriminability index	75.00	2.62	-1.94	1.64
Rey Complex Figure Test (RCFT)				
Immediate recall	8	6.71	-1.50	7.20
Delayed recall	10	11.46	-1.20	11.53
Recognition: True positive	6	0.70	-2.46	0.60
False positive	0	87.93	1.17	
Recognition score	18	10.13	-1.27	9.50
Recognition discriminability index	75.00	10.32	-1.26	9.61
Frontal / Executive Functions				
Motor impersistence	Normal			
Contrasting program	20	15≤		
Go-No go	15	<5		
Fist-Edge-Palm: Right	Normal			
Left	Normal			
Alternating hand movement	Normal			
Alternating square & triangle	Normal			
Luria loop	Normal			

SNSB-Ⅱ SUMMARY TABLE (3)

이 름: LLL

Test	Raw Score	%ile Score	Z Score	%ile by Sex
Frontal / Executive Functions (Cont.)				
Controlled Oral Word Association Test (COWAT):				
Animal	9	3.44	-1.82	3.97
Supermarket	11	8.03	-1.40	4.11
ㄱ	3	3.76	-1.78	
ㅇ	1	1.10	-2.29	
ㅅ	2	1.52	-2.16	1.77
Phonemic total score	6	0.62	-2.50	
Animal + ㄱ	12	1.37	-2.20	1.59
Korean-Color Word Stroop Test (K-CWST):				
Word Reading (WR): Number of correct response	81	<5		
Number of error response	0	15≤		
Response time (sec)	120			
Correct response rate	1.00	15≤		
Time-per-item	1.48	<.01	-5.96	
Color Reading (CR): Number of correct response	30	0.01	-3.83	<.01
Number of error response	5	5≤*<10		
Response time (sec)	120			
Correct response rate	0.86	<5		
Time-per-item	3.43	<.01	-6.45	<.01
Interference score	1.95	<.01	-4.18	<.01
Korean-Color Word Stroop Test-60 seconds (K-CWST-60):				
Word Reading (WR) Number of correct response				
Number of error response				
Color Reading (CR): Number of correct response				
Number of error response				
Digit Symbol Coding (DSC): Correct	12	0.05	-3.27	0.04
Error	12	<5		
Korean-Trail Making Test-Elderly's version (K-TMT-E)				
Part A: Success / Fail / NA	Success			
Time	52	0.03	-3.41	0.04
Error	0			
Part B: Success / Fail / NA	Fail			
Time	300	<.01	-12.61	<.01
Error				

SNSB-Ⅱ SUMMARY TABLE (4)

이 름: LLL

Test	Raw Score	%ile Score	Z Score	%ile by Sex
Other Indexes				
Korean-Mini Mental State Examination (K-MMSE)				
Orientation to time	5	15≤		
Orientation to place	5	15≤		
Registration	3	15≤		
Attention & calculation	1	<5		
Recall	2	15≤		
Language	7	5≤*<10		
Drawing*	1	2.28≤		
Total score	24	0.06	-3.23	0.06
Short Version of the Geriatric Depression Scale (SGDS)	0			
Barthel-Activities of Daily Living (Barthel-ADL)	20			
Korean-Instrumental Activities of Daily Living (K-IADL)				
Sum	18			
No. of NA items	1			
Score	1.8			
Clinical Dementia Rating (CDR): Score	1			
Sum of boxes	5			
Global Deterioration Scale (GDS)				

* 원점수가 0점 또는 1점이므로 백분위 점수는 특정 값 미만 또는 이상으로 표시됨.

Cognitive Domain Scores

Cognitive Domain	Raw Score	%ile Score	Z Score	T Score	%ile by Sex
Attention	7.00	3.71	-1.79	32.15	4.50
Language	-0.78	<.01	-4.38	6.16	<.01
Visuospatial Function	-0.87	<.01	-4.11	8.88	<.01
Memory	-0.89	0.71	-2.45	25.46	0.37
Frontal / Executive Function	-2.24	<.01	-6.81	-18.12	<.01

참고문헌

Groth-Marnat, G. (2016). *Handbook of Psychological Assessment* (6th ed.). Hoboken, NJ: John Wiley & Sons, Inc.

Harrvey, V. S. (2006). Variables affecting the clarity of reports. *Journal of Clinical Psychology, 62,* 5-18.

Kaufman, A. S., & Lichtenberger, E. O. (2002). *Assessing Adolescent and Adult Intelligence* (2nd ed.). Needham Heights, MA: Allyn and Bacon.

Klopfer, W. G. (1960). *The Psychological Report.* New York: Grune & Stratton.

Lichtenberger, E. O., Mather, N., Kaufman, N. L., & Kaufman, A. S. (2004). *Essentials of Assessment Report Writing.* Hoboken, NJ: John Wiley & Sons, Inc.

O'Neill, A. M. (1995). *Clinical inference: How to draw meaningful conclusion form psychological tests.* Barndon, VT: Clinical Psychology Publishing.

Ownby, R. L. (1997). *Psychological Reports: A Guide to Report Writing in Professional Psychology* (3rd ed.). New York: Wiley.

Sattler, J. M. (2001). *The Gregg Reference Manual* (9th ed.). New York: Glencoe/McGraw-Hill.

제11장

심리평가의 새로운 흐름

PSYCHOLOGICAL ASSESSMENT

심리평가와 관련된 수요는 현재 폭증하고 있는 실정이며, 다양한 심리학적 이론과 개입의 영향으로 심리검사 영역 역시 급변하고 있다. 전통적인 심리평가에서는 종합심리검사를 강조하고 있지만 점차로 환자 혹은 내담자에게 맞는 맞춤식 검사가 더욱 필요하게 되었다. 이 장에서는 심리평가와 관련된 변화의 흐름을 알아보고 심리평가의 미래 방향도 가늠해 보고자 한다.

1. 간편 심리검사 도구의 활용

최근 들어서 과거와 달리 종합심리검사 배터리보다 환자나 내담자에게 맞는 맞춤식 심리검사의 수요가 늘어나고 있다. 이러한 변화가 일어나고 있는 원인 중의 하나는 비용 효과성에 대한 관심과 심리검사의 활용도가 높아졌기 때문이다. 특히 간편 심리검사는 근거기반(evidence-based) 치료나 심리학적 개입의 결과를 계획하고 모니터하고 평가하기 위해 많이 사용되고 있다. 예를 들어, 만성적인 통증이나 신체 증상을 호소하면서 의료적인 처치를 받는 환자들 중에는 심인성인 경우가 많다. 이런 환자들을 감별해서 맞춤형 심리치료를 하기 위해서는 간단한 심리평가 도구가 매우 효과적이다. 또한 간편 심리검사 도구는 흔히 선별 목적으로 사용될 수 있다. 예컨대, 벡 우울 검사(Beck Depression Inventory: BDI)가 주로 이러한 목적으로 사용된다. 특히 종합병원의 의사들은 BDI와 같은 간편한 도구를 통해 간단하게 우울증 선별을 한 다음 우울증이 의심된다는 소견과 함께 심리학자에게 보다 자세한 검사를 의뢰할 수 있다. 이때 심리학자는 환자가 보이는 우울 증상의 기저선을 파악하는데, 이 기저선은 우울 증상을 목표로 한 치료적 개입의 예후와 효과성을 평가하기 위해 사용될 수 있다.

치료 계획을 세우고 치료 예후를 예측하기 위한 목적으로 간편 심리검사 도구를 사용할 때 주의할 점은 다음과 같다. 첫째, 실시하는 데 걸리는 시간이 길지 않고 15~20분 내외로 하는 것이 좋다. 심리치료 전에 실시하는 종합심리검사 세트는 환자나 내담자에 대해 충분한 정보를 주기는 하지만 대부분의 정보는 치료 계획에 직접 적용하기 어려운 부분도 많다.

간편 심리검사 도구를 선택하기 전에 누가 그것을 실시하고 해석할지 고려할 필요가 있다. 대부분의 간편 도구는 자기보고 측정치들이어서 임상가가 심리검사에 쏟는 시간을 줄여 주고 내담자가 주관적으로 느끼는 어려움에 대한 통찰을 얻을 수 있다는 장점이 있다. 하지만 잠정적으로 반응 편향(response bias)을 일으킬 수 있고 과소 혹은 과대 보고가 될 수 있다는 한계가 있다. 자기보고 검사의 이런 한계점 때문에 환자의 삶에서 다른 중요한 인물, 즉 배우자나 부모와 같은 가족이 평가할 수 있는 검사 형태들도 개발되어 있다.

간편 심리검사 도구들은 시간 효율성, 비용 효과성, 치료 계획 및 결과와의 연관성을 고려해서 선택해야 하며, 다양한 목표 집단을 예민하게 평가할 수 있어야 한다. 이러한 간편 심리검사 도구는 이상적으로는 치료자뿐만 아니라 환자나 내담자, 가족, 보험회사, 연구자들이 모두 이용 가능하며 이해 가능해야 한다. 따라서 전문가와 비전문가가 모두 이해할 수 있도록 분명하고 직접적이어야 한다. 변화나 치료 결과를 평가 또는 예측하기 위해 사용되어야 하기 때문에 여러 번 실시했을 때 변화에 매우 민감한 측정치여야 한다. 또한 다른 심리검사와 마찬가지로 심리측정적으로 양호한 검사이어야 한다. 결과를 해석할 때 복잡해서는 안 되며 내담자나 관련된 사람들에게 피드백을 줄 수 있을 정도로 분명한 내용을 담고 있어야 한다.

이 장에서는 전통적인 풀 배터리 검사 외에 비교적 신뢰도와 타당도가 높다고 알려진 자기보고 검사 몇 가지를 소개하고자 한다.

1) 성격평가 질문지(PAI)

(1) PAI의 제작 과정 및 특징

성격평가 질문지(Personality Assessment Inventory: PAI; Morey, 1991)는 임상 장면에서 환자나 내담자의 성격과 정신병리를 평가할 목적에서 개발된 자기보고형 객관적 성격검사 질문지로, PAI 선별 버전인 PAS(Morey, 1997) 및 개정판 PAI(Morey, 2000) 등이 출시되어 있다. 국내에서는 원판 PAI를 번역하여 표준화한 한국판 PAI(김영환, 김지혜, 오상우, 홍상황, 2001)가 출시되어 있다.

PAI는 과거 정신장애 진단 분류에서 차지하는 중요성과 최근 진단 실제에서 차지하는 비중의 두 가지 준거에 기초해 구성 개념을 선별하였고, 최종적으로 18개의 중요한 구성 척도와 이를 보완하는 4개의 타당도 척도가 제작되었다. 이전에 개발된 다척도 인벤토리형 성격 검사들이 변별 타당도를 높이기 위해 동일한 문항을 여러 척도에 속하도록 하는 문항 중복 방식을 사용하였는데, 이 점이 정상 집단과 임상 집단을 정확히 구별하는 민감도(sensitivity)에는 유용하지만 특이도(specificity)에 문제를 초래할 수 있다. PAI는 변별 타당도를 최대화시키려고 여러 가지 노력을 기울였으며, 특이도(specificity)에 유의해 문항 중복을 피하는 한편, 척도를 구성하기 전에 문항과 구성 개념의 관계가 정확한지를 알아보기 위해 전문가들에게 독립적으로 문항들을 척도별로 분류하도록 하였다. 그리고 일반적으로 감별이 어려운 임상 집단 간에는 특별한 주의를 기울였다.

PAI는 최종적으로 4개의 타당성 척도, 11개의 임상 척도, 5개의 치료 고려 척도 및 2개의 대인관계 척도의 4개 척도군의 총 344문항으로 구성되었으며, 4점 척도(0~3점)로 평정하도록 되어 있다.

(2) PAI의 실시와 채점

미국판 PAI는 18세 이상의 성인을 대상으로 표준화되었으나, 한국판 PAI의 경우 만 18세 미만의 고등학생까지 규준에 포함시켰다. 한국판 PAI의 규준은 고등학생, 성인, 65세 이상 성인의 3개 연령 집단 규준 및 환자 집단 규준이 별도로 제시되어 있다.

PAI는 자격을 갖춘 전문가의 지도 감독하에 훈련을 받은 사람이 실시하고 채점할 수 있다. 즉, 지도 감독하는 전문가가 채점 절차를 믿을 수 있고 점수를 산출하는 방식이 정확하다는 것을 보장할 수 있을 때 검사를 실시할 수 있는 자격을 갖추게 된다. 보다 중요한 것은 PAI 프로파일 해석은 자격을 갖춘 전문가에 의해 이루어져야 한다는 점이다. 또한 검사 결과를 해석하기 위해서는 전문가 지침서에 포함되어 있는 정보와 함께 공통적인 진단 체계, 성격과 정신병리에 관한 이론 및 자기보고형 성격 검사의 적절한 사용과 제한점에 대한 지식이 필수적이며, 전문 자격을 취득한 임상심리 전문가에 의해 해석이 이루어져야 한다.

PAI의 수검자 요건을 살펴보면 교육 수준 4년 정도의 독해력을 지닌 사람에게 실시가 가능하며, 수검자가 이러한 교육 수준을 갖추었더라도 지필형 검사 수행에 필요한 신체적·정신적 요건을 갖추고 있어야 한다.

PAI는 개별 및 집단을 대상으로 실시가 가능하지만, 어떠한 경우든 수검자의 검사 반응에 대한 비밀이 보장된 환경이어야 한다. 또한 PAI를 실시하는 검사실은 적정 수준의 조명, 방음이 되는 조용한 공간 등 물리적 환경을 확보해야 한다.

PAI는 각 문항의 보기 중 자신에게 해당하는 번호를 답안지에 표기하도록 되어 있다. 평가자는 수검자에게 신상 정보를 기록하도록 하고 수검자에게 지시문을 숙독하고 작성하도록 설명한다. 평가자는 수검자가 지시문을 제대로 이해했는지를 확인해야 한다. 또한 각 문항에 대해 한 가지 반응만 선택해야 한다는 것과 답안지에 문항들이 세로로 배열되어 있다는 것을 강조해야 한다. 대부분의 경우 검사를 완료하는 데에 약 40~50분 정도 소요된다.

(3) PAI의 해석 전략

〈표 11-1〉에는 PAI의 척도 및 하위척도에 대해 기술해 놓았다.

표 11-1 PAI의 척도와 하위척도에 대한 기술

척도 (척도명/문항 수)	설명
타당성 척도	
비일관성 (ICN/10)	문항에 대한 반응 과정에서 수검자의 일관성 있는 반응 태도를 알아보기 위한 정적 또는 부적 상관이 높은 문항 쌍
저빈도 (INF/8)	부주의하거나 무선적인 반응 태도를 확인하기 위하여 정신증적 측면에서 중립적이고 대부분의 사람이 극단적으로 인정하거나 인정하지 않는 문항들
부정적 인상 (NIM/9)	지나치게 나쁜 인상을 주거나 꾀병을 부리는 태도와 관련이 있으나 임상 집단에서는 이렇게 반응할 비율이 매우 낮음
긍정적 인상 (PIM/9)	자신을 지나치게 좋게 보이려 하며 사소한 결점도 부인하려는 태도
임상 척도	
신체적 호소 (SOM/24)	건강과 관련된 문제에 대한 집착과 신체화 장애 및 전환 증상 등의 구체적인 신체적 불편감을 의미하는 문항들. 전환(SOM-C/8), 신체화(SOM-S/8), 건강염려(SOM-H/8)의 3개 하위척도가 있음
불안 (ANX/24)	불안의 상이한 여러 특징을 평가하기 위해 불안 현상과 객관적인 징후에 초점을 둔 문항들. 인지적(ANX-C/8), 정서적(ANX-A/8), 생리적(ANX-P/8) 불안의 3개 하위척도가 있음
불안 관련 장애 (ARD/24)	구체적인 불안과 관련이 있는 증상과 행동에 초점을 둔 문항들. 강박증(ARD-O/8), 공포증(ARD-P/8), 외상적 스트레스(ARD-T/ 8)의 3개 하위척도가 있음
우울 (DEP/24)	우울 증상과 현상에 초점을 둔 문항들. 인지적(DEP-C/8), 정서적(DEP-A/8), 생리적(DEP-P/8) 우울의 3개 하위척도가 있음

조증 (MAN/24)	조증과 경조증의 정서적, 인지적, 행동적 증상에 초점을 둔 문항들. 활동 수준(MAN-A/8), 과대성(MAN-G/8), 초조성(MAN-I/8)의 3개 하위척도가 있음
망상 (PAR/24)	망상의 증상과 망상형 성격장애에 초점을 둔 문항들. 과경계(PAR-H/8), 피해망상(PAR-P/8), 원한(PAR-R/8)의 3개 하위척도가 있음
조현병 (SCZ/24)	광범위한 조현병의 증상에 초점을 둔 문항들. 정신증적 경험(SCZ-P/8), 사회적 위축(SCZ-S/8), 사고 장애(SCZ-T/ 8)의 3개 하위척도가 있음
경계선적 특징 (BOR/24)	불안정하고 유동적인 대인관계, 충동성, 정서적 가변성과 불안정, 통제할 수 없는 분노 등을 시사하는 경계선 성격장애의 특징에 관한 문항들. 정서적 불안정(BOR-A/6), 정체성 문제(BOR-I/6), 부정적 관계(BOR-N/6), 자기손상(BOR-S/6)의 4개 하위척도가 있음
반사회적 특징 (ANT/24)	범죄 행위, 권위적 인물과의 갈등, 자기중심성, 공감과 성실성의 부족, 불안정, 자극 추구 등에 초점을 둔 문항들. 반사회적 행동(ANT-A/8), 자기중심성(ANT-E/8), 자극 추구(ANT-S/8)의 세 개 하위척도가 있음
알코올 문제 (ALC/12)	문제성 음주와 알코올 의존적 특징에 초점을 둔 문항들
약물 문제(DRG/12)	약물 사용에 따른 문제와 약물 의존적 특징에 초점을 둔 문항들
치료 고려 척도	
공격성 (AGG/18)	언어적 및 신체적 공격 행동이나 공격적 행동을 자극하려는 태도와 관련된 분노, 적대감 및 공격성과 관련된 특징과 태도에 관한 문항들. 공격적 태도(AGG-A/6), 언어적 공격(AGG-V/6), 신체적 공격(AGG-P/6)의 3개 하위척도가 있음
자살 관념 (SUI/12)	무력감과 자살에 대한 일반적이고 모호한 생각에서부터 자살에 관한 구체적인 계획에 이르기까지 자살하려는 관념에 초점을 둔 문항들
스트레스 (STR/8)	가족, 건강, 직장, 경제 및 다른 중요한 일상생활에서 현재 또는 최근에 경험하는 스트레스와 관련된 문항들
비지지 (NON/8)	치료적 접근이 가능한 지지의 수준과 질을 고려, 지각된 사회적 지지의 부족에 관한 내용
치료 거부 (RXR/8)	심리적, 정서적 측면의 변화에 대한 관심과 동기를 예언하기 위한 척도로 불편감과 불만감, 치료에 참여하려는 동기, 변화의 필요성에 대한 인식, 새로운 아이디어에 대한 개방성 및 책임을 수용하려는 의지 등에 관한 문항들
대인관계 척도	
지배성 (DOM/12)	대인관계에서 개인적 통제와 독립성을 유지하는 정도를 평가하기 위한 대인관계 척도로, 대인관계적 행동 방식을 지배와 복종이라는 차원으로 개념화. 점수가 높은 사람은 지배적이고 낮은 사람은 복종적임
온정성 (WRM/12)	대인관계에서 지지적이고 공감적인 정도를 평가하기 위한 척도로, 대인관계를 온정과 냉담 차원으로 개념화. 점수가 높은 사람은 온정적이고 외향적이지만 낮은 사람은 냉정하고 거절적임

PAI의 기본적인 해석 전략의 단계는 [그림 11-1]과 같다(김재환 외, 2006).

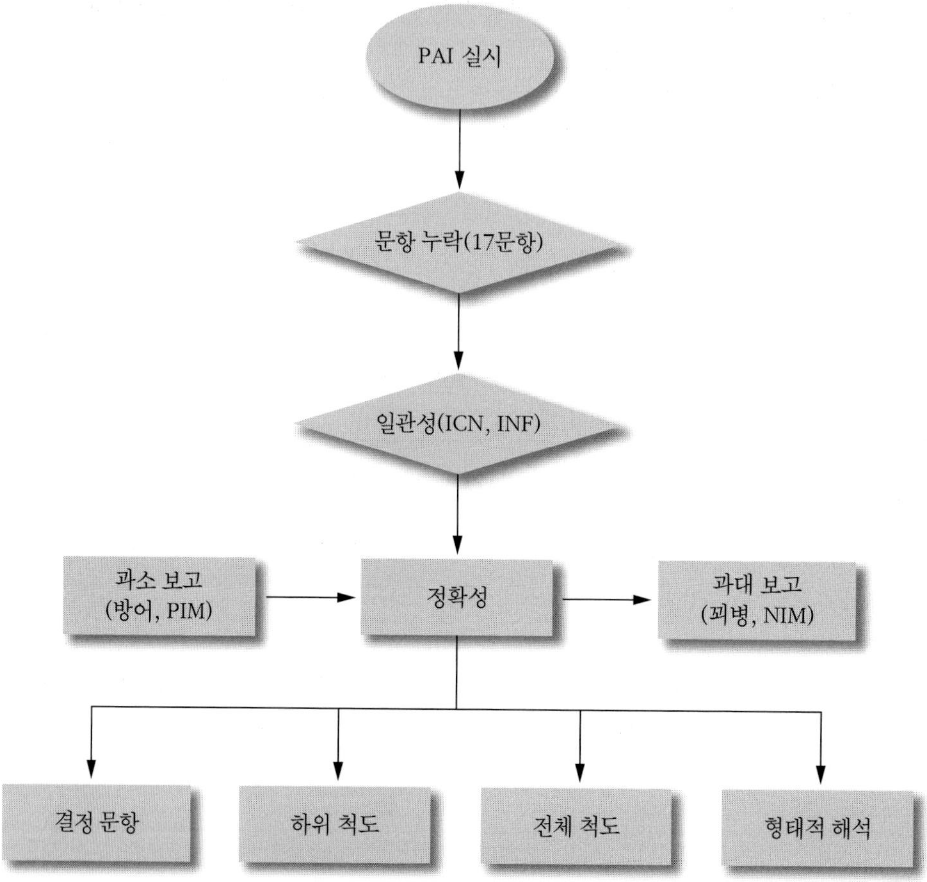

그림 11-1 PAI의 기본적 해석 전략

STEP 1 프로파일의 왜곡 가능성 평가하기

- 부정 왜곡: 부주의한 반응, 특이한 반응, 고정된 반응, 무선 반응, 가장 반응
- 긍정 왜곡: 방어적 반응, 긍정적 인상 반응

STEP 2 적절한 준거 집단의 틀 고려하기

- 기본 규준 집단 대 임상 집단 규준: 임상적 의미에서 문제를 시사하는 프로파일 상승이 나타나면 임상 집단의 맥락에서 프로파일을 평가하고, 그렇지 않을 경우 일반 집단 평균과 비교해 개인의 성격 특성을 해석한다.
- 반응 유형에 대한 특정 규준: 수검자의 반응 유형을 고려해 규준 집단 참조의 틀을

적용한다. 예를 들어, 방어적 프로파일을 보인 수검자에 대해서는 방어적 프로파일을 보인 집단의 준거를 참조한다.

- 특정 맥락을 고려한 해석: 수검자가 어떠한 장면에서 어떠한 목적으로 평가에 의뢰되었는가를 고려한다.

STEP 3 개별 척도에 대해 해석하기

- T점수가 70 이상 상승한 척도를 확인하고 각 하위척도에 대해 평가한다.

STEP 4 프로파일 구조에 대해 해석하기

- 상승 척도 쌍에 대한 해석: 상승 척도 쌍이 해석의 출발점이 될 수는 있으나 구체적이고 자세한 접근에는 제한적일 수 있음을 명심한다.
- 평균 프로파일: 유사한 진단에서 얻어진 개인들을 비교한다. 그러나 이러한 방식은 전형적인 프로파일을 완벽하게 재현해 낼 수 없음을 명심해야 한다.
- 개념적 지표들: PAI의 다양한 형태적 규칙이 개발되었는데, 예를 들어 꾀병과 방어지표는 프로파일 왜곡의 범위를 고려할 때 사용된다. 개념적 지표들은 다른 구조적 전략과 함께 조합하여 사용될 때 프로파일 구조 해석에 유용하다.
- 통계적 결정 규칙들: 해석적 결정을 위해 다양한 종류에 대한 통계적 방식을 확인하도록 문헌에 기술되어 있다.

표 11-2 PAI의 강점과 제한점

PAI의 강점	PAI의 제한점
• 임상적 유용성 • 검사 및 채점의 간편성 • 객관적인 표준화 대상: 다양한 인구통계학적 표본, 임상 표본에 대해 표준화된 T점수 제공 • 적절한 심리측정적 방법 사용 • 비용 효율성이 높음 • 해석의 용이성 • 프로파일 타당도의 평가가 가능함 • 이론과 임상 실제의 적합성	• 자기보고형 질문지 검사의 한계 • 내용 범위의 제한: 주요 임상 증후군에 대한 평가가 가능하지만, 섭식 장애, 성기능 장애, 해리성 장애 등 일부 임상적 증후군을 확인할 정보가 부족함 • 15세 이하의 규준 부족, 성인 대상의 질문 내용이 많음 • 교차 타당화를 위해 다양한 집단을 대상으로 더 많은 연구가 필요함

2) 우울 및 불안 척도

(1) 우울 척도(BDI)

BDI(Beck Depression Inventory)는 1961년 Aaron Beck에 의해 개발된 질문지로 우울 증상의 심각도를 평정하는 데에 가장 널리 알려진 자가평정 척도다. 심리측정적인 연구가 광범위하게 진행되어 왔으며 신뢰도와 타당도가 높은 검사다. 특히 치료 효과 연구에서 우울 증상의 완화 정도를 평가하기 위해 사전–사후 측정하는 방식으로 많이 쓰인다. 현재는 BDI–II 판이 개발되어 임상 현장에서 사용되고 있다.

TIP 기타 우울 관련 척도

- Center for Epidemiological Studies' Depression Scale(CES–D)
- Reynoilds Depression Screening Inventory(RDSI)
- Harvard Depratment of Psychiatry/National Depression Screeing Day Scale(HANDS)
- Geriatric Depression Scale(GDS)

(2) 불안 척도(STAI)

수검자의 불안 수준을 평가하는 것은 치료 계획이나 치료적 개입의 영향을 평가할 때 매우 중요한 부분이다. 상태–특성 불안 척도(State-Trait Anxiety Inventory: STAI; Spielberger et al, 1983)는 불안 상태의 일시적인 에피소드(상태 불안)와 안정적인 성격 특성으로서의 불안(특성 불안)에 대해 각각 20문항으로 구성되어 있는 자기보고형 불안 척도다. STAI는 쉽게 읽고 작성할 수 있으며, 불안의 주요 구성 개념을 신뢰성 있게 측정해 주는 것으로 알려져 있다. 이를 이용한 연구가 수천 편에 이를 정도로 불안 측정치 중에서는 가장 연구가 많이 축적되어 있다. 공포증, 시험 불안, 공황 장애, 범불안장애, 체계적 탈둔감화, 이완 기법, 인지행동 치료 효과 연구 등에 흔히 사용된다.

TIP 기타 불안 관련 척도

- GAD Questionnaire–IV(GADQ–IV)
- Penn State Worry Questionnaire(PSWQ)
- Worry Domains Questionnaire(WDQ)

- Worry Episode Log
- Worry Outcome Diary
- Why Worry Scale–II(WWS–II)
- Consequence of Worrying Scale(COWS)
- Intolerance of Uncertainty Scale(IUS)
- Depression Anxiety Stress Scale(DASS)
- Trimodal Anxiety Questionnaire(TAQ)
- Affective Control Scale(ACS)
- Worry Scale For Older Adults(WS)

2. 컴퓨터화된 심리평가

개인용 컴퓨터가 널리 사용됨에 따라 이제 컴퓨터는 현대인의 생활에서 없어서는 안 되는 필수품이 되었다. 이러한 경향은 심리평가 분야에서도 예외는 아니다. 컴퓨터는 심리검사의 제작, 실시, 채점, 해석에 이르기까지 큰 영향을 미치게 되었다. 심리검사의 실시, 채점, 해석에 컴퓨터를 적용하는 시스템을 흔히 컴퓨터 기반의 심리검사(Computer-Based Testing: CBT) 또는 전산화된 심리평가(Computerized Psychological Assessment: CPA)라고 한다.

지난 20~30년 동안 컴퓨터를 이용한 검사는 급격하게 성장했다. 현재 미국에서는 대략 400개가 넘는 심리검사 소프트웨어 패키지가 이용 가능한 실정이며, 우리나라에서도 많은 심리검사가 소프트웨어로 개발되고 있다. 현재 검사 자료의 채점과 데이터 저장을 하는 목적으로 컴퓨터가 쓰이고 있고 또 해석에도 사용되고 있다.

앞으로 향후 컴퓨터가 심리검사에 미칠 영향을 생각해 본다면 좀 더 다양한 심리검사 소프트웨어 프로그램이 개발될 것이며, 기술의 발전과 더불어 검사 문항을 컴퓨터로 제시하는 것은 물론이고 가상 현실(virtual reality)을 이용한 기발한 제품도 나올 전망이다. 또한 컴퓨터를 통한 심리 생리적인 측정치나 인공 지능과 같은 형태들도 나오게 될 가능성이 높다. 특히 심리학이나 정신건강 분야에서는 컴퓨터화된 검사, 인터뷰, 진단, 치료적 개입, 임상 자문, 컴퓨터 시뮬레이션 등 다양해질 것으로 보인다.

이미 신경심리 분야에서는 컴퓨터를 이용한 검사 실시와 해석이 상당히 진보되어 왔다. 신경심리검사의 경우 msec 단위의 매우 짧은 시간 동안만 자극을 제시하거나 일정한 자극 제시 간격을 유지하는 것, 정확한 반응 속도 측정 등이 관건일 때가 있는데, 이는 기술적으로 볼 때 수동 실시와 측정으로는 어려운 부분이다. 이제는 컴퓨터를 통한 자동화 시스템이 발달함에 따라 운동 기능 검사, CPT와 같은 주의력 검사, WCST를 비롯해 문제해결 능력을 반영하는 검사 기법이 급속도로 발전하고 있다.

컴퓨터를 심리검사에 활용하게 되면 많은 이점이 있다. 우선 기존의 심리검사는 평가자와 수검자가 일대일로만 실시 가능했지만, 컴퓨터를 사용하면 동시에 여러 수검자에게 심리검사를 실시할 수가 있다. 또한 복잡한 수식이 적용되는 측정치를 신속하게 산출하여 검사 종료 직후 결과를 바로 출력할 수가 있다. 이렇듯 실시, 기록, 채점 등에서 시간과 비용을 훨씬 절약할 수 있으며 소비자의 비용도 절감할 수 있다. 둘째, 검사 지시를 비롯해 실시 및 채점 절차가 동일하게 표준화된 방식으로 제공됨으로써 평가자 간의 편차나 검사 결과에 미치는 평가자의 영향을 최소화할 수 있고, 기록 및 채점 과정에서의 오류도 줄어들며, 검사-재검사 신뢰도를 높일 수 있다. 이러한 이점으로 인해 군대나 역학 연구 등 대규모 선별(screen) 검사에서 컴퓨터 검사는 그 유용성이 매우 높다.

과거에는 컴퓨터로 하는 평가가 신뢰도와 타당도가 낮다는 지적이 있었으나, 그동안 축적된 연구 결과에서는 컴퓨터화된 검사 시행이 최소한 지필 검사들과 비슷한 정도의 신뢰도를 가지고 있다고 밝혀지고 있다.

나아가 컴퓨터 기반 검사에서 제공되는 자동화 해석 프로그램의 타당도에 관한 의문도 짚어 볼 필요가 있다. Butcher, Perry와 Hahn(2004)은 컴퓨터에 기반을 둔 해석의 약 60%가 적합하다고 결론지었다. 해석 길이가 더 짧은 것에서부터 중간 길이의 것과 더 긴 것들을 비교했을 때 전자가 일반적으로 더 높은 정도의 타당도를 가진 해석인 것으로 간주되었다. 그러나 컴퓨터에 기반을 둔 결과 해석의 타당성은 임상가들이 직접 해석한 것과 비교하면 타당도가 상대적으로 낮다는 연구 결과도 있다. 이러한 차이는 자동화된 해석 프로그램의 경우 산출된 점수에만 근거해 기계적인 해석이 이루어질 뿐, 해당 점수 산출에 영향을 미친 수검자의 행동 특성, 신체 상태, 동기 수준과 같은 개인 내적 변인이라든지 상황적 변인 등이 반영되지 않기 때문이다. 그렇기에 컴퓨터에 의한 자동화된 해석 프로그램은 아직까지 부차적 수단으로 사용되는 경우가 대부분이며 신중한 주의가 필요하다. 따라서 자동화된 해석 결과에 대해 임상가가 최종 점검하는 과정을 거칠 것을 권한다.

컴퓨터로 검사를 실시할 경우 어느 정도의 자격을 갖춘 사람들이 검사를 실시할 것이냐도 해결되어야 할 문제 중의 하나다. 이에 대해 미국의 검사출판협회(Association of

Test Publishers)는 일반적인 심리검사를 사용할 수 있는 자격 조항에 준해서 컴퓨터에 기반을 둔 검사를 사용해야 한다고 강조한다. 엄격한 훈련을 요하는 전통적인 심리검사와는 달리, 컴퓨터로 실시하고 해석하는 검사는 누구나 접근 가능하게 여겨지고 쉽게 오남용될 여지가 있다. 이를 방지하기 위해서는 컴퓨터화된 검사를 실시하는 평가자 역시 심리측정 이론이나 검사 타당화 과정 그리고 심리검사 연구에 대한 이해를 갖추고 있어야 한다. 컴퓨터 검사를 사용하는 사람들은 어떻게 컴퓨터에 기반을 둔 점수들을 생성하는지, 어떻게 해석이 이루어지는지에 관해서도 잘 알고 있어야 한다. 또한 컴퓨터에 기반을 둔 검사들이 제대로 잘 쓰이고 있는지를 평가할 수 있는 전문적인 안목과 경험을 갖추고 있어야 한다.

컴퓨터를 활용한 심리검사와 관련해서는 사용자들에게 검사 윤리와 검사 지침이 별도로 마련될 필요가 있다. 우선 임상가들은 컴퓨터에 기반을 둔 해석을 무턱대고 받아들여서는 안 되며, 그보다는 자신의 능력을 총동원하여 그 해석이 경험적인 연구와 연결되는지, 또 그 내담자의 상황과 개인력의 맥락 속에서 충분히 검토가 되었는지를 확인해야 한다. 컴퓨터는 무엇보다도 임상가들에게 다양한 해석 가능성을 제공해 줄 수 있다는 이점이 있다. 그러나 이런 해석들은 여전히 비판적으로 평가되어야 한다. 컴퓨터로 진행하는 검사 점수들의 의미와 이 점수에 기반을 둔 해석에 관해서는 앞으로 많은 연구가 이루어져야 한다. 또한 소프트웨어 개발자들은 그 프로그램에 대해 적절한 평가를 할 수 있도록 매뉴얼에 충분한 정보를 제공하는 것이 필수적이며, 프로그램들을 계속적으로 업데이트하는 장치들도 개발해야 한다.

TIP 컴퓨터 기반의 신경심리검사 도구

• CANTAB(Cambridge Neuropsychological Test Automated Batteries): 컴퓨터 기반의 신경심리검사로 시각기억력, 작업기억과 계획력, 의미/언어기억, 주의력, 의사 결정력과 반응 통제력의 5개 인지 영역을 측정하는 총 20개의 소검사로 구성되어 있다. 위와 같은 본 검사를 실시하기 전에 이해력, 학습 능력, 가역적 사고력 등 검사 수행에 요구되는 기본 기능을 갖추고 있는지를 확인할 수 있는 간단한 선별검사를 실시한다. 4~90세의 광범위한 연령 규준이 개발되어 있어 다양한 연령대에 적용이 가능하며, 언어/의미기억검사를 제외하고는 대부분 시각 처리에 기초하고 있어 비영어권 수검자들에게도 쉽게 적용할 수 있다는 장점이 있다. 또한 파킨슨병과 헌팅턴병의 초기 단

계, 경도-중등도 알츠하이머 치매, 측두엽 손상 등 뇌손상에 수반한 인지장애 외에도 정상 노화 과정에서의 인지 기능 저하 탐지에 유용성이 확인되었으며, 주의력결핍 과잉행동장애, 자폐스펙트럼장애와 같은 임상 아동 집단, 약물 중독, 조현병, 우울증, 강박장애 등 다양한 임상군을 대상으로 연구가 진행되었다(Strauss, Sherman, & Spreen, 2006; http://www.cantab.com).

- CNT(Computerized Neuro-cognitive Function Test System; (주)맥스메디카): CNT는 국내에서 개발된 컴퓨터 기반의 종합 신경심리검사로 다양한 뇌기능 장애 환자들의 신경심리학적 기능을 평가할 목적에서 개발되었다. CNT에는 기억력, 주의력, 고위 인지기능, 시각-운동 협응의 네 가지 인지 영역과 함께 Raven Progressive Matrices 검사에 기초해 비언어성 일반 지능을 측정할 수 있는 2종의 지능검사 등 총 17종의 소검사로 구성되어 있다[(주)맥스메디카, http://maxmedica.co.kr].
- CARDS(Cognitive Assessment & Reference Diagnosis System; 서국희, 2003): CARDS는 국내 노인들을 대상으로 치매 조기 선별을 목적으로 개발된 컴퓨터 기반의 종합 신경심리검사다. CARDS는 총 31종의 소검사로 구성되어 있는데, 기억력 검사 10종과 비기억검사[시지각 능력, 언어 능력, 실행증(apraxia), 관리기능, 주의력 및 계산 능력] 21종으로 구분된다. 이 외에 신체 검진 정보, 신경학적 검진 정보를 포함해 간단한 임상 면담 및 행동 관찰도 포함되어 있다. 검사 종료와 동시에 결과지를 출력하여 확인할 수 있다는 점이 장점이다. CARDS는 연령, 교육 수준 등을 고려한 회귀 방정식으로 진단 기준이 산출되며, 위 그림과 같이 진단 기준과 수검자의 측정값을 비교한 6각형 도형으로 신경심리검사 결과가 제시된다. 수검자의 수행 점수가 진단 기준선 안쪽으로 표시되면 해당 인지 영역의 손상이 시사됨을 나타낸다. 결과지 하단에는 신경심리검사 결과와 임상 면담 정보 등을 종합한 진단적 인상도 제시된다[(주)맥스메디카, http://maxmedica.co.kr].

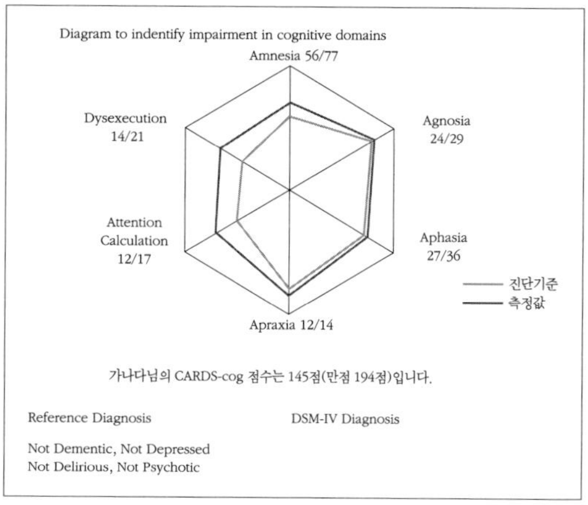

- WCST:CV4, WCST64:CV: WCST:CV4는 위스콘신 카드 분류 검사(WCST; Heaton et al., 1993)를 컴퓨터로 실시할 수 있도록 개발된 소프트웨어 프로그램이며(http://parinc.com), WCST64:CV(Kongs, Thompson, Iverson, & Heaton, 2000)는 64회만 시행하는 WCST:CV의 단축형 버전이다. WCST:CV가 개발됨으로써 범주화(CAT), 보속 오류

(PR/PE) 및 보속 오류 백분위(%PE), 개념화 수준 백분위(%CER), 첫 범주를 완성한 시행 횟수(TTF), 반응 세트 유지의 실패(FMS) 등 WCST의 다양한 측정치를 빠르고 정확하게 측정, 산출할 수 있게 되었다.

- **컴퓨터 기반의 연속수행 검사**(Continuous Performance Test: CPT): 경계, 지속적 주의력, 충동성 등을 평가할 목적으로 개발된 CPT는 대부분 컴퓨터를 사용해 실시한다. CPT는 자극 제시 시간이 대개 0.1초 이하, 자극 제시 간격도 1~4초로 매우 짧을 뿐만 아니라 이러한 시간 외에도 목표 자극과 간섭 자극의 제시 순서, 비율 등이 각 검사의 조건에 맞게 엄격히 통제된다. 또한 CPT의 다양한 측정 변인은 복잡한 수식으로 산출되는 값이다. 따라서 CPT형 검사는 실시, 기록 및 측정, 점수 산출 등의 기술적 측면에서 컴퓨터와 같이 자동화된 프로그램의 사용이 필수적이다. 아래에는 국내외에서 많이 사용되는 CPT형 검사 및 이를 포함하는 배터리형 주의력 검사를 제시해 놓았다.
  - Conners' CPT(Conners, 1992, 2000): 가장 보편적으로 사용되는 컴퓨터 기반의 CPT로 시각 연속 주의력을 측정하며 만 6~55세를 대상으로 한 CPT-II 외에 4~5세 어린 아동을 대상으로 한 Conners' K-CPT가 있다. 주의력결핍 과잉행동장애 외에도 주요우울장애 및 양극성 장애 청소년, 간질 아동 등을 대상으로 연구가 진행되었으며 주의력, 관리기능과 같은 신경심리학적 손상을 평가하는 데 유용한 것으로 확인되었다(Strauss et al., 2006; http://www.cantab.com).

  - **해피마인드 종합주의력 평가**(Comprehensive Attention Test: CAT; **해피마인드**, 2010): CAT는 단순주의력, 선택적 주의력, 지속주의력, 분할주의력, 작업기억력의 다섯 가지 종류의 주의력을 여섯 가지 검사로 다양하게 측정하는 배터리형 주의력 검사다. CAT는 만 4~49세까지 1,062명을 대상으로 표준화를 시행해 규준이 개발되어 있으며, 연령(만 4~5세, 만 6~8세, 만 9~15세, 만 16세 이상)에 따른 검사 세트(단축 세트, 종합검사 세트 등)를 사용할 수 있으며, 평가자가 평가 목적에 맞게 개별 검사를 조합해 사용할 수도 있다.

3. 일반 의학적 장면에서의 심리평가

정신건강의학과나 심리 상담 센터를 이용하는 것에 대한 사회적 편견 때문인지 아직도 많은 사람이 심리적 문제에 대해 드러내 놓고 이야기하기를 꺼리는 분위기다. 그래서 내과나 가정의학과에 오는 환자들의 상당수는 심리적 문제를 가지고 있다고 추정되고 있고 의학적 진단을 받은 사람들의 대략 25~50% 정도는 의학적 문제 외에 심리적 문제를 가지고 있다고 알려져 있다. 특히 심장 혈관 질환, 천식, 류마티스성 관절염, 궤양 그리고 두통, 알레르기와 같은 의학적 장애는 심리적인 요인을 가지고 있다고 판단되고 있다. 심리적 요인은 질병뿐만 아니라 건강을 유지하고 향상시키는 데도 관련이 있다. 의학적 장애를 가진 사람들의 심리적인 측면을 이해하고 치료에 활용하게 되면 만성 질환을 예방할 수 있을 뿐만 아니라 만성 질환자의 재활, 비만, 심장 혈관 질환의 치료, 신체화로 표현되는 심리사회적 문제를 가진 환자를 다루는 데 있어서 비용 절감적이다. 한 환자에 대해 제대로 치료하려면 신체적인 질병 외에도 심리적 · 사회적 변인들 간의 상호작용을 고려해야 한다.

최근 들어 의학계 안팎으로 심신의학(mind-body medicine)에 대한 관심이 높아지면서 일반 의학적 환경에서 심리학자의 역할에 대한 기대가 높아졌다. 일반적 의료 환경에서 적절하게 작업하기 위하여 심리학자는 의학적 기술에 익숙해야 한다.

내과의사가 심리학자의 역할을 필요로 하는 상황은 신경심리학적 문제, 의학적 장애와 관련된 정서적 요소, 정신장애, 약물 의존, 만성 통증 등의 평가와 관련이 있다. 이때 심리학자는 환자가 심리사회적 어려움에 대해 어떻게 치료받을 수 있는지 구체적으로 아이디어를 제시할 수가 있다. 이러한 작업을 위해서는 표준화된 검사 도구를 사용할 뿐 아니라 특정한 검사 도구를 사용해야 한다. 내과의사는 신경계의 병변을 감지하는 데 관심이 있는 반면, 신경심리학자는 전통적으로 고등 대뇌 피질의 기능 상태에 관심을 가지고 있다. 즉, 내과의사는 어떻게 뇌가 기능하는지를 평가하는 반면, 신경심리학자는 손상과 비정상으로 인해 어떻게 인간이 기능하는가에 관심이 있다. 신경심리학자들이 하는 전형적 평가는 공간 구성 능력, 기억 능력, 추상적 추론 능력, 수행 능력, 논리적 귀결 능력 등의 인지 기능의 손상 여부에 관심을 두고 있다.

과거의 신경심리학자는 환자의 문제가 기능적인지 또는 기질적인지 결정하는 것을 돕는 역할을 했다. 이제 관심의 초점은 이러한 차이나 구별보다도 환자가 보이는 행동상의 문제의 원인이 신경심리학적 결함에 있는지 아닌지에 맞추어지고 있다. 내과의사는 검사 프로파일이 특정 진단을 암시하는가를 알고 싶어한다. 특히 꾀병, 건강염려증, 기질적 뇌의 현상, 전환 장애, 유사 신경학적 특징을 가진 우울증 등과 신경 장애를 감별하고자 할 때 심리학적 서비스를 필요로 한다. 신경심리학자가 다루는 또 다른 문제의 현안은 친구, 가족과의 재적응 문제, 직업 훈련, 인지 재활에 관한 치료적 제안과 치료 계획, 장애의 정도, 신경학적으로 손상된 환자의 정서적 상태, 병변의 위치, 규명된 병변의 정도와 특성을 포함한다. 또한 내과의사는 심리학자에게 수술 전 심각한 수술 스트레스 반응의 가능성을 평가해 달라는 요청을 하기도 한다. 마지막으로, 내과의사(특히 소아과 의사)는 학부모나 교사 등이 관심을 가질 만한 심각한 정신장애의 초기 증상을 감지하는 데 관심이 많다. 이러한 상황에서 심리학자는 환자의 현재 심리 상태를 평가해야 할 뿐만 아니라 환자가 처한 환경적 요소를 파악해야 하며, 또한 향후 몇 개월, 몇 년 동안 일어날 환자의 상태를 예견할 수 있어야 한다.

4. 법적인 장면에서의 심리평가

최근 들어 법적인 장면에서 심리학자들의 역할이 커지고 있다. 심리학자들은 법률적 결정이 필요한 조사 과정에서 증언자의 신뢰도를 측정하기 위한 상담을 하고 목격자가 전하는 정보의 질을 평가하는 데 도움을 주고 있다. 원고 측 검사는 피고인의 역량을 평가하거나 범죄의 세부 사항을 결정하기 위해 심리학자를 필요로 하며, 피고 측 변호인은 정신병 탄원과 배심원들의 선택을 도와주기 위해 또는 뇌손상을 증명하기 위해 심리학자를 필요로 하기도 한다. 판사는 형량을 정할 때 참조하기 위해, 형사 사건 담당자는 위험도의 수준이나 구금의 형태를 결정하기 위해 그리고 가석방 담당자는 재활 프로그램을 계획하기 위해 심리학자의 조언을 필요로 한다.

법적 상황에서 심리학자들의 활약이 많아진 것은 법정에서 사용할 수 있는 평가 도구들이 많이 생겨나면서부터다(Archer, 2006; Archer, Buffington-Vollum, Stredny, & Handel, 2006). 그러나 법정 장면과 병원 장면은 심리학자들의 역할이 다르기 때문에 법정 장면에 익숙해지려면 '심신 미약' '심신 상실' 등과 같은 법적 용어에 익숙해야 한다. 법정에 나오는 심리학자는 특정 정신장애를 치료한 경력과 관련 분야에서 공인받은 전문가여야 한다. 심리학자는 가정폭력을 비롯한 범죄 장면에서 발생하는 아동 후견인 선정 문제, 질병 · 장애 · 노력 등 정신적 제약으로 의사 결정 능력에 지장이 있는 성인들에 대한 후견인 선임 문제, 이혼 장면에서 자녀에 대한 친권 및 양육권 조정 문제, 입양 허가 문제, 병역 의무 이행의 적합성 문제, 사고나 재해 관련 정신적 피해 산정 혹은 손상 여부 판정, 청소년 위탁 문제, 잘못된 자백을 할 잠재적 가능성 등에 대한 평가를 해 달라는 요청을 받을 수도 있다. 또한 법원의 전문 심리 요원으로 활동하면서 성폭행을 당한 아동이나 정신장애인, 지적장애인의 진술 능력을 평가하도록 의뢰를 받을 수 있다. 법적 장면에서 의뢰된 수검자들은 면책 혹은 금전적 이득 등 개인의 이해 득실 여부가 매우 다양하며, 이에 따라 자신의 정신의학적 문제를 고의로 가장하거나 축소 보고하기도 한다. 따라서 수집된 자료, 평가 결과의 신뢰성과 타당성이 매우 중요한 이슈가 된다.

법적 상황에서 일할 때 필수적으로 요구되는 사항은 심리학자들이 주로 사용하는 기술적인 심리학적 용어를 법적 상황에 맞게 사용해야 한다는 점이다. 과학적 분석 방법에 익숙한 심리학자들과 달리, 변호사들과 배심원들은 각 사례의 독특성에 주관적으로 초점을 기울이는 성향이 있고 법적 분석과 추리 능력을 훈련받은 사람들이다. 따라서 심리학자들은 자신들이 내린 결론에 대해 더 자세한 설명과 함께 어떻게 그러한 결론이 나왔는지에 대해 구체적으로 답변을 할 수 있어야 한다.

때로 심리학자들은 이혼 법정에서 아동 후견인 결정에 도움이 될 만한 심리학적 평가를 요청받기도 한다. 아동 후견인 평가와 아동 보호 평가 항목을 개발하기 위한 지침서는 미국 심리학회 웹사이트(www.apa.org/practice/childcustody)에 잘 나와 있다. 이혼 조정 시 아동 후견인을 정할 때 가장 핵심적으로 고려되는 사항은 아동이 누구를 가장 좋아하느냐의 문제다. 여기서 고려해야 할 부분은 부모의 정신건강, 부모와 아동 사이의 사랑과 애정의 질, 부모와 아동의 관계 성격, 부모의 경제적 능력 등이다. 이때 심리학자는 여타의 법적인 결정이 아동에게 미칠 장기적인 영향을 고려할 필요가 있다.

법 장면에서 심리학자들을 필요로 하는 또 다른 분야는 피수용자의 분류와 관련이 있다. 요즘 들어 재소자들을 단순히 수용하고 구금하는 것을 넘어서 그들의 치료와 자활 프로그램에 대한 욕구에 관심이 많아지고 있다. 재소자들을 관리할 때 중요하게 고려되는 부분은 자살 위험의 정도, 다른 재소자들로부터 학대를 받을 가능성, 다른 재소자들에게 미치는 위험도 등이다. 자활을 위한 프로그램을 추천할 때는 그 사람의 교육 정도, 흥미, 기술, 능력, 과거 직업력 등을 고려해야 한다.

최근 들어 법 심리 분야에서 가장 활발하게 심리평가를 활용하는 분야가 입양부모 평가다. 2012년부터 「입양특례법」이 시행되어 보호가 필요한 아동의 국내외 입양 시 가정법원 허가제가 도입되면서 입양부모가 될 자의 자격이 강화되고 있다. 입양 후 아동 학대 등을 미연에 방지하기 위해 2014년부터 가정법원과 임상심리학회가 협약을 맺어 현재 임상심리전문가, 정신건강임상심리사1급 자격을 갖춘 전문가가 입양부모 평가를 하고 있다.

입양부모를 평가할 때는 전통적인 심리검사와 다르게 접근할 필요가 있다. 전통적인 심리평가는 정신과 장면에서 정신병리 유무를 평가하는 것이 기본이다. 입양을 신청하는 부모들은 대체로 건강한 사람들이다. 따라서 입양 후 아동 학대 등 일어날지 모르는 위험 요인을 예측하기 위해서 현재 예비 입양부모가 가지고 있는 정신병리적 특성을 면밀히 평가해야겠지만 대다수가 정상적인 판단력과 건전한 입양 동기를 가지고 있다는 점을 고려할 필요가 있다.

미국에서 권고하고 있는 입양부모 평가 기준은 크게 사회적 관계(가족관계, 직장에서의 적응도, 대인관계 능력 등), 정서적인 성숙도(사랑을 주고받을 수 있는 능력, 성역할 유연성, 실망과 좌절에 대처할 수 있는 능력 등), 부부 관계의 질적 특성(자녀에게 의존하지 않는 독립적인 결혼 생활, 상호 존중, 친자녀가 아닌 아동을 수용할 수 있는 능력), 아동에 대한 감정(아동에 대한 애정, 발달 단계상 나타나는 문제에 대처하는 능력, 아동의 욕구와 어려움에 대한 민감성, 아동의 독립성을 인정하는 능력), 아이가 없는 것에 대한 감정 반응 및 입양 준비도(불임에 대한 태도, 입양 결정에 대한 부부간의 합의, 공개 입양을 할 수 있는 능력, 친부모에 대한 비판단적 태도), 입양 동기(좀 더 풍요로운 인생을 영위하고자 하는 욕구, 부모의 책임과 사랑을 실행하고자 하는 욕구, 한 인간의 발전에 기여하고자 하는 욕구 등)이다(안수진, 2016).

입양부모 심리평가는 완벽한 부모를 평가하자는 취지는 아니다. 입양부모 심리평가 경험상 대부분의 예비 입양부모는 자녀 양육을 통해 행복한 가정을 만들기 위한 선한 의도를 가지고 평가 상황에 들어온다. 따라서 완벽한 부모를 평가하기 위해 결함을 찾아낸다는 마음으로 심리평가를 진행하는 것은 바람직하지 못하다. 예비 입양부모가 완벽하지는 못하더라도 적어도 상식적인 수준에서 사고하고 행동할 줄 알고 감정적으로 안정되어 있고 스트레스 대응 자원이 있다면 자녀 양육에 적합하다고 볼 수 있다. 따라서 예비 입양부모 대상 심리평가 시 적어도 다음과 같은 측면에서 양호하다고 평가된다면 입양부모가 될 자격이 충분하다고 볼 수 있다.

입양부모 심리평가 시 눈여겨봐야 할 항목은 다음과 같다.

- 표준에서 벗어난 양육방식을 갖고 있느냐 여부: 부모에 따라 자녀에 대한 기대수준의 차이를 보일 수 있다.
- 부부간의 양육방식이 극단적으로 다른지 여부: 예비 부모 중 한 사람이 아이는 잘

못하면 무조건 체벌을 해야 한다고 생각하고 있고 이에 대한 견해가 극단적으로 다를 수 있다.

- 우울증 과거력, 정서 불안정성, 극도의 불안, 정신과적 질환 여부: 과거에 정신과에 입원했다면 현재 잔존 증상은 없는지, 재발 가능성은 없는지, 생활상의 변화로 인해 정신적으로 여전히 취약한 상태에 있는지 등을 평가해야 한다.
- 기억력 등 인지 기능의 결함이 있는지 여부: 특히 과거 알코올 중독 병력이 있다면 기억력 등과 같은 인지 결함 가능성의 평가도 중요하다.
- 성격적 결함: 예비 입양부모가 반사회적 성격이라든지, 경계선 성격을 갖고 있다든지 해서 자녀 양육에 심각한 피해를 유발할 수 있다고 판단되는 경우 이에 대해 면밀히 평가해야 한다.
- 해결되지 않은 원가족에 대한 갈등 유무: 원가족과의 관계에서 불만족스러운 상태나 갈등이 양육에 영향을 미칠 수 있다고 판단되는지 여부를 평가해야 한다.
- 분노 조절의 문제: 분노조절의 어려움이 있다면 아동 학대 가능성이 높으므로 MMPI의 4번 척도와 9번 척도의 상승 정도를 보고 예상되는 문제점 등을 자세히 기술하여야 한다.
- 성적 학대나 신체 학대 가족력, 성정체감에 대한 문제, 특히 예비 모의 경우 과거 성폭력 경험 유무를 평가할 필요가 있고, 신체 학대 가족력, 성정체감 문제 등은 예비 부모 모두 평가할 필요가 있다.
- 알코올 및 물질 남용: 과거 혹은 현재 과도한 알코올 사용 및 남용의 문제가 없는지 면밀하게 평가할 필요가 있다.

한편 성년후견인 선임과 관련한 심리평가도 중요한 이슈로 대두되고 있다. 개정 민법에서는 성인기 후견이 필요한 유형을 성년후견과 한정후견으로 나누고 그 요건을 “질병, 장애, 노령, 그 밖의 사유로 인한 정신적 제약으로 사무를 처리할 능력이 지속적으로 결여 또는 부족한 사람”(민법 제12조)으로 규정하고 있다. 여기에서 정신적 제약이란 성인기까지 지속되는 발달장애, 지적장애, 조현병, 치매와 같은 정신장애는 물론이고 뇌손상이나 뇌졸중과 같은 의학적 상태에 기인하는 정신장애 등이 해당한다. 성년후견인 제도는 기존의 한정치산 혹은 금치산제도와 달리 개인의 능력을 기능적으로 판별하는 것이 핵심인데, 어떠한 방법 혹은 내용으로 개인의 정신 능력을 판정할 것인지에 대해서는 명확히 규정되어 있지 않다. 하지만 성년후견인제도는 자기결정권의 이념 구현을 지향하며, 정신 능력은 단순히 지적능력(IQ)에 국한된 문제가 아니라 일상적 활동을 포함한 사회생활을 수행하는 능력 등을 포괄한다고 본다. 따라서 성년후견인 선임을 목적으로 심리평가가 의뢰된 경우에는 정신의학적 관점에서의 정신장애 진단보다는 다음과 같은 의뢰사유에 대한 답이 심리평가 보고서에 담겨 있어야 한다.

- 독립적인 의사 결정이 가능한가?
- 독립적인 생활과 경제 활동이 가능한가?
- 정신적 제약으로 사무를 처리할 능력이 부족한가(한정후견)?
- 정신적 제약으로 사무를 처리할 능력이 지속적으로 결여되어 있는가(성년후견)?

법률적 측면에서 의사 결정 능력이란 특정한 권리의무를 발생하게 하는 능력, 즉 행위 능력을 일컫는다. 행위 능력은 정상적인 인식력과 예기력을 바탕으로 자기 행위의 의미나 결과를 합리적으로 판단할 수 있는 정신적 능력, 즉 지능 외에 의사소통 능력과 판단 능력 등을 포함한다. 하지만 단지 현명하지 못한 결정을 내린다는 이유만으로 의사 결정 능력의 부족이나 결여로 판단 내려서는 안 된다. 또한 이러한 능력이 결여된 자를 위한 의사 결정 역시 피보호자에게 최선의 이익이 되는 방향으로 행해져야 한다. 사무처리 능력과 관련해서는 재산관리 능력이 쟁점이 되는 경우가 흔한데, 단순한 돈 관리나 은행업무 처리뿐만 아니라 공공기관 서류 업무 수행, 부동산 관련업무 수행, 전화나 통신 기기 사용 능력, 교통수단 이용 능력 등 판단과 예측이 필요한 일상생활 수행 능력이 다수 포함된다. 따라서 성년후견인 선임을 목적으로 심리평가가 의뢰된 경우에는 지능평가 혹은 정신장애 진단 목적의 종합심리평가 외에도 신경심리평가, 일상생활 수행 능력 평가 등 수검자의 정신 능력을 다각도에서 객관적으로 평가할 수 있는 절차가 포함되어야 한다. 또한 후견인 선임을 원하는 대상자들 간의 복잡한 이해관계가 얽혀 있는 경우도 있어 평가자는 피후견인의 일상생활 기능이나 정신의학적 증상에 대한 정보제공자의 신뢰도를 판단해야 한다. 이처럼 성년후견인 제도는 피후견인의 신상보호와 재산보호를 목적으로 한 제도이지만, 후견인 선임 과정에서 재산분쟁의 소지가 많으며 피후견인으로 지정될 경우 권리 행사에 제약이 발생할 수 있으므로 평가자는 정보수집, 평가 절차 및 보고서 작성 등 심리평가 전 과정에 걸쳐 신중을 기해야 한다.

우리나라 형법에서는 심신장애인과 관련해 다음과 같은 규정을 두고 있으며(형법 제12조), 이에 근거해 '심신상실'이나 '심신미약'에 의한 형사 책임의 면책 문제가 중요한 사회적 이슈로 대두되고 있다.

- 심신장애로 인하여 사물을 변별할 능력이 없거나 의사를 결정할 능력이 없는 자의 행위는 벌하지 아니한다(심신상실).
- 심신장애로 인하여 전항의 능력이 미약한 자의 행위는 형을 감경한다(심신미약).
- 위험의 발생을 예견하고 자의로 심신장애를 야기한 자의 행위에는 위의 규정을 적용하지 아니한다.

즉, 형법에서는 책임 무능력 판단의 핵심 근거를 정신장애 유무나 증상의 심각도 그 자체가 아닌 그로 인해 초래된 '사물을 변별할 능력'과 '의사 결정 능력'의 결함에 두고 있다. 하지만 심리평가가 실시되는 시점과 범행 시점 간 수검자의 정신 상태에는 차이를 보일 수 있으므로 평가자는 범행 당시 수검자의 정신 상태와 그로 인한 판단력, 의사 결정 능력 등을 추정해야 할 때가 많아 이 역시 매우 까다로운 절차이다. 또한 형사 절차를 진행 중인 수검자는 면책, 금전적 이득과 같은 이차적 이득을 위해 정신의학적 증상 혹은 인지 기능의 손상 등을 과장하거나 꾀병(malingering)을 보일 수 있으므로 평가자는 이에 대해서도 상당한 주의를 기울여야 한다. MMPI2의 F척도, 특히 F_p척도의 지나친 상승, F척도와 K척도의 점수 차이(F−K) 등은 수검자가 정신장애를 가장할 가능성을 탐지하는 데에 상대적으로 유용하다고 알려져 있으나, 명백 문항이 다수 포함되는 자기보고검사에 기초할 경우 수검자가 의도적으로 증상을 과장 혹은 거짓 보고하기 쉽다. 따라서 법정 장면에서 형사책임 능력 유무를 판별하거나 정신장애 가장 여부를 감별함에 있어서는 구조화된 면담이나 행동평가 기법이 보다 신뢰할 수 있고 타당하다고 알려져 있다. 수검자를 포함한 이해당사자들이 언어적 보고로 제공하는 정보 이외에 다양한 출처의 정보를 수집하여 그 내용이 일치하는지를 교차 검증하는 것도 중요하다. Rogers(1984)가 개발하고 국내에서는 이수정(2017)이 표준화한 '로저스 형사책임 평가 척도(Rogers Criminal Responsibility Assessment Scales: R−CRAS)'는 평가자가 수검자의 임상적 기록과 경찰 조사 보고서, 수검자 대상의 임상 면담 등 여러 정보를 통합하여 수검자에게 형사책임 능력이 있는지 여부를 직접 평가하는 도구다. 또한 Rogers 등(2010)이 개발하고 국내에서는 이수정과 이장규(2017)가 표준화한 'SIRS−2 가장된 증상 감별 면담지(Structured Interview of Reported Symptoms−2nd ed.: SIRS−2)'는 구조화된 임상 면담을 통해 정신장애 가장 여부를 평가하는 도구다. R−CRAS나 SIRS−2에서는 객관적인 채점 체계가 개발되어 있기는 하나, 이 역시 평가자의 최종 판단이 중요하다. 따라서 평가자는 해당 평가 기법에 대해 체계적인 훈련을 받고 충분한 현장 경험을 쌓아야 한다. 성년후견인 제도와 마찬가지로 심신장애 판정 평가도구나 판단 기준이 명확히 규정되어 있지 않으며, 이를 명확히 규정하는 것 자체가 현실적으로 어려울 수밖에 없다. 따라서 이러한 분야에서 심리평가를 실시할 때에는 법률적 관점에서 '능력'의 의미를 명확히 이해하고 수집된 자료의 타당성(예: 꾀병 등)을 평가하는 능력을 포함해 법심리학(forensic psychology)과 임상심리학 분야에 대한 통합적인 역량을 갖추어야 할 것이다.

이처럼 전통적인 심리평가 외에도 법적인 장면에서 검사 수요가 늘어나고 있고 심리학적 치료 프로그램에 대한 관심도 그 어느 때보다도 활발해지고 있는 시점이다. 앞으로 심리학도들 중에 이런 법적인 장면에서의 심리학적 서비스에 대한 수요와 욕구를 파악하고 타당한 심리평가 도구의 개발과 프로그램 개발에 역점을 두기를 바란다.

5. 심리 상담 센터나 연구소에서의 심리평가

의학적인 장면이나 법정 그리고 학교 장면에서는 심리학자들이 컨설턴트로 활동하는 반면, 상담 센터나 연구소를 운영하는 심리학자는 의사 결정자의 역할을 한다. 많은 유형의 내담자들이 상담소에 방문한다. 대부분은 심리적 불안과 우울을 경감시키기 위해 스스로 찾아오는 경우다. 이런 내담자들에게 과도한 심리검사를 실시하는 것은 적절하지 않다. 검사 비용을 부담스러워하는 내담자도 있을 수 있고 심리검사에 소요되는 시간에 상담이나 심리치료를 하는 것이 더 나은 경우도 있다. 그러나 간단한 도구로 특성을 평가하면 적합한 치료 계획 수립과 최적의 결과를 빠르게 도출할 수 있기 때문에 도움이 될 수도 있다. 간단한 검사 도구들은 치료에 대한 내담자의 반응을 관찰할 수 있게 해 주며 적절한 대안을 마련해 주고 성공적인 개입을 위한 가능성을 만들어 준다. 스스로 상담 기관을 찾아오는 사람들 중에는 심리검사와 심리치료가 효과가 있는지 의문을 갖고 있는 경우가 많다. 내담자들 중에는 심각한 의학적 문제가 있어서 입원 치료를 받아야 할 사람들도 있을 수 있다. 이 경우에 심리검사들을 통해서 추가적인 정보들을 탐색해야 할 필요성이 있다.

심리평가를 해야 하는 또 다른 상황으로는 학교에서의 행동 문제 때문에 부모들에게 의뢰된 경우와 다른 의사 결정자에 의해 의뢰된 경우다. 아동이나 청소년들이 학교에서 수행이 저조하거나 법적 문제를 일으킨다면 검사를 하기 전에 먼저 특별한 조치가 취해져야 한다. 우선 임상가는 내담자의 사회적 관계와 의뢰자에 대한 기본적 정보에 대해 완전히 인지하고 있어야 한다. 일반적으로 상담 센터나 연구소를 방문하는 아동 및 청소년은 문제가 생겨 오는 경우가 많다. 특히 요즘에는 학교 폭력이 심각해서 청소년의 경우 학교 폭력의 피해자나 가해자로 방문하는 경우가 늘어나고 있다. 아동 및 청소년 내담자의 행동에 대한 심리적 원인이나 과정을 파악하기 위해 임상가는 학교 교장, 학교 상담교사, 변호사, 담임교사 등 내담자와 관련된 주변 사람들을 만나 면담하는 경우도 있다. 또한 내담자가 아동 및 청소년이라면 심리평가를 한 후 가족 치료를 해야 할지, 특수교육 프로그램에 참여시킬지, 이혼 가정의 보호자를 누가 해야 할지, 전학에 대한 결정은 어떻게 해야 할지 등 많은 문제를 보다 명확히 하기 위한 개입을 할 수 있다. 게다가 법적으로 복잡한 문제가 얽혀 있는 경우 임상심리 전문가는 이런 일련의 과정에서 내담자에 대한 다각적인 접근과 타당한 검사를 통해 문제해결과 의사 결정을 도와주어야 하는 위치에 놓이게 된다.

이처럼 독자적으로 개업을 해서 일할 경우 내담자의 문제 유형과 상황에 따라 단순히 검사만을 시행하는 평가자의 역할을 넘어서서 내담자와 관련된 중요한 의사 결정에 영향을 주는 일이니만큼 심리평가와 치료적 개입에 관련된 전문적인 훈련이 필수적이다. 그렇기에 심리평가를 할 때 임상가는 내담자의 어떤 점에 초점을 맞춰야 할지 명확하게 인지하고 있어야 하며, 심리평가 결과가 내담자와 내담자의 문제를 결정하는 의사 결정자에게 어떤 영향을 미칠지 민감하게 인식하고 있어야 한다.

6. 심리평가의 치료적 활용

심리평가는 단순히 검사로 끝나는 것이 아니라 심리치료적 기능도 할 수 있다. 임상이나 상담 장면에서 환자나 내담자들은 심리검사 과정을 통해 치료 동기와 통찰을 얻을 수 있다. 따라서 대개 2~4시간 정도에 걸쳐 이루어지는 심리평가는 짧은 치료 회기와 비슷하다고 볼 수 있다. 예를 들면, 부부 문제로 치료에 들어온 어떤 남편의 경우 "부부 갈등과 관련된 문항에 체크하면서 검사를 하다 보니 그동안 아내에게 잘못한 것이 많은 것 같네요."라는 말을 하기도 한다. 또는 주제 통각 검사(TAT)에서 이야기 줄거리를 만들어 나가다가 일정한 내용이 반복적으로 나오고 있다는 사실을 깨닫고 "마치 내 이야기를 하고 있는 것 같네요."라는 말을 하면서 그 주제와 관련된 통찰을 얻기도 한다.

30대 후반의 한 내담자의 경우 HTP(집-나무-사람)를 그리고 난 뒤 사후 질문에서 어린 시절 외할머니가 살던 집을 그렸는데, 그 집에 대해서 뻥 뚫려 있고 시원하고 주변에서 들려오는 바람소리가 편안하다고 설명하였다. 질문을 더 해 나가자 내담자는 직장과 집안 일을 병행하면서 신체적인 에너지와 심적인 에너지가 많이 소모된 상태라는 것이 드러났다. 내담자는 "요즘 뭔가 심리적으로 압박감을 느껴서 다 내려놓고 어렸을 적 자주 갔던 외할머니 시골집에 가서 편안하게 쉬고 싶다는 마음이 들어 있는 것 같아요."라고 스스로 해석하기도 하였다. 문장완성검사와 같이 간단한 검사에서도 문항을 작성하다가 아버지, 어머니에 대한 글을 완성한 다음 스스로 읽어 보는 과정에서 부모에 대해 평소 억제되었던 분노감과 원망감, 죄책감 등 양가적인 감정을 느끼고 있다는 것을 알아차리기도 한다.

이와 같이 심리검사는 짧은 시간에 핵심 감정을 노출시키고 내담자가 감정 표출을 통해 자신의 문제에 대해 통찰을 갖게 하기도 한다. Finn(1996)은 심리평가가 이런 점에서 치료적인 의미를 갖는다고 보고 치료적 심리평가(therapeutic assessment)라는 말을 사용하였다. Finn은 치료적 심리평가의 목적에 대해 "치료적 평가란 내담자에 대한 정확한 정보를 모아서 내담자가 자신을 이해하는 데 사용하고 내담자가 긍정적인 방향으로 자신을 변화시키는 데 활용하는 것을 말한다."라고 설명하였다. 치료적 심리평가는 내담자와 평가자의 상호 관계에서 일어난다. 이때 평가자는 내담자 혹은 환자가 자신의 문제에 대해 누구보다도 잘 아는 사람이며 문제해결에서도 내담자 혹은 환자의 역할이 무엇보다 중요하다는 것을 인식하고 있는 것이 유용하다.

치료적 심리평가를 통해 치료자는 내담자에게 심리검사 결과를 해석해 주어 내담자가 문제를 해결할 수 있는 유용한 해답을 제공하는 치료적 역할을 수행한다. Finn(1996)에 따르면 치료적 평가는 다음의 3단계로 나누어 볼 수 있다. 먼저 1단계에서는 평가자와 수검자 간에 평가 동맹을 맺고 상호 협력적인 과정을 통해 내담자가 가지고 있는 문제가 무엇인지를 밝히게 된다. 치료적 평가가 평가자와 내담자 간의 협력이나 동맹 관계를 통해 그 효과가 발휘된다는 점을 고려해 볼 때, 내담자가 검사에 저항을 보일 경우 그 이유가 무엇인지를 탐색해 보고 적극적으로 참여할 수 있도록 평가자가 개입해야 한다. 내담자가 검사 과정에 기꺼이 참여하려면 심리검사를 하려는 적극적인 동기가 있어야 한다. 이를 위해서 평가자는 심리검사 결과를 나중에 알려 주고 내담자와 함께 검토해 보는 피드백 회기를 갖게 될 것이라고 미리 말해 주는 것이 좋다. 이 과정에서 내담자가 심리검사에 대해 가지고 있는 오해나 불안을 다루어 주면서 검사 참여를 촉진시켜야 한다.

치료적 평가의 2단계에서는 심리검사 결과를 종합적으로 분석하여 피드백 회기를 준비한다. 이때 평가자는 내담자가 보이는 응답의 일관성, 검사 태도, 임상 진단, 치료적으로 의미 있는 시사점, 심리검사를 통한 전반적인 제언 등을 고려할 필요가 있다.

심리평가자는 다음과 같은 질문을 스스로 던지면서 피드백 회기를 준비할 수 있다.

- 심리검사 결과가 내담자(환자)가 알고 싶어 하는 질문에 얼마나 해답을 주고 있는가?
- 심리검사 결과가 내담자(환자)가 달성하고자 하는 목표에 얼마나 도움을 줄 수 있는가?
- 심리검사에서 나타난 주요 핵심 결과는 어떤 것들인가?
- 심리검사 결과 중에서 내담자(환자)의 강점과 약점은 무엇인가?
- 내담자(환자)는 심리검사 결과에 만족할 수 있는가?
- 내담자(환자)는 피드백 회기에서 주어지는 새로운 정보들을 얼마나 잘 수용하고 통합할 수 있는가?

이 외에 내담자(환자)의 보호자가 알고 싶은 영역에 대한 정보를 충분히 줄 수 있는가도 고려할 필요가 있다. 특히 아동이 수검자인 경우 보호자들은 문제행동의 원인과 치료 방법 등에 대해서도 가급적 상세한 정보를 원할 수 있다. 따라서 평가자는 앞서 제시한 질문들을 스스로 던져 보면서 효과적으로 심리검사를 전달할 수 있는 방법을 생각해 보아야 한다. 특히 내담자에게 저항을 불러일으키고 방어적인 태도를 자극할 수 있는 해석 내용을 어떤 방식으로 전달할 수 있을지를 충분히 검토할 필요가 있다.

치료적 평가의 3단계는 내담자(환자)에게 분석한 심리검사 결과의 피드백을 주는 단계다. 피드백 회기를 통해 심리검사 결과가 치료적 효과를 발휘할 수 있기 때문에 이 과정은 매우 중요하다. Finn은 피드백 회기의 주요 목적은 평가자와 내담자 간에 치료적 상호작용이 일어나도록 하는 것이라고 보았다. 평가자는 내담자(혹은 보호자)가 심리검사 결과에 대해 느끼게 될 불안을 줄여 주면서 그것을 친숙하고 쉽게 받아들일 수 있도록 설명해 주어야 한다. 예를 들어, 검사 결과를 그래프나 표로 그려서 설명한다거나 집단 평균 점수와 비교하면서 설명해 주면 훨씬 이해가 빠를 수 있다.

피드백 회기에서 가장 중요한 것은 의뢰된 문제, 즉 내담자의 주요 문제에 대한 해답을 중심으로 면담을 진행하는 것이다. 피드백 면담의 초기에는 내담자가 쉽게 받아들일 수 있는 부분부터 설명해 나가는 것이 효과적이며, 그러고 나서 내담자에게 도전이 될 만한 내용을 설명해 준다. 피드백 회기에서 문제가 되는 경우는 내담자가 해석 내용을 거부하고 인정하지 않는 경우다. 내담자가 통찰이 부족하고 현실을 부정하려는 방어기제가 작동하여 그런 반응을 보일 수 있는데, 이 경우 내담자의 견해를 잘 들어 주면서 해석 내용을 조절할 필요가 있다. 마지막으로, 대부분의 내담자는 심리학적 지식이

별로 없기 때문에 평가자가 설명해 준 것을 오해할 소지가 있으므로 해석 내용이 올바르게 전달되었는지를 점검해 볼 필요가 있다. 이러한 모든 과정에서 평가자는 내담자가 보일 수 있는 감정적인 반응에 대해 지지적이고 공감적인 태도를 견지할 수 있어야 한다.

그 어느 때보다도 임상심리학자의 역할과 범위가 넓어지고 있다. 전통적인 병원 현장 외에도 많은 분야에서 임상심리 전문가의 평가와 개입을 필요로 하고 있다. 예전에 임상심리 전문가는 심리평가자의 역할에 머물러 있는 경우가 많았다. 그러나 이제는 심리검사 전문가 혹은 심리측정가로서의 역할에만 자신의 역할을 한정 짓는 임상심리 전문가는 없을 것이다. 임상심리 전문가는 단순히 검사를 실시・채점하고 관리하고 해석하는 것을 넘어서서 환자 혹은 내담자가 처한 전체적 상황과 맥락을 감각적으로 이해할 수 있어야 하며, 그들에 대한 정보를 다양한 자원 속에서 통합하는 전문가의 역할을 해야 한다.

7. 근거기반 심리평가

최근 들어 근거기반 심리평가를 주장하는 국내 임상심리학자들도 기존 심리검사들의 심리측정적 속성 외에 임상적 유용성(clinical utility)을 제고해야 한다고 주장한다(김빛나, 김지혜, 2015). 또한 기존 심리검사 중의 일부는 임상적 유용성이 부족하다는 비판을 받고 있다. 한국의 임상심리 분야에서는 전통적인 배터리형의 종합심리평가에 대한 맹목적 의존이 높고 여전히 대학원 교육과 임상심리 수련 교육에서 많은 비중을 차지하고 있다. 그러나 최근 들어 일부 투사 검사, 특히 로샤검사의 타당도와 진단적 예측의 유용성에 대해 의문을 제기하는 임상심리학자들이 많아졌다. 그림검사들과 TAT와 같은 투사 검사 역시 실시, 채점, 해석에 있어서 주관적인 판단이 들어가 있는 경우가 많고 신뢰도와 타당도의 문제가 제기된다. 이런 투사 검사들이 여전히 유용하게 사용되고 있기는 하지만 근거기반 심리평가를 강조하는 분위기 속에서 경험적 근거가 점점 약화되고 있는 실정이다. 근거기반 심리치료에 대한 관심 못지않게 근거기반 심리평가에 대한 인식이 높아지면서 이와 같이 임상적 유용성과 근거가 부족한 검사들에 대한 비판은 임상심리학 안팎으로 제기되고 있다.

근거기반 실제(Evidence-Based Practice: EBP)는 보건 의료 분야에서 엄격한 경험적 입증이 중요하다고 주장한 Cochrane(1972)의 통찰에서 비롯되었다. 그 이후 EBP는 주로 근거기반 간호, 근거기반 보건 의로, 근거기반 사회복지, 근거기반 작업 치료 및 물리치료 등과 같은 분야에 적용되어 왔다. 근거기반 실제에 관한 과학적 논의가 의료 장면에서 먼저 시작되었으나 실증주의와 과학적 접근을 강조하고 있는 과학자-실천가 모델(scientist-practitioner model)에 지향을 두고 있는 심리학의 전통과도 궤를 같이하고 있다(김빛나, 김지혜, 2015).

의료 분야에서 비롯된 EBP와 발맞추어 미국 심리학회(American Psychological Association, 2006)에서는 심리학에서의 근거기반 실제(Evidence-Based Practice in Psychology: EBPP)에 대해 '환자의 특성, 문화, 선호도와 같은 맥락을 고려하여 임상 실제와 최상의 가용한 연구를 통합'하는 것으로 정의하고 있다. APA는 근거기반 실제의 특징으로 다음의 세 가지 요소를 강조하였다. 첫째, 연구를 통해 확보된 가급적 최선의 증거를 제시, 둘째, 임상 장면에서 숙련도, 전문성이 높은 평가자, 셋째, 환자/내담자의 필요, 가치와 선호 등과 같은 맥락을 고려하여 통합적으로 적용할 수 있는 의사 결정 과정이 그것이다.

전통적으로 심리평가는 정신과적 질환의 진단, 분류에 적용되어 왔다. 심리평가는 환자의 지능, 신경심리학적 손상, 정서적 상태에 따라 그 이후의 치료적 선택에도 영향을 미치는 임상 실제에 속한다. 최근 들어, 심리평가는 법적 장면에서 수검자의 능력과 책임 소재를 파악하기 위해서도 많이 사용되고 있다. 또한 알코올 중독 환자들의 적정 치료 배치를 위해서도 심리평가가 유용하게 사용되고 있고 점차 적용 분야가 넓어지고 있는 양상이다. 심리학이 발달한 미국에서는 임상심리학자들이 심리평가에 비해 심리치료를 더 선호하고 있지만, 국내에서는 일부 임상심리전문가의 경우 심리평가를 주요 업무로 하고 있고 심리치료가 주요 업무인 임상심리전문가들도 심리평가를 필수적으로 사용하는 경우가 많다. 심리평가 대상자들도 정신건강의학과 환자들을 넘어서서 일반인들에게 이르기까지 점차로 다양한 세팅의 다양한 사람에게로 확장되고 있는 실정이다.

이와 같은 점을 볼 때 근거기반 심리평가(Evidence-Based Psychological Assessment: EBPA)에 대한 논의가 필요한 시점이라고 볼 수 있다. 근거기반 심리평가는 임상심리학자 훈련 모델인 볼더 모델(Boulder Model, 1949)과 마찬가지로 임상 실제와 과학적인 연구를 연결시키는 것을 강조하고 있다. 정신병리 이론에 관한 깊이 있는 지식은 임상심리학자가 단순히 검사 기술자(technician)의 역할을 넘어 전문가, 과학자로서의 역량을 발휘하기 위해 갖추어야 할 필수적인 사항이다.

〈표 11-3〉은 근거기반 심리평가의 조작적 정의와 실행을 위한 지침이다. 여기서 1, 2, 5번은 심리평가 실제에서 체계적 훈련과 연구 증거에 익숙해지는 것을 의미한다. 3,

표 11-3 EBPA의 조작적 정의와 실행을 위한 지침

1. 심리평가 분야를 숙달하는 데 필요한 지식, 기술, 태도를 길러야 하며, 심리측정적 특징, 임상적 유용성, 개인차, 문화, 효과적인 의사소통을 염두에 두어야 한다.
2. 관련 분야(예: 인지심리학, 신경과학 등)에 대한 이론적 · 경험적 지식을 잘 이해하고 현재의 심리평가 실제에 이 지식을 통합할 수 있어야 한다.
3. 문서화되고, 임상적 유용성을 가진 점수를 산출할 수 있고, 보편적인 검사 설계 준거를 충족할 수 있는 경험적으로 타당화된 평가 도구를 사용해야 한다. 심리검사에서 해석에 이르기까지 추론 과정을 기술하고, 각 측정치의 강점과 제한점을 분명하게 인식하고 있어야 한다.
4. 도출된 검사 점수를 원래 타당화했던 연구의 특징, 즉 연령, 인종 등에 맞게 사용하고 거기에 맞춰서 결과를 제시하여야 한다.
5. 가능하면 특정 구성 개념을 평가할 수 있는 다수의 방법을 사용하는 것이 좋다. 각 검사를 단독으로 혹은 다른 측정치와 병합하여 사용했다면 그 도구를 선택한 합리적 근거를 설명하고 증가 타당도를 주목할 필요가 있다. 검사 결과를 제시할 때 각 검사가 측정하려고 하는 구성 개념을 언급하고, 그 구성 개념을 측정할 수 있는 방법(예: 자기보고, 수행 기반 등)을 기술해야 한다.
6. 일치되는 검사 결과와 불일치하는 검사 결과 각각에 대한 설명, 해석을 명시할 수 있어야 한다. 검사 결과가 서로 차이가 날 경우 각 측정치와 관련된 심리적 과정과 맥락을 설명해야 한다.
7. 평가 과정에 대해 평가자가 스스로 모니터해서 설명 가능한 다른 가설과 가정, 발견법, 여타의 편향 근거를 인식하고 있어야 한다. 자연적으로 발생하거나 혹은 상황적 정보처리 왜곡의 영향을 조절하고 편향을 제거할 수 있는 전략을 마련해야 한다. 필요하다면 자문과 수퍼비전을 구해야 한다.
8. 평가 과정 동안 일어나는 평가자 신분과 환자들의 상승적인 상호작용을 잘 인식하고 평가자 신분이 검사 결과와 평가 결론에 영향을 주는 방식을 잘 인식하고 있어야 한다.
9. 평가 결과를 이해당사자(예: 환자, 의뢰자 등)와 소통할 때는 피드백을 받는 그 사람에게 적합한 용어를 사용해야 한다. 심리검사 결과에 대해 환자와 소통할 때 환자의 성장과 긍정적인 변화를 촉진하는 방식으로 해야 한다.

출처: Bornstein (2017).

7, 8번은 자기반성(self-reflection)과 자문 및 수퍼비전을 활용해야 한다는 것을 나타낸다. 3, 4, 5, 6번은 적합한 검사 도구를 선택하고 실시하고 해석할 때 단독으로 사용할 수도 있고 다른 검사들과 함께 사용할 수도 있으며, 임상 외적인 자료들과 같이 활용할 수 있음을 의미한다. 1, 4, 9번은 심리평가 결과, 결론, 제언을 효과적으로 해야 한다는 것을 강조하고 있다. 1, 4, 8번은 환자의 개별적 특징, 문화, 선호 등을 평가 과정의 전 단계에서 통합할 수 있어야 함을 강조하고 있다(Bornstein, 2017).

우리나라에서 근거기반 심리평가는 근거기반 심리치료에 비해 아직 충분히 검토되

지 않았다. 근거기반 심리평가는 장애 특정적인(disorder-specific) 심리평가라고 볼 수 있다. 이미 주요 대학병원의 정신건강의학과를 중심으로 전통적인 심리평가가 아닌 장애 특정적인 맞춤식 심리평가 도구가 활용되고 있기는 하지만 여전히 근거기반 심리평가의 토대가 약한 상황이다. 정신건강의학과에 근무하는 임상심리전문가뿐만 아니라 대학, 대학원의 심리평가 교육, 임상심리 수련과정에서 전통적인 종합심리검사(full battery) 외에 정신장애별로 과학적으로 입증이 된 검사의 구성과 그 근거에 대해 가르칠 필요가 있다. 따라서 정신장애별 심리치료 가이드가 나오고 있듯이 이론이나 임상적인 유용성 면에서 효과적인 도구를 특정 장애에 맞춤식으로 새로이 구성한 심리평가를 실행하는 것은 후속 과제라고 볼 수 있다.

근거기반 심리평가를 어떻게 임상 장면에서 구체화할 수 있는가에 대해 임상심리학자, 현장의 전문가들 간에 합의가 필요하다. 이미 우울증과 불안장애 등은 가장 흔한 장애이기 때문에 근거기반 평가를 구성하는 요소에 대해 전문가들의 합의가 비교적 잘 이루어져 있다. 마지막으로, 임상 현장에서 근거기반 심리평가가 실행되기 위해서는 각 기관 및 심리평가 장면의 특성에 맞게 근거기반 심리평가를 적용하는 방안들이 모색될 필요가 있다.

참고문헌

김경의, 이금단, 조용래, 채숙희, 이우경(2008). 한국판 자기-자비 척도의 타당화 연구: 대학생을 중심으로. **한국심리학회지: 건강, 1023-1044.**

김근향, 김성은, 고영건(2007). 유머 스타일과 정서의 관계에 대한 탐색적 연구. **임상심리 학회 동계 연수회 포스터 발표자료집.**

김빛나, 김지혜(2015). 근거기반 심리평가의 기본 개념과 국내 적용에 대한 논의: 공황장애와 우울장애의 예시와 함께. **한국임상심리학회지: 임상, 34(3), 579-605.**

김영환, 김지혜, 오상우, 홍상황(2001). **성격평가 질문지 전문가 지침서.** 서울: 학지사.

김영환, 오상우, 홍상황, 박은영(2002). **PAI의 임상적 해석.** 서울: 학지사.

김재환, 오상우, 홍창희, 김지혜, 황순택, 문혜신, 정승아, 이장한, 정은경(2006). **임상심리검사의 이해.** 서울: 학지사.

맥스메디카(2005). *CNT V4.0 Manual. Computerized Neuro-Cognitive Function Test System.* 서울: 맥스메디카.

서국희(2003). *CARDS(Cognitive Assessment & Reference Diagnosis System) Manual. For Neuropsychological and Clinical Examination for Clinical and Population Use.* 서울: 맥스메디카.

안수진(2016). 입양부모에 대한 이해와 평가. 가정법원 입양부모 평가 간담회 자료집.

이수정(2017). 로저스 형사책임평가 척도. 서울: 학지사.

이수정, 이장규(2017). SIRS-2 가장된 증상 감별 면담지. 서울: 학지사.

해피마인드(2010). 해피마인드 종합주의력 검사(CAT). 서울: 해피마인드.

American Psychological Association. (2006). Evidence-based practice in psychology. *American Psychologist, 61,* 271-285.

Archer, R. P. (2006). *Forensic Uses of Clinical Assessment Instruments.* Mahwah, NJ: Lawrence.

Archer, R. P., Buffington-Vollum, J. K., Stredny, R. V., & Handel, R. W. (2006). A survey of test use patterns among forensic psychologists. *Journal of Personality Assessment, 87,* 64-94.

Bornstein, R. F. (2017). Evidence-Based Psychological Assessment. *Journal of Personality Assessment, 99*(4), 435-445.

Butcher, J. N. (2000). Dynamic of personality test responses: The empiricist's manifesto revisited. *Journal of Clinical Psychology, 56*(3), 375-386.

Butcher, J. N., Perry, J. N., & Hahn, J. (2004). Computers in clinical assessment: Historical developments, present status, and future challenges. *Journal of Clinical Psychology, 60,* 331-345.

Cochrane, A. (1972). *Effectiveness and Efficiency: Random Reflections on Health Services.* London, UK: Nuffield Provincial Hospitals Trust

Compton, W. C. (2005). *Introduction to Positive Psychology.* Belmont, CA, US: Thomson Wadsworth. 서은국, 성민선, 김진수 공역(2007). 긍정 심리학 입문. 서울: 박학사.

Conners, C. K. (1992). *Conners Continuous Performance Test.* Toronto, Canada: Multi-Health Systems.

Conners, C. K. (2000). *Conners Continuous Performance Test II.* Toronto, Canada: Multi-Health Systems.

Csikszentmihalyi, M. (1975). Play and intrinsic rewards. *Journal of Human Psychology, 15*(3), 41-63.

Deci, E. L., & Ryan, R. M. (1991). *A Motivational Approach to Self: Integration in Personality* (2nd ed., pp. 313-347). Chicago, IL: Nelson-Hall.

Finn, S. E. (1966). *Manual for Using the MMPI-2 as a Therapeutic Intervention.* Minneapolis, MN: University of Minnesota Press.

Heaton, P. K., Chelune, G. J., Talley, J. L., Kay, G. G., & Curist, G. (1993). *Wisconsin Card*

Sorting Test(WCST) Manual (Revised and expanded). Odessa, FL: Psychological Assessment Resources.

Kongs, S. K., Thompson, L. L., Iverson, G., & Heaton, R. K. (2000). *Wisconsin Card Sorting Test-64 Card Version*. Lutz, FL: Psychological Assessment Resources.

Martin, R. A., Puhlik-Doris, P., Larsen, J. G., & Weir, K. (2003). Individual differences in the uses of humor and their relation to psychological well-being: Development of the humor styles questionnaire. *Journal of Research in Personality, 37,* 48-75.

Morey, L. C. (1991). *The Personality Assessment Inventory Manual.* Odessa, FL: Psychological Assessment Resources.

Morey, L. C. (1997). *The Personality Assessment Screener: Professional Manual.* Odessa, FL: Psychological Assessment Resources.

Morey, L. C. (2000). *PAI Software Portfolio Manual.* Odessa, FL: Psychological Assessment Resources.

Neff, K. (2003a). The development and validation of a scale to measure self-compassion. *Self and Identity, 2,* 223-250.

Neff, K. (2003b). Self-compassion: An alternative conceptualization of a healthy attitude toward oneself. *Self and Identity, 2,* 85-102.

Peterson, C., & Seligman, M. E. P. (2004). *Character Strength and Virtues: A Handbook and Classification.* Washington, DC: American Psychological Association.

Rogers, R. (1984). *Rogers criminal responsibility assessment scale(R-CARS) and test manual.* Odessa. FL: Psychological Assessment Resources.

Rogers, R., Sewell, K. W., & Gillard, N. D. (2010). *Structured Interview of Reported Symptoms* (2nd ed.). Odessa. FL: Psychological Assessment Resources.

Seligman, M. E. P. (2002). *Authentic Happiness: Using the New Positive Psychology to Realize Your Potential for Lasting Fulfillment.* New York: Free Press.

Spielberger, C. D., Gorsuch, R. L., Lushene, R., Vagg, P. R., & Jacobs, G. A. (1983). *Manual for the State-Trait Anxiety Inventory.* Palo Alto, CA: Consulting Psychologists Press.

Strauss, E., Sherman, E. M. S., & Spreen, O. (2006). *A Compendium of Neuropsychological Tests: Administration, Norms, and Commentary* (3rd ed.). New York: Oxford University Press.

찾아보기

인명

내용

저자 소개

이우경(Lee Woo Kyeong)

가톨릭대학교 심리학과 대학원(심리학 석사) 및 이화여자대학교 심리학과 대학원(심리학 박사)을 졸업하였다. 용인정신병원 임상심리전문가 수련 과정을 이수하였고, 용인정신병원 임상심리과장을 역임하였으며, 현재 서울사이버대학교 상담심리학과 교수로 재직 중이다. 임상심리전문가(한국심리학회) 및 정신건강임상심리사1급(보건복지부) 자격을 취득하였고, 한국임상심리학회 대외협력 부회장을 역임하였다.

이원혜(Lee Won Hye)

고려대학교 심리학과 및 동 대학원(심리학 박사)을 졸업하였다. 용인정신병원 임상심리전문가 수련 과정을 이수하였고, 임상심리전문가(한국심리학회) 및 정신건강임상심리사1급(보건복지부) 자격을 취득하였다. 경기도 노인전문 용인병원 임상심리과장, 경희대학교병원 임상심리전문가로 근무하였으며, 현재 국립정신건강센터 임상심리과장으로 재직 중이다. 한국임상심리학회에서 교육이사, 정신보건이사, 학술이사 등을 역임하였다.

심리 평가의 최신 흐름(2판)

Contemporary Psychological Assessment (2nd ed.)

2012년 2월 25일 1판 1쇄 발행
2019년 4월 20일 1판 12쇄 발행
2019년 8월 30일 2판 1쇄 발행
2024년 8월 20일 2판 10쇄 발행

지은이 • 이우경 · 이원혜
펴낸이 • 김 진 환
펴낸곳 • (주) 학지사
04031 서울특별시 마포구 양화로 15길 20 마인드월드빌딩 5층
대표전화 • 02) 330-5114 팩스 • 02) 324-2345
등록번호 • 제313-2006-000265호
홈페이지 • http://www.hakjisa.co.kr
인스타그램 • https://www.instagram.com/hakjisabook

ISBN 978-89-997-1887-8 93180

정가 27,000원